KCG 해양경찰 | 경력채용 | 공채 | 경찰간부 | 승진 대비

정태정
해양경찰학개론
기출문제집

경찰학박사 **정태정** 편저

최근 제정/개정사항 반영

풍부한 해설과 체계적 구성

6개년 간 해양경찰학개론 기출문제 수록

관련 주요 승진 기출문제 반영

동영상강의 **미래인재경찰학원**
www.miraeij.com

Q&A **정태정 해양경찰**
cafe.naver.com/jtjkcg122

멘토링

2025 기출문제집을 내며...

처음으로 「해양경찰학개론」 기출문제집을 출간한 지도 벌써 몇 해가 지났네요. 당시에는 순수 「해양경찰학개론」 기출문제가 거의 없다보니, 우선 기출된 문제라도 철저히 분석하고, 18/19년 승진기출문제와 출제가능한 승진기출/육경기출/해사법규기출 등을 참고하여, 「해양경찰학개론」 경향에 적합하도록 그대로 또는 변형할 건 조금 변형하여 출간하였습니다.

지금은 「해양경찰학개론」이 채용시험에 채택되어, 첫 시험(2018년 8월 11일)을 치른 지도 벌써 6년이 지났고, 그동안 경력특채(함정요원/해기사)와 경찰간부, 일반 공채시험, 그리고 해양경찰학과 시험까지 「해양경찰학개론」 과목이 들어있는 모든 시험이 치러졌으며, 문제수도 400여 문제에 달한 상태입니다.
또한, 출제범위도 상당히 넓어져 다양화 문제들이 출제되어 순수 「해양경찰학개론」 문제만으로 기출문제를 체계화할 필요가 생겼고, 그동안 출제경향도 일정한 추세를 띠는 측면도 있기에 새롭게 전면 재구성할 필요가 있었습니다.

본 교재에서 가장 중점을 둔 것은, 처음 시작하시는 분들이 「해양경찰학개론」을 쉽게 접근하고 또 짧은 시간 안에 주요 내용을 파악할 수 있고, 관련 기출문제만으로도 기본점수를 받을 수 있도록 하는 것입니다.
구체적으로는, 순수 채용 「해양경찰학개론」 기출문제를 중심으로 해설과 체계적 구성을 통해 쉽게 출제경향을 파악할 수 있도록 하였고, 아직까지 출제되지는 않았지만 주요한 내용들도 습득할 수 있도록 부족한 내용은 18년 이후 승진기출 문제나 해사법규 문제로 보완하여 본 교재만으로도 기본개념을 단기간에 이해하고 전 「해양경찰학개론」 범위의 흐름을 파악하는 데 중점을 둔 교재입니다.

어떤 시험이든 기출문제 분석은 수험공부의 첫걸음이고 필수과정이기 때문에 이 교재의 중요성이 매우 크고, 더더구나 처음으로 해양경찰학개론 「기출문제집」이란 이름으로 출간된 교재라 개인적으로도 의미와 애정을 두고 있습니다.

이 책의 올바른 사용방법

처음 공부를 시작하는 분에게는 기출문제집을 중심으로, 자주 출제되는 내용과 출제경향의 철저한 분석은 합격을 위한 첫걸음이고 필수과정입니다!

1. 문제를 풀 때마다 반드시 본인 나름대로 난이도 표시를 하기 바랍니다.
2. 우선 기본이론을 최소 1회독 이상 보신 후에 풀어보는 게 효율적입니다.
3. 처음 풀어 볼 때는 경정 승진문제(경찰행정법)는 제외하고 푸시기 바랍니다.
4. 예상문제집은 기출문제집을 최소 두 번 이상 보신 후 풀어보시길 권하고 싶습니다.
5. 기본개념이 확실히 잡히기 전에는 저자의 교재들로 학습하는 게 시너지효과를 낼 수 있습니다.
6. 그리고 기출문제집의 문제들은 문제를 푼다는 방식보다는 기출문제 내용을 익힌다는 생각으로 기본서처럼 학습해야 합니다.

부족한 부분은 다음의 연구과제로 넘기기로 하고, 이 교재를 잘 활용하여 여러분들의 합격에 작은 도움이라도 되었으면 하는 바람입니다.

끝으로 기출문제집이 출판되기까지 많은 도움을 주신 멘토링 출판 정대열·금병희 대표님과 미래인재 경찰학원 여러분들께도 깊은 감사의 말씀을 드립니다.

정태정 올림

Contents
목차

Part 01
해양경찰학의 기초

Chapter 01 해양경찰의 개념과 임무   4
    제1절 해양경찰청 조직과 경찰청조직의 비교   4
    제2절 해양경찰의 의의와 분류   5
    제3절 해양경찰의 임무와 관할   7
    제4절 해양경찰의 기본이념과 윤리   23

Chapter 02 해양경찰의 역사와 제도   32

Chapter 03 외국의 해양경찰   40

Part 02
해양경찰학의 구성

Chapter 01 해양경찰의 조직   46
    제1절 해양경찰과 법적 토대   46
    제2절 해양경찰 조직의 직제   53

Chapter 02 해양경찰공무원   73
    제1절 해양경찰공무원의 신분변동   73
    제2절 해양경찰공무원의 지위   84

Chapter 03 행정쟁송제도   96

Chapter 04 손해전보제도   100

Chapter 05 해양경찰작용   102
제1절 해양경찰권 발동의 근거와 한계   102
제2절 해양경찰처분   107
제3절 해양경찰강제   108
제4절 해양경찰벌   112
제5절 그 밖의 작용   114

Chapter 06 해양경찰 직무집행   117
제1절 「경찰관직무집행법」상 직무집행   117
제2절 「해양경비법」상 직무집행   129
제3절 「UN 해양법협약」상의 직무집행   157

Chapter 07 해양경찰 관리행정   160
제1절 해양경찰 조직관리   160
제2절 해양경찰 인사관리   162
제3절 해양경찰 예산관리   167
제4절 해양경찰 장비관리   178
제5절 보안관리   201

Chapter 08 경찰통제 및 독자적 수사권   205
제1절 경찰통제 필요성과 유형   205
제2절 사전통제의 기본법으로서 「행정절차법」   208
제3절 정보공개와 개인정보의 보호   210
제4절 언론중재 및 피해구제   219
제5절 인권보호, 적극행정   225
제6절 수사구조개혁과 독자적 수사권   231

Contents
목차

Part 03
해양경찰의 직무활동

Chapter 01 해양경찰 범죄예방론	236
Chapter 02 해양경찰 수사론	254
제1절 수사경찰의 의의	254
제2절 수사경찰의 주요활동	275
제3절 과학수사	287
제4절 법의학(사망 및 시체현상)	290
제5절 수사행정	291
제6절 마약범죄수사	295
Chapter 03 해양경찰 정보론	297
제1절 정보의 특성과 종류	297
제2절 정보의 산출과정	303
제3절 정보경찰활동	312
Chapter 04 해양경찰 보안론	313
제1절 보안경찰활동	313
제2절 보안수사활동	317
제3절 남북교류와 협력	319
Chapter 05 해양경찰 외사론	322
제1절 외사경찰 일반	322
제2절 외교사절과 영사	323
제3절 출국과 입국의 관리	323
제4절 외사수사활동	330
제5절 국제경찰공조	332

Chapter 06 해양경찰 경비론 337
    제1절 경비일반 337
    제2절 해양경비 경찰활동 339

Chapter 07 해양경찰 수색구조론 365
    제1절 재난 및 안전관리 일반 365
    제2절 수상에서의 수색 및 구조 373

Chapter 08 해양경찰 안전관리론 408
    제1절 어선의 안전조업관리와 통제 408
    제2절 유도선 안전관리 418
    제3절 낚시안전관리 427
    제4절 수상레저 안전관리 431
    제5절 연안사고 및 해수욕장 안전관리 460
    제6절 해상교통 안전관리 477

Chapter 09 해양경찰 환경관리론 502
    제1절 서설 502
    제2절 해양환경 오염방지 및 방제 506
    제3절 방제대책본부의 운영 515
    제4절 방제장비 및 자재의 운용 521

정태정
해양경찰학개론
기출문제집

Part 01

해양경찰학의 기초

CHAPTER 01 해양경찰의 개념과 임무
CHAPTER 02 해양경찰의 역사와 제도
CHAPTER 03 외국의 해양경찰

Chapter 01 해양경찰의 개념과 임무

제 1 절 해양경찰청 조직과 경찰청조직의 비교

01 해양경찰청과 경찰청에 대한 다음의 비교·설명 중 가장 옳지 않은 것은? _{18년 경찰간부}

① 해양경찰청은 해양에서의 경찰 및 오염방제에 관한 사무를 관장하기 위해 해양수산부장관 소속으로 설치되고, 경찰청은 치안에 관한 사무를 관장하기 위해 행정안전부장관 소속으로 설치되었다.
② 해양경찰청과 경찰청은 모두 경찰법 및 경찰공무원법이 적용된다.
③ 해양경찰청 및 경찰청 소속의 경찰공무원은 제복을 착용하여야 한다.
④ 해양경찰청 및 경찰청 소속의 경찰공무원은 일반사법경찰관리로서 범죄에 대한 수사와 범인을 체포할 수 있다.

> **해설**
> ② 1991년 만들어진「경찰법」은 현재 육상경찰 조직인 경찰청의 기본법이다. 해양경찰은 1991년부터 1996년 8월까지 해양수산부로 이관되기 전까지 약 5년간 이「경찰법」에 근거를 두었으나, 현재는 전혀 관련이 없다. 예전 해양경찰의 조직에 관한 법은「정부조직법」(제43조)과 대통령령인「해양경찰청과 그 소속기관 직제」에 근거를 두고 있었고, 이는 정부조직 법정주의에 어긋난다는 견해가 유력하였다. 현재는 해양경찰청 조직에 관한 근거를 법률인「해양경찰법」에 두고 있다(2020년 2월 21일 시행).
> ④ 해양경찰은 육상경찰과 마찬가지로 해상에서 폭넓게 수사권을 행사할 수 있으므로, 해양수산부 공무원의 어업단속과 같은 특별사법경찰관리가 아닌 일반사법경찰관리로서 수사권을 행사하고 있다. 한편, 상공부 해무청(수산국) 시대의 해양경비대 시절에는 경찰공무원 신분이 아니었기에, 특별사법경찰관리로서 지위를 가진 적도 있었다.
>
> 「경찰청 소속 경찰과의 유사성과 차별성」
>
> | 유사성 | 차별성 |
> |---|---|
> | ① 조직구조의 유사성 | ① 선박의존성 |
> | ② 경찰공무원법과 경찰관직무집행법 적용 | ② 해양오염방제업무 |
> | ③ 사법경찰권 행사 | ③ 해상에서 수색 및 구조업무 |
> | ④ 제복착용과 무기휴대 및 사용권 | ④ 기술적 전문성 |
> | ⑤ 경찰관서별 관할구역의 획정 | ⑤ 외교적 충돌가능성 |
> | ⑥ 조직문화의 동질감 | ⑥ 자치경찰로의 전환 곤란성 |

02 다음 중 비교 해양경찰에 대한 설명으로 옳은 것은 모두 몇 개인가?   20년 경력/공채

> ㉠ 해양경찰청은 경찰청과 달리 「경찰공무원법」이 적용되지 않는다.
> ㉡ 해양경찰청도 경찰청과 같이 자치경찰로 일부 전환되었다.
> ㉢ 대한민국 해양경찰청과 일본 해상보안청(JCG)은 모두 해상안전 확보 차원에서 해저지형 조사에 관한 업무를 수행한다.
> ㉣ 대한민국 해양경찰청이 수행하는 업무 중 미국 해안경비대(USCG)가 수행하지 않는 업무로는 해양범죄단속, 해양오염방제 등이 있다.

① 3개
② 2개
③ 1개
④ 0개

해설 [X] ㉠㉡㉢㉣ 모두, 해양경찰공무원과 경찰청 소속 경찰공무원 모두 「경찰공무원법」이 적용된다. 해양경찰은 현재 자치경찰로의 전환은 전혀 없고, 해양주권수호라는 직무특성상 자치경찰의 전환이 어렵다. 우리나라 해양경찰과는 관계없는 해저지형조사는 화산활동이 활발한 일본 해상보안청의 고유업무이며, 미국의 해안경비대 역시 범죄단속이나 오염방제업무를 수행하고 있다는 점은 우리와 같다.

제 2 절 해양경찰의 의의와 분류

01 다음 중 해양경찰의 개념에 대한 설명으로 가장 옳지 않은 것은?   21년 경찰간부

① 형식적 의미의 해양경찰은 실정법상 해양경찰 기관에 분배되어있는 임무를 달성하기 위하여 행하여지는 일련의 해양경찰 활동을 의미한다.
② 현행법상에 해양경찰이 담당하도록 규정되어 있는 사항은 내용을 불문하고 모두 형식적 의미의 해양경찰 업무에 속한다.
③ 실질적 의미의 해양경찰은 해양경찰기관이 담당하는 권한이나 조직의 활동과 관계없이 해양경찰 작용의 성질을 기준으로 파악한 개념이다.
④ 실질적 의미의 해양경찰은 학문적으로 정립된 개념으로, 일반 행정기관에서 수행하는 행정작용은 실질적 의미의 해양경찰작용에 해당하지 않는다.

해설 ④ 실질적 의미의 해양경찰은 이론적이고 학문적으로 정립된 개념이다. 일반 행정기관에서 수행하는 경찰행정작용은 실질적 의미의 경찰작용에 포함된다(이를 이른바 협의의 행정경찰이라고 부른다).

정답 01 ② 02 ④ 01 ④

02 다음 <보기> 중 해양경찰의 개념에 대한 설명으로 옳지 않은 것은 모두 몇 개인가?

21년 3차

> ㉠ 실질적 의미의 해양경찰은 실정법상 해양경찰 기관에 분배되어있는 임무를 달성하기 위하여 행하여지는 일련의 해양경찰 활동을 의미한다.
> ㉡ 실질적 의미의 해양경찰은 해양경찰기관이 담당하는 권한이나 조직의 활동과 관계없이 해양경찰작용의 성질을 기준으로 파악한 개념이다.
> ㉢ 실질적 의미의 해양경찰은 학문적으로 정립된 개념으로, 일반 행정기관에서 수행하는 행정작용은 실질적 의미의 해양경찰작용에 해당하지 않는다.
> ㉣ 현행법상에 해양경찰이 담당하도록 규정되어 있는 사항은 내용을 불문하고 모두 형식적 의미의 해양경찰 업무에 속한다.

① 1개 ② 2개
③ 3개 ④ 4개

해설 [O] ㉡㉣
[X] ㉠㉢
㉠ 형식적 의미의 해양경찰은 실정법상 해양경찰 기관에 분배되어있는 임무를 달성하기 위하여 행하여지는 일련의 해양경찰 활동을 의미한다.
㉢ 실질적 의미의 해양경찰은 학문적으로 정립된 개념이다. 일반 행정기관에서 수행하는 행정작용(협의의 행정경찰)은 실질적 의미의 해양경찰작용에 해당된다(어업단속, 산림단속, 위생단속).

03 다음 중 가장 옳지 않은 것은?

18년 경력/간부

① 실질적 의미의 해양경찰 작용은 해양에서 공공의 안녕과 질서에 대한 위험을 방지하기 위하여 일반통치권에 기하여 국민에게 명령·강제함으로써 국민의 자연적 자유를 제한하는 작용을 말한다.
② 해양경찰은 「정부조직법」에 근거하여 해양에서 발생한 오염의 방제업무를 수행하며, 해양오염방제국장은 경무관으로 보한다.
③ 해양경찰공무원은 「경찰공무원법」, 「경찰공무원징계령」의 적용을 받는다.
④ 해양경찰공무원은 「수상에서의 수색·구조 등에 관한 법률」을 근거로 해상에서의 구조 업무 등을 수행한다.

해설 ②「해양경찰청과 그 소속기관 직제」(대통령령)상 해양오염 방제국장은 경찰공무원이 아니라 일반직 공무원으로 보한다. 이는 오염방제의 전문성으로 인한 까닭으로 보인다. 오랫동안 정부조직 법정주의에도 불구하고 법률인 「해양경찰청법」은 없었고 그보다 아래인 대통령령으로 해양경찰조직을 규정하고 있었으나, 현재(2020년 2월 21일 이후)는 해양경찰 조직의 기본법으로 법률로써 「해양경찰법」을 두고 있고 이에 근거하여 해양경찰직무를 수행한다.

04 실질적·형식적 의미의 경찰에 대한 설명으로 가장 옳지 않은 것은? 　　23년 공/특채, 간부

① 실질적 의미의 경찰은 국가의 일반통치권에 근거하여 국민에게 명령·강제하는 권력적 작용으로서, 독일의 행정법학에서 유래된 학문상 개념이다.
② 형식적 의미의 경찰은 법적으로 제도화된 보통경찰기관에 배분되어 있는 임무를 달성하기 위해 행해지는 모든 해양경찰의 활동을 의미한다.
③ 「해양경찰법」 제14조의 직무는 제도상, 실정법상 보통경찰기관으로서 수행해야 하는 직무를 규정하고 있으며, 이와 같은 것은 실질적 의미의 경찰에 해당한다.
④ 현재 법에서 규정하고 있는 해양경비, 해양안전, 범죄수사, 정보활동, 해양경찰의 대국민 서비스 등의 사항들도 그 성질을 불문하고 모두 형식적 의미의 경찰이라고 할 수 있다.

> **해설** ③ 「해양경찰법」 제14조의 직무, 「해양경비법」 제7조 해양경비 활동의 범위, 「경찰관 직무집행법」 제2조 직무의 범위 등은 실정법상 경찰기관에서 행하는 활동을 말하므로 이는 형식적 의미의 경찰에 해당한다.

제3절 해양경찰의 임무와 관할

01 경찰의 임무에 대한 설명으로 가장 옳지 않은 것은? 　　18년 경력/간부

① '공공의 안녕과 질서에 대한 위험방지'가 경찰의 궁극적인 임무라 할 수 있다.
② 오늘날 대부분의 생활영역에 대한 법적 규범화 추세에 따라 공공질서 개념의 사용 가능 분야는 점점 축소되고 있다.
③ '공공의 안녕'이란 개념은 '법질서의 불가침성'과 '국가의 존립 및 국가기관의 기능성의 불가침성'으로 나눌 수 있는 바, 이 중 '법질서의 불가침성'이 공공안녕의 제1요소이다.
④ 경찰의 개입은 추상적 위험으로는 부족하고, 구체적 위험이 있을 때 가능하다.

> **해설** ③ 공공의 안녕은 통상 법질서의 불가침, 국가의 존립과 기능성의 불가침, 개인의 권리와 이익의 불가침으로 구성된다. 그러므로 ③도 엄격히는 틀린 지문이다.
> ④ 경찰의 개입은 구체적 위험 또는 추상적 위험이 있으면 가능하다. 다만 사전배려적 개입은 불가하다. 환경법 영역에서처럼 사전배려원칙에 따라 사전배려적 개입은 허용되지 않는다고 보아야 한다. 한편, 경찰권의 개입은 개인의 자유를 제한하는 효과를 가져올 수 있으므로 무작정 확대할 수는 없다.

정답　02 ②　03 ②　04 ③　01 ③④

02 「경찰관 직무집행법」제2조 규정에 의한 직무의 범위를 열거한 것이다. 다음 중 옳지 않은 것은 모두 몇 개인가?

19년 경찰간부

> ㉠ 국민의 생명·신체 및 재산의 보호
> ㉡ 범죄의 예방·진압 및 수사
> ㉢ 해양오염방제
> ㉣ 수난구호
> ㉤ 경비, 주요 인사 경호 및 대간첩·대테러 작전수행
> ㉥ 치안정보의 수집·작성 및 배포
> ㉦ 교통의 단속과 위해의 방지
> ㉧ 그 밖의 공공의 안녕과 질서유지

① 1개 ② 2개
③ 3개 ④ 4개

 [O] ㉠㉡㉤㉦㉧
[X] ㉢㉣㉥

㉢㉣임무는 경찰관직무집행법에 규정된 직무가 아니다. 현재 해양경찰의 임무는 해양경찰법, 해양경비법, 경찰관직무집행법 등에 규정되어 있다. 그 범위가 각각 다르다는 것에 유의하여야 한다.

㉥'치안정보의 수집·작성·배포'라고 출제가 되면, 이제는 틀렸다고 풀어야 한다. 왜냐하면 남용가능성이 있다는 이유로, 포괄적인 "치안정보"라는 불확정개념을 공공의 안녕에 대한 위험의 예방과 대응을 위한 정보로 구체화하였기 때문이다.

1] 「해양경찰법」 제14조(직무)
① 해양경찰은 해양에서의 수색·구조·연안안전관리 및 선박교통관제와 경호·경비·대간첩·대테러작전에 관한 직무를 수행한다.
② 해양경찰은 해양에서 공공의 안녕과 질서유지를 위하여 해양관련 범죄의 예방·진압·수사·피해자 보호에 관한 직무를 수행한다.
③ 해양경찰은 해양에서 공공의 안녕에 대한 위험의 예방과 대응을 위한 정보의 수집·작성·배포에 관한 직무를 수행한다.
④ 해양경찰은 해양오염 방제 및 예방활동에 관한 직무를 수행한다.
⑤ 해양경찰은 직무와 관련된 외국 정부기관 및 국제기구와 협력하여야 한다.

2] 「해양경비법」 제7조(해양경비 활동의 범위)
해양경찰청 소속 경찰공무원은 다음 각호의 어느 하나에 해당하는 해양경비 활동을 수행한다.
 1. 해양 관련 범죄에 대한 예방
 2. 해양오염 방제 및 해양수산자원 보호에 관한 조치
 3. 해상경호, 대(對)테러 및 대간첩작전 수행
 4. 해양시설의 보호에 관한 조치
 5. 해상항행 보호에 관한 조치
 6. 그 밖에 경비수역에서 해양경비를 위한 공공의 안녕과 질서유지

3] 「경찰관직무직무집행법」 제2조(직무의 범위) 경찰관은 다음 각호의 직무를 수행한다.
 1. 국민의 생명·신체 및 재산의 보호
 2. 범죄의 예방·진압 및 수사
 2의2. 범죄피해자 보호

3. 경비, 주요 인사(人士) 경호 및 대간첩·대테러 작전 수행
4. 공공안녕에 대한 위험의 예방과 대응을 위한 정보의 수집·작성 및 배포
5. 교통 단속과 교통 위해(危害)의 방지
6. 외국 정부기관 및 국제기구와의 국제협력
7. 그 밖에 공공의 안녕과 질서유지

03 다음 중 해양경찰의 주요임무에 대한 설명으로 가장 옳지 않은 것은?   20년 경력/공채

① 해양 관련 위험의 예방과 대응정보의 수집·작성·배포
② 독도에 대한 타국에 도발을 예방·대응하는 해양주권 수호
③ 해상교통 안전을 위한 선박교통관제(VTS) 및 항로표지 관리
④ 해양환경 보전을 위한 해양오염 방제

해설 ③ 항로표지관리는 현재 해양수산부의 직접 소관업무이다. 현재 해양경찰청에서는 해양경찰의 주요임무로 해양주권수호, 해양재난안전관리, 해양교통질서확립, 해양범죄수사, 해양오염예방 및 방제를 표명하고 있다. 치안정보의 수집·작성·배포직무가 '해양경찰은 해양에서 공공의 안녕에 대한 위험의 예방과 대응을 위한 정보의 수집·작성·배포에 관한 직무를 수행한다'로 구체화되었고, 별도조항(제14조 제3항)으로 신설되었다(2021년 1월 14일).

04 해양경찰의 임무와 관할에 대한 다음 설명 중 옳은 것을 모두 고르시오.   19년 경력/공채

㉠ 해양경찰의 직무범위를 정하고 있는 법령으로는 「해양경비법」, 「경찰관직무집행법」, 「경찰법」, 「정부조직법」이 있다
㉡ 배타적 경제수역에서의 해양경찰 임무와 관련된 국제협약에는 「UN 해양법협약」, 「한일 어업협정」, 「한중 어업협정」이 있다.
㉢ 영해라 할지라도 외국선박에 대해서는 기국주의가 적용되어 해양경찰이 경찰권을 행사할 경우 일정한 한계가 있다.
㉣ 해양경찰의 관할은 사물관할, 토지관할, 인적관할로 구분할 수 있다.
㉤ 해양경찰의 토지관할과 사물관할은 항상 일치한다.

① ㉠, ㉡
② ㉡, ㉢, ㉣
③ ㉡, ㉣, ㉤
④ ㉢, ㉣

정답   02 ③   03 ③   04 ②

[O] ㉡㉢㉣
[X] ㉠㉤

㉠ 경찰청조직의 기본법인 「경찰법」(1991)과는 관계없다. 해양경찰의 직무범위는 「해양경찰법」에서 규정하고 있다. 한편, 「경찰법」은 「국가경찰과 자치경찰의 조직 및 운영에 관한 법률」로 개칭되었다.
㉤ 토지관할(지역관할)은 경찰권이 발동될 수 있는 지역적 범위를 말하고, 사물관할은 경찰이 처리할 수 있고 또 처리해야 하는 사무내용의 범위, 즉 경찰권이 발동될 수 있는 직무범위를 설정하는 것으로 전혀 다른 개념이다.

05 다음 중 해양경찰의 관할에 대한 설명으로 가장 옳지 않은 것은? 21년 경찰간부

① 「정부조직법」 제43조와 「해양경찰법」 제14조에 규정되어 있는 임무 및 직무의 범위는 해양경찰의 사물관할에 해당한다.
② 해양경찰의 토지관할이란 경찰권이 발동될 수 있는 지역적 범위로서 영해, 접속수역 및 배타적 경제수역이 여기에 포함된다.
③ 선박은 국제법적으로 기국주의가 적용되지만, 선박에 승선 중인 선원들에 대한 해양경찰권 행사에는 아무런 제한이 없다.
④ 우리나라의 경우 영미법계의 영향으로 범죄 수사에 관한 임무가 경찰의 사물관할로서 인정 되고 있다.

③ 외국선박에 승선 중인 선원에 대해서는 경찰권 행사에 있어서 국제법과 국내법에 따른 일정한 제한이 따른다.
1] 외국선박 내의 범죄(「범죄수사규칙」 제188조)
경찰관은 대한민국의 영해에 있는 외국 선박 내에서 발생한 범죄로써 다음 각호의 어느 하나에 해당할 때에는 수사를 해야 한다.
  1. 대한민국 육상이나 항내의 안전을 해할 때
  2. 승무원 이외의 사람이나 대한민국의 국민에 관계가 있을 때
  3. 중대한 범죄가 발생하였을 때
2] 외국선박내에서의 형사관할권(「UN 해양법협약」 제27조)
  1. 연안국의 형사관할권은 오직 다음의 각호의 경우를 제외하고는 영해를 통항하고 있는 외국선박의 선박내에서 통항중에 발생한 어떠한 범죄와 관련하여 사람을 체포하거나 수사를 수행하기 위하여 그 선박내에서 행사될 수 없다.
    (a) 범죄의 결과가 연안국에 미치는 경우
    (b) 범죄가 연안국의 평화나 영해의 공공질서를 교란하는 종류인 경우
    (c) 그 선박의 선장이나 기국의 외교관 또는 영사가 현지 당국에 지원을 요청한 경우
    (d) 마약이나 향정신성물질의 불법거래를 진압하기 위하여 필요한 경우
  2. 위의 규정은 내수를 떠나 영해를 통항중인 외국선박내에서의 체포나 수사를 목적으로 자국법이 허용한 조치를 취할 수 있는 연안국의 권리에 영향을 미치지 아니한다.
  3. 제1항 및 제2항에 규정된 경우, 연안국은 선장이 요청하면 어떠한 조치라도 이를 취하기 전에 선박기국의 외교관이나 영사에게 통고하고, 이들과 승무원간의 연락이 용이하도록 한다. 긴급한 경우 이러한 통고는 조치를 취하는 동안에 이루어질 수도 있다.
  4. 현지당국은 체포여부나 체포방식을 고려함에 있어 통항의 이익을 적절히 고려한다.

5. 제12부에 규정된 경우나 제5부에 따라 제정된 법령위반의 경우를 제외하고는, 연안국은 외국선박이 외국의 항구로부터 내수에 들어오지 아니하고 단순히 영해를 통과하는 경우, 그 선박이 영해에 들어오기 전에 발생한 범죄와 관련하여 사람을 체포하거나 수사를 하기 위하여 영해를 통항중인 외국선박 내에서 어떠한 조치도 취할 수 없다.

06 다음 중 「해양법에 관한 국제연합협약」에 따라 영해를 통항하고 있는 외국선박 내에서 통항 중에 발생한 범죄와 관련하여 형사관할권을 행사할 수 있는 경우로 가장 옳지 않은 것은?   22년 경찰간부

① 범죄가 연안국의 평화나 영해의 공공질서를 교란하는 종류인 경우
② 범죄의 결과가 연안국에 미치는 경우
③ 그 선박의 선원이나 기국의 외교관 또는 영사가 현지 당국에 지원을 요청한 경우
④ 마약이나 향정신성물질의 불법거래를 진압하기 위하여 필요한 경우

해설 ③ 그 선박의 선장이나 기국의 외교관 또는 영사가 현지 당국에 지원을 요청한 경우, 선원은 크게 선장과 해원으로 나눠지고, 해원은 다시 직원과 부원으로 구분된다.

외국선박 내에서의 형사관할권(협약 제27조)
연안국의 형사관할권은 오직 다음의 각호의 경우를 제외하고는 영해를 통항하고 있는 외국선박의 선박내에서 통항중에 발생한 어떠한 범죄와 관련하여 사람을 체포하거나 수사를 수행하기 위하여 그 선박내에서 행사될 수 없다(제1호).
(a) 범죄의 결과가 연안국에 미치는 경우
(b) 범죄가 연안국의 평화나 영해의 공공질서를 교란하는 종류인 경우
(c) 그 선박의 선장이나 기국의 외교관 또는 영사가 현지 당국에 지원을 요청한 경우
(d) 마약이나 향정신성물질의 불법거래를 진압하기 위하여 필요한 경우

07 다음 중 「영해 및 접속수역법」 및 같은 법 시행령상 우리의 영해 및 접속수역에서 외국군함의 무해통항에 관한 제한요건으로 가장 옳은 것은?   18년 경력/간부

① 사전승인   ② 사전허가
③ 사전통고   ④ 사후통고

해설 ③ 사전통고제, 즉 외국선박은 대한민국의 평화ㆍ공공질서 또는 안전보장을 해치지 아니하는 범위에서 대한민국의 영해를 무해통항(無害通航)할 수 있다. 외국의 군함 또는 비상업용 정부선박이 영해를 통항하려는 경우에는 대통령령으로 정하는 바에 따라 관계 당국에 미리 알려야 한다(제5조).

정답 05 ③ 06 ③ 07 ③

08 영해의 무해통항권에 대한 설명으로 가장 옳지 않은 것은?   19년 경정

① 무해란 연안국의 평화와 질서 또는 안전을 해하지 않은 것을 의미한다.
② 통항이란 타국의 영해를 횡단하거나 내수로 출입하기 위하여 그 영해를 지나는 것이다.
③ 연안국은 자국이 인지하고 있는 자국 영해에서의 통항에 관한 위험을 공표할 의무가 있다.
④ 연안국은 외국선박의 자국 영해통항에 관한 법령을 제정하여 준수를 요구할 수 없다.

> 해설 ④ 연안국은 이 협약의 규정과 그 밖의 국제법 규칙에 따라 항행의 안전과 해상교통의 규제, 해양생물자원의 보존, 연안국의 어업법령 위반방지 등의 전부 또는 일부에 대하여 영해에서의 무해통항에 관한 법령을 제정할 수 있다.
>
> 「UN 해양법협약」상 무해통항에 관한 연안국의 법령(제21조)
> 1) 연안국은 이 협약의 규정과 그 밖의 국제법규칙에 따라 항행의 안전과 해상교통의 규제, 해양생물자원의 보존, 연안국의 어업법령 위반방지 등의 전부 또는 일부에 대하여 영해에서의 무해통항에 관한 법령을 제정할 수 있다.
> 2) 이러한 법령이 일반적으로 수락된 국제규칙이나 기준을 시행하는 것이 아닌 한 외국선박의 설계, 구조, 인원배치 또는 장비에 대하여 적용하지 아니한다.
> 3) 연안국은 이러한 모든 법령을 적절히 공표하여야 한다.
> 4) 외국선박이 영해에서 무해통항권을 행사하는 경우, 이러한 모든 법령과 해상충돌방지에 관하여 일반적으로 수락된 모든 국제규칙을 준수하여야 한다.

09 「영해 및 접속수역법」에 의거하여 다음 빈칸에 순서대로 들어갈 단어로 가장 적절한 것은?   19년 경사

> 영해의 폭을 측정하기 위한 기준이 되는 선을 기선이라고 한다. 기선에는 대한민국이 공식적으로 인정한 대축척 해도에 표시된 해안의 저조선으로 하는 ( )과 지리적 특수사정이 있는 수역의 경우에는 대통령령으로 정하는 기점을 연결하는 ( ) 두 종류가 있다.

① 중간기선, 직선기선
② 통상기선, 직선기선
③ 직선기선, 중간기선
④ 직선기선, 통상기선

> 해설 ② 기선은 일반적으로 통상기선(normal base line)과 직선기선(straight base line)으로 구분된다.
> 1] 영해의 범위(제1조)
> 대한민국의 영해는 기선(基線)으로부터 측정하여 그 바깥쪽 12해리의 선까지에 이르는 수역(水域)으로 한다. 다만, 대통령령으로 정하는 바에 따라 일정수역의 경우에는 12해리 이내에서 영해의 범위를 따로 정할 수 있다.

2] 기선(제2조)
① 영해의 폭을 측정하기 위한 통상의 기선은 대한민국이 공식적으로 인정한 대축척해도(大縮尺海圖)에 표시된 해안의 저조선(低潮線)으로 한다.
② 지리적 특수사정이 있는 수역의 경우에는 대통령령으로 정하는 기점을 연결하는 직선을 기선으로 할 수 있다.
*동해는 통상기선, 영일만부터 남해 및 서해는 직선기선

10 다음 설명으로 가장 옳지 않은 것은? 18년 경찰간부

① 「영해 및 접속수역법」상 대한민국의 영해는 기선으로부터 측정하여 그 바깥쪽 12해리의 선까지에 이르는 수역으로 한다.
② 「영해 및 접속수역법」상 영해의 폭을 측정하기 위한 통상의 기선은 대한민국이 공식적으로 인정한 대축척해도에 표시된 해안의 저조선으로 한다.
③ 「배타적 경제수역 및 대륙붕에 관한 법률」상 대한민국의 배타적 경제수역은 협약에 따라 기선으로부터 그 바깥쪽 200해리의 선까지에 이르는 수역 중 대한민국의 영해를 포함한 수역으로 한다.
④ 「배타적 경제수역 및 대륙붕에 관한 법률」상 대한민국은 협약에 따라 배타적 경제수역에서 천연자원의 탐사·개발·보존 및 관리를 목적으로 하는 주권적 권리를 갖는다.

해설 ③ 대한민국의 배타적 경제수역은 협약에 따라 「영해 및 접속수역법」 제2조(영해의 폭을 측정하기 위한 통상의 기선은 대한민국이 공식적으로 인정한 대축척해도(大縮尺海圖)에 표시된 해안의 저조선(低潮線)으로 한다)에 따른 기선(基線)으로부터 그 바깥쪽 200해리의 선까지에 이르는 수역 중 대한민국의 영해를 제외한 수역으로 한다(「배타적 경제수역 및 대륙붕에 관한 법률」 제2조 제1항).

배타적 경제수역과 대륙붕에서의 권리(「배타적 경제수역 및 대륙붕에 관한 법률」 제3조)
① 대한민국은 협약에 따라 배타적 경제수역에서 다음 각호의 권리를 가진다.
  1. 해저의 상부 수역, 해저 및 그 하층토(下層土)에 있는 생물이나 무생물 등 천연자원의 탐사·개발·보존 및 관리를 목적으로 하는 주권적 권리와 해수(海水), 해류 및 해풍(海風)을 이용한 에너지 생산 등 경제적 개발 및 탐사를 위한 그 밖의 활동에 관한 주권적 권리
  2. 다음 각 목의 사항에 관하여 협약에 규정된 관할권
     가. 인공섬·시설 및 구조물의 설치·사용
     나. 해양과학 조사
     다. 해양환경의 보호 및 보전
  3. 협약에 규정된 그 밖의 권리
② 대한민국은 협약에 따라 대륙붕에서 다음 각호의 권리를 가진다.
  1. 대륙붕의 탐사를 위한 주권적 권리
  2. 해저와 하층토의 광물, 그 밖의 무생물자원 및 정착성 어종에 속하는 생물체(협약 제77조제4항에 규정된 정착성 어종에 속하는 생물체를 말한다)의 개발을 위한 주권적 권리
  3. 협약에 규정된 그 밖의 권리

정답 08 ④ 09 ② 10 ③

11 해양경찰의 관할과 관련하여「영해 및 접속수역법」상 외국선박의 통항에 관한 설명 중 가장 옳지 않은 것은?

18년 경사

① 외국선박은 대한민국의 평화·공공질서 또는 안전보장을 해치지 아니하는 범위에서 대한민국의 영해를 무해통항 할 수 있다.
② 외국의 군함 또는 비상업용 정부선박이 영해를 통항하려는 경우에는 대통령령으로 정하는 바에 따라 관계 당국에 미리 알려야 한다.
③ 대한민국의 안전보장에 유해한 정보의 수집을 하는 행위는 대한민국의 평화·공공질서 또는 안전보장을 해치는 것으로 본다.
④ 잠수항행을 하는 경우에는 대한민국의 평화·공공질서 또는 안전보장을 해치는 것으로 보지 않는다.

> **해설** ④ 원칙적으로 외국선박의 통항 시 잠수항행의 경우에도 대한민국의 평화·공공질서 또는 안전보장을 해치는 것으로 본다.
>
> 「영해 및 접속수역법」상 외국선박의 통항(제5조)
> ① 외국선박은 대한민국의 평화·공공질서 또는 안전보장을 해치지 아니하는 범위에서 대한민국의 영해를 무해통항(無害通航)할 수 있다. 외국의 군함 또는 비상업용 정부선박이 영해를 통항하려는 경우에는 대통령령으로 정하는 바에 따라 관계 당국에 미리 알려야 한다.
>
> > 시행령 제4조(외국군함의 통항)
> > 외국의 군함 또는 비상업용 정부선박이 영해를 통항하고자 할 때에는 법 제5조제1항 후단의 규정에 따라 그 통항 3일전까지(공휴일은 제외) 외교부장관에게 다음 각호의 사항을 통고하여야 한다. 다만, 전기선박이 통과하는 수역이 국제항행에 이용되는 해협으로서 동 수역에 공해대가 없을 경우에는 그러하지 아니하다.
> > 1. 당해 선박의 선명·종류 및 번호
> > 2. 통항목적
> > 3. 통항항로 및 일정
>
> ② 외국선박이 통항할 때 다음 각호의 행위를 하는 경우에는 대한민국의 평화·공공질서 또는 안전보장을 해치는 것으로 본다. 다만, 제2호부터 제5호까지, 제11호 및 제13호의 행위로서 관계 당국의 허가·승인 또는 동의를 받은 경우에는 그러하지 아니하다.
> 1. 대한민국의 주권·영토보전 또는 독립에 대한 어떠한 힘의 위협이나 행사(行使), 그 밖에 국제연합헌장에 구현된 국제법원칙을 위반한 방법으로 하는 어떠한 힘의 위협이나 행사
> 2. 무기를 사용하여 하는 훈련 또는 연습
> 3. 항공기의 이함(離艦)·착함(着艦) 또는 탑재
> 4. 군사기기의 발진(發進)·착함 또는 탑재
> 5. 잠수항행
> 6. 대한민국의 안전보장에 유해한 정보의 수집
> 7. 대한민국의 안전보장에 유해한 선전·선동
> 8. 대한민국의 관세·재정·출입국관리 또는 보건·위생에 관한 법규에 위반되는 물품이나 통화(通貨)의 양하(揚荷)·적하(積荷) 또는 사람의 승선·하선
> 9. 대통령령으로 정하는 기준을 초과하는 오염물질의 배출
> 10. 어로(漁撈)
> 11. 조사 또는 측량
> 12. 대한민국 통신체제의 방해 또는 설비 및 시설물의 훼손
> 13. 통항과 직접 관련 없는 행위로서 대통령령으로 정하는 것

③ 대한민국의 안전보장을 위하여 필요하다고 인정되는 경우에는 대통령령으로 정하는 바에 따라 일정수역을 정하여 외국선박의 무해통항을 일시적으로 정지시킬 수 있다.

12 외국선박은 대한민국의 평화·공공질서 또는 안전보장을 해치지 아니하는 범위에서 대한민국의 영해를 무해통항할 수 있다. 다음 <보기>에서 관계 당국의 허가·승인 또는 동의를 받아야 하는 행위는 모두 몇 개인가?   23년 경찰간부

> ㉠ 무기를 사용하여 하는 훈련 또는 연습
> ㉡ 항공기의 이함(離艦)·착함(着艦) 또는 탑재
> ㉢ 잠수항행
> ㉣ 대한민국의 안전보장에 유해한 정보의 수집
> ㉤ 대한민국의 안전보장에 유해한 선전·선동
> ㉥ 대통령령으로 정하는 기준을 초과하는 오염물질의 배출
> ㉦ 대한민국 통신체제의 방해 또는 설비 및 시설물의 훼손

① 1개 ② 2개
③ 3개 ④ 4개

해설
[O] ㉠㉡㉢
[X] ㉣㉤㉦ 이 경우에는 처음부터 당연히 허가, 승인, 동의가 있을 수 없다.
위 11번 문제 해설 참조하시기 바랍니다.

13 다음 중 「해양법에 관한 국제연합 협약(United Nations Convention on the Law of the Sea)」상 통항의 의미에 관한 내용으로 가장 옳지 않은 것은?   20년 간부

① 통항이라 함은 내수에 들어가지 아니하거나 내수 밖의 정박지나 항구시설에 기항하지 아니하고 영해를 횡단하는 것 또는 내수를 향하여 또는 내수로부터 항진하거나 또는 이러한 정박지나 항구시설에 기항하는 것을 목적으로 영해를 지나서 항행함을 말한다.
② 통항은 계속적이거나 신속하여야 한다.
③ 정선이나 닻을 내리는 행위가 통상적인 항행에 부수되는 경우 통항에 포함된다.
④ 불가항력이나 조난으로 인하여 필요한 경우, 또는 위험하거나 조난상태에 있는 인명·선박 또는 항공기를 구조하기 위한 경우에는 통항에 포함된다.

정답 11 ④ 12 ③ 13 ②

해설 ② 통항은 계속적 또는(or) 신속적이 아니라, 계속적이고(and) 신속하여야 한다.
「해양법에 관한 국제연합 협약(United Nations Convention on the Law of the Sea)」
1. 통항이라 함은 다음의 목적을 위하여 영해를 지나서 항행함을 말한다(제18조).
   (a) 내수에 들어가지 아니하거나 내수 밖의 정박지나 항구시설에 기항하지 아니하고 영해를 횡단하는 것; 또는
   (b) 내수를 향하여 또는 내수로부터 항진하거나 또는 이러한 정박지나 항구시설에 기항하는 것
2. 통항은 계속적이고 신속하여야 한다. 다만, 정선이나 닻을 내리는 행위가 통상적인 항행에 부수되는 경우, 불가항력이나 조난으로 인하여 필요한 경우, 또는 위험하거나 조난상태에 있는 인명·선박 또는 항공기를 구조하기 위한 경우에는 통항에 포함된다.

14 「영해 및 접속수역법」상 외국의 군함 또는 비상업용 정부선박이 영해를 통항하고자 할 때에 대한 설명으로 가장 옳지 않은 것은? 18년 경감

① 국방부장관에게 통고한다.
② 통항 3일 전(공휴일은 제외)까지 통고하여야 한다.
③ 통고내용에는 당해 선박의 선명·종류 및 번호, 통항목적, 통항항로 및 일정을 포함하여야 한다.
④ 통과하려는 수역이 국제항행에 이용되는 해협으로서 동 수역에 공해대가 없을 경우에는 통고하지 않을 수 있다.

해설 ① 외국의 군함 또는 비상업용 정부선박이 영해를 통항하고자 할 때에는 국방부장관이 아니라 외교부장관에게 미리 알려야 한다(사전통고).

15 다음 중 「영해 및 접속수역법」상 가장 옳은 것은? 21년 경장

① 관계 당국의 허가·승인 또는 동의를 받더라도 외국선박의 잠수항행을 할 수 없다.
② 영해 내의 일정수역에 있어서 외국선박의 무해 통항의 일시적 정지는 해양수산부장관이 행한다.
③ 외국의 군함 또는 비상업용 정부선박이 영해를 통항하려는 경우에는 대통령령으로 정하는 바에 따라 관계 당국의 허가를 받아야 한다.
④ 영해의 폭을 측정하기 위한 기선으로부터 육지 쪽에 있는 수역은 내수로 한다.

해설 ① 관계 당국의 허가·승인 또는 동의를 받은 경우에는 가능하다.
②③ 사전허가제가 아니라, 사전통고제를 취하고 있다. 사전통고는 3일전(공휴일 제외)까지 외교부장관에게, 일시적 중지는 국무회의의 심의를 거쳐 국방부장관이 행한다.
외국선박은 대한민국의 평화·공공질서 또는 안전보장을 해치지 아니하는 범위에서 대한민국의 영해를 무해통항(無害通航)할 수 있다. 외국의 군함 또는 비상업용 정부선박이 영해를 통항하려는 경우에는 대통령령으로 정하는 바에 따라 관계 당국에 미리 알려야 한다(제5조 제1항). 잠수항행은 대한민국의 평화·공공질서 또는 안전보장을 해치는 것으로 본다. 다만, 관계 당국의 허가·승인 또는 동의를 받은 경우에는 그러하지 아니하다.

1] 외국군함등의 통항(시행령 제4조)
외국의 군함 또는 비상업용 정부선박이 영해를 통항하려는 경우에는 법 제5조제1항 후단에 따라 그 통항 3일 전까지(공휴일은 제외한다) 외교부장관에게 다음 각호의 사항을 통고해야 한다. 다만, 해당 군함 또는 선박이 통과하는 수역이 국제항행에 이용되는 해협으로서 해당 수역에 공해대(公海帶)가 없을 경우에는 그렇지 않다.
1. 당해 선박의 선명·종류 및 번호
2. 통항목적
3. 통항항로 및 일정

2] 무해통항의 일시정지(시행령 제7조)
① 법 제5조제3항의 규정에 따라 영해내의 일정수역에 있어서 외국선박의 무해통항의 일시적 정지는 국방부장관이 행하되, 미리 국무회의의 심의를 거쳐 대통령의 승인을 얻어야 한다.
② 국방부장관이 제1항의 규정에 따라 대통령의 승인을 얻은 때에는 무해통항의 일시적 정지수역·정지기간 및 정지사유를 지체없이 고시하여야 한다.

16 다음 중 「영해 및 접속수역법」상 외국의 군함이나 비상업용 정부선박 또는 그 승무원이나 그 밖의 승선자가 「영해 및 접속수역법」이나 그 밖의 다른 법령을 위반하였을 때에 취할 수 있는 가장 옳은 조치는 무엇인가? 21년 경감

① 「해양법에 관한 국제연합 협약」 제111조에 규정된 추적권을 행사할 수 있다.
② 정선·검색·나포 그 밖에 필요한 명령이나 조치를 할 수 있다.
③ 그 군함에 대하여는 아무런 조치도 할 수 없다.
④ 시정이나 영해로부터의 퇴거를 요구할 수 있다.

해설 ④ 불법 외국선박의 경우, 일반 선박과 군함이나 정부 선박에 대한 조치사항이 서로 다르다. 즉 군함이나 정부 선박의 경우 일반 선박에 비해 특례를 인정하고 있다.

1) 정선(제6조)
외국선박(외국의 군함 및 비상업용 정부선박은 제외한다. 이하 같다)이 제5조를 위반한 혐의가 있다고 인정될 때에는 관계 당국은 정선(停船)·검색·나포(拿捕), 그 밖에 필요한 명령이나 조치를 할 수 있다.

2) 군함 등에 대한 특례(제9조)
외국의 군함이나 비상업용 정부선박 또는 그 승무원이나 그 밖의 승선자가 이 법이나 그 밖의 다른 법령을 위반하였을 때에는 이의 시정이나 영해로부터의 퇴거를 요구할 수 있다.

정답 14 ① 15 ④ 16 ④

17 「영해 및 접속수역법(시행령 포함)」에 관한 다음 설명 중 가장 옳지 않은 것은? 19년 경장

① 영일만, 남·서해안 등에서 직선기선을 보조적으로 사용한다.
② 외국군함의 사전통고제도를 규정하고 있다.
③ 영해의 폭을 측정하기 위한 통상의 기선은 대한민국이 공식적으로 인정한 대축척 해도에 표시된 해안의 저조선을 원칙으로 한다.
④ 대한민국의 접속수역은 기선으로부터 측정하여 그 바깥쪽 24해리의 선까지에 이르는 수역으로 한다.

> 해설 ④ 대한민국의 접속수역은 기선으로부터 측정하여 그 바깥쪽 24해리의 선까지에 이르는 수역에서 대한민국의 영해를 제외한 수역으로 한다. 다만, 대통령령으로 정하는 바에 따라 일정수역의 경우에는 기선으로부터 24해리 이내에서 접속수역의 범위를 따로 정할 수 있다(제3조의2).
> 또한, 대한민국과 인접하거나 마주 보고 있는 국가와의 영해 및 접속수역의 경계선은 관계국과 별도의 합의가 없으면 두 나라가 각자 영해의 폭을 측정하는 기선상의 가장 가까운 지점으로부터 같은 거리에 있는 모든 점을 연결하는 중간선으로 한다(제4조).
> ① 영해기선(領海基線, baseline of the territorial sea)은 영토 관할권 확정에 기본이 되는 기선으로서, 통상기선(normal baseline)과 직선기선(straight baseline)으로 구분된다. 우리나라의 경우 동해안은 통상기선이, 서·남해안은 직선기선이 「영해 및 접속수역법」에 의해 채택되고 있다.

18 다음 중 ( ) 안에 들어가는 기선에 대한 설명으로 가장 옳지 않은 것은? 21년 경사

> 영해의 폭을 측정하기 위한 기준이 되는 선을 기선이라고 한다. 기선에는 대한민국이 공식적으로 인정한 대축적 해도에 표시된 해안의 저조선으로 하는 통상기선과 지리적 특수사정이 있는 수역의 경우에는 대통령령으로 정하는 기점을 연결하는 ( )이 있다.

① 우리나라는 「영해 및 접속수역법 시행령」에 따른 총 23개의 기점을 정하고 있다.
② 동해안은 기점은 달만갑부터 시작한다.
③ 서해안 최북단의 기점은 백령도이다.
④ 기점은 「영해 및 접속수역법 시행령」에 좌표가 기술되어 있다.

> 해설 ③ 괄호는 직선기선에 대한 설명이다. 대표적으로 동해 달만갑·호미곶부터 남해의 1.5미터암·생도·홍도 그리고 서해 서격렬비열도·소령도까지 모두 23개의 기점이 있다. 서해의 백령도, 연평도, 대청도, 소청도, 우도, 강화도 등은 직선기선의 기점이 아니고, 대흑산도는 아니지만 소흑산도(가거도)는 직선기선의 기점이다.

19 다음 중 「영해 및 접속수역법(시행령 포함)」에 대한 내용으로 옳은 것은 모두 몇 개인가?

20년 간부

> ㉠ 지리적 특수사정이 있는 수역의 경우에는 대통령령으로 정하는 기점을 연결하는 직선을 기선으로 할 수 있다.
> ㉡ 영해의 폭을 측정하기 위한 통상의 기선은 대한민국이 공식적으로 인정한 대축척해도에 표시된 해안의 저조선으로 한다.
> ㉢ 대한민국의 접속수역은 해안선으로부터 측정하여 그 바깥쪽 24해리의 선까지에 이르는 수역에서 대한민국의 영해를 제외한 수역으로 한다.
> ㉣ 달만갑, 소령도는 우리나라 영해를 직선기선으로 하는 수역에 있어서의 기점이다.

① 1개 ② 2개
③ 3개 ④ 4개

 [O] ㉠㉡㉣
[X] ㉢
㉢ 접속수역은 <u>기선으로부터</u> 측정하여 그 바깥쪽 24해리의 선까지에 이르는 수역에서 대한민국의 영해를 제외한 수역으로 한다.

20 다음 중 「배타적 경제수역 및 대륙붕에 관한 법률」에 대한 설명으로 가장 옳지 않은 것은?

21년 경찰간부

① 대한민국은 협약에 따라 대륙붕에서 해저와 하층토의 광물, 그 밖의 무생물자원 및 정착성 어종에 속하는 생물체의 개발을 위한 주권적 권리를 가진다.
② 외국 또는 외국인은 대한민국의 배타적 경제수역과 대륙붕에서 권리를 행사하고 의무를 이행할 때에는 대한민국의 권리와 의무를 적절히 고려하고 대한민국의 법령을 준수하여야 한다.
③ 대한민국의 배타적 경제수역은 협약에 따라 「영해 및 접속수역법」제2조에 따른 기선(基線)으로부터 그 바깥쪽 200해리의 선까지에 이르는 수역 중 대한민국의 영해를 포함한 수역으로 한다.
④ 대한민국 배타적 경제수역에서의 권리는 대한민국과 관계국 간에 별도의 합의가 없는 경우 대한민국과 관계국의 중간선 바깥쪽 수역에서는 행사하지 아니한다.

정답 17 ④ 18 ③ 19 ③ 20 ③

해설 ③ 대한민국의 배타적 경제수역은 협약에 따라 「영해 및 접속수역법」 제2조에 따른 기선(基線)으로부터 그 바깥쪽 200해리의 선까지에 이르는 수역 중 대한민국의 영해를 제외한 수역으로 한다.

1) 배타적 경제수역과 대륙붕의 범위(제2조)
① 대한민국의 배타적 경제수역은 협약에 따라 「영해 및 접속수역법」 제2조에 따른 기선(基線)으로부터 그 바깥쪽 200해리의 선까지에 이르는 수역 중 대한민국의 영해를 제외한 수역으로 한다.
② 대한민국의 대륙붕은 협약에 따라 영해 밖으로 영토의 자연적 연장에 따른 대륙변계(大陸邊界)의 바깥 끝까지 또는 대륙변계의 바깥 끝이 200해리에 미치지 아니하는 경우에는 기선으로부터 200해리까지의 해저지역의 해저와 그 하층토로 이루어진다. 다만, 대륙변계가 기선으로부터 200해리 밖까지 확장되는 곳에서는 협약에 따라 정한다.
③ 대한민국과 마주 보고 있거나 인접하고 있는 국가(관계국) 간의 배타적 경제수역과 대륙붕의 경계는 제1항 및 제2항에도 불구하고 국제법을 기초로 관계국과의 합의에 따라 획정한다.

2) 배타적 경제수역과 대륙붕에서의 권리(제3조)
① 대한민국은 협약에 따라 배타적 경제수역에서 다음 각호의 권리를 가진다.
　1. 해저의 상부 수역, 해저 및 그 하층토(下層土)에 있는 생물이나 무생물 등 천연자원의 탐사·개발·보존 및 관리를 목적으로 하는 주권적 권리와 해수(海水), 해류 및 해풍(海風)을 이용한 에너지 생산 등 경제적 개발 및 탐사를 위한 그 밖의 활동에 관한 주권적 권리
　2. 다음 각 목의 사항에 관하여 협약에 규정된 관할권
　　가. 인공섬·시설 및 구조물의 설치·사용
　　나. 해양과학 조사
　　다. 해양환경의 보호 및 보전
　3. 협약에 규정된 그 밖의 권리
② 대한민국은 협약에 따라 대륙붕에서 다음 각호의 권리를 가진다.
　1. 대륙붕의 탐사를 위한 주권적 권리
　2. 해저와 하층토의 광물, 그 밖의 무생물자원 및 정착성 어종에 속하는 생물체(협약 제77조제4항에 규정된 정착성 어종에 속하는 생물체를 말한다)의 개발을 위한 주권적 권리
　3. 협약에 규정된 그 밖의 권리

3) 외국 또는 외국인의 권리 및 의무(제4조)
① 외국 또는 외국인은 협약의 관련 규정에 따를 것을 조건으로 대한민국의 배타적 경제수역과 대륙붕에서 항행(航行) 또는 상공 비행의 자유, 해저 전선(電線) 또는 관선(管線) 부설의 자유 및 그 자유와 관련되는 것으로서 국제적으로 적법한 그 밖의 해양 이용에 관한 자유를 누린다.
② 외국 또는 외국인은 대한민국의 배타적 경제수역과 대륙붕에서 권리를 행사하고 의무를 이행할 때에는 대한민국의 권리와 의무를 적절히 고려하고 대한민국의 법령을 준수하여야 한다.

21 외국선박이 경찰관할을 위반하였을 때, 「배타적 경제수역에서의 외국인어업 등에 대한 주권적 권리의 행사에 관한 법률」상 검사나 사법경찰관이 외국선박을 정선시키려는 경우에 사용하는 방법에 해당하지 않는 것은?　　　　18년 경장

① 국제해사기구의 국제신호서에 규정된 신호기 엘(L)의 게양
② 국제해사기구의 국제신호서에 규정된 사이렌에 의한 엘(L)의 신호(단음1회, 장음2회, 단음 2회를 7초의 간격으로 계속한다)
③ 국제해사기구의 국제신호서에 규정된 투광기에 의한 엘(L)의 신호(단광1회, 장광1회, 단광2회를 7초의 간격으로 계속한다)
④ 마이크로폰 또는 육성

② 국제해사기구의 국제신호서에 규정된 투광기에 의한 엘(L)의 신호[단광(短光) 1회, 장광(長光) 1회, 단광 2회를 7초의 간격으로 계속한다]

정선명령(시행규칙 제27조)
① 검사나 영 제3조의2에 따른 사법경찰관은 법 제23조제1항에 따라 외국선박을 정선(停船)시키려는 경우에는 다음 각호의 어느 하나에 해당하는 방법에 따라야 한다.
  1. 국제해사기구의 국제신호서에 규정된 신호기 엘(L)의 게양
  2. 국제해사기구의 국제신호서에 규정된 사이렌·뱃고동 또는 그 밖의 음향신호에 의한 엘(L)의 신호(단음 1회, 장음 1회, 단음 2회를 7초의 간격으로 계속한다)
  3. 국제해사기구의 국제신호서에 규정된 투광기에 의한 엘(L)의 신호[단광(短光) 1회, 장광(長光) 1회, 단광 2회를 7초의 간격으로 계속한다]
  4. 마이크로폰 또는 육성(肉聲)
② 제1항에서 "장음" 또는 "장광"이란 3초간 계속 소리를 울리거나 빛을 비추는 것을 말하며, "단음" 또는 "단광"이란 1초간 계속 소리를 울리거나 빛을 비추는 것을 말한다.

22 「배타적 경제수역에서의 외국인어업 등에 대한 주권적 권리의 행사에 관한 법률」상의 내용에 대한 설명 중 가장 옳은 것은? 18년 경장

① 「배타적 경제수역에서의 외국인어업 등에 대한 주권적 권리의 행사에 관한 법률」에 따른 명령 또는 제한이나 조건을 위반한 혐의가 추정되는 외국어선에 대하여 정선명령을 할 수 있다.
② 외국어선이 배타적 경제수역에서 「배타적 경제수역에서의 외국인어업 등에 대한 주권적 권리의 행사에 관한 법률」과 「수산업법」을 동시에 위반하였을 경우 「수산업법」의 적용을 받는다.
③ 「배타적 경제수역에서의 외국인어업 등에 대한 주권적 권리의 행사에 관한 법률」에 따른 어업활동의 정지명령을 위반한 자가 소유하는 선박은 몰수할 수 있다.
④ 배타적 경제수역에서 어업활동의 허가를 받은 외국인은 선박마다 어업활동허가번호판을 조타실의 앞뒤의 상단 중앙부에 각각 붙여야 한다.

 ① 명령 또는 제한이나 조건을 위반한 혐의가 인정되는 외국어선에 대하여 정선명령을 할 수 있다.
② 외국인이 배타적 경제수역에서 어업활동을 하는 경우에는「수산업법」,「양식산업발전법」및「수산자원관리법」에도 불구하고 이 법을 적용한다.
④ 어업활동 허가번호판(허가번호판)을 조타실 좌우 측면의 중앙부에 각각 붙여야 한다.
1] 적용범위(제3조)
  외국인이 배타적 경제수역에서 어업활동을 하는 경우에는「수산업법」,「양식산업발전법」및「수산자원관리법」에도 불구하고 이 법을 적용한다.

정답 21 ② 22 ③

2] 불법 어업활동 혐의 선박에 대한 정선명령(제6조의2)
검사(檢事)나 대통령령으로 정하는 사법경찰관은 배타적 경제수역에서 다음 각호의 어느 하나에 해당하는 불법 어업활동 혐의가 있는 외국선박에 정선명령(停船命令)을 할 수 있다. 이 경우 그 선박은 명령에 따라야 한다.
  1. 이 법, 이 법에 따른 명령 또는 제한이나 조건을 위반한 혐의가 있다고 인정되는 경우
  2. 대한민국과 어업에 관한 협정을 체결한 국가의 선박이 그 협정, 그 협정에 따른 명령 또는 제한이나 조건을 위반한 혐의가 있다고 인정되는 경우

3] 몰수 또는 추징(제21조)
제16조의2, 제17조, 제18조 또는 제19조의 죄를 범한 자가 소유하거나 소지하는 어획물 및 그 제품, 선박, 어구(漁具) 또는 그 밖의 어업활동 등에 사용한 물건(어획물 등)은 몰수할 수 있다. 다만, 제16조의2의 죄를 범한 자가 자국(自國)으로부터 어업활동에 관한 허가를 받지 아니한 경우에는 어획물 등을 몰수한다.

4] 어업활동 허가번호의 표지(제9조)
동법 제5조에 따라 어업활동 허가를 받은 외국인은 선박마다 별지 제1도의 어업활동 허가번호판(허가번호판)을 조타실 좌우 측면의 중앙부에 각각 붙여야 한다(시행규칙 제9조).

23 「배타적 경제수역에서의 외국인 어업 등에 대한 주권적 권리의 행사에 관한 법률」의 적용 범위에 대한 다음 설명 중 가장 옳지 않은 것은? 19년 경위

① 배타적 경제수역에서 이루어지는 외국인의 어업활동에 관하여는 「배타적 경제수역 및 대륙붕에 관한 법률」 관련 조항에도 불구하고 대통령령으로 정하는 법령의 규정을 적용하지 아니한다.
② 외국인이 배타적경제수역에서 어업활동을 하는 경우에는 「수산업법」 및 「수산자원 관리법」을 우선적으로 적용한다.
③ 이 법에서 규정하는 사항에 관하여 외국과의 협정에서 따로 정하는 것이 있을 때에는 그 협정에서 정하는 바에 따른다.
④ 우리나라와 어업협정을 체결한 중국과 일본의 어선은 한·중 어업협정 및 한·일 어업협정이 우선적으로 적용된다.

해설 ② 외국인이 배타적 경제수역에서 어업활동을 하는 경우에는 「수산업법」, 「양식산업발전법」 및 「수산자원관리법」에도 불구하고 이 법을 적용한다.

적/용/범/위(동법 제3조)
① 외국인이 배타적 경제수역에서 어업활동을 하는 경우에는 「수산업법」, 「양식산업발전법」 및 「수산자원관리법」에도 불구하고 이 법을 적용한다.
② 이 법에서 규정하는 사항에 관하여 외국과의 협정에서 따로 정하는 것이 있을 때에는 그 협정에서 정하는 바에 따른다.
③ 배타적 경제수역에서 이루어지는 외국인의 어업활동에 관하여는 「배타적 경제수역 및 대륙붕에 관한 법률」 제5조제1항에도 불구하고 대통령령으로 정하는 법령의 규정을 적용하지 아니한다.

24 다음은 「배타적 경제수역에서의 외국인어업 등에 대한 주권적 권리의 행사에 관한 법률」상 용어에 대한 설명이다. 아래 구역에 관한 설명으로 가장 옳은 것은? 19년 경장

> 외국인은 배타적 경제수역 중 어업자원의 보호 또는 어업조정을 위하여 대통령령으로 정하는 구역에서 어업활동을 하여서는 아니 된다.

① 조업자제해역
② 어로한계구역
③ 특정금지구역
④ 특정해역

해설 ③ 위 〈보기〉는 해양수산부장관이 설정하는 특정금지구역에 대한 내용이다.

어/업/의/허/가(동법 제5조)
① 외국인은 특정금지구역이 아닌 배타적 경제수역에서 어업활동을 하려면 선박마다 해양수산부장관의 허가를 받아야 한다.
② 해양수산부장관은 제1항에 따라 허가를 하였을 때에는 해당 외국인에게 허가증을 발급하여야 한다.
③ 제1항에 따라 허가를 받은 외국인은 허가를 받은 선박에 허가 사항을 식별할 수 있도록 표지(標識)를 하여야 하며, 제2항의 허가증을 갖추어 두어야 한다.
④ 제1항부터 제3항까지의 규정에 따른 허가 사항은 대통령령으로 정하고, 허가 절차, 허가증 발급, 표지 방법 및 그 밖에 필요한 사항은 해양수산부령으로 정한다(어업활동 허가를 받은 외국인은 선박마다 별지 제1도의 어업활동 허가번호판을 조타실 좌우 측면의 중앙부에 각각 붙여야 한다).

제4절 해양경찰의 기본이념과 윤리

01 다음 중 경찰 부패이론에 대한 설명으로 가장 옳은 것은? 21년 경찰간부

① 썩은 사과나무 가설은 경찰의 부패 원인을 개인의 윤리적 성향의 문제로 보는 견해로, 이러한 부패의 관행은 경찰관들 사이에서 침묵의 규범으로 받아들여진다고 본다.
② 미끄러운 경사로 이론은 윌슨이 주장한 견해로, 부패에 해당하지 않는 작은 호의가 큰 부패로 발전하게 된다는 이론이다.
③ 전체사회 가설은 미국 시카고 경찰을 분석하여 내린 이론으로, 시민사회의 부패가 경찰부패의 원인이 된다는 견해이다.
④ 구조·원인 가설은 니더호퍼, 로벅 등이 주장한 견해로, '바늘 도둑이 소도둑 된다.'는 관점과 유사하다.

정답 23 ② 24 ③ 01 ③

해설 ① 경찰조직 내 부패의 관행이 경찰관들 사이에서 침묵의 규범으로 받아들여지고, 이를 경찰부패의 원인으로 보는 견해는 구조원인가설이다.
② 미끄러운 경사로 이론은 셔먼이 주장한 견해로, 부패에 해당하지 않는 작은 호의가 큰 부패로 발전하게 된다는 이론이다. 윌슨은 전체사회가설을 주장하였는데, 이는 미끄러운 경사로 이론과 유사하다.
④ '바늘 도둑이 소도둑 된다'는 관점과 유사한 입장은 미끄러운 경사로 이론과 유사하다.

02 다음 중 경찰부패(일탈)와 관련된 설명으로 가장 옳지 않은 것은? 23년 해경학과

① 미끄러지기 쉬운 경사로 이론이란 공짜 커피, 작은 선물 등의 작은 호의가 습관화될 경우점점 더 큰 부패와 범죄로 빠진다는 이론이다.
② 전체사회가설은 시민사회의 부패를 경찰부패의 주원인으로 본다는 가설이다.
③ 썩은 사과 이론은 신임경찰관들이 그들의 고참 동료들에 의해 조직의 부패 전통 내에서 사회화됨으로써 부패의 길로 들어선다는 이론이다.
④ 구조원인가설은 부패의 원인을 개인적 결함보다는 조직의 구조적인 문제로 본다.

해설 ③ 썩은 사과 가설은 경찰부패의 원인을 개인적 결함에 있다고 본다. 신임경찰관들이 그들의 고참 동료들에 의해 조직의 부패 전통 내에서 사회화됨으로써 부패의 길로 들어선다는 이론과 관계 깊은 것은 구조원인가설로, 이는 부패의 원인을 개인적 결함보다는 조직의 구조적인 문제로 본다.

03 공직윤리와 부패에 대한 설명 중 가장 옳지 않은 것은 모두 몇 개인가? 19년 경감

㉠ 「부정청탁 및 금품 등 수수의 금지에 관한 법률」에서 공개적으로 공직자 등에게 특정한 행위를 요구하는 행위는 부정청탁에 해당하지 않는다.
㉡ 재직 중 직무와 관련된 부패행위로 해임된 경우, 퇴직 전 3년간 소속하였던 부서의 업무와 밀접한 관련이 있는 일정 규모 이상의 기관에 퇴직일부터 5년간 취업할 수 없다.
㉢ "과도한 선물의 수수"처럼 윤리강령에 규정될 수는 있지만, 형법이나 공직자윤리법 등에 규정 하는 것에 대해 반론이 있는 경우는 회색부패(gray corruption)에 해당한다.
㉣ 서해지방해양경찰청장 직위를 직무대리 중인 경무관은 「공직자윤리법」상 재산공개 대상자이다.

① 1개 ② 2개
③ 3개 ④ 4개

[O] ㉠㉢
[X] ㉡㉣

㉡ 「공직자윤리법」(제17조)에서는 원칙적으로 등록의무자(취업심사대상자)는 퇴직일부터 3년간 퇴직 전 5년 동안 소속하였던 부서 또는 기관의 업무와 밀접한 관련성이 있는 취업제한기관에 취업할 수 없다. 하지만, 비위로 인한 면직자는 퇴직일로부터 5년간 취업이 제한된다(「부패방지 및 국민권익위원회의 설치와 운영에 관한 법률」제82조).

㉣ 치안감 이상인 경우에 해당되고, 제주지방해양경찰청장은 경무관이므로 육경과는 다르게 재산공개의무가 없다. 한편, 회색부패는 작은 호의나 떡값과 같이, 흑색부패(뇌물수수)로 언제든지 갈 수 있는 잠재성을 지닌 것으로 일부 집단은 처벌을 원하지만 다른 집단은 원하지 않는 경우의 부패를 말한다.

1] 「부패방지 및 국민권익위원회의 설치와 운영에 관한 법률」제82조(비위면직자의 취업제한)
① 비위면직자 등은 다음 각호의 어느 하나에 해당하는 자를 말한다.
  1. 공직자가 재직 중 직무와 관련된 부패행위로 당연퇴직, 파면 또는 해임된 자
  2. 공직자였던 자가 재직 중 직무와 관련된 부패행위로 벌금 300만원 이상의 형의 선고를 받은 자
② 비위면직자 등은 당연퇴직, 파면, 해임된 경우에는 퇴직일, 벌금 300만원 이상의 형의 선고를 받은 경우에는 그 집행이 종료(종료된 것으로 보는 경우를 포함)되거나 집행을 받지 아니하기로 확정된 날부터 5년 동안 다음 각호의 취업제한기관에 취업할 수 없다.
  1. 공공기관
  2. 대통령령으로 정하는 부패행위 관련 기관
  3. 퇴직 전 5년간 소속하였던 부서 또는 기관의 업무와 밀접한 관련이 있는 영리사기업체 등

2] 「공직자윤리법」제10조(등록재산의 공개)
  치안감 이상의 경찰공무원 및 특별시·광역시·특별자치시·도·특별자치도의 시도경찰청장(제1항 제8호)

3] 「부정청탁 및 금품 등 수수의 금지에 관한 법률」제5조(부정청탁의 금지)
  다음 각호의 어느 하나에 해당하는 경우에는 이 법을 적용하지 아니한다(제2항).
  1. 「청원법」, 「민원사무 처리에 관한 법률」, 「행정절차법」, 「국회법」 및 그 밖의 다른 법령·기준(제2조제1호나목부터 마목까지의 공공기관의 규정·사규·기준을 포함)에서 정하는 절차·방법에 따라 권리침해의 구제·해결을 요구하거나 그와 관련된 법령·기준의 제정·개정·폐지를 제안·건의하는 등 특정한 행위를 요구하는 행위
  2. 공개적으로 공직자등에게 특정한 행위를 요구하는 행위
  3. 선출직 공직자, 정당, 시민단체 등이 공익적인 목적으로 제3자의 고충민원을 전달하거나 법령·기준의 제정·개정·폐지 또는 정책·사업·제도 및 그 운영 등의 개선에 관하여 제안·건의하는 행위
  4. 공공기관에 직무를 법정기한 안에 처리하여 줄 것을 신청·요구하거나 그 진행상황·조치결과 등에 대하여 확인·문의 등을 하는 행위
  5. 직무 또는 법률관계에 관한 확인·증명 등을 신청·요구하는 행위
  6. 질의 또는 상담형식을 통하여 직무에 관한 법령·제도·절차 등에 대하여 설명이나 해석을 요구하는 행위
  7. 그 밖에 사회상규(社會常規)에 위배되지 아니하는 것으로 인정되는 행위

정답 02 ③ 03 ②

04 다음 중 해양경찰 헌장(2021년 1월 1일 시행)의 내용으로 옳지 않은 것을 모두 고르시오.

20년 3차/간부

> ㉠ '바다의 수호자'로서 국민의 생명과 안전을 지키며 인류의 미래 자산인 해양 보전에 맡은 바 책임을 다한다.
> ㉡ '국민의 봉사자'로서 청렴과 공정을 생활화하며 원칙과 규범을 준수하고 올바르게 법을 집행한다.
> ㉢ '정의의 실현자'로서 소통과 배려를 바탕으로 국민이 만족하고 신뢰하는 해양서비스를 제공한다.
> ㉣ '해양의 전문가'로서 창의적 자세와 도전정신으로 어떠한 어려움도 극복하며 임무를 완수한다.

① ㉠, ㉡
② ㉡, ㉢
③ ㉡, ㉣
④ ㉢, ㉣

 [O] ㉠㉣
[X] ㉡㉢
㉠ '바다의 수호자'로서 국민의 생명과 안전을 지키며 인류의 미래 자산인 해양 보전에 맡은 바 책임을 다한다.
㉡ '<u>정의의 실현자</u>'로서 청렴과 공정을 생활화하며 원칙과 규범을 준수하고 올바르게 법을 집행한다.
㉢ '<u>국민의 봉사자</u>'로서 소통과 배려를 바탕으로 국민이 만족하고 신뢰하는 해양서비스를 제공한다.
㉣ '해양의 전문가'로서 창의적 자세와 도전정신으로 어떠한 어려움도 극복하며 임무를 완수한다.

05 다음은 우리나라에서 공직윤리 확보를 위해 현재 시행하고 있는 법률이다. 괄호 안에 들어갈 숫자의 총합은?

18년 경감

> 1] 「부정청탁 및 금품 등 수수의 금지에 관한 법률」 제8조(금품 등의 수수 금지)
> 공직자등은 직무관련 여부 및 기부·후원·증여 등 그 명목에 관계없이 동일인으로부터 1회에 (　)만원 또는 매 회계연도에 (　)만원을 초과하는 금품 등을 받거나 요구 또는 약속해서는 아니 된다.
> 2] 「공직자윤리법」 제17조(퇴직공직자의 취업제한)
> 취업심사대상자는 퇴직일부터 (　)년간 다음 각호의 어느 하나에 해당하는 기관(취업심사대상기관)에 취업할 수 없다. 다만, 관할 공직자윤리위원회로부터 취업심사대상자가 퇴직 전 (　)년 동안 소속하였던 부서 또는 기관의 업무와 취업심사대상기관 간에 밀접한 관련성이 없다는 확인을 받거나 취업승인을 받은 때에는 취업할 수 있다.

① 812
② 808
③ 412
④ 408

해설 동일인으로부터 1회에 100만원 또는 매 회계연도에 300만원을 초과하는 금품 등을 받거나 요구 또는 약속을 해서는 안된다. 그리고 「공직자윤리법」상 퇴직일로부터 3년간, 퇴직 전 5년 동안 소속하였던 부서와 밀접한 관련성이 있는 기관은 취업할 수 없는 것이 원칙이다.

1] 금품등의 수수 금지(「부정청탁 및 금품 등 수수의 금지에 관한 법률」 제8조)
공직자등은 직무 관련 여부 및 기부·후원·증여 등 그 명목에 관계없이 동일인으로부터 1회에 100만원 또는 매 회계연도에 300만원을 초과하는 금품 등을 받거나 요구 또는 약속해서는 아니 된다(제1항).

2] 등록대상재산(「공직자윤리법」 제4조)
① 등록의무자가 등록할 재산은 다음 각호의 어느 하나에 해당하는 사람의 재산(소유 명의와 관계없이 사실상 소유하는 재산, 비영리법인에 출연한 재산과 외국에 있는 재산을 포함)으로 한다.
  1. 본인
  2. 배우자(사실상의 혼인관계에 있는 사람을 포함)
  3. 본인의 직계존속·직계비속. 다만, 혼인한 직계비속인 여성과 외증조부모, 외조부모, 외손자녀 및 외증손자녀는 제외한다.

3] 재산의 등록기관과 등록시기(「공직자윤리법」 제5조)
공직자는 등록의무자가 된 날부터 2개월이 되는 날이 속하는 달의 말일까지 등록의무자가 된 날 현재의 재산을 다음 각호의 구분에 따른 기관(등록기관)에 등록하여야 한다(제1항). 다만, 등록의무자가 된 날부터 2개월이 되는 날이 속하는 달의 말일까지 등록의무를 면제받은 경우에는 그러하지 아니하며, 전보(轉補)·강임(降任)·강등(降等) 또는 퇴직 등으로 인하여 등록의무를 면제받은 사람이 3년(퇴직한 경우에는 1년) 이내에 다시 등록의무자가 된 경우에는 전보·강임·강등 또는 퇴직 등을 한 날 이후 또는 제11조제1항에 따른 재산변동사항 신고 이후의 변동사항을 신고함으로써 등록을 갈음할 수 있다.

06 다음 중 「해양경찰청 공무원 행동강령」에 규정된 내용으로 가장 옳지 않은 것은? 21년 1차

① 공무원은 상급자가 자기나 타인의 부당한 이익을 위하여 공정한 직무수행을 현저하게 해치는 지시를 하였을 때에는 그 사유를 해양경찰관서장에게 보고하거나 행동강령책임관과 상담한 후 처리하여야 한다.

② 공무원은 정치인이나 정당 등으로부터 부당한 직무수행을 강요받거나 청탁을 받은 경우에는 자신의 인적사항, 요구내용 등을 기재한 서면 또는 전자우편 등의 방법으로 소속 해양경찰관서장에게 보고하거나 행동강령책임관과 상담한 후 처리해야 한다.

③ 공무원은 직무 관련 여부 및 기부·후원·증여 등 그 명목에 관계없이 같은 사람으로부터 1회에 100만원 또는 매 회계연도에 300만원을 초과하는 금품 등을 받거나 요구 또는 약속해서는 안 된다.

④ 공무원은 직무관련자나 직무 관련공무원에게 경조사를 알려서는 안 된다. 다만 공무원 자신이 소속된 종교단체·친목단체 등의 회원에게 알리는 경우 등에는 경조사를 알릴 수 있다.

정답 04 ② 05 ④ 06 ①

해설 ① 서식 등의 방법으로 소명하고 그 지시에 따르지 않거나 행동강령책임관과 상담할 수 있다.
② 동 행동강령 제13조(정치인 등의 부당한 요구에 대한 처리)
③ 동 행동강령 제22조(금품 등의 수수 금지)
④ 동 행동강령 제27조(건전한 경조사 문화의 정착)

공정한 직무수행을 해치는 지시에 대한 처리(제4조)
① 공무원은 상급자가 자기나 타인의 부당한 이익을 위하여 공정한 직무수행을 현저하게 해치는 지시를 하였을 때에는 그 사유를 그 상급자에게 별지 제1호 서식 또는 전자우편 등의 방법으로 소명하고 그 지시에 따르지 않거나, 별지 제2호 서식 또는 전자우편 등의 방법으로 제35조에 따라 지정된 행동강령에 관한 업무를 담당하는 공무원(행동강령책임관)과 상담할 수 있다.
② 제1항에 따른 지시를 이행하지 않는데도 같은 지시가 반복될 때에는 별지 제2호 서식 또는 전자우편 등의 방법으로 즉시 행동강령책임관과 상담하여야 한다.
③ 제1항 또는 제2항에 따른 상담 요청을 받은 행동강령책임관은 지시 내용을 확인하여 그 지시를 취소하거나 변경할 필요가 있다고 인정되면 해양경찰청장 또는 소속기관의 장(해양경찰관서장)에게 보고하여야 한다. 다만, 지시 내용을 확인하는 과정에서 부당한 지시를 한 상급자가 스스로 그 지시를 취소하거나 변경하였을 때에는 소속 해양경찰관서장에게 보고하지 않을 수 있다.
④ 제3항에 따른 보고를 받은 해양경찰관서장은 필요하다고 인정되면 지시를 취소·변경하는 등 적절한 조치를 하여야 한다. 이 경우 공정한 직무수행을 해치는 지시를 제1항에 따라 이행하지 않았는데도 같은 지시를 반복한 상급자에게는 징계 등 필요한 조치를 할 수 있다.

07 다음 <보기> 중 「해양경찰청 공무원 행동강령」에 대한 설명으로 옳은 것은 모두 몇 개인가?

21년 3차 / 간부

> ㉠ 이 규칙은 「부패방지 및 국민권익위원회의 설치와 운영에 관한 법률」 제8조 및 「공무원 행동강령」 제24조에 따라 해양경찰청 소속 공무원이 지켜야 할 행동 기준을 규정하는 것을 목적으로 한다.
> ㉡ 이 규칙은 해양경찰청 소속 공무원과 해양경찰청에 파견된 공무원에게 적용되지만, 「국가공무원 복무규정」에 따른 근무시간 이외의 휴무, 휴가 등 인 때에는 적용되지 않는다.
> ㉢ 공무원은 여비, 업무추진비 등 공무 활동을 위한 예산을 목적 외의 용도로 사용하여 소속 기관에 재산상 손해를 입혀서는 안된다.
> ㉣ 공무원은 직무 관련 여부 및 기부·후원·증여 등 그 명목에 관계없이 같은사람으로부터 1회에 100만원 또는 매 회계연도에 300만원을 초과하는 금품 등을 받거나 요구 또는 약속해서는 안 된다.
> ㉤ 공무원은 직무수행과 관련하여 자기 또는 타인의 부당한 이익을 위하여 직무관련자를 다른 직무관련자나 공직자에게 소개해서는 안 된다.
> ㉥ 행동강령책임관은 공무원의 행동강령 이행실태 및 준수 여부 등을 매년 1회 이상 정기적으로 점검하여야 한다.

① 2개 ② 3개
③ 4개 ④ 5개

해설 [O] ㉠(규칙 제1조), ㉢(규칙 제12조), ㉣(규칙 제22조), ㉤(규칙 제18조)
[X] ㉡㉥
㉡ 이 규칙(제3조)은 해양경찰청 소속 공무원과 해양경찰청에 파견된 공무원에게 적용되지만, 「국가공무원 복무규정」에 따른 근무시간 이외의 휴무, 휴가 등 인 때에는 적용된다.
㉥ 행동강령책임관은 공무원의 행동강령 이행실태 및 준수 여부 등을 매년 2회 이상 정기적으로 점검하여야 한다(제36조 제1항).

08 다음 <보기>의 목적을 규정한 법령으로 가장 옳은 것은?
22년 해경학과/경찰간부

> 제1조(목적) 이 법은 공직자의 직무수행과 관련한 사적 이익추구를 금지함으로써 공직자의 직무수행 중 발생할 수 있는 이해충돌을 방지하여 공정한 직무수행을 보장하고 공공기관에 대한 국민의 신뢰를 확보하는 것을 목적으로 한다.

① 「해양경찰청 공무원 행동강령」
② 「공직자의 이해충돌 방지법」
③ 「경찰공무원 징계령」
④ 「부패방지 및 국민권익위원회의 설치와 운영에 관한 법률」

해설
1) 「공직자의 이해충돌 방지법」제1조(목적) 이 법은 공직자의 직무수행과 관련한 사적 이익추구를 금지함으로써 공직자의 직무수행 중 발생할 수 있는 이해충돌을 방지하여 공정한 직무수행을 보장하고 공공기관에 대한 국민의 신뢰를 확보하는 것을 목적으로 한다.
2) 「부패방지 및 국민권익위원회의 설치와 운영에 관한 법률」제1조(목적) 이 법은 국민권익위원회를 설치하여 고충민원의 처리와 이에 관련된 불합리한 행정제도를 개선하고, 부패의 발생을 예방하며 부패행위를 효율적으로 규제함으로써 국민의 기본적 권익을 보호하고 행정의 적정성을 확보하며 청렴한 공직 및 사회풍토의 확립에 이바지함을 그 목적으로 한다.
3) 「부정청탁 및 금품등 수수의 금지에 관한 법률」제1조(목적) 이 법은 공직자 등에 대한 부정청탁 및 공직자 등의 금품 등의 수수(收受)를 금지함으로써 공직자 등의 공정한 직무수행을 보장하고 공공기관에 대한 국민의 신뢰를 확보하는 것을 목적으로 한다.

정답 07 ③ 08 ②

09. 다음 <보기>는 「공직자윤리법(시행령 및 시행규칙 포함)」상 등록재산의 공개에 대한 설명이다. ( )안에 들어갈 계급으로 가장 옳은 것은? 22년 경찰간부

> 제10조(등록재산의 공개) ① 공직자윤리위원회는 관할 등록의무자 중 다음 각호의 어느 하나에 해당하는 공직자 본인과 배우자 및 본인의 직계존속·직계비속의 재산에 관한 등록사항과 제6조에 따른 변동사항 신고내용을 등록기간 또는 신고기간 만료 후 1개월 이내에 관보 또는 공보에 게재하여 공개하여야 한다.
> – 중략 –
> 8. ( )이상의 경찰공무원 및 특별시·광역시·특별자치시·도·특별자치도의 시·도경찰청장

① 경사　　　　　　　　② 경위
③ 경무관　　　　　　　④ 치안감

해설 ④ 경찰공무원의 경우, 치안감 이상 및 특별시·광역시·특별자치시·도·특별자치도의 시·도경찰청장이 그 대상이다. 즉 공직자윤리위원회는 관할 등록의무자 중 해당하는 공직자 본인과 배우자 및 본인의 직계존속·직계비속의 재산에 관한 등록사항과 제6조에 따른 변동사항 신고내용을 등록기간 또는 신고기간 만료 후 1개월 이내에 관보 또는 공보에 게재하여 공개하여야 한다(제10조 제1항).

10 「해양경찰청 공무원 행동강령」에 근거하여 해양경찰청과 그 소속기관의 행동강령책임관을 연결한 것으로 가장 옳지 않은 것은? 23년 경찰간부

① 해양경찰청 : 감사담당관
② 해양경찰교육원 : 운영지원과장
③ 지방해양경찰청 : 청문감사담당관
④ 해양경찰서 및 해양경찰정비창 : 행정지원팀장

해설 ④ 해양경찰서 및 해양경찰정비창의 행동강령책임관은 현재 기획운영과장이 담당한다(제35조 제2항).
1] 행동강령책임관(제35조)
① 이 규칙의 원활한 운영을 위해 해양경찰청과 그 소속기관에 행동강령책임관을 둔다.
② 제1항에 따른 해양경찰관서별 행동강령책임관은 다음 각호와 같다.
　1. 해양경찰청 : 감사담당관
　2. 해양경찰교육원 : 운영지원과장
　3. 중앙해양특수구조단: 행정지원팀장
　4. 지방해양경찰청 : 청문감사담당관
　5. 해양경찰서: 기획운영과장 (④)
　6. 해양경찰정비창: 기획운영과장 (④)

③ 행동강령책임관은 「부정청탁 및 금품등 수수의 금지에 관한 법률」 제20조에 따른 부정청탁 금지 등을 담당하는 담당관을 겸한다.
④ 행동강령책임관은 다음 각호의 업무를 수행한다.
   1. 행동강령의 교육·상담에 관한 사항
   2. 행동강령의 준수 여부에 대한 점검 및 평가에 관한 사항
   3. 행동강령 위반행위의 신고접수·조사처리 및 신고인 보호에 관한 사항
   4. 그 밖에 공무원 행동강령의 운영을 위하여 필요한 사항
⑤ 행동강령책임관은 제4항에 따른 업무를 수행하면서 알게 된 비밀을 누설해서는 안 된다.
⑥ 행동강령책임관은 상담내용을 별지 제16호서식에 따라 기록·관리해야 한다.

2] 행동강령 준수 여부 점검(제36조)
① 행동강령책임관은 소속 공무원의 행동강령 이행실태 및 준수 여부 등을 매년 2회 이상 정기적으로 점검해야 한다.
② 행동강령책임관은 제1항에 따른 정기점검 이외에도 휴가철, 명절 전후 등 부패 취약 시기에 수시점검을 실시할 수 있다.
③ 행동강령책임관은 제1항과 제2항에 따른 점검 결과를 소속 해양경찰관서장에게 보고해야 한다.

정답 09 ④ 10 ④

해양경찰의 역사와 제도

01 다음은 해양경찰의 변천사를 설명한 것이다. ( ) 안에 들어갈 말을 차례로 나열한 것은?

18년 경찰간부

> (㉠)년 12월 23일 내무부 치안국 소속 해양경찰대로 발족되어 영해경비, 어업자원보호 임무를 수행하다가, 1955년 상공부 해무청 소속으로 바뀌어 해양경비 임무 등을 수행하였다. 1962년 5월 1일에는 다시 내무부 소속으로 복귀하여 해상에서 경찰에 관한 사무와 해난구조와 해양오염에 관한 사무를 관장하기 시작하다가 1991년 8월에는 「경찰법」 제정에 의하여 경찰청 소속기관으로 편입되었다가, (㉡)년 8월 8일에는 해양수산부 발족과 함께 외청으로 독립하였다.

① ㉠ 1953, ㉡ 1996
② ㉠ 1950, ㉡ 1993
③ ㉠ 1951, ㉡ 1992
④ ㉠ 1952, ㉡ 1995

해설 ① 1953년 12월 14일 평화선(해양주권선) 내의 해양경비 임무를 수행하기 위하여 「해양경찰대 편성령」(대통령령)이 공포되고, 이에 근거하여 내무부 치안국 경비과 산하에 12월 23일 부산에서 해양경찰대가 창설되었다. 해양경찰대장은 경무관으로 보하고, 그 아래에 참모장, 행정참모, 작전참모, 경비참모, 보급참모를 두고 총경으로 보하고, 부산/인천/군산/목포/제주/포항/묵호에 7개 기지대(경감급의 기지감으로 보함, 현재의 경찰서)와 해양순찰반이 편성되었다.
한편, 해양경찰은 줄곧 육상경찰과 함께 하다가 1996년 8월 해양수산부의 외청으로 독립되어 경찰청과 분리되었다. 현재 우리나라는 해양과 육상을 분리하여 치안업무를 해양수산부 아래 해양경찰청과 행정안전부 아래 경찰청에 맡기고 있다.

02 해양경찰의 역사와 관련하여 다음 설명 중 옳지 않은 것을 모두 고르시오. 　19년 경력/공채

> ㉠ 1953년 해양경찰대가 창설되었다.
> ㉡ 1953년 해양경찰대 창설 이후 지금까지 해양경찰의 신분은 계속 경찰공무원이었다.
> ㉢ 2014년 국민안전처 소속 해양경비안전본부로 개편되었다.
> ㉣ 2017년 국토교통부 외청으로 해양경찰청이 부활하였다.

① ㉠, ㉢ 　　② ㉡, ㉢
③ ㉡, ㉣ 　　④ ㉢, ㉣

[O] ㉠㉢
[X] ㉡㉣
㉡ 상공부 해무청 시대(1955.2~1962.5) 제외, 이때는 해양경찰의 신분이 경찰공무원이 아닌 해상경비원의 신분으로 수사권도 일반사법권이 아닌 특별사법경찰권을 행사하였다(특별사법경찰관).
㉣ 해양수산부의 외청으로 부활. 이 시기는 해양경찰이 새롭게 중앙경찰관청으로 지위를 다시 찾을 때이다. 해양경찰의 역할을 재정립하여 해양안전을 확보하고, 해양주권수호 역량을 강화하기 위하여 해양수산부장관 소속으로 해양경찰청을 부활시켰다.

03 해양경찰과 관련된 근현대 역사에 대한 다음 설명 중 사실과 가장 다른 것은? 　19년 경장

① 1952년 국무원 고시 '인접해양의 주권에 관한 대통령 선언'을 근거로 우리정부는 연안으로부터 평균 60마일의 해역을 주권선으로 설정하였다.
② 1953년 12월 해양경찰이 해군으로부터 경비정 6척을 확보하고 창설하였다.
③ 1955년 2월 「정부조직법」 개정으로 해양경찰은 내무부 산하 치안본부에 편성되었다.
④ 1965년에는 6월 한일 국교정상화를 위한 기본조약 및 양국 간 어업협정이 체결되었다.

③ 1953년 12월 창설 당시 내무부 치안국 해양경찰대 시대로 출발, 1955년 2월부터 1962년 5월까지는 상공부 해무청(수산국) 해양경비대 시대, 다시 내무부 치안국 해양경찰대 시대(1962년 5월부터 1974년 12월), 이른바 문세광의 육영수 여사 저격 사건으로 1974년 12월부터 내무부 치안본부 아래 해양경찰대 시대, 1991년 7월부터 내무부 경찰청 해양경찰청 시대, 1996년 8월 해양수산부의 외청으로 독립
① 이른바 이승만 라인(평화선)에 대한 내용이다(1952년 1월).
④ 1965년 12월 18일 한일어업협정의 발효로 일본어선의 조업착수와 어획량 등을 규제하였다.

정답 01 ① 02 ③ 03 ③

04 「수상에서의 수색구조 등에 관한 법률」은 과거 「수난구호법」의 제명을 변경한 법률이다. 해양경찰의 역사 중 「수난구호법」이 제정된 시기 이후의 일어난 일로 가장 옳은 것은?

19년 공채/특채

① '인접해양의 주권에 관한 대통령 선언'이 선포되고 평화선이 설정되었다.
② 평화선을 침범하는 외국어선을 단속하고 어업자원을 보호하기 위해 해양경찰대가 창설되었다.
③ 상공부 해무청 소속 해양경비대가 해양경비대 사령부로 개칭되었다.
④ 상공부에서 내무부 치안국 소속 해양경찰대로 변경되었다.

> **해설** 「수난구호법」(현 「수상에서의 수색구조 등에 관한 법률」)은 1961년 제정되었고, 이때 해난구조업무까지 관할이 확대되었다.
> ① 1952년 1월 이승만 라인(평화선) 즉 '인접해양의 주권에 관한 대통령 선언'이 선포되고 평화선이 설정되었다.
> ② 해양경찰대는 1953년 12월 23일 내무부 치안국 소속으로 창설되었다.
> ③ 1955년 2월에 상공부 해무청 소속 해양경비대로 변경, 다시 1956년 7월에 해양경비대를 해양경비사령부로 개칭되었다.
> ④ 이후 1962년 5월 내무부 치안국 소속 해양경찰대로 변경되었다.

05 우리나라 해양경찰 조직의 발전과정 중 중요한 사건에 대한 설명이다. 시간 순서대로 가장 바르게 연결한 것은?

19년 경찰간부

> ㉠ 중부지방해양경비안전본부(현재 중부지방해양경찰청)가 신설되었다.
> ㉡ 「배타적 경제수역법」이 제정 후 시행되었다.
> ㉢ 해양경찰청이 경찰청과 분리되어 해양수산부 외청으로 독립하였다.
> ㉣ 내무부 치안국이 치안본부로 변경되면서, 해양경찰대도 치안본부 소속으로 변경되었다.

① ㉣ - ㉢ - ㉡ - ㉠
② ㉣ - ㉡ - ㉢ - ㉠
③ ㉣ - ㉢ - ㉠ - ㉡
④ ㉣ - ㉠ - ㉡ - ㉢

> **해설** ㉣ 1974. 12(1974년 8월 15일 문세광 사건)
> ㉢ 1996. 8.8(독립적인 중앙경찰관청의 지위)
> ㉡ 1996. 9.10(해양경찰의 날, 8월 제정)
> ㉠ 2014. 11(세월호 사건 이후)

06 다음 중 해양경찰과 관련된 내용으로 옳지 않은 것은 모두 몇 개인가?

19년 경찰간부

㉠ 최근 제정된 「해양경찰법」을 제외하고 법률로써 조직근거를 가진 적은 없었다(「정부조직법」은 제외).
㉡ 해양경찰청과 경찰청은 지금까지 모두 「경찰법」과 「경찰공무원법」이 적용되었다.
㉢ 해양경찰청이 단독으로 소관하는 법은 모두 4개이다(2019년 9월 시행 중인 법 기준 / 단, 시행령 및 시행규칙 제외).
㉣ 1953년 해양경찰대 창설 이후 변함없이 경찰공무원의 신분을 유지하였다.

① 1개 ② 2개
③ 3개 ④ 4개

해설 [O] ㉢
[X] ㉠㉡㉣
㉠ 1962년 4월 법률로 「해양경찰대설치법」을 제정하였다. 그리고 1991년 5월 법률로써 「경찰법」을 만들었다 (1996년 8월 내무부 경찰청 해양경찰청 시대까지).
㉡ 현재는 1991년 「경찰법」은 관계없고, 「경찰공무원법」은 1969년 1월 제정 이후부터 지금까지 해양경찰공무원에게 적용되고 있다.
㉣ 상공부 해무청 수산국 시대(1955년 2월부터 1962년 5월까지) 해양경비대 시기에는 경찰공무원의 신분은 아니었다.
참고로, 해양경찰의 소관 법률은 「수상에서의 수색구조에 관한 법」(옛 수난구호법, 1961), 「수상레저안전법」 (1999), 「해양경비법」(2012), 「연안사고예방법」(2014) 그리고 2019년 8월 20일 제정된 「해양경찰법」(2020년 2월 21일 시행), 「선박교통관제법」(2020년 6월 4일), 「해양경찰장비도입 및 관리법」(2022년 4월 14일 시행), 「수상레저기구등록 및 검사법」(23년 6월 11일 시행), 그리고 2025년 1월 3일부터 시행되는 「해양재난구조대의 설치 및 운영에 관한 법률」(「해양재난구조대법」)이 있다.

07 다음 중 대한민국 해양경찰의 역사에 관한 내용으로 가장 옳지 않은 것은?

20년 간부, 22년 1차

① 1953년 내무부 치안국 소속 해양경찰대로 발족되어 영해경비, 어업자원보호 임무 등을 수행하였다.
② 해양경찰대는 1955년 소속 부처가 교통부 산하 해무청으로 이관되고, 조직 명칭이 '해양경비대'로 개칭되었다.
③ 2014년 국민안전처 소속 해양경비안전본부로 개편되었다.
④ 2017년 해양수산부 외청으로 해양경찰청이 부활하였다.

정답 04 ④ 05 ① 06 ③ 07 ②

해설 ② 1953년 12월 23일 창설된 내무부 치안국(경비과) 소속 해양경찰대는, 이후 교통부가 아닌 상공부 해무청(수산국) 소속 해양경비대로 변경되었다(1955년 2월).

08 다음 보기 중 우리나라 해양경찰의 역사와 관련하여 다음 설명 중 옳은 것은 모두 몇 개인가? 21년 1차

> ㉠ 1953년 내무부 치안국 소속으로 부산에서 해양경찰대가 창설되었다.
> ㉡ 1955년 상공부 해무청 소속 해양경비대로 변경되었으며, 구성원은 일반사법경찰관리의 신분으로 전환되었다.
> ㉢ 2014년 국민안전처 소속 해양경비안전본부로 개편되었다.
> ㉣ 2017년 독립외청으로 국토해양부 소속 해양경찰청으로 변경되었다.
> ㉤ 2019년 작용법인 「해양경찰법」이 제정되었으며, 2020년부터 시행되었다.

① 1개 ② 2개
③ 3개 ④ 4개

해설 [O] ㉠㉢
[X] ㉡㉣㉤
㉡ 이때는 특별사법경찰관리로서 역할
㉣ 해양수산부 소속의 해양경찰청으로 부활
㉤ 해양경찰조직의 기본법 : 「해양경찰법」(2020), 해양경찰작용의 기본법 : 「해양경비법」(2012)

09 다음 <보기>는 해양경찰 조직의 발전과정과 관련된 내용이다. 시간적인 순서로 옳게 나열한 것은? 21년 3차

> ㉠ 「수난구호법」 제정
> ㉡ 「배타적 경제수역법」을 제정하고 시행
> ㉢ 내무부 경찰청 아래 해양경찰청을 두어 경찰관청화
> ㉣ 해양경찰청장의 계급을 차관급인 치안총감으로 격상
> ㉤ 내무부 치안국을 치안본부로 격상, 해양경찰대를 치안본부 소속으로 변경

① ㉠-㉤-㉢-㉡-㉣ ② ㉤-㉠-㉢-㉡-㉣
③ ㉠-㉤-㉢-㉣-㉡ ④ ㉤-㉠-㉣-㉢-㉡

해설
㉠ 「수난구호법」 제정 : 1961년 11월
㉡ 「배타적 경제수역법」을 제정하고 시행 : 1996년 8월/9월
㉢ 내무부 경찰청 아래 해양경찰청을 두어 경찰관청화 : 1991년 7월
㉣ 해양경찰청장의 계급을 차관급인 치안총감으로 격상 : 2005년 7월
㉤ 내무부 치안국을 치안본부로 격상, 해양경찰대를 치안본부 소속으로 변경 : 1974년 12월

10 다음 보기는 해양경찰청의 직접적인 소관법률을 나열한 것이다. 그 제정시기를 시간적 순서대로 가장 옳게 나열한 것은? 22년 2차/간부

㉠ 「연안사고 예방에 관한 법률」
㉡ 「해양경비법」
㉢ 「선박교통관제에 관한 법률」
㉣ 「해양경찰장비 도입 및 관리에 관한 법률」

① ㉠㉡㉢㉣
② ㉠㉣㉡㉢
③ ㉡㉣㉠㉢
④ ㉡㉠㉢㉣

해설
㉠ 「연안사고 예방에 관한 법률」 : 2014년 8월 시행
㉡ 「해양경비법」 : 2012년 8월 시행
㉢ 「선박교통관제에 관한 법률」 : 2020년 6월 시행
㉣ 「해양경찰장비 도입 및 관리에 관한 법률」 : 2022년 4월 시행

11 다음 <보기> 중 해양경찰청이 단독으로 소관하는 법률을 옳게 연결한 것은? 23년 공/특채

㉠ 「해양경찰법」
㉡ 「수상에서의 수색·구조 등에 관한 법률」
㉢ 「해양경비법」
㉣ 「해양환경관리법」
㉤ 「어선안전조업법」
㉥ 「선박교통관제에 관한 법률」

① ㉠, ㉡, ㉢, ㉥
② ㉠, ㉢, ㉣, ㉥
③ ㉠, ㉡, ㉣, ㉤
④ ㉠, ㉢, ㉤, ㉥

정답 08 ② 09 ① 10 ④ 11 ①

> **해설** [O] ㉠㉡㉢㉣
> [X] ㉤㉥ 해양수산부 소관 법률
> 해양경찰의 직접 소관 법률은 위 〈보기〉 외에도 「수상레저안전법」(1999년 제정, 2000년 시행), 「연안사고예방법」(2014), 「해양경찰장비관리법」(2022), 「수상레저기구등록검사법」(2023), 「해양재난구조대법」(2025) 등이 있다.

12 다음 중 해양경찰 역사에 대한 설명으로 가장 옳지 않은 것은?   23년 해경학과

① 해양경찰 창설의 직접적 계기였던 「인접 해양의 주권에 관한 대통령 선언」은 1952년 선포되었다가 이후 1965년 「한·일 어업협정」 체결로 폐지되었다.
② 1991년 「경찰법」이 제정되면서 이를 계기로 내무부 소속이었던 경찰청과 해양경찰청은 각각 독립 외청으로 발전하였다.
③ 내무부에 속해 있던 해양경찰대는 1955년 상공부 해무청으로 소속이 변경되었고, 이 시기에 구성원의 신분도 변화가 있었다.
④ 1953년 창설된 해양경찰은 2023년인 올해 창설 70주년을 맞이하였다.

> **해설** ② 1991년 「경찰법」 제정으로, 경찰청은 내무부의 외청으로 독립되었으나, 해양경찰청은 명칭만 해양경찰대에서 해양경찰청으로 개칭되었을 뿐, 여전히 경찰청 소속으로 존치되었다. 해양경찰청은 1996년 8월에 이르러서야 해양수산부의 외청으로 독립된다.
> ① 1964년 한일기본조약이 준비되는 동안 어업협정 역시 양국 간에 논의되었으며 1965년 4월 가조인되었고 한일기본조약과 함께 조인되었다. 한일어업협정의 협상 과정에서 일본 측의 강력한 요구로 기존의 평화선은 무력화되었으며, 특히 독도 인근을 공동어로구역으로 설정하여 이후 독도를 둘러싼 여러 갈등의 빌미를 제공하였다.

13 해양경찰의 역사와 관련하여 다음 설명으로 가장 옳지 않은 것은?   23년 공/특채

① 1953년 해양경찰대가 부산에서 창설되었다.
② 1953년 해양경찰대 창설 이후 지금까지 해양경찰의 신분은 계속 일반사법경찰관리였다.
③ 1996년 해양수산부 외청으로 독립하였다.
④ 2019년 「해양경찰법」이 제정되었다.

> **해설** ② 1953년 12월 23일 부산에서 해양경찰대가 창설된 이후, 상공부 해무청 수산국 아래 「해양경비대」 시대(1955.2-1962.5) 약 7년 기간 동안에는 특별사법경찰관리로서 특정한 분야에 대해서만 활동하였다.

14 다음 <보기>는 해양경찰의 역사에 대한 내용이다. 시대순으로 바르게 연결한 것은?

23년 경찰간부

> ㉠ 「해양경비법」의 제정
> ㉡ 「해양오염방지법」의 제정 및 해양오염방제 업무 신설
> ㉢ 형사사법체계 변화에 따라 독립된 수사국 출범
> ㉣ 해양경비대로 개편
> ㉤ 해양경찰청장의 직급이 차관급인 치안총감으로 승격

① ㉡ − ㉢ − ㉠ − ㉣ − ㉤
② ㉡ − ㉢ − ㉣ − ㉠ − ㉤
③ ㉣ − ㉡ − ㉤ − ㉠ − ㉢
④ ㉣ − ㉡ − ㉠ − ㉤ − ㉢

해설
㉠ 「해양경비법」의 제정 : 2012년 2월 제정, 8월 시행
㉡ 「해양오염방지법」의 제정 및 해양오염방제 업무 신설 : 1977년 12월 제정, 1978년 8월 업무 신설
㉢ 형사사법체계 변화에 따라 독립된 수사국 출범 : 2021년 1월 14일
㉣ 해양경비대로 개편 : 1955년 2월 상공부 해무청 수산국
㉤ 해양경찰청장의 직급이 차관급인 치안총감으로 승격 : 2005년 7월

Chapter 03 외국의 해양경찰

01 미국 해안경비대(USCG)와 대한민국 해양경찰이 공통으로 수행하는 업무로 가장 옳지 않은 것은?

18년 경찰간부

① 해양수색구조
② 해양범죄단속
③ 항로표지관리
④ 해양오염방제

> **해설** ③ 우리나라 해양경찰의 임무와 비교하여 보면, 미국 해안경비대의 특수한 임무로 교각관리업무나 극지방 쇄빙업무가 있고, 우리나라 해양수산부에서 행하고 있는 항로표지관리 및 수로관리, 항만통제임무, 선박 표준설계·검사·등록, 선원 면허발급 및 교육훈련, 해난조사, 항만운영 등의 임무를 미국은 해안경비대가 더불어 수행한다.

02 세계의 해상치안기관과 한국 해양경찰에 대한 다음 비교 설명 중 가장 옳은 것은?

19년 경력/공채

① 미국 코스트 가드가 태동될 당시 주요 업무는 밀수감시였다.
② 한국 해양경찰에서 수행하는 업무 중 미국 코스트 가드가 수행하지 않는 업무로는 항만국통제가 있다.
③ 미국 코스트 가드, 일본 해상보안청, 한국 해양경찰의 신분은 모두 경찰관이다.
④ 한국 해양경찰과 일본 해상보안청은 모두 항로표지 관리 업무를 수행하고 있다.

> **해설** ② 항만통제임무는 우리나라 해양경찰의 업무라기보다 미국 해안경비대의 업무이다. 우리나라에서는 주로 해양수산부에서 행한다.
> ③ 미국은 군인과 같은 계급체계이고, 일본은 자위대나 일반 경찰관과는 다른 계급체계를 가지고 있다.
> ④ 우리나라에서 항로표지임무는 일본의 해상보안청과는 달리 해양수산부의 업무이다. 일본 해양경찰의 특수한 임무로 쇄빙선의 운용과 해저 지진 및 화산에 관한 조사나 관측업무가 있고, 우리나라 해양수산부의 임무인 항로표지 설치 및 관리업무, 해저지형조사, 해도 등 수로서지 발간 등의 업무를 일본은 해양경찰이 함께 수행한다.

03 다음 여러 나라의 해양경찰기관에 대한 설명 중 가장 옳은 것은? 19년 경찰간부

① 미국 코스트가드(USCG)는 1913년 타이타닉호 침몰사고를 계기로 창설되었다.
② 전 세계 해상치안기관은 모두 'Coast Guard'라는 명칭을 사용한다.
③ 일본 해상보안청 직원들은 특별사법경찰권을 보유하고 있다.
④ 미국 코스트가드(USCG)는 코스트가드 아카데미를 운영하고 있으며, 군사조직이라기보다는 경찰조직의 성격이 강하다.

해설 ③ 일본의 해상보안청 해상보안관은 형사소송법에 따른 특별사법경찰직원으로 특별사법경찰권을 보유하고 있다.
①④ 1912년 타이타닉 사건을 계기로 미국의 코스트 가드에서는 국제 유빙 순찰업무를 맡게 된다. 그리고 미국 코스트가드는 1790년 밀수방지를 위해 창설되었고(재무부 산하 해양관세청), 1915년 「코스트가드 창설법」이 제정되었으며, 이때 인명구조대(미국 해난구조대)와 통합해 정식으로 출범하였다(교통부 산하). 코스트 가드는 육군·해군·공군·해병대에 이어 제5군의 성격을 가지고, 전시에는 해군의 지휘를 받는다. 현재는 2001년 911테러 사건으로 창설된 국토안보부 소속이다(2003년 이후). 참고로, 타이타닉호 침몰사고(1912년 4월)와 관련된 국제협약은 1974년 해상에서의 인명안전을 위한 국제협약(SOLAS, 1974)이다.
② 세계적으로 해양경찰은 Coast Guard라는 명칭과 더불어 Maritime Police란 이름으로도 많이 사용된다. Maritime Police는 바다에서의 공공안녕과 질서유지라는 경찰 이미지가 강하고, 통상 해양에서의 넓은 수사권을 가진다. 이에 반해 Coast GUARD는 바다를 지킨다는 해양경찰의 임무인 security(해양경비) + safety(해양안전)에 충실한 표현이고, 해양경찰의 정체성을 잘 반영한다고 볼 수 있다.

04 다음 중 여러 나라의 해양경찰기관에 대한 설명으로 가장 옳은 것은? 21년 경찰간부

① 대한민국 해양경찰은 해양범죄단속 및 수로서지 발간 등의 업무를 수행한다.
② 일본 해상보안청은 대한민국 해양경찰청보다 보유 함정의 수는 많지만, 항공기의 수는 적다.
③ 중국 해양경찰국은 10,000톤급 이상의 함정을 보유하고 있지 않다.
④ 미국 해안경비대는 처음 연방정부의 세수확보 및 밀수근절을 위해 조직·운영되었다.

해설 ① [X] 우리나라에서는 해도 등 수로서지의 발간은 해양수산부에서 발행한다.
② [X] 일본 해상보안청과 비교해 보면(2020년 기준), 함정(1천톤 이상) 35 : 62척(56%), 항공기 24 : 83기(29%) 정도로 함정, 항공기 모두 일본 해상보안청 보유수가 많다.
③ [X] 2021년 이후 중국 해양경찰국은 준군사조직으로 성격을 탈바꿈하고 있다. 이에 해군 소속 초계함 20척을 해안경비대(CCG) 소속으로 전환하는 등 1만톤 이상 함정을 보유하고 있다.
④ [O] 미국 해안경비대는 처음 밀수방지와 관세법 집행을 주목적으로 10척의 함정으로 창설되었고(1790년), 이후 1915년 인명구조대와 통합으로 코스트 가드가 정식으로 출범되었다(1915년).

정답 01 ③ 02 ① 03 ③ 04 ④

05 다음 중 대한민국이 가입되어 있는 북태평양 해양 경찰회의(NPCGF : North Pacific Coast Guard Forum) 가입국으로 가장 옳지 않은 것은?   22년 2차/간부

① 미국　　　　　　　　　　② 싱가폴
③ 캐나다　　　　　　　　　④ 러시아

> 해설　② 현재 대한민국이 가입하고 있는 북태평양 해양 경찰회의(NPCGF : North Pacific Coast Guard Forum) 가입국은 대한민국, 미국, 일본, 중국, 러시아, 캐나다이다.

06 다음 중 대한민국 해양경찰과 세계의 해상치안기관에 대한 설명으로 가장 옳은 것은?   22년 경찰간부

① 대한민국 해양경찰과 미국 해안경비대(USCG)는 해양오염방제업무를 수행한다.
② 대한민국 해양경찰과 일본 해상보안청(JCG)은 항로표지관리 업무를 수행한다.
③ 대한민국 해양경찰과 일본 해상보안청(JCG)은 해상안전 확보 차원에서 해저지형 조사에 관한 업무를 수행한다.
④ 대한민국 해양경찰, 미국 해안경비대(USCG), 일본 해상보안청(JCG)의 신분은 모두 경찰관이다.

> 해설　① [O]
> ② [X] 우리나라는 항로표지관리 업무를 해양수산부에서 수행한다.
> ③ [X] 해저지형 조사에 관한 업무는 우리나라의 경우 해양수산부 소관이다.
> ④ [X] 우리나라는 경찰공무원 신분, 미국 해안경비대(USCG)는 군인과 같은 체계, 일본 해상보안청(JCG)은 해상보안청 장관, 차장, 경비구난감, 해상보안감(1등 해상보안감 갑 및 1등 해상보안감 을, 2등 해상보안감, 3등 해상보안감), 해상보안정(1등, 2등, 3등), 해상보안사(1등, 2등, 3등)의 계급체계로 되어 있다(엄격히 말하면 계급이라기 보다는 직책이고, 직원의 신분은 특별직 공무원으로, 엄격히는 경찰관 신분은 아니다).

07 다음 <보기>의 비교 해양경찰제도에 대한 설명으로 옳지 않은 것은 모두 몇 개인가?

23년 경찰간부

> ㉠ 미국 해양경비대는 현재 국토안보부에 소속되어 있으며, 전쟁시에는 대통령의 명령에 따라 해군 소속으로 변경된다.
> ㉡ 미국 해양경비대는 본부와 3개의 지역사령부(Area), 11개의 관구(District), 45개의 구역(Sector)으로 이루어져 있다.
> ㉢ 일본 해상보안청은 1948년 「해상보안청법」이 제정되어, 운수성 산하의 해상보안청으로 창설되었으며 현재는 국토교통성의 외청으로 이관되었다.
> ㉣ 일본 해상보안관의 신분은 일반사법권을 가진 경찰공무원이 아니며, 관련 법령에 따라 사법권을 행사하는 특별사법경찰공무원이다.
> ㉤ 중국 해경국은 2013년 국가해양국을 출범시키며 국가해양국 해감총대, 농업부 어정총대, 공안부 변방해경, 해관총서 밀수단속 경찰을 통합하여 신설되었다.
> ㉥ 중국 해경국은 2021년에 「중화인민공화국 해경법」 제정을 계기로 중앙군사위원회의 무장경찰 부대로 편입되었다.

① 2개
② 3개
③ 4개
④ 5개

 [X] ㉡㉥
  ㉡ 미국의 해안경비대는 본부, 2개의 사령부(Area, 대서양 지구와 태평양 지구), 9개의 관할 지역(Districts, 대서양 지구 : 1·5·7·8·9 지구대, 태평양 지구 : 11·13·14·17 지구대) 그리고 35개 관할구역(Sector, 대서양 : 26개, 태평양 9개)으로 조직되어 있다.
  ㉥ 중국 해양경찰국은 2018년 이후 기존 국무원(행정부) 산하 국가해양국에서 그 소속이 당 중앙군사위원회(군사업무의 지도) 무장경찰부대 아래로 변경되었다.
[O] ㉠㉢㉣㉤
  ㉠ 미국 해안경비대는 평시 국토안보부 관할로 국토안보부장관의 지휘를 받고, 전시에는 대통령의 명령이 있을 경우에 사령관 이하 해안경비대 총원이 해군으로 파견되었다가 전시상태 종료 후 원대 복귀하는 방식으로 운용된다. 우리나라 「경찰직무응원법」에 의하면, 파견된 경찰관은 파견받은 기간 동안 파견받은 기관 소속으로 볼 수 있다(제2조 파견경찰관의 소속, 제1조에 따라 파견된 경찰관은 파견받은 시·도경찰청 또는 지방해양경찰관서의 경찰관으로서 직무를 수행한다).
  ㉤ 시진핑 지도부는 집권 후 국가 주권과 해양이익을 보다 효율적으로 수호하기 위하여 2013년과 2018년 두 차례에 걸쳐 해경조직에 대한 대대적인 개혁을 단행하였다. 이후 2021년 새로 제정된 중국 「해경법」(해안경비대법)은 위 두 차례 해경 기능 통합 개편 과정에서 발생한 문제점을 해결하기 위한 후속 조치로, 해경이 수행하는 기능과 관련된 분산입법을 통일적으로 재정비한 것이며, 또한 혼선을 빚었던 해경조직에 대한 지휘 및 감독 관계를 명확하게 하기 위해 해상 법집행은 중국 공산당의 지도를 받도록 규정하고(제4조) 중앙군사위원회의 규정에 따라 법집행에 법적 책임을 부과하도록 하였다(제74조). 즉, 「해경법」 제정은 지난 8년간 진행된 해경 개혁을 마무리하는 작업이었다.

정답 05 ② 06 ① 07 ①

1] 국가해양국 소속의 해양경찰국

기존의 해양법 집행기능은 △공안부(公安部) 변방관리국 소속의 변방해경부대, △국가해양국(國家海洋局) 산하의 중국해감(中國海監), △농업부(農業部) 산하의 중국어정(中國漁政, 중국어업국), △해관총국(海關總局) 소속의 밀수전담반(해상밀수 단속경찰), △교통운수국(交通運輸局) 산하의 중국해사국(中國海事局) 등 5개 조직으로 분산되어 운영되고 있었다. 조직과 기능의 분산으로 법 집행의 효율성이 떨어진다는 지적이 제기되면서 중국은 분산된 조직을 하나로 통합하여 해양경찰국을 새로이 조직하고 이를 국가해양국(확대 개편) 산하에 두었다. 결론적으로 2013년 이때 중국 해양경찰에 대한 개혁은 해양이익 수호를 위한 '해경 기능의 통합'에 방점을 두었다.

2] 중앙군사위원회 지휘 하의 해양경찰국

이후 2018년에는 국가 주권(영유권) 수호를 위한 '해경의 준(準) 군사조직화'를 추진하였는데, 해양경찰을 국가해양국에서 분리시켜 당 중앙군사위원회의 지휘를 받는 인민무장경찰부대로 편입·전환하였다(전시에는 중국인민해방군 해군의 지휘를 받음). 이를 통해 중국 해양경찰은 평상시에는 해양의 법 집행을 담당(국무원 공안부의 업무적 지도)하고 비상시에는 군사작전에도 투입될 수 있는 이중적 지위를 가지게 된다.

3] 중국 「해경법」(해안경비대법) 제정 이후(2021년 이후)

해양경찰에 대한 당 중앙군사위원회의 지휘를 더욱 일원화시켰고, 군사적 성격을 더욱 강화하였다.

2013년, 2018년 두 차례의 개혁에도 불구하고 해양경찰조직과 관련된 두 가지 문제점이 불거졌다. 첫째, 해양경찰 기능 전반을 규율하는 통일법률이 없었다. 2013년에 여러 해경 기능과 조직이 통합되었음에도 해경조직과 기능 전반을 아우르는 통일법은 갖춰지지 못하고 있었다(2013년 이후에도 어정·밀수·수색과 순찰 기능에는 어업법·치안관리처벌법·해역사용관리법 등 개별 법률이 적용되었고, 해경의 무기사용 여부는 국무원 조례인 인민무장경찰의 경찰장비 및 무기사용조례의 적용을 받음).

둘째, 잦은 지휘체계 변화로 해경의 법적 지위와 지휘·감독기관이 모호했다. 개혁과정에서 해경의 법적 지위는 해상치안담당기관→일반 법집행기관→準군사조직(해양경찰은 인민무장경찰의 구성조직이고, 인민무장경찰은 중국 군대에 포함되며, 당 중앙위원회와 당 중앙군사위원회가 지휘한다)으로 변화하였고, 그동안 해경에 대한 지휘·감독기관은 공안부→국가해양국→당 중앙군사위원회로 바뀌었다.

참고로, 중국의 해경법은 해경의 공권력 행사범위가 지나치게 포괄적이고, 중국 해경이 현장에서 자의적 판단으로 무기를 사용할 수 있는 등 많은 문제점이 지적된다.

해양경찰학의 구성

- CHAPTER 01 해양경찰의 조직
- CHAPTER 02 해양경찰공무원
- CHAPTER 03 행정쟁송제도
- CHAPTER 04 손해전보제도
- CHAPTER 05 해양경찰작용
- CHAPTER 06 해양경찰 직무집행
- CHAPTER 07 해양경찰 관리행정
- CHAPTER 08 경찰통제 및 독자적 수사권

Chapter 01 해양경찰의 조직

제 1 절 해양경찰과 법적 토대

01 다음 법령 중 소관(所管) 부처가 해양경찰청인 것은 모두 몇 개인가? 19년 경장

㉠ 「수상레저안전법」
㉡ 「선박안전법」
㉢ 「해양경비법」
㉣ 「해상교통안전법」
㉤ 「수산업법」
㉥ 「연안사고 예방에 관한 법률」
㉦ 「수상에서의 수색·구조 등에 관한 법률」
㉧ 「해양사고의 조사 및 심판에 관한 법률」

① 3개 ② 4개
③ 5개 ④ 6개

해설 [X] ㉡㉣㉤㉧ 모두 해양수산부 소관 법령이다. 주의할 것은「유선 및 도선 사업법」은 행정안전부 소관이고, 「영해 및 접속수역법」과 「배타적 경제수역 및 대륙붕에 관한 법률」은 외교부 소관 법령이다.
[O] ㉠㉢㉥㉦
「수상레저안전법」(1999. 2),「해양경비법」(2012. 2), 「연안사고 예방에 관한 법률」(2014. 8),「수상에서의 수색·구조 등에 관한 법률」(구 수난구호법, 1961) 외에「해양경찰법」(2020년 2월 21일 시행), 그리고 「선박교통관제법」(2020년 6월 4일 시행), 「해양경찰장비도입 및 관리법」(22년 4월), 「수상레저기구등록 및 검사법」(23년 6월), 25년 1월부터 시행되는 「해양재난구조대의 설치 및 운영에 관한 법률」(해양재난구조대법)이 있다.

02 다음 중 해양경찰 소관법률에 대한 설명으로 가장 옳지 않은 것은?   20년 경력/공채

① 「수상에서의 수색·구조 등에 관한 법률」은 해상수색 및 구조에 관한 국제협약(SAR)을 수용하고 있다.
② 「밀항단속법」은 해양경찰청과 법무부에서 공동으로 소관하는 법률이다.
③ 「연안사고 예방에 관한 법률」보다 「해양경비법」이 먼저 제정되었다.
④ 「수상레저안전법」은 해양경찰 산하 법정단체인 한국해양구조협회에 관한 근거법이다.

해설 ④ 「수상레저안전법」(1999년)이 아니라, 한국해양구조협회는 「수상에서의 수색구조 등에 관한 법률」(제26조)에 근거를 두고 있다(1961년 제정).
③ 「연안사고 예방에 관한 법률」은 2014년에, 「해양경비법」은 2012년에 제정되었다. 이 외 해양경찰의 소관 법률에는 「선박교통관제에 관한 법률」(2020년), 그리고 해양경찰조직의 기본법으로 「해양경찰법」 등이 있다.

03 다음 중 아래 <보기> 안의 법(법률)에 대해 가장 올바르게 설명한 것은?   21년 경장

> ㉠ 「해양경비법」
> ㉡ 「해양경찰법」
> ㉢ 「유선 및 도선 사업법」
> ㉣ 「선박교통관제에 관한 법률」
> ㉤ 「연안사고 예방에 관한 법률」
> ㉥ 「수상레저안전법」
> ㉦ 수상에서의 수색·구조 등에 관한 법률」

① 해양경찰청이 단독 소관 하는 법률은 모두 6개이다.
② 「유선 및 도선 사업법」은 해양수산부 소관 법률이다.
③ 「선박교통관제에 대한 법률」의 경우 제정은 되었으나, 시행은 되지 않고 있다.
④ 「유선 및 도선 사업법」상 내수면과 해수면은 모두 해양경찰의 관할이다.

해설 ② 「유선 및 도선 사업법」은 행정안전부 소관 법률
③ 「선박교통관제에 대한 법률」은 2020년 6월 4일부터 시행
④ 「유선 및 도선 사업법」상 내수면은 시/군/구 또는 시/도지사, 해수면은 해양경찰의 관할

정답 01 ② 02 ④ 03 ①

04 다음 중 해양경찰청이 단독으로 소관하는 법률은 모두 몇 개인가? 20년 3차/간부, 22년 1차

> ㉠ 「수상에서의 수색·구조 등에 관한 법률」
> ㉡ 「해양경비법」
> ㉢ 「수상레저안전법」
> ㉣ 「수중레저활동의 안전 및 활성화 등에 관한 법률」
> ㉤ 「해양환경관리법」
> ㉥ 「연안사고 예방에 관한 법률」
> ㉦ 「선박교통관제에 관한 법률」
> ㉧ 「어선안전조업법」

① 4개 ② 5개
③ 6개 ④ 7개

해설 1] 해양경찰청 소관
㉠ 「수상에서의 수색·구조 등에 관한 법률」
㉡ 「해양경비법」
㉢ 「수상레저안전법」
㉥ 「연안사고 예방에 관한 법률」
㉦ 「선박교통관제에 관한 법률」
2] 해양수산부 소관
㉣ 「수중레저활동의 안전 및 활성화 등에 관한 법률」
㉤ 「해양환경관리법」
㉧ 「어선안전조업법」

05 다음 중 해양경찰청 소관 법률로 가장 옳지 않은 것은? 23년 해경학과

① 「밀항단속법」
② 「연안사고 예방에 관한 법률」
③ 「해양환경관리법」
④ 「선박교통관제에 관한 법률」

해설 ① 「밀항단속법」: 해양경찰청과 법무부의 공통 소관 법률
② 「연안사고 예방에 관한 법률」: 해양경찰청 소관
③ 「해양환경관리법」: 해양수산부 소관
④ 「선박교통관제에 관한 법률」: 해양경찰청 소관

06 경찰기관의 활동은 법률의 일정한 요건 하에서 수행하도록 수권하는 규정이 없으면, 자기의 판단에 따라 독창적으로 행위 할 수 없다는 원칙과 가장 관계 깊은 것은?

18년 경력/간부

① 조직규범의 원칙 ② 제약규범의 원칙
③ 법률유보의 원칙 ④ 법률우위의 원칙

해설 ③ 법률유보의 원칙을 「근거규범」이라고도 한다. 이는 적극적 법률 적합성을 의미한다. 여기서 법률의 범위가 논란이 될 수 있으나 국민의 대표기관에서 만든 법률 및 위임입법인 명령까지 포함된다고 볼 수 있다.

법치행정의 3가지 측면(조직규범/근거규범/제약규범)

조직규범	㉠ 직무의 범위(=사물관할, 실질적 권한). 「정부조직법」 제43조 제2항 및 「해양경찰법」 제14조 ㉡ 경찰활동은 법률에 정해진 범위 내에서 행해져야 한다.
근거규범	㉠ 적극적 법률 적합성(원칙적으로 법률, 예외적으로 법규명령에 그 근거가 있어야 경찰권 행사가능) ㉡ 경찰활동은 법률에 수권하는 규정이 없으면, 자기 판단에 따라 독창적으로 행위를 할 수 없다(법률의 유보). *권력행정유보/침해행정유보/중요사항유보
제약규범	㉠ 소극적 법률 적합성(성문법은 물론 불문법인 법의 일반원칙에도 저촉되어서는 안된다) ㉡ 경찰활동은 법률의 규정에 위반해서는 아니 된다(법률의 우위).

07 해양경찰 소관 법률에 관한 설명 중 가장 옳지 않은 것은?

19년 경력/공채

① 「해양경비법」, 「수상레저안전법」, 「수상에서의 수색구조 등에 관한 법률」, 「연안사고 예방에 관한 법률」은 해양경찰이 직접 소관하는 법률에 해당한다.
② 「연안사고 예방에 관한 법률」은 2014년 세월호 사고를 계기로 제정되었다.
③ 「수상레저안전법」은 「선박직원법」, 「수상레저기구등록 및 검사법」은 「선박안전법」의 특별법으로 볼 수 있다.
④ 해양경찰 소관 법률 중 SAR협약을 국내법으로 수용한 것은 「수상에서의 수색·구조 등에 관한 법률」이다.

정답 04 ② 05 ③ 06 ③ 07 ②

해설 ②「연안사고 예방에 관한 법률」은 세월호 사고와는 무관하게 제정되었다. 이는 연안 체험캠프 활동에 대한 현장 안전관리 부재와 갯골 등 연안 위험요소에 대한 체계적 관리가 이루어지지 않아 태안 사설 해병대캠프 사고와 같은 다수의 인명사고가 발생하였고, 새로운 해양관광산업으로 자리 잡고 있는 스킨 스쿠버 체험활동 중에도 인명피해가 빈번히 발생하는 등 이에 대한 안전규정 등 사고 예방을 위한 법률적 기반을 마련하기 위해 제정하였다(2014년 8월 22일 시행).
③「수상레저안전법」은「선박직원법」,「수상레저기구등록 및 검사법」은「선박안전법」에 대한 특별법이라고 볼 수 있다. 통상 선박검사는「선박안전법」의 적용을 받아야 하나,「수상레저기구등록 및 검사법」상 수상레저기구는 동법의 안전검사를 받으면 충분하다. 그리고 동력수상레저기구를 조종하기 위해서는「수상레저안전법」상 동력수상레저기구 면허를 받으면 되고「선박직원법」상 해기사 면허가 없어도 가능하다.

08 경찰법의 법원에 관한 설명 중 가장 옳지 않은 것은? 　　　　　　　　　　　19년 공채/특채 3차

① 경찰법의 법원에는 성문법원과 불문법원이 있다.
② 성문법원에는 법률·명령 등이 있고, 불문법원에는 관습법·판례 등이 있다
③ 헌법에 의해 체결·공포된 조약이라 하더라도 국내법과 동등한 효력을 가진다고 볼 수는 없다.
④ 대통령은 법률에서 구체적으로 범위를 정하여 위임받은 사항과 법률을 집행하기 위하여 필요한 사항에 대하여 대통령령을 발할 수 있다.

해설 ③「헌법」에 의해 체결·공포된 조약과 일반적으로 승인된 국제법규는 국내법과 같은 효력을 가진다(헌법 제6조). 그러므로 국내에 적용을 위해서 특별한 입법절차는 불필요하다.
④ 대통령은 법률에서 구체적으로 범위를 정하여 위임받은 사항(위임명령)과 법률을 집행하기 위하여 필요한 사항(집행명령)에 대하여 대통령령을 발할 수 있다.

09 경찰행정법의 법원(法源)에 관한 설명 중 가장 옳지 않은 것은? 　　　　　　　18년 경정

①「법원조직법」에는 상급법원의 재판에 있어서의 판단은 당해 사건에 관하여 하급심을 기속한다는 규정이 있다.
② 성문법주의를 원칙으로 하기 때문에 조리(법의 일반원칙)는 경찰행정법의 법원이 되지 못한다.
③ 법률의 위헌결정은 법원 기타 국가기관 및 지방자치단체를 기속한다.
④「행정절차법」제4조 제2항에서는 행정선례법의 존재를 인정하고 있다.

해설 ② 경찰의 권력성으로 인해 경찰행정법의 법원이 성문법주의를 취하는 것은 사실이나(원칙), 모든 것을 성문화 시킬 수 없기 때문에 불문법의 보충적 적용을 인정할 수밖에 없다(보충적 효력).
①「법원조직법」제8조(상급법원은 당해 사건에 한해 하급심을 기속)는 형식적으로 판례의 법적 구속력을 부정하고 있다.

④ 「행정절차법」제4조(신의성실 및 신뢰보호)
　　행정청은 직무를 수행할 때 신의(信義)에 따라 성실히 하여야 한다. 행정청은 법령등의 해석 또는 행정청의 관행이 일반적으로 국민들에게 받아들여졌을 때에는 공익 또는 제3자의 정당한 이익을 현저히 해칠 우려가 있는 경우를 제외하고는 새로운 해석 또는 관행에 따라 소급하여 불리하게 처리하여서는 아니 된다(행정선례법의 예). 불문법은 관습법과 판례 및 조리로 통상 구분하는데, 다시 관습법은 민중관습법과 행정선례법으로 나눈다.

「행정기본법」(제2장 행정의 법 원칙)
1] 법치행정의 원칙(제8조)
　　행정작용은 법률에 위반되어서는 아니 되며, 국민의 권리를 제한하거나 의무를 부과하는 경우와 그 밖에 국민생활에 중요한 영향을 미치는 경우에는 법률에 근거하여야 한다.
2] 평등의 원칙(제9조) 행정청은 합리적 이유 없이 국민을 차별하여서는 아니 된다.
3] 비례의 원칙(제10조) 행정작용은 다음 각호의 원칙에 따라야 한다.
1. 행정목적을 달성하는 데 유효하고 적절할 것
2. 행정목적을 달성하는 데 필요한 최소한도에 그칠 것
3. 행정작용으로 인한 국민의 이익 침해가 그 행정작용이 의도하는 공익보다 크지 아니할 것
4] 성실의무 및 권한남용금지의 원칙(제11조)
① 행정청은 법령등에 따른 의무를 성실히 수행하여야 한다.
② 행정청은 행정권한을 남용하거나 그 권한의 범위를 넘어서는 아니 된다.
5] 신뢰보호의 원칙(제12조)
① 행정청은 공익 또는 제3자의 이익을 현저히 해칠 우려가 있는 경우를 제외하고는 행정에 대한 국민의 정당하고 합리적인 신뢰를 보호하여야 한다.
② 행정청은 권한 행사의 기회가 있음에도 불구하고 장기간 권한을 행사하지 아니하여 국민이 그 권한이 행사되지 아니할 것으로 믿을 만한 정당한 사유가 있는 경우에는 그 권한을 행사해서는 아니 된다. 다만, 공익 또는 제3자의 이익을 현저히 해칠 우려가 있는 경우는 예외로 한다.
6] 부당결부금지의 원칙(제13조)
　　행정청은 행정작용을 할 때 상대방에게 해당 행정작용과 실질적인 관련이 없는 의무를 부과해서는 아니 된다.

10 행정법의 법원(法源)에 관한 설명 중 가장 옳지 않은 것은? 19년 경정

① 법원의 문제는 성문법계 국가에서는 물론이고 불문법계 국가에서도 문제가 된다.
② 헌법에 의하여 체결·공포된 조약과 일반적으로 승인된 국제법규는 국내법과 같은 효력을 가진다.
③ 관습법의 성립요건으로는 법적 확신설이 통설 및 판례이다.
④ 법률의 위헌결정은 법원과 그 밖의 국가기관 및 지방자치단체를 기속하지 않는다.

해설 ④ 헌법재판소의 법률에 대한 위헌결정에 대해서는 법원은 물론이고, 그 밖의 국가기관 및 지방자치단체를 기속한다. ③ 통설은 국가의 승인까지는 불필요하다고 본다.

정답 08 ③ 09 ② 10 ④

11 행정규칙에 위반되는 행정행위의 효력에 관한 설명으로 가장 옳은 것은? (다툼이 있는 경우 판례에 의함)

18년 경정

① 원칙적으로 무효이나 공정력(예선적 효력)을 갖는다.
② 위법하므로 당연무효가 된다.
③ 당해 행위가 위법하게 되는 것은 아니다.
④ 위법한 행정행위이며, 철회의 원인이 된다.

> **해설** ③ 행정규칙(훈령)은 국민을 구속하는 법규(권리 및 의무에 영향)가 아니므로, 원칙적으로 행정규칙을 위반해도 대외적으로는 위법하지 않고 그대로 유효하다. 하지만, 내부적으로는 징계사유가 된다. 예외적으로는 행정규칙이 평등원칙을 위반한 경우, 행정의 자기구속의 법리에 의해 불평등의 사유로 위법한 경우가 발생할 수 있다(재량준칙).

12 행정규칙에 관한 설명으로 가장 옳지 않은 것은? (다툼이 있는 경우 판례에 의함)

19년 경정

① 행정규칙은 원칙적으로 대외적 구속력이 없다.
② 행정규칙은 법적 근거를 요한다.
③ 재량준칙이 되풀이 시행되어 행정관행이 성립한 경우 당해 재량준칙에 자기구속력을 인정한다.
④ 행정규칙은 대외적인 행위가 아니라 행정조직 내부에서의 행위이므로 원칙상 헌법소원의 대상이 되는 공권력 행사가 아니다.

> **해설** ② 행정규칙은 원칙적으로 대외적 구속력이 없고, 국민까지 구속하는 법규성은 없으므로 행정규칙(훈령)을 발하기 위해서는 법적 근거를 요하지 않는다고 본다.
> ③ 「재량준칙」 즉 재량사무의 기준이 되는 훈령이 되풀이 시행되어 행정관행이 성립한 경우 (평등의 원칙을 매개) 당해 재량준칙에 자기구속력을 인정한다.

13 행정규칙에 관한 설명으로 가장 올바르지 않은 설명은?

19년 경사

① 행정규칙은 법적 근거를 요하지 않는다.
② 행정규칙의 종류로는 훈령, 예규, 지시 등이 있다.
③ 의무가 있는 기관에 도달하면 당해 기관은 행정규칙에 구속된다.
④ 행정규칙은 보통 훈령, 고시, 예규의 형식으로 행해지며 고유 서식에 따른다.

해설 ④ 구두 또는 서면으로 할 수 있다. 즉 특별한 형식이 있는 것은 아니다. 하지만, 협의의 훈령과 예규는 조문형식으로 이루어진다.
③ 상대방에게 도달함으로써 효력이 발생(도달주의)

제2절 해양경찰 조직의 직제

01 해양경찰 행정기관에는 행정관청, 자문기관, 보조기관, 보좌기관 등이 있다. 이와 관련하여 다음 중 옳은 것은 모두 몇 개인가? 19년 3차

> ㉠ 행정관청은 행정주체의 법률상 의사를 결정하여 외부에 표시하는 권한을 가지는 행정기관을 말하며, 일반적으로 파출소장은 보조기관으로 본다.
> ㉡ 계선조직(line)을 보좌기관이라고 하고, 참모조직(staff)을 보조기관이라고 한다.
> ㉢ 일반적으로 차장·국장·과장·계장은 보좌기관에 해당하며, 기획조정관·감사담당관은 보조기관에 해당한다.
> ㉣ 정책자문위원회는 자문기관에 해당한다.
> ㉤ 행정관청에는 해양경찰청장, 지방해양경찰청장, 해양경찰서장이 있다.

① 2개 ② 3개
③ 4개 ④ 5개

해설 [O] ㉠㉣㉤
[X] ㉡㉢
㉡ 계선조직(line)을 보조기관이라고 하고, 참모조직(staff)을 보좌기관이라고 한다.
㉢ 차장·국장·과장·계장은 보조기관에 해당하며, 기획조정관·감사담당관은 보좌기관에 해당한다.

정답 11 ③ 12 ② 13 ④ 01 ②

02 다음 보기는 「해양경찰법」과 「해양경비법」의 목적을 서술한 것이다. ( )안에 들어갈 말로 가장 옳게 나열한 것은? 　22년 2차

> ㉠ 「해양경찰법」 제1조(목적)
> 　이 법은 ( )을/를 수호하고 ( )와/과 치안 확립을 위하여 해양경찰의 직무와 민주적이고 효율적인 운영에 필요한 사항을 규정함을 목적으로 한다.
> ㉡ 「해양경비법」 제1조(목적)
> 　이 법은 경비수역에서의 ( ) 확보, 치안질서 유지, 해양수산자원 및 해양시설 보호를 위하여 해양경비에 관한 사항을 규정함으로써 국민의 안전과 공공질서의 유지에 이바지함을 목적으로 한다.

① 해양안보 - 해양안전 - 해양주권
② 해양안보 - 해양주권 - 해양안보
③ 해양주권 - 해양안전 - 해양안보
④ 해양주권 - 해양안보 - 해양안전

해설
1] 「해양경찰법」 제1조(목적) 이 법은 해양주권을 수호하고 해양 안전과 치안 확립을 위하여 해양경찰의 직무와 민주적이고 효율적인 운영에 필요한 사항을 규정함을 목적으로 한다.
2] 「해양경비법」 제1조(목적) 이 법은 경비수역에서의 해양안보 확보, 치안질서 유지, 해양수산자원 및 해양시설 보호를 위하여 해양경비에 관한 사항을 규정함으로써 국민의 안전과 공공질서의 유지에 이바지함을 목적으로 한다.

03 다음 중 「해양경찰법」상 해양경찰의 책무(제2조)로 옳은 것은 모두 몇 개인가? 　20년 3차

> ㉠ 해양경찰은 해양에서 사람의 생명·신체 및 재산을 보호하고, 해양사고에 효율적으로 대응하기 위한 시책을 추진하여야 한다.
> ㉡ 해양경찰은 대한민국의 국익을 보호하고 해양영토를 수호하며 해양치안질서 유지를 위하여 필요한 조치와 제도를 마련하여야 한다.
> ㉢ 해양경찰은 해양경찰의 정책에 대한 국민의 의견을 존중하고, 민주적이고 투명한 조직운영을 위하여 노력하여야 한다.

① 없음　　　　　　　　② 1개
③ 2개　　　　　　　　 ④ 3개

해설 위 ㉠㉡㉢ 모두는 올바른 내용으로 「해양경찰법」상 해양경찰의 책무를 설명하고 있다(동법 제2조).
1] 제1조(목적) 이 법은 해양주권을 수호하고 해양 안전과 치안 확립을 위하여 해양경찰의 직무와 민주적이고 효율적인 운영에 필요한 사항을 규정함을 목적으로 한다.

2] 제2조(해양경찰의 책무)
① 해양경찰은 해양에서 사람의 생명·신체 및 재산을 보호하고, 해양사고에 효율적으로 대응하기 위한 시책을 추진하여야 한다.
② 해양경찰은 대한민국의 국익을 보호하고 해양영토를 수호하며 해양치안질서 유지를 위하여 필요한 조치와 제도를 마련하여야 한다.
③ 해양경찰은 해양경찰의 정책에 대한 국민의 의견을 존중하고, 민주적이고 투명한 조직운영을 위하여 노력하여야 한다.

3] 제3조(권한남용의 금지) 해양경찰은 그 직무를 수행할 때 국민 전체에 대한 봉사자로서 공정·중립을 지켜야 하고, 헌법과 법률에 따라 국민의 자유와 권리를 존중하며, 부여된 권한을 남용하여서는 아니 된다.

4] 제4조(해양경찰의 날) 국민에게 해양주권 수호의 중요성을 널리 알리고 해양안전 의식을 높이기 위하여 매년 9월 10일을 해양경찰의 날로 하고, 기념행사를 한다.

04 다음 중 「해양경찰법」상 해양경찰의 책무(제2조)로 가장 옳지 않은 것은?

20년 3차, 22년 1차

① 해양에서 사람의 생명·신체 및 재산을 보호하고, 해양사고에 효율적으로 대응하기 위한 시책을 추진하여야 한다.
② 대한민국의 국익을 보호하고 해양영토를 수호하며 해양치안질서의 유지를 위하여 필요한 조치와 제도를 마련하여야 한다.
③ 해양경찰의 정책에 대한 국민의 의견을 존중하고, 민주적이고 투명한 조직운영을 위하여 노력하여야 한다.
④ 경비수역에서의 해양안보 확보, 치안질서 유지, 해양수산자원 및 해양시설 보호를 위하여 해양 경비에 관한 사항을 규정함으로써 국민의 안전과 공공질서의 유지에 노력하여야 한다.

> **해설** ④ 「해양경비법」의 목적이다. 즉 「해양경비법」은 경비수역에서의 해양안보 확보, 치안질서 유지, 해양수산자원 및 해양시설 보호를 위하여 해양경비에 관한 사항을 규정함으로써 국민의 안전과 공공질서의 유지에 이바지함을 목적으로 한다(제1조).

정답 02 ③ 03 ④ 04 ④

05 다음 중 「해양경찰법」상 해양경찰의 직무로 가장 옳지 않은 것은? 22년 경찰간부

① 해양경찰은 해양에서의 수색·구조·연안안전관리 및 선박교통관제와 경호·경비·대간첩·대테러작전에 관한 직무를 수행한다.
② 해양경찰은 해양에서 공공의 안녕과 질서유지를 위하여 해양관련 범죄의 예방·진압·수사와 피해자 보호에 관한 직무를 수행한다.
③ 해양경찰은 해양에서 공공안녕에 대한 위험의 예방과 진압을 위한 정보의 수집·작성·배포에 관한 직무를 수행한다.
④ 해양경찰은 직무와 관련된 외국 정부기관 및 국제기구와 협력하여야 한다.

> **해설** ③ 해양경찰은 해양에서 공공안녕에 대한 위험의 예방과 대응을 위한 정보의 수집·작성·배포에 관한 직무를 수행한다. 해양경찰은 해양에서 공공의 안녕과 질서유지를 위하여 해양관련 범죄의 예방·진압·수사와 피해자 보호에 관한 직무를 수행한다.라는 직무와 구별할 필요가 있다.
>
> **직무(동법 제14조)**
> ① 해양경찰은 해양에서의 수색·구조·연안안전관리 및 선박교통관제와 경호·경비·대간첩·대테러작전에 관한 직무를 수행한다.
> ② 해양경찰은 해양에서 공공의 안녕과 질서유지를 위하여 해양관련 범죄의 예방·진압·수사와 피해자 보호에 관한 직무를 수행한다.
> ③ 해양경찰은 해양에서 공공안녕에 대한 위험의 예방과 대응을 위한 정보의 수집·작성·배포에 관한 직무를 수행한다.
> ④ 해양경찰은 해양오염 방제 및 예방활동에 관한 직무를 수행한다.
> ⑤ 해양경찰은 직무와 관련된 외국 정부기관 및 국제기구와 협력하여야 한다.

06 다음 중 「해양경찰법」상 해양경찰위원회에 대한 내용으로 가장 옳지 않은 것은? 20년 3차

① 해양경찰행정에 관한 사항을 심의·의결하기 위하여 해양경찰청에 해양경찰위원회를 둔다.
② 위원회는 위원장 1명을 포함한 7명의 위원으로 구성하되, 위원장 및 위원은 비상임으로 한다.
③ 위원의 임기는 3년으로 하며, 연임할 수 없다.
④ 해양수산부장관이 재의를 요구하려고 하는 경우에는 의결한 날부터 10일 이내에 재의요구서를 위원회에 제출하여야 한다.

> **해설** ① 해양경찰행정에 관한 사항을 심의·의결하기 위하여 해양수산부에 해양경찰위원회를 둔다(제5조 제1항). 법적 성격은 심의·의결기관이고, 해양수산부 아래에 두므로 외부 타율적 통제기관이라고 할 수 있고, 이를 둠으로써 민주적 통제시스템 구축을 위한 토대를 마련했다고 볼 수 있다.

07 다음 보기는 「해양경찰법」상 해양경찰위원회에 관한 내용이다. 옳지 않은 것은 모두 몇 개인가?

21년 1차

> ㉠ 해양경찰행정에 관하여 다음 각호의 사항을 심의·의결하기 위하여 해양수산부에 해양경찰 위원회를 둔다.
> ㉡ 위원장 및 위원은 비상임이며, 위원회는 위원장 1명을 제외한 7명의 위원으로 구성한다.
> ㉢ 위원은 해양수산부장관의 제청으로 국무총리를 거쳐 대통령이 임명한다.
> ㉣ 위원의 임기는 3년으로 하며, 중임할 수 없다.
> ㉤ 해양수산부장관이 재의를 요구하려고 하는 경우에는 의결한 날부터 7일 이내에 재의 요구서를 위원회에 제출하여야 한다.
> ㉥ 위원장은 재의요구가 있으면, 그 요구를 받은 날부터 7일 이내에 회의를 소집하여 다시 의결하여야 한다.
> ㉦ 독립성 유지를 위하여 위원회의 사무는 해양수산부 산하에서 수행한다.

① 1개
② 2개
③ 3개
④ 4개

해설

[O] ㉠㉢㉥
[X] ㉡㉣㉤㉦
㉡ 위원장 및 위원은 비상임이며, 위원회는 위원장 1명을 포함한 7명의 위원으로 구성한다.
㉣ 위원의 임기는 3년으로 하며, 연임할 수 없다.
㉤ 해양수산부장관이 재의를 요구하려고 하는 경우에는 의결한 날부터 10일 이내에 재의 요구서를 위원회에 제출하여야 한다.
㉦ 민주성과 독립성을 확보하기 위해 해양수산부에 두고, 효율성을 확보하기 위해 해양경찰청에서 직무를 수행한다(민주성과 효율성의 조화).

정답 05 ③ 06 ① 07 ④

08 다음 <보기> 중 「해양경찰법」 및 「해양경찰위원회 규정」상 해양경찰위원회에 대한 설명으로 옳지 않은 것은 모두 몇 개인가?
22년 경찰간부

> ㉠ 위원회는 위원장 1명을 포함한 7명의 상임위원으로 구성된다.
> ㉡ 당적을 이탈한 날부터 4년이 지난 사람은 위원이 될 수 있다.
> ㉢ 위원은 중대한 신체상 또는 정신상의 장애로 직무를 수행할 수 없게 된 경우를 제외하고는 그 의사에 반하여 면직되지 아니한다.
> ㉣ 위원은 해양경찰청장의 제청으로 국무총리를 거쳐 대통령이 임명한다.
> ㉤ 위원장의 임기는 3년으로 하며, 연임할 수 있다.
> ㉥ 위원장은 대통령이 지명한다.
> ㉦ 위원회의 회의는 재적위원 과반수의 출석과 출석위원 과반수의 찬성으로 의결한다.
> ㉧ 경찰, 검찰, 국가정보원 직원 또는 군인의 직에서 퇴직한 날부터 3년이 지나지 아니한 사람은 위원이 될 수 없다.

① 4개 ② 5개
③ 6개 ④ 7개

해설
[O] ㉡㉢㉦㉧
[X] ㉠㉣㉤㉥
㉠ 위원회는 위원장 1명을 포함한 7명의 위원구성, 위원장과 위원은 <u>비상임위원</u>으로 한다.
㉣ 위원은 <u>해양수산부장관</u>의 제청으로 국무총리를 거쳐 대통령이 임명한다.
㉤ 위원의 임기는 3년으로 하며, <u>연임할 수 없다</u>. *위원장의 임기에 대한 특별한 규정은 없다.
㉥ 위원장은 위원 중에서 <u>호선한다</u>.

09 다음 중 「해양경찰법」에 대한 설명으로 가장 옳지 않은 것은?
21년 경찰간부

① 이 법은 해양주권을 수호하고 해양 안전과 치안 확립을 위하여 해양경찰의 직무와 민주적이고 효율적인 운영에 필요한 사항을 규정함을 목적으로 한다.
② 국민에게 해양주권 수호의 중요성을 널리 알리고 해양안전 의식을 높이기 위하여 매년 9월 10일을 해양경찰의 날로 한다.
③ 해양경찰행정에 관하여 인권보호와 부패방지 및 청렴도 향상에 관한 주요 정책사항을 심의·의결하기 위하여 해양수산부에 해양경찰위원회를 둔다.
④ 해양경찰위원회 위원의 임기는 2년으로 하며, 연임할 수 없다.

해설 해양경찰위원회 위원의 임기는 3년으로 하며, 연임할 수 없다. 위원은 위원장을 포함하여 7인의 위원으로 구성하고, 위원장은 위원 중에서 호선한다.

10 다음 중 「해양경찰법(시행령 및 시행규칙 포함)」상 해양경찰위원회에 대한 설명으로 가장 옳지 않은 것은?

23년 해경학과

① 해양경찰위원회의 위원은 해양경찰청장의 제청으로 국무총리를 거쳐 대통령이 임명한다.
② 해양수산부장관은 해양경찰위원회에서 심의·의결된 내용이 적정하지 아니하다고 판단할 때에는 재의를 요구할 수 있다.
③ 해양경찰위원회의 사무는 해양경찰청에서 수행한다.
④ 해양경찰위원회의 위원 중 2명은 법관의 자격이 있는 사람이어야 한다.

 ① 위원은 해양수산부장관의 제청으로 국무총리를 거쳐 대통령이 임명한다. 이 경우 해양수산부장관은 위원 임명을 제청할 때 해양경찰의 정치적 중립이 보장되도록 하여야 한다(제6조 제3항).

11 다음 <보기>의 '해양경찰위원회'에 대한 설명 중 옳은 것을 모두 고른 것은?

23년 경찰간부

㉠ 위원장이 부득이한 사유로 직무를 수행할 수 없을 때에는 해양경찰청장이 미리 지명한 위원이 그 직무를 대행한다.
㉡ 정기회의는 특별한 사유가 있는 경우를 제외하고 매월 1회 위원장이 소집한다.
㉢ 위원회의 회의는 재적위원 과반수의 출석과 재적위원 과반수의 찬성으로 의결한다.
㉣ 해양경찰위원회의 위원장은 위원 중에서 호선한다.
㉤ 해양경찰위원회 위원의 임기는 3년으로 하며, 연임할 수 없다.
㉥ 해양수산부장관이 재의를 요구하려고 하는 경우에는 의결한 날부터 7일 이내에 재의요구서를 위원회에 제출하여야 한다.

① ㉠, ㉢
② ㉡, ㉤, ㉥
③ ㉢, ㉣, ㉥
④ ㉣, ㉤

[O] ㉣㉤
[X] ㉠㉡㉢㉥
㉠ 위원장이 부득이한 사유로 직무를 수행할 수 없을 때에는 위원장이 미리 지명한 위원이 그 직무를 대행한다.
㉡ 정기회의는 특별한 사유가 있는 경우를 제외하고 매월 2회 위원장이 소집한다.
㉢ 위원회의 회의는 재적위원 과반수의 출석과 출석위원 과반수의 찬성으로 의결한다.
㉥ 해양수산부장관이 재의를 요구하려고 하는 경우에는 의결한 날부터 10일 이내에 재의요구서를 위원회에 제출하여야 한다. 위원장은 재의요구가 있으면, 그 요구를 받은 날부터 7일 이내에 회의를 소집하여 다시 의결하여야 한다.

정답 08 ① 09 ④ 10 ① 11 ④

「해양경찰위원회 규정」
1] 위원장(제2조)
① 「해양경찰법」 제5조제1항에 따른 해양경찰위원회의 위원장은 위원회를 대표하고, 위원회의 사무를 총괄한다.
② 위원장은 위원 중에서 호선(互選)한다.
③ 위원장이 부득이한 사유로 직무를 수행할 수 없을 때에는 위원장이 미리 지명한 위원이 그 직무를 대행한다.
2] 위원의 면직(제4조)
① 법 제7조제3항에 따라 위원이 중대한 신체상 또는 정신상의 장애로 직무를 수행할 수 없게 되어 면직되는 경우에는 위원회의 의결이 있어야 한다.
② 제1항에 따른 의결은 위원장 또는 해양수산부장관이 요구한다.
3] 회의(제5조)
① 위원회의 회의는 정기회의와 임시회의로 구분한다.
② 정기회의는 특별한 사유가 있는 경우를 제외하고는 매월 2회 위원장이 소집한다.
③ 위원장은 필요한 경우 임시회의를 소집할 수 있으며, 3명 이상의 위원, 해양수산부장관 또는 해양경찰청장은 위원장에게 임시회의의 소집을 요구할 수 있다.
④ 제3항에 따른 임시회의의 소집 요구가 있는 경우에는 위원장은 특별한 사유가 없으면 회의를 소집해야 한다.
4] 운영세칙(제9조)
이 영에서 규정한 사항 외에 위원회의 운영 등에 필요한 사항은 위원회의 의결을 거쳐 위원장이 정한다.

12 「해양경찰청과 그 소속기관의 직제」 및 같은 법 시행규칙상 '서해5도 특별경비단'의 소속은 어디인가?   18년 경력/간부

① 서해지방해양경찰청   ② 중부지방해양경찰청
③ 해양경찰청 경비국   ④ 인천해양경찰서

해설 ② 서해5도(백령도, 대청도, 소청도, 연평도, 우도) 특별경비단은 2017년 4월 4일 서해 NLL에서 중국 불법어선 단속을 위해 처음 출범하였고, 현재는 중부지방해양경찰청 소속이다. 한편, 백령도, 대청도, 소청도, 연평도 및 강화도 어장에 설치되어 있는 신고기관은 선박의 출입항 및 조업에 관하여 그 지역의 관할 군부대장의 통제를 받는다(「어선안전조업법」 제17조). 한편, 「어선안전조업법」은 2025년 1월 3일부터 「어선안전조업 및 어선원의 안전·보건 증진 등에 관한 법률」(어선안전조업법)로 개정, 시행된다.

13 해양경찰청과 그 소속기관의 직무에 관한 설명으로 가장 옳지 않은 것은?   18년 경찰간부

① 해양경찰청은 해양에서의 경찰 및 오염방제에 관한 사무를 관장한다.
② 중앙해양특수구조단은 오염물질에 대한 방제기술 습득 및 훈련에 관한 사무를 관장한다.
③ 구조안전국장은 해양에서의 항공기 사고조사 및 원인분석에 관한 업무를 분장한다.
④ 경비국장은 해양에서의 경호, 대테러 예방·진압에 관한 업무를 분장한다.

해설 ③ 현재, 해양에서의 항공기 사고조사 및 원인분석에 관한 업무를 분장하는 부서는 경비국이다.

1] 「해양경찰청 직제」제11조(경비국)
 1. 해양경비에 관한 계획의 수립·조정 및 지도
 2. 경비함정·항공기 등의 운용 및 지도·감독
 3. 동·서해 특정해역에서의 조업 경비
 4. 해양에서의 경호, 대테러 예방·진압
 5. 통합방위 및 비상대비 업무의 기획 및 지도·감독
 6. 해양항공 업무 관련 계획의 수립·조정 등에 관한 업무
 7. 해양에서의 항공기 사고조사 및 원인분석
 8. 해상교통관제(VTS) 정책 수립 및 기술개발
 9. 해상교통관제센터의 설치·운영
 10. 해상교통관제센터의 항만운영 정보 제공
 11. 해상교통관제 관련 국제교류·협력

2] 「해양경찰청 직제」제12조(구조안전국)
 1. 연안해역 안전관리에 관한 정책의 수립·조정 및 지도
 2. 연안해역 안전 관련 법령·제도의 연구·개선
 3. 파출소 및 출장소 운영
 4. 해수면 유선 및 도선 사업 관련 제도 운영
 5. 해수면 유선 및 도선 사업의 면허·신고 및 안전관리
 6. 해수욕장 안전관리
 7. 어선출입항 신고업무
 8. 해양사고 재난 대비·대응
 9. 해양에서의 구조·구급 업무
 10. 중앙해양특수구조단 운영 지원 및 해양경찰구조대 등 해양구조대 운영 관련 업무
 11. 해양안전 관련 민·관·군 구조협력 및 합동 구조 훈련
 12. 해양수색구조 관련 국제협력 및 협약 이행
 13. 수상레저 안전관리에 관한 정책의 수립·조정 및 지도
 14. 수상레저 안전 관련 법령·제도의 연구·개선
 15. 수상레저 안전문화의 조성 및 진흥
 16. 수상레저 관련 조종면허 및 기구 안전검사·등록 등에 관한 업무
 17. 수상레저 사업의 등록 및 안전관리의 감독·지도
 18. 수상레저 안전 관련 단체 관리 및 민관 협업체계 구성

3] 「해양경찰청 직제」제21조(중앙해양특수구조단)
 1. 대형·특수 해양사고의 구조·수중수색 및 현장지휘
 2. 잠수·구조 기법개발·교육·훈련 및 장비관리 등에 관한 업무
 3. 인명구조 등 관련 국내외 기관과의 교류 협력
 4. 중·대형 해양오염사고 발생 시 현장출동·상황파악 및 응급방제조치
 5. 오염물질에 대한 방제기술 습득 및 훈련

정답 12 ② 13 ③

14 해양경찰 조직 및 그 직무에 관한 다음 설명 중 가장 옳지 않은 것은? 19년 경력/공채
① 해양경찰청은 조직법 마련을 위해 「해양경찰법」(2020)을 제정하였다.
② 해상교통관제센터의 설치·운영에 관한 업무는 「해양경찰청과 그 소속기관 직제」상 경비국의 소관업무이다.
③ 해양경찰청 소속으로 해양경찰교육원 및 중앙 해양특수구조단을 둔다.
④ 남해지방해양경찰청장 소속의 책임운영기관으로 해양경찰정비창을 둔다.

> 해설 ④ 현재 해양경찰정비창(장은 임기제 공무원)은 해양경찰청장 소속으로 두고 있는 책임운영기관이다(일반회계). 해양경찰청장의 소(직)속기관으로 지방해양경찰청, 해양경찰교육원, 중앙해양특수구조단, 해양경찰정비창을 두고 있다. 그리고 지방해양경찰청(치안정감, 치안감, 경무관) 소속으로 해양경찰서(총경)를 두고, 해양경찰교육원(경무관) 소속으로 해양경찰연구센터(4급), 중앙해양특수구조단(총경) 소속으로 서해 해양특수구조대(경정)와 동해 해양특수구조대(경정)를 두고 있다.

15 해양경찰의 조직 등에 관한 설명 중 가장 옳지 않은 것은? 19년 경찰간부
① 해양경찰청에 운영지원과·경비국·구조안전국·수사국·정보외사국·해양오염방제국 및 장비기술국을 둔다.
② 별도의 조직법인 「해양경찰법」이 2019년 제정되었다.
③ 해양경찰청장 소속으로 지방해양경찰청장을 두고, 지방해양경찰청장 소속으로 해양경찰서를 두며, 특별히 중부지방해양경찰청 소속으로 중앙특수구조단을 설치하고 있다.
④ 지방해양경찰청장은 해양경찰서장의 소관 사무를 분장하기 위하여 해양수산부령으로 정하는 바에 따라 해양경찰서장 소속으로 파출소를 둘 수 있다.

> 해설 ③ 중앙해양특수구조단(총경으로 보한다)은 해양경찰청장 직속으로 설치하고 있다. 한편, 중부지방해양경찰청 소속으로는 서해5도 특별경비단을 두고 있을 뿐이다.
> ① 해양경찰청의 직제 개편으로 기존의 수사정보국을, 현재는 수사국과 국제정보국으로, 다시 최근에는 국제정보국을 정보외사국으로 개편하였다(2024년 1월 18일).

16 다음 중 해양경찰의 조직에 대한 설명으로 가장 옳지 않은 것은? 20년 경력/공채

① 해양경찰청에 운영지원과·경비국·구조안전국·수사국·정보외사국·해양오염방제국 및 장비기술국을 둔다.
② 현재는 별도의 조직법인「해양경찰법」이 시행 중에 있다.
③ 해양경찰청장 소속으로 지방해양경찰청을 두고, 지방해양경찰청장 소속으로 해양경찰서를 두며, 특별히 중부지방해양경찰청 소속으로 중앙해양특수구조단을 설치하고 있다.
④ 지방해양경찰청장은 해양경찰서장의 소관 사무를 분장하기 위하여 해양수산부령으로 정하는 바에 따라 해양경찰서장 소속으로 파출소를 둘 수 있다.

해설 ③ 현행 해양경찰의 조직 법령(「해양경찰청과 그 소속기관 직제」)상 중앙해양특수구조단은 해양경찰청장 직속기관으로 두고 있고, 중앙해양특수구조단 아래에 서해와 동해해양특수구조대를 둔다. 한편, 중부지방해양경찰청 소속으로는 특별히 서해5도 특별경비단을 두고 있다.

17 다음 중 해양경찰청의 조직구성에 관한 설명으로 가장 옳지 않은 것은? 21년 경사

① 5개 지방해양경찰청 및 20개 해양경찰서가 있다.
② 각 지방해양경찰청장 소속으로 항만교통관제센터와 연안교통관제센터가 있다.
③ 중부지방해양경찰청장은 치안감으로 보한다.
④ 경인, 태안, 여수, 통영 4개소의 연안교통관제센터가 있다.

해설 ② 최근 광역교통관제센터를 새로 두어, 현재는 광역/항만/연안 교통관제센터로 운영되고 있다.
③ 현재 중부지방해양경찰청장은 치안정감, 서해/남해/동해 지방해양경찰청장은 치안감, 그 외는 경무관으로 보하고 있다.

정답 14 ④ 15 ③ 16 ③ 17 ②③

18 다음 중 「해양경찰청과 그 소속기관 직제」에 대한 내용으로 옳지 않은 것은 모두 몇 개인가?

20년 3차/간부

> ㉠ 해양경찰청장 소속으로 해양경찰교육원 및 중앙해양특수구조단을 둔다.
> ㉡ 중부지방해양경찰청장 밑에는 서해5도 특별경비단을 직할단으로 둔다.
> ㉢ 경비국장은 해상교통관제센터의 항만운영 정보제공에 관한 사항을 분장한다.
> ㉣ 해양경찰청에는 운영지원과 · 경비국 · 구조안전국 · 수사정보국 · 해양오염방제국 및 장비기술국을 둔다.

① 없음 ② 1개
③ 2개 ④ 3개

해설 [O] ㉠㉡㉢
[X] ㉣ 현재, 해양경찰청에 운영지원과 · 경비국 · 구조안전국 · 수사국 · 정보외사국 · 해양오염방제국 및 장비기술국을 둔다(제6조 제1항). 그리고 청장 밑에 대변인 1명을 두고, 차장 밑에 기획조정관, 종합상황실장 및 감사담당관 각 1명을 둔다(제2항).

19 다음 중 「해양경찰청과 그 소속기관 직제」의 내용 중 가장 옳지 않은 것은?

21년 경감

① 지방해양경찰청장은 해양경찰서장의 소관 사무를 분장하기 위하여 해양수산부령으로 정하는 바에 따라 해양경찰서장 소속으로 파출소를 둘 수 있다.
② 지방해양경찰청장은 필요한 경우에는 해양수산부령으로 정한 바에 따라 해양경찰서장 소속으로 출장소를 둘 수 있다.
③ 파출소 및 출장소의 명칭 · 위치와 관할구역, 그 밖의 필요한 사항은 지방해양경찰청장이 정한다.
④ 지방해양경찰청장은 해양경찰청장의 명을 받아 소관 사무를 총괄하고, 소속 공무원을 지휘 · 감독하며 치안감으로 보한다.

해설 ④ 지방해양경찰청장은 해양경찰청장의 명을 받아 소관 사무를 총괄하고, 소속 공무원을 지휘 · 감독한다. 중부지방해양경찰청장은 치안정감, 서해/남해/동해 지방해양경찰청장은 치안감, 제주지방해양경찰청장은 경무관으로 보하고 있다.

20 다음 <보기> 중 「해양경찰청과 그 소속기관 직제 (시행규칙 포함)」에 대한 설명으로 옳지 않은 것은 모두 몇 개인가?

21년 경찰간부

> ㉠ 해양경찰청장의 관장사무를 지원하기 위하여 해양경찰청장 소속으로 해양경찰교육원 및 중앙해양특수구조단을 둔다.
> ㉡ 구조안전국장은 어선출입항 신고업무와 수상레저 안전문화의 조성 및 진흥에 대한 사항을 분장한다.
> ㉢ 경비국장은 경비함정·항공기 등의 운용 및 지도·감독과 해양항공 업무 관련 계획의 수립·조정 등에 관한 사항을 분장한다.
> ㉣ 파출소 및 출장소의 명칭·위치와 관할구역, 그 밖에 필요한 사항은 해양경찰서장이 정한다.
> ㉤ 지방해양경찰청의 소관 사무를 분장하기 위하여 지방해양경찰청장 소속으로 해상교통관제센터를 두며, 해상교통관제센터는 광역 및 항만교통관제센터와 연안교통관제센터로 구분한다.

① 1개 ② 2개
③ 3개 ④ 4개

해설
[X] ㉣ 지방해양경찰청장의 권한이다.
[O] ㉠㉡㉢㉤ 항공 관련 업무가 기존의 장비기술국에서 경비국 소관으로, 해양상황업무가 기존 경비국에서 새로 신설된 종합상황실장 소관으로 개편되었다.

1] 종합상황실장(제8조의2)
① 종합상황실장은 경무관으로 보한다.
② 종합상황실장은 다음 사항에 관하여 차장을 보좌한다.
 1. 해양 경비·재난·치안·오염 등의 상황(해양상황)에 대한 관리·조정에 관한 업무
 2. 해양상황의 접수·처리·전파 및 보고 등 초동조치
 3. 해양상황의 진행상황 파악·전달 및 처리
 4. 해양상황의 피해, 구조 및 대응 현황 등에 대한 파악·기록·통계관리 및 정보 분석
 5. 국내외 해양상황의 정보 수집·분석 및 전파
 6. 상황관리시스템의 구축·운영 및 보안관리
 7. 긴급신고전화 운용에 관한 사항
 8. 국제조난 안전통신 업무에 관한 사항

2] 경비국(제11조)
 1. 해양경비에 관한 계획의 수립·조정 및 지도
 2. 경비함정·항공기 등의 운용 및 지도·감독
 3. 동·서해 특정해역에서의 조업 경비
 4. 해양에서의 경호, 대테러 예방·진압
 5. 통합방위 및 비상대비 업무의 기획 및 지도·감독
 6. <u>해양항공 업무 관련 계획의 수립·조정 등에 관한 업무</u>

정답 18 ② 19 ④ 20 ①

7. 해양에서의 항공기 사고조사 및 원인분석
8. 해상교통관제(VTS) 정책 수립 및 기술개발
9. 해상교통관제센터의 설치·운영
10. 해상교통관제센터의 항만운영 정보 제공
11. 해상교통관제 관련 국제교류·협력

3] 파출소(제31조)
① 지방해양경찰청장은 해양경찰서장의 소관 사무를 분장하기 위하여 해양수산부령으로 정하는 바에 따라 해양경찰서장 소속으로 파출소를 둘 수 있다.
② 지방해양경찰청장은 필요한 경우에는 해양수산부령으로 정하는 바에 따라 해양경찰서장 소속으로 출장소를 둘 수 있다.
③ 파출소 및 출장소의 명칭·위치와 관할구역, 그 밖에 필요한 사항은 지방해양경찰청장이 정한다.

4] 해상교통관제센터(제32조)
① 지방해양경찰청의 소관 사무를 분장하기 위하여 지방해양경찰청장 소속으로 해상교통관제센터를 둔다.
② 해상교통관제센터는 광역해상교통관제센터, 항만해상교통관제센터 및 연안해상교통관제센터로 구분한다.
③ 해상교통관제센터의 명칭 및 위치는 해양수산부령으로 정하고, 관할구역 등 그 밖에 필요한 사항은 지방해양경찰청장이 정한다.
④ 해상교통관제센터에 센터장 1명을 두며, 광역해상교통관제센터장 및 항만해상교통관제센터장은 4급 또는 5급으로, 연안해상교통관제센터장은 5급 또는 경정으로 보한다.

21 다음 중 「해양경찰청과 그 소속기관 직제(시행규칙 포함)」에 관한 설명으로 가장 옳지 않은 것은?

21년 3차

① 해양경찰청장의 관장사무를 지원하기 위하여 해양경찰청장 소속으로 해양경찰교육원 및 중앙 해양특수구조단을 둔다.
② 해양경찰청장의 관장사무를 지원하기 위하여 「책임운영기관의 설치·운영에 관한 법률」 제4조 제1항, 같은 법 시행령 제2조제1항 및 별표1에 따라 해양경찰청장 소속의 책임운영기관으로 해양경찰정비창을 둔다.
③ 해양에서의 경찰 및 오염방제 업무에 관한 연구·분석·장비개발 등에 관한 사무를 관장하기 위하여 해양경찰청장 소속으로 해양경찰연구센터를 둔다.
④ 지방해양경찰청의 소관 사무를 분장하기 위하여 지방해양경찰청장 소속으로 해상교통관제센터를 둔다.

해설 ③ 처음 해양경찰청에 편제하였을 때에는 해양경찰청장 소속으로 하였으나, 현재 해양경찰연구센터는 해양경찰교육원장 소속이다(「해양경찰청과 소속기관 직제」 제20조). 그리고 처음 해양경찰청 외부에 해양경찰연구개발센터로 설치(2007년 3월)되었으나, 이후 해양경찰청 조직으로 편제되었고 정식명칭도 변경되었다.

1] 소속기관(제2조)
① 해양경찰청장의 관장사무를 지원하기 위하여 해양경찰청장 소속으로 해양경찰교육원 및 중앙해양특수구조단을 둔다.
② 해양경찰청장의 관장사무를 분장하기 위하여 해양경찰청장 소속으로 지방해양경찰청을 두고, 지방해양경찰청장 소속으로 해양경찰서를 둔다.

③ 해양경찰청장의 관장사무를 지원하기 위하여 「책임운영기관의 설치·운영에 관한 법률」 제4조제1항, 같은 법 시행령 제2조제1항 및 별표 1에 따라 해양경찰청장 소속의 책임운영기관으로 해양경찰정비창을 둔다.

2] 해양경찰연구센터(제20조)
① 해양에서의 경찰 및 오염방제 업무에 관한 연구·분석·장비개발 등에 관한 사무를 관장하기 위하여 해양경찰교육원장 소속으로 해양경찰연구센터를 둔다.
② 연구센터에 센터장 1명을 두며, 센터장은 4급으로 보한다.
③ 센터장은 해양경찰교육원장의 명을 받아 소관사무를 총괄하고, 소속 공무원을 지휘·감독한다.

22 다음 중 「해양경찰청과 그 소속기관 직제(시행규칙 포함)」상 중앙해양특수구조단(부산 소재)의 소속으로 가장 옳은 것은? 22년 1차

① 해양경찰청
② 해양경찰청 구조안전국
③ 남해지방해양경찰청
④ 부산해양경찰서

> **해설** 소/속/기/관(「해양경찰청 직제」 제2조)
> ① 해양경찰청장의 관장사무를 지원하기 위하여 해양경찰청장 소속으로 해양경찰교육원 및 중앙해양특수구조단을 둔다.
> ② 해양경찰청장의 관장사무를 분장하기 위하여 해양경찰청장 소속으로 지방해양경찰청을 두고, 지방해양경찰청장 소속으로 해양경찰서를 둔다.
> ③ 해양경찰청장의 관장사무를 지원하기 위하여 「책임운영기관의 설치·운영에 관한 법률」 제4조제1항, 같은 법 시행령 제2조제1항 및 별표 1에 따라 해양경찰청 소속의 책임운영기관으로 해양경찰정비창을 둔다.

23 다음 중 「해양경찰청과 그 소속기관 직제」(시행규칙 포함)상 연안교통관제센터가 위치한 곳으로 가장 옳지 않은 것은? 22년 2차

① 태안
② 진도
③ 통영
④ 군산

정답 21 ③ 22 ① 23 ②④

해상교통관제센터의 명칭 및 위치

구분	소속	명칭	위치
광역해상교통관제센터 (3)	서해지방해양경찰청	군산광역해상교통관제센터	전북특별자치도 군산시
		목포광역해상교통관제센터	전라남도 목포시
	제주지방해양경찰청	제주광역해상교통관제센터	제주특별자치도 제주시
항만해상교통관제센터 (12)	중부지방해양경찰청	대산항해상교통관제센터	충청남도 서산시
		평택항해상교통관제센터	경기도 평택시
		인천항해상교통관제센터	인천광역시 중구
		경인항해상교통관제센터	인천광역시 서구
	서해지방해양경찰청	여수항해상교통관제센터	전라남도 여수시
		완도항해상교통관제센터	전라남도 완도군
	남해지방해양경찰청	울산항해상교통관제센터	울산광역시 남구
		부산항해상교통관제센터	부산광역시 영도구
		부산신항해상교통관제센터	경상남도 창원시
		마산항해상교통관제센터	경상남도 창원시
	동해지방해양경찰청	동해항해상교통관제센터	강원특별자치도 동해시
		포항항해상교통관제센터	경상북도 포항시
연안해상교통관제센터 (4)	중부지방해양경찰청	경인연안해상교통관제센터	인천광역시 중구
		태안연안해상교통관제센터	충청남도 서산시
	서해지방해양경찰청	여수연안해상교통관제센터	전라남도 여수시
	남해지방해양경찰청	통영연안해상교통관제센터	경상남도 통영시

24 다음 <보기> 중 「해양경찰청과 그 소속기관 직제」(시행규칙 포함)상 연안교통관제센터가 위치한 곳으로 옳지 않은 것을 고른 것은?   22년 해경학과/경찰간부

| ㉠ 태안 | ㉡ 군산 | ㉢ 진도 |
| ㉣ 통영 | ㉤ 동해 | ㉥ 제주 |

① ㉠, ㉤   ② ㉡, ㉥
③ ㉢, ㉣   ④ ㉣, ㉤

1] 광역 : 군산/목포/제주
2] 연안 : 경인/태안/여수/통영
3] 항만 : 12개소(대산, 인천, 평택, 경인/여수, 완도/울산, 부산, 부산신, 마산/동해, 포항)

25 다음 중 「해양경찰청과 그 소속기관 직제(시행규칙 포함)」상 해양경찰청장의 소속기관으로 가장 옳지 않은 것은?

22년 해경학과

① 해양경찰교육원
② 중앙해양특수구조단
③ 해양경찰정비창
④ 해양경찰연구센터

해설 ④ 「해양경찰청과 그 소속기관 직제」상 해양경찰연구센터는 현재 해양경찰교육원장 소속으로 두고 있다.

26 다음 <보기> 중 「해양경찰법」 및 「해양경찰청과 그 소속기관직제」(시행규칙 포함)에 대한 설명으로 옳지 않은 것은 모두 몇 개인가?

22년 경찰간부

> ㉠ 해양경찰청장은 해양경찰위원회의 동의를 받아 해양수산부장관의 제청으로 국무총리를 거쳐 대통령이 임명한다.
> ㉡ 해양경찰청장은 해양경찰에서 15년 이상 경찰공무원으로 재직한 자로서 치안감 이상 경찰공무원으로 재직 중이거나 재직했던 사람 중에서 임명한다.
> ㉢ 해상교통관제센터의 명칭 및 위치, 관할구역 등 그 밖에 필요한 사항은 지방해양경찰청장이 정한다.
> ㉣ 해양경찰청장의 관장사무를 지원하기 위하여 해양경찰청장 소속으로 해양경찰교육원 및 중앙해양특수구조대를 둔다.
> ㉤ 중부지방해양경찰청, 서해지방해양경찰청 및 남해지방해양경찰청에 각각 안전총괄부를 두고, 부장은 경무관으로 보한다.

① 없음   ② 1개
③ 2개   ④ 3개

해설 [O] ㉠㉡㉤
[X] ㉢㉣
㉢ 해상교통관제센터의 명칭 및 위치는 해양수산부령으로 정하고, 관할구역 등 그 밖에 필요한 사항은 지방해양경찰청장이 정한다.
㉣ 해양경찰청장의 관장사무를 지원하기 위하여 해양경찰청 소속으로 해양경찰교육원 및 중앙해양특수구조단을 둔다.

정답 24 ② 25 ④ 26 ③

27 「해양경찰청과 그 소속기관 직제」에 대한 설명으로 가장 옳은 것은? 23년 공/특채, 간부

① 해양경찰청장의 관장사무를 지원하기 위하여 해양경찰청장 소속으로 지방해양경찰청을 두고, 지방해양경찰청장 소속으로 해양경찰서를 둔다.
② 지방해양경찰청의 소관 사무를 지원하기 위하여 지방해양경찰청장 소속으로 해상교통관제센터를 둔다.
③ 해상교통관제센터의 명칭 및 위치는 대통령령으로 정하고, 관할구역 등 그 밖에 필요한 사항은 지방해양경찰청장이 정한다.
④ 해양경찰청장의 관장사무를 지원하기 위하여 해양경찰청장 소속으로 해양경찰교육원 및 중앙해양특수구조단을 둔다.

해설
① 지방해양경찰청과 해양경찰서는 하급 경찰관청이므로 해양경찰청장의 관장사무를 분장한다.
② 지방해양경찰청의 소관 사무를 분장하기 위하여 지방해양경찰청장 소속으로 해상교통관제센터를 둔다.
③ 해상교통관제센터의 명칭 및 위치는 해양수산부령으로 정하고, 관할구역 등 그 밖에 필요한 사항은 지방해양경찰청장이 정한다.

1] 소속기관(제2조)
① 해양경찰청장의 관장사무를 지원하기 위하여 해양경찰청장 소속으로 해양경찰교육원 및 중앙해양특수구조단을 둔다.
② 해양경찰청장의 관장사무를 분장하기 위하여 해양경찰청장 소속으로 지방해양경찰청을 두고, 지방해양경찰청장 소속으로 해양경찰서를 둔다.
③ 해양경찰청장의 관장사무를 지원하기 위하여 「책임운영기관의 설치·운영에 관한 법률」 제4조제1항, 같은 법 시행령 제2조제1항 및 별표 1에 따라 해양경찰청장 소속의 책임운영기관으로 해양경찰정비창을 둔다.

2] 하부조직(제6조)
① 해양경찰청에 운영지원과·경비국·구조안전국·수사국·정보외사국·해양오염방제국 및 장비기술국을 둔다.
② 청장 밑에 대변인 1명을 두고, 차장 밑에 기획조정관, 종합상황실장 및 감사담당관 각 1명을 둔다.

3] 해상교통관제센터(제32조)
① 지방해양경찰청의 소관 사무를 분장하기 위하여 지방해양경찰청장 소속으로 해상교통관제센터를 둔다.
② 해상교통관제센터는 광역해상교통관제센터, 항만해상교통관제센터 및 연안해상교통관제센터로 구분한다.
③ 해상교통관제센터의 명칭 및 위치는 해양수산부령으로 정하고, 관할구역 등 그 밖에 필요한 사항은 지방해양경찰청장이 정한다.
④ 해상교통관제센터에 센터장 1명을 두며, 광역해상교통관제센터장 및 항만해상교통관제센터장은 4급 또는 5급으로, 연안해상교통관제센터장은 5급 또는 경정으로 보한다.

28 다음 <보기>는 「해양경찰법」 및 「연안사고 예방에 관한 법률(시행령 및 시행규칙 포함)」에 대한 설명이다. ( )안에 들어갈 숫자의 합으로 가장 옳은 것은?   22년 경찰간부

> ㉠ 「해양경찰법」 제4조(해양경찰의 날) 국민에게 해양주권 수호의 중요성을 널리 알리고 해양안전의식을 높이기 위하여 매년 ( )월 ( )일을 해양경찰의 날로 하고, 기념행사를 한다.
> ㉡ 「연안사고 예방에 관한 법률 시행령」 제10조(연안안전의 날과 안전점검 주간) ① 법 제20조 제1항에 따른 연안 안전의 날은 매년 ( )월 ( )일로 한다.

① 44   ② 46
③ 60   ④ 62

해설 ㉠ 9월 10일(「해양경찰법」제4조)
㉡ 법 제20조제1항에 따른 연안안전의 날은 매년 7월 18일로 하고, 법 제20조제1항에 따른 안전점검 주간(週間)은 매년 7월 셋째 주로 한다(시행령 제10조).
한편, 「해양재난구조대의 설치 및 운영에 관한 법률」(제5조)에서는 해양재난구조대의 봉사와 숭고한 희생정신을 알리고 그 업적을 기리기 위하여 매년 12월 23일을 해양재난구조대의 날로 정하고 있다.

29 해양경찰 행정응원에 관한 다음 설명 중 가장 옳지 않은 것은?   19년 경력/공채
① 해상에서 행정응원의 기본법은 「수상에서의 수색구조 등에 관한 법률」이다.
② 「수상에서의 수색구조 등에 관한 법률」상 수난구호를 위해 행정응원을 요청할 수 있는 권한은 구조본부의 장과 소방관서의 장에게 있다.
③ 「경찰직무응원법」상 경찰응원에 의하여 파견된 경찰관은 파견한 관서의 경찰관으로서 직무를 수행한다.
④ 해양경찰청장 또는 경찰청장은 돌발사태를 진압하거나 특수지구를 경비하도록 하기 위해 필요할 때에는 경찰기동대를 편성하여 필요한 지역에 파견할 수 있다.

해설 ③ 「경찰직무응원법」상 경찰응원에 의하여 파견된 경찰관은 파견받은 지방해양경찰서 또는 시도경찰청의 경찰관으로서 직무를 수행한다(제2조 파견경찰관의 소속).
② 수난구호협력기관의 장은 수난구호활동을 위하여 구조본부의 장 또는 소방관서의 장으로부터 필요한 지원과 협조 요청이 있을 경우 특별한 사정이 없으면 이에 응하여야 한다(「수상구조법」 제14조 제1항). 여기서 "수난구호협력기관"이란 수난구호를 위하여 협력하는 중앙행정기관·지방자치단체, 「재난 및 안전관리 기본법」 제3조제8호에 따른 긴급구조지원기관, 대통령령으로 정하는 공공단체를 말한다.

정답 27 ④ 28 ① 29 ③

30 다음 중 해양경찰 행정응원에 대한 설명으로 가장 옳지 않은 것은?   22년 경찰간부

① 「경찰직무응원법」상 경찰응원에 의하여 파견된 경찰관은 파견한 관서의 경찰관으로서 직무를 수행한다.
② 해양경찰청장은 돌발사태를 진압하거나 특수지구를 경비하도록 하기 위하여 특히 필요할 때에는 소속 경찰관으로 경찰기동대를 편성하여 필요한 지역에 파견할 수 있다.
③ 해상에서 행정응원의 기본법은 「수상에서의 수색·구조 등에 관한 법률」이다.
④ 「수상에서의 수색·구조 등에 관한 법률」상 수난구호를 위해 행정응원을 요청할 수 있는 권한은 구조본부의 장 또는 소방관서의 장에게 있다.

해설 ① 「경찰직무 응원법」상 경찰응원에 의하여 파견된 경찰관은 파견받은 지방해양경찰관서 또는 시도경찰청의 경찰관으로서 직무를 수행한다(제2조 파견경찰관의 소속).
참고로, 경찰응원과 관련하여 「행정절차법」(제8조 행정응원)과 「해양경비법」(제15조 지원요청) 등에도 규정하고 있다.

1] 「행정절차법」 제8조(행정응원)
① 행정청은 다음 각호의 어느 하나에 해당하는 경우에는 다른 행정청에 행정응원(行政應援)을 요청할 수 있다.
  1. 법령등의 이유로 독자적인 직무 수행이 어려운 경우
  2. 인원·장비의 부족 등 사실상의 이유로 독자적인 직무수행이 어려운 경우
  3. 다른 행정청에 소속되어 있는 전문기관의 협조가 필요한 경우
  4. 다른 행정청이 관리하고 있는 문서(전자문서를 포함한다)·통계 등 행정자료가 직무수행을 위하여 필요한 경우
  5. 다른 행정청의 응원을 받아 처리하는 것이 보다 능률적이고 경제적인 경우
② 제1항에 따라 행정응원을 요청받은 행정청은 다음 각호의 어느 하나에 해당하는 경우에는 응원을 거부할 수 있다.
  1. 다른 행정청이 보다 능률적이거나 경제적으로 응원할 수 있는 명백한 이유가 있는 경우
  2. 행정응원으로 인하여 고유의 직무 수행이 현저히 지장받을 것으로 인정되는 명백한 이유가 있는 경우
③ 행정응원은 해당 직무를 직접 응원할 수 있는 행정청에 요청하여야 한다.
④ 행정응원을 요청받은 행정청은 응원을 거부하는 경우 그 사유를 응원을 요청한 행정청에 통지하여야 한다.
⑤ 행정응원을 위하여 파견된 직원은 응원을 요청한 행정청의 지휘·감독을 받는다. 다만, 해당 직원의 복무에 관하여 다른 법령등에 특별한 규정이 있는 경우에는 그에 따른다.
⑥ 행정응원에 드는 비용은 응원을 요청한 행정청이 부담하며, 그 부담금액 및 부담방법은 응원을 요청한 행정청과 응원을 하는 행정청이 협의하여 결정한다.

2] 「해양경비법」 제15조(지원요청)
① 해양경찰관서의 장은 해양경비 활동 중 긴급하게 지원이 필요한 경우에는 인근에 있는 행정기관에 선박 및 항공기 등의 지원을 요청할 수 있다.
② 제1항에 따른 지원요청을 받은 행정기관의 장은 정당한 사유가 없는 한 이에 따라야 한다.

해양경찰공무원

제 1 절 해양경찰공무원의 신분변동

01 다음 <보기> 중 「경찰공무원법」상 시보임용에 대한 설명으로 옳은 것은 모두 몇 개인가?

21년 경찰간부

㉠ 자치경찰공무원을 그 계급에 상응하는 경찰공무원으로 임용하는 경우에는 시보임용 면제 대상에 해당한다.
㉡ 경찰공무원의 시보임용은 경감 이하의 경찰관을 신규채용하는 경우에만 적용된다.
㉢ 휴직기간·직위해제기간 및 징계에 의한 정직 처분 또는 감봉처분을 받은 기간도 시보임용 기간에 산입된다.
㉣ 교육훈련성적이 만점의 60퍼센트 미만이거나 생활기록이 극히 불량한 경우 면직의 대상이 될 수 있다.
㉤ 시보임용기간 중에는 공무원으로서의 신분이 보장되지 않지만, 인사상 불이익을 당한 경우 소청을 제기할 수 있다.
㉥ 정규임용과 면직을 심사하기 위하여 임용권자 또는 임용제청권자 소속하에 정규임용심사위원회를 둔다.

① 2개 ② 3개
③ 4개 ④ 5개

해설 ㉡ [X] 경찰공무원의 시보임용은 경정 이하의 경찰공무원을 신규채용하는 경우에 적용된다.
㉢ [X] 휴직기간·직위해제기간 및 징계에 의한 정직 처분 또는 감봉처분을 받은 기간은 시보임용 기간에 산입되지 않는다.
이 문제는 정답을 ②으로 공지가 났던 문제이다. 출제자가 ㉤㉥중에 어떤 내용을 틀린 것으로 본 건지 잘 모르겠네요? 시보임용 중인 경찰공무원도 소청심사를 제기할 수 있고, 정규임용심사위원회는 시보임용 경찰공무원을 정규 경찰공무원으로 임용하는 경우 그 적격 여부를 심사하고 또한 징계사유 등에 해당되는 경우 정규임용심사위원회의 심사를 거쳐 해당 시보임용 경찰공무원을 면직시키거나 면직을 제청할 수 있다. 아마도 경찰공무원법(제13조) 제1항(경정 이하의 경찰공무원을 신규 채용할 때에는 1년간 시보로 임용하고, 그 기간이 만료된 다음 날에 정규 경찰공무원으로 임용한다)에 따라 특별한 사정이 없으면 그 기간이 만료된 다음 날에 정규경찰공무원으로 당연히 임용되고, 징계사유나 교육훈련성적이 매우 불량한 경우 등에 해당되는 경우에만 정규임용심사위원회의 적격심사를 거치는 것으로 해석하여 ㉥을 틀린 것으로 본 것 같습니다.

정답 30 ① 01 ③

02 다음 중 「경찰공무원법」 및 「해양경찰청 소속 경찰공무원 임용에 관한 규정」상 시보임용에 대한 설명으로 가장 옳은 것은?

22년 해경학과

① 경정 이하의 경찰공무원을 신규 채용할 때에는 1년간 시보로 임용하고, 그 기간이 만료된 날 정규경찰공무원으로 임용한다.
② 직위해제기간 및 징계에 의한 정직처분 또는 감봉처분을 받은 기간은 시보임용기간에 산입하지 않지만, 휴직기간은 시보임용기간에 산입한다.
③ 정규임용심사위원회의 구성 및 운영에 필요한 사항은 대통령령으로 정한다.
④ 시보임용경찰공무원이 징계사유에 해당하여 정규공무원으로 임용하는 것이 부적당하다고 인정되는 경우에는 정규임용심사위원회의 심사를 거쳐 해당 시보임용경찰공무원을 면직시키거나 면직을 제청할 수 있다.

해설
① 그 기간이 만료된 다음 날부터
② 휴직기간 또한 시보임용기간에 산입하지 않는다.
③ 정규임용심사위원회의 구성 및 운영에 필요한 사항은 해양수산부령으로 정한다(「해양경찰청 소속 경찰공무원 임용에 관한 규정」제20조 제4항).

1] 「경찰공무원법」 제13조(시보임용)
① 경정 이하의 경찰공무원을 신규 채용할 때에는 1년간 시보(試補)로 임용하고, 그 기간이 만료된 다음 날에 정규 경찰공무원으로 임용한다.
② 휴직기간, 직위해제기간 및 징계에 의한 정직처분 또는 감봉처분을 받은 기간은 제1항에 따른 시보임용기간에 산입하지 아니한다.
③ 시보임용기간 중에 있는 경찰공무원이 근무성적 또는 교육훈련성적이 불량할 때에는 「국가공무원법」 제68조 및 이 법 제28조에도 불구하고 면직시키거나 면직을 제청할 수 있다.
④ 다음 각 호의 어느 하나에 해당하는 경우에는 시보임용을 거치지 아니한다.
  1. 경찰대학을 졸업한 사람 또는 경위공개경쟁채용시험합격자로서 정하여진 교육훈련을 마친 사람을 경위로 임용하는 경우
  2. 경찰공무원으로서 대통령령으로 정하는 상위계급으로의 승진에 필요한 자격 요건을 갖추고 임용예정 계급에 상응하는 공개경쟁 채용시험에 합격한 사람을 해당 계급의 경찰공무원으로 임용하는 경우
  3. 퇴직한 경찰공무원으로서 퇴직 시에 재직하였던 계급의 채용시험에 합격한 사람을 재임용하는 경우
  4. 자치경찰공무원을 그 계급에 상응하는 경찰공무원으로 임용하는 경우

2] 「해양경찰청 소속 경찰공무원 임용에 관한 규정」 제20조(시보임용경찰공무원)
① 임용권자 또는 임용제청권자는 시보임용기간 중에 있는 경찰공무원의 근무사항을 항상 지도·감독해야 한다.
② 임용권자 또는 임용제청권자는 시보임용경찰공무원이 다음 각 호의 어느 하나에 해당하여 정규 경찰공무원으로 임용하는 것이 부적당하다고 인정되는 경우에는 제3항에 따른 정규임용심사위원회의 심사를 거쳐 해당 시보임용경찰공무원을 면직시키거나 면직을 제청할 수 있다.
  1. 징계사유에 해당하는 경우
  2. 제21조제1항에 따른 교육훈련성적이 만점의 60퍼센트 미만이거나 생활기록이 매우 불량한 경우
  3. 제55조제2항제2호에 따른 제2평정요소의 평정점이 만점의 50퍼센트 미만인 경우
③ 시보임용경찰공무원을 정규 경찰공무원으로 임용하는 경우 그 적격 여부를 심사하게 하기 위해 임용권자 또는 임용제청권자 소속으로 정규임용심사위원회를 둔다.
④ 정규임용심사위원회의 구성 및 운영에 필요한 사항은 해양수산부령으로 정한다.

3] 「시행규칙」 제25조(정규임용심사위원회)
① 영 제20조제3항에 따른 정규임용심사위원회는 위원장 1명을 포함하여 5명 이상 7명 이하의 위원으로 구성한다.
② 위원은 위원회가 설치된 해양경찰기관의 장이 소속 경감 이상의 경찰공무원 중에서 심사대상자보다 상위 계급자로 임명하되, 위원장은 위원 중 최상위 계급 또는 선임인 경찰공무원이 된다.
③ 위원회는 재적위원 3분의 2 이상의 출석으로 개의(開議)하고, 출석위원 과반수의 찬성으로 의결한다.
④ 제1항부터 제3항까지에서 규정한 사항 외에 위원회의 구성 및 운영에 관한 세부사항은 위원회의 의결을 거쳐 위원장이 정한다.

03 경찰공무원법에 대한 설명으로 옳은 것은 모두 몇 개인가?

19년 경력/공채

> ⑤ 경정 이하의 경찰공무원을 신규채용할 때에는 1년간 시보로 임용한다.
> ⓒ 해양경찰청장은 해당 계급에서 일정한 기간 동안 재직한 사람(순경에서 4년, 경장에서 5년, 경사에서 6년 6개월, 경위에서 8년 이상)을 대우공무원승진임용할 수 있다.
> ⓒ 경찰공무원은 그 직무의 종류에 따라 경과에 의하여 구분할 수 있으며, 경과의 구분에 필요한 사항은 대통령령으로 정한다.
> ⓔ 대한민국 국적을 가지지 아니한 사람은 경찰공무원이 될 수 없다.
> ⓜ 파산선고를 받고 복권된 사람은 경찰공무원이 될 수 없다.

① 1개
② 2개
③ 3개
④ 4개

 [O] ⑤ⓒⓔ
[X] ⓒⓜ
ⓒ 승진소요 최저근무연수를 경과하고, 총경 및 경정은 7년 이상, 경감 이하는 5년 이상(적극행정 우수경찰공무원으로 선발된 경우에는 근무기간을 1년까지 줄일 수 있다)
ⓜ 파산선고를 받고 복권되지 아니한 자
「경찰공무원법」제4조(경과 구분)
① 경찰공무원은 그 직무의 종류에 따라 경과(警科)에 의하여 구분할 수 있다.
② 경과의 구분에 필요한 사항은 대통령령으로 정한다(해양경찰청 소속 경찰공무원 임용에 관한 규정).

04 다음은 「해양경찰법」상 해양경찰청장 임명자격에 대한 설명이다. ( ) 안의 내용을 가장 바르게 나열한 것은?

20년 경력/공채

> 해양경찰청장은 해양경찰에서 (ㄱ) 이상 경찰공무원으로 재직한 자로서 (ㄴ) 이상 경찰공무원으로 재직 중이거나 재직했던 사람 중에서 임명한다.

① (ㄱ) 15년, (ㄴ) 치안감
② (ㄱ) 15년, (ㄴ) 치안정감
③ (ㄱ) 20년, (ㄴ) 치안감
④ (ㄱ) 20년, (ㄴ) 치안정감

해설 ① 해양경찰청장은 해양경찰에서 15년 이상 경찰공무원으로 재직한 자로서 치안감 이상 경찰공무원으로 재직 중이거나 재직했던 사람 중에서 임명한다(「해양경찰법」 제12조).

해양경찰청장(「해양경찰법」 제11조)
① 해양경찰청에 해양경찰청장을 두며, 해양경찰청장은 치안총감으로 보한다.
② 해양경찰청장은 해양경찰위원회의 동의를 받아 해양수산부장관의 제청으로 국무총리를 거쳐 대통령이 임명한다.
③ 해양경찰청장은 해양경찰에 관한 사무를 총괄하고 소속 공무원 및 각급 해양경찰기관의 장을 지휘·감독한다.
④ 해양경찰청장의 임기는 2년으로 하고, 중임할 수 없다.

05 「해양경찰법 제11조 제5항 단서에 따른 긴급하고 중요한 사건의 범위 등에 관한 규정」에 대한 설명으로 가장 옳지 않은 것은?

23년 공/특채, 간부

① 전시·사변 또는 이에 준하는 국가 비상사태가 발생하거나 발생이 임박하여 전국적인 해양치안유지가 필요한 사건
② 해양에서 재난·테러 등이 발생하여 공공의 안전에 대한 외관적 위해나 범죄로 인한 피해의 급속한 확산을 방지하기 위해 신속한 조치가 필요한 사건
③ 국가중요시설의 파괴·기능마비, 대규모 집단의 폭행·협박·손괴·방화 등에 대하여 해양경찰의 자원을 대규모로 동원할 필요가 있는 사건
④ 해양에서 연쇄적·동시다발적으로 발생하거나 광역화된 범죄에 대하여 경찰력의 집중적인 배치, 해양경찰 각 기능의 종합적 대응 또는 국가기관·지방자치단체·공공기관과의 공조가 필요한 사건

해설 **1] 「해양경찰법」 제11조(해양경찰청장)**
① 해양경찰청에 해양경찰청장을 두며, 해양경찰청장은 치안총감으로 보한다.
② 해양경찰청장은 해양경찰위원회의 동의를 받아 해양수산부장관의 제청으로 국무총리를 거쳐 대통령이 임명한다.
③ 해양경찰청장은 해양경찰에 관한 사무를 총괄하고 소속 공무원 및 각급 해양경찰기관의 장을 지휘·감독한다.
④ 해양경찰청장의 임기는 2년으로 하고, 중임할 수 없다.
⑤ 해양경찰청장은 해양경찰의 수사에 관한 사무의 경우에는 개별 사건의 수사에 대하여 구체적으로 지휘·감독할 수 없다. 다만, 해양주권을 침해하거나 대형재난의 발생 등 국민의 생명·신체·재산 또는 공공의 안전에 중대한 위험을 초래하는 긴급하고 중요한 사건의 수사에 있어서 해양경찰의 자원을 대규모로 동원하는 등 통합적으로 현장 대응할 필요가 있다고 판단할 만한 상당한 이유가 있는 때에는 대통령령으로 정하는 해양경찰청 수사업무를 총괄 지휘·감독하는 부서의 장(수사부서의 장)을 통하여 개별 사건의 수사에 대하여 구체적으로 지휘·감독할 수 있다.
⑥ 해양경찰청장은 제5항 단서에 따라 개별 사건의 수사에 대한 구체적 지휘·감독을 개시한 때에는 이를 지체 없이 위원회에 보고하여야 한다.
⑦ 해양경찰청장은 제5항 단서의 사유가 해소된 경우에는 개별 사건의 수사에 대한 구체적 지휘·감독을 중단하여야 한다.
⑧ 해양경찰청장은 수사부서의 장이 제5항 단서의 사유가 해소되었다고 판단하여 개별 사건의 수사에 대한 구체적 지휘·감독의 중단을 건의하는 경우 특별한 이유가 없으면 이를 승인하여야 한다.
⑨ 제5항 단서에서 규정하는 긴급하고 중요한 사건의 범위 등 필요한 사항은 대통령령으로 정한다.

2] 「해양경찰법 제11조제5항 단서에 따른 긴급하고 중요한 사건의 범위 등에 관한 규정」
1) 긴급하고 중요한 사건의 범위(제2조)
① 「해양경찰법」 제11조제5항 단서에 따른 긴급하고 중요한 사건은 다음 각호의 어느 하나에 해당하는 사건 및 이와 직접적인 관련이 있는 사건으로 한다.
  1. 전시·사변 또는 이에 준하는 국가 비상사태가 발생하거나 발생이 임박하여 전국적인 해양치안 유지가 필요한 사건
  2. 해양에서 재난·테러 등이 발생하여 공공의 안전에 대한 급박한 위해(危害)나 범죄로 인한 피해의 급속한 확산을 방지하기 위해 신속한 조치가 필요한 사건
  3. 국가중요시설의 파괴·기능마비, 대규모 집단의 폭행·협박·손괴·방화 등에 대하여 해양경찰의 자원을 대규모로 동원할 필요가 있는 사건
  4. 해양에서 연쇄적·동시다발적으로 발생하거나 광역화된 범죄에 대하여 경찰력의 집중적인 배치, 해양경찰 각 기능의 종합적 대응 또는 국가기관·지방자치단체·공공기관과의 공조가 필요한 사건
② 해양경찰청장은 법 제11조제5항 단서에 따라 개별 사건의 수사에 대해 구체적으로 지휘·감독을 하려는 경우에는 그 필요성 등을 신중하게 판단해야 한다.

2) 수사지휘의 방식(제4조)
① 해양경찰청장은 법 제11조제5항 단서에 따라 수사국장에게 개별 사건의 수사에 대해 구체적으로 지휘를 하는 경우에는 서면으로 해야 한다.
② 해양경찰청장은 제1항에도 불구하고 서면 지휘가 불가능하거나 현저히 곤란한 때에는 구두나 전화 등 서면 외의 방식으로 지휘할 수 있다. 이 경우 사후에 신속하게 서면으로 그 지휘내용을 송부해야 한다.

정답 04 ① 05 ②

06 다음 중 「경찰공무원법」상 해양경찰청 소속 총경 이상의 경찰공무원 임용절차에 대한 설명으로 가장 옳은 것은? 21년 경사

① 해양경찰차장 추천 → 해양수산부장관 제청 → 국무총리 경유 → 대통령 임용
② 해양경찰청장 추천 → 국무총리 제청 → 국회 경유 → 대통령 임용
③ 해양경찰청장 추천 → 해양수산부장관 제청 → 국무총리 경유 → 대통령 임용
④ 해양경찰청장 추천 → 해양수산부장관 제청 → 국회 경유 → 대통령 임용

> **해설** ③ 총경 이상 경찰공무원은 해양경찰청장(또는 경찰청장)의 추천을 받아 해양수산부장관(또는 행정안전부장관)의 제청으로 국무총리를 거쳐 대통령이 임용한다. 다만, 총경의 전보, 휴직, 직위해제, 강등, 정직 및 복직은 해양경찰청장(또는 경찰청장)이 한다(제7조 제1항). 경정 이하의 경찰공무원은 해양경찰청장(또는 경찰청장)이 임용한다. 다만, 경정으로의 신규채용, 승진임용 및 면직은 해양경찰청장(또는 경찰청장)의 제청으로 국무총리를 거쳐 대통령이 한다(제2항).

07 다음은 경찰공무원의 승진에 관한 설명이다. ( )에 들어갈 숫자의 합은? 20년 경찰간부

> ㉠ 승진소요 최저근무연수는 총경은 ( )년, 경정·경감은 ( )년, 경위·경사·경장·순경은 ( )년이다.
> ㉡ 해양경찰청장은 경위에서 경감으로 근속승진임용을 하고자 할 때에는 해당계급에서 ( )년 이상 근속자를 그 대상으로 한다.

① 14
② 16
③ 18
④ 20

정답 ①

> **해설** ㉠ 총경: 3년 이상, 경정 및 경감: 2년 이상, 경위, 경사, 경장 및 순경 : 1년 이상
> ㉡ 8년 이상
> 1] 근속승진(「경찰공무원법」 제16조)
> ① 경찰청장 또는 해양경찰청장은 제15조제2항에도 불구하고 해당 계급에서 다음 각호의 기간 동안 재직한 사람을 경장, 경사, 경위, 경감으로 각각 근속승진임용할 수 있다. 다만, 인사교류 경력이 있거나 주요 업무의 추진 실적이 우수한 공무원 등 경찰행정 발전에 기여한 공이 크다고 인정되는 경우에는 대통령령으로 정하는 바에 따라 그 기간을 단축할 수 있다.
>   1. 순경을 경장으로 근속승진임용하려는 경우: 해당 계급에서 4년 이상 근속자
>   2. 경장을 경사로 근속승진임용하려는 경우: 해당 계급에서 5년 이상 근속자
>   3. 경사를 경위로 근속승진임용하려는 경우: 해당 계급에서 6년 6개월 이상 근속자
>   4. 경위를 경감으로 근속승진임용하려는 경우: 해당 계급에서 8년 이상 근속자
> ② 제1항에 따라 근속승진한 경찰공무원이 근무하는 기간에는 그에 해당하는 직급의 정원이 따로 있는 것으로 보고, 종전 직급의 정원은 감축된 것으로 본다.
> ③ 제1항에 따른 근속승진임용의 기준 및 절차 등에 관하여 필요한 사항은 대통령령으로 정한다.
> 2] 승진소요 최저근무연수(「해양경찰청 소속 경찰공무원 임용에 관한 규정」 제53조)
> ① 경찰공무원이 승진하려면 다음 각호의 구분에 따른 기간 동안 해당 계급에 재직해야 한다.
>   1. 총경: 3년 이상

2. 경정 및 경감: 2년 이상
3. 경위, 경사, 경장 및 순경 : 1년 이상
② 휴직기간, 직위해제기간, 징계처분기간 및 제54조제1항제2호에 따른 승진임용 제한기간은 제1항 각호의 기간에 포함하지 않는다.

08 다음 <보기>의 빈칸에 들어갈 숫자의 총합은 얼마인가? 23년 경찰간부

> ㉠ 총경의 승진소요 최저근무연수는 ( )년이다.
> ㉡ 경정의 계급정년은 ( )년이다.
> ㉢ 경장에서 경사로의 근속승진임용을 하려는 경우 해당 계급에서 ( )년 이상 근속자에 해당해야 한다.

① 22
② 23
③ 24
④ 25

해설
㉠ 3년
㉡ 14년
㉢ 5년 이상

1] 「해양경찰청 소속 경찰공무원 임용에 관한 규정」
1) 승진소요 최저근무연수(제53조)
① 경찰공무원이 승진하려면 다음 각호의 구분에 따른 기간 동안 해당 계급에 재직해야 한다.
  1. 총경 : 3년 이상
  2. 경정 및 경감 : 2년 이상
  3. 경위, 경사, 경장 및 순경 : 1년 이상
② 휴직기간, 직위해제기간, 징계처분기간 및 제54조제1항제2호에 따른 승진임용 제한기간은 제1항 각호의 기간에 포함하지 않는다. 다만, 다음 각호의 기간은 제1항 각호의 기간에 포함한다.
  1. 「국가공무원법」 제71조에 따른 휴직기간 중 다음 각 목의 구분에 따른 기간
    가. 「공무원 재해보상법」에 따른 공무상 질병 또는 부상으로 인하여 질병휴직한 경우에 그 휴직기간
    나. 「국가공무원법」 제71조제1항제3호 · 제5호 또는 같은 조 제2항제1호에 따라 휴직한 경우에 그 휴직기간
    다. 「국가공무원법」 제71조제2항제2호에 따라 휴직한 경우에 그 휴직기간의 50퍼센트에 해당하는 기간. 다만, 제1항의 기간에 포함되는 기간은 1년을 초과할 수 없다.
    라. 육아휴직한 경우에 그 휴직기간. 다만, 자녀 1명에 대해 총 휴직기간이 1년을 넘는 경우에는 최초의 1년으로 하되, 다음 어느 하나에 해당하는 경우에는 그 휴직기간 전부로 한다.
      1) 첫째 자녀에 대해 부모가 모두 휴직을 하는 경우로서 각 휴직기간이 「공무원임용령」 제31조제2항제1호다목1)에 따라 인사혁신처장이 정하는 기간 이상인 경우
      2) 둘째 자녀 이후에 대해 휴직을 하는 경우

정답 06 ③ 07 ① 08 ①

2. 다음 각 목의 어느 하나에 해당하는 경우에 그 직위해제기간
　가. 「국가공무원법」 제73조의3제1항제3호에 따라 직위해제처분을 받은 사람에 대한 징계의결 요구에 대해 관할 징계위원회가 징계하지 않기로 의결한 경우와 해당 직위해제처분 또는 해당 직위해제처분의 사유가 된 징계의결 요구에 의한 징계처분이 소청심사위원회의 결정이나 법원의 판결에 따라 무효 또는 취소로 확정된 경우
　나. 「국가공무원법」 제73조의3제1항제4호에 따라 직위해제처분을 받은 사람의 처분 사유가 된 형사사건이 법원의 판결에 따라 무죄로 확정된 경우
　다. 「국가공무원법」 제73조의3제1항제6호에 따라 직위해제처분을 받은 사람의 처분사유가 된 비위행위가 1) 및 2)에 모두 해당하는 경우
　　1) 비위행위에 대한 징계절차와 관련하여 다음의 어느 하나에 해당하는 경우
　　　가) 해양경찰기관의 장이 「경찰공무원 징계령」 제9조에 따른 징계의결 요구를 하지 않기로 한 경우
　　　나) 해당 경찰공무원에 대한 징계의결 요구에 대하여 관할 징계위원회가 징계하지 않기로 의결한 경우
　　　다) 징계처분이 소청심사위원회의 결정이나 법원의 판결에 따라 무효 또는 취소로 확정된 경우
　　2) 비위행위에 대한 조사 또는 수사 결과가 다음의 어느 하나에 해당하는 경우
　　　가) 형사사건에 해당하지 않는 경우
　　　나) 사법경찰관이 불송치를 하거나 검사가 불기소를 한 경우. 다만, 「형사소송법」 제247조에 따라 공소를 제기하지 않는 경우와 불송치 또는 불기소를 했으나 해당 사건이 다시 수사 및 기소되어 법원의 판결에 따라 유죄가 확정된 경우는 제외한다.
　　　다) 형사사건으로 기소되거나 약식명령이 청구된 사람이 법원의 판결에 따라 무죄로 확정된 경우
③ 법 제10조제3항제4호에 따라 경찰공무원으로 채용된 사람이 채용 전에 5급 이상 공무원(이에 상응하는 특정직공무원을 포함한다)으로 5년 이상 근무한 경우에는 그 기간의 20퍼센트에 해당하는 기간을 채용 당시의 계급에서 근무한 것으로 보아 제1항 각호의 기간에 포함한다.
④ 「법원조직법」 제72조에 따른 사법연수생으로 수습한 기간은 제1항에 따른 경정 이하 경찰공무원으로의 승진소요 최저근무연수에 포함한다.
⑤ 시간선택제전환경찰공무원의 근무기간은 다음 각호의 기준에 따라 제1항의 기간에 포함한다. 〈개정 2023. 10. 10.〉
　1. 해당 계급에서 시간선택제전환경찰공무원으로 근무한 1년 이하의 기간은 그 기간 전부
　2. 해당 계급에서 시간선택제전환경찰공무원으로 근무한 1년을 넘는 기간은 근무시간에 비례한 기간
　3. 해당 계급에서 육아휴직을 대신하여 시간선택제전환경찰공무원으로 지정되어 근무한 기간은 둘째 자녀부터 각각 3년의 범위에서 그 기간 전부
⑥ 강등되었던 사람이 강등되기 직전의 계급으로 승진한 경우 강등되기 직전의 계급에서 재직한 기간은 제1항의 기간에 포함한다.
⑦ 강등된 경우 강등되기 직전의 계급에서 재직한 기간은 제1항의 기간에 포함한다.

2) 승진임용의 제한(제54조)
① 다음 각호의 어느 하나에 해당하는 경찰공무원은 승진임용될 수 없다.
　1. 징계의결 요구, 징계처분, 직위해제, 휴직(「공무원 재해보상법」에 따른 공무상 질병 또는 부상으로 인하여 질병휴직한 사람을 제86조제1항제4호 또는 같은 조 제2항에 따라 특별승진임용하는 경우는 제외한다) 또는 시보임용기간 중에 있는 사람
　2. 징계처분의 집행이 끝난 날부터 다음 각 목의 구분에 따른 기간(제90조제1항 각 호의 사유로 인한 징계처분 또는 「적극행정 운영규정」 제2조제2호에 따른 소극행정으로 인한 징계처분의 경우에는 각각 6개월을 더한 기간)이 지나지 않은 사람
　　가. 강등·정직: 18개월
　　나. 감봉: 12개월
　　다. 견책: 6개월
　3. 징계에 관하여 경찰공무원과 다른 법령을 적용받는 공무원으로 재직하다가 경찰공무원으로 임용된 사람으로서, 종전의 신분에서 징계처분을 받고 그 징계처분의 집행이 끝난 날부터 다음 각 목의 구분에 따른 기간이 지나지 않은 사람
　　가. 강등: 18개월
　　나. 근신·군기교육이나 그 밖에 이와 유사한 징계처분: 6개월

    4. 법 제30조제3항에 따라 계급정년이 연장된 사람
② 제1항에 따라 승진임용 제한기간 중에 있는 사람이 다시 징계처분을 받은 경우 승진임용 제한기간은 전(前) 처분에 대한 승진임용 제한기간이 끝난 날부터 계산하고, 징계처분으로 승진임용 제한기간 중에 있는 사람이 휴직하거나 직위해제처분을 받는 경우 징계처분에 따른 남은 승진임용 제한기간은 복직일부터 계산한다.
③ 경찰공무원이 징계처분을 받은 후 해당 계급에서 다음 각호의 포상을 받은 경우에는 제1항제2호 및 제3호에 따른 승진임용 제한기간의 2분의 1을 단축할 수 있다.
    1. 훈장
    2. 포장
    3. 모범공무원 포상
    4. 대통령표창 또는 국무총리표창
    5. 제안이 채택·시행되어 받은 포상

2] 「경찰공무원법」

1) 근속승진(제16조)

① 경찰청장 또는 해양경찰청장은 제15조제2항에도 불구하고 해당 계급에서 다음 각호의 기간 동안 재직한 사람을 경장, 경사, 경위, 경감으로 각각 근속승진임용할 수 있다. 다만, 인사교류 경력이 있거나 주요 업무의 추진 실적이 우수한 공무원 등 경찰행정 발전에 기여한 공이 크다고 인정되는 경우에는 대통령령으로 정하는 바에 따라 그 기간을 단축할 수 있다.
    1. 순경을 경장으로 근속승진임용하려는 경우 : 해당 계급에서 4년 이상 근속자
    2. 경장을 경사로 근속승진임용하려는 경우 : 해당 계급에서 5년 이상 근속자
    3. 경사를 경위로 근속승진임용하려는 경우 : 해당 계급에서 6년 6개월 이상 근속자
    4. 경위를 경감으로 근속승진임용하려는 경우 : 해당 계급에서 8년 이상 근속자
② 제1항에 따라 근속승진한 경찰공무원이 근무하는 기간에는 그에 해당하는 직급의 정원이 따로 있는 것으로 보고, 종전 직급의 정원은 감축된 것으로 본다.
③ 제1항에 따른 근속승진임용의 기준 및 절차 등에 관하여 필요한 사항은 대통령령으로 정한다.

2) 정년(제30조)

① 경찰공무원의 정년은 다음과 같다.
    1. 연령정년: 60세
    2. 계급정년
        치안감 : 4년
        경무관 : 6년
        총경 : 11년
        경정 : 14년
② 징계로 인하여 강등(경감으로 강등된 경우를 포함한다)된 경찰공무원의 계급정년은 제1항제2호에도 불구하고 다음 각호에 따른다.
    1. 강등된 계급의 계급정년은 강등되기 전 계급 중 가장 높은 계급의 계급정년으로 한다.
    2. 계급정년을 산정할 때에는 강등되기 전 계급의 근무연수와 강등 이후의 근무연수를 합산한다.
③ 수사, 정보, 외사, 안보, 자치경찰사무 등 특수 부문에 근무하는 경찰공무원으로서 대통령령으로 정하는 바에 따라 지정을 받은 사람은 총경 및 경정의 경우에는 4년의 범위에서 대통령령으로 정하는 바에 따라 제1항제2호에 따른 계급정년을 연장할 수 있다.
④ 경찰청장 또는 해양경찰청장은 전시·사변이나 그 밖에 이에 준하는 비상사태에서는 2년의 범위에서 제1항제2호에 따른 계급정년을 연장할 수 있다. 이 경우 경무관 이상의 경찰공무원에 대해서는 행정안전부장관 또는 해양수산부장관과 국무총리를 거쳐 대통령의 승인을 받아야 하고, 총경·경정의 경찰공무원에 대해서는 국무총리를 거쳐 대통령의 승인을 받아야 한다.
⑤ 경찰공무원은 그 정년이 된 날이 1월에서 6월 사이에 있으면 6월 30일에 당연퇴직하고, 7월에서 12월 사이에 있으면 12월 31일에 당연퇴직한다.
⑥ 제1항제2호에 따른 계급정년을 산정할 때 제주특별자치도의 자치경찰공무원으로 근무한 경력이 있는 경찰공무원의 경우에는 그 계급에 상응하는 자치경찰공무원으로 근무한 연수(年數)를 산입한다.

09 「국가공무원법」상 휴직 기간 중 그 사유가 없어지면 며칠 이내에 임용권자 또는 임용제청권자에게 신고하여야 하는가?   18년 경사

① 10일 이내
② 20일 이내
③ 30일 이내
④ 40일 이내

> **해설** 휴직의 효력(「국가공무원법」 제73조)
> ① 휴직 중인 공무원은 신분은 보유하나 직무에 종사하지 못한다.
> ② 휴직 기간 중 그 사유가 없어지면 30일 이내에 임용권자 또는 임용제청권자에게 신고하여야 하며, 임용권자는 지체없이 복직을 명하여야 한다.
> ③ 휴직 기간이 끝난 공무원이 30일 이내에 복귀 신고를 하면 당연히 복직된다.

10 현행 「국가공무원법」상 규정된 직위해제 사유에 해당되지 않는 자는?   18년 경감

① 직무수행 능력이 부족하거나 근무성적이 극히 나쁜 자
② 휴직 사유가 소멸된 후에도 직무에 복귀하지 않는 자
③ 파면·해임·강등 또는 정직에 해당하는 징계 의결이 요구 중인 자
④ 형사사건으로 기소된 자(약식명령이 청구된 자는 제외)

> **해설** ② 휴직 사유가 소멸된 후에도 직무에 복귀하지 않는 사람은 직권면직의 사유에 해당한다.
>
> 직위해제(「국가공무원법」 제73조의3)
> ① 임용권자는 다음 각호의 어느 하나에 해당하는 자에게는 직위를 부여하지 아니할 수 있다.
>   1. 삭제 〈1973. 2. 5.〉
>   2. 직무수행 능력이 부족하거나 근무성적이 극히 나쁜 자
>   3. 파면·해임·강등 또는 정직에 해당하는 징계 의결이 요구 중인 자
>   4. 형사사건으로 기소된 자(약식명령이 청구된 자는 제외)
>   5. 고위공무원단에 속하는 일반직공무원으로서 제70조의2제1항제2호부터 제5호까지의 사유로 적격심사를 요구받은 자
>   6. 금품비위, 성범죄 등 대통령령으로 정하는 비위행위로 인하여 감사원 및 검찰·경찰 등 수사기관에서 조사나 수사 중인 자로서 비위의 정도가 중대하고 이로 인하여 정상적인 업무수행을 기대하기 현저히 어려운 자
> ② 제1항에 따라 직위를 부여하지 아니한 경우에 그 사유가 소멸되면 임용권자는 지체 없이 직위를 부여하여야 한다.
> ③ 임용권자는 제1항제2호에 따라 직위해제된 자에게 3개월의 범위에서 대기를 명한다.
> ④ 임용권자 또는 임용제청권자는 제3항에 따라 대기 명령을 받은 자에게 능력 회복이나 근무성적의 향상을 위한 교육훈련 또는 특별한 연구과제의 부여 등 필요한 조치를 하여야 한다.
> ⑤ 공무원에 대하여 제1항제2호의 직위해제 사유와 같은 항 제3호·제4호 또는 제6호의 직위해제 사유가 경합(競合)할 때에는 같은 항 제3호·제4호 또는 제6호의 직위해제 처분을 하여야 한다.

11 「국가공무원법」상 직위해제 사유는 모두 몇 개인가?

19년 경찰간부

> ㉠ 직무 수행능력이 부족하거나 근무성적이 극히 나쁜 자
> ㉡ 직제와 정원의 개폐 또는 예산의 감소 등에 따라 폐직 또는 과원이 되었을 때
> ㉢ 형사사건으로 기소된 자(약식명령이 청구된 자는 제외)
> ㉣ 파면·해임·강등 또는 정직에 해당하는 징계의결이 요구 중인 자
> ㉤ 휴직기간이 끝나거나 휴직사유가 소멸된 후에도 직무에 복귀하지 아니하거나 직무를 감당할 수 없는 때
> ㉥ 전직시험에서 세 번 이상 불합격한 자로서 직무수행 능력이 부족하다고 인정된 때

① 1개
② 2개
③ 3개
④ 4개

해설

[O] ㉠㉢㉣ 직위해제사유
[X] ㉡㉤㉥ 「국가공무원법」상 직권면직사유. 하지만 ㉥은 경찰공무원과는 관계가 없는 사유이다.

직/위/해/제(제73조의3)

① 임용권자는 다음 각호의 어느 하나에 해당하는 자에게는 직위를 부여하지 아니할 수 있다.
  1. 삭제 〈1973. 2. 5.〉
  2. 직무수행 능력이 부족하거나 근무성적이 극히 나쁜 자
  3. 파면·해임·강등 또는 정직에 해당하는 징계 의결이 요구 중인 자
  4. 형사사건으로 기소된 자(약식명령이 청구된 자는 제외한다)
  5. 고위공무원단에 속하는 일반직공무원으로서 제70조의2제1항제2호부터 제5호까지의 사유로 적격심사를 요구받은 자
  6. 금품비위, 성범죄 등 대통령령으로 정하는 비위행위로 인하여 감사원 및 검찰·경찰 등 수사기관에서 조사나 수사 중인 자로서 비위의 정도가 중대하고 이로 인하여 정상적인 업무수행을 기대하기 현저히 어려운 자
② 제1항에 따라 직위를 부여하지 아니한 경우에 그 사유가 소멸되면 임용권자는 지체없이 직위를 부여하여야 한다.
③ 임용권자는 제1항제2호에 따라 직위해제된 자에게 3개월의 범위에서 대기를 명한다.
④ 임용권자 또는 임용제청권자는 제3항에 따라 대기 명령을 받은 자에게 능력 회복이나 근무성적의 향상을 위한 교육훈련 또는 특별한 연구과제의 부여 등 필요한 조치를 하여야 한다.
⑤ 공무원에 대하여 제1항제2호의 직위해제 사유와 같은 항 제3호·제4호 또는 제6호의 직위해제 사유가 경합(競合)할 때에는 같은 항 제3호·제4호 또는 제6호의 직위해제 처분을 하여야 한다.

정답 09 ③ 10 ② 11 ③

12 다음 중 「국가공무원법」에 따른 공무원의 직위해제 사유로 가장 옳지 않은 것은?

23년 해경학과

① 형사사건으로 기소된 자(약식명령이 청구된 자는 제외한다)
② 직무수행 능력이 부족하거나 근무성적이 극히 나쁜 자
③ 감봉, 견책에 해당하는 징계 의결이 요구 중인 자
④ 금품 비위, 성범죄 등 대통령령으로 정하는 비위행위로 인하여 감사원 및 검찰·경찰 등 수사기관에서 조사나 수사 중인 자로서 비위의 정도가 중대하고 이로 인하여 정상적인 업무수행을 기대하기 현저히 어려운 자

해설 ③ 파면·해임·강등 또는 정직에 해당하는 징계 의결이 요구 중인 자가 직위해제 대상자에 해당한다. 경징계인 감봉과 견책은 그 대상이 아니다.

제2절 해양경찰공무원의 지위

I. 경찰공무원의 권리·의무

01 경찰공무원의 의무 중에서 재직 중은 물론이고, 퇴직 후에도 지켜야 되는 의무는?

18년 경찰간부

① 품위유지의 의무
② 비밀엄수의 의무
③ 정치운동의 금지
④ 종교중립의 의무

해설 ② 비밀엄수의무는 재직중은 물론이고, 퇴직 후에도 준수해야 할 의무이다. 여기서 비밀은 형식적으로 비밀로 분류하여 취급한 것이 아니라, 실질적으로 비밀(형벌)로서 보호할만한 가치가 있는 것을 말한다(실질설). 그리고 공무원 본인이 취급한 직무에 관한 비밀뿐만 아니라 직무상 이와 관련하여 알게 된 비밀도 포함된다. 비밀엄수의무 위반시 징계처분(재직중)은 물론 형사처벌도 가능하다.

02 「경찰공무원법」에 규정된 의무가 아닌 것으로만 묶인 것은?

19년 경찰간부

> ㉠ 제복착용의 의무
> ㉡ 거짓보고 등의 금지
> ㉢ 집단행위의 금지
> ㉣ 종교중립의 의무
> ㉤ 지휘권 남용 등의 금지
> ㉥ 품위유지의 의무

① ㉠, ㉤ ② ㉡, ㉣
③ ㉢, ㉥ ④ ㉡, ㉥

해설 ㉠㉡㉤「경찰공무원법」상 의무, ㉢㉣㉥「국가공무원법」상 의무이다. 이외에도「공직자윤리법」상 재산등록의무, 재산공개의무, 취업제한의무, 선물신고의무 등과도 구별하여야 한다. 또한「경찰공무원복무규정」상 민사관계 부당개입금지, 지정장소 외 직무수행금지, 근무시간 중 음주금지 등의 의무가 있다.

03 다음 <보기> 중 「경찰공무원법」상의 의무로 옳은 것은 모두 몇 개인가?

21년 경찰간부

> ㉠ 거짓보고 및 통보 금지의무
> ㉡ 비밀엄수의무
> ㉢ 정치운동 금지의무
> ㉣ 부패행위의 신고의무
> ㉤ 직장이탈 금지의무
> ㉥ 직무유기 금지의무
> ㉦ 제복착용의무
> ㉧ 민사분쟁 부당개입 금지의무

① 3개 ② 4개
③ 5개 ④ 6개

해설 [O] ㉠㉥㉦ 거짓보고 및 통보 금지의무, 지휘권 남용금지의무, 직무유기 금지의무, 제복착용의무, 정치관여금지의무는「경찰공무원법」에 규정된 경찰공무원의 의무이다.
[X] ㉡㉢㉤「국가공무원법」상 의무. ㉧ 민사분쟁 부당개입 금지의무/지정장소 외 직무수행금지의무/근무시간 중 음주금지의무 등은「경찰공무원 복무규정」에 규정된 경찰공무원의 의무. ㉣ 부패행위의 신고의무는「부패방지 및 국민권익위원회 설치법」상 의무이다.

정답 12 ③ 01 ② 02 ③ 03 ①

04 다음 보기 중 「국가공무원법」상 직무상의 의무에 해당하는 것은 모두 몇 개인가?

22년 2차

> ㉠ 직장 이탈 금지의 의무
> ㉡ 겸직 금지의 의무
> ㉢ 복종의 의무
> ㉣ 법령준수의 의무
> ㉤ 친절, 공정의 의무
> ㉥ 비밀엄수의 의무

① 3개 ② 4개
③ 5개 ④ 6개

해설
1] 신분상 의무 : ㉥ 그 밖에 청렴의무, 품위유지의무, 영예등의 제한, 정치운동금지의무, 집단행위금지의무
2] 직무상 의무 : ㉠㉡㉢㉣㉤ 그 밖에 영리금지의무, 종교중립의무

05 다음 중 경찰공무원의 재산등록 의무를 규정한 법으로 가장 옳은 것은?

22년 2차

① 「국가공무원법」
② 「공직자윤리법」
③ 「경찰공무원법」
④ 「공무원연금법」

해설 「국가공무원법」에는 청렴의무를 명시하고 있고, ② 「공직자윤리법」에서는 구체적으로 재산등록 및 재산공개 의무를 명시하고 있다.

Ⅱ. 경찰공무원의 책임

01 다음 중 빈칸에 들어갈 숫자를 모두 더한 것은? 　　　　　　　　　　　　　18년 경찰간부

> ㉠ 정직 : 공무원 신분은 유지하되, 1개월 이상 (　)개월 이하 직무 정지
> ㉡ 강등 : 공무원 신분은 유지하되, 1계급 아래로 직급을 내리고 (　)개월간 직무정지
> ㉢ 해임 : 경찰공무원 관계가 소멸되고, 향후 (　)년간 일반공무원 임용금지
> ㉣ 파면 : 경찰공무원 관계가 소멸되고, 향후 (　)년간 일반공무원 임용금지

① 11　　　　　　　　　　　　② 14
③ 17　　　　　　　　　　　　④ 20

해설　㉠ 3개월, ㉡ 3개월 기간 동안 직무정지, ㉢ 3년간 일반공무원 임용금지, ㉣ 5년간 일반공무원 임용금지
파면은 재직기간 5년을 기준으로 퇴직금의 4분의 1(5년 미만) 및 2분의 1을 감액지급, 해임은 원칙적으로 모두 지급하지만, 뇌물수수 및 공금의 횡령과 유용의 사유로 인한 경우에는 8분의 1(5년 미만) 및 4분의 1을 감액지급한다. 그리고 강등과 정직의 경우에도 무노동 무임금 원칙을 적용하여, 직무정지 기간 중 보수는 전액 감액한다.

02 「국가공무원법」상 감사원과 검찰, 경찰, 그 밖의 수사기관은 조사나 수사를 시작한 때와 이를 마친 때에는 소속기관의 장에게 그 사실을 통보해야 하는 시일은 언제인가? 18년 경장

① 10일 이내　　　　　　　　② 30일 이내
③ 60일 이내　　　　　　　　④ 90일 이내

해설　감사원의 조사와의 관계(「국가공무원법」 제83조)
① 감사원에서 조사 중인 사건에 대하여는 제3항에 따른 조사개시 통보를 받은 날부터 징계 의결의 요구나 그 밖의 징계절차를 진행하지 못한다.
② 검찰·경찰, 그 밖의 수사기관에서 수사 중인 사건에 대하여는 제3항에 따른 수사개시 통보를 받은 날부터 징계 의결의 요구나 그 밖의 징계절차를 진행하지 아니할 수 있다.
③ 감사원과 검찰·경찰, 그 밖의 수사기관은 조사나 수사를 시작한 때와 이를 마친 때에는 10일 내에 소속기관의 장에게 그 사실을 통보하여야 한다.

03 「국가공무원법」에 따른 징계와 관련한 설명으로 가장 적합한 설명은? 18년 경감

① 감사원에서 조사 중인 사건에 대하여는 조사개시 통보를 받은 날부터 징계의결의 요구나징계절차를 진행하지 못한다.
② 감사원과 검찰·경찰 등 수사기관은 조사나 수사를 시작한 때와 이를 마친 때에는 즉시 소속기관에 통보해야 한다.
③ 징계의결 등의 요구는 징계 등의 사유가 발생한 날로부터 1년이 지나면 하지 못한다.
④ 금품 및 향응 수수에 관한 징계의결 등의 요구는 사유가 발생한 날부터 3년이 지나면 하지 못한다.

해설 ① 감사선행의 원칙은 적용된다. ② 10일 이내. ③④ 징계 등의 사유가 발생한 날로부터 3년 다만, 금품 및 향응 수수, 공금의 횡령 및 유용에 대해서는 발생한 날로부터 5년
한편, 「성매매알선 등 행위의 처벌에 관한 법률」 제4조에 따른 금지행위, 「성폭력범죄의 처벌 등에 관한 특례법」 제2조에 따른 성폭력범죄, 「아동·청소년의 성보호에 관한 법률」 제2조제2호에 따른 아동·청소년대상 성범죄, 「양성평등기본법」 제3조제2호에 따른 성희롱의 경우는 징계의결 등의 요구는 징계 등 사유가 발생한 날부터 10년이 지나면 하지 못한다(국가공무원법 제83조의2 제1항).

04 다음 중 빈칸에 들어갈 숫자를 모두 더한 것은? 19년 경찰간부

> ㉠ 정직은 ( )개월 이상 ( )개월 이하의 기간으로 하고, 정직처분을 받은 자는 그 기간 중 공무원의 신분은 보유하나 직무에 종사하지 못하며 보수의 전액을 감한다.
> ㉡ 파면은 경찰공무원 관계가 소멸되고 향후 ( )년간 일반공무원 임용이 금지된다.
> ㉢ 징계의결 등의 요구는 징계 등의 사유가 발생한 날부터 ( )년 [금품 및 향응 수수, 공금의 횡령, 유용의 경우에는 ( )년]이 지나면 하지 못한다.
> ㉣ 감사원과 검찰, 경찰, 그 밖의 수사기관은 조사나 수사를 시작한 때와 이를 마친 때에는 ( )일 내에 소속기관의 장에게 그 사실을 통보하여야 한다.

① 27
② 28
③ 29
④ 30

해설 ㉠ 정직은 1개월 이상 3개월 이하의 기간으로 하고, 정직처분을 받은 자는 그 기간 중 공무원의 신분은 보유하나 직무에 종사하지 못하며 보수의 전액을 감한다.
㉡ 해임은 3년, 파면은 경찰공무원 관계가 소멸되고 향후 5년간 일반공무원 임용이 금지된다.
㉢ 징계의결 등의 요구는 징계 등의 사유가 발생한 날부터 3년[단, 금품 및 향응 수수, 공금의 횡령, 유용의 경우에는 5년]이 지나면 하지 못한다.
㉣ 감사원과 검찰, 경찰, 그 밖의 수사기관은 조사나 수사를 시작한 때와 이를 마친 때에는 10일 이내에 소속기관의 장에게 그 사실을 통보하여야 한다.

05 다음 중 「국가공무원법」상 국가공무원 징계에 대한 내용으로 가장 옳은 것은?

20년 경찰간부

① 강등·정직은 18개월, 감봉은 12개월, 견책은 6개월간 승급이 정지된다.
② 강등의 경우 공무원 신분은 보유하나 3개월간 직무에 종사하지 못하며 그 기간 중 보수의 2분의 1을 감한다.
③ 징계의 종류는 파면·해임·강등·정직·감봉·견책·직위해제로 구분된다.
④ 소청심사위원회의 결정으로 원징계처분에서 부과한 징계보다 무거운 징계를 부과할 수 있다.

> 해설 ② 강등의 경우 공무원 신분은 보유하나 3개월간 직무에 종사하지 못하며 그 기간 중 보수는 전액 감액한다.
> ③ 징계의 종류는 파면·해임·강등·정직·감봉·견책으로 구분된다.
> ④ 소청심사위원회의 결정은 원징계처분에서 부과한 징계보다 무거운 징계를 부과할 수 없다(불이익변경금지 원칙).

06 다음 중 징계의 종류에 대한 설명으로 가장 옳지 않은 것은?

21년 경찰간부

① 해양경찰공무원으로 10년간 재직하다 파면된 경우의 퇴직급여는 1/2을 감액하고 지급한다.
② 해양경찰공무원으로 3년간 재직하다 금품·향응 수수의 이유로 징계 해임된 자의 경우에는 퇴직급여의 1/4을 감액하여 지급한다.
③ 강등이란 공무원의 신분은 보유하되, 직급을 1계급 아래로 내리고 3개월간 직무가 정지되는 것을 의미한다.
④ 감봉이란 1개월 이상 3개월 이하의 기간으로 보수의 1/3이 감액되는 경징계이다.

> 해설 ② 해임된 경우에는 원칙적으로 퇴직급여를 전액 지급한다. 하지만 해임의 사유가 금품·향응 수수, 공금의 횡령과 유용의 사유일 경우에는 재직기간 5년을 기준(미만/이상)으로 4분의 1 또는 8분의 1을 감액하여 지급한다.

정답 03 ① 04 ① 05 ① 06 ②

07 다음 중 「국가공무원법」상 징계와 관련한 설명으로 옳지 않은 것은 모두 몇 개인가?

21년 경장

> ㉠ 감사원에서 조사 중인 사건에 대하여는 조사개시 통보를 받은 날부터 징계의결의 요구나 징계절차를 진행하지 못한다.
> ㉡ 감사원과 검찰·경찰 등 수사기관은 조사나 수사를 시작한 때와 이를 마친 때에는 10일 내에 소속기관에 통보해야 한다.
> ㉢ 보통징계위원회는 해당 징계위원회가 설치된 경찰기관 소속 경정 이하 경찰공무원에 대한 징계 등 사건을 심의·의결한다.
> ㉣ 징계의결 등 요구는 징계 등의 사유가 발생한 날로부터 3년이 지나면 하지 못한다.

① 0개 ② 1개
③ 2개 ④ 3개

해설 [O] ㉠㉡㉣
[X] ㉢
㉢ 보통징계위원회는 해당 징계위원회가 설치된 경찰기관 소속 경감 이하 경찰공무원에 대한 징계 등 사건을 심의·의결한다. 경무관 이상의 경찰공무원은 국무총리 소속으로 설치된 징계위원회에서, 총경 및 경정은 해양경찰청에 두는 중앙징계위원회에서 행한다.
한편, 「성매매알선 등 행위의 처벌에 관한 법률」 제4조에 따른 금지행위, 「성폭력범죄의 처벌 등에 관한 특례법」 제2조에 따른 성폭력범죄, 「아동·청소년의 성보호에 관한 법률」 제2조제2호에 따른 아동·청소년대상 성범죄, 「양성평등기본법」 제3조제2호에 따른 성희롱의 경우는 징계의결 등의 요구는 징계 등 사유가 발생한 날부터 10년이 지나면 하지 못한다(「국가공무원법」 제83조의2 제1항).

08 다음 중 「경찰공무원 징계령」에 따른 징계위원회 관할 등에 관한 설명이다. 가장 옳지 않은 것은?

21년 경위

① 중앙징계위원회는 총경 및 경정에 대한 징계사건을 심의 의결한다.
② 보통징계위원회는 해당 징계위원회가 설치된 경찰기관 소속 경정 이하 경찰공무원에 대한 징계 등 사건을 심의·의결한다.
③ 소속을 달리하는 2명 이상의 경찰공무원이 관련된 징계사건으로서 관할 징계위원회가 서로 다른 경우에는 그 직근 상급의 경찰기관에 설치된 징계위원회에서 심의·의결한다.
④ 경징계라 함은 견책, 감봉을 말한다.

해설 ② 보통징계위원회는 해당 징계위원회가 설치된 경찰기관 소속 경감 이하 경찰공무원에 대한 징계 등 사건을 심의·의결한다.

09 「공무원 보수규정」에 의한 승급제한 사유로 가장 틀린 것은? 18년 경사

① 징계처분, 직위해제 또는 휴직 중에 있는 자
② 정직처분의 집행이 종료된 날부터 20개월이 경과하지 않은 자
③ 감봉처분의 집행이 종료된 날부터 12개월이 경과하지 않은 자
④ 견책처분의 집행이 종료된 날부터 6개월이 경과하지 않은 자

해설 ② 정직처분의 경우, 집행이 종료된 날부터 18개월 기간 동안 승진 및 승급이 제한된다.
승/급/의/제/한(「공무원 보수규정」 제14조)
① 다음 각호의 어느 하나에 해당하는 사람은 해당 기간 동안 승급시킬 수 없다.
　1. 징계처분, 직위해제 또는 휴직(공무상 질병 또는 부상으로 인한 휴직은 제외) 중인 사람
　2. 징계처분의 집행이 끝난 날(강등의 경우에는 직무에 종사하지 못하는 3개월이 끝난 날을 말한다)부터 다음 각 목의 기간(「국가공무원법」 제78조의2제1항 각호의 어느 하나의 사유로 인한 징계처분과 성폭력, 성희롱 및 성매매로 인한 징계처분의 경우에는 각각 6개월을 가산한 기간)이 지나지 아니한 사람
　　가. 강등·정직: 18개월
　　나. 감봉: 12개월
　　다. 영창, 근신 또는 견책: 6개월
참고로, 통상 "보수"란 봉급과 그 밖의 각종 수당을 합산한 금액을 말하며, "봉급"이란 직무의 곤란성과 책임의 정도에 따라 직책별로 지급되는 기본급여 또는 직무의 곤란성과 책임의 정도 및 재직기간 등에 따라 계급(직무등급이나 직위를 포함)별, 호봉별로 지급되는 기본급여를 말한다. 그리고 "수당"이란 직무여건 및 생활여건 등에 따라 지급되는 부가급여를 말하고, "승급"이란 일정한 재직기간의 경과나 그 밖에 법령의 규정에 따라 현재의 호봉보다 높은 호봉을 부여하는 것을 말한다.

10 다음 중 「국가공무원법」상 징계에 대한 설명으로 가장 옳지 않은 것은? 20년 간부, 22년 1차

① 강등·정직은 18개월, 감봉은 12개월, 견책은 6개월간 승급이 정지된다.
② 강등의 경우 공무원 신분은 보유하나 3개월간 직무에 종사하지 못하며, 그 기간 중 보수의 2분의 1을 감한다.
③ 징계의 종류는 파면·해임·강등·정직·감봉·견책으로 구분된다.
④ 소청심사위원회의 결정은 원징계처분에서 부과한 징계보다 무거운 징계를 부과할 수 없다.

해설 ② 징계의 종류 중 강등의 경우 공무원 신분은 보유하나, 3개월간 직무에 종사하지 못하며, 그 기간 중 보수는 전액 감한다. 그리고 원칙적으로 18개월 기간 동안 승진/승급이 제한된다.

정답 07 ② 08 ② 09 ② 10 ②

Ⅲ. 경찰공무원의 보호

01 「국가공무원법」상 인사혁신처에 설치하는 소청심사위원회에 관한 설명으로 가장 올바른 것은?
18년 경장

① 공무원에 대하여 징계처분 등 그 밖에 본인의 의사에 반한 불리한 처분이나 부작위에 관한 행정소송은 소청심사위원회의 심사·결정을 거치지 않고 제기할 수 있다.
② 소청심사위원회의 결정은 처분 행정청을 기속한다.
③ 소청심사위원회가 소청사건을 심사하기 위하여 징계요구기관이나 관계 기관의 소속 공무원을 증인으로 소환하면 해당 기관의 장은 이에 응할 필요가 없다.
④ 소청심사위원회가 징계처분 또는 징계부과금 부과처분을 받은 자의 청구에 따라 소청을 심사할 경우에는 원징계처분 보다 무거운 징계 또는 원징계부가금 부과처분 보다 무거운 징계부가금을 부과하는 결정을 할 수 있다.

> **해설** ① 행정소송을 제기하기 위해, 소청심사는 반드시 거쳐야 하는 필요적 전심절차이다.
> ③ 소청심사위원회가 소청 사건을 심사하기 위하여 징계요구 기관이나 관계 기관의 소속 공무원을 증인으로 소환하면 해당 기관의 장은 이에 따라야 한다.
> ④ 본래의 징계보다 더 중한 징계는 할 수 없다(불이익변경 금지원칙의 적용).

02 「국가공무원법」에 따른 신분상 불리한 처분(징계처분 등) 등에 불복하는 소청심사와 후임자 보충발령에 관한 내용이다. 가장 옳지 않은 것은?
19년 경위

① 「국가공무원법」은 징계 등 불리한 처분으로 인한 소청심사청구를 한 자가 불이익한 처분이나 대우를 받지 않도록 보장하고 있다.
② 본인의 의사에 반하여 파면 또는 해임을 하면 그 처분을 한 날로부터 60일 이내에는 후임자의 보충발령을 하지 못한다. 하지만, 경찰공무원에게는 적용되지 않는다.
③ 소청심사청구가 파면 또는 해임으로 인한 경우에는 그 청구를 접수한 날부터 5일 이내에 해당 사건의 최종결정이 있을 때까지 후임자의 보충발령을 유예하는 임시결정을 할 수 있다.
④ 소청심사위원회는 후임자의 보충발령을 유예하게 하는 임시결정을 한 경우 외에는 소청심사청구를 접수한 날부터 60일 이내에 결정을 하여야 한다. 다만, 불가피하다고 인정되면 소청심사위원회의 의결로 30일을 연장할 수 있다.

> **해설** ② 「국가공무원법」상 후임자 보충발령 유예기간은 40일이다(「국가공무원법」 제76조).

심사청구와 후임자 보충발령(「국가공무원법」 제76조)

① 제75조에 따른 처분사유 설명서를 받은 공무원이 그 처분에 불복할 때에는 그 설명서를 받은 날부터, 공무원이 제75조에서 정한 처분 외에 본인의 의사에 반한 불리한 처분을 받았을 때에는 그 처분이 있은 것을 안 날부터 각각 30일 이내에 소청심사위원회에 이에 대한 심사를 청구할 수 있다. 이 경우 변호사를 대리인으로 선임할 수 있다.

② 본인의 의사에 반하여 파면 또는 해임이나 제70조제1항제5호에 따른 면직처분을 하면 그 처분을 한 날부터 40일 이내에는 후임자의 보충발령을 하지 못한다. 다만, 인력 관리상 후임자를 보충하여야 할 불가피한 사유가 있고, 제3항에 따른 소청심사위원회의 임시결정이 없는 경우에는 국회사무총장, 법원행정처장, 헌법재판소사무처장, 중앙선거관리위원회사무총장 또는 인사혁신처장과 협의를 거쳐 후임자의 보충발령을 할 수 있다.

③ 소청심사위원회는 제1항에 따른 소청심사청구가 파면 또는 해임이나 제70조제1항제5호에 따른 면직처분으로 인한 경우에는 그 청구를 접수한 날부터 5일 이내에 해당 사건의 최종 결정이 있을 때까지 후임자의 보충발령을 유예하게 하는 임시결정을 할 수 있다.

④ 제3항에 따라 소청심사위원회가 임시결정을 한 경우에는 임시결정을 한 날부터 20일 이내에 최종결정을 하여야 하며 각 임용권자는 그 최종결정이 있을 때까지 후임자를 보충발령하지 못한다.

⑤ 소청심사위원회는 제3항에 따른 임시결정을 한 경우 외에는 소청심사청구를 접수한 날부터 60일 이내에 이에 대한 결정을 하여야 한다. 다만, 불가피하다고 인정되면 소청심사위원회의 의결로 30일을 연장할 수 있다.

⑥ 공무원은 제1항의 심사청구를 이유로 불이익한 처분이나 대우를 받지 아니한다.

03 「국가공무원법」에 규정된 소청심사에 대한 설명으로 사실과 가장 다른 것은? 19년 경장

① 소청심사위원회는 소청을 접수하면 15일 이내에 심사하여야 한다.
② 소청심사위원회가 사건을 심사하기 위하여 징계요구 기관의 소속 공무원을 증인으로 소환하면 해당 기관의 장은 이에 따라야 한다.
③ 소청심사위원회가 증인을 소환하여 질문할 때에는 일당과 여비를 지급하여야 한다.
④ 소청인에게 진술의 기회를 주지 아니한 결정은 무효로 한다.

해설 ① 소청심사위원회는 「국가공무원법」에 따른 소청을 접수하면 지체없이 심사하여야 한다.

소청심사위원회의 심사(「국가공무원법」 제12조)
① 소청심사위원회는 이 법에 따른 소청을 접수하면 지체없이 심사하여야 한다.
② 소청심사위원회는 제1항에 따른 심사를 할 때 필요하면 검증(檢證)·감정(鑑定), 그 밖의 사실조사를 하거나 증인을 소환하여 질문하거나 관계 서류를 제출하도록 명할 수 있다.
③ 소청심사위원회가 소청 사건을 심사하기 위하여 징계요구 기관이나 관계 기관의 소속 공무원을 증인으로 소환하면 해당 기관의 장은 이에 따라야 한다.
④ 소청심사위원회는 필요하다고 인정하면 소속 직원에게 사실조사를 하게 하거나 특별한 학식·경험이 있는 자에게 검증이나 감정을 의뢰할 수 있다.
⑤ 소청심사위원회가 증인을 소환하여 질문할 때에는 대통령령등으로 정하는 바에 따라 일당과 여비를 지급하여야 한다.

정답 01 ② 02 ② 03 ①

04 경찰공무원의 소청심사에 관한 다음 설명 중 가장 옳지 않은 것은? 19년 경찰간부

① 소청심사위원회가 소청 사건을 심사하기 위하여 징계요구 기관이나 관계기관의 소속 공무원을 증인으로 소환하면 해당 기관의 장은 이에 따라야 한다.
② 경찰공무원의 징계처분에 대해서 소청심사위원회의 심사, 결정을 거치지 아니하고 행정소송을 제기할 수 있다.
③ 소청심사위원회 상임위원의 임기는 3년으로 하며, 한 번만 연임할 수 있다.
④ 소청심사위원회는 국가공무원법에 따른 소청을 접수하면 지체없이 심사하여야 한다.

> **해설** ② 공무원에 대하여 징계처분 등을 할 때나 강임·휴직·직위해제 또는 면직처분을 할 때에는 그 처분권자 또는 처분제청권자는 처분사유를 적은 설명서를 교부(交付)하여야 한다. 이에 따른 처분, 그 밖에 본인의 의사에 반한 불리한 처분이나 부작위(不作爲)에 관한 행정소송은 소청심사위원회의 심사·결정을 거치지 아니하면 제기할 수 없다(「국가공무원법」 제16조).
> 한편, 파면·해임·강등 또는 정직에 해당하는 징계처분을 취소 또는 변경하려는 경우와 효력 유무 또는 존재 여부에 대한 확인을 하려는 경우에는 재적 위원 3분의 2 이상의 출석과 출석 위원 3분의 2 이상의 합의가 있어야 한다. 이 경우 구체적인 결정의 내용은 출석 위원 과반수의 합의에 따르되, 의견이 나누어 출석 위원 과반수의 합의에 이르지 못하였을 때에는 과반수에 이를 때까지 소청인에게 가장 불리한 의견에 차례로 유리한 의견을 더하여 그 중 가장 유리한 의견을 합의된 의견으로 본다(「국가공무원법」 제14조 제2항).

05 다음은 징계처분에 대한 소청제기 및 소청심사 불복 시 행정소송 제기에 대한 설명이다. ( ) 안에 들어갈 숫자의 합계로 가장 옳은 것은? 21년 경위

> ㉠ 공무원이 본인의 의사에 반한 불리한 처분을 받았을 때에는 그 처분이 있는 것을 안 날부터 ( )일 이내에 소청심사위원회에 이에 대한 심사를 청구할 수 있다.
> ㉡ 소청심사에 불복 시 결정서를 받은 날로부터 ( )일 이내에 행정소송을 제기하여야 한다.

① 120
② 90
③ 60
④ 30

> **해설** 1) 처분사유 설명서를 받은 공무원이 그 처분에 불복할 때에는 그 설명서를 받은 날부터, 그 외 본인의 의사에 반한 불리한 처분을 받았을 때에는 그 처분이 있은 것을 안 날부터 각각 30일 이내에 소청심사위원회에 이에 대한 심사를 청구할 수 있다(「국가공무원법」 제75조).
> 2) 원칙적으로 행정소송(취소소송)은 처분 등이 있음을 안 날부터 90일 이내에 제기하여야 한다(「행정소송법」 제20조).

06 「국가공무원법」상 소청심사에 대한 설명으로 가장 옳은 것은? 23년 경찰간부

① 행정기관 소속 공무원의 징계처분, 그 밖의 의사에 반하는 불리한 처분이나 부작위에 대한 소청을 심사·결정하게 하기 위하여 국무총리 소속으로 소청심사위원회를 둔다.
② 소청심사위원회는 위원장 1명을 포함한 위원 7명 이상 9명 이하의 상임위원과 상임위원 수의 2분의 1 이상인 비상임위원으로 구성하되, 위원장은 정무직으로 보한다.
③ 소청 사건의 결정은 재적 위원 3분의 2 이상의 출석과 출석위원 과반수의 합의에 따르되, 의견이 나뉘어 출석위원 과반수의 합의에 이르지 못하였을 때에는 과반수에 이를 때까지 소청인에게 가장 불리한 의견에 차례로 유리한 의견을 더하여 그중 가장 유리한 의견을 합의된 의견으로 본다.
④ 해양경찰공무원의 징계처분 등 불리한 처분이나 부작위에 관한 행정심판은 소청심사위원회의 심사·결정을 거치지 아니하면 제기할 수 없다.

해설
① [X] 행정기관 소속 공무원의 징계처분, 그 밖에 그 의사에 반하는 불리한 처분이나 부작위에 대한 소청을 심사·결정하게 하기 위하여 <u>인사혁신처</u>에 소청심사위원회를 둔다.
② [X] 국회사무처, 법원행정처, 헌법재판소사무처 및 중앙선거관리위원회사무처에 설치된 소청심사위원회는 위원장 1명을 포함한 위원 5명 이상 7명 이하의 비상임위원으로 구성하고, 인사혁신처에 설치된 소청심사위원회는 위원장 1명을 포함한 5명 이상 7명 이하의 상임위원과 상임위원 수의 2분의 1 이상인 비상임위원으로 구성하되, 위원장은 정무직으로 보한다.
③ [O] 위에도 불구하고 파면·해임·강등 또는 정직에 해당하는 징계처분을 취소 또는 변경하려는 경우와 효력 유무 또는 존재 여부에 대한 확인을 하려는 경우에는 재적 위원 3분의 2 이상의 출석과 출석위원 3분의 2 이상의 합의가 있어야 한다. 이 경우 구체적인 결정의 내용은 출석 위원 과반수의 합의에 따르되, 의견이 나뉘어 출석위원 과반수의 합의에 이르지 못하였을 때에는 과반수에 이를 때까지 소청인에게 가장 불리한 의견에 차례로 유리한 의견을 더하여 그중 가장 유리한 의견을 합의된 의견으로 본다.
④ [X] 징계처분 등 그 밖에 본인의 의사에 반한 불리한 처분이나 부작위(不作爲)에 관한 행정소송은 소청심사위원회의 심사·결정을 거치지 아니하면 제기할 수 없다.

정답 04 ② 05 ① 06 ③

Chapter 03 행정쟁송제도

01 다음 중 「해양사고의 조사 및 심판에 관한 법률」상 해양사고의 조사 및 심판에 관한 청구는 사건이 발생한 후 ( )이 지난 해양사고에 대하여는 심판청구를 하지 못한다. ( )안에 들어갈 말로 가장 옳은 것은?   19년 경장

① 3개월　　　　　　　　　② 6개월
③ 1년　　　　　　　　　　④ 3년

> 해설 ④ 조사관은 사건을 심판에 부쳐야 할 것으로 인정할 때에는 지방심판원에 심판을 청구하여야 한다. 다만, 사건이 발생한 후 3년이 지난 해양사고에 대하여는 심판청구를 하지 못한다(제38조 제1항).

02 다음 중 「해양사고의 조사 및 심판에 관한 법률」상 해양사고의 조사 및 심판에 관한 청구를 할 수 없는 경우는?   19년 경사

① 사건이 발생 후 3개월이 지난 해양사고
② 사건이 발생 후 6개월이 지난 해양사고
③ 사건이 발생 후 1년이 지난 해양사고
④ 사건이 발생 후 3년이 지난 해양사고

> 해설 ④ 조사관은 사건을 심판에 부쳐야 할 것으로 인정할 때에는 지방심판원에 심판을 청구하여야 한다. 다만, 사건이 발생한 후 3년이 지난 해양사고에 대하여는 심판청구를 하지 못한다(제38조 제1항). 이에 따른 청구는 해양사고사실을 표시한 서면으로 하여야 한다.

03 「해양사고의 조사 및 심판에 관한 법률」에 따른 징계에 해당하는 것은?   법규기출

① 면허취소, 업무정지, 훈계　　　② 면허취소, 업무정지, 견책
③ 면허정지, 업무취소, 훈계　　　④ 면허정지, 업무취소, 견책

1) 심판원은 해양사고가 해기사나 도선사의 직무상 고의 또는 과실로 발생한 것으로 인정할 때에는 재결로써 해당자를 징계하여야 한다(제5조 제2항). 행위의 경중(輕重)에 따라서 심판원이 징계의 종류를 정한다(제6조 제1항).
① 면허의 취소
② 업무정지
③ 견책(譴責)
2) 위의 1)의 ②의 업무정지 기간은 1개월 이상 1년 이하로 한다(제6조 제2항).
3) 심판원은 법 제5조 제2항에 따른 징계를 할 때 해양사고의 성질이나 상황 또는 그 사람의 경력과 그 밖의 정상(情狀)을 고려하여 이를 감면할 수 있다(제6조 제3항).

04 다음 중 「해양사고의 조사 및 심판에 관한 법률」에 따른 징계에 해당하는 것으로 가장 옳은 것은? 19년 경사

① 면허취소, 업무정지, 견책
② 면허취소, 업무취소, 훈계
③ 면허정지, 자격정지, 견책
④ 면허정지, 업무취소, 견책

해설 징계의 종류와 감면(제6조)
① 제5조제2항의 징계는 다음 세 가지로 하고, 행위의 경중(輕重)에 따라서 심판원이 징계의 종류를 정한다.
 1. 면허의 취소
 2. 업무정지
 3. 견책(譴責)
② 제1항제2호의 업무정지 기간은 1개월 이상 1년 이하로 한다.
③ 심판원은 제5조제2항에 따른 징계를 할 때 해양사고의 성질이나 상황 또는 그 사람의 경력과 그 밖의 정상(情狀)을 고려하여 이를 감면할 수 있다.

05 「해양사고의 조사 및 심판에 관한 법률」에 대한 설명으로 가장 틀린 것은? 법규기출

① 지방해양안전심판원의 재결에 대한 불복이 있을 때에는 재결서 정본의 송달을 받은 날부터 30일 이내에 소송을 제기하여야 한다.
② 지방심판원은 심판관 3인, 중앙심판원은 5인 이상으로 구성하는 합의체에서 심판한다.
③ 사고발생 후 3년이 경과한 해양사고에 대해서는 해양사고의 조사 및 심판에 관한 청구를 하지 못한다.
④ 하나의 사건이 2곳 이상의 지방심판원에 계속 되었을 때에는 최초의 심판청구를 받은 지방심판원에서 심판한다.

정답 01 ④ 02 ④ 03 ② 04 ① 05 ①

> **해설** ① 지방해양안전심판원의 재결에 대한 불복은 14일 이내 중앙해양안전심판원에 제기해야 한다.
> 1) 조사관 또는 해양사고관련자는 지방심판원의 재결(특별심판부의 재결을 포함)에 불복하는 경우에는 중앙심판원에 제2심을 청구할 수 있다(제58조 제1항).
> 2) 1)의 청구는 재결서 정본을 송달받은 날부터 14일 이내에 하여야 한다(제59조 제1항).
>
> **중/앙/심/판/원/의/재/결/에/대/한/소/송**
> 1] 중앙심판원의 재결에 대한 소송은 중앙심판원의 소재지를 관할하는 고등법원에 전속한다(제74조 제1항).
> 2] 제74조 제1항의 소송은 재결서 정본을 송달받은 날부터 30일 이내에 제기하여야 한다(제74조 제2항).
> 3] 위의 2)의 기간은 불변기간으로 한다(제74조 제3항).
> 4] 지방심판원의 재결에 대하여는 소송을 제기할 수 없다(제74조 제4항).

06 「해양사고의 조사 및 심판에 관한 법률」(해양사고심판법)상 해양안전심판에 관한 설명으로 틀린 것은? _{법규기출}

① 해양사고사건을 심판하기 위하여 해양경찰청장 소속으로 해양안전심판원을 둔다.
② 심판원은 본안에 대한 확정재결이 있는 사건에 대하여는 거듭 심판할 수 없다.
③ 심판원은 중앙해양안전심판원과 지방해양안전심판원의 2종으로 한다.
④ 각급 심판원에 수석조사관, 조사관 및 조사사무를 보조하는 직원을 두고, 조사관은 해양사고의 조사, 심판의 청구, 재결의 집행 등의 사무를 담당한다.

> **해설** ① 해양사고사건을 심판하기 위하여 해양수산부장관 소속으로 해양안전심판원을 둔다(제3조).
> ② 제7조, ③ 제8조, ④ 제16조, 제17조
>
> **「해양사고심판법」의 주요 내용**
> 1] 법 제21조(심급) 지방심판원은 제1심 심판을 하고, 중앙심판원은 제2심 심판을 한다.
> 2] 법 제24조(관할)
> ① 심판에 부칠 사건의 관할권은 해양사고가 발생한 지점을 관할하는 지방심판원에 속한다. 다만, 해양사고 발생 지점이 분명하지 아니하면 그 해양사고와 관련된 선박의 선적항을 관할하는 심판원에 속한다.
> ② 하나의 사건이 2곳 이상의 지방심판원에 계속(係屬)되었을 때에는 최초의 심판청구를 받은 지방심판원에서 심판한다.
> ③ 하나의 선박에 관한 2개 이상의 사건이 2곳 이상의 지방심판원에 계속되었을 때에는 최초의 심판청구를 받은 지방심판원이 심판한다.
> ④ 하나의 선박에 관한 2개 이상의 사건을 심판하는 지방심판원은 필요하다고 인정하는 때에는 직권으로 또는 조사관, 해양사고관련자나 심판변론인의 신청에 따라 결정으로 그 심판을 분리하거나 병합할 수 있다.
> ⑤ 국외에서 발생한 사건의 관할에 대하여는 대통령령으로 정한다.
> 3] 법 제38조(심판의 청구)
> ① 조사관은 사건을 심판에 부쳐야 할 것으로 인정할 때에는 지방심판원에 심판을 청구하여야 한다. 다만, 사건이 발생한 후 3년이 지난 해양사고에 대하여는 심판청구를 하지 못한다.
> ② 제1항의 청구는 해양사고사실을 표시한 서면으로 하여야 한다.
> 4] 법 제45조(필요적 구술변론)
> 심판의 재결은 구술변론을 거쳐야 한다. 다만, 예외적으로 경우에는 구술변론을 거치지 아니하고 재결을 할 수 있다(제1항).

5] 법 제58조(제2심의 청구)
① 조사관 또는 해양사고관련자는 지방심판원의 재결(특별심판부의 재결을 포함)에 불복하는 경우에는 중앙심판원에 제2심을 청구할 수 있다.
② 심판변론인은 해양사고관련자를 위하여 제1항의 청구를 할 수 있다. 다만, 해양사고관련자의 명시한 의사에 반하여서는 아니 된다.
③ 제2심 청구는 이유를 붙인 서면으로 원심심판원에 제출하여야 한다.

6] 법 제59조(제2심의 청구기간)
① 제58조의 청구(제2심청구)는 재결서 정본을 송달받은 날부터 14일 이내에 하여야 한다.
② 제2심 청구를 할 수 있는 자가 본인이 책임질 수 없는 사유로 인하여 제1항의 기간 내에 심판청구를 하지 못한 경우에는 그 사유가 끝난 날부터 14일 이내에 서면으로 원심심판원에 제출할 수 있다.
③ 제2항의 경우에는 그 사유를 소명하여야 한다.

7] 법 제74조(관할과 제소기간 및 그 제한)
① 중앙심판원의 재결에 대한 소송은 중앙심판원의 소재지를 관할하는 고등법원에 전속(專屬)한다.
② 제1항의 소송은 재결서 정본을 송달받은 날부터 30일 이내에 제기하여야 한다.
③ 제2항의 기간은 불변기간(不變期間)으로 한다.
④ 지방심판원의 재결에 대하여는 소송을 제기할 수 없다.

8] 법 제75조(피고) 제74조제1항의 소송에서는 중앙심판원장을 피고로 한다.

9] 법 제79조(재결의 집행자) 중앙심판원의 재결은 중앙수석조사관이, 지방심판원의 재결은 해당 지방수석조사관이 각각 집행한다.

정답 06 ①

Chapter 04 손해전보제도

01 「국가배상법」상 공무원의 위법한 직무행위로 인한 손해배상에 관한 설명이다. 다음 중 가장 적절한 것은? (다툼이 있으면 판례에 의함) 18년 경정

① 공무원은 「국가공무원법」 및 「지방공무원법」에 의하여 공무원의 신분을 가진 자는 물론 널리 공무를 위탁받아 실질적으로 공무에 종사하는 자를 포함하지만, 공무의 위탁이 일시적이고 한정적인 사항에 관한 활동을 위한 것인 경우에는 달리 보아야 한다.

② 일반적으로 공무원이 관계법규를 알지 못하였다거나 필요한 지식을 갖추지 못하여 법규의 해석을 그르쳐 어떤 행정처분을 하였다면 그가 법률전문가가 아닌 행정직 공무원인 경우에는 과실이 없다.

③ 직무수행 중 경과실로 피해자에게 손해를 입힌 공무원이 피해자에 대하여 손해배상책임을 부담하지 아니함에도 피해자에게 손해를 배상하였다면, 공무원은 특별한 사정이 없는 한 국가가 피해자에 대하여 부담하는 손해배상책임의 범위 내에서 자신이 변제한 금액에 관하여 구상권을 취득한다.

④ 「국가배상법」이 정한 손해배상청구의 요건인 '공무원의 직무'에는 국가나 지방자치단체의 권력 · 비권력적 작용뿐만 아니라 단순한 사경제의 주체로서 하는 작용도 포함한다.

> **해설** ① 공무의 위탁이 일시적이고 한정적인 사항에 관한 활동을 위한 것인 경우에도 달리 볼 이유가 없다.
> ② 이 경우 과실유무에 대한 판단은 법률전문가가 아닌 행정직 공무원의 기준에서 판단하여야 한다.
> ④ 권력이든 비권력이든 공행정에 해당되면 국가의 배상책임이 인정된다고 보나, 순수한 사경제작용까지 포함되지는 않는다.

02 영조물의 설치·관리 하자에 의한 국가배상책임에 관한 설명으로 가장 옳지 않은 것은? (다툼이 있으면 판례에 의함)
                                                                                        18년 경정

① 「국가배상법」상의 영조물은 학문상 공물과 같은 의미로 해석하는 것이 통설이다.
② 영조물의 설치·관리 하자 유무를 객관적 견지에서 본 안전상의 문제로 판단하는 객관설이 종래의 판례 입장이다.
③ 안전성 결여에 관하여 관리자의 과실은 요하지 않으나, 하자의 존재 자체는 필요하다.
④ 영조물의 설치·관리 하자로 인한 손해배상의 경우 피해자의 위자료청구는 포함되지 않는다.

해설 ④ 손해배상은 위법한 공권력의 침해에 의한 것이고, 인과관계가 있는 모든 손해를 배상하여야 한다. 재산적·비재산적인 침해를 불문하고 정신적 피해인 위자료까지 배상하여야 한다.

03 「국가배상법」제2조 제1항에서 규정하는 공무원의 과실에 관한 판례의 입장과 가장 부합하는 설명은?
                                                                                        19년 경정

① 당해 직무를 담당하는 평균적 공무원의 주의능력을 기준으로 판단한다.
② 직무행위가 위법하다고 판단되면 과실의 존재도 추정된다.
③ 행정소송에서 행정처분이 위법한 것으로 확정되었고 그 이유가 법령 해석의 잘못이었다면 그 행정처분을 한 공무원의 과실은 당연히 인정된다.
④ 과실의 입증책임은 원고가 아니라 피고인 국가 또는 지방자치단체로 전환된다.

해설 ② 직무행위가 위법하다고 하여 곧바로 과실이 존재한다고 추정되지는 않는다.
③ 행정소송에서 행정처분이 위법한 것으로 확정되고, 그 이유가 법령 해석의 잘못이었다고 하여도 행정처분을 한 공무원의 과실이 당연히 인정되지는 않는다. 위법성과 유책성(고의과실)은 별개의 문제이다.
④ 손해배상책임에서 입증책임은 주장하는 사람에게 있으므로 과실의 입증책임은 원고(피해자)에게 있다. 행정처분과 관련하여 국가나 지방자치단체의 손해배상책임이 성립하려면 행정처분을 담당한 공무원에게 직무집행상의 고의 또는 과실이 있어야 하고, <u>이때 공무원의 과실 유무는 보통 일반의 공무원에게 요구되는 객관적 주의의무를 기준으로 판단하여야 한다. 또한 어떠한 행정처분이 잘못된 법령해석에 근거한 것이라고 하더라도 행정처분이 곧바로 공무원의 고의 또는 과실로 인한 것으로서 불법행위를 구성한다고 단정할 수는 없고, 객관적 주의의무를 위반함으로써 행정처분이 객관적 정당성을 상실하였다고 인정될 수 있는 정도에 이르러야 국가배상법 제2조가 정한 국가배상책임의 요건을 충족한다.</u> [대법원 2016. 6. 23. 선고, 2015다205864, 판결]

정답 01 ③ 02 ④ 03 ①

해양경찰작용

제 1 절 해양경찰권 발동의 근거와 한계

01 다음 중 해양경찰이 행하는 경찰권 발동의 근거법으로 보기 가장 어려운 것은?

18년 경력/간부

① 「경찰관 직무집행법」　　② 「해양경비법」
③ 「수상레저안전법」　　　④ 「형사소송법」

> 해설　출제의도는 ④를 정답으로 한 것 같은데, 이 문제는 논란의 여지가 있다. 해양경찰의 직무에 수사업무도 포함되기 때문에 「형사소송법」이 근거가 안된다고 단정할 수 없다. 예를 들어, 불법어선의 단속시 현행범인을 체포할 수도 있는데, 이때는 「형사소송법」 제212조(현행범인의 체포)에 근거하여 체포를 행할 수 있다. 그리고 통상 경찰권은 협의의 경찰권(실질적 의미경찰)과 수사권을 합쳐서 광의의 경찰권으로 이해하고 정의한다.

02 경찰권의 행사에 관한 설명으로 가장 옳지 않은 것은? (다툼이 있는 경우 판례에 의함)

18년 경정

① 경찰은 소극목적적 행정작용이라는 점에서 적극목적적 행정작용인 복리행정(급부행정)과 구분된다.
② 범죄의 수사와 범인의 체포 등을 목적으로 하는 경찰작용을 사법경찰이라고 하는데, 이는 실질적 의미의 경찰개념에는 속하지 아니하고 오히려 사법작용에 속한다.
③ 경찰관 직무집행법 제2조 제7호는 개괄적 수권조항이라 할 수 없다는 것이 일반적이다.
④ 일반행정기관이 수행하는 질서행정도 오늘날 경찰에 속한다.

> 해설　③ 일반적 수권조항 여부에 학설의 다툼이 있다. 학설은 크게 긍정설, 부정설, 입법필요설(부정설)로 나눌 수 있다. 독일의 통설과 판례는 긍정설의 입장이고, 우리나라 대법원 판례도 긍정설의 입장을 띤다.
> ④ 실질적 의미의 경찰에 해당한다고 볼 수 있다.

03 다음 중 경찰권의 한계에 대한 설명으로 가장 옳지 않은 것은?   21년 경정

① 법률유보의 원칙상 국민의 권익을 침해하는 경찰권의 발동은 법률의 근거가 있어야 한다.
② 근거법규의 효과부분이 경찰행정청에 재량을 부여하고 있다 하더라도 경찰행정청은 이를 의무에 합당하게 행사하여야 적법한 것으로 인정된다.
③ 경찰소극목적의 원칙이란 경찰권이 국가의 안전보장·질서유지·공공복리를 위해서만 발동될 수 있다는 원칙을 말한다.
④ 경찰평등의 원칙이란 경찰권의 행사에 있어서 성별·종교·사회적 신분 등을 이유로 차별이 있어서는 안 된다는 원칙을 말한다.

> **해설** ③ 경찰권은 공공의 안녕과 질서유지에 대한 위해방지·제거라는 소극적인 목적을 위해 발동되어야 한다. 따라서 현상의 유지가 경찰의 본연의 임무이고, 현상을 개선한다든지 나아가 국민의 복리를 적극적으로 증진한다는 것은 경찰의 본연의 임무가 아니다.

04 다음 중 경찰권 발동의 조리상 한계에 대한 설명으로 가장 옳은 것은?   21년 경찰간부

① 사주소 내의 행위가 직접 사회공공의 안녕과 질서에 영향을 미쳐 그에 대한 장해가 될지라도 사주소불가침의 원칙상 경찰권 발동은 불가능하다.
② 경찰비례의 원칙은 일반조항에 근거하여 경찰권을 발동하는 경우에는 물론 개별적 수권조항에 근거하여 경찰권을 발동하는 경우에도 적용된다.
③ 타인을 보호·감독할 지위에 있는 자가 자신의 지배를 받는 자의 행위로부터 발생하는 경찰위반의 상태에 대하여 책임을 지는 경우에는 자신의 지배범위 내에서 발생한 데에 따른 대위책임이다.
④ 경찰권은 경찰위반의 직접 책임자에게만 발동되는 것이 원칙이므로, 경찰위반의 직접 책임이 없는 자에게는 경찰권이 발동될 수 없다.

> **해설** ① 사주소 내라 할지라도 직접 사회공공의 안녕과 질서에 영향을 미쳐 그에 대한 장해가 발생한 경우에는 더 이상 사생활이 아니므로 충분히 경찰권 발동이 가능하다.
> ③ 이때 타인을 보호·감독할 지위에 있는 자가 지는 책임은 행위책임 중에서 지배자 책임으로, 자기책임과 과실책임의 성질을 가진다.
> ④ 경찰책임의 원칙은 장해를 발생시킨 경찰위반의 직접 책임자에게 경찰권을 발동하여 경찰위반상태를 제거하라는 것을 말한다. 하지만 경찰책임자에게 발동하는 것으로는 경찰상 장해를 제거할 수 없는 긴급하고 법령상 근거가 있을 때에는 경찰위반의 직접 책임이 없는 제3자에게도 경찰권을 발동할 수 있다(경찰긴급권, 「수상에서의 수색구조 등에 관한 법률」 제29조).

정답 01 정답없음 02 ③ 03 ③ 04 ②

05 경찰권 발동의 한계에서 '경찰비례의 원칙'에 대한 설명으로 틀린 것은 모두 몇 개인가?

18년 경력/간부

㉠ 경찰비례의 원칙이란 일반적으로 행정작용에 있어 목적 실현을 위한 수단과 당해 목적 사이에 합리적인 비례관계가 있어야 한다는 원칙이다.
㉡ 경찰비례의 원칙의 내용에는 적합성의 원칙, 필요성의 원칙, 상당성의 원칙이 있으며, 그 적용순서도 적합성의 원칙, 필요성의 원칙, 상당성의 원칙의 순서대로 적용된다.
㉢ "참새를 쫓기 위해 대포를 쏘아서는 안된다"는 표현은 적합성의 원칙을 말한다.
㉣ 해양경찰관이 범인을 제압하는 도중 상대방과 근접한 거리에서 얼굴을 향해 가스총을 발사하여 상대방 눈 한쪽이 실명된 경우 비례의 원칙을 준수했다고 보기 힘들다.
㉤ 실정법적인 근거로는 「헌법」제37조 제2항과 「경찰관직무집행법」제1조 제2항, 「해양경비법」제8조 등이 있다.
㉥ 경찰작용은 적합성, 필요성, 상당성의 원칙 중 적어도 어느 하나는 충족되어야 한다.

① 모두 옳은 지문 ② 1개
③ 2개 ④ 3개

해설
[O] ㉠㉡㉣㉤
[X] ㉢㉥
㉢ 상당성(수인가능성/종래 협의의 비례원칙) 원칙을 위반한 것과 관계가 깊다.
㉥ 적합성, 필요성, 상당성은 통상 단계적으로 적용되고, 이들 원칙 중에서 어느 하나라도 위반하면, 비례의 원칙 위반(위법)이므로, 모두 충족되어야 한다.

06 다음 중 경찰권 발동의 한계에서 '경찰비례의 원칙'에 대한 설명으로 가장 옳지 않은 것은?

22년 1차

① 경찰비례의 원칙이란 일반적으로 행정작용에 있어 목적 실현을 위한 수단과 당해 목적 사이에 합리적인 비례관계가 있어야 한다는 원칙이다.
② 경찰비례의 원칙의 내용에는 적합성의 원칙, 필요성의 원칙, 상당성의 원칙이 있으며, 그 적용도 적합성의 원칙, 필요성의 원칙, 상당성의 원칙의 순서대로 적용된다.
③ "참새를 쫓기 위해 대포를 쏘아서는 안 된다."는 표현은 적합성의 원칙을 말한다.
④ 해양경찰관이 범인을 제압하는 도중 상대방과 근접한 거리에서 얼굴을 향해 가스총을 발사하여 상대방 눈 한쪽이 실명된 경우 비례의 원칙을 준수했다고 보기 힘들다.

해설 ③ "참새를 쫓기 위해 대포를 쏘아서는 안 된다."라는 표현은 비례의 원칙 중 협의의 비례원칙인 상당성의 원칙(수인가능성의 원칙)을 의미한다.

07 경찰권은 법규에 의한 제약 외에도 조리상의 한계를 가진다. 다음은 조리상의 한계 중 무엇에 대한 설명인가?　　　　　　　　　　　　　　　　　　　　　　　　　　19년 경찰간부

> ㉠ 일반적으로 협의의 비례원칙으로도 불린다.
> ㉡ 경찰권의 행사로 인해 발생되는 불이익이 경찰권의 행사로 인해 초래되는 효과보다 큰 경우에는 의도한 조치가 취해져서는 안 된다.
> ㉢ 나무에 앉아 있는 참새를 쫓기 위해 대포를 쏘아서는 안 된다.

① 경찰비례의 원칙 중 적합성
② 경찰비례의 원칙 중 필요성
③ 경찰비례의 원칙 중 상당성
④ 경찰비례의 원칙 중 사생활 자유의 원칙

해설 경찰비례의 원칙은 과잉금지의 원칙이라고도 하고, 경찰권 발동의 조건과 정도에 관한 원칙이라고도 부른다. 경찰비례의 원칙은 경찰행정영역에서 발생하여 지금은 모든 행정영역에 적용되는 법의 일반원칙이기도 하다. 이는 적합성(수단의 적합성)·필요성(최소 침해의 원칙)·상당성의 원칙으로 구성되어 있고, 이중 어느 하나라도 위반하면 위법이다. ③ 특히 상당성의 원칙을 종래 협의의 비례원칙이라고 하고, 수인가능성의 원칙이라고도 부른다.

08 경찰권의 근거와 한계에 대한 설명으로 가장 옳지 않은 것은?　　　　　　　19년 경정

① 도난 자동차로 인하여 발생된 교통장해는 그 자동차를 사실상 관리하고 있는 자가 상태책임을 지며, 원소유자는 상태책임을 지지 않는다.
② 미성년자에 대한 술·담배 판매와 같은 민사상의 법률관계는 민사관계불가침의 원칙에 상관없이 경찰권 발동의 대상이 된다.
③ 경찰법상 일반적 수권조항(개괄조항)은 개별적 수권규정이 없는 경우에 보충적·제한적으로 적용되는 한계를 가진다.
④ 경찰소극의 원칙이란 경찰권이 국가의 안전보장·질서유지·공공복리를 위해서만 발동될 수 있다는 원칙이다.

해설 ④ 경찰소극목적의 원칙은 공공의 안녕과 질서유지가 경찰의 궁극적 목적이고, 적극적인 공공복리의 증진을 위해서는 경찰권을 발동할 수 없다는 원칙을 말한다.
③ 경찰법상이 아니라 「경찰관 직무집행법」 또는 「해양경비법」이라고 정확히 말을 해야지, 애매하게 경찰과 관련된 법들을 의미하는 '경찰법'이라고 표현하면 문제가 소지가 있다.

정답　05 ③　06 ③　07 ③　08 ④

09 비례원칙에 대한 설명으로 가장 옳지 않은 것은?(다툼이 있는 경우 판례에 의함)

19년 경정

① 헌법재판소는 비례원칙을 위헌법률심사의 기준으로 삼고 있다.
② 「행정절차법」은 행정지도에 관하여 비례원칙을 명문으로 규정하고 있다.
③ 경찰관이 범인을 검거하면서 가스총을 근접 발사하여 가스와 함께 발사된 고무마개가 범인의 눈에 맞아 실명한 경우 국가배상책임이 없다.
④ 행정계획과 관련하여서는 계획재량을 제한하는 형량명령이론으로 발전하였다.

> **해설** ③ 위해성 경찰장비의 사용기준 등에 관한 규정 제12조(가스발사총등의 사용제한) 경찰관은 범인의 체포 또는 도주방지, 타인 또는 경찰관의 생명·신체에 대한 방호, 공무집행에 대한 항거의 억제를 위하여 필요한 때에는 최소한의 범위 안에서 가스발사총을 사용할 수 있다. <u>이 경우 경찰관은 1미터이내의 거리에서 상대방의 얼굴을 향하여 이를 발사하여서는 아니된다</u>(제1항).
> ① 헌법재판소는 비례의 원칙 내용으로 목적의 정당성(합목적성), 방법의 적정성(적합성), 피해의 최소성(필요성), 법익의 균형성(상당성)을 제시하고 있다(헌재 88헌가13).
> ② 「행정절차법」 제48조(행정지도의 원칙) 행정지도는 그 목적 달성에 필요한 최소한도에 그쳐야 하며, 행정지도의 상대방의 의사에 반하여 부당하게 강요하여서는 아니 된다(제1항). 행정기관은 행정지도의 상대방이 행정지도에 따르지 아니하였다는 것을 이유로 불이익한 조치를 하여서는 아니 된다(제2항).
> ④ 행정계획의 특성상 넓은 계획재량(행정기관이 계획수립과 관련하여 가지고 있는 광범위한 재량권)이 인정되나, 이때에도 비례의 원칙이 적용되어야 한다. 그러므로 행정계획을 수립할 때 행정청은 행정계획과 관련된 이익을 형량하기 위하여 관련 이익을 조사하여야 한다. 만약, 행정계획이 비교형량을 전혀 거치지 않았거나 불충분한 흠이 있어서 위법한 경우를 형량하자고 한다. 이에는 형량해태, 형량흠결(반드시 고려할 사항을 빠뜨린 경우), 오형량(형량을 하였으나, 객관성과 비례성을 결한 경우) 등이 있다.

10 다음 중 경찰권 발동의 조리상 한계에 대한 설명으로 가장 옳지 않은 것은? 23년 해경학과

① 경찰비례의 원칙 중 상당성의 원칙은 경찰권 발동에 따른 이익보다 사인의 피해가 더 큰 경우 경찰권을 발동해서는 안 된다는 원칙으로서 최소 침해 원칙이라고도 한다.
② 경찰비례의 원칙이란 경찰작용에 있어 목적 실현을 위한 수단과 당해 목적 사이에 합리적인 비례관계가 있어야 한다는 원칙을 말한다.
③ 경찰책임의 원칙의 예외로서 긴급한 필요가 있을 때에는 경찰책임이 없는 제3자에 대한 경찰 발동이 허용되는 경우가 있다.
④ 경찰책임의 원칙이란 경찰권은 원칙적으로 경찰 위반상태에 책임이 있는 자에게만 발동되어야 한다는 것을 말한다.

> **해설** ① 경찰권 발동에 따른 이익보다 사인의 피해가 더 큰 경우 경찰권을 발동해서는 안된다는 원칙은 경찰비례의 원칙 중 상당성의 원칙을 의미한다. 이를 협의의 비례원칙 또는 수인가능성의 원칙이라고도 한다. 한편, 최소 침해의 원칙은 필요성의 원칙을 부르는 말이다.

제 2 절 해양경찰처분

01 조세부과처분이 비록 위법하다 하더라도 그 하자가 중대하고 명백한 것이 아닌 한 일단 상대방은 세금을 납부해야 할 의무를 지는 것은 다음의 어느 효력 때문인가? 19년 경정

① 집행력 ② 공정력
③ 내용적 구속력 ④ 불가변력

해설 ② 공정력은 행정행위가 행하여지면 비록 법정 요건을 갖추지 못한 흠이 있는 경우라도 그 흠이 중대·명백하여 절대무효로 인정되는 경우를 제외하고는, 권한있는 기관에 의하여 취소되기까지는 일응 구속력 있는 것으로 통용되는 힘을 의미한다.
① 강제력(집행력) : 의무부과적 행정행위는 그 실효성을 확보하기 위하여 강제력이라는 우월한 힘을 가지는 경우가 많다. 이 강제력은 행정행위에 복종하지 아니하는 자에 대하여 행정법상 제재를 부과하거나 행정청 자신이 행정상 강제집행(자력 집행력)을 함으로써 나타난다.
③ 구속력(기속력) : 행정행위는 그 내용에 따라 관계행정청, 상대방 및 이해관계인에 대하여 일정한 법적 효과가 발생하여 그 효과를 받는 자를 구속하는 힘을 가지게 되는데, 이를 행정행위를 구속력이라 한다.
④ 확정력(존속력)
  ㉠ 불가쟁력(형식적 확정력) : 모든 행정행위를 대상
  행정행위에 대한 쟁송제기기간이 경과하거나 쟁송수단을 모두 거친 경우에는 상대방 또는 이해관계인은 더 이상 행정행위의 효력을 다툴 수 없게 되는 것을 불가쟁력이라 한다. 불가쟁력이 발생하더라도 행정행위의 하자가 치유되어 위법성이 제거되는 것은 아니므로 상대방은 별도로 국가배상청구를 할 수 있다. 한편, 불가쟁력이 발생한 행정행위에 대하여 행정쟁송이 제기되면 부적법한 소(訴)로서 각하된다.
  ㉡ 불가변력(실질적 확정력) : 일정한 행정행위를 대상
  행정행위는 그 하자 또는 후발적 사정을 이유로 행정청이 직권으로 최소·철회할 수 있지만, 예외적으로 행정행위 중에는 그 성질상 행정청이 직권으로 취소·철회할 수 없는 제한을 받는데 이를 불가변력이라 한다. 수익적 행정행위 및 합격자나 당선인의 결정, 행정심판의 재결 등 확인행위가 이에 해당한다.
  ㉢ 양자의 관계
  불가쟁력과 불가변력은 상호독립적이며, 서로 영향을 미치지 않는다. 따라서 불가쟁력이 발생한 경우에도 불가변력이 발생하지 않는 한 행정청은 직권으로 취소·변경을 할 수 있고, 불가변력이 발생한 경우에도 불가쟁력이 발생하지 않는 한 상대방은 행정쟁송의 제기를 통하여 다툴 수 있다.

정답 09 ③ 10 ① 01 ②

02 행정행위로서의 하명에 관한 설명으로 가장 옳지 않은 것은? 19년 경정

① 하명의 대상은 법률행위뿐만 아니라 사실행위일 수도 있다.
② 하명에 위반한 법률행위의 효과는 무효이다.
③ 하명은 대부분 개별적·구체적 규율로서 행하여지나 일반처분으로도 행하여진다.
④ 하명은 법령의 근거를 요하므로 법령이 정한 요건이 갖추어 졌을 때에 행할 수 있다.

> 해설 ② 경찰하명은 적법요건이지 효력요건은 아니다. 즉 경찰하명 자체의 효력으로서 하명에 위반한 법률행위의 효과까지 부인되는 것은 아니다(예 영업정지명령에 위반하여 영업을 계속하였을 경우 당해 영업에 관한 거래행위의 효력까지 부인되지는 않는다).

제3절 해양경찰강제

01 행정대집행에 대한 설명으로 가장 옳지 않은 것은? 19년 경정

① 대집행의 주체는 당해 행정청이다.
② 대집행의 계고는 문서에 의한 것이어야 하고, 구두에 의한 계고는 무효가 된다.
③ 위법한 행정처분에 의해 부과된 대체적 작위의무의 불이행에 대해서는 대집행을 할 수 없다.
④ 대집행영장에 의한 통지는 그 자체가 독립하여 취소소송의 대상이 된다.

> 해설 ③ 판례는 위법한 행정처분에 의해 부과된 대체적 작위의무의 불이행에 대해서도 취소가 되지 않는 한 대집행을 할 수 있다고 한다.

02 행정상 즉시강제에 관한 설명으로 가장 옳은 것은? 19년 경정

① 행정상 즉시강제는 법적 근거를 필요로 하지 않는다.
② 행정상 즉시강제는 의무불이행을 전제로 한다.
③ 절차적 한계와 관련하여 영장주의가 적용되는지 여부가 논의되고 있다.
④ 행정상 즉시강제는 어떠한 경우에도 이를 다툴 소의 이익이 없으므로 항고소송을 제기할 수 없다.

해설 ③ 대법원은 절충설을, 헌법재판소는 영장불요설을 취하고 있다.
① 즉시강제는 전형적 권력작용으로 반드시 법적 근거가 필요하다.
② 통상 즉시강제는 의무를 전제하지 않고, 강제집행은 구체적 의무를 전제한다.
④ 원칙적으로는 즉시강제도 권력적 사실행위이므로 제기할 수 있다. 하지만, 통상 단시간에 끝이 나기 때문에 실익이 없는 것이 보통이다. 극히 예외적으로 위법성이 계속되는 경우에는 항고소송(취소소송)을 제기할 수 있다.

03 행정상 강제집행에 관한 설명으로 가장 옳지 않은 것은? (다툼이 있는 경우 판례에 의함)

18년 경정

① 사업장의 폐쇄, 외국인의 강제퇴거는 직접강제의 예에 해당한다.
② 행정법상의 의무를 명할 수 있는 명령권의 근거가 되는 법은 동시에 행정강제의 근거가 될 수 있다.
③ 행정상 강제집행 수단으로는 대집행과 강제징수에는 일반적인 규정이 있으나, 직접강제와 집행벌은 몇몇 단행법률에서 나타나고 있을 뿐이다.
④ 허가권자는 건축법상의 이행강제금 부과처분을 받은 자가 이행강제금을 납부기한까지 내지 아니하면 지방세 체납처분의 예에 따라 징수한다.

해설 ② 예전에는 의무를 명하는 법적 근거에, 의무불이행이 있을 때는 동시에 실력행사를 할 수 있는 권한까지 포함되어 있다고 보았으나, 현재는 법치주의의 확립으로 일반적인 견해는 각각 별개의 근거가 있어야 한다고 본다.

04 행정의 실효성 확보수단의 명칭과 예의 연결이 가장 옳은 것은?

18년 경정

① 대집행 : 무허가업소에 대한 폐쇄조치
② 집행벌 : 건축법상 시정명령 불이행에 대한 이행강제금
③ 직접강제 : 도로교통법상 의무위반자에 대한 운전면허취소처분
④ 행정질서벌 : 과징금

해설 ① 직접강제
③ 대인적 경찰행정처분(행정행위)
④ 과태료를 경찰질서벌 또는 행정질서벌이라고 부른다.

정답 02 ② 01 ③ 02 ③ 03 ② 04 ②

05 행정조사에 대한 설명으로 가장 옳지 않은 것은? (다툼이 있는 경우 판례에 의함)

18년 경정

① 일반적으로 행정조사 그 자체는 법적 효과를 가져오지 않는 사실행위에 해당한다.
② 행정기관의 장은 조사대상자가 신고한 내용이 거짓의 신고라고 인정할 만한 근거가 있거나 신고내용을 신뢰할 수 없는 경우를 제외하고는 그 신고내용을 행정조사에 갈음하여야 한다.
③ 위법한 행정조사에 기초하여 내려진 행정처분은 위법한 처분이다.
④ 권력적 성격을 가지는 행정조사의 경우에는 근거된 법규의 범위내에서만 가능하다.

> **해설** ② 대신 할 수 있다. 재량행위로 의무적인 것은 아니다. 「행정조사기본법」 제25조(자율신고제도) 행정기관의 장은 법령 등에서 규정하고 있는 조사사항을 조사대상자로 하여금 스스로 신고하도록 하는 제도를 운영할 수 있다(제1항). 행정기관의 장은 조사대상자가 제1항에 따라 신고한 내용이 거짓의 신고라고 인정할 만한 근거가 있거나 신고내용을 신뢰할 수 없는 경우를 제외하고는 그 신고내용을 행정조사에 갈음할 수 있다(제2항).
> ③ 학설에 다툼이 있다. 하지만, 판례는 적극설 취하여 위법한 행정조사에 의해 내려진 행정처분은 위법하다고 본다.

06 행정의 실효성 확보에 대한 설명으로 가장 옳은 것은?

18년 경정

① 「경찰관직무집행법」은 직접강제에 관한 일반적 근거를 규정하고 있다.
② 행정대집행을 실행할 때 대집행 상대방이 저항하는 경우에 대집행 책임자가 실력행사를 하여 직접강제를 할 수 있다는 것이 판례의 입장이다.
③ 행정조사의 상대방이 조사를 거부하는 경우에 공무원이 실력행사를 하여 강제로 조사할 수 있는지 여부에 대해서는 견해가 대립한다.
④ 조세체납자의 관허사업 제한을 명시하고 있는 국세징수법 관련규정은 부당결부금지원칙에 반하여 위헌이라는 것이 판례의 입장이다.

> **해설** ③ 학설에 다툼이 있다. 하지만, 일반적 견해는 부정한다. 일반적으로 행정조사 거부에 따른 벌이나 불이익한 처분을 개별적으로 규정하고 있으므로, 이에 따라 불이익 처분을 하면 그만이지 실력을 행사하면서까지 조사를 관철시킬 필요는 없다고 본다.
> ① 「경찰관직무집행법」은 즉시강제의 일반법이라고 할 수 있다. 직접강제의 일반법은 없고 개별법으로 규정하고 있다.
> ④ 부당결부금지의 원칙이 헌법상 원칙은 아니므로 국세징수법에 따른 관허사업의 제한은 성문법률의 근거가 있으므로 위법은 아니라는 견해가 유력하다.
> ② 학설은 의무불이행자가 저항하는 경우 대집행의 내용에 저항배제까지 포함된 것인가에 다툼이 있다. 판례는 부정설의 입장을 띤다(대판 2016다213916).

[관련판례]
1) 행정청이 행정대집행의 방법으로 건물의 철거 등 대체적 작위의무의 이행을 실현할 수 있는 경우, 민사소송의 방법으로 그 의무의 이행을 구할 수 있는지 여부(소극) 및 건물의 점유자가 철거의무자인 경우 별도로 퇴거를 명하는 집행권원이 필요한지 여부(소극)
2) 행정청이 건물철거 대집행 과정에서 부수적으로 건물의 점유자들에 대한 퇴거 조치를 할 수 있는지 여부(적극) 및 이 경우 필요하면 경찰의 도움을 받을 수 있는지 여부(적극)

「판결요지」
1] 관계 법령상 행정대집행의 절차가 인정되어 행정청이 행정대집행의 방법으로 건물의 철거 등 대체적 작위의무의 이행을 실현할 수 있는 경우에는 따로 민사소송의 방법으로 그 의무의 이행을 구할 수 없다. 한편 건물의 점유자가 철거의무자일 때에는 건물철거의무에 퇴거의무도 포함되어 있는 것이어서 별도로 퇴거를 명하는 집행권원이 필요하지 않다.
2] 행정청이 행정대집행의 방법으로 건물철거의무의 이행을 실현할 수 있는 경우에는 건물철거 대집행 과정에서 부수적으로 건물의 점유자들에 대한 퇴거 조치를 할 수 있고, 점유자들이 적법한 행정대집행을 위력을 행사하여 방해하는 경우 형법상 공무집행방해죄가 성립하므로, 필요한 경우에는 '경찰관 직무집행법'에 근거한 위험발생 방지조치 또는 형법상 공무집행방해죄의 범행방지 내지 현행범체포의 차원에서 경찰의 도움을 받을 수도 있다. [대법원 2017.4.28.선고, 2016다213916 판결]

07 행정상 실효성 확보수단에 대한 설명으로 가장 옳은 것은? (다툼이 있는 경우 판례에 의함)
19년 경정

① 통고처분은 행정심판이나 행정소송의 대상으로서의 처분성을 가진다는 것이 판례의 입장이다.
② 행정청은 당사자가 납부기한까지 과태료를 납부하지 아니한 때에는 납부기한을 경과한 날부터 체납된 과태료에 대하여 100분의 15에 상당하는 가산금을 징수한다.
③ 동일한 위반행위에 대하여 과징금과 형사처벌을 병과하는 경우 이중처벌에 해당한다.
④ 위법한 과징금의 부과행위는 행정소송을 통하여 취소 등을 구할 수 있다.

해설 ① 통고처분은 준사법적 행정처분의 성격을 가지지만, 불이행한 경우 통고처분의 효력은 상실되고 행정청의 고발에 의해 형사소송으로 진행되는 특별한 구제절차가 마련되어 있으므로 행정쟁송의 대상은 되지 않는다.
② 「질서위반행위규제법」 제24조(가산금 징수 및 체납처분 등) 행정청은 당사자가 납부기한까지 과태료를 납부하지 아니한 때에는 납부기한을 경과한 날부터 체납된 과태료에 대하여 100분의 3에 상당하는 가산금을 징수한다(제1항).
③ 과징금은 행정제재금으로 형벌이 아니므로 동일한 위반행위에 형사처벌을 병과하여도 이중처벌이 되지 않는다.

정답 05 ② 06 ③ 07 ④

제 4 절 해양경찰벌

01 경찰(행정)벌에 대한 설명으로 가장 옳지 않은 것은?(다툼이 있는 경우 판례에 의함)

18년 경정

① 경찰(행정)형벌의 과벌절차로서의 통고처분은 행정소송의 대상이 되는 행정처분이 아니다.
② 고의 또는 과실이 없는 질서위반행위는 과태료를 부과하지 아니한다.
③ 과태료의 부과는 서면으로 하여야 한다. 이때 당사자가 동의하는 경우에는 전자문서도 여기서의 서면에 포함된다.
④ 과태료의 부과·징수의 절차에 관해「질서위반행위규제법」의 규정에 저촉되는 다른 법률의 규정이 있는 경우에는 그 다른 법률의 규정이 정하는 바에 따른다.

> **해설** ④「질서위반행위규제법」은 과태료에 관하여 다른 법률에 우선한다. 과태료의 부과·징수, 재판 및 집행 등의 절차에 관한 다른 법률의 규정 중 이 법의 규정에 저촉되는 것은 이 법으로 정하는 바에 따른다(「질서위반행위규제법」제5조).

02 다음은 현행「질서위반행위규제법」의 내용이다. 괄호 안 ㉠, ㉡, ㉢에 들어갈 숫자의 총합은?

19년 승진

> 제9조(책임연령)
> (㉠)세가 되지 아니한 자의 질서위반행위는 과태료를 부과하지 아니한다. 다만, 다른 법률에 특별한 규정이 있는 경우에는 그러하지 아니하다.
> 제15조(과태료의 시효)
> 과태료는 행정청의 과태료 부과처분이나 법원의 과태료 재판이 확정된 후 (㉡)년간 징수하지 아니하거나 집행하지 아니하면 시효로 인하여 소멸한다.
> 제20조(이의제기)
> 행정청의 과태료 부과에 불복하는 당사자는 제17조 제1항에 따른 과태료부과 통지를 받은 날로부터 (㉢)일 이내에 해당 행정청에 서면으로 이의제기를 할 수 있다.

① 26 ② 29
③ 77 ④ 79

해설 ④ 형사미성년자는 ㉠ 14세 미만, ㉡ 소멸시효는 5년, ㉢ 이의제기는 60일 이내 하여야 한다.
1) 다른 법률과의 관계(제5조)
   과태료의 부과·징수, 재판 및 집행 등의 절차에 관한 다른 법률의 규정 중 이 법의 규정에 저촉되는 것은 이 법으로 정하는 바에 따른다.
2) 질서위반행위 법정주의(제6조)
   법률에 따르지 아니하고는 어떤 행위도 질서위반행위로 과태료를 부과하지 아니한다.
3) 고의 또는 과실(제7조)
   고의 또는 과실이 없는 질서위반행위는 과태료를 부과하지 아니한다.
4) 위법성의 착오(제8조)
   자신의 행위가 위법하지 아니한 것으로 오인하고 행한 질서위반행위는 그 오인에 정당한 이유가 있는 때에 한하여 과태료를 부과하지 아니한다.

03 다음 중「질서위반행위규제법」의 내용으로 옳은 것만을 모두 고르면?(다툼이 있는 경우 판례의 의함)

21년 경정

> ㉠ 행정청이 질서위반행위에 대하여 과태료를 부과하고자 하는 때에는 미리 당사자에게 대통령령으로 정하는 사항을 통지하고 14일 이상의 기간을 정하여 의견을 제출할 기회를 주어야 한다.
> ㉡ 행정청에 의해 부과된 과태료는 질서위반 행위가 종료된 날(다수인이 질서위반행위에 가담한 경우에는 최종행위가 종료된 날을 말한다)부터 3년간 징수하지 아니하거나 집행하지 아니하면 시효로 인하여 소멸한다.
> ㉢ 과태료 사건은 다른 법령에 특별한 규정이 있는 경우를 제외하고는 당사자의 주소지의 지방법원 또는 그 지원의 관할로 한다.
> ㉣ 다른 법률에 특별한 규정이 없는 경우, 14세가 되지 아니한 자의 질서위반행위는 과태료를 부과하지 아니한다.

① ㉠, ㉡
② ㉠, ㉡, ㉣
③ ㉡, ㉢, ㉣
④ ㉢, ㉣

 해설 [O] ㉢㉣
[X] ㉠㉡
㉠ 10일 이상
㉡ 5년

정답 01 ④ 02 ④ 03 ④

04 행정벌에 관한 다음 설명 중 가장 적절하지 않은 것은? (다툼이 있는 경우 판례에 의함)

19년 경정

① 판례에 의하면 통고처분을 할 것 인지의 여부는 권한행정청의 재량에 속한다.
② 질서위반행위 후 법률이 변경되어 그 행위가 질서위반행위에 해당하지 아니하게 된 때에는 법률에 특별한 규정이 없는 한 변경된 법률을 적용한다.
③ 지방자치단체는 조례를 위반한 행위에 대하여 조례로써 1천만원 이하의 과태료를 정할 수 있다.
④ 다른 법률에 특별한 규정이 없는 한, 13세가 되지 아니한 자의 질서위반행위는 과태료를 부과하지 아니한다.

> **해설** ④「질서위반행위규제법」제9조(책임연령) 14세가 되지 아니한 자의 질서위반행위는 과태료를 부과하지 아니한다. 다만, 다른 법률에 특별한 규정이 있는 경우에는 그러하지 아니하다.
>
> **법 적용의 시간적 범위(제3조)**
> ① 질서위반행위의 성립과 과태료 처분은 행위 시의 법률에 따른다.
> ② 질서위반행위 후 법률이 변경되어 그 행위가 질서위반행위에 해당하지 아니하게 되거나 과태료가 변경되기 전의 법률보다 가볍게 된 때에는 법률에 특별한 규정이 없는 한 변경된 법률을 적용한다.
> ③ 행정청의 과태료 처분이나 법원의 과태료 재판이 확정된 후 법률이 변경되어 그 행위가 질서위반행위에 해당하지 아니하게 된 때에는 변경된 법률에 특별한 규정이 없는 한 과태료의 징수 또는 집행을 면제한다.

제5절 그 밖의 작용

01 다음은「경범죄처벌법」제8조(범칙금의 납부)에 대한 설명이다. [ ] 안에 들어갈 내용으로 가장 옳은 것은?

21년 경장

> 통고처분을 받은 사람은 통고처분서를 [ ]에 경찰청장 · 해양경찰청장 또는 철도특별사법경찰대장이 지정한 은행, 그 지점이나 대리점, 우체국 또는 제주특별자치도지사가 지정하는 금융기관이나 그 지점에 범칙금을 납부하여야 한다.

① 받은 날의 다음 날부터 10일 이내
② 받은 날부터 20일 이내
③ 받은 날부터 10일 이내
④ 받은 날의 다음 날부터 20일 이내

> **해설** 범/칙/금/의/납/부(「경범죄처벌법」 제8조)
> ① 제7조에 따라 통고처분서를 받은 사람은 통고처분서를 받은 날부터 10일 이내에 경찰청장·해양경찰청장 또는 철도특별사법경찰대장이 지정한 은행, 그 지점이나 대리점, 우체국 또는 제주특별자치도지사가 지정하는 금융기관이나 그 지점에 범칙금을 납부하여야 한다. 다만, 천재지변이나 그 밖의 부득이한 사유로 말미암아 그 기간 내에 범칙금을 납부할 수 없을 때에는 그 부득이한 사유가 없어지게 된 날부터 5일 이내에 납부하여야 한다.
> ② 제1항에 따른 납부기간에 범칙금을 납부하지 아니한 사람은 납부기간의 마지막 날의 다음 날부터 20일 이내에 통고받은 범칙금에 그 금액의 100분의 20을 더한 금액을 납부하여야 한다.
> ③ 제1항 또는 제2항에 따라 범칙금을 납부한 사람은 그 범칙행위에 대하여 다시 처벌받지 아니한다.

02 통고처분에 대한 설명으로 가장 옳은 것은? 〈18년 경정〉

① 조세범처벌절차법상 통고처분을 받은 자는 30일 이내에 통고된 내용을 이행하여야 한다.
② 통고처분은 행정질서벌에도 인정된다.
③ 통고처분이 행하여지더라도 공소시효의 진행은 중단되지 않는다.
④ 통고처분을 받은 자가 그 통고에 따라 이행한 경우에는 다시 소추할 수 없다.

> **해설** ④ 통고처분을 이행하면, 확정판결과 동일한 효력인 불가변력이 발생하고, 일사부재리의 원칙이 적용되므로 다시 소추하지 못한다.
> ① 조세범처벌절차법상 납부기간은 15일 이내이다.
> ② 통고처분은 벌금이나 과료에 상당하는 금액의 납부를 명하는 제도이다.
> ③ 통고처분은 공소시효의 진행을 중단시키는 효력을 가진다.

03 「즉결심판에 관한 절차법」에 대한 설명으로 가장 옳지 않은 것은? 〈18년 경장〉

① 즉결심판절차에 의한 심리와 재판의 선고는 공개된 법정에서 행한다.
② 공개된 법정은 해양경찰관서를 포함한다.
③ 판사는 상당한 이유가 있는 경우에는 개정 없이 피고인의 진술서와 서류 또는 증거물에 의하여 심판할 수 있다.
④ 정식재판을 청구하고자 하는 피고인은 즉결 심판의 선고·고지를 받은 날부터 7일 이내에 정식재판청구서를 해양경찰서장(경찰서장)에게 제출하여야 한다.

> **해설** 1) 목적(제1조)
> 　이 법은 범증이 명백하고 죄질이 경미한 범죄사건을 신속·적정한 절차로 심판하기 위하여 즉결심판에 관한 절차를 정함을 목적으로 한다.
> 2) 즉결심판청구(제3조)
> 　즉결심판은 관할경찰서장 또는 관할해양경찰서장이 관할법원에 이를 청구한다(제1항).

정답 04 ④ 01 ③ 02 ④ 03 ②

3) 개정(제7조)
   즉결심판절차에 의한 심리와 재판의 선고는 공개된 법정에서 행하되, 그 법정은 경찰관서(해양경찰관서를 포함)외의 장소에 설치되어야 한다(제1항).
4) 불출석심판(제8조의2)
   벌금 또는 과료를 선고하는 경우에는 피고인이 출석하지 아니하더라도 심판할 수 있다(제1항).
5) 즉결심판의 선고(제11조)
   즉결심판으로 유죄를 선고할 때에는 형, 범죄사실과 적용법조를 명시하고 피고인은 7일 이내에 정식재판을 청구할 수 있다는 것을 고지하여야 한다(제1항).
6) 정식재판의 청구(제14조)
   ① 정식재판을 청구하고자 하는 피고인은 즉결심판의 선고·고지를 받은 날부터 7일 이내에 정식재판청구서를 경찰서장에게 제출하여야 한다. 정식재판청구서를 받은 경찰서장은 지체없이 판사에게 이를 송부하여야 한다.
   ② 경찰서장은 제11조제5항의 경우에 그 선고·고지를 한 날부터 7일 이내에 정식재판을 청구할 수 있다. 이 경우 경찰서장은 관할지방검찰청 또는 지청의 검사의 승인을 얻어 정식재판청구서를 판사에게 제출하여야 한다.
   ③ 판사는 정식재판청구서를 받은 날부터 7일 이내에 경찰서장에게 정식재판청구서를 첨부한 사건기록과 증거물을 송부하고, 경찰서장은 지체없이 관할지방검찰청 또는 지청의 장에게 이를 송부하여야 하며, 그 검찰청 또는 지청의 장은 지체없이 관할법원에 이를 송부하여야 한다.

04 다음 중 행정지도에 관한 설명으로 가장 옳은 것은?(다툼이 있는 경우 판례의 의함)

21년 경정

① 행정지도는 반드시 문서로 하여야 한다.
② 강제성을 띠지 아니한 행정지도로 인하여 손해가 발생한 경우에 행정청은 손해배상 책임이 있다.
③ 행정지도의 상대방은 해당 행정지도의 방식에 관하여 행정기관에 의견을 제출할 수 있다.
④ 「국가배상법」이 정하는 손해배상청구의 요건인 '공무원의 직무'에는 비권력작용인 행정지도는 포함되지 아니한다.

해설 ① 행정지도를 하는 자는 그 상대방에게 그 행정지도의 취지 및 내용과 신분을 밝혀야 하고, 행정지도가 말로 이루어지는 경우에 상대방이 제1항의 사항을 적은 서면의 교부를 요구하면 그 행정지도를 하는 자는 직무수행에 특별한 지장이 없으면 이를 교부하여야 한다(제49조).
② 행정지도는 그 목적 달성에 필요한 최소한도에 그쳐야 하며, 행정지도의 상대방의 의사에 반하여 부당하게 강요하여서는 아니 된다(제48조). 행정지도는 상대방의 동의를 전제로 하므로 동의는 불법을 조작한다.
④ 공행정작용이면 족하다. 즉 권력작용이든 비권력작용이든 관계없이, 공(公)행정 작용이고 거기에 위법성과 고의과실이 있으면 국가배상의 요건은 성립된다.

Chapter 06 해양경찰 직무집행

제 1 절 「경찰관직무집행법」상 직무집행

01 다음 중 해양경찰과 관련된 법률의 내용 중 옳지 않은 것은 모두 몇 개인가? 19년 경찰간부

> ㉠ 해양경찰 작용과 관련하여 「해양경비법」에 규정되어 있더라도 「경찰관직무집행법」을 우선 적용한다.
> ㉡ 「경찰관직무집행법」은 국민의 자유와 권리 및 모든 개인이 가지는 불가침의 기본적 인권을 보호하고 사회공공의 질서를 유지하기 위한 경찰관(경찰공무원만 해당)의 직무수행에 필요한 사항을 규정함을 목적으로 한다.
> ㉢ 「경찰관직무집행법」에는 국제협력과 관련된 사항을 경찰관의 직무범위에 포함하고 있다.
> ㉣ 「경찰관직무집행법」은 사회공공의 질서를 유지하기 위한 것으로 직무수행을 위해 필요하다면 규정된 직권을 적극적이고 최대한도로 수행할 수 있게 규정하고 있다.

① 1개 ② 2개
③ 3개 ④ 4개

 [O] ㉡㉢
㉡ 이 법은 국민의 자유와 권리 및 모든 개인이 가지는 불가침의 기본적 인권을 보호하고 사회공공의 질서를 유지하기 위한 경찰관(경찰공무원만 해당)의 직무수행에 필요한 사항을 규정함을 목적으로 한다(제1조 제1항).
㉢ 외국 정부기관 및 국제기구와의 국제협력(제2조 제6호)
[X] ㉠㉣
㉠ 「통합방위법」〉「해양경비법」〉「경찰관직무집행법」
㉣ 「경찰관직무집행법」 제1조 제2항 경찰비례의 원칙(과잉금지원칙), 이 법에 규정된 경찰관의 직권은 그 직무수행에 필요한 최소한도에서 행사되어야 하며 남용되어서는 아니 된다.

정답 04 ③ 01 ②

02 다음 중 「경찰관 직무집행법」상 불심검문에 대한 설명으로 가장 옳지 않은 것은?

18년 경력특채

① 경찰관은 거동불심자를 정지시켜 질문 할 때에 그 사람이 흉기를 가지고 있는지 여부를 조사할 수 있다.
② 경찰관은 불심검문 시 거동불심자를 정지시킨 장소에서 질문하는 것이 그 사람에게 불리하거나 교통에 방해가 된다고 인정될 때에는 질문을 하기 위하여 가까운 경찰관서로 동행할 것을 요구할 수 있다.
③ 경찰관은 거동불심자를 정지시켜 질문 할 때에 미리 진술거부권이 있음을 상대방에게 고지하여야 한다.
④ 경찰관은 동행한 사람의 가족이나 친지 등에게 동행한 경찰관의 신분, 동행장소, 동행목적과 이유를 알리거나 본인으로 하여금 즉시 연락할 수 있는 기회를 주어야 하며, 변호인의 도움을 받을 권리가 있음을 알려야 한다.

> 해설 ③ 불심검문은 피의자로서 상대방을 조사하는 것이 아니므로, 불심검문 시에 진술거부권이 있음을 고지할 필요까지는 없다. 「형사소송법」상 진술거부권은 피의자 신문시에 고지하면 충분하다. 하지만 실무에서는 인권침해를 막기 위해 체포단계부터 일반적인 미란다 원칙 외 진술거부권까지 고지하도록 권고하고 있다.

03 다음 「경찰관직무집행법」상 불심검문을 행하는 과정 중 가장 바르지 않은 것은? 18년 경장

① A 순경은 주위사정을 합리적으로 판단해 볼 때 어떤 죄를 범하려 하고 있다고 의심되는 상당한 이유가 있는 대상자에게 불심검문을 실시하였다.
② A 순경은 경찰공무원증을 제시하고 소속과 성명을 밝혔다.
③ A 순경은 질문을 하면서 대상자가 흉기를 가지고 있는지 조사하였다.
④ A 순경은 대상자에게 임의동행을 요구하면서 변호인의 도움을 받을 권리와 임의동행을 거부할 수 없음을 고지하였다.

> 해설 ④ 임의동행은 처음부터 거부할 수 있고, 임의동행을 요구하는 경우 변호인의 도움을 받을 권리가 있음을 알려야 한다.
>
> 불/심/검/문(제3조)
> ① 경찰관은 다음 각호의 어느 하나에 해당하는 사람을 정지시켜 질문할 수 있다.
>   1. 수상한 행동이나 그 밖의 주위 사정을 합리적으로 판단하여 볼 때 어떠한 죄를 범하였거나 범하려 하고 있다고 의심할 만한 상당한 이유가 있는 사람
>   2. 이미 행하여진 범죄나 행하여지려고 하는 범죄행위에 관한 사실을 안다고 인정되는 사람

② 경찰관은 제1항에 따라 같은 항 각 호의 사람을 정지시킨 장소에서 질문을 하는 것이 그 사람에게 불리하거나 교통에 방해가 된다고 인정될 때에는 질문을 하기 위하여 가까운 경찰서 · 지구대 · 파출소 또는 출장소(지방해양경찰관서를 포함)로 동행할 것을 요구할 수 있다. 이 경우 동행을 요구받은 사람은 그 요구를 거절할 수 있다.

③ 경찰관은 제1항 각호의 어느 하나에 해당하는 사람에게 질문을 할 때에 그 사람이 흉기를 가지고 있는지를 조사할 수 있다.

④ 경찰관은 제1항이나 제2항에 따라 질문을 하거나 동행을 요구할 경우 자신의 신분을 표시하는 증표를 제시하면서 소속과 성명을 밝히고 질문이나 동행의 목적과 이유를 설명하여야 하며, 동행을 요구하는 경우에는 동행 장소를 밝혀야 한다.

⑤ 경찰관은 제2항에 따라 동행한 사람의 가족이나 친지 등에게 동행한 경찰관의 신분, 동행장소, 동행목적과 이유를 알리거나 본인으로 하여금 즉시 연락할 수 있는 기회를 주어야 하며, 변호인의 도움을 받을 권리가 있음을 알려야 한다.

⑥ 경찰관은 제2항에 따라 동행한 사람을 6시간을 초과하여 경찰서에 머물게 할 수 없다.

⑦ 제1항부터 제3항까지의 규정에 따라 질문을 받거나 동행을 요구받은 사람은 형사소송에 관한 법률에 따르지 아니하고는 신체를 구속당하지 아니하며, 그 의사에 반하여 답변을 강요당하지 아니한다.

04 다음 중 「불심검문」을 하는 경우 경찰관이 임의동행인에 대해 준수해야 할 사항으로 가장 잘못 설명한 것은?   19년 경장

① 동행을 요구한 경우 동행장소를 미리 알려준다.
② 동행을 거부하는 경우 발생하는 불이익을 사전에 알린다.
③ 경찰공무원증을 보여주며 소속과 성명을 밝힌다.
④ 임의동행을 하는 경우라도 6시간을 초과하여 경찰관서에 머무르게 할 수 없다.

해설 ② 임의동행은 상대방의 동의를 얻어 가까운 경찰관서 등으로 동행을 요구하는 것이고, 임의동행은 언제든지 거절할 수 있다. 참고로 예전에는 임의동행요구에 대해 거절할 수 있음을 고지하였는 데, 현재는 법개정으로 「경찰관직무집행법」상 이런 규정은 없다.

정답 02 ③ 03 ④ 04 ②

05 다음 중 불심검문에 대한 설명으로 가장 옳지 않은 것은? (다툼이 있는 경우 판례에 의함)

21년 경장

① 경찰관은 이미 행하여진 범죄나 행하여지려고 하는 범죄행위에 관한 사실을 안다고 인정되는 사람을 정지시켜 질문할 수 있다.
② 경찰관으로부터 임의동행을 요구받은 상대방은 이를 거절할 수 있을 뿐만 아니라, 임의동행 후 언제든지 경찰관서에서 퇴거할 자유가 있다.
③ 경찰관은 동행한 사람의 가족이나 친지 등에게 동행한 경찰관의 신분, 동행장소, 동행목적과 이유를 알리거나 본인으로 하여금 즉시 연락할 수 있는 기회를 주어야 하나, 변호인의 도움을 받을 권리가 있음을 알려야 할 필요는 없다.
④ 검문하려는 사람이 경찰관이고, 검문하는 이유가 범죄행위에 관한 것임을 피검문자가 충분히 알고 있었던 경우 검문 시 경찰관이 신분증을 제시하지 않았다고 하여 위법한 공무집행이라고 할 수 없다.

> **해설** ③ 경찰관은 동행한 사람의 가족이나 친지 등에게 동행한 경찰관의 신분, 동행장소, 동행목적과 이유를 알리거나 또는 본인으로 하여금 즉시 연락할 수 있는 기회를 주어야 한다. 또한 변호인의 도움을 받을 권리가 있음을 알려야 한다.

06 다음 중 「경찰관직무집행법」상의 불심검문에 대한 설명으로 가장 옳지 않은 것은?(다툼이 있는 경우 판례의 의함)

21년 경정

① 판례는 임의동행 형식으로 수사기관에 연행된 피의자에게 변호인 또는 변호인이 되려는 자와의 접견 교통권은 당연히 인정되는 반면, 임의동행 형식으로 연행된 피내사자의 경우에는 접견교통권은 인정되지 않는다고 보았다.
② 판례는 경찰관의 임의동행은 오로지 피의자의 자발적인 의사에 의하여 수사관서 등에의 동행이 이루어졌음이 객관적인 사정에 의하여 명백하게 입증된 경우에 한하여 그 적법성이 인정된다고 보는 것이 타당하다고 보았다.
③ 경찰관의 동행요구에 따라 동행을 한 경우, 경찰관은 당해인을 6시간을 초과하여 경찰관서에 머물게 할 수 없다.
④ 불심검문을 위하여 경찰관이 질문을 할 때, 흉기의 소지 여부를 조사할 수 있다.

> **해설** ① 피내사자는 범죄혐의가 인정되면 언제든지 피의자로 전환될 수 있으므로, 피내사자에 대한 조사과정에서도 당연히 변호인과의 접견교통권은 인정되어야 한다.

07 「경찰관 직무집행법」의 내용으로 가장 옳지 않은 것은?

19년 경정

① 경찰관이 불심검문 장소에서 질문하는 것이 교통에 방해가 된다고 인정하여 가까운 경찰서로 동행을 요구한 경우, 동행을 요구받은 사람은 이를 거절할 수 없다.
② 외국 정부기관 및 국제기구와의 국제협력은 경찰관의 직무에 해당한다.
③ 경찰관은 대테러 작전 등 국가안전에 관련되는 작전을 수행할 때에는 개인화기 외에 공용화기를 사용할 수 있다.
④ 경찰장구란 경찰관이 휴대하여 범인 검거와 범죄 진압 등의 직무수행에 사용하는 수갑, 포승 등을 말한다.

해설 ① 경찰관의 임의동행요구에 대해서는 언제든지 거절할 수 있다. 또한 임의동행요구에 동의하여 임의동행을 한 경우에도 상대방은 언제든지 퇴거할 수 있다.

08 주취자에 대한 파출소 근무자의 조치요령에 대한 설명으로 가장 옳지 않은 것은?

18년 경력/간부

① 주취자가 파출소 내에서 소란 공무집행방해 시 CCTV를 작동하여 채증한다.
② 부상당한 주취자 발견시 사진촬영을 하여 항의나 오해의 소지가 없도록 한다.
③ 타인의 생명·신체와 재산에 위해를 미칠 우려가 없는 주취자에 대해서는 보호조치가 불필요하다.
④ 형사사건으로 구속대상이 아닐 경우 보호자, 친구 등 지인을 찾아 우선 귀가 조치한 다음 하도록 하여 조사한다.

해설 ③ 다른 사람의 생명·신체와 재산에 위해를 미칠 우려가 있는 주취자는 물론이고, 주취자 자기 자신의 생명·신체와 재산에 위해를 미칠 우려가 있으면 그 주최자 역시 보호조치가 필요하다. 참고로 경찰관직무집행법 제4조의 보호조치 규정은 주취자로부터 다른 사람을 보호하기 위한 규정이라기 보다는 주취자 자기 자신을 더 보호하기 위한 규정으로 생각된다.

정답 05 ③ 06 ① 07 ① 08 ③

09 다음 중 「경찰관직무집행법」의 보호조치에 대한 설명으로 구호대상자를 경찰관서에서 보호하는 기간은 (   )시간을 초과할 수 없고, 구호대상자가 휴대하고 있는 무기·흉기 등 위험을 일으킬 수 있는 것으로 인정되는 물건을 경찰관서에 임시로 영치하는 기간은 (   )일을 초과할 수 없다. 다음 중 괄호 안에 들어가야 할 내용으로 가장 알맞은 것은? 18년 경장

① 24, 10 ② 24, 7
③ 12, 7 ④ 12, 10

> 해설 ① 경찰관서에서의 보호(일시보호)는 24시간을 초과할 수 없고, 위험물 등의 임시영치(일시적으로 점유를 박탈하는 조치)는 10일을 초과할 수 없다.

10 다음은 「경찰관직무집행법」상 어떤 조항을 설명하고 있는가? 18년 경장

> 1. 그 장소에 모인 사람, 사물의 관리자, 그 밖의 관계인에게 필요한 경고
> 2. 매우 긴급한 경우에는 위해를 입을 우려가 있는 사람을 필요한 한도에서 억류하거나 피난시키는 것
> 3. 대간첩 작전의 수행이나 소요사태의 진압을 위해 필요하다고 인정되는 상당한 이유가 있을 때에는 대간첩 작전지역이나 경찰관서·무기고등 국가중요시설에 대한 접근 또는 통행을 제한하거나 금지

① 제4조 보호조치
② 제5조 위험발생의 방지
③ 제7조 위험 방지를 위한 출입
④ 제10조 경찰장비의 사용

> 해설 ② 「경찰관직무집행법」 제5조 「위험발생의 방지」 규정은 대인·대물·대가택적 즉시강제의 성질을 가지는 포괄적 직무조항의 성격을 가지고, 경찰비책임자에게도 경찰권을 발동할 수 있는 경찰긴급권의 발동근거로 의미가 있고, 또한 일반적 수권조항으로써 기능을 가진다는 견해가 유력하다.
>
> 위/험/발/생/의/방/지(제5조)
> ① 경찰관은 사람의 생명 또는 신체에 위해를 끼치거나 재산에 중대한 손해를 끼칠 우려가 있는 천재(天災), 사변(事變), 인공구조물의 파손이나 붕괴, 교통사고, 위험물의 폭발, 위험한 동물 등의 출현, 극도의 혼잡, 그 밖의 위험한 사태가 있을 때에는 다음 각호의 조치를 할 수 있다.
>   1. 그 장소에 모인 사람, 사물(事物)의 관리자, 그 밖의 관계인에게 필요한 경고를 하는 것
>   2. 매우 긴급한 경우에는 위해를 입을 우려가 있는 사람을 필요한 한도에서 억류하거나 피난시키는 것
>   3. 그 장소에 있는 사람, 사물의 관리자, 그 밖의 관계인에게 위해를 방지하기 위하여 필요하다고 인정되는 조치를 하게 하거나 직접 그 조치를 하는 것
> ② 경찰관서의 장은 대간첩 작전의 수행이나 소요(騷擾) 사태의 진압을 위하여 필요하다고 인정되는 상당한 이유가 있을 때에는 대간첩 작전지역이나 경찰관서·무기고 등 국가중요시설에 대한 접근 또는 통행을 제한하거나 금지할 수 있다.

③ 경찰관은 제1항의 조치를 하였을 때에는 지체없이 그 사실을 소속 경찰관서의 장에게 보고하여야 한다.
④ 제2항의 조치를 하거나 제3항의 보고를 받은 경찰관서의 장은 관계 기관의 협조를 구하는 등 적절한 조치를 하여야 한다.

11 다음 중 「경찰관직무집행법」상 '위험방지를 위한 출입'에 대한 설명으로 가장 적당하지 않은 것은?
19년 경장

① 법적 성질은 대가택적 즉시강제이다.
② 긴급출입의 경우 위험방지와 범죄수사의 목적에 한정한다.
③ 출입시에는 함부로 관계인의 정당한 업무를 방해하여서는 아니 된다.
④ 출입요구시 관리자 등은 정당한 이유 없이 요구를 거절할 수 없다.

> **해설**
> ②「경찰관직무집행법」상 '위험방지를 위한 출입'은 크게 긴급출입, 예방출입, 대간첩작전지역에서의 검색으로 구분할 수 있다. 여기서 긴급출입은 경찰공무원이 위험한 사태가 발생하여 사람의 생명, 신체 또는 재산에 대한 위해가 임박한 때에 그 위해를 방지하거나 피해자를 구조하기 위하여 부득이하다고 인정하면 합리적으로 판단하여 필요한 한도에서 다른 사람의 토지, 건물, 배 또는 차에 출입할 수 있는 것을 말한다. 하지만, 범죄수사를 목적으로 출입할 수는 없다. 이 경우는 「형사소송법」에 그 근거를 두어야 한다.

12 다음 「경찰관직무집행법」에 대한 설명으로 가장 옳은 것은?
19년 경장

① 불심검문으로 동행을 요구받은 사람은 그 요구를 거절할 수 없다.
② 위해성 경찰장비의 종류 및 그 사용기준, 안전교육·안전검사의 기준 등은 행정안전부령으로 정한다.
③ 손실보상의 경우 보상을 청구할 수 있는 권리는 손실이 있음을 안 날부터 1년, 손실이 발생한 날부터 3년간 행사하지 아니하면 시효의 완성으로 소멸한다.
④ 보호조치는 원칙적으로 재량적 행위이다. 다만 예외적으로 기속성이 인정되어 국가배상책임이 인정되는 경우도 있다.

> **해설**
> ④ 판례는 극도의 만취상태에 있는 주취자는 병원후송까지는 필요가 없더라도 지속적으로 관찰하여 생명과 신체에 위해가 생기지 않도록 보호조치를 취해야 하는 주의의무가 있다고 본다.
>
> 1] 경찰장비의 사용(제10조)
> ① 경찰관은 직무수행 중 경찰장비를 사용할 수 있다. 다만, 사람의 생명이나 신체에 위해를 끼칠 수 있는 경찰장비(위해성 경찰장비)를 사용할 때에는 필요한 안전교육과 안전검사를 받은 후 사용하여야 한다.
> ② 제1항 본문에서 "경찰장비"란 무기, 경찰장구(警察裝具), 경찰착용기록장치, 최루제(催淚劑)와 그 발사장치, 살수차, 감식기구(鑑識機具), 해안 감시기구, 통신기기, 차량·선박·항공기 등 경찰이 직무를 수행할 때 필요한 장치와 기구를 말한다.

정답 09 ① 10 ② 11 ② 12 ④

③ 경찰관은 경찰장비를 함부로 개조하거나 경찰장비에 임의의 장비를 부착하여 일반적인 사용법과 달리 사용함으로써 다른 사람의 생명·신체에 위해를 끼쳐서는 아니 된다.
④ 위해성 경찰장비는 필요한 최소한도에서 사용하여야 한다.
⑤ 경찰청장은 위해성 경찰장비를 새로 도입하려는 경우에는 대통령령으로 정하는 바에 따라 안전성 검사를 실시하여 그 안전성 검사의 결과보고서를 국회 소관 상임위원회에 제출하여야 한다. 이 경우 안전성 검사에는 외부 전문가를 참여시켜야 한다.
⑥ 위해성 경찰장비의 종류 및 그 사용기준, 안전교육·안전검사의 기준 등은 대통령령으로 정한다.

2] 경찰장구의 사용(제10조의2)
① 경찰관은 다음 각호의 직무를 수행하기 위하여 필요하다고 인정되는 상당한 이유가 있을 때에는 그 사태를 합리적으로 판단하여 필요한 한도에서 경찰장구를 사용할 수 있다.
  1. 현행범이나 사형·무기 또는 장기 3년 이상의 징역이나 금고에 해당하는 죄를 범한 범인의 체포 또는 도주 방지
  2. 자신이나 다른 사람의 생명·신체의 방어 및 보호
  3. 공무집행에 대한 항거(抗拒) 제지
② 제1항에서 "경찰장구"란 경찰관이 휴대하여 범인 검거와 범죄 진압 등의 직무 수행에 사용하는 수갑, 포승(捕繩), 경찰봉, 방패 등을 말한다.

3] 분사기 등의 사용(제10조의3)
경찰관은 다음 각호의 직무를 수행하기 위하여 부득이한 경우에는 현장책임자가 판단하여 필요한 최소한의 범위에서 분사기(「총포·도검·화약류 등의 안전관리에 관한 법률」에 따른 분사기를 말하며, 그에 사용하는 최루 등의 작용제를 포함한다. 이하 같다) 또는 최루탄을 사용할 수 있다.
  1. 범인의 체포 또는 범인의 도주 방지
  2. 불법집회·시위로 인한 자신이나 다른 사람의 생명·신체와 재산 및 공공시설 안전에 대한 현저한 위해의 발생 억제

4] 무기의 사용(제10조의4)
① 경찰관은 범인의 체포, 범인의 도주 방지, 자신이나 다른 사람의 생명·신체의 방어 및 보호, 공무집행에 대한 항거의 제지를 위하여 필요하다고 인정되는 상당한 이유가 있을 때에는 그 사태를 합리적으로 판단하여 필요한 한도에서 무기를 사용할 수 있다. 다만, 다음 각 호의 어느 하나에 해당할 때를 제외하고는 사람에게 위해를 끼쳐서는 아니 된다.
  1. 「형법」에 규정된 정당방위와 긴급피난에 해당할 때
  2. 다음 각 목의 어느 하나에 해당하는 때에 그 행위를 방지하거나 그 행위자를 체포하기 위하여 무기를 사용하지 아니하고는 다른 수단이 없다고 인정되는 상당한 이유가 있을 때
      가. 사형·무기 또는 장기 3년 이상의 징역이나 금고에 해당하는 죄를 범하거나 범하였다고 의심할 만한 충분한 이유가 있는 사람이 경찰관의 직무집행에 항거하거나 도주하려고 할 때
      나. 체포·구속영장과 압수·수색영장을 집행하는 과정에서 경찰관의 직무집행에 항거하거나 도주하려고 할 때
      다. 제3자가 가목 또는 나목에 해당하는 사람을 도주시키려고 경찰관에게 항거할 때
      라. 범인이나 소요를 일으킨 사람이 무기·흉기 등 위험한 물건을 지니고 경찰관으로부터 3회 이상 물건을 버리라는 명령이나 항복하라는 명령을 받고도 따르지 아니하면서 계속 항거할 때
  3. 대간첩 작전 수행 과정에서 무장간첩이 항복하라는 경찰관의 명령을 받고도 따르지 아니할 때
② 제1항에서 "무기"란 사람의 생명이나 신체에 위해를 끼칠 수 있도록 제작된 권총·소총·도검 등을 말한다.
③ 대간첩·대테러 작전 등 국가안전에 관련되는 작전을 수행할 때에는 개인화기(個人火器) 외에 공용화기(共用火器)를 사용할 수 있다.

5] 경찰착용기록장치의 사용(제10조의5)
① 경찰관은 다음 각호의 어느 하나에 해당하는 직무수행을 위하여 필요한 경우에는 필요한 최소한의 범위에서 경찰착용기록장치를 사용할 수 있다.
  1. 경찰관이 「형사소송법」 제200조의2, 제200조의3, 제201조 또는 제212조에 따라 피의자를 체포 또는 구속하는 경우
  2. 범죄 수사를 위하여 필요한 경우로서 다음 각 목의 요건을 모두 갖춘 경우
      가. 범행 중이거나 범행 직전 또는 직후일 것
      나. 증거보전의 필요성 및 긴급성이 있을 것

3. 제5조제1항에 따른 인공구조물의 파손이나 붕괴 등의 위험한 사태가 발생한 경우
4. 경찰착용기록장치에 기록되는 대상자(이하 이 조에서 "기록대상자"라 한다)로부터 그 기록의 요청 또는 동의를 받은 경우
5. 제4조제1항 각 호에 해당하는 것이 명백하고 응급구호가 필요하다고 믿을 만한 상당한 이유가 있는 경우
6. 제6조에 따라 사람의 생명·신체에 위해를 끼치거나 재산에 중대한 손해를 끼칠 우려가 있는 범죄행위를 긴급하게 예방 및 제지하는 경우
7. 경찰관이 「해양경비법」 제12조 또는 제13조에 따라 해상검문검색 또는 추적·나포하는 경우
8. 경찰관이 「수상에서의 수색·구조 등에 관한 법률」에 따라 같은 법 제2조제4호의 수난구호 업무 시 수색 또는 구조를 하는 경우
9. 그 밖에 제1호부터 제8호까지에 준하는 경우로서 대통령령으로 정하는 경우

② 이 법에서 "경찰착용기록장치"란 경찰관이 신체에 착용 또는 휴대하여 직무수행 과정을 근거리에서 영상·음성으로 기록할 수 있는 기록장치 또는 그 밖에 이와 유사한 기능을 갖춘 기계장치를 말한다.

6) 경찰착용기록장치의 사용 고지(제10조의6)

① 경찰관이 경찰착용기록장치를 사용하여 기록하는 경우로서 이동형 영상정보처리기기로 사람 또는 그 사람과 관련된 사물의 영상을 촬영하는 때에는 불빛, 소리, 안내판 등 대통령령으로 정하는 바에 따라 촬영 사실을 표시하고 알려야 한다.
② 제1항에도 불구하고 제10조의5제1항 각 호에 따른 경우로서 불가피하게 고지가 곤란한 경우에는 제3항에 따라 영상음성기록을 전송·저장하는 때에 그 고지를 못한 사유를 기록하는 것으로 대체할 수 있다.
③ 경찰착용기록장치로 기록을 마친 영상음성기록은 지체 없이 제10조의7에 따른 영상음성기록정보 관리체계를 이용하여 영상음성기록정보 데이터베이스에 전송·저장하도록 하여야 하며, 영상음성기록을 임의로 편집·복사하거나 삭제하여서는 아니 된다.
④ 그 밖에 경찰착용기록장치의 사용기준 및 관리 등에 필요한 사항은 대통령령으로 정한다.

7] 영상음성기록정보 관리체계의 구축·운영(제10조의7)

경찰청장 및 해양경찰청장은 경찰착용기록장치로 기록한 영상·음성을 저장하고 데이터베이스로 관리하는 영상음성기록정보 관리체계를 구축·운영하여야 한다.

8] 사용기록의 보관(제11조)

제10조 제2항에 따른 살수차, 제10조의3에 따른 분사기, 최루탄 또는 제10조의4에 따른 무기를 사용하는 경우 그 책임자는 사용 일시·장소·대상, 현장책임자, 종류, 수량 등을 기록하여 보관하여야 한다.

13 다음 중 「경찰관직무집행법」에 대한 설명으로 가장 옳지 않은 것은? 　21년 경장

① 경찰관은 수상한 행동이나 그 밖의 주위사정을 합리적으로 판단하여 볼 때 어떠한 죄를 범하였거나 범하려하고 있다고 의심할 만한 상당한 이유가 있는 사람을 정지시켜 질문할 수 있다.

② 경찰관은 범인의 체포, 범인의 도주 방지, 자신이나 다른 사람의 생명·신체의 방어 및 보호, 공무집행에 대한 항거의 제지를 위하여 필요하다고 인정되는 상당한 이유가 있을 때에는 그 사태를 합리적으로 판단하여 필요한 한도에서 무기를 사용할 수 있다.

③ 국가는 경찰관의 적법한 직무집행으로 인하여 손실발생의 원인에 대하여 책임이 있는 자가 자신의 책임에 상응하는 정도를 초과하는 생명·신체 또는 재산상의 손실을 입은 경우 손실을 입은 자에 대하여 정당한 보상을 할 수 있다.

④ 경찰관의 의무에 위반하거나 직권을 남용하여 다른 사람에게 해를 끼친 자는 1년 이하의 징역이나 금고 또는 300만원 이하의 벌금에 처한다.

해설 ③ 국가는 경찰관의 적법한 직무집행으로 인하여 손실발생의 원인에 대하여 책임이 있는 자라 하더라도, 자신의 책임에 상응하는 정도를 초과하는 생명·신체 또는 재산상의 손실을 입은 경우에는 정당한 보상을 하여야 한다.

손실보상(「경찰관직무집행법」 제11조의2)
① 국가는 경찰관의 적법한 직무집행으로 인하여 다음 각호의 어느 하나에 해당하는 손실을 입은 자에 대하여 정당한 보상을 하여야 한다.
　1. 손실발생의 원인에 대하여 책임이 없는 자가 생명·신체 또는 재산상의 손실을 입은 경우(손실발생의 원인에 대하여 책임이 없는 자가 경찰관의 직무집행에 자발적으로 협조하거나 물건을 제공하여 생명·신체 또는 재산상의 손실을 입은 경우를 포함한다)
　2. 손실발생의 원인에 대하여 책임이 있는 자가 자신의 책임에 상응하는 정도를 초과하는 생명·신체 또는 재산상의 손실을 입은 경우
② 제1항에 따른 보상을 청구할 수 있는 권리는 손실이 있음을 안 날부터 3년, 손실이 발생한 날부터 5년간 행사하지 아니하면 시효의 완성으로 소멸한다.
③ 제1항에 따른 손실보상신청 사건을 심의하기 위하여 손실보상심의위원회를 둔다.
④ 경찰청장, 해양경찰청장, 시·도경찰청장 또는 지방해양경찰청장은 제3항의 손실보상심의위원회의 심의·의결에 따라 보상금을 지급하고, 거짓 또는 부정한 방법으로 보상금을 받은 사람에 대하여는 해당 보상금을 환수하여야 한다.
⑤ 보상금이 지급된 경우 손실보상심의위원회는 대통령령으로 정하는 바에 따라 국가경찰위원회 또는 해양경찰위원회에 심사자료와 결과를 보고하여야 한다. 이 경우 국가경찰위원회 또는 해양경찰위원회는 손실보상의 적법성 및 적정성 확인을 위하여 필요한 자료의 제출을 요구할 수 있다.
⑥ 경찰청장, 해양경찰청장, 시·도경찰청장 또는 지방해양경찰청장은 제4항에 따라 보상금을 반환하여야 할 사람이 대통령령으로 정한 기한까지 그 금액을 납부하지 아니한 때에는 국세강제징수의 예에 따라 징수할 수 있다.
⑦ 제1항에 따른 손실보상의 기준, 보상금액, 지급 절차 및 방법, 제3항에 따른 손실보상심의위원회의 구성 및 운영, 제4항 및 제6항에 따른 환수절차, 그 밖에 손실보상에 관하여 필요한 사항은 대통령령으로 정한다.

14 다음 중 「경찰관 직무집행법」을 설명하는 내용으로 가장 옳지 않은 것은?   21년 1차

① 경찰관은 어떠한 죄를 범하였거나 범하려 하고 있다고 의심할 만한 상당한 이유가 있는 사람 또는 이미 행하여진 범죄나 행하여지려고 하는 범죄행위에 관한 사실을 안다고 인정되는 사람을 정지시켜 질문할 수 있다.

② 경찰장비란 무기·경찰장구·경찰착용기록장치, 최루제와 그 발사장치·살수차·감식기구, 해안 감시기구, 통신기기, 차량, 선박, 항공기 등 경찰이 직무를 수행할 때 필요한 장치와 기구를 말한다.

③ 이 법에 규정된 경찰관의 의무를 위반하거나 직권을 남용하여 다른 사람에게 해를 끼친 사람은 6개월 이하의 징역이나 금고에 처한다.

④ 해양경찰청장은 이 법에 따른 해양경찰관의 직무수행을 위하여 외국 정부기관, 국제기구 등과 자료교환·국제협력 활동 등을 할 수 있다.

> 해설 ③ 경찰관 직무집행법에 규정된 경찰관의 의무를 위반하거나 직권을 남용하여 다른 사람에게 해를 끼친 사람은 1년 이하의 징역이나 금고 또는 300만원 이하의 벌금에 처한다(제12조).

15 「해양경찰 손실보상심의위원회 운영규칙」에 대한 설명으로 가장 옳지 않은 것은?

23년 경찰간부

① 해양경찰청, 지방해양경찰청 및 해양경찰서에 손실보상심의위원회를 설치하며, 위원장 1인을 포함한 5명 이상 7명 이하의 위원으로 구성한다.

② 위원장은 경찰공무원이 아닌 위원 중에서 호선하며, 재적위원 과반수의 출석으로 개의하고, 출석위원 과반수의 찬성으로 의결한다.

③ 물건의 멸실·훼손으로 인한 손실 외의 재산상 손실에 대해서는 직무집행과 상당한 인과관계가 있는 범위에서 보상한다.

④ 해양경찰공무원의 적법한 직무집행으로 인하여 발생한 손실을 보상받으려는 사람은 보상금 지급청구서에 손실내용과 손실금액을 증명할 수 있는 서류를 첨부하여 손실보상 청구사건 발생지를 관할하는 해양경찰관서의 장에게 제출해야 한다.

> 해설 ① 해양경찰서는 설치하지 않고, 해양경찰청 및 지방해양경찰청에 손실보상심의위원회를 설치한다.
> 1] 「경찰관직무집행법」 제11조의2(손실보상)
> ① 국가는 경찰관의 적법한 직무집행으로 인하여 다음 각호의 어느 하나에 해당하는 손실을 입은 자에 대하여 정당한 보상을 하여야 한다.
> 1. 손실발생의 원인에 대하여 책임이 없는 자가 생명·신체 또는 재산상의 손실을 입은 경우(손실발생의 원인에 대하여 책임이 없는 자가 경찰관의 직무집행에 자발적으로 협조하거나 물건을 제공하여 생명·신체 또는 재산상의 손실을 입은 경우를 포함한다)

정답 13 ③ 14 ③ 15 ①

2. 손실발생의 원인에 대하여 책임이 있는 자가 자신의 책임에 상응하는 정도를 초과하는 생명·신체 또는 재산상의 손실을 입은 경우
② 제1항에 따른 보상을 청구할 수 있는 권리는 손실이 있음을 안 날부터 3년, 손실이 발생한 날부터 5년간 행사하지 아니하면 시효의 완성으로 소멸한다.
③ 제1항에 따른 손실보상신청 사건을 심의하기 위하여 손실보상심의위원회를 둔다.
④ 경찰청장, 해양경찰청장, 시·도경찰청장 또는 지방해양경찰청장은 제3항의 손실보상심의위원회의 심의·의결에 따라 보상금을 지급하고, 거짓 또는 부정한 방법으로 보상금을 받은 사람에 대하여는 해당 보상금을 환수하여야 한다.
⑤ <u>보상금이 지급된 경우 손실보상심의위원회는 대통령령으로 정하는 바에 따라 국가경찰위원회 또는 해양경찰위원회에 심사자료와 결과를 보고하여야 한다.</u> 이 경우 국가경찰위원회 또는 해양경찰위원회는 손실보상의 적법성 및 적정성 확인을 위하여 필요한 자료의 제출을 요구할 수 있다.
⑥ 경찰청장, 해양경찰청장, 시·도경찰청장 또는 지방해양경찰청장은 제4항에 따라 보상금을 반환하여야 할 사람이 대통령령으로 정한 기한까지 그 금액을 납부하지 아니한 때에는 국세강제징수의 예에 따라 징수할 수 있다.
⑦ 제1항에 따른 손실보상의 기준, 보상금액, 지급 절차 및 방법, 제3항에 따른 손실보상심의위원회의 구성 및 운영, 제4항 및 제6항에 따른 환수절차, 그 밖에 손실보상에 관하여 필요한 사항은 대통령령으로 정한다.

2] 「해양경찰 손실보상심의위원회 운영규칙」

1) 설치 및 구성(제2조)
① 영 제17조의 따라 해양경찰청 및 지방해양경찰청에 손실보상심의위원회를 설치한다.
② 위원회는 위원장 1명을 포함한 5명 이상 7명 이하의 위원으로 구성하며, 「양성평등기본법」 제21조제2항에 따라 특정 성별이 위촉직 위원 수의 10분의6을 초과하지 아니하도록 하여야 한다. 다만, 해당 분야 특정 성별의 전문인력 부족 등 부득이한 사유가 있다고 인정되어 실무위원회의 의결을 거친 경우에는 그러하지 아니하다.
③ 위원회의 위원은 소속 경찰공무원과 다음 각호의 어느 하나에 해당하는 사람 중에서 해양경찰청장 또는 지방해양경찰청장이 위촉하거나 임명한다. 이 경우 위원의 과반수 이상은 경찰공무원이 아닌 사람으로 하여야 한다. 〈중략〉
④ 위촉위원의 임기는 2년으로 하며, 결원에 의해 새로 위촉되는 위원의 임기는 전임위원의 잔임기간으로 한다.
⑤ 위원회의 사무를 처리하기 위하여 위원회에 간사 1명을 두되, 간사는 해양경찰청의 경우 행정법무담당관, 지방해양경찰청의 경우 기획운영과장으로 한다.

2) 손실보상심의위원회의 기능(제3조)
① 법 제11조의 2의 따라 경찰관의 적법한 직무집행으로 인해 다음 각 호의 어느 하나에 해당하는 손실을 입은 자에 대하여 정당한 보상을 위한 손실보상신청 사건을 심의한다.
  1. 손실발생의 원인에 대하여 책임이 없는 자가 생명·신체 또는 재산상의 손실을 입은 경우(손실발생의 원인에 대하여 책임이 없는 자가 경찰관의 직무집행에 자발적으로 협조하거나 물건을 제공하여 생명·신체 또는 재산상의 손실을 입은 경우를 포함한다)
  2. 손실발생의 원인에 대하여 책임이 있는 자가 자신의 책임에 상응하는 정도를 초과하는 생명·신체 또는 재산상의 손실을 입은 경우
② 그 밖에 손실보상제도 개선 및 발전방안 등 손실보상과 관련하여 위원회에서 논의가 필요한 경우 간사의 요청에 따라 위원장이 안건으로 상정하여 손실보상심의위원회에서 심의할 수 있다.

3) 위원장(제4조)
① 위원장은 경찰공무원이 아닌 위원 중에서 호선(互選)한다.
② 위원장은 위원회를 대표하며, 위원회의 업무를 총괄한다.
③ 위원장이 부득이한 사유로 직무를 수행할 수 없는 때에는 위원장이 미리 지명한 위원이 그 직무를 대행한다.

4) 손실보상심의위원회의 운영(제8조)
① 위원장은 위원회의 회의를 소집하고, 그 의장이 된다.
② 위원회의 회의는 재적위원 과반수의 출석으로 개의(開議)하고, 출석위원 과반수의 찬성으로 의결한다.
③ 위원회는 심의를 위하여 필요한 경우에는 관계 공무원이나 관계 기관에 사실조사나 자료의 제출 등을 요구할 수 있으며, 관계 전문가에게 필요한 정보의 제공이나 의견의 진술 등을 요청할 수 있다. 〈중략〉

5) 손실보상의 기준 및 보상금액(제9조)

① 법 제11조의2제1항에 따라 손실보상을 할 때 물건을 멸실·훼손한 경우에는 다음 각호의 기준에 따라 보상한다.
   1. 손실을 입은 물건을 수리할 수 있는 경우: 수리비에 상당하는 금액
   2. 손실을 입은 물건을 수리할 수 없는 경우: 손실을 입은 당시의 해당 물건의 교환가액
   3. 영업자가 손실을 입은 물건의 수리나 교환으로 인하여 영업을 계속할 수 없는 경우: 영업을 계속할 수 없는 기간 중 영업상 이익에 상당하는 금액

② 물건의 멸실·훼손으로 인한 손실 외의 재산상 손실에 대해서는 직무집행과 상당한 인과관계가 있는 범위에서 보상한다.

③ 손실보상 금액은 제출된 영 별지 제4호 서식에 따른 보상금 지급청구서와 손실금액을 증명할 수 있는 서류를 참고하여 위원회에서 결정한다.

6) 손실보상의 지급절차 및 방법(제10조)

① 경찰관의 적법한 직무집행으로 인하여 발생한 손실을 보상받으려는 사람은 영 별지 제4호서식의 보상금 지급 청구서에 손실내용과 손실금액을 증명할 수 있는 서류를 첨부하여 손실보상청구 사건 발생지를 관할하는 해양경찰관서의 장에게 제출하여야 한다.

② 제1항에 따라 보상금 지급청구서를 받은 해양경찰관서의 장은 해당 청구서를 법 제11조제1항에 따른 손실보상 청구 사건을 심의할 손실보상심의위원회가 설치된 해양경찰청 또는 지방해양경찰청의 장에게 보내야 한다.

제2절 「해양경비법」상 직무집행

01 해양경찰이 해양에서의 경찰권을 행사하고 해양경비를 수행함에 있어 근거가 되는 법령으로 가장 적절한 것은?   *18년 경찰간부*

① 「수상에서의 수색·구조 등에 관한 법률」
② 「해양경비법」
③ 「배타적 경제수역 및 대륙붕에 관한 법률」
④ 「해상교통안전법」

해설 ② 해양에서 직무집행의 기본법이고 일반법은 「해양경비법」(2012년)이다. 이 법은 경비수역에서의 해양안보 확보, 치안질서 유지, 해양수산자원 및 해양시설 보호를 위하여 해양경비에 관한 사항을 규정함으로써 국민의 안전과 공공질서의 유지에 이바지함을 목적으로 하고 있다(제1조).

02 다음 중 「해양경비법」에 명시된 목적으로 가장 옳지 않은 것은 무엇인가?   *18년 경찰간부*

① 해양안보 확보
② 치안질서 유지
③ 해양수산자원 및 해양시설 보호
④ 해양안전 확보

해설 ④ 「해양경비법」(2012)은 경비수역에서의 해양안보 확보, 치안질서 유지, 해양수산자원 및 해양시설 보호를 위하여 해양경비에 관한 사항을 규정함으로써 종국적으로는 국민의 안전과 공공질서의 유지에 이바지함을 목적으로 하고 있다(제1조). 이에 비해 「해양경찰법」(2020)에서는 해양주권수호와 해양안전, 치안확립을 목적으로 하고 있다(제1조).

정답 01 ② 02 ④

03 다음 중「해양경비법」의 목적에 대한 내용 중 가장 옳지 않은 것은?   21년 1차

① 해양안보 확보
② 해양오염의 예방
③ 치안질서 유지
④ 해양수산자원 및 해양시설 보호

> **해설** 1)「해양경비법」제1조(목적)
> 이 법은 경비수역에서의 해양안보 확보, 치안질서 유지, 해양수산자원 및 해양시설 보호를 위하여 해양경비에 관한 사항을 규정함으로써 국민의 안전과 공공질서의 유지에 이바지함을 목적으로 한다.
> 2)「해양경찰법」제1조(목적)
> 이 법은 해양주권을 수호하고 해양 안전과 치안 확립을 위하여 해양경찰의 직무와 민주적이고 효율적인 운영에 필요한 사항을 규정함을 목적으로 한다.

04 다음 중「해양경비법」에 명시된 경비수역의 종류가 아닌 것은?   18년 경찰간부

① 연안수역
② 근해수역
③ 내해수역
④ 원해수역

> **해설** ③「해양경비법」(제2조)에서는 "경비수역"을 대한민국의 법령과 국제법에 따라 대한민국의 권리가 미치는 수역으로서 연안수역, 근해수역 및 원해수역으로 구분하고 있다. 한편,「경비규칙」상 경비구역을 연안구역(소형함정), 내해구역(중형함정), 광역구역(대형함정)으로 구분하여 경비활동을 수행한다.

05 다음의「해양경비법」상의 용어의 정의에서 맞는 것은 모두 몇 개인가?   18년 경감

> 가. 경비수역이란 대한민국의 법령과 국제법에 따라 대한민국의 권리가 미치는 수역으로서 연안수역, 근해수역 및 원해수역을 말한다.
> 나. 연안수역이란「영해 및 접속수역법」제1조 및 제3조에 따른 영해 및 내수(「내수면어업법」제2조 제1호에 다른 내수면은 제외)를 말한다.
> 다. 근해수역이란「영해 및 접속수역법」에 따른 영해를 말한다.
> 라. 해양시설은 항만을 제외한다.
> 마. 경비세력이란 해양경찰청장이 해양경비를 목적으로 투입하는 인력, 함정, 항공기 및 전기통신설비 등을 말한다.
> 바. 해상검문검색에서 "선박 등"이란「수상레저안전법」제2조 3호에 따른 수상레저기구를 포함한다.

① 2개
② 3개
③ 4개
④ 5개

[O] 가, 나, 마, 바
[X] 다, 라.
다. 근해수역이란 「영해 및 접속수역법」에 따른 영해를 말한다.
라. 해양시설에는 항만을 포함한다.

용/어/의/정/의(「해양경비법」 제2조)
1. "해양경비"란 해양경찰청장이 경비수역에서 해양주권의 수호를 목적으로 행하는 해양안보 및 해양치안의 확보, 해양수산자원 및 해양시설의 보호를 위한 경찰권의 행사를 말한다.
2. "경비수역"이란 대한민국의 법령과 국제법에 따라 대한민국의 권리가 미치는 수역으로서 연안수역, 근해수역 및 원해수역을 말한다.
3. "연안수역"이란「영해 및 접속수역법」제1조 및 제3조에 따른 영해 및 내수(「내수면어업법」제2조제1호에 따른 내수면은 제외)를 말한다.
4. "근해수역"이란「영해 및 접속수역법」제3조의2에 따른 접속수역을 말한다.
5. "원해수역"이란「해양수산발전 기본법」제3조제1호에 따른 해양 중 연안수역과 근해수역을 제외한 수역을 말한다.
6. "해양수산자원"이란「해양수산발전 기본법」제3조제2호에 따른 해양수산자원을 말한다.
7. "해양시설"이란「해양환경관리법」제2조제17호에 따른 해양시설을 말한다("해양시설"이라 함은 해역(「항만법」제2조제1호의 규정에 따른 항만을 포함)의 안 또는 해역과 육지 사이에 연속하여 설치·배치하거나 투입되는 시설 또는 구조물로서 해양수산부령이 정하는 것).
8. "경비세력"이란 해양경찰청장이 해양경비를 목적으로 투입하는 인력, 함정, 항공기 및 전기통신설비 등을 말한다.
9. "해상검문검색"이란 해양경찰청장이 경비세력을 사용하여 경비수역에서 선박등을 대상으로 정선(停船) 요구, 승선(乘船), 질문, 사실 확인, 선체(船體) 수색이나 그 밖에 필요한 조치를 하는 것을 말한다.
10. "선박 등"이란「선박법」제1조의2제1항에 따른 선박, 「수상레저안전법」제2조제3호에 따른 수상레저기구, 「어선법」제2조 제1호에 따른 어선, 그 밖에 수상에서 사람이 탑승하여 이동 가능한 기구를 말한다.
11. "임해 중요시설"이란 바다와 인접하고 있는 공공기관, 공항, 항만, 발전소, 조선소 및 저유소(貯油所) 등 국민경제의 기간(基幹)이 되는 주요 산업시설로서 대통령령으로 정하는 시설을 말한다.

정답 03 ② 04 ③ 05 ③

06 「해양경비법」에서 정의하는 수역에 관한 설명이다. 옳지 않은 것은 모두 몇 개인가?

19년 경찰간부

> ㉠ "해양경비"란 해양경찰청장이 경비수역에서 해양주권의 수호를 목적으로 행하는 해양안보 및 해양치안의 확보, 해양수산자원 및 해양시설의 보호를 위한 경찰권의 행사를 말한다.
> ㉡ "근해수역"이란 영해 및 접속수역법에 따른 영해를 말한다.
> ㉢ "원해수역"이란 해양수산발전 기본법에 따른 해양 중 연해수역과 근해수역을 제외한 수역을 말한다.
> ㉣ "연해수역"이란 영해 및 접속수역법에 따른 영해 및 내수(내수면어업법에 따른 내수면은 제외)를 말한다.

① 0개　　② 1개
③ 2개　　④ 3개

해설
[O] ㉠
[X] ㉡ 접속수역, ㉢㉣ 이 법에서는 연해수역이 아니라 연안수역으로 정의하고 있다.
1) "경비수역"이란 대한민국의 법령과 국제법에 따라 대한민국의 권리가 미치는 수역으로서 연안수역, 근해수역 및 원해수역을 말한다.
2) "연안수역"이란 「영해 및 접속수역법」 제1조 및 제3조에 따른 영해 및 내수(「내수면어업법」 제2조 제1호에 따른 내수면은 제외한다)를 말한다.
3) "근해수역"이란 「영해 및 접속수역법」 제3조의2에 따른 접속수역을 말한다.
4) "원해수역"이란 「해양수산발전 기본법」 제3조제1호에 따른 해양 중 연안수역과 근해수역을 제외한 수역을 말한다.

07 다음 중 「해양경비법」상 경비수역에 대한 설명으로 가장 잘못된 것은?

19년 경사

① 해양경비규칙상 '경비구역'과는 구별된다.
② 연안, 근해, 원해수역으로 구분된다.
③ 근해수역이란 「영해 및 접속수역법」에 따른 접속수역을 말한다.
④ 원해수역이란 「해양수산발전 기본법」에 따른 해양 중 연안수역과 근해수역을 포함한 수역을 말한다.

해설
1) "경비수역"이란 대한민국의 법령과 국제법에 따라 대한민국의 권리가 미치는 수역으로서 연안수역, 근해수역 및 원해수역을 말한다.
2) "연안수역"이란 「영해 및 접속수역법」 제1조 및 제3조에 따른 영해 및 내수(「내수면어업법」 제2조 제1호에 따른 내수면은 제외한다)를 말한다.
3) "근해수역"이란 「영해 및 접속수역법」 제3조의2에 따른 접속수역을 말한다.

4) "원해수역"이란 「해양수산발전 기본법」 제3조 제1호("해양"이라 함은 대한민국의 내수·영해·배타적 경제수역·대륙붕 등 대한민국의 주권·주권적 권리 또는 관할권이 미치는 해역과 헌법에 의하여 체결·공포된 조약 또는 일반적으로 승인된 국제법규에 의하여 대한민국의 정부 또는 국민이 개발·이용·보전에 참여할 수 있는 해역)에 따른 해양 중 연안수역과 근해수역을 제외한 수역을 말한다.

08 「해양경비법」상 "해상검문검색"의 정의에 관한 설명이다. 괄호 안에 들어갈 말을 가장 알맞게 묶은 것은?

19년 경찰간부

> "해상검문검색"이란 해양경찰청장이 경비세력을 사용하여 경비수역에서 선박 등을 대상으로 (　　　)이나 그 밖의 필요한 조치를 하는 것은 말한다.

① 정선요구, 승선, 질문, 사실확인, 선체수색
② 정선요구, 승선, 질문, 선체나포, 사실확인
③ 정선요구, 추적, 심문, 사실확인, 선체수색
④ 정선요구, 추적, 질문, 선체나포, 사실확인

해설 ① 해양경비법상 "해상검문검색"이란 해양경찰청장이 경비세력을 사용하여 경비수역에서 선박 등을 대상으로 정선(停船) 요구, 승선(乘船), 질문, 사실 확인, 선체(船體) 수색이나 그 밖에 필요한 조치를 하는 것을 말한다(제2조). 해상검문검색의 법적 성격은 불심검문과 마찬가지로 경찰상 즉시강제나 경찰상 조사로 볼 수 있는데, 전체적으로 보면 경찰상 조사에 더 가깝다.

09 다음 중 「해양경비법(시행령 및 시행규칙 포함)」상 용어의 정의로 가장 옳지 않은 것은?

23년 해경학과

① 경비세력이란 해양경찰청장이 해양경비를 목적으로 투입하는 인력, 함정, 항공기 및 전기통신설비 등을 말한다.
② 해양경비란 해양경찰청장이 경비수역에서 해양주권의 수호를 목적으로 행하는 해양안보 및 해양치안의 확보, 해양수산자원 및 해양시설의 보호를 위한 경찰권의 행사를 말한다.
③ 연안수역이란 「영해 및 접속수역법」 제3조의2에 따른 접속수역을 말한다.
④ 해상검문검색이란 해양경찰청장이 경비세력을 사용하여 경비수역에서 선박 등을 대상으로 정선요구, 승선, 질문, 사실 확인, 선체 수색이나 그 밖에 필요한 조치를 하는 것을 말한다.

정답 06 ④ 07 ④ 08 ① 09 ③

해설 1) "연안수역"이란 「영해 및 접속수역법」 제1조 및 제3조에 따른 영해 및 내수(「내수면어업법」 제2조제1호에 따른 내수면은 제외한다)를 말한다(제2조 제3호).
2) "근해수역"이란 「영해 및 접속수역법」 제3조의2에 따른 접속수역을 말한다(제4호).
3) "원해수역"이란 「해양수산발전 기본법」 제3조제1호에 따른 해양 중 연안수역과 근해수역을 제외한 수역을 말한다(제5호).

10 「해양경비법」의 적용범위와 다른 법률과의 관계에 관한 설명으로 가장 옳지 않은 것은?

19년 경찰간부

① 경비수역에 있는 선박 등이나 해양시설에 대하여 적용한다.
② 경비수역을 제외한 수역에 있는 대한민국 선박에 대하여도 적용된다(「선박법」 제2조에 따른 대한민국 선박에 한한다).
③ 해양경비와 관련해서는 「통합방위법」에 규정되어 있더라도 「해양경비법」에 정한 것은 우선 적용하게 되어 있다.
④ 「해양경비법」과 「통합방위법」, 「해양경비법」과 「경찰관 직무집행법」 간의 관계를 명확하게 규정하고 있다.

해설 1) 적용범위(제4조)
이 법은 다음 각호의 어느 하나에 해당하는 선박등이나 해양시설에 대하여 적용한다.
1. 경비수역에 있는 선박등이나 해양시설
2. 경비수역을 제외한 수역에 있는 「선박법」 제2조에 따른 대한민국 선박
2) 다른 법률과의 관계(제5조)
① 해양경비에 관하여 「통합방위법」에서 규정한 것을 제외하고는 이 법에서 정하는 바에 따른다.
② 해양경비에 관하여 이 법에서 규정한 것을 제외하고는 「경찰관 직무집행법」을 적용한다.

11 「해양경비법」상 해양경찰청장은 효율적인 해양경비 활동을 수행하기 위해 해양경비기본계획을 수립하고 추진하여야 한다. 다음 중 해양경비기본계획에 대해 가장 옳지 않은 것은?

21년 경감

① 해양경찰청장은 해양경비기본계획을 5년마다 수립하고 추진하여야 한다.
② 해양치안 수요에 따른 경비세력의 운용방안 및 국제공조에 관한 사항을 포함하여 수립하여야 한다.
③ 해수면에서 발생하는 해양조난사고에 대한 경비세력의 효율적인 운용방안을 포함하여 수립하여야 한다.
④ 해양경찰청장은 기본계획을 수립하려는 경우 외교부장관 등 관계 중앙행정기관의 장의 의견을 들어야 한다.

해설 ③ 해양경비의 운용에 필요한 사항이 포함되어야 하고, 해양조난사고나 해양수난구조 등에 관한 사항은 규정상 포함되어 있지 않다.

해/양/경/비/기/본/계/획/의/수/립(제6조)
① 해양경찰청장은 해양경비 활동을 효율적으로 수행하기 위하여 해양경비기본계획을 5년마다 수립하고 추진하여야 한다.
② 기본계획에는 다음 각호의 사항이 포함되어야 한다.
   1. 주변정세의 변화에 따른 해양치안 수요 분석에 관한 사항
   2. 해양치안 수요에 따른 경비세력의 운용방안 및 국제공조에 관한 사항
   3. 경비세력 증감에 대한 전망 및 인력·재원의 조달에 관한 사항
   4. 경비수역별 특성에 알맞은 경비 방법에 관한 사항
   5. 그 밖에 해양경비 운용에 필요한 사항
③ 해양경찰청장은 기본계획을 수립하려는 경우에는 외교부장관, 국방부장관, 경찰청장 등 관계 중앙행정기관의 장 및 특별시장·광역시장·특별자치시장·도지사·특별자치도지사의 의견을 들어야 한다.
④ 해양경찰청장은 수립된 기본계획에 따라 매년 전년도 해양경비 실적이나 치안여건 등을 분석하여 해당 연도의 중점 경비대상과 달성목표 등을 포함한 연간 해양경비계획을 수립하여야 한다.

12 다음 중 「해양경비법」상 경비수역별 중점 경비사항에 대한 설명이다. ( ) 안에 알맞은 말을 순서대로 가장 바르게 나열한 것은? 21년 경위

> ㉠ (가)이란 「영해 및 접속수역법」 제1조 및 제3조에 따른 영해 및 내수(「내수면어업법」상 내수면은 제외)을 말한다.
> ㉡ 해양경찰청장은 (나)의 구분에 따라 경비세력의 배치와 중점 경비사항을 달리 할 수 있다.
> ㉢ 근해수역의 중점 경비사항은 「영해 및 접속수역법」 제6조의 2(접속수역에서의 관계 당국의 권한)에 따른 법령을 위반한 (다)의 단속을 위한 경비를 한다.

① 가 : 연안수역 나 : 경비구역 다 : 국내선박
② 가 : 연안수역 나 : 경비수역 다 : 외국선박
③ 가 : 근해수역 나 : 경비구역 다 : 외국선박
④ 가 : 원해수역 나 : 경비수역 다 : 국내선박

해설 경비수역별 중점 경비사항(제11조)
① 해양경찰청장은 경비수역의 구분에 따라 경비세력의 배치와 중점 경비사항을 달리할 수 있다.
② 제1항의 구분에 따른 중점 경비사항은 다음 각호와 같다.
   1. 연안수역: 해양 관계 국내법령을 위반한 선박등의 단속 등 민생치안 확보 및 임해 중요시설의 보호 경비
   2. 근해수역: 「영해 및 접속수역법」 제6조의2에 따른 법령을 위반한 외국선박의 단속을 위한 경비
   3. 원해수역: 해양수산자원 및 해양시설의 보호, 해양환경의 보전·관리, 해양과학조사 실시 등에 관한 국내법령 및 대한민국이 체결·비준한 조약을 위반한 외국선박의 단속을 위한 경비

정답 10 ③ 11 ③ 12 ②

13 다음 중 「해양경비법」상 해양경찰관이 해상검문 검색을 하는 경우 선장 등에게 고지하여야 하는 것으로 가장 옳지 않은 것은?
18년 경력/간부, 22년 1차

① 소속　　　　　　　　② 계급
③ 성명　　　　　　　　④ 해상검문검색의 목적과 이유

> 해설 ② 해양경찰관은 해상검문검색을 목적으로 선박 등에 승선하는 경우 선장(선박등을 운용하는 자를 포함)에게 소속, 성명, 해상검문검색의 목적과 이유를 고지하여야 한다. 여기에는 계급은 포함되어 있지 않다. 그리고 「경찰관 직무집행법」상 불심검문과는 달리 경찰공무원임을 표시하는 증표(신분증)의 제시 의무도 없다.

14 다음 중 「해양경비법」상 해양경비 활동 중 해양경찰관의 해상검문검색에 대한 설명으로 가장 적절하지 않은 것은?
18년 경찰간부

① 국내법령 및 대한민국이 체결·비준한 조약을 위반하거나 위반행위가 발생하려 하고 있다고 의심되는 선박 등에 대해 주위사정을 합리적으로 판단하여 상당한 이유가 있는 경우 해상 검문검색을 실시할 수 있다.
② 다른 선박의 항행 안전에 지장을 주거나 진로 등 항행상태가 일정하지 아니하고 정상적인 항법을 일탈하여 운항되는 선박에 대해 해상검문검색을 실시할 수 있다.
③ 경비수역에 있는 대한민국 선박 및 외국선박은 국내법규에 따라 해상검문검색이 실시된다.
④ 대량파괴무기나 그 밖의 무기류 또는 관련 물자의 수송에 사용되고 있다고 의심되는 선박 등에 대해 주위사정을 합리적으로 판단하여 상당한 이유가 있는 경우 해상검문검색을 실시할 수 있다.

> 해설 ③ 대한민국이 체결·비준한 조약을 위반하거나 위반행위가 발생하려 하고 있다고 의심되는 외국선박 등이 그 대상이나, 다만, 외국선박에 대한 해상검문검색은 대한민국이 체결·비준한 조약 또는 일반적으로 승인된 국제법규에 따라 실시한다.
>
> 해/상/검/문/검/색(제12조)
> ① 해양경찰관은 해양경비 활동 중 다음 각호의 어느 하나에 해당하는 선박등에 대하여 주위의 사정을 합리적으로 판단하여 상당한 이유가 있는 경우 해상검문검색을 실시할 수 있다. 다만, 외국선박에 대한 해상검문검색은 대한민국이 체결·비준한 조약 또는 일반적으로 승인된 국제법규에 따라 실시한다.
> 　1. 다른 선박의 항행 안전에 지장을 주거나 진로 등 항행상태가 일정하지 아니하고 정상적인 항법을 일탈하여 운항되는 선박등
> 　2. 대량파괴무기나 그 밖의 무기류 또는 관련 물자의 수송에 사용되고 있다고 의심되는 선박등
> 　3. 국내법령 및 대한민국이 체결·비준한 조약을 위반하거나 위반행위가 발생하려 하고 있다고 의심되는 선박 등
> ② 해양경찰관은 해상검문검색을 목적으로 선박등에 승선하는 경우 선장(선박등을 운용하는 자를 포함)에게 <u>소속, 성명, 해상검문검색의 목적과 이유를 고지하여야 한다.</u>

15 「해양경비법」상 해양경찰관이 경비활동 중 해상검문검색을 실시하고자 한다. 다음 중 가장 옳지 않은 경우는?
　　　　　　　　　　　　　　　　　　　　　　　　　　　　　　19년 경사

① 외국선박에 대한 해상검문검색은 대한민국이 체결·비준한 조약 또는 일반적으로 승인된 국제법규에 따라 실시한다.
② 다른 선박의 항행 안전에 지장을 주거나 진로 등 항행상태가 일정하지 아니하고 정상적인 항법을 일탈하여 운항되는 선박 등에 실시할 수 있다.
③ 해양경찰청 소속 경찰공무원은 해상검문검색을 목적으로 선박 등에 승선하는 경우 선장에게 소속, 성명, 해상검문검색의 목적과 이유를 고지하여야 한다.
④ 해양경찰청 소속 경찰공무원의 해상검문검색의 국내법적 근거는 「경찰관직무집행법」이다.

> **해설** ④ 해양경찰청 소속 경찰공무원의 해상검문검색의 국내법적 근거는 「경찰관직무집행법」이 아니라 기본적으로는 「해양경비법」이라고 보아야 한다. 즉 해상에서는 우선적으로 「해양경비법」이 적용되고, 「경찰관 직무집행법」은 보충적으로 적용된다.

16 다음 중 「해양경비법」에 대한 내용으로 가장 옳지 않은 것은?
　　　　　　　　　　　　　　　　　　　　　　　　　　　　　　20년 3차

① 해양경찰관은 다른 선박의 항행 안전에 지장을 주거나 진로 등 항행상태가 일정하지 아니하고 정상적인 항법을 일탈하여 운항되는 선박등에 대하여 해상검문검색을 실시할 수 있다.
② 해양경찰관은 해상검문검색을 목적으로 선박등에 승선하는 경우 선장에게 소속, 성명, 해상검문검색의 목적과 이유를 고지하여야 한다.
③ 해양경찰관은 해상검문검색에 따르지 아니하고 도주하는 선박등에 대하여 추적·나포 할 수 있다.
④ 해양경찰관은 무기류 또는 관련 물자의 수송에 사용되고 있다고 의심되는 외국선박에 대해 「해양경비법」에 따라 추적권을 행사할 수 있다.

> **해설** ④ 우선 검문검색의 대상선박이다. 그리고 외국선박에 대한 검문검색의 실시는 대한민국이 체결·비준한 조약 또는 일반적으로 승인된 국제법규에 실시한다. 또한 외국선박이 도주하는 경우 추적권의 행사는 「해양법에 관한 국제연합 협약」제111조에 따른다.

정답　13 ②　14 ③　15 ④　16 ④

17 다음 중 「해양경비법」상 해상검문검색에 대한 설명으로 가장 옳지 않은 것은? 21년 경장

① 외국선박에 대한 해상검문검색은 대한민국 법령에 따라 연안수역에서만 실시할 수 있다.
② 선박이 대량파괴무기나 그 밖의 무기류 또는 관련 물자의 수송에 사용되고 있다고 의심되면 해상검문검색을 실시할 수 있다.
③ 해양경찰청 소속 경찰공무원은 해상검문검색을 목적으로 선박 등에 승선하는 경우 선장에게 소속, 성명, 해상검문검색의 목적과 이유를 고지하여야 한다.
④ 다른 선박의 항행 안전에 지장을 주거나 진로 등 항행상태가 일정하지 아니하고 정상적인 항법을 일탈하여 운항되는 선박 등에 실시할 수 있다.

> **해설** ① 우리의 해양주권이 미치는 경비수역(연안수역·근해수역·원해수역)에서, 해양경찰관은 해양경비 활동 중 검문검색의 대상이라고 판단되는 선박에 대하여 주위의 사정을 합리적으로 판단하여 상당한 이유가 있는 경우 해상검문검색을 실시할 수 있다. 다만, 외국선박에 대한 해상검문검색은 대한민국이 체결·비준한 조약 또는 일반적으로 승인된 국제법규에 따라 실시한다.

18 다음 중 「해양경비법」상 해상검문검색 및 추적·나포에 대한 설명으로 가장 옳지 않은 것은? 21년 경사

① 해상검문검색에 따르지 아니하고 도주하는 선박을 추적·나포할 수 있다.
② 정당한 사유없이 해상검문검색을 거부, 방해 또는 기피한 자는 1년 이하의 징역 또는 1천만원 이하의 벌금에 처한다.
③ 본래의 목적을 벗어나 다른 선박 등의 항행에 현저히 지장을 주는 선박을 추적·나포할 수 있다.
④ 외국선박에 대한 추적권 행사는 「해양법에 관한 국제연합 협약」제111조에 따른다.

> **해설** ③ 선박 등이 본래의 목적을 벗어나 다른 선박 등의 항행 또는 입항·출항 등에 현저히 지장을 주는 행위는 우선 항행 보호조치의 대상선박이다(제14조).
>
> **추/적/나/포(제13조)**
> 해양경찰관은 다음 각호의 어느 하나에 해당하는 선박등에 대하여 추적·나포(拿捕)할 수 있다. 다만, 외국선박에 대한 추적권의 행사는 「해양법에 관한 국제연합 협약」제111조에 따른다.
> 1. 제12조에 따른 해상검문검색에 따르지 아니하고 도주하는 선박등
> 2. 해당 경비수역에서 적용되는 국내법령 및 대한민국이 체결·비준한 조약을 위반하거나 위반행위가 발생하려 하고 있다고 확실시되는 상당한 이유가 있는 선박등

19. 다음 중 「해양경비법」상 추적·나포 대상선박으로 옳게 짝지어진 것은? 　18년 경감

> 가. 다른 선박의 항행 안전에 지장을 주거나 진로 등 항행상태가 일정하지 아니하고 정상적인 항법을 일탈하여 운항되는 선박
> 나. 해당 경비수역에서 적용되는 국내법령 및 대한민국이 체결·비준한 조약을 위반하거나 위반행위가 발생하려 하고 있다고 확실시 되는 상당한 이유가 있는 선박
> 다. 대량파괴무기나 그 밖의 무기류 또는 관련 물자의 수송에 사용되고 있다고 의심되는 선박
> 라. 「해양경비법」 제12조에 따른 해상검문검색에 따르지 아니하고 도주하는 선박

① 가, 다
② 가, 라
③ 나, 다
④ 나, 라

해설

1] 추적·나포(제13조)
해양경찰관은 다음 각호의 어느 하나에 해당하는 선박등에 대하여 추적·나포(拿捕)할 수 있다. 다만, 외국선박에 대한 추적권의 행사는 「해양법에 관한 국제연합 협약」 제111조에 따른다.
  1. 제12조에 따른 해상검문검색에 따르지 아니하고 도주하는 선박등
  2. 해당 경비수역에서 적용되는 국내법령 및 대한민국이 체결·비준한 조약을 위반하거나 위반행위가 발생하려 하고 있다고 확실시되는 상당한 이유가 있는 선박등

2] 해상검문검색(제12조)
① 해양경찰관은 해양경비 활동 중 다음 각호의 어느 하나에 해당하는 선박등에 대하여 주위의 사정을 합리적으로 판단하여 상당한 이유가 있는 경우 해상검문검색을 실시할 수 있다. 다만, 외국선박에 대한 해상검문검색은 대한민국이 체결·비준한 조약 또는 일반적으로 승인된 국제법규에 따라 실시한다.
  1. 다른 선박의 항행 안전에 지장을 주거나 진로 등 항행상태가 일정하지 아니하고 정상적인 항법을 일탈하여 운항되는 선박등
  2. 대량파괴무기나 그 밖의 무기류 또는 관련 물자의 수송에 사용되고 있다고 의심되는 선박등
  3. 국내법령 및 대한민국이 체결·비준한 조약을 위반하거나 위반행위가 발생하려 하고 있다고 의심되는 선박등
② 해양경찰관은 해상검문검색을 목적으로 선박등에 승선하는 경우 선장(선박등을 운용하는 자를 포함)에게 소속, 성명, 해상검문검색의 목적과 이유를 고지하여야 한다.

3] 해상항행 보호조치(제14조)
① 해양경찰관은 경비수역에서 다음 각호의 어느 하나에 해당하는 행위를 하는 선박등의 선장에 대하여 경고, 이동·해산 명령 등 해상항행 보호조치를 할 수 있다. 다만, 외국선박에 대한 해상항행 보호조치는 연안수역에서만 실시한다.
  1. 선박등이 본래의 목적을 벗어나 다른 선박등의 항행 또는 입항·출항 등에 현저히 지장을 주는 행위
  2. 선박등이 항구·포구 내외의 수역과 지정된 항로에서 무리를 지어 장시간 점거하거나 항법상 정상적인 횡단방법을 일탈하여 다른 선박등의 항행에 지장을 주는 행위
  3. 임해 중요시설 경계 바깥쪽으로부터 1킬로미터 이내 경비수역에서 선박등이 무리를 지어 위력적인 방법으로 항행 또는 점거함으로써 안전사고가 발생할 우려가 높은 행위

20 다음 지문의 행위에 대해 「해양경비법」에 따른 조치 중 가장 옳지 않은 것은? 18년 경사

> ○ 선박 등이 본래의 목적을 벗어나 다른 선박 등의 항행 또는 입항·출항 등에 현저히 지장을 주는 행위
> ○ 선박 등이 항구·포구 내외의 수역과 지정된 항로에서 무리를 지어 장시간 점거하거나 항법상 정상적인 횡단방법을 일탈하여 다른 선박 등의 항행에 지장을 주는 행위
> ○ 임해 중요시설 경계 바깥쪽으로부터 1킬로미터 이내 경비수역에서 선박 등이 무리를 지어 위력적인 방법으로 항행 또는 점거함으로써 안전사고가 발생할 우려가 높은 행위

① 외국선박에 대한 해상항행 보호조치는 연안수역에서만 실시한다.
② 위험성이 따르는 행위이므로 행위중단 경고를 하고 곧바로 이동·해산·피난을 실행해야 한다.
③ 위의 행위에 대한 조치는 필요한 최소한의 범위에서 하여야 한다.
④ 이동·해산 명령을 거부, 방해 또는 기피한 자는 6개월 이하의 징역 또는 500만원 이하의 벌금에 처한다.

해설 ② 위는 「해양경비법」제14조 해상항행 보호조치의 대상선박에 해당한다. 한편, 보호조치(제1항)와 안전조치(제2항)는 구분할 필요가 있다. 그리고 안전조치 대상선박은 불가피한 경우 피난조치(피난실행)의 대상이 되므로 각각 이러한 상황을 구별해서 보아야 한다. 또한 경찰의 개입은 강제력을 수반함으로 보충성의 원칙을 지켜야 한다(불가피한 경우에 개입).

해상항행 보호조치(제14조)
① 해양경찰관은 경비수역에서 다음 각호의 어느 하나에 해당하는 행위를 하는 선박등의 선장에 대하여 <u>경고, 이동·해산 명령 등 해상항행 보호조치를 할 수 있다. 다만, 외국선박에 대한 해상항행 보호조치는 연안수역에서만 실시한다.</u>
  1. 선박등이 본래의 목적을 벗어나 다른 선박등의 항행 또는 입항·출항 등에 현저히 지장을 주는 행위
  2. 선박등이 항구·포구 내외의 수역과 지정된 항로에서 무리를 지어 장시간 점거하거나 항법상 정상적인 횡단방법을 일탈하여 다른 선박등의 항행에 지장을 주는 행위
  3. 임해 중요시설 경계 바깥쪽으로부터 1킬로미터 이내 경비수역에서 선박등이 무리를 지어 위력적인 방법으로 항행 또는 점거함으로써 안전사고가 발생할 우려 높은 행위
② 해양경찰관은 경비수역(이 항에서 「선박의 입항 및 출항 등에 관한 법률」에 따른 무역항의 수상구역등의 수역은 제외)에서 다음 각호의 어느 하나에 해당하는 사유로 선박등이 좌초·충돌·침몰·파손 등의 위험에 처하여 인명·신체에 대한 위해나 중대한 재산상 손해의 발생 또는 해양오염의 우려가 현저한 경우에는 그 선박등의 선장에 대하여 <u>경고, 이동·피난명령 등 안전조치를 할 수 있다. 다만, 외국선박에 대한 안전조치는 연안수역에서만 실시한다.</u>
  1. 태풍, 해일 등 천재(天災)
  2. 위험물의 폭발 또는 선박의 화재
  3. 해상구조물의 파손
③ 해양경찰관은 선박등의 통신장치 고장 등의 사유로 제2항에 따른 명령을 할 수 없거나 선박등의 선장이 제2항에 따른 명령에 불응하는 경우로서 인명·신체에 대한 위해, 중대한 재산상 손해 또는 해양오염을 방지하기 위하여 긴급하거나 불가피하다고 인정할 때에는 합리적으로 판단하여 필요한 한도에서 다음 각호의 조치를 할 수 있다.
  1. 선박등을 안전한 곳으로 이동시키는 조치
  2. 선박등의 선장, 해원(海員) 또는 승객을 하선하게 하여 안전한 곳으로 피난시키는 조치

3. 그 밖에 대통령령으로 정하는 조치
④ 해양경찰관은 제3항에 따른 조치를 하려는 경우에는 선박등의 선장에게 자신의 신분을 표시하는 증표를 제시하고 조치의 목적·이유 및 이동·피난 장소를 알려야 한다. 다만, 기상상황 등으로 선박에 승선할 수 없는 경우에는 무신통신 등을 이용하여 자신의 신분 고지 등을 할 수 있다.

21. 「해양경비법」상 해양경찰관은 다음과 같은 사유로 그 선박 등의 선장에 대하여 경고, 이동·피난 명령 등 안전조치를 할 수 있다. 다음 중 가장 옳지 않은 경우는? 19년 경장

① 근해수역에서 위험물의 폭발로 선박 등이 좌초위험에 처하여 인명·신체에 대한 위해가 발생할 우려가 현저한 경우
② 무역항의 수상구역 등의 수역에서 선박의 화재로 선박 등이 침몰할 위험에 처하여 중대한 재산상 손해의 발생의 우려가 현저한 경우
③ 원해수역에서 해상구조물의 파손으로 해양오염의 우려가 현저한 경우
④ 연안수역에서 태풍, 해일 등 천재로 선박 등이 파손 등의 위험에 처하여 인명·신체에 대한 위해가 발생할 우려가 현저한 경우

해설 ② 이 항에서 「선박의 입항 및 출항 등에 관한 법률」에 따른 무역항의 수상구역등의 수역은 해양경찰관의 직무관할에서 제외된다. 여기서는 1차적으로 관리청(해양수산부장관 또는 시도지사)의 직무에 해당된다고 볼 수 있다.

안전조치 및 피난조치(제14조 제2항/제3항)
② 해양경찰관은 경비수역(이 항에서 「선박의 입항 및 출항 등에 관한 법률」에 따른 무역항의 수상구역등의 수역은 제외)에서 다음 각호의 어느 하나에 해당하는 사유로 선박등이 좌초·충돌·침몰·파손 등의 위험에 처하여 인명·신체에 대한 위해나 중대한 재산상 손해의 발생 또는 해양오염의 우려가 현저한 경우에는 그 선박등의 선장에 대하여 경고, 이동·피난 명령 등 안전조치를 할 수 있다. 다만, 외국선박에 대한 안전조치는 연안수역에서만 실시한다.
1. 태풍, 해일 등 천재(天災)
2. 위험물의 폭발 또는 선박의 화재
3. 해상구조물의 파손
③ 해양경찰관은 선박등의 통신장치 고장 등의 사유로 제2항에 따른 명령을 할 수 없거나 선박등의 선장이 제2항에 따른 명령에 불응하는 경우로서 인명·신체에 대한 위해, 중대한 재산상 손해 또는 해양오염을 방지하기 위하여 긴급하거나 불가피하다고 인정할 때에는 합리적으로 판단하여 필요한 한도에서 다음 각호의 조치를 할 수 있다.
1. 선박등을 안전한 곳으로 이동시키는 조치
2. 선박등의 선장, 해원(海員) 또는 승객을 하선하게 하여 안전한 곳으로 피난시키는 조치
3. 그 밖에 대통령령으로 정하는 조치
④ 해양경찰관은 제3항에 따른 조치를 하려는 경우에는 선박등의 선장에게 자신의 신분을 표시하는 증표를 제시하고 조치의 목적·이유 및 이동·피난 장소를 알려야 한다. 다만, 기상상황 등으로 선박에 승선할 수 없는 경우에는 무선통신 등을 이용하여 자신의 신분 고지 등을 할 수 있다.

정답 20 ② 21 ②

22 다음 중 「해양경비법」상 '해상항행 보호조치'의 대상으로 가장 옳지 않은 것은? 18년 경사

① 선박 등과 범인이 선체나 무기 · 흉기 등 위험한 물건을 사용하여 경비세력을 공격하는 행위
② 선박 등이 본래의 목적을 벗어나 다른 선박 등의 항행 또는 입항 · 출항 등에 현저히 지장을 주는 행위
③ 선박 등이 항구 · 포구 내외의 수역과 지정된 항로에서 무리를 지어 장시간 점거하거나 항법상 정상적인 횡단방법을 일탈하여 다른 선박 등의 항행에 지장을 주는 행위
④ 임해 중요시설 경계 바깥쪽으로부터 1킬로미터 이내 경비수역에서 선박 등이 무리를 지어 위력적인 방법으로 항행 또는 점거함으로써 안전사고가 발생할 우려가 높은 행위

> **해설** ① 선박과 범인이 선체나 무기 · 흉기 등 위험한 물건을 사용하여 경비세력을 공격하거나 공격하려는 경우에는 개인화기(個人火器) 외에 공용화기를 사용할 수 있다. 즉 이는 경찰무기를 사용할 수 있는 요건에 해당한다.

23 「해양경비법」에 따른 '해상항행 보호조치 등'에 대한 설명 중 가장 옳지 않은 것은?

19년 경사

① 외국선박에 대한 해상항행 보호조치는 연안수역 및 근해수역에서만 실시한다.
② 해상항행 보호조치 등을 하는 경우 [경고 → 이동 · 해산 · 피난 명령 → 이동 · 해산 · 피난 실행]의 순서에 따라야 한다.
③ 해상항행 보호조치 등을 하는 경우 필요한 최소한의 범위에서 하여야 한다.
④ 이동 · 해산 명령을 거부, 방해 또는 기피한 자는 6개월 이하의 징역 또는 500만원 이하의 벌금에 처한다.

> **해설** ① 해양경찰관은 경비수역에서 항행 장해발생에 해당하는 행위를 하는 선박등의 선장에 대하여 경고, 이동 · 해산 명령 등 해상항행 보호조치를 할 수 있다. 다만, 외국선박에 대한 해상항행 보호조치는 연안수역에서만 실시한다.
> 한편, 해양경찰관은 경비수역(이 항에서 「선박의 입항 및 출항 등에 관한 법률」에 따른 무역항의 수상구역등의 수역은 제외)에서 태풍, 해일 등에 해당하는 사유로 선박등이 좌초 · 충돌 · 침몰 · 파손 등의 위험에 처하여 인명 · 신체에 대한 위해나 중대한 재산상 손해의 발생 또는 해양오염의 우려가 현저한 경우에는 그 선박등의 선장에 대하여 경고, 이동 · 피난 명령 등 안전조치를 할 수 있다. 다만, 외국선박에 대한 안전조치는 연안수역에서만 실시한다.

24 「해양경비법」 일부에 대한 설명이다. ㉠에 대한 설명으로 가장 옳지 않은 것은?

19년 공채/특채 3차

> 「해양경비법」 제14조에 의하면 해양경찰관은 경비수역에서 선박 등이 본래의 목적을 벗어나 다른 선박 등의 항행 또는 입·출항 등에 현저히 지장을 주는 행위를 하는 경우에 해당 선박에 대해 경고, 이동, 해산명령 등 ㉠을 할 수 있다.

① 임해 중요시설 경계 바깥쪽으로부터 1킬로미터 이내 경비수역에서 선박 등이 무리를 지어 위력적인 방법으로 항행하여 안전사고 발생 우려가 높은 행위에도 ㉠을 할 수 있다.
② 「UN 해양법협약」에 따라 외국선박에 대해서는 ㉠을 실시할 수 없다
③ 선박이 항·포구 내외의 수역과 지정된 항로에서 항법상 정상적인 횡단방법을 일탈하여 다른 선박의 항행에 지장을 주는 행위에도 ㉠을 할 수 있다.
④ 선박이 항·포구 내외의 수역과 지정된 항로에서 무리를 지어 장시간 점거하는 행위에도 ㉠을 할 수 있다.

해설 ② 위 내용은 「해양경비법」 제14조 제1항 항행 보호조치에 대한 설명이다. 해양경찰관은 경비수역에서 아래에 해당하는 행위를 하는 선박등의 선장에 대하여 경고, 이동·해산명령 등 해상항행 보호조치를 할 수 있다. 다만, 외국선박에 대한 해상항행 보호조치는 연안수역에서만 실시한다.
 1. 선박등이 본래의 목적을 벗어나 다른 선박등의 항행 또는 입항·출항 등에 현저히 지장을 주는 행위
 2. 선박등이 항구·포구 내외의 수역과 지정된 항로에서 무리를 지어 장시간 점거하거나 항법상 정상적인 횡단방법을 일탈하여 다른 선박등의 항행에 지장을 주는 행위
 3. 임해 중요시설 경계 바깥쪽으로부터 1킬로미터 이내 경비수역에서 선박등이 무리를 지어 위력적인 방법으로 항행 또는 점거함으로써 안전사고가 발생할 우려가 높은 행위

정답 22 ① 23 ① 24 ②

25 다음 중 「해양경비법」상 해상항행 보호조치 등에 대한 설명으로 옳은 것은 모두 몇 개인가?

20년 경력/공채

> ㉠ 외국선박에 대한 해상항행 보호조치는 근해수역에서만 실시한다.
> ㉡ 해양경찰관은 임해 중요시설 경계 바깥쪽으로부터 10km 이내 경비수역에서 무리를 지어 위력적인 방법으로 항행하는 선박의 선장에 대하여 해산명령 등 해상항행 보호조치를 할 수 있다.
> ㉢ 해양경찰관은 대량파괴무기나 그 밖에 무기류 또는 관련 물자의 수송에 사용되고 있다고 의심되는 선박의 선장에 대하여 이동 등 해상항행 보호조치를 할 수 있다.
> ㉣ 해양경찰관은 해상검문검색에 따르지 아니하고 도주하는 선박의 선장에 대하여 경고 등 해상항행 보호조치를 할 수 있다.
> ㉤ 해양경찰관은 선박의 입항 및 출항 등에 관한 법률에 따른 무역항의 수상구역에서 선박의 화재로 선박이 침몰 위험에 처하여 중대한 재산상 손해의 발생 우려가 현저한 경우에는 그 선박의 선장에 대하여 이동·피난명령 등 안전조치를 할 수 있다.

① 0개 ② 1개
③ 2개 ④ 3개

해설 [X] ㉠㉡㉢㉣㉤ 모두 틀린 내용이다.
㉠ 외국선박에 대한 해상항행 보호조치는 연안수역에서만 실시한다(제14조 단서).
㉡ 임해 중요시설 경계 바깥쪽으로부터 1킬로미터 이내 경비수역에서 선박등이 무리를 지어 위력적인 방법으로 항행 또는 점거함으로써 안전사고가 발생할 우려가 높은 행위
㉢ PSI(대량살상무기 확산방지구상) 차단업무는 해상 검문검색과 직접 관련된다.
㉣ 정당한 해상 검문검색에 따르지 아니하고 도주하는 선박등에 대해서는 추적·나포할 수 있다. 항행 보호조치는 항행에 지장을 초래하는 행위에 대한 조치이다.
㉤ 경비수역(<ins>선박 입항 및 출항 등에 관한 법률</ins>에 따른 무역항의 수상구역등의 수역은 제외)에서의 선박등이 좌초·충돌·침몰·파손 등의 위험에 처하여 인명·신체에 대한 위해나 중대한 재산상 손해의 발생 또는 해양오염의 우려가 현저한 경우에는 그 선박등의 선장에 대하여 경고, 이동·피난명령 등 안전조치를 할 수 있다. 다만, 외국선박에 대한 안전조치는 연안수역에서만 실시한다.

26 다음 중 「해양경비법」상 해양경찰관의 해상항행 보호조치에 대한 설명으로 가장 옳지 않은 것은?

21년 경사

① 선박 등이 본래의 목적을 벗어나 다른 선박 등의 항행 또는 입항·출항 등에 현저히 지장을 주는 경우 실시할 수 있다.
② 임해 중요시설 경계 바깥쪽으로부터 1킬로미터 이내 경비수역에서 선박 등이 무리를 지어 위력적인 방법으로 항행 또는 점거함으로써 안전사고가 발생할 우려가 높은 행위를 하는 경우 실시할 수 있다.
③ 선박 등이 항구·포구 내외의 수역과 지정된 항로에서 무리를 지어 장시간 점거하여 다른 선박 등의 항행에 지장을 주는 경우 실시할 수 있다.
④ 외국선박에 대한 해상항행 보호조치는 근해수역까지 실시할 수 있다.

해설 ④ 해양경찰관은 경비수역에서 항행에 지장을 주는 행위를 하는 선박 등의 선장에 대하여 경고, 이동·해산명령 등 해상항행 보호조치를 할 수 있다. 다만, 외국선박에 대한 해상항행 보호조치는 연안수역에서만 실시한다(「해양경비법」 제14조 제1항 단서).

27 다음은 「해양경비법」상 해상항행보호조치에 대한 설명이다. 가장 옳지 않은 것은?

21년 경위

① 행위중단 경고 → 이동·해산·피난 명령 → 이동·해산·피난 실행 순이다.
② 이동·해산·피난 명령은 3번 이상 하여야 한다.
③ 임해중요시설 경계 바깥쪽으로부터 1,000미터 이내 경비수역에서 선박 등이 무리를 지어 위력적인 방법으로 항행 또는 점거함으로써 안전사고가 발생할 우려가 높은 행위에 대해 해상항행보호조치를 할 수 있다.
④ 이동·해산·피난 명령 또는 이동·피난 조치를 거부, 방해 또는 기피한 자는 1년 이하의 징역 또는 1,000만원 이하의 벌금에 처한다.

해설 ④ 이동·해산·피난 명령 또는 이동·피난 조치를 거부, 방해 또는 기피한 자는 6개월 이하의 징역 또는 500만원 이하의 벌금에 처한다(제21조 제2항).
① 경고 → 이동·해산명령 → 해산실행의 보호조치와 경고 → 이동·피난명령 → 피난실행의 안전조치는 구별할 필요가 있다.

정답 25 ① 26 ④ 27 ④

28 다음 중 「해양경비법(시행령, 시행규칙 포함)」에 대한 설명으로 가장 옳지 않은 것은?

21년 경찰간부

① 해양경찰청 소속 공무원은 해양 관련 범죄에 대한 예방 및 해양시설의 보호에 관한 조치 등의 활동을 수행한다.
② 해양경찰청장은 「국유재산법」 제55조에도 불구하고 국제협력 증진을 위하여 용도폐지된 함정을 「국제개발협력기본법」 제2조제2호에 따른 개발도상국에 무상으로 양여할 수 있다.
③ 해양경찰관은 해상검문검색에 따르지 아니하고 도주하는 선박 등에 대하여 추적·나포할 수 있다. 다만, 외국 선박에 대한 추적권의 행사는 「해양법에 관한 국제연합협약」 제111조에 따른다.
④ 해양경찰관은 근해수역에서 본래의 목적을 벗어나 다른 선박 등의 항행 또는 입항·출항 등에 현저히 지장을 주는 행위를 하는 외국선박의 선장에 대하여 해상항행 보호조치를 할 수 있다.

> 해설 ④ 「해양경비법」상 해상항행 보호조치에서, 해양경찰관은 경비수역에서 항행 장해를 일으키는 선박 등의 선장에 대하여 경고, 이동·해산명령 등 해상항행 보호조치를 할 수 있다. 다만, 외국선박에 대한 해상 항행보호조치는 연안수역에서만 실시한다(제14조).

29 다음 중 「해양경비법」상 해양경찰관이 공용화기를 사용할 수 있는 경우로 가장 옳지 않은 것은?

18년 경찰간부

① 대간첩, 대테러 작전 등 국가안보와 관련되는 작전을 수행하는 경우
② 선박의 나포와 범인을 체포하기 위한 경우
③ 선박 및 범인이 선체나 무기, 흉기 등 위험한 물건을 사용하여 경비세력을 공격하거나 공격하려는 경우
④ 선박 등이 3회 이상 정선 또는 이동명령에 따르지 아니하고 경비세력에게 집단으로 위해를 끼치거나 끼치려는 경우

> 해설 ② 선박의 나포와 범인을 체포하기 위한 경우는 단순히 무기를 사용할 수 있는 경우에 해당한다. 그리고 소극적으로 나포나 체포를 면탈할 목적으로 저항하는 수준을 넘어 공격성을 띠는 경우에는 개인화기 위에 공용화기까지 사용할 수 있다.
> 무/기/의/사/용(제17조)
> ① 해양경찰관은 해양경비 활동 중 다음 각호의 어느 하나에 해당하는 경우에는 무기를 사용할 수 있다. 이 경우 무기사용의 기준은 「경찰관 직무집행법」 제10조의4에 따른다.
>   1. 선박등의 나포와 범인을 체포하기 위한 경우

2. 선박등과 범인의 도주를 방지하기 위한 경우
3. 자기 또는 다른 사람의 생명·신체에 대한 위해(危害)를 방지하기 위한 경우
4. 공무집행에 대한 저항을 억제하기 위한 경우
② 다음 각호의 어느 하나에 해당하는 경우에는 개인화기(個人火器) 외에 공용화기를 사용할 수 있다.
1. 대간첩·대테러 작전 등 국가안보와 관련되는 작전을 수행하는 경우
2. 제1항 각호의 어느 하나에 해당하는 경우로서 선박등과 범인이 선체나 무기·흉기 등 위험한 물건을 사용하여 경비세력을 공격하거나 공격하려는 경우
3. 선박등이 3회 이상 정선 또는 이동 명령에 따르지 아니하고 경비세력에게 집단으로 위해를 끼치거나 끼치려는 경우

30 다음 중 「해양경비법」에 따라 공용화기를 사용할 수 있는 경우를 모두 고른 것은?

19년 경장

> ㉠ 대간첩·대테러 작전
> ㉡ 선박 등이 3회 이상 정선명령에 따르지 아니하고 경비세력에게 집단으로 위해를 끼치려는 경우
> ㉢ 선박등과 범인의 도주를 방지하기 위한 경우
> ㉣ 공무집행에 대한 저항을 억제하기 위한 경우
> ㉤ 선박 등의 나포와 범인을 체포하기 위한 경우로서 선박등과 범인이 선체나 무기·흉기 등 위험한 물건을 사용하여 경비세력을 공격하거나 공격하려는 경우
> ㉥ 자기 또는 다른 사람의 생명·신체에 대한 위해를 방지하기 위한 경우

① ㉠, ㉡, ㉤
② ㉠, ㉡, ㉢, ㉤
③ ㉠, ㉡, ㉢, ㉣, ㉥
④ ㉠, ㉡, ㉢, ㉣, ㉤, ㉥

해설
[O] ㉠㉡㉤
[X] ㉢㉣㉥
해양경찰관은 해양경비 활동 중 선박의 나포와 범인을 체포하기 위한 경우, 선박과 범인의 도주를 방지하기 위한 경우, 자기 또는 다른 사람의 생명·신체에 대한 위해를 방지하기 위한 경우, 공무집행에 대한 저항을 억제하기 위한 경우에 해당하는 때에는 무기를 사용할 수 있다. 이 경우 무기사용의 기준은 「경찰관 직무집행법」 제10조의4에 따른다. 앞의 어느 하나에 해당하는 경우로서 선박과 범인이 선체나 무기·흉기 등 위험한 물건을 사용하여 경비세력을 공격하거나 공격하려는 경우, 대간첩·대테러 작전 등 국가안보와 관련되는 작전을 수행하는 경우, 선박이 3회 이상 정선 또는 이동 명령에 따르지 아니하고 경비세력에게 집단으로 위해를 끼치거나 끼치려는 경우(2017년 4월 18일 9차 개정 때 반영)에는 개인화기 외에 공용화기를 사용할 수 있다.

정답 28 ④ 29 ② 30 ①

31 경찰장비(무기, 경찰장구 등)의 사용과 관련한 다음 내용 중 옳지 않은 것은 모두 몇 개인가?

19년 경력/공채

> ㉠ 사람에게 위해를 끼치는 무기사용이 가능한 경우는 「경찰관 직무집행법」 제10조의4에 규정되어 있다.
> ㉡ 「경찰관 직무집행법」상 위해성 경찰장비는 필요한 최소한도에서 사용하여야 한다.
> ㉢ 「해양경비법」상 선박 등을 해상 검문검색하는 경우나 범인을 체포하기 위한 경우 무기를 사용할 수 있다.
> ㉣ 「해양경비법」상 자기 또는 다른 사람의 생명·신체에 대한 위해를 방지하기 위한 경우 무기를 사용할 수 있다.
> ㉤ 「해양경비법」상 대간첩작전 등 작전을 수행하는 경우 공용화기를 사용할 수 있다.

① 0개
② 1개
③ 2개
④ 3개

해설 [O] ㉠㉡㉣㉤
[X] ㉢ 해상검문검색은 원칙적으로 정선을 요구하는 것이다. 만약, 정당한 해상검문검색에 따르지 아니하고 도주하는 선박에 대해서는 추적 및 나포할 수 있으나, 이때에도 경찰무기보다는 경찰장비 및 경찰장구를 사용하는 것이 바람직하다. 물론, 공무집행에 대한 저항을 억제하기 위한 경우 불가피한 때에는 무기를 사용할 수 있고, 선박이 3회 이상 정선명령에 따르지 아니하고 경비세력에게 집단으로 위해를 끼치거나 끼치려는 경우에는 공용화기까지 사용하여 억제할 수 있다.

32 다음 중 「해양경비법」상 무기사용에 대한 설명으로 가장 옳은 것은?

20년 경력/공채

① 해양경찰관은 해양경비 활동 중 자기 또는 다른 사람의 신체·재산에 대한 위해를 방지하기 위한 경우 무기를 사용할 수 있다.
② 해양경찰관은 해양경비 활동 중 선박 등이 3회 이상 정선 또는 이동 명령에 따르지 아니하는 경우 공용화기를 사용할 수 있다.
③ 해양경찰관은 해양경비 활동 중 공무집행에 대한 저항을 억제하기 위한 경우 공용화기를 사용할 수 있다.
④ 해양경찰관이 해양경비 활동 중 무기를 사용하는 경우 무기사용의 기준은 「경찰관 직무집행법」 제10조의4에 따른다.

해설 ① 생명·신체에 대한 위해를 방지하기 위한 경우, 재산은 제외, ② 3회 이상 정선 또는 이동명령 불응 + 경비세력에게 집단으로 위해를 끼치거나 끼치려는 경우, ③ 공무집행에 대한 저항(항거)을 억제하기 위한 사유는 단순히 무기를 사용할 수 있는 경우에 불과하다.

33 「해양경비법」상 무기 및 장비의 사용에 대한 내용으로 가장 옳지 않은 것은?   18년 경장

① 선박 등이 3회 이상 정선 또는 이동명령에 따르지 아니하고 경비세력에게 집단으로 위해를 끼치려는 경우에도 공용화기를 사용할 수 있다.
② 해양경찰장비 및 장구의 종류는 「경찰관 직무집행법」 제10조 제2항 및 제10조의2 제2항에 따른 경찰장비 및 경찰장구로 한정한다.
③ 페인트 볼 및 투색총은 경찰장구에 해당한다.
④ 경찰장비 및 경찰장구의 사용은 통상의 용법에 따라 사용하여야 한다.

해설 ② 「경찰관직무집행법」상 경찰장비 및 경찰장구 외에도 해상검문검색이나 추적/나포, 항행 보호조치, 경비세력의 자체 방호 등을 위하여 경찰장비 및 경찰장구 등을 폭넓게 사용할 수 있다.

해양경찰장비 및 장구의 사용(제18조)
① 해양경찰관은 「경찰관 직무집행법」제10조제2항 및 제10조의2제2항에 따른 경찰장비 및 경찰장구 <u>외에</u> 다음 각호의 어느 하나에 따른 경찰장비 및 경찰장구를 사용할 수 있다.
  1. 해상검문검색 및 추적·나포 시 선박 등을 강제 정선, 차단 또는 검색하는 경우 경비세력에 부수되어 운용하는 경찰장비 및 경찰장구
  2. 선박등에 대한 <u>이동·해산</u> 명령 등 해상항행 보호조치에 필요한 경찰장비 및 경찰장구
  3. 제1호 및 제2호에 따른 경찰장비 및 경찰장구 외에 <u>정당한 직무수행 중 경비세력에 부당하게 저항하거나 위해를 가하려 하는 경우 경비세력의 자체 방호를 위한 경찰장비 및 경찰장구</u>
② 제1항에 따른 경찰장비 및 경찰장구의 종류 및 사용기준은 대통령령으로 정한다.

> 시행령 제5조(경찰장비·경찰장구의 종류 및 사용기준)
> ① 법 제18조 제1항에 따른 경찰장비 및 경찰장구의 종류는 다음 각호와 같다.
>   1. 경찰장비: 소화포(消火砲)
>   2. 경찰장구: 페인트볼 및 투색총(投索銃)
> ② 법 제18조 제1항에 따른 경찰장비 및 경찰장구의 사용기준은 다음 각호와 같다.
>   1. 통상의 용법에 따라 사용할 것
>   2. 목적 달성에 필요한 최소한의 범위에서 사용할 것
>   3. 다른 사람의 생명·신체에 대한 위해(危害)를 최소화할 것

34 다음 중 「해양경비법」상 개인화기 외에 공용화기를 사용할 수 있는 경우로 가장 옳은 것은?   22년 1차

① 선박 등과 범인의 도주를 방지하기 위한 경우
② 공무집행에 대한 저항을 억제하기 위한 경우
③ 자기 또는 다른 사람의 생명·신체에 대한 위해를 방지하기 위한 경우
④ 대간첩·대테러 작전

해설 ④ 대간첩·대테러 작전의 경우 개인화기 외 공용화기까지 사용할 수 있다.

정답 31 ② 32 ④ 33 ② 34 ④

35 「해양경비법(시행령 포함)」에 관한 설명이다. 다음 중 가장 옳은 것은?　　19년 경사

① 이 법은 경비수역에 있는 선박 및 경비수역을 제외한 수역에 있는 해양시설에 대하여 적용한다.
② 이 법에서 경비수역이란 연안수역, 근해수역, 원양수역을 말한다.
③ 해양경찰청장은 해양경비 활동을 효율적으로 수행하기 위하여 해양경비기본계획을 5년마다 수립하고 추진하여야 한다.
④ 이 법에 따른 경찰장비는 페인트볼 및 투색총이고 경찰장구는 소화포를 말한다.

> **해설** ① 「해양경비법」은 경비수역에 있는 선박이나 해양시설 및 경비수역을 제외한 수역에 있는 「선박법」 제2조에 따른 대한민국 선박에 대하여 적용한다(제4조).
> ② "경비수역"이란 대한민국의 법령과 국제법에 따라 대한민국의 권리가 미치는 수역으로서 연안수역, 근해수역 및 원해수역을 말한다.
> ④ 동법 시행령상 경찰장비는 소화포(消火砲), 경찰장구는 페인트볼 및 투색총(投索銃)를 말한다.

36 다음 중 「해양경비법」상 목포해양경찰서 소속 1509함이 서해광역구역에서 경비 활동 중 공용화기를 사용할 수 있는 경우는 모두 몇 개인가?　　21년 경사

> ㉠ 대테러·대간첩 작전 등 국가안보와 관련되는 작전을 수행하는 경우
> ㉡ 불법외국어선을 발견하고 검문검색을 위해 3회 이상 정선 또는 이동명령 하였으나 따르지 아니하고 경비세력에게 집단으로 위해를 끼치는 경우
> ㉢ 선박 등의 나포와 범인을 체포하기 위한 경우
> ㉣ 불법외국어선이 해상검문검색에 대해 불응하고 선체를 사용하여 경비함정을 공격하려는 경우

① 1개　　② 2개
③ 3개　　④ 4개

> **해설** 1] 무기를 사용할 수 있는 경우 : ㉢
> 2] 공용화기를 사용할 수 있는 경우 : ㉠㉡㉣

37 다음 중 「해양경비법 시행령」 제5조에 따른 경찰장비 및 경찰장구의 사용기준으로 가장 옳은 것은? 20년 3차

① 통상의 용법에 따라 사용할 것
② 목적 달성에 필요한 최대한의 범위에서 사용할 것
③ 다른 사람의 생명 · 재산에 대한 위해를 최소화할 것
④ 범인을 신속하게 제압할 수 있을 것

해설
1) 통상의 용법에 따라 사용할 것
2) 목적 달성에 필요한 최소한의 범위에서 사용할 것
3) 다른 사람의 생명 · 신체에 대한 위해를 최소화할 것

38 다음 중 「해양경비법」상 무기 또는 경찰장비 및 장구의 사용에 대한 설명으로 가장 옳지 않은 것은? 21년 경장

① 해양경찰관은 대간첩, 대테러 작전 등 국가안보와 관련되는 작전을 수행하는 경우에는 개인화기 외에 공용화기를 사용할 수 있다.
② 해양경찰관은 해상검문검색 및 추적 · 나포 시 선박 등을 강제 정선, 차단 또는 검색하는 경우 경비세력에 부수되어 운용하는 경찰장비 및 장구를 사용할 수 있다.
③ 해양경찰관은 선박 등의 나포와 다른 사람의 생명, 재산에 대한 위해를 방지하기 위한 경우 무기를 사용할 수 있다.
④ 해양경찰관이 무기를 사용할 경우 무기사용의 기준은 「경찰관 직무집행법」 제10조의4에 따른다.

해설
③ 해양경찰관은 선박 등의 나포와 범인의 체포하기 위한 경우, 선박 등과 범인의 도주를 방지하기 위한 경우, 자기 또는 다른 사람의 생명 · 신체에 대한 위해를 방지하기 위한 경우, 공무집행에 대한 저항을 억제하기 위한 경우에는 무기를 사용할 수 있다.

정답 35 ③ 36 ③ 37 ① 38 ③

39. 다음 보기 중 「해양경비법」(시행령, 시행규칙 포함)의 내용에 대한 설명으로 옳지 않은 것은 모두 몇 개인가?

21년 1차

> ⊙ 해양경찰관은 해양경비 활동 중 자기 또는 다른 사람의 신체ㆍ재산에 대한 위해를 방지하기 위한 경우 무기를 사용할 수 있다.
> ⓒ 해양경찰관은 해양경비 활동 중 선박 등이 3회 이상 정선 또는 이동 명령에 따르지 아니하는 경우 공용화기를 사용할 수 있다.
> ⓒ 대간첩, 대테러 작전 등 국가안보와 관련되는 작전을 수행하는 경우 개인화기 외에 공용화기를 사용할 수 있다.
> ⓔ 「해양경비법 시행령」제5조(경찰장비, 경찰장구의 종류 및 사용기준)상 경찰장비에는 소화포ㆍ투색총(줄을 쏘도록 만든 특수총)이, 경찰장구에는 페인트볼이 포함된다.

① 없음   ② 1개
③ 2개   ④ 3개

해설 [O] ⓒ
[X] ⊙ⓒⓔ
⊙ 재산 X
ⓒ 해양경비 활동 중 선박 등이 3회 이상 정선 또는 이동명령에 따르지 아니하는 경우 + 위협성
ⓔ 투색총과 페인트 볼은 장구

40. 다음 중 경찰장비(무기, 경찰장구 등)의 사용과 관련된 내용으로 가장 옳지 않은 것은?

23년 해경학과

① 「해양경비법」상 해양경찰관은 선박 등이 3회 이상 정선 또는 이동명령에 따르지 아니하고 경비세력에게 집단으로 위해를 끼치거나 끼치려는 경우 공용화기를 사용할 수 있다.
② 「해양경비법」상 해양경찰관은 선박 등의 나포와 범인을 체포하기 위한 경우 공용화기를 사용할 수 있다.
③ 「경찰관직무집행법」상 위해성 경찰장비는 필요한 최소한도에서 사용하여야 한다.
④ 「해양경비법」상 해양경찰관은 공무집행에 대한 저항을 억제하기 위한 경우 무기를 사용할 수 있다.

해설 ② 「해양경비법」상 해양경찰관은 선박 등의 나포와 범인을 체포하기 위한 경우 무기를 사용할 수 있다.

41 다음 중 「해양경비법(시행령 및 시행규칙 포함)」과 「경찰관직무집행법(시행령 포함)」상 내용으로 가장 옳지 않은 것은?　　　　　　　　　　　　　　　　　　　23년 해경학과

① 두 법률은 모두 해상에서 적용할 수 있으므로 경찰관은 두 법률을 중복적으로 적용할 수 있다.
② 불심검문은 임의작용으로서 상대방은 이를 거절할 수 있지만, 해상검문검색은 강제작용으로서 상대방은 이에 따라야 한다.
③ 외국선박에 대한 추적권 행사는 일단 추적권이 성립된 이후에는 그 외국선박이 제3국 영해에 진입하여도 계속 행사할 수 있다.
④ 해상에서 경찰관이 무기를 사용할 때의 기준은 「경찰관직무집행법」 제10조의4에 따른다.

해설 위에서 논란 없이 명확히 틀린 내용은 ③이다. 하지만, ②의 경우에는 다툼의 여지가 보인다. 우선 해상검문검색이 강제작용인지 여부이다. 해상검문검색의 절차는 제2조 제9호에서 「정선요구」라고 규정하고 있기 때문에 「영해 및 접속수역법」 (정선명령) 등과는 입법태도가 다르다. 물론 해상검문검색을 정당한 사유 없이 거부, 방해 또는 기피한 자는 1년 이하의 징역 또는 1천만원 이하의 벌금에 처할 수 있고(제21조), 해상검문검색에 따르지 아니하고 도주하는 선박에 대해서는 제13조에 따라 추적/나포할 수 있기 때문에 「경찰관직무집행법」과는 다르게 내용상 결과적으로 강제되고 있다.

42 다음 중 「해양경비법」에 대한 내용으로 옳은 것은 모두 몇 개인가?　　　　　　　　　20년 경찰간부

㉠ 외국선박에 대한 해상항행 보호조치는 근해수역에서만 실시한다.
㉡ 임해 중요시설 경계 바깥쪽으로부터 1해리 이내 경비수역에서 선박등이 무리를 지어 위력적인 방법으로 항행 또는 점거함으로써 안전사고가 발생할 우려가 높은 경우 해상항행 보호조치를 할 수 있다.
㉢ 해양경찰관은 다른 선박의 항행 안전에 지장을 주거나 진로 등 항행상태가 일정하지 아니하고 정상적인 항법을 일탈하여 운항되는 선박등에 대하여 해상검문검색을 실시할 수 있다.
㉣ 해양경찰관은 무기류 또는 관련 물자의 수송에 사용되고 있다고 의심되는 외국선박에 대해 「해양경비법」에 따라 추적권을 행사할 수 있다.

① 1개　　② 2개
③ 3개　　④ 4개

정답　39 ④　40 ②　41 ③　42 ①

[O] ⓒ
[X] ⓐⓑⓓ
ⓐ 외국선박에 대한 해상항행 보호조치는 <u>연안수역에서만</u> 실시한다.
ⓑ 임해 중요시설 경계 바깥쪽으로부터 <u>1킬로미터 이내</u> 경비수역에서 선박등이 무리를 지어 위력적인 방법으로 항행 또는 점거함으로써 안전사고가 발생할 우려가 높은 경우 해상항행 보호조치를 할 수 있다.
ⓓ 해상검문검색의 대상선박이고, 외국선박에 대한 검문검색은 대한민국이 체결ㆍ비준한 조약 또는 일반적으로 승인된 국제법규에 실시한다. 그리고 외국선박이 도주하는 경우 추적권의 행사는「해양법에 관한 국제연합협약」제111조에 따른다.

43 다음 중「해양경비법」상 해양경비기본계획 수립 시 해양경찰청장이 의견을 들어야 하는 기관장으로 법에 예시적으로 명시되어 있는 관계기관으로 가장 옳지 않은 것은?

19년 승진

① 외교부장관 ② 국방부장관
③ 경찰청장 ④ 해양수산부장관

해설 ④ 승진문제에서는 법규정 예시에 해양수산부장관이 없어 해양수산부장관을 정답으로 하고 있으나, 적절한 문제는 아닌 것 같다. 왜냐하면, 관계 중앙행정기관의 장의 의견을 들어야 한다는 규정에 해양수산부장관이 당연히 포함된다고 볼 수 있기 때문이다.

해양경비기본계획의 수립(제6조)
① 해양경찰청장은 해양경비 활동을 효율적으로 수행하기 위하여 해양경비기본계획을 5년마다 수립하고 추진하여야 한다.
② 기본계획에는 다음 각호의 사항이 포함되어야 한다.
  1. 주변정세의 변화에 따른 해양치안 수요 분석에 관한 사항
  2. 해양치안 수요에 따른 경비세력의 운용방안 및 국제공조에 관한 사항
  3. 경비세력 증감에 대한 전망 및 인력ㆍ재원의 조달에 관한 사항
  4. 경비수역별 특성에 알맞은 경비 방법에 관한 사항
  5. 그 밖에 해양경비 운용에 필요한 사항
③ 해양경찰청장은 기본계획을 수립하려는 경우에는 <u>외교부장관, 국방부장관, 경찰청장 등 관계 중앙행정기관의 장 및 특별시장ㆍ광역시장ㆍ특별자치시장ㆍ도지사ㆍ특별자치도지사의 의견을 들어야 한다.</u>
④ 해양경찰청장은 수립된 기본계획에 따라 매년 전년도 해양경비 실적이나 치안여건 등을 분석하여 해당 연도의 중점 경비대상과 달성목표 등을 포함한 연간 해양경비계획을 수립하여야 한다.

44 「해양경비법」상 해양경찰청장은 해양경비활동을 효율적으로 수행하기 위하여 해양경비기본계획을 수립, 추진하여야 한다. 이와 관련하여 옳은 것은 모두 몇 개인가?

19년 경찰간부

> ㉠ 기본계획은 5년마다 수립하여 추진하여야 한다.
> ㉡ 지방해양경찰청장은 수립된 기본계획에 따라 매년 전년도 해양경비실적이나 치안여건 등을 분석하여 해당 연도의 중점 경비대상과 달성목표 등을 포함한 연간 해양경비계획을 수립하여야 한다.
> ㉢ 기본계획에는 주변정세의 변화에 따른 해양치안수요분석에 관한 사항이 포함되어야 한다.
> ㉣ 기본계획에는 경비세력 증감에 대한 전망 및 인력, 재원의 조달에 관한 사항이 포함되어야 한다.
> ㉤ 기본계획에 국제공조에 대한 내용은 포함되지 않는다.
> ㉥ 경비수역별 특성에 맞는 경비방법에 대한 사항은 지방청장이 수립하는 연간 해양경비계획에만 포함하면 된다.

① 3개　　② 4개
③ 5개　　④ 6개

 [O] ㉠㉢㉣
　　　　[X] ㉡㉤㉥
㉡ 해양경찰청장이 수립한다.
㉤ 국제공조에 관한 사항도 포함된다.
㉥ 경비수역별 특성에 알맞은 경비방법에 관한 사항을 포함하여 <u>해양경찰청장이</u> 해양경비기본계획 수립한다.
해/양/경/비/기/본/계/획/의/수/립(제6조)
① <u>해양경찰청장은</u> 해양경비 활동을 효율적으로 수행하기 위하여 해양경비기본계획(기본계획)을 5년마다 수립하고 추진하여야 한다.
② 기본계획에는 다음 각호의 사항이 포함되어야 한다.
　1. 주변정세의 변화에 따른 해양치안 수요 분석에 관한 사항
　2. 해양치안 수요에 따른 경비세력의 운용방안 및 국제공조에 관한 사항
　3. 경비세력 증감에 대한 전망 및 인력·재원의 조달에 관한 사항
　4. 경비수역별 특성에 알맞은 경비 방법에 관한 사항
　5. 그 밖에 해양경비 운용에 필요한 사항
③ <u>해양경찰청장은</u> 기본계획을 수립하려는 경우에는 외교부장관, 국방부장관, 경찰청장 등 관계 중앙행정기관의 장 및 특별시장·광역시장·특별자치시장·도지사·특별자치도지사의 의견을 들어야 한다.
④ 해양경찰청장은 수립된 기본계획에 따라 매년 전년도 해양경비 실적이나 치안여건 등을 분석하여 해당 연도의 중점 경비대상과 달성목표 등을 포함한 연간 해양경비계획을 수립하여야 한다.

정답　43 ④　44 ①

45 예전 「해양경비법」상 '해양경찰의 날'을 9월 10일로 지정한 것과 관련된 것으로 가장 타당한 것은?   19년 경사

① 「영해 및 접속수역법」이 시행된 날
② 「배타적 경제수역법」이 시행된 날
③ 통일신라시대 장보고가 「청해진」을 설치한 날
④ 이승만 대통령이 "인접해양의 주권에 관한 대통령 선언"을 통해 「평화선」을 선포한 날

> **해설** ② 예전 2차 개정(2013년 5월 22일) 때, 국민에게 해양주권 수호의 중요성을 널리 알리고 해양안전 의식을 높이기 위하여 매년 9월 10일을 해양경찰의 날로 정하여 기념행사를 한다고 규정하였다(제5조의2). 「UN 해양법협약」이 우리나라에서 1996년 2월 말부터 발효가 됨에 따라, 「배타적 경제수역법」이 1996년 8월 8일 제정되어 9월 10일부터 시행되었다.
> 현재는 「해양경비법」상 해양경찰의 날 규정을 「해양경찰법」(제4조)으로 이관하여 명문으로 규정하고 있다(2020년 2월 21일부터).

46 다음 「해양경비법(시행령, 시행규칙 포함)」에 대한 설명 중 괄호 안에 들어갈 숫자의 합은?   21년 3차

> ㉠ 임해 중요시설 경계 바깥쪽으로부터 ( )킬로미터 이내 경비수역에서 선박등이 무리를 지어 위력적인 방법으로 항행 또는 점거함으로써 안전사고가 발생할 우려가 높은 행위를 하는 경우 경고, 이동·해산 명령 등 해상항행 보호조치를 할 수 있다.
> ㉡ 해상검문검색을 정당한 사유 없이 거부, 방해 또는 기피하는 자는 ( )년 이하의 징역 또는 ( )천만원 이하의 벌금에 처한다.
> ㉢ 선박등이 ( )회 이상 정선 또는 이동 명령에 따르지 아니하고 경비세력에게 집단으로 위해를 끼치거나 끼치려는 경우 개인화기 외에 공용화기를 사용할 수 있다.
> ㉣ 해양경찰청장은 해양경비 활동을 효율적으로 수행하기 위하여 해양경비기본계획을 ( )년마다 수립하고 추진하여야 한다.

① 9   ② 10
③ 11   ④ 12

> **해설**
> ㉠ 1킬로미터 이내
> ㉡ 1년 / 1천만원
> ㉢ 3회
> ㉣ 5년

제 3 절 「UN 해양법협약」상의 직무집행

01 「해양법에 관한 국제연합 협약」에 따른 '추적권'에 대한 설명으로 가장 옳지 않은 것은?

18년 경사

① 추적권은 군함·군용항공기 또는 정부업무에 사용 중인 것으로 명백히 표시되어 식별이 가능하며, 그러한 권한이 부여된 그 밖의 선박이나 항공기에 의하여서만 행사될 수 있다.
② 추적은 시각이나 음향 정선신호가 외국선박이 보거나 들을 수 있는 거리에서 발신된 후 비로소 이를 시작할 수 있다.
③ 외국선박에 대한 추적은 연안국의 권한 있는 당국이 그 선박이 자국의 법령을 위반한 것으로 믿을 만한 충분한 이유가 있을 때 행사할 수 있다.
④ 추적은 정선명령을 한 선박이 추적국의 내수·군도수역·영해 또는 접속수역에 있을 때에만 시작되고, 추적이 중단되지 아니한 경우에는 영해나 접속수역 밖으로 계속될 수 있다.

> **해설** ④ 영해나 접속수역에 있는 외국선박이 정선명령을 받았을 때 정선명령을 한 선박은 반드시 영해나 접속수역에 있어야 할 필요는 없다.

02 「해양법에 관한 국제협약」에 의거, '추적권'에 대한 설명으로 가장 옳은 것은? 19년 경사

① 추적은 정선명령을 한 선박이 추적국의 내수·군도수역·영해 또는 접속수역에 있을 때에만 시작되고, 추적이 중단되지 아니한 경우에 한해 영해나 접속수역 밖으로 계속될 수 있다.
② 외국선박에 대한 추적은 외국선박이 자국의 법령을 위반한 것으로 믿을 만한 충분한 이유가 있을 때 연안국의 모든 선박에 의해서 행사될 수 있다.
③ 추적권은 배타적 경제수역이나 대륙붕에서 이 협약에 따라 적용될 수 있는 연안국의 법령을 위반한 경우에 준용한다.
④ 추적권은 추적당하는 선박이 그 국적국 또는 제3국의 영해에 들어가도 소멸하지 않는다.

> **해설** ① 정선명령을 한 추적선의 위치는 영해든 접속수역이든 상관이 없다.
> ② 권한 있는 선박, 즉 함정이나 항공기 등 권한이 부여된 선박이어야 한다.
> ④ 추적당하는 선박이 그 국적국 또는 제3국의 영해에 들어가면 추적권은 소멸한다.

정답 45 ② 46 ③ 01 ④ 02 ③

「UN 해양법협약」상 추적권(제111조)
1) 요건
① 외국선박에 대한 추적은 연안국의 권한있는 당국이 그 선박이 자국의 법령을 위반한 것으로 믿을 만한 충분한 이유가 있을 때 행사할 수 있다.
② 이러한 추적은 외국선박이나 그 선박의 보조선이 추적국의 내수·군도수역·영해 또는 접속수역에 있을 때 시작되고 또한 추적이 중단되지 아니한 경우에 한하여 영해나 접속수역 밖으로 계속될 수 있다.
③ 영해나 접속수역에 있는 외국선박이 정선명령을 받았을 때 정선명령을 한 선박은 반드시 영해나 접속수역에 있어야 할 필요는 없다. 외국선박이 접속수역(제33조)에 있을 경우 추적은 그 수역을 설정함으로써 보호하려는 권리가 침해되는 경우에 한하여 행할 수 있다(제1항).
④ 추적당하는 선박이나 그 선박의 보조선이 또는 추적당하는 선박을 모선으로 사용하면서 한 선단을 형성하여 활동하는 그 밖의 보조선이 영해의 한계 내에 있거나, 경우에 따라서는, 접속수역·배타적 경제수역 한계내에 또는 대륙붕 상부에 있다는 사실을 추적선박이 이용가능한 실제적인 방법으로 확인하지 아니하는 한, 추적은 시작된 것으로 인정되지 아니한다. 추적은 시각이나 음향 정선신호가 외국선박이 보거나 들을 수 있는 거리에서 발신된 후 비로소 이를 시작할 수 있다(제4항).

2) 추적권의 행사 및 유지
① 추적권은 군함·군용항공기 또는 정부업무에 사용 중인 것으로 명백히 표시되어 식별이 가능하며 그러한 권한이 부여된 그 밖의 선박이나 항공기에 의하여서만 행사될 수 있다(제5항).
② 피추적 선박이 영해(또는 접속수역)에 있을 때에 시작해야 한다. 그때 피추적 선박이 영해 밖에 있어도 그 보트가 영해 내에 있으면 본선이 영해 내에 있다고 의제하고 본선에 대한 추적권이 발생한다. 추적 개시에 있어서 피추적 선박(또는 그 보트 등)이 그 해역에 있다는 것을 확인하고 시청각의 정지신호를 발하는 것이 요건이 된다. 추적은 중단하지 않는 한 그 해역 밖까지 계속하여 실행할 수 있으며 추적선이 다른 추적선으로 이어지거나 추적항공기에서 추적선으로 이어지는 것도 인정되지만 <u>피추적 선박이 기국 또는 제3국의 영해에 들어가면 추적권은 소멸한다.</u>

03 해양경찰 직무집행의 근거는 국내법으로 「해양경비법」, 「경찰관직무집행법」 등이 있으며, 국제법으로는 「UN 해양법협약」 등이 있다. 다음 중 「UN 해양법협약」에 대한 내용으로 가장 옳지 않은 것은?   19년 공채/특채 3차

① 영해, 접속수역, 배타적경제수역 등에 관한 사항이 규정되어 있다.
② 추적권은 중단없이 계속되어야 하므로, 피의선박이 다른 나라 영해에 들어가도 계속될 수 있다
③ 추적권은 연안국의 주권적 권리가 미치는 수역에서 자기나라의 법령을 위반하였다고 믿을만한 충분한 이유가 있을 때에는 그 추적을 영해 밖까지 할 수 있는 권리이다.
④ 공해에 있는 군함은 기국 외의 어떠한 국가의 관할권으로부터도 완전히 면제된다.

해설 ② 추적권은 피의선박(추적당하는 선박)이 그 국적국 또는 제3국의 영해로 들어감과 동시에 소멸한다.

04 경비활동 중이던 해경함정이 배타적 경제수역에서 불법조업을 하고 있는 외국선박을 발견하여 추적권을 행사하였다. 추적권을 행사한 여러 함정 사례 중 가장 잘못된 것은?

19년 경정

① (A함정) 외국선박이 충분히 보거나 들을 수 있는 거리에서 시각신호와 음향신호를 활용하여 정선명령을 실시한 후 추적을 시작하였다.
② (B함정) 추적 시작 후 중단 없이 계속 실시하였다.
③ (C함정) 공해상에 있는 모선(母船)은 추적권이 없어, 우리 측 수역에 있는 자선(子船)에 대해서만 추적하였다.
④ (D함정) 추적권 행사 중 추적당하는 외국 선박이 그 기국의 영해 내로 도주해 추적을 종료하고 복귀하였다.

해설 ③ 추적은 피추적선이 영해(또는 접속수역)에 있을 때에 시작되게 된다. 그때 피추적 선박이 영해 밖에 있어도 그 자선이 영해 내에 있으면 모선(본선)이 영해 내에 있다고 보고 모선(본선)에 대한 추적권이 발생한다.

정답 03 ② 04 ③

해양경찰 관리행정

제 1 절 해양경찰 조직관리

01 베버(M. Weber)가 주장한 이념형(ideal type)으로서의 근대 관료제에 대한 설명으로 가장 옳지 않은 것은?
19년 경감

① 관료는 계급과 근무연한에 따라 정해진 금전적 보수를 받는다.
② 관료는 객관적·중립적 입장보다는 민원인의 입장에서 판단하고 결정한다.
③ 모든 직위의 권한과 관할범위는 법규에 의하여 규정된다.
④ 관료의 업무 수행은 문서에 의한다.

> **해설**
> ② 일처리할 때는 개인적 분노도 편견도 필요없이, 오로지 법(法)대로 처리한다. 관료제는 공과 사의 엄격한 분리를 강조한다.
>
> M. Weber가 주장한 이상적인 관료제의 구조적인 특성
> ① 관료의 권한과 직무범위는 법규에 의해 규정된다. 관료제의 지배 원리는 전통이나 개인적 자질에 의한 카리스마에 의존하는 것이 아니라, 합리적이고 민주적인 절차에 따라 제정된 법규에 의해 부여된다.
> ② 직무조건은 계층제적 구조로 되어 있다. 계층제는 상명하복의 지시·명령을 하는 자와 그 명령을 수행하는 자와 구분을 분명히 하고 있다.
> ③ 직무의 수행은 서류에 의해서 이루어지며 기록은 장기간 보존된다. 문서의 형태는 전자화되고 있지만 사전 또는 사후에 결재와 기록보존의 특성은 변하지 않고 있다.
> ④ 관료는 직무수행과정에서 애정이나 증오 등의 개인적 감정에 의하지 않고 법규에 따라 임무를 수행한다.
> ⑤ 모든 직무는 전문지식과 기술을 지닌 관료가 담당하며, 이들은 시험 또는 자격 등에 의해 공개적으로 채용된다. 관료들은 지속적인 교육훈련을 통해 전문화되고 구성원은 직업인으로서 일하게 된다.
> ⑥ 관료는 직무수행의 대가로 급료를 정규적으로 받고, 승진 및 퇴직금 등의 직업적 보상을 받는다.

02 다음 중 계층제에 대한 내용으로 가장 옳지 않은 것은? 20년 경찰간부

① 엄격한 명령계통에 따라 상명하복의 관계 유지를 위해서는 통솔범위를 넓게 설정한다.
② 하위 계층 간 갈등과 분쟁이 발생한 경우 계층제를 통해 갈등과 분쟁이 해결되고 조정할 수 있어 조직의 통일성과 안정성을 유지하는데 기여한다.
③ 조직에서 지휘명령 등 의사소통, 특히 상의하달의 통로가 확보되는 순기능이 있다.
④ 조직 내의 권한과 책임 및 의무의 정도가 상하의 계층에 따라 달라지도록 조직을 설계하는 것을 말한다.

> 해설 ① 계층제와 통솔범위는 반비례의 관계에 있다. 일반적으로 조직의 규모가 클수록 통솔의 범위는 좁아지는데 반하여 조직의 규모가 작을수록 통솔의 범위는 넓어진다. 한편 전문성의 원리(분업의 원리)와 조정의 원리는 1차적·표면적으로는 충돌관계이다. 즉 반비례의 관계에 있으므로, 전문화가 될수록 조직 내의 조정과 통합은 어려워진다. 하지만 전문화와 분업화의 정도가 높아질수록 조정과 통합의 필요성이 높아지므로 양자는 정비례 관계에 있다고 보는 견해가 유력하다.

03 해양경찰 조직의 편성원리에 대한 설명으로 가장 옳지 않은 것은? 23년 경찰간부

① 계층제의 원리 : 해양경찰조직의 목표 달성에 필요한 권한·책임에 따라 직무를 등급화함으로서 형성된 피라미드형 구조를 의미한다. 계층제는 조직의 필수적인 구성요소이지만, 너무 지나친 계층제의 확대는 오히려 역기능을 초래한다.
② 통솔범위의 원리 : 한 사람의 상관이 직접 지휘·감독할 수 있는 부하의 수에는 한계가 있다는 의미이다. 통솔의 범위를 넓게 하면 계층이 늘어나고 엄격한 관리로 구성원의 창의성이 위축된다.
③ 명령통일의 원리 : 부하는 한 사람의 감독자 또는 상관으로부터 명령을 받고 그에게 보고하도록 해야한다는 의미이다. 이를 통해 명령의 중복을 피하고, 책임소재를 분명히 할 수 있다.
④ 조정과 통합의 원리 : 해양경찰조직과 구성원의 개별적인 활동을 전체적인 관점에서 통일하는 원리이다. 조직의 모든 구성체가 조직목표의 효율적인 달성을 위해 질서정연한 행동을 모색하는 것이다.

> 해설 ② 통솔범위의 원리는 한 사람의 상관이나 감독자가 효과적으로 직접 통솔할 수 있는 부하의 수를 말한다. 이는 개인이 기울일 수 있는 주의력의 범위에는 한계가 있고, 능력과 시간에 한계가 있다는데 근거한다. 통솔범위와 계층제의 관계를 볼 때 통솔범위는 계층의 수가 많아질수록 좁아지고, 적어질수록 넓어지는 상반관계에 있다. 한편, 구조조정의 문제와 관련하여 통솔범위의 원리는 밀접한 관련성이 있다.

정답 01 ② 02 ① 03 ②

제 2 절 해양경찰 인사관리

01 다음 <보기> 중 옳고 그름의 표시(O, X)가 옳게 짝지어진 것은? 21년 경찰간부

> ㄱ. 엽관주의란 인사행정의 기준을 당파성이나 정실, 혈연, 지연이 아니라 개인의 능력, 자격, 성적에 두는 제도를 의미한다.
> ㄴ. 실적주의는 기회균등 및 사회적 평등을 실현하고 행정의 안정성과 전문성 확보에 유리하다.
> ㄷ. 직위분류제는 행정에 대한 민주적 통제가 용이하며, 보수의 합리적 기준을 제시한다.
> ㄹ. 우리나라의 공직분류체계는 직위분류제 위주에 계급제적 요소를 가미한 혼합적 형태이다.

① ㄱ(X), ㄴ(O), ㄷ(O), ㄹ(O)
② ㄱ(X), ㄴ(X), ㄷ(O), ㄹ(O)
③ ㄱ(O), ㄴ(X), ㄷ(X), ㄹ(O)
④ ㄱ(X), ㄴ(O), ㄷ(O), ㄹ(X)

해설
[O] ㄴㄷ
[X] ㄱㄹ
ㄱ 엽관주의는 인사행정의 기준을 당파성이나 정실·혈연·지연 등에 두고, 실적주의는 개인의 능력·자격·성적에 두는 제도를 의미한다.
ㄹ 우리나라의 공직분류체계는 예전부터 계급제 위주에 직위분류제적 요소를 가미한 혼합적 형태라고 평가되어진다.

02 직업공무원제도에 대한 설명으로 가장 옳지 않은 것은? 23년 공/특채, 간부

① 유능하고 젊은 인재를 공직에 유인·확보하고 나아가 이들이 공직을 보람 있는 평생의 직업으로 여기고 성실히 근무할 수 있도록 운영하는 인사제도이다.
② 공무원의 신분보장을 통하여 행정의 안정성, 계속성, 독립성, 중립성 등을 확보할 수 있다.
③ 강력한 신분보장으로 공무원에 대한 민주적 통제가 약화될 수 있으며, 공무원의 무책임성이 발생하여 행정통제·행정책임 확보가 곤란해 질 수 있다.
④ 직업공무원제도의 선행조건으로 실적주의가 반드시 전제되어야 하며, 공무원의 일체감과 단결심 및 공직에 헌신하려는 정신을 강화하는데 불리한 제도이다.

> **해설** ④ 실적주의가 직업공무원제를 확립 또는 발전하기 위한 기초와 기반을 제공하긴 하나 반드시 전제되어야 하는 것은 아니며, 실적주의 자체가 직업공무원제를 의미하는 것도 아니고 더더구나 같은 것도 아니다. 또한, 직업공무원제도는 공무원의 신분보장, 유능한 인재의 확보, 행정의 안정성과 계속성 유지, 공무원과 국민의 일체감 형성 등의 장점을 가진다.
> 한편, 미국은 1883년에 이미 실적주의가 확립되었으나, 직업공무원제도의 필요성이 강조된 것은 1935년 이후로 이전에는 공무원의 이직률이 매우 높았다. 유럽 각국에서는 직업공무원제도가 일찍부터 확립되었으나, 실적주의는 근래에 와서 확립되었다. 실적주의는 반드시 젊고 유능한 젊은이들에게 공직이 개방될 것을 필요로 하지 않지만, 직업공무원제도는 이를 요건으로 한다. 실적주의에서는 공무원의 신분이 보장되어 있다 할지라도 외부인의 공직임용이 폭넓게 허용되면 직업공무원제도의 확립이 어렵다. 이와 같이 실적제와 직업공무원제는 동일한 것은 아니지만 근래에 와서 실적주의는 직업공무원제도로 발전되어 가고 있으며, 또한 이의 확립을 위한 기초가 되고 있다. 직업공무원제도는 공무원의 신분보장, 유능한 인재의 확보, 행정의 안정성과 계속성 유지, 공무원과 국민의 일체감 형성 등의 장점을 지니고 있으나, 민주통제의 곤란, 행정의 전문화 저해 등의 단점도 지니고 있다. 이러한 연유로 직업공무원제도의 성격이 강한 유럽 여러 나라의 인사행정은 그것을 약화시키고 실적주의와 개방적 공무원제의 요소를 도입하는 방향으로 나가고 있으며, 반면에 실적주의를 수립한 미국에서는 점차적으로 채용·승진·전직·교육훈련 면에서 폐쇄형(closed system)적인 직업공무원제도의 성격을 가미하고 있다.

03 공직분류 방식 중 계급제와 직위분류제에 대한 설명으로 가장 옳지 않은 것은?

18년 경력특채

① 계급제란 직위에 보임하고 있는 공무원의 자격 및 신분을 중심으로 계급을 만드는 제도를 말한다.
② 계급제는 직위분류제에 비해 직무중심의 분류 방법이다.
③ 직위분류제는 전직이 제한되고 동일한 직무를 장기간 담당하게 되어, 행정의 전문화에 기여하고 권한과 책임이 한계를 명확히 하는데 유리하다.
④ 해양경찰 공직 방식은 계급제 위주에 직위 분류제적 요소를 가미한 형태이다.

> **해설** ② 계급제는 인간중심적 공직분류제도이고, 직위분류제는 직무의 난이도 및 책임도를 기준으로 수직, 수평적으로 분류한 공직분류제도이다.
>
> 1] 계급제의 장/단점
>
> | 장점 | 단점 |
> |---|---|
> | ㉠ 일반적 교양과 능력을 가진 유능한 인재의 등용 | ㉠ 행정의 전문화 곤란 |
> | ㉡ 인사배치의 신축성과 적응성 | ㉡ 객관적인 근무평정의 곤란 |
> | ㉢ 신분보장의 강화(행정의 안정화 도모) | ㉢ 동일업무에 대한 동일보수지급의 곤란 |
> | ㉣ 이해력이 넓어져 기관간의 횡적인 협조·조정이 용이 | ㉣ 계급의 폐쇄화에 따른 상호 배타적인 긴장조성 |
> | ㉤ 직업공무원제의 확립에 기여 | ㉤ 직무와 직무담당자의 능력의 괴리 초래 |
> | | ㉥ 직무지향적 동기유발의 좌절 초래 |

정답 01 ④ 02 ④ 03 ②

2] 직위분류제의 장/단점

장점	단점
㉠ 보수결정의 합리적 기초제공(equal jop and equal pay) ㉡ 시험 · 임용 · 인사배치의 합리적 기준제시 ㉢ 훈련수요의 명확화 ㉣ 근무성적평정의 자료제공 ㉤ 행정의 전문화 촉진 ㉥ 권한 · 책임한계의 명확화 ㉦ 체계적인 인력수급계획 수립 ㉧ 예산행정의 능률화와 행정의 민주적 통제	㉠ 경험과 넓은 시야를 가진 중견행정가 양성 곤란 ㉡ 직책에 따른 전문화로 전문가간의 협조 · 조정 · 의사소통 곤란 ㉢ 신분의 불안정성 ㉣ 공무원의 능력 및 창의력 계발의 곤란 ㉤ 인사배치의 탄력성 제약

04 공직분류의 방식에는 크게 계급제와 직위분류제가 있다. 다음의 설명 중 직위분류제와 관련 있는 것으로 묶인 것은?   19년 경찰간부

㉠ 직무의 종류, 난이도, 책임에 따라 직급이 같더라도 서로 다른 보수를 받고 권한과 책임의 영역을 명확하게 하는 제도이다.
㉡ 직무에 보임하고 있는 공무원의 자격 및 신분을 중심으로 계급을 만드는 제도이다.
㉢ 사람중심의 분류방법이다.
㉣ 직무중심의 분류방법이다.
㉤ 개방형 충원방식이다.
㉥ 폐쇄형 충원방식이다.

① ㉡㉣㉤
② ㉠㉣㉤
③ ㉠㉢㉤
④ ㉠㉢㉥

해설
1] 계급제 : ㉡㉢㉥
2] 직위분류제 : ㉠㉣㉤
직위분류제는 직무중심의 분류방법으로 직무의 종류, 난이도 및 책임도에 따라 수직/수평적으로 공직으로 분류하는 제도이다. 그리고 인사충원방식은 개방형을 취하고 있다. 현재 우리나라는 전통적인 계급제를 중심으로 직위분류제를 가미하고 있는 형식이다.

05 개방형 또는 폐쇄형 인사제도에 대한 설명으로 가장 옳은 것은?   19년 경감

① 폐쇄형은 조직에 대한 소속감이 높고 공무원의 사기가 높다.
② 폐쇄형은 국민의 요구에 민감하게 대응하며 행정에 대한 민주통제가 보다 용이하다.
③ 개방형은 재직자의 승진기회가 많고 경력발전의 기회가 많다.
④ 개방형은 공무원의 신분보장이 강화됨으로써 행정의 안정성을 유지할 수 있다.

> 해설 ① 폐쇄형의 인사충원은 조직의 안정성을 유지하고, 소속감을 높여 공무원의 사기를 높힐 수 있는 장점이 있다. 하지만, 상대적으로 개방형 인사보다 민주적 통제가 어렵다. ①외에는 모두 반대로 설명되고 있다.

06 다음 중 공직의 분류방식에 대한 설명으로 가장 옳지 않은 것은?   20년 경력/공채

① 계급제는 직위에 보임하고 있는 공무원의 자격 및 신분을 중심으로 계급을 만드는 제도를 말한다.
② 계급제는 직위분류제에 비해 직무중심의 분류 방법이다.
③ 직위분류제는 전직이 제한되고 동일한 직무를 장기간 담당하게 되어, 행정의 전문화에 기여하고 권한과 책임의 한계를 명확히 하는 데 유리하다.
④ 우리나라의 공직분류는 계급제 위주에 직위분류제적요소를 가미한 형태이다.

> 해설 ② 계급제는 인간중심적 공직분류방식이고, 직위분류제는 직무중심의 분류방식이다(직무분석과 직무평가). 즉 직위분류제는 직무의 난이도와 책임도를 중심으로 수직·수평적으로 분류한 공직분류제도이다.

정답 04 ② 05 ① 06 ②

07 공직분류 방식에는 크게 계급제와 직위분류제가 있다. 다음 <보기> 중 계급제와 관련이 깊은 것은 모두 몇 개인가? 21년 3차

> ㉠ 직무 중심의 분류방법
> ㉡ 직무의 종류, 난이도, 책임에 따라 직급이 같더라도 서로 다른 보수를 받고 권한과 책임의 영역을 명확하게 하는 제도
> ㉢ 직위에 보임하고 있는 공무원의 자격 및 신분을 중심으로 계급을 만드는 제도
> ㉣ 폐쇄형 충원방식 채택(외부로부터의 충원이 어려움)
> ㉤ 개방형 충원방식 채택
> ㉥ 사람 중심의 분류방법

① 2개 ② 3개
③ 4개 ④ 5개

해설
1] 계급제 : ㉢㉣㉥
2] 직위분류제 : ㉠㉡㉤

08 다음 <보기> 중 매슬로(Maslow)의 5단계 욕구 이론에 대한 설명으로 옳지 않은 것은 모두 몇 개인가? 21년 3차

> ㉠ 제안제도, 고충처리 상담은 사회적 욕구의 충족과 관련된다.
> ㉡ 공정하고 합리적인 승진, 공무원 단체의 활용은 자기실현욕구와 관련된다.
> ㉢ 포상제도, 권한의 위임, 참여확대는 존경욕구와 관련된다.
> ㉣ 신분보장, 연금제도는 안전욕구와 관련된다.

① 1개 ② 2개
③ 3개 ④ 4개

해설
[O] ㉡㉢㉣
[X] ㉠ 제안제도, 포상제도, 권한의 위임, 참여확대 등은 존경욕구 충족요건과 관련된다. 최근에는 자기실현욕구(자기완성욕구)와 관련하여 직무확대와 직무충실이 강조되고 있다.

09 다음 중 매슬로우(Maslow)의 욕구 이론에 대한 설명으로 가장 옳지 않은 것은?

22년 해경학과

① 매슬로우(Maslow)는 욕구를 생리적 욕구, 안전의 욕구, 사회적 욕구, 존경의 욕구, 자기실현 욕구로 구분하였다.
② 안전의 욕구는 현재 및 장래의 신분이나 생활에 대한 불안 해소에 관한 것으로 신분보장, 연금제도 등을 통해 충족시켜 줄 수 있다.
③ 존경의 욕구는 동료·상사·조직 전체에 대한 친근감·귀속감 충족에 관한 것으로 인간관계의 개선, 고충처리상담 등을 통해 충족시켜 줄 수 있다.
④ 생리적 욕구는 의식주 및 건강 등에 관한 것으로 적정보수제도, 휴양제도 등을 통해 충족시켜 줄 수 있다.

해설 ③ 동료·상사·조직 전체에 대한 친근감·귀속감 충족에 관한 것으로 인간관계의 개선, 고충처리상담 등을 통해 충족시켜 줄 수 있는 욕구는 사회적 욕구이다.

제 3 절 해양경찰 예산관리

01 다음 중 예산형식(구성)에 포함되지 않는 것은?

18년 경감

① 예산총칙
② 세입·세출예산
③ 예비비
④ 명시이월비

해설 ③ 예산의 형식(예산의 구성)은 예산총칙, 세입·세출예산, 계속비, 명시이월비, 국고채무부담행위로 구성되어 있다. 예비비는 예산의 핵심부분인 세입·세출예산에 포함되어 있다.

정답 07 ② 08 ① 09 ③ 01 ③

02 현행 우리나라의 예산과정에 대한 내용으로 가장 옳지 않은 것은? `20년 경찰간부`

① 예산과정은 '예산편성 - 예산집행 - 예산심의 - 예산결산' 순으로 이루어진다.
② 각 중앙관서의 장은 매년 1월 31일까지 해당 회계연도부터 5회계연도 이상의 기간 동안의 신규사업 및 기획재정부장관이 정하는 주요 계속사업에 대한 중기사업계획서를 기획재정부장관에게 제출하여야 한다.
③ 정부는 대통령의 승인을 얻은 예산안을 회계연도 개시 120일 전까지 국회에 제출하여야 한다.
④ 「대한민국헌법」에 의하면 정부는 회계연도마다 예산안을 편성하여 회계연도 개시 90일전까지 국회에 제출하도록 되어 있다.

> **해설** ① 예산과정은 '예산편성(정부) - 예산심의 및 의결(국회) - 예산집행 - 예산결산(기획재정부) 및 회계검사(감사원)' 순으로 이루어진다.

03 다음은 「국가재정법」의 내용이다. 그 설명이 각각 바르게 연결된 것은? `18년 경위`

> ㉠ ( )는(은) 완성에 수년도를 요하는 공사나 제조 및 연구개발 사업은 그 경비의 총액과 연부액을 정하여 미리 국회의 의결을 얻은 범위 안에서 수년도에 걸쳐서 지출할 수 있다.
> ㉡ 중앙관서장이 예산지침에 따른 그 소관의 다음연도 예산요구서를 매년 ( )까지 기획재정부장관에게 제출하여야 한다.

① ㉠ 계속비　　㉡ 3월 31일까지
② ㉠ 계속비　　㉡ 5월 31일까지
③ ㉠ 명시이월비　㉡ 5월 31일까지
④ ㉠ 예비비　　㉡ 3월 31일까지

> **해설** ㉠ 계속비에 대한 설명이다. 그리고 중앙관서의 장은 예산요구를 5월 31일까지 기획재정부장관에게 하여야 한다.
> 「국가재정법」
> 1] 예산의 구성(제19조)
> 　예산은 예산총칙·세입세출예산·계속비·명시이월비 및 국고채무부담행위를 총칭한다.
> 2] 예비비(제22조)
> 　정부는 예측할 수 없는 예산 외의 지출 또는 예산초과지출에 충당하기 위하여 일반회계 예산총액의 100분의 1 이내의 금액을 예비비로 세입세출예산에 계상할 수 있다.

3] 계속비(제23조)
  완성에 수년도를 요하는 공사나 제조 및 연구개발사업은 그 경비의 총액과 연부액(年賦額)을 정하여 미리 국회의 의결을 얻은 범위 안에서 수년도에 걸쳐서 지출할 수 있다. 이에 따라 국가가 지출할 수 있는 연한은 그 회계연도부터 5년 이내로 한다. 다만, 사업규모 및 국가재원 여건상 필요한 경우에는 예외적으로 10년 이내로 할 수 있다.

4] 명시이월비(제24조)
  세출예산 중 경비의 성질상 연도 내에 지출을 끝내지 못할 것이 예측되는 때에는 그 취지를 세입세출예산에 명시하여 미리 국회의 승인을 얻은 후 다음 연도에 이월하여 사용할 수 있다.

5] 중기사업계획서의 제출(제28조)
  각 중앙관서의 장은 매년 1월 31일까지 당해 회계연도부터 5회계연도 이상의 기간 동안의 신규사업 및 기획재정부장관이 정하는 주요 계속사업에 대한 중기사업계획서를 기획재정부장관에게 제출하여야 한다.

6] 예산안편성지침의 통보(제29조)
  기획재정부장관은 국무회의의 심의를 거쳐 대통령의 승인을 얻은 다음 연도의 예산안편성지침을 매년 3월 31일까지 각 중앙관서의 장에게 통보하여야 한다.

7] 예산요구서의 제출(제31조)
  각 중앙관서의 장은 제29조의 규정에 따른 예산안편성지침에 따라 그 소관에 속하는 다음 연도의 세입세출예산 · 계속비 · 명시이월비 및 국고채무부담행위 요구서(예산요구서)를 작성하여 매년 5월 31일까지 기획재정부장관에게 제출하여야 한다.

8] 예산안의 국회제출(제33조)
  정부는 제32조의 규정에 따라 대통령의 승인을 얻은 예산안을 회계연도 개시 120일 전까지 국회에 제출하여야 한다.

04 다음 중 예산에 대한 설명으로 가장 옳지 않은 것은? 18년 경감

① 추가경정예산은 국회에서 확정되기 전에 정부가 미리 배정하거나 집행할 수 있는 예산을 의미한다.
② 본예산은 매 회계연도 개시 전에 국회의 심의 · 의결을 거쳐 성립되는 예산을 의미한다.
③ 수정예산은 예산안 편성이 끝나고 정부가 예산안을 국회에 제출한 이후 국회 의결 전에 기존 예산안 내용의 일부를 수정하여 다시 제출한 예산안을 의미한다.
④ 준예산은 새로운 회계연도 개시 전까지 국회에서 예산안이 의결되지 못할 때 정부가 일정한 범위 내에서 전 회계연도의 예산에 준해 집행하는 잠정적 예산을 의미한다.

해설 추가경정예산은 이미 국회에서 예산이 확정된 후 추가 · 변경된 예산을 말한다. 추가경정예산의 편성횟수에는 제한이 없다. ① 긴급배정과 관련된 내용이다.

정답 02 ① 03 ② 04 ①

05 다음은 성립과정을 중심으로 예산의 종류를 설명한 것이다. ( ) 안의 내용과 관련하여 설명이 가장 올바른 것은?　　　　　　　　　　　　　　　　　　　　　　19년 공채/특채 3차

> (㉠)은(는) 최초로 편성되어 국회에 제출된 후 국회에서 의결을 통해 확정된 예산
> (㉡)은(는) 행정부가 예산안을 국회에 제출한 이후 성립, 확정되기 전에 예산안의 일부 내용을 변경하여 다시 국회에 제출한 예산
> (㉢)은(는) 예산이 확정된 이후에 생긴 사유로 인해 이미 성립한 예산에 변경을 가한 예산
> (㉣)은(는) 회계연도 개시 전까지 예산이 성립하지 못한 경우, 당초 연도 예산이 국회에서 의결될 때까지 전년도에 준해서 임시로 지출하는 예산

① ㉠은 준예산에 대한 설명이다.
② ㉡은 해당부처에서 별도의 심의절차 없이 대통령의 승인만을 얻어 국회에 제출한다.
③ 우리나라는 ㉢을 편성한 경우가 있다.
④ ㉣은 국회에서 예산 확정되기 전까지 지출목적과 용도에 관계없이 사용할 수 있다.

해설 ㉠ 본예산에 대한 내용이다.
㉡ 수정예산에 대한 내용이다. 예산은 기본적으로 소관부처의 의견수렴과 국무회의의 심의를 거친 후 대통령의 승인을 얻어야 한다.
㉢ 추가경정예산의 편성은 빈번한 편이다. 최근 몇 년 사이에도 거의 해마다 편성되었다.
㉣ 준예산에 대한 설명이다. 준예산은 기간의 제한은 없으나(의결될 때까지), 지출항목에는 제한이 있다. 즉 헌법이나 법률에 의해 설치된 기관(조직)의 유지ㆍ운영비용, 법률상 지출의무의 이행, 이미 예산으로 승인된 사업의 계속 등 3가지 항목으로만 지출된다.

06 다음은 예산의 이용과 전용에 관한 설명이다. ㉠과 ㉡에 가장 적절한 것은?　　18년 경감

> 이용은 국회에서 승인된 예산 중 (㉠) 간 울타리를 뛰어넘어 자금을 이전하는 것을 말하며, 이를 위해서는 국회의 승인을 받아야 한다. 반면, 전용은 (㉡) 간 울타리를 뛰어넘어 자금을 이전하는 것을 말하며 이를 위해서는 국회의 승인을 받을 필요가 없다.

	㉠	㉡
①	장	관, 항, 세항, 목
②	장, 관	항, 세항, 목
③	장, 관, 항	세항, 목
④	장, 관, 항, 세항	목

해설 ③ 입법과목인 장, 관, 항 간의 융통성을 「이용」이라고 한다. 「이용」은 국회의 동의와 기획재정부장관의 승인을 받아야 한다. 국회의 동의를 받을 필요없이 행정과목인 세항과 목간의 경비를 기획재정부장관의 승인을 받아 융통성 있게 사용하는 것을 「전용」이라고 한다.

07 다음 중 예산의 탄력적 운영제도에 대한 설명으로 가장 옳지 않은 것은? 19년 경찰간부

① 전용 : 예산의 목적범위 안에서 재원의 효율적 활용을 위해 세항 또는 목 간의 경비를 기획재정부장관의 승인을 얻어 상호 전용할 수 있다.
② 명시이월 : 세출예산 중 연도 내에 그 지출을 하지 못할 것이 예측될 때에는 미리 국회의 승인을 얻어 예산을 다음 연도에 넘겨서 사용하는 것으로 사고이월과 달리 재이월은 불가능하다.
③ 이용 : 국회의 의결을 얻은 부분에 한하여 기획재정부장관의 승인을 얻어 장,관,항 간에 예산금액을 이용할 수 있다.
④ 예비비 : 예측할 수 없는 예산 외의 지출 또는 예산초과지출에 충당하기 위하여 세입세출예산에 계상한 금액을 말한다.

해설 ② 명시이월은 재이월 가능하다. 하지만, 사고이월은 국회의 승인없이 연도 내에 지출원인행위를 하고 불가피한 사유로 인하여 연도 내에 지출하지 못한 경비와 지출원인행위를 하지 아니한 그 부대경비의 금액을 다음 연도에 이월하여 사용하는 것으로, 사고이월은 재차 이월하지 못한다.

08 다음 중 예산의 탄력적 운영제도에 대한 설명으로 가장 옳지 않은 것은? 20년 경력/공채

① 전용 : 예산의 목적범위 안에서 재원의 효율적 활용을 위해 세항 또는 목 간의 경비를 기획재정부장관의 승인을 얻어 상호 전용할 수 있다.
② 명시이월 : 세출예산 중 연도 내에 그 지출을 하지 못할 것이 예측될 때에는 미리 국회의 승인을 얻어 예산을 다음 연도에 넘겨서 사용하는 것으로 사고이월과 달리 재이월은 불가능하다.
③ 이체 : 기획재정부장관은 정부조직 등에 관한 법령의 제정·개정 또는 폐지로 인하여 중앙관서의 직무와 권한에 변동이 있는 때에는 그 중앙관서의 장의 요구에 따라 그 예산을 상호 이용하거나 이체할 수 있다.
④ 이용 : 예산집행상 필요에 의하여 미리 국회의 의결을 얻은 부분에 한하여 기획재정부장관의 승인을 얻어 장·관·항 간에 예산금액을 이용할 수 있다.

정답 05 ③ 06 ③ 07 ② 08 ②

해설 ② 예산 한정성의 원칙의 예외로써, 회계연도를 넘겨 예산을 사용하는 것을 이월이라고 한다. 미리 국회의 의결을 받아서 이월하는 경우를 명시이월, 국회의 사전 의결없이 이월되는 것을 사고이월이라고 한다. 사고이월은 명시이월과는 달리 재이월하여 사용할 수 없다. 즉 명시이월은 재이월이 가능하다.

09 다음 중 경찰예산의 편성과정을 가장 옳게 나열한 것은?

19년 경찰간부

┌───┐
│ ㉠ 중기 사업계획서 제출   ㉡ 예산요구서 제출   ㉢ 예산안편성지침 통보 │
│ ㉣ 예산안 국회의결   ㉤ 국무회의 심의   ㉥ 예산안의 편성   │
└───┘

① ㉠ → ㉢ → ㉡ → ㉥ → ㉤ → ㉣
② ㉠ → ㉡ → ㉢ → ㉥ → ㉤ → ㉣
③ ㉢ → ㉠ → ㉡ → ㉥ → ㉤ → ㉣
④ ㉠ → ㉢ → ㉥ → ㉡ → ㉤ → ㉣

해설 ㉠ 1월 31일까지 → ㉢ 3월 31일까지 → ㉡ 5월 31일까지 → ㉥ → ㉤ → ㉣ 회계연도 개시 30일 전까지, 기획재정부장관은 예산요구서에 따라 예산안을 편성하여 국무회의 심의를 거친 후 대통령의 승인을 얻어야 한다. 정부는 대통령의 승인을 얻은 예산안을 회계연도 개시 120일 전까지 국회에 제출하여야 한다.

10 다음 중 「국가재정법」상 중기사업계획서의 제출, 예산안편성지침의 통보, 예산안편성지침의 국회보고, 예산요구서의 제출, 예산안의 편성, 예산안의 국회제출에 대한 설명으로 옳은 것은 모두 몇 개인가?

21년 경감

┌───┐
│ ㉠ 각 중앙관서의 장은 매년 1월 31일까지 당해 회계연도부터 5회계연도 이상의 기간 동안의 신규사업 및 각 중앙관서의 장이 정하는 주요 계속사업에 대한 중기사업계획서를 기획재정부 장관에게 제출하여야 한다. │
│ ㉡ 기획재정부 장관은 국무회의의 승인을 얻은 당해 연도의 예산안편성지침을 매년 3월 31일까지 각 중앙관서의 장에게 통보하여야 한다. │
│ ㉢ 기획재정부장관은 각 중앙관서의 장에게 통보한 예산안편성지침을 국회 예산결산특별위원회에 보고하여야 한다. │
│ ㉣ 각 중앙관서의 장은 예산안편성지침에 따라 그 소관에 속하는 당해 연도의 세입세출예산·계속비·명시이월비 및 국고채무부담행위 요구서를 작성하여 매년 5월 31일까지 기획재정부장관에게 제출하여야 한다. │
│ ㉤ 각 중앙관서의 장은 국고채무부담행위 요구서에 따라 예산안을 편성하여 기획재정부 장관의 심의를 거친 후 대통령의 승인을 얻어야 한다. │
└───┘

ⓗ 정부는 대통령의 승인을 얻은 예산안을 회계연도 개시 120일 전까지 국회에 제출하여야 한다.

① 2개 ② 3개
③ 4개 ④ 5개

 [O] ⓒⓗ
[X] ㉠ⓛ㉣㉤
㉠ 각 중앙관서의 장은 매년 1월 31일까지 당해 회계연도부터 5회계연도 이상의 기간 동안의 신규사업 및 기획재정부장관이 정하는 주요 계속사업에 대한 중기사업계획서를 기획재정부 장관에게 제출하여야 한다.
ⓛ 기획재정부 장관은 국무회의의 심의를 거쳐 대통령의 승인을 얻은 다음 연도의 예산안편성지침을 매년 3월 31일까지 각 중앙관서의 장에게 통보하여야 한다.
㉣ 각 중앙관서의 장은 예산안편성지침에 따라 그 소관에 속하는 다음 연도의 예산(세입세출예산·계속비·명시이월비 및 국고채무부담행위) 요구서를 작성하여 매년 5월 31일까지 기획재정부장관에게 제출하여야 한다.
㉤ 기획재정부장관은 예산요구서에 따라 예산안을 편성하여 국무회의의 심의를 거친 후 대통령의 승인을 얻어야 한다.

11 다음 <보기> 중 「국가재정법(시행령 포함)」상 예산안의 편성절차에 대한 설명으로 옳지 않은 것은 모두 몇 개인가?   21년 3차

㉠ 해양경찰청장은 매년 1월 31일까지 다음 회계연도부터 5회계연도 이상의 기간 동안의 신규사업 및 기획재정부장관이 정하는 주요 계속사업에 대한 중기사업계획서를 기획재정부장관에게 제출하여야 한다.
ⓛ 기획재정부장관은 국회의 심의를 거쳐 대통령의 승인을 얻은 다음 연도의 예산안편성지침을 매년 3월 31일까지 해양경찰청장에게 통보하여야 한다.
ⓒ 해양경찰청장은 예산안편성지침에 따라 그 소관에 속하는 다음 연도의 세입세출예산·계속비·명시이월비 및 국고채무부담행위 요구서를 작성하여 매년 5월 31일까지 기획재정부장관에게 제출하여야 한다.
㉣ 기획재정부장관은 예산요구서에 따라 예산안을 편성하여 국무회의의 심의를 거친 후 대통령의 승인을 얻어야 한다.
ⓗ 정부는 대통령의 승인을 얻은 예산안을 회계연도 개시 120일 전까지 국회에 제출하여야 한다.

① 없음 ② 1개
③ 2개 ④ 3개

정답 09 ① 10 ① 11 ③

해설 [O] ⓒⓔⓜ
[X] ㉠㉡
㉠ 해양경찰청장은 매년 1월 31일까지 당해 회계연도부터 5회계연도 이상의 기간 동안의 신규사업 및 기획재정부장관이 정하는 주요 계속 사업에 대한 중기사업계획서를 기획재정부장관에게 제출하여야 한다.
㉡ 기획재정부장관은 국무회의 심의를 거쳐 대통령의 승인을 얻은 다음 연도의 예산안편성지침을 매년 3월 31일까지 해양경찰청장에게 통보하여야 한다.

12 다음 중 「국가재정법」상 '계속비'에 대한 설명으로 가장 옳지 않은 것은? 〈21년 경사〉

① 사업규모 및 국가재원 여건상 필요한 경우 예외적으로 10년 이내로 할 수 있다.
② 국가가 지출할 수 있는 연한은 그 회계연도부터 5년 이내로 한다.
③ 기획재정부장관은 필요하다고 인정한 때에는 대통령의 승인을 거쳐 지출연한을 연장할 수 있다.
④ 완성에 수년도를 요하는 공사나 제조 및 연구 개발사업 등을 국회의 의결을 얻은 범위 안에서 수년도에 걸쳐서 지출할 수 있다.

해설 ③ 기획재정부장관은 필요하다고 인정한 때에는 국회의 의결을 거쳐 지출연한을 연장할 수 있다.

13 다음 중 예산에 대한 설명으로 가장 옳지 않은 것은? 〈21년 경감〉

① 준예산 제도는 국회에서 예산안이 의결될 때까지 전년도 예산에 준해 집행할 권한을 정부에 부여하는 제도이다.
② 수정예산은 예산성립 후에 발생한 사유로 인하여 필요한 경비의 과부족이 발생한 때 본예산에 수정을 가한 예산이다.
③ 예산이 성립되면 잠정예산은 그 유효기간이나 지출잔액 유무에 관계없이 본예산에 흡수된다.
④ 적자예산으로 인한 재정적자는 국채발행, 한국은행으로부터의 차입, 해외차입 등으로 보전한다.

해설 ② 수정예산은 예산심의 중에 부득이한 사유로 그 내용의 일부를 수정하여 제출한 예산, 예산성립 후에 발생한 사유로 인하여 필요한 경비의 과부족이 발생한 때 본예산에 수정을 가한 예산은 추가경정예산이다.

14 다음 중 예산집행의 신축성을 보장하기 위한 제도에 대한 설명으로 가장 옳지 않은 것은?

21년 경감

① 예산의 전용은 입법과목인 장·관·항 사이의 상호 융통으로 반드시 국회와 기획재정부의 승인을 받아야 한다.
② 국고채무부담행위는 당해 예산에 반영되지 않았지만 예산집행과 동일한 효과를 창출할 수 있다.
③ 예산 외 지출에 충당하기 위해서 세입·세출 예산 이외에 상당한 금액의 예비비를 계상할 수 있다.
④ 예산이체제도는 정부조직 등에 관한 법령의 개정으로 인해 직무 권한에 변동이 있을 때 예산도 변동되는 제도이다.

해설 ① 예산의 전용(행정과목)은 국회의 의결이 불필요하고, 예산의 이용(입법과목)은 국회의 의결이 필요하다. 모두 기획재정부장관의 승인은 필요한 절차이다. ④ 예산의 이체는 2017년 국민안전처 소속 해양경비안전본부를 7월 26일 해양수산부 소속으로 부활한 해양경찰청으로 예산을 이관하는 것이 하나의 좋은 예다.

15 다음 중 예산제도에 대한 설명으로 가장 옳은 것은?

21년 경찰간부

① 품목별 예산제도(LIBS)는 정부 정책이나 계획 수립을 용이하게 하며, 입법부의 예산심의를 간편하게 하는 장점이 존재한다.
② 계획예산제도(PPBS)는 예산을 품목별로 분류하는 방식으로 행정책임의 소재와 회계책임에 대한 감독부서 및 국회의 통제가 용이하도록 하기 위한 제도이다.
③ 자본예산제도는 세입과 세출을 경상적인 것과 자본적인 것으로 나누어 경상적 지출은 경상적 수입으로 충당하고, 자본적 지출은 공채 발행 등의 차입으로 충당하는 복식예산제도의 일종이다.
④ 영기준예산제도(ZBB)가 예산편성에 관련된 입법적인 과정이라면, 일몰법은 예산에 관한 심의, 통제를 위한 행정적인 과정으로 평가할 수 있다.

해설 ① PBS(성과주의예산)
② LIBS(품목별예산제도)
④ ZBB(영기준예산제도) : 행정적인 과정, Sunset Law(일몰법) : 입법적인 과정
참고로 PPBS(계획예산제도)는 장기적인 계획과 단기적인 예산을 구체적인 실시 계획프로그램을 통하여 유기적으로 결합하여 자원배분에 관한 의사결정을 일관성 있게 합리화하는 예산제도이다.

정답 12 ③ 13 ② 14 ① 15 ③

16 다음 중 「국가재정법(시행령 포함)」상 해양경찰예산의 집행에 대한 설명으로 가장 옳지 않은 것은?

22년 경찰간부

① 해양경찰청장은 예산이 확정된 후 사업운영계획 및 이에 따른 세입세출예산 · 계속비와 국고채무 부담행위를 포함한 예산배정 요구서를 기획재정부장관에게 제출하여야 한다.
② 기획재정부장관은 예산집행의 효율성을 높이기 위하여 매년 예산집행에 관한 지침을 작성하여 해양경찰청장에게 통보하여야 한다.
③ 기획재정부장관은 예산배정요구서에 따라 분기별 예산배정계획을 작성하여 국무회의의 심의를 거친 후 감사원의 승인을 얻어야 한다.
④ 해양경찰청장은 세출예산이 정한 목적 외에 경비를 사용할 수 없다.

> **해설** ③ 국무회의의 심의를 거친 후 대통령의 승인을 받아야 한다. 국무회의 의장이 곧 대통령이기도 하다.
>
> 1] 법 제42조(예산배정요구서의 제출)
>   각 중앙관서의 장은 예산이 확정된 후 사업운영계획 및 이에 따른 세입세출예산 · 계속비와 국고채무부담행위를 포함한 예산배정요구서를 기획재정부장관에게 제출하여야 한다.
>
> 2] 법 제43조(예산의 배정)
>   ① 기획재정부장관은 제42조의 규정에 따른 예산배정요구서에 따라 분기별 예산배정계획을 작성하여 국무회의의 심의를 거친 후 <u>대통령의 승인</u>을 얻어야 한다.
>   ② 기획재정부장관은 각 중앙관서의 장에게 예산을 배정한 때에는 감사원에 통지하여야 한다.
>   ③ 기획재정부장관은 필요한 때에는 대통령령으로 정하는 바에 따라 회계연도 개시 전에 예산을 배정할 수 있다.
>   ④ 기획재정부장관은 예산의 효율적인 집행관리를 위하여 필요한 때에는 제1항의 규정에 따른 분기별 예산배정계획에도 불구하고 개별사업계획을 검토하여 그 결과에 따라 예산을 배정할 수 있다.
>   ⑤ 기획재정부장관은 재정수지의 적정한 관리 및 예산사업의 효율적인 집행관리 등을 위하여 필요한 때에는 제1항의 규정에 따른 분기별 예산배정계획을 조정하거나 예산배정을 유보할 수 있으며, <u>배정된 예산의 집행을 보류하도록</u> 조치를 취할 수 있다.
>
> 3] 법 제43조의2(예산의 재배정)
>   ① 각 중앙관서의 장은 「국고금 관리법」 제22조제1항에 따른 재무관으로 하여금 지출원인행위를 하게 할 때에는 제43조에 따라 배정된 세출예산의 범위 안에서 재무관별로 세출예산재배정계획서를 작성하고 이에 따라 세출예산을 재배정(기획재정부장관이 각 중앙관서의 장에게 배정한 예산을 각 중앙관서의 장이 재무관별로 다시 배정하는 것을 말한다. 이하 같다)하여야 한다.
>   ② 각 중앙관서의 장은 예산집행에 필요하다고 인정할 때에는 제1항에 따라 작성한 세출예산재배정계획서를 변경할 수 있고 이에 따라 세출예산을 재배정하여야 한다.
>   ③ 각 중앙관서의 장은 제1항 및 제2항에 따라 세출예산을 재배정한 때에는 이를 「국고금 관리법」 제22조제1항에 따른 지출관과 기획재정부장관에게 통지하여야 한다.
>   ④ 각 중앙관서의 장은 제1항 및 제2항에 따라 세출예산을 재배정하려는 경우 대통령령으로 정하는 바에 따라 이를 「한국재정정보원법」에 따른 한국재정정보원으로 하여금 대행하게 할 수 있다.
>
> 4] 법 제44조(예산집행지침의 통보)
>   기획재정부장관은 예산집행의 효율성을 높이기 위하여 매년 예산집행에 관한 지침을 작성하여 각 중앙관서의 장에게 통보하여야 한다.
>
> 5] 법 제45조(예산의 목적 외 사용금지)
>   각 중앙관서의 장은 세출예산이 정한 목적 외에 경비를 사용할 수 없다.

17 다음 보기는 「국가재정법」상 국가결산보고서의 작성 및 제출에 관한 설명이다. ( )안에 들어갈 말로 가장 옳은 것은?   22년 2차

> ( )은 「국가회계법」에서 정하는 바에 따라 회계연도마다 작성하여 대통령의 승인을 받은 국가결산보고서를 다음 연도 4월 10일까지 ( )에 제출하여야 한다.

① 각 중앙관서의 장, 기획재정부
② 각 중앙관서의 장, 국회
③ 기획재정부장관, 국회
④ 기획재정부장관, 감사원

해설 ④ 기획재정부장관은 「국가회계법」에서 정하는 바에 따라 회계연도마다 작성하여 대통령의 승인을 받은 국가결산보고서를 다음 연도 4월 10일까지 감사원에 제출하여야 한다.
1] 법 제58조(중앙관서결산보고서의 작성 및 제출)
① 각 중앙관서의 장은 「국가회계법」에서 정하는 바에 따라 회계연도마다 작성한 결산보고서(중앙관서결산보고서)를 다음 연도 2월 말일까지 기획재정부장관에게 제출하여야 한다.
② 국회의 사무총장, 법원행정처장, 헌법재판소의 사무처장 및 중앙선거관리위원회의 사무총장은 회계연도마다 예비금사용명세서를 작성하여 다음 연도 2월말까지 기획재정부장관에게 제출하여야 한다.
2] 법 제59조(국가결산보고서의 작성 및 제출)
기획재정부장관은 「국가회계법」에서 정하는 바에 따라 회계연도마다 작성하여 대통령의 승인을 받은 국가결산보고서를 다음 연도 4월 10일까지 감사원에 제출하여야 한다.
3] 법 제60조(결산검사)
감사원은 제59조에 따라 제출된 국가결산보고서를 검사하고 그 보고서를 다음 연도 5월 20일까지 기획재정부장관에게 송부하여야 한다.
4] 법 제61조(국가결산보고서의 국회제출)
정부는 제60조에 따라 감사원의 검사를 거친 국가결산보고서를 다음 연도 5월 31일까지 국회에 제출하여야 한다.

18 다음 중 기획과정의 순서를 가장 옳게 나열한 것은?   19년 공채/특채 3차

> ㉠ 상황분석 ㉡ 기획전제의 설정 ㉢ 목표설정 ㉣ 대안의 탐색, 평가 ㉤ 최적안의 선택

① ㉠-㉢-㉡-㉣-㉤
② ㉢-㉡-㉠-㉣-㉤
③ ㉢-㉠-㉡-㉣-㉤
④ ㉢-㉠-㉣-㉡-㉤

정답 16 ③ 17 ④ 18 ③

해설 ③ 기획의 수립은 ⓒ목표의 설정, ㉠상황분석(장애요인과 문제점을 분석), ⓒ기획전제의 설정(planning premise ; 계획을 통해 달성하려는 목표에 영향을 미치는 변수에 관한 장래의 전망), ②해결책의 모색(대안의 탐색과 평가), ⓜ최종안의 선택 순서로 진행된다.

제 4 절 해양경찰 장비관리

[함정 운영관리]

01 함정 운영관리 규칙에는 해양경찰 업무수행을 위해 운용되는 선박을 "함정"이라고 규정하고 있다. 다음 중 "함정"에 대한 설명으로 가장 옳은 것은? <small>19년 경찰간부</small>

① 해상경비를 주임무로 하는 함정을 "경비함정", 특수목적 수행을 위해 운용되는 함정을 "특별 함정"으로 정의하고 있다.
② 1000톤급 경비함정에는 "한강 00호"이라는 명칭을 부여한다.(한강1호, 한강2호....)
③ 톤급별 경비함정 명명법이 규정되어 있으며, 5000톤급에는 역사적 사건이나 인물을 부여한다.
④ "함정"은 부선 및 부선거를 포함한다.

해설 ① 해양경찰의 특수목적 수행을 위해 운용되는 함정을 특수함정이라고 한다.
③ 5000톤급 : 역사적 지명이나 인물, 3000톤급 : 태평양 1호, 2호...
④ 함정은 해양경찰 업무수행을 위하여 운용되는 선박으로 부선 및 부선거는 제외한다.

02 「함정운영 관리규칙」상 훈련에 대한 설명이다. 올바르게 짝지어진 것은? <small>19년 공채/특채 3차</small>

> ㉠은 지방해양경찰청 훈련단 및 해양경찰서에서 신조함정에 대하여 장비 운용 및 함정 운전운항 능력확보와 해상치안 임무수행 능력향상을 위하여 실시하는 훈련을 말한다.
> ㉡은 함정 승무원의 기본임무 수행에 필요한 지식 및 기술의 습득과 행동요령의 숙달을 위하여 함정별 자체계획에 따라 실시하는 훈련을 말한다.

① ㉠ 신조훈련 – ㉡ 함정기본훈련
② ㉠ 신조훈련 – ㉡ 함정자체훈련
③ ㉠ 취역훈련 – ㉡ 함정기본훈련
④ ㉠ 취역훈련 – ㉡ 함정자체훈련

해설 ④ 「함정운영관리규칙」상 훈련의 종류를 보면, (ㄱ)"해상종합훈련"이란 함정직원의 정신자세와 근무기강 확립으로 함정의 안전운항, 긴급상황의 효과적 대처, 해상사격 등 직무수행 능력의 향상을 위하여 실시하는 종합적인 훈련으로 해양경찰교육원 종합훈련지원단에서 수립하는 연간 함정 교육훈련계획에 따라 실시하는 훈련을 말하고, (ㄴ)"지방해양경찰청 주관 함정훈련"이란 함정의 안전운항과 대형 해양사고 등 긴급상황 대응, 해상 대간첩 작전 등 직무수행능력 향상을 위하여 지방해양경찰청 자체 계획에 따라 실시하는 종합적인 훈련을 말하고, (ㄷ)"직무훈련"이란 지방해양경찰청 훈련단 및 해양경찰서에서 정기수리를 완료한 함정에 대하여 수리 기간 동안 침체된 임무수행 능력을 정상수준으로 향상시키기 위한 훈련을 말한다.

그리고 (ㄹ)"취역훈련"이란 지방해양경찰청 훈련단 및 해양경찰서에서 신조함정에 대하여 장비 운용 및 함정 안전운항능력 확보와 해상치안 임무수행 능력향상을 위하여 실시하는 훈련을 말하고, (ㅁ)"함정자체훈련"이란 함정 승무원의 기본임무 수행에 필요한 지식 및 기술의 습득과 행동요령의 숙달을 위하여 함정별로 자체계획에 따라 실시하는 훈련으로 해양경찰교육원 종합훈련지원단에서 수립하는 연간 함정 교육훈련계획에 따른 함정별 자체계획에 따라 실시하는 훈련을 말한다.

03 다음 중 「함정 운영관리 규칙」상 용어에 관한 설명으로 가장 옳은 것은? 21년 3차

① "해상종합훈련"이란 지방해양경찰청 훈련단 및 해양경찰서에서 정기수리를 완료한 함정에 대하여 수리기간 동안 침체된 임무수행 능력을 정상수준으로 향상시키기 위한 훈련을 말한다.
② "함정자체훈련"이란 함정 승무원의 기본임무 수행에 필요한 지식 및 기술의 습득과 행동요령의 숙달을 위하여 함정별로 자체계획에 따라 실시하는 훈련으로 해양경찰교육원 종합훈련지원단에서 수립 하는 연간 함정 교육훈련계획에 따른 함정별 자체계획에 따라 실시한다.
③ "대기예비함정"이란 전용부두 안전관리 및 각종 상황에 대한 조치 목적으로 매일 09:00부터 다음날 09:00까지 특별히 임무가 부여된 함정을 말한다.
④ "전용부두(기지)"란 함정운항의 근거지로서 평상시 관할 해양경찰서 소속 함정의 정박장소로 지정된 전용부두가 있는 항·포구를 말한다.

해설 ① 직무훈련
③ 당직함정
④ 모항
정의(「함정운영관리규칙」 제3조) 이 규칙에서 사용하는 용어의 뜻은 다음과 같다.
1. "함정"이란 해양경찰 업무수행을 위하여 운용되는 선박(부선 및 부선거를 제외한다)을 말한다.
2. "경비함정"이란 해상경비를 주임무로 하는 함정을 말한다.
3. "특수함정"이란 해양경찰 특수목적 수행을 위해 운용되는 함정을 말한다.
4. "배속함정"이란 해양경찰서 또는 서해5도 특별경비단 소속 함정을 일정한 기간 다른 해양경찰서 또는 서해5도 특별경비단에 소속시키는 것을 말한다.
5. "당직함정"이란 전용부두 안전관리 및 각종 상황에 대한 조치 목적으로 매일 09:00부터 다음날 09:00까지 특별히 임무가 부여된 함정을 말한다.

정답 01 ② 02 ④ 03 ②

6. "예비당직함정"이란 당직함정이 긴급 출동 시 당직함정 임무를 수행하기 위해 매일 09:00부터 다음날 09:00까지 지정된 함정을 말한다.
7. 삭제 〈대기유보함정〉
8. "전용부두(기지)"란 함정운항의 근거지로서 평상시 정박장소로 지정된 항·포구의 부두를 말한다.
9. "출동"이란 함정이 출동 지시서를 받고 임무수행을 위하여 전용부두(기지)를 출항하는 경우를 말한다(기상악화로 인하여 피항 중인 경우를 포함한다).
10. "정박"이란 출동임무를 마치고 모항(전진기지를 포함한다)에 입항 하는 것을 말한다.
11. "모항"이란 함정운항의 근거지로서 평상시 관할 해양경찰서 소속 함정의 정박장소로 지정된 전용부두가 있는 항·포구를 말한다.
12. "정박당직"이란 정박 중인 함정의 화재·도난 또는 그 밖의 사고의 경계와 문서처리 및 업무연락 등을 하기 위해 함정에서 휴일 또는 근무시간 외에 근무하는 것을 말한다.
13. "해상종합훈련"이란 함정직원의 정신자세와 근무기강 확립으로 함정의 안전운항, 긴급상황의 효과적 대처, 해상사격 등 직무수행 능력의 향상을 위하여, 해양경찰교육원 종합훈련지원단에서 수립하는 연간 함정 교육훈련계획에 따라 실시하는 훈련을 말한다.
14. "지방해양경찰청 주관 함정훈련"이란 함정의 안전운항과 대형 해양사고 등 긴급 상황 대응, 해상 대간첩 작전 등 직무수행 능력의 향상을 위하여 지방해양경찰청 자체 계획에 따라 실시하는 종합적인 훈련을 말한다.
15. "직무훈련"이란 지방해양경찰청 훈련단 및 해양경찰서에서 정기수리를 완료한 함정에 대하여 수리기간 동안 침체된 임무수행 능력을 정상수준으로 향상시키기 위하여 실시하는 훈련을 말한다.
16. "취역훈련"이란 지방해양경찰청 훈련단 및 해양경찰서에서 신조함정에 대하여 장비 운용 및 함정 안전운항능력 확보와 해상치안 임무수행 능력의 향상을 위하여 실시하는 훈련을 말한다.
17. "함정자체훈련"이란 함정 승무원의 기본임무 수행에 필요한 지식 및 기술의 습득과 행동요령의 숙달을 위하여 해양경찰교육원 종합훈련지원단에서 수립하는 연간 함정 교육훈련계획에 따른 함정별 자체계획에 따라 실시하는 훈련을 말한다.
18. "특수직무"란 함정의 출·입항, 상황배치, 그 밖의 특정한 상황에 따라 승무원에게 부여되는 직무를 말한다.
19. "통합정박당직"이란 중형함정, 소형함정 또는 특수함정이 전용부두에 2척 이상, 동일한 장소에 정박계류시 통합하여 정박당직을 편성·운용하는 것을 말한다.
20. "복수승조원제"란 경비함정 출동률을 향상시키기 위해 2개 팀 이상의 승조원이 1척 이상의 함정에서 교대근무를 실시하는 인력 중심의 제도를 말한다.
21. "대외지원"이란 관련 법령 및 행정규칙에 따라 해상경비 등 해양경찰 고유임무 수행을 제외한 국가기관, 지방자치단체, 공공기관, 언론사, 민간단체 등의 요청에 따라 관련 사람을 편승하여 함정이 출항하는 것을 말한다.
22. "운용부서"란 함정 운항일정을 수립하는 부서로 해양경찰청은 경비작전과(형사기동정은 형사과, 방제정 및 화학방제함은 방제기획과), 지방해양경찰청은 경비과 및 경비안전과, 해양오염방제과, 해양경찰교육원은 교육훈련과, 해양경찰서는 경비구조과(형사기동정은 형사과, 방제정 및 화학방제함은 해양오염방제과, 순찰정은 해양안전과)를 말한다.

04 다음 중 「함정 운영관리 규칙」상 함정직원의 정신자세와 근무기강 확립으로 함정의 안전운항, 긴급상황의 효과적 대처, 해상사격 등 직무수행 능력의 향상을 위하여 실시하는 종합적인 훈련으로 가장 옳은 것은?

22년 해경학과

① 직무훈련 ② 취역훈련
③ 함정자체훈련 ④ 해상종합훈련

> **해설** ④ 위는 해상종합훈련을 말한다. 즉 함정직원의 정신자세와 근무기강 확립으로 함정의 안전운항, 긴급상황의 효과적 대처, 해상사격 등 직무수행 능력의 향상을 위하여, 해양경찰교육원 종합훈련지원단에서 수립하는 연간 함정 교육훈련계획에 따라 실시하는 훈련을 말한다.
> 1) "지방해양경찰청 주관 함정훈련"이란 함정의 안전운항과 대형 해양사고 등 긴급 상황 대응, 해상 대간첩 작전 등 직무수행 능력의 향상을 위하여 지방해양경찰청 자체 계획에 따라 실시하는 종합적인 훈련을 말한다.
> 2) "직무훈련"이란 지방해양경찰청 훈련단 및 해양경찰서에서 정기수리를 완료한 함정에 대하여 수리기간 동안 침체된 임무수행 능력을 정상수준으로 향상시키기 위하여 실시하는 훈련을 말한다.
> 3) "취역훈련"이란 지방해양경찰청 훈련단 및 해양경찰서에서 신조함정에 대하여 장비 운용 및 함정 안전운항능력 확보와 해상치안 임무수행 능력의 향상을 위하여 실시하는 훈련을 말한다.
> 4) "함정자체훈련"이란 함정 승무원의 기본임무 수행에 필요한 지식 및 기술의 습득과 행동요령의 숙달을 위하여 해양경찰교육원 종합훈련지원단에서 수립하는 연간 함정 교육훈련계획에 따른 함정별 자체계획에 따라 실시하는 훈련을 말한다.

05 다음 중 「함정 운영관리 규칙」상 내용으로 가장 옳지 않은 것은?   23년 해경학과

① 모항이란 함정운항의 근거지로서 평상시 관할 해양경찰서 소속 함정의 정박장소로 지정된 전용부두가 있는 항·포구를 말한다.
② 정박이란 출동임무를 마치고 모항(전진기지를 포함한다)에 입항하는 것을 말한다.
③ 전용부두(기지)란 함정운항의 근거지로서 평상시 정박장소로 지정된 항·포구의 부두를 말한다.
④ 특수함정이란 해양경찰서 또는 서해5도 특별경비단 소속 함정을 일정한 기간 다른 해양경찰서 또는 서해5도 특별경비단에 소속시키는 것을 말한다.

> **해설** 1) "경비함정"이란 해상경비를 주임무로 하는 함정을 말한다.
> 2) "특수함정"이란 해양경찰 특수목적 수행을 위해 운용되는 함정을 말한다.
> 3) "배속함정"이란 해양경찰서 또는 서해5도 특별경비단 소속 함정을 일정한 기간 다른 해양경찰서 또는 서해5도 특별경비단에 소속시키는 것을 말한다.(④)

06 「함정운영 관리규칙」상 해양경찰 소형경비정은 (　)미만의 경비함정으로 규정되어 있다. 괄호에 들어갈 말로 가장 옳은 것은 무엇인가?   18년 경찰간부

① 30톤
② 50톤
③ 100톤
④ 250톤

정답 04 ④　05 ④　06 ④

해설 함/정/의/호/칭/및/분/류(제6조)
① 경비함정의 호칭에 있어서는 250톤 이상 함정은 「함」, 250톤 미만 함정은 「정」이라고 하며 특수함정은 500톤 이상은 「함」, 500톤 미만은 「정」이라 한다.
② 함정은 그 운용목적에 따라 경비함정과 특수함정으로 구분한다.
③ 경비함정은 톤수에 따라 아래와 같이 경비함과 경비정으로 구분한다.

대형 경비함(영문표기 MPL)	1,000톤급 이상
중형 경비함(영문표기 MPM)	1,000톤급 미만 250톤 이상
소형 경비정(영문표기 MPS)	250톤 미만

④ 경비함정은 해상경비 및 민생업무 등 해상에서의 전반적인 업무를 수행하는 함정을 말한다.

07 「함정운영 관리규칙」상 해양경찰 경비함정의 톤급별 명칭을 지정하고 취역순서(함정번호 순서)로 명명한다. 가장 옳지 않은 것은?

18년 경력/간부, 22년 1차

① 5000톤급: 역사적 지명, 인물
② 3000톤급: 태평양 1호, 2호
③ 200톤급 미만 50톤급 이상: 해누리 1호, 2호
④ 50톤급 미만: 함정번호를 사용

해설 함/정/명/명(제8조)
① 경비함정은 톤급별 명칭을 지정 취역순서(또는 함정번호순서)로 아래와 같이 부여한다.
  ㉠ 5000톤급 : 역사적 지명, 인물 ㉡ 3000톤급 : 태평양 1호, 2호, ...
  ㉢ 1500톤급 : 제민 1호, 2호, ... ㉣ 1000톤급 : 한강 1호, 2호, ...
  ㉤ 500톤급 : 태극 1호, 2호, ...
  ㉥ 500톤급 미만 250톤급 이상 · 해우리 1호, 2호, ...
  ㉦ <u>250톤급 미만 50톤급 이상 : 해누리 1호, 2호, ...</u>
  ㉧ 50톤급 미만 : 함정번호를 사용
② 경비함정의 번호는 톤급별로 구분하여 취역일자 순으로 부여하되, 번호부여 방법은 해양경찰청장이 따로 정하여 시행한다.
③ 특수함정의 명칭 및 번호는 그 용도와 취역 순위에 상응하도록 따로 부여한다.
④ 함정의 명명은 해양경찰청장이 행한다.

08 「함정 운영관리 규칙」에 의거, 빈칸에 알맞은 용어는?

19년 경력/공채

> (ㄱ) : 해양경찰교육원에서 실시하는 신임 · 기본전문교육 및 대형 해양오염 방지업무 등을 수행하는 함정
> (ㄴ) : 천해, 갯벌, 사주 등 특수해역에서 해난구조와 테러예방 및 진압임무를 수행하는 함정

① (ㄱ) 훈련함 (ㄴ) 형사기동정
② (ㄱ) 훈련함 (ㄴ) 공기부양정
③ (ㄱ) 훈련정 (ㄴ) 공기부양정
④ (ㄱ) 훈련정 (ㄴ) 형사기동정

해설 (ㄱ) 훈련함에 대한 정의이다. 훈련정은 불법외국어선 단속 훈련용으로 사용되는 함정을 말한다.
(ㄴ) 공기부양정에 대한 정의이다.

특수함정은 그 운용목적에 따라 아래와 같이 구분한다.

형사기동정	해상범죄의 예방과 단속활동을 주 임무로 하는 함정
순찰정	항 · 포구를 중심으로 해상교통 및 민생치안 업무를 주 임무로 하는 함정
소방정	해상화재 진압업무를 주 임무로 하는 함정
방제정	해양오염 예방활동 및 방제업무를 주 임무로 하는 함정
예인정	예인업무를 주 임무로 하는 함정
수리지원정	함정수리 지원업무를 주 임무로 하는 함정
공기부양정	천해, 갯벌, 사주 등 특수해역에서 해난구조와 테러예방 및 진압 임무를 수행하는 함정
훈련함	해양경찰교육원에서 실시하는 신임 · 기본 · 전문교육 및 대형 해양오염 방제 업무 등을 수행하는 함정
훈련정	불법외국어선 단속 훈련용으로 사용되는 함정
잠수지원함	해상 수색구조 및 잠수 지원업무를 수행하는 함정
화학방제함	해상 화학사고 대비 · 대응 업무를 주 임무로 하는 함정
특수기동정	불법조업 외국어선 단속 임무, 해양사고 대응임무, 해양테러 및 PSI 상황 대응임무를 수행하는 함정

정답 07 ③ 08 ②

09 다음 중 「함정운영 관리규칙」에 대한 설명으로 가장 옳은 것은?   20년 경력/공채

① 특수함정의 호칭에 있어서는 250톤 이상은 "함", 250톤 미만은 "정"이라고 한다.
② "중형 경비함"은 1000톤급 미만 250톤 이상의 경비함을 말한다.
③ "순찰정"은 해상범죄의 예방과 단속활동을 주 임무로 하는 함정을 말한다.
④ 500톤급 경비함정에는 취역순서로 "해우리 00호"라는 명칭을 부여한다.(해우리 1호, 2호, …)

> 해설
> ① 특수함정은 500톤 기준으로 함과 정으로 구분한다.
> ③ 형사기동정에 대한 내용. 순찰정은 항포구를 중심으로 해상교통 및 민생치안업무를 주임무로 하는 함정을 말한다.
> ④ 500톤급 : 태극 1호, 2호…. 500톤급 미만 250톤급 이상 : 해우리 1호, 2호….
> 그리고 동 규칙상 소형경비정 250톤 미만, 대형경비정 1,000톤급 이상을 말한다.

10 다음 중 「함정 운영관리 규칙」을 설명한 내용으로 가장 옳지 않은 것은?   21년 1차

① 함정은 그 운용목적에 따라 경비함정과 특수함정으로 구분한다. 경비함정은 해상 경비 및 민생업무 등 해상에서의 전반적인 업무를 수행하는 함정을 말한다.
② 500톤급 미만 250톤급 이상인 경비함정은 취역순서별 해누리 1호·2호, ~~~로 명칭을 부여한다.
③ 경비함정의 호칭에 있어서는 250톤 이상 함정은 함, 250톤 미만 함정은 정이라고 한다.
④ 경비함정은 대형 경비함(영문표기 MPL/1000톤급 이상), 중형 경비함(영문표기 MPM/1000톤급 미만 250톤 이상), 소형 경비정(영문표기 MPS/250톤 미만)으로 구분한다.

> 해설 「함정운영관리규칙」상 함정의 명명(제8조)
> ① 경비함정은 톤급별 명칭을 지정 취역순서(또는 함정번호순서)로 다음 각호와 같이 부여한다.
>   1. 5000톤급 : 역사적 지명, 인물
>   2. 3000톤급 : 태평양 1호, 2호, …..
>   3. 1500톤급 : 제민 1호, 2호, …..
>   4. 1000톤급 : 한강 1호, 2호, …..
>   5. 500톤급 : 태극 1호, 2호, …..
>   6. <u>500톤급 미만 250톤급 이상 : 해우리 1호, 2호, …..(②)</u>
>   7. 250톤급 미만 50톤급 이상 : 해누리 1호, 2호, …..
>   8. 50톤급 미만 : 함정번호를 사용
> ② 경비함정의 번호는 톤급별로 구분하여 취역일자 순으로 부여하되, 번호부여 방법은 해경청장이 따로 정하여 시행한다.
> ③ 특수함정의 명칭 및 번호는 그 용도와 취역 순위에 상응하도록 따로 부여한다.

④ 함정의 명명은 해경청장이 행한다.
⑤ 함정을 명명할 때에는 다음 각호의 사항을 명명장에 기재하고, 함정에 교부하여야 한다.
1. 함정번호 및 명칭
2. 소속
3. 톤수
4. 건조회사
5. 건조번호
6. 건조년 · 월 · 일

11 다음 중 「함정 운영관리 규칙」에 대한 내용으로 가장 옳지 않은 것은? 20년 경찰간부

① "복수승조원제"란 경비함정 출동률을 향상시키기 위해 2개 팀 이상의 승조원이 1척 이상의 함정에서 교대근무를 실시하는 인력 중심의 제도를 말한다.
② 함정은 해양경찰청장, 지방해양경찰청장, 해양경찰서장, 서해5도 특별경비단장 등이 지휘한다.
③ 잠수지원함은 해상 수색구조 및 잠수 지원업무를 수행하는 함정을 말한다.
④ 지방해양경찰청 소속 해양경찰관서간 대형함정을 이동배치하는 경우 지방해양경찰청장의 편제명령에 따른다.

해설 ④ 지방해양경찰청 소속 해양경찰관서간 이동배치는 지방청장의 편제명령에 따른다. 하지만 대형함정은 제외한다.

1] 소속 및 지휘(제5조)
① 함정은 해양경찰청장, 지방해양경찰청장, 해양경찰서장, 서해5도 특별경비단장, 해양경찰교육원장, 중앙해양특수구조단장, 해양경찰정비창장이 지휘한다.
② 해양경찰 파출소에 대한 함정의 배치는 해경서장이 한다.
③ 파출소에 배치된 함정에 대한 지휘권은 파출소장에게 위임할 수 있다.
④ 배속함정에 대한 지휘권은 배속받은 해양경찰관서의 장, 서특단장에게 있다.
⑤ 해경청장 및 지방청장은 구난사항과 그 밖에 임무수행을 위하여 필요한 경우에는 제3항의 규정에도 불구하고 함정을 직접 지휘할 수 있다.

2] 편제(제13조)
① 신조 또는 편입된 함정의 배치와 운용중인 함정의 지방해양경찰청간 이동배치는 해경청장의 편제명령에 따르고, 지방해양경찰청 소속 해양경찰관서간 이동배치(대형함정 제외)는 지방청장의 편제명령에 따른다.
② 해경청장과 지방청장은 해역별 특성 및 치안수요를 감안하여 함정의 편제를 조정한다. 다만, 지방청장이 함정의 편제를 조정할 경우 서면으로 해경청장에게 보고해야 한다.
③ 지방청장 또는 해경서장은 함정의 배속이 필요한 경우 서면으로 해양경찰청장의 승인을 받아야 한다.

정답 09 ② 10 ② 11 ④

12 다음 중「함정 운영관리 규칙」에 대한 내용으로 가장 옳은 것은? 20년 경찰간부

① "당직유보함정"이란 당직함정이 긴급 출동 시 당직함정 임무를 수행하기 위해 매일 09:00부터 다음날 09:00까지 지정된 함정을 말한다.
② 해양경찰서장, 서해5도 특별경비단장은 당직함정, 당직유보함정을 매일 1척씩 09:00부터 다음날 09:00시까지 지정하여 운용한다.
③ 해양경찰서장은 소속 함정의 안전관리 실태를 안전관리 점검표에 따라 반기 1회 이상 지도·점검해야 한다.
④ 500톤급 함정의 경우 3명 이내의 당직 근무 인원을 편성한다.

해설
③ 지방청장은 소속 해양경찰서 함정의 안전관리 실태를 안전관리 점검표에 따라 연 1회 이상 지도·점검해야 한다(제20조의2 제1항). 해경서장은 소속 함정의 안전관리 실태를 안전관리 점검표에 따라 반기 1회 이상 지도·점검해야 한다(제2항).
①② 해경서장, 서특단장은 당직함정, 예비당직함정을 매일 1척씩 09:00시부터 다음날 09:00시까지 지정하여 운용한다(제19조 제1항). 통상 당직유보함정이란 당직함정, 예비당직함정을 제외한 정박함정이라고 볼 수 있는데, 현재는 당직유보함정을 따로 지정하지는 않는다.
④ 정박당직이란 정박 중인 함정의 화재·도난 또는 그 밖의 사고의 경계와 문서처리 및 업무연락 등을 하기 위해 함정에서 휴일 또는 근무시간 외에 근무하는 것을 말한다. 500톤급은 당직 근무 인원을 2명 이내로 편성 운용한다.

정/박/당/직(제29조)
① 함·정장은 토요일, 공휴일, 휴무일 및 정상근무가 종료된 때부터 다음날 정상근무나 통합정박당직근무가 개시될 때까지 정박당직을 편성·운용한다. 정박당직명령부는 별지 제3호서식과 같으며, 정박당직의 기본 근무요령은 다음 각호와 같다.
   1. 정박당직 중에는 함정내 근무를 원칙으로 한다(통합정박당직근무자의 순찰, 전용부두 순찰 등은 예외로 한다).
   2. 함·정장은 당직근무자를 2조로 편성, 1조씩 당직실 근무를 명한다.[조별 교대시간: 13:00, 02:00(1시간 내외 조정 가능)]
   3. 당직실 당직근무자는 순찰, 출입자 관리, 장비 점검 등 임무를 수행하며, 그 밖의 인원은 함정 내에서 자율 복장으로 취침 등 휴식을 취할 수 있다.
② 정박당직 인원 및 통합정박당직 편성·운영 등에 관한 세부사항은 해경서장, 서특단장 및 정비창장이 별도 지침으로 정하거나 별도의 운영규칙을 제정하여 시행한다.
③ 당직근무자의 인원은 함정의 크기 및 함정 승조원(의무경찰 제외)의 수를 고려하여 다음 각호와 같이 편성하되, 당직관은 당직원과 함께 당직 근무를 편성 운용한다. 단 예인정은 톤급에 관계없이 250톤급 미만 기준에 따른다.
   1. 5,000톤급 이상: 4명 이내(당직함정은 4명)
   2. 3,000톤급 이상: 3명 이내(당직함정은 4명)
   3. 1,000톤급 이상: 3명 이내(당직함정은 3명)
   4. 250톤급 이상: 2명 이내(당직함정은 2명)
   5. 250톤급 미만: 1명
④ 중형함정, 250톤 미만의 소형함정 또는 특수함정이 전용부두에 2척 이상이 동일한 장소에 정박 계류 중일 때에는 다음 각호와 같이 통합정박당직 근무를 편성·운용할 수 있다.
   1. 중형함정: 척당 2명 이내
   2. 소형함정: 척당 1명 이내

⑤ 삭제
⑥ 함정의 현문에는 현문근무자를 배치·운용한다. 다만, 제3항의 통합정박당직 근무를 편성하는 소형함정은 통합하여 현문근무자를 배치·운용할 수 있다.

13 다음 <보기> 중 「함정 운영관리 규칙」에 대한 설명으로 옳지 않은 것은 모두 몇 개인가?

21년 경찰간부

> ㉠ "예비당직함정"이란 전용부두 안전관리 및 각종 상황에 대한 조치목적으로 매일 09:00부터 다음날 09:00까지 특별한 임무가 부여된 함정을 말한다.
> ㉡ "모항"이란 함정운항의 근거지로서 평상시 정박장소로 지정된 항·포구의 부두를 말한다.
> ㉢ "직무훈련"이란 직무수행능력 향상을 위하여 지방해양경찰청 자체계획에 따라 실시하는 종합적인 훈련을 말한다.
> ㉣ 부산해양경찰서 소속 1,500톤급 함정인 1501함은 한강 1호라는 명칭을 부여받았다.
> ㉤ 5,000톤급 이상의 함정은 3명 이내의 대기 근무 인원을 편성한다. 단, 대기함정일 경우 4명의 대기 근무인원을 편성한다.
> ㉥ 긴급상황 발생시 1차 초동조치는 인근 출동함정이 2차는 상황에 따라 연안해역 출동함정, 특수함정, 당직함정이 대응하도록 한다.

① 2개 ② 3개
③ 4개 ④ 5개

 [O] ㉥
[X] ㉠㉡㉢㉣㉤
㉠ 당직함정
㉡ 전용부두(기지)
㉢ 지방해양경찰청 자체훈련
㉣ 1500톤급 : 제민, 1000톤급 : 한강
㉤ 4명 이내(당직함정 4명)

14 다음 중 「함정 운영관리 규칙」에 대한 설명으로 가장 옳지 않은 것은? 22년 경찰간부
① 함정의 명명은 해양경찰청장이 행한다.
② 통합정박당직이란 대형함정, 중형함정 또는 특수함정이 전용부두에 2척 이상, 동일한 장소에 정박계류시 통합하여 정박당직을 편성·운용하는 것을 말한다.
③ 복수승조원제란 경비함정 출동률을 향상시키기 위해 2개 팀 이상의 승조원이 1척 이상의 함정에서 교대근무를 실시하는 인력 중심의 제도를 말한다.
④ 지방해양경찰청장, 해양경찰서장, 서해5도 특별경비단장과 해양경찰교육원장은 함정의 지휘권을 갖는다. 다만, 파출소에 배치된 함정에 대한 지휘권은 파출소장에게 위임할 수 있다.

> 해설 ② "통합정박당직"이란 중형함정, 소형함정 또는 특수함정이 전용부두에 2척 이상, 동일한 장소에 정박계류시 통합하여 정박당직을 편성·운용하는 것을 말한다(제3조 제19호).
> 「함정운영관리규칙」 제5조(소속 및 지휘)
> ① 함정은 해양경찰청장, 지방해양경찰청장, 해양경찰서장, 서해5도특별경비단장, 해양경찰교육원장, 중앙해양특수구조단장, 해양경찰정비창장이 지휘한다.
> ② 해양경찰 파출소에 대한 함정의 배치는 해경서장이 한다.
> ③ 파출소에 배치된 함정에 대한 지휘권은 파출소장에게 위임할 수 있다.
> ④ 배속함정에 대한 지휘권은 배속받은 해양경찰서의 장, 서특단장에게 있다.
> ⑤ 해경청장 및 지방청장은 구난사항과 그 밖에 임무수행을 위하여 필요한 경우에는 제3항의 규정에도 불구하고 함정을 직접 지휘할 수 있다.

15 다음 중 「함정 운영관리 규칙」상 함정 안전관리점검표에 포함되어야 하는 점검항목으로 가장 옳지 않은 것은? 22년 경찰간부
① 야간 항해 중 함외 출입 통제 여부
② 안전모·안전화 등 이용·관리 실태
③ 승조원 안전장구·장비 사용법 등 안전 교육·훈련 실시 여부
④ 함외 갑판상 안전 구조물 야광테이프 부착 및 미끄럼 방지 페인트 실태

> 해설 ④ 함외 갑판상 돌출 구조물 야광테이프 부착 및 미끄럼 방지 페인트 실태 등 점검이 포함되어야 한다.
> 지도 점검(제20조의2)
> ① 지방청장은 소속 해양경찰서 함정의 안전관리 실태를 안전관리 점검표에 따라 연 1회 이상 지도·점검해야 한다.
> ② 해경서장은 소속 함정의 안전관리 실태를 안전관리 점검표에 따라 반기 1회 이상 지도·점검해야 한다.

③ 함정 안전관리 점검표는 별지 제10호서식과 같고 점검항목은 자체 실정에 맞게 작성한다. 다만, 다음 각호는 포함되어야 한다.
  1. 승조원 안전장구·장비 사용법 등 안전 교육·훈련 실시 여부
  2. 야간 항해 중 함외 출입 통제 여부
  3. 안전모·안전화 등 이용·관리 실태
  4. 함외 갑판상 돌출 구조물 야광테이프 부착 및 미끄럼 방지 페인트 실태
④ 제1항과 제2항에 따른 지도·점검 결과 부적절한 항목에 대해서는 시정을 명해야 하고, 개선여부를 확인해야 한다.

16. 「함정 운영관리 규칙」상 지방해양경찰청장 또는 해양경찰서장, 서특단장이 함정 증가배치를 하는 경우로 가장 옳지 않은 것은?

18년 경사

① 대형 해양오염사고 발생시
② 대형 해양사고 발생시
③ 중앙언론매체 보도 등 사회적 이목이 집중되는 사고
④ 함정 승무원 전원을 특수직무 분담표에 따라 배치할 때

해설 ④ 함정 승무원 전원을 특수직무 분담표에 따라 배치하는 경우는 함장이나 정장이 직접 함정을 지휘해야 하는 때에 해당한다.

1] 함정의 증가배치(제14조)
1) 지방해양경찰청장 또는 해양경찰서장, 서특단장이 함정 증가배치를 하는 경우는 다음 각호와 같다(제2항).
  1. 간첩선 출현 등 적정상황 발생시
  2. 대형 해양오염사고 발생시
  3. 대형 해양사고 발생시
  4. 집단 해상시위 발생시
  5. 중앙언론매체 보도 등 사회적 이목이 집중되는 사고
  6. 그 외의 중요 긴급상황으로 함정증가 배치가 불가피한 경우라고 판단될 때
2) 긴급상황 발생시 1차 초동조치는 인근 출동함정이 2차는 상황에 따라 연안해역 출동함정, 특수함정, 당직함정이 대응하도록 한다(제3항).
3) 소속기관장은 경비함정에 복수증조원제 운영 관련하여 당직함정, 정박당직, 휴무일 지정, 함정 정비 등 함정 운영에 관하여 필요한 사항은 지침으로 정하거나 별도의 운영규칙을 제정하여 시행할 수 있다(제4항).

2] 안전운항(제20조 제3항) 함·정장이 직접 함정을 지휘하는 경우는 다음 각호와 같다.
  1. 출입항, 투양묘, 해상에서 다른 선박과 계류할 때
  2. 협수로를 통과하거나 저시정 상태에서 항해할 때
  3. 함정 승무원 전원을 특수직무 분담표에 따라 배치할 때
  4. 그 밖에 함정에 위험이 있거나 위험하다고 판단될 때

정답 14 ② 15 ④ 16 ④

17 해양경찰 함정에 대한 설명으로 가장 옳지 않은 것은? 23년 공/특채

① 당직함정이란 전용부두 안전관리 및 각종 상황에 대한 조치 목적으로 매일 09:00부터 다음날 09:00시까지 특별히 임무가 부여된 함정을 의미한다.
② 3,000톤급 함정의 명칭은 태평양으로 하며, 취역순서에 따라 1호, 2호, 3호 순으로 명명한다.
③ 훈련함은 해양경찰교육원에서 실시하는 신임·기본·전문교육 및 대형 해양오염 방제 업무 등을 수행하는 함정이다.
④ 경비함정의 호칭은 500톤 이상 함정은 '함', 500톤 미만 함정은 '정'이라고 한다.

해설
④ 경비함정의 호칭에 있어서는 250톤 이상 함정은 "함", 250톤 미만 함정은 "정"이라고 하며, 특수함정은 500톤 이상은 "함", 500톤 미만은 "정"이라 한다.
① "당직함정"이란 전용부두 안전관리 및 각종 상황에 대한 조치 목적으로 매일 09:00부터 다음날 09:00까지 특별히 임무가 부여된 함정을 말하고, "예비당직함정"이란 당직함정이 긴급 출동 시 당직함정 임무를 수행하기 위해 매일 09:00부터 다음날 09:00까지 지정된 함정을 말한다. 현재 대기함정의 개념은 운용하지 않지 않다.

1] 함정의 호칭 및 분류(제6조)
① 경비함정의 호칭에 있어서는 250톤 이상 함정은 "함", 250톤 미만 함정은 "정"이라고 하며, 특수함정은 500톤 이상은 "함", 500톤 미만은 "정"이라 한다.
② 함정은 그 운용목적에 따라 경비함정과 특수함정으로 구분한다.
③ 경비함정은 톤수에 따라 다음 각 호와 같이 경비함과 경비정으로 구분한다.
   1. 대형 경비함(영문표기 MPL): 1,000톤급 이상
   2. 중형 경비함(영문표기 MPM): 1,000톤급 미만 250톤 이상
   3. 소형 경비정(영문표기 MPS): 250톤 미만
④ 경비함정은 해상경비 및 민생치안 업무 등 해상에서의 전반적인 업무를 수행하는 함정을 말한다.
⑤ 특수함정은 그 운용목적에 따라 다음 각호와 같이 구분한다.
   1. 형사기동정 : 해상범죄의 예방과 단속활동을 주 임무로 하는 함정
   2. 순찰정 : 항·포구를 중심으로 해상교통 및 민생치안 업무를 주 임무로 하는 함정
   3. 소방정 : 해상화재 진압업무를 주 임무로 하는 함정
   4. 방제정 : 해양오염 예방활동 및 방제업무를 주 임무로 하는 함정
   5. 예인정(영문표기 T) : 예인업무를 주 임무로 하는 함정
   6. 수리지원정 : 함정수리 지원업무를 주 임무로 하는 함정
   7. 공기부양정(영문표기 H) : 천해, 갯벌, 사주 등 특수해역에서 해난구조와 테러예방 및 진압 임무를 수행하는 함정
   8. 훈련함 : 해양경찰교육원에서 실시하는 신임·기본·전문교육 및 대형 해양오염 방제 업무 등을 수행하는 함정
   9. 훈련정 : 불법외국어선 단속 훈련용으로 사용되는 함정
   10. 잠수지원함(영문표기 D) : 해상 수색구조 및 잠수 지원업무를 수행하는 함정
   11. 화학방제함 : 해상 화학사고 대비·대응 업무를 주 임무로 하는 함정
   12. 특수기동정(영문표기 S) : 불법조업 외국어선 단속 임무, 해양사고 대응 임무, 해양테러 및 PSI 상황 대응 임무를 수행하는 함정

2] 함정 명명(제8조)
① 경비함정은 톤급별 명칭을 취역순서(또는 함정번호순서)로 다음 각호와 같이 부여한다.
   1. 5000톤급: 역사적 지명, 인물
   2. 3000톤급: 태평양 1호, 2호, ……

3. 1500톤급: 제민 1호, 2호, ...
4. 1000톤급: 한강 1호, 2호, ...
5. 500톤급: 태극 1호, 2호, ...
6. 500톤급 미만 250톤급 이상: 해우리 1호, 2호, ...
7. 250톤급 미만 50톤급 이상: 해누리 1호, 2호, ...
8. 50톤급 미만: 함정번호를 사용

② 경비함정의 번호는 톤급별로 구분하여 취역일자 순으로 부여하되, 번호부여 방법은 해경청장이 따로 정하여 시행한다.
③ 특수함정의 명칭 및 번호는 그 용도별로 취역일자 순으로 부여한다.
④ 함정의 명명은 해경청장이 행한다. 〈중략〉

18 「함정 운영관리 규칙」상 함·정장이 직접 함정을 지휘하는 경우로 가장 옳지 않은 것은?

23년 공/특채

① 협수로를 통과하거나 저시정 상태에서 항해할 때
② 함정 승무원 일부를 특수직무 분담표에 따라 배치할 때
③ 출입항, 투양묘, 해상에서 다른 선박과 계류할 때
④ 함정에 위험이 있거나 위험하다고 판단될 때

해설 ② 함장 또는 정장이 직접 함정을 지휘하는 경우는 함정 승무원 전원을 특수직무 분담표에 따라 배치할 때가 해당한다.

안전 운항(제20조)
① 함·정장은 함정의 안전을 위하여 필요한 예방조치와 인명 및 재산의 보호에 최선을 다해야 한다.
② 함·정장은 기상악화나 농무 등으로 인하여 임무수행이 불가능하거나 함정안전에 위험이 있다고 판단될 때에는 해경서장, 서특단장, 교육원장의 승인을 받아 안전해역으로 피항해야 한다. 다만, 사전승인을 받을 시간적 여유가 없는 경우에는 먼저 피항조치를 한 후 지체 없이 보고하여 승인을 받아야 한다.
③ 함·정장이 직접 함정을 지휘하는 경우는 다음 각호와 같다.
  1. 출입항, 투양묘, 해상에서 다른 선박과 계류할 때
  2. 협수로를 통과하거나 저시정 상태에서 항해할 때
  3. 함정 승무원 전원을 특수직무 분담표에 따라 배치할 때
  4. 그 밖에 함정에 위험이 있거나 위험하다고 판단될 때

정답 17 ④ 18 ②

19 「함정 운영관리 규칙」에 대한 설명으로 가장 옳지 않은 것은? 23년 경찰간부

① 정박당직이란 정박 중인 함정의 화재·도난 또는 그 밖의 사고의 경계와 문서처리 및 업무연락 등을 하기 위해 함정에서 휴일 또는 근무시간 외에 근무하는 것을 의미한다.
② 함·정장은「해양경찰 경비규칙」에 따라 함정의 제반 행동 사항을 관할 지방해양경찰청장, 해양경찰서장, 서해5도 특별경비단장에게 보고하여야 하며, 일지에 기록 유지해야 한다.
③ 공기부양정·예인정을 제외한 특수함정의 운용에 관하여 필요한 사항은 그 사용목적에 따라 별도의 운용계획을 수립·시행한다.
④ 함정의 대외지원을 위해 경비함정에 승선한 외부 인원에 대한 안전관리는 함·정장이 책임을 진다.

해설 ④ "대외지원"이란 관련 법령 및 행정규칙에 따라 해상경비 등 해양경찰 고유임무 수행을 제외한 국가기관, 지방자치단체, 공공기관, 언론사, 민간단체 등의 요청에 따라 관련 사람을 편승하여 함정이 출항하는 것을 말한다(제3조 제21호). 경비함정에 승선한 외부 인원에 대한 안전관리는 지원요청을 한 기관·단체에서 책임을 진다.

1] 특수함정 운용(제21조)
① 공기부양정·예인정을 제외한 특수함정의 운용에 관하여 필요한 사항은 그 사용 목적에 따라 별도의 운용계획을 수립·시행한다.
② 잠수지원함 운항에 관하여 필요한 세부사항은 이 규칙에 저촉되지 않는 범위 내에서 잠수지원함을 운용하는 중특단장이 계획을 수립·시행한다.
③ 소방정 운항에 관하여 필요한 세부사항은 이 규칙에 저촉되지 않는 범위 내에서 소방정을 운용하는 해경서장이 계획을 수립·시행한다.
④ 특수기동정 운항에 관하여 필요한 세부사항은 이 규칙에 저촉되지 않는 범위 내에서 특수기동정을 운용하는 서특단장이 계획을 수립·시행한다.

2] 대외지원 방침(제44조의2)
① 해양경찰 고유 임무 외에 국가시책 추진에 필요하거나 국가기관, 지방자치단체, 공공기관 등의 요청에 따라 함정을 운용하는 대외지원 업무를 실시한다.
② 함정 지원시에는 기본 업무수행에 지장이 없는 범위 내에서 지원해야 하고, 대외지원 중인 함정은 가능한 해상 순찰활동을 병행하여 실시한다.
③ 함정 지원을 검토할 경우 안전확보를 최우선으로 하여 지원여부를 결정해야 한다.
④ 함정 지원기간 (주말·공휴일 여부 등), 지원 규모 등을 종합적으로 검토하여 경비활동에 지장을 초래하는 경우에는 지원을 자제하며, 대체수단이 있는 경우에는 지원하지 않는 것을 원칙으로 한다.

3] 대외지원 절차(제44조의4)
① 지원요청은 관할 해양경찰서에서 공문으로 접수하여 업무와 관련이 있는 부서에서 지원여부에 대해 검토한 후 함정 운용부서와 협의하여 결정한다.
② 업무와 관련이 있는 부서가 명확하지 않을 때는 요청을 받은 부서, 운용부서의 순서로 지원여부에 대해 검토한다.
③ 지원여부의 결정은 관할 해경서장, 서특단장이 결정한다. 다만, 2개서 이상의 관할해역을 항해하는 경우, 제44조의3제1호, 제4호에 의한 지원은 상급기관의 장이 결정한다.
④ 지원여부를 판단하기 곤란한 경우 지원여부를 결정하기 위해 위원회를 운영할 수 있다.
⑤ 지원요청 내용의 검토결과 지원이 불가능한 경우 지원불가 사유를 명시하여 요청기관에 통보한다.

4] 안전관리(제44조의5)
① 경비함정에 승선한 외부 인원에 대한 안전관리는 지원요청을 한 기관·단체에서 책임을 진다.

② 침실 갯수, 좌석, 구명벌·구명정 최대 수용인원, 편의시설 등을 고려하여 초과인원이 탑승하지 않도록 해야 한다.
③ 승조원과 대외지원 인원의 수만큼 구명조끼를 확보하고, 출항전 구명조끼 착용법에 대한 교육을 실시해야 한다.
④ 함정지원 시 대외기관에 여행자보험을 가입할 수 있도록 권고한다.
⑤ 대외기관 지원시 별지 제7호서식에 따라 개인별 안전사고에 대비한 서약서를 받는다. 다만, 개인별 안전서약서를 받기가 어려운 경우 인솔자 명의로 서약서를 받고, 인솔자로 하여금 개인별 안전사고에 대비한 서약내용을 공지하게 할 수 있다.

20 다음 중 함정정비에 대한 설명으로 가장 옳은 것은? 21년 3차/간부

① 함정수리는 함정의 성능이나 특성에 영향을 미치는 선체, 장비, 설비 및 의장에 있어서 설계상의 기재 수량, 위치 또는 함정구조를 변경하는 작업을 의미한다.
② 경비함정이 설계된 성능을 발휘하도록 정비 유지에 대한 총괄책임은 해양경찰서장에게 있다.
③ 창 정비는 일정기간 운영 후 함정 전반에 걸친 검사, 정비사항을 해양경찰정비창 등에서 실시하는 정비로서, 주기관 총 분해수리 및 부품교환 등을 통한 함정의 성능회복을 위한 수리를 의미한다.
④ 경비함정의 부서장은 소관장비의 정비유지, 보수의 1차적 책임을 진다.

해설 ① 함정개조
② 함·정장
③ 정기정비 중 정기수리

「해양경찰청 함정 정비규칙」
1] 정의(제2조) 이 규칙에서 사용하는 용어의 정의는 다음 각호와 같다.
 1. "경비함정"이란 해상경비를 주 임무로 하는 함정을 말한다.
 2. "특수함정"이란 경비함정 외 해양경찰의 특수임무 목적 수행을 위해 운용되는 함정을 말한다.
 3. "부선" 이란 유류·방제·계류바지를 말한다.
 4. "부선거"란 특수함정 중 수리지원정에 해당하며 수리지원업무(상가)를 주임무로 하는 함정을 말한다.
 5. "연안구조장비"란 파출소 및 출장소에 배치하여 운용하는 연안구조정 및 수상오토바이와 구조대에 배치하여 운용하는 고속보트를 말한다.
 6. "함정정비"란 경비함정과 특수함정, 부선 및 부선거(함정)의 선체와 장비의 성능유지 및 수명연장을 위하여 손질, 검사, 수리, 재생, 개조, 개장, 교정하는 등의 일체 행위를 말한다.
 7. "함정수리"란 함정의 선체 혹은 장비의 설계, 자재, 수량, 위치 또는 구성부품의 상호 관계를 변경하지 아니하고 본래의 선체 또는 장비를 사용할 수 있도록 유지하는데 필요한 작업을 말한다.
 8. "함정개조"란 함정의 성능이나 특성에 영향을 미치는 선체, 장비, 설비 및 의장에 있어서 설계 상의 기재 수량, 위치 또는 함정구조를 변경하는 작업을 말한다.
 9. "선저외판 검사"란 씨체스트를 포함한 수선하부 선저외판 및 선미 격벽 외판의 두께를 계측하여 마모도를 계측하여 확인하는 작업을 말한다.

정답 19 ④ 20 ④

10. "중대복구 수리"란 추산가 1억 원 이상 수리를 말한다.
11. "예방정비"란 예방정비시스템(Planned Maintenance System, 이하 "PMS"라 한다)에 따라 함정에서 실시하는 정비로써 함정에 설치된 장비의 성능 유지를 위하여 제반 장비에 대한 주기적인 정비계획을 수립·시행하는 정비를 말한다.

2] 함정정비의 책임(제5조)
① 함정이 설계된 성능을 발휘하도록 정비 유지에 대한 총괄책임은 함(정)장에게 있다.
② 함정의 부서장은 소관장비의 정비유지, 보수의 1차적 책임을 진다.
③ 해양경찰서 장비관리과장은 함정의 자체정비능력을 초과하는 수리사항에 대하여 함(정)장의 요청에 따라 자체 수리예산 한도 내에서 지원할 수 있다.

함정 정비의 종류 및 범위

구분			범위
정비 주기에 의한 분류	정기정비 (계획정비)	정기수리	일정기간 운영 후 함정 전반에 걸친 검사 및 정비사항을 해양경찰정비창, 해군정비창(수리창) 또는 민간업체에 의뢰하여 실시하는 정비로서 주기관 총 분해수리 및 부품교환 등을 통한 함정의 성능회복을 위한 수리
		상가수리	수면 하 선체 및 구조물의 검사수리를 위하여 상가시설을 구비한 해양경찰정비창, 해군정비창(수리창) 또는 민간업체에 의뢰 실시하는 수리
	비정기정비	중간정비	계획정비에 포함되지 않은 함정을 대상으로 연1회 실시하는 수리
		예방정비	PMS(planned Maintenance System)에 따라 함정에서 실시하는 정비로 함정에 설치된 장비의 성능 유지를 위하여 제반 장비에 대한 주기적인 정비계획을 수립·시행하는 정비
	특별정비	복구(응급) 수리	계획정비 이외의 긴급한 수리를 위해 해양경찰정비창 및 해군정비창(수리창)에 의뢰하여 수리를 실시하는 정비
		특별점검	장비관리 실태점검 결과 정비가 필요하다고 판단되는 함정을 대상으로 하는 수리
		안전도 평가	내구연한(강선 20년, 강화플라스틱선 및 알루미늄선 15년) 이 초과한 함정에 대하여 「선박안전법」 제60조에 따른 공단 및 선급법인에 의뢰하여 장비 및 시설 노후화에 따른 상태·운항을 위한 안전성 판단을 위하여 실시하는 평가
정비 주체에 의한 분류	자체정비		함정을 정상적으로 운용하면서 운전시간에 따라 정기적으로 함정 승조원이 직접 부속품의 교환과 고장방지를 위한 예방적 정비 및 경미한 수리를 실시하는 정비
	경찰서정비		함정 자체정비의 범위를 초과한 고장발생으로 해양경찰서 장비관리과에서 함정정비지원팀 또는 민간업체에 의뢰하여 수리를 실시하는 정비
	정비창정비		함정 운용시간 및 수리주기에 맞춰 연간 수리계획에 따라 정비창과 해군정비창(수리창)에서 시행하는 수리

[무기/탄약류 등 관리]

01 「무기·탄약류 관리규칙」상 무기·탄약류 보관 관리책임자 중 가장 연결이 올바른 것은?

18년 경사

① 지방해양경찰청 : 경비안전과장
② 파출소 · 출장소 : 순찰팀장, 출장소장
③ 특공(항공)대 : 행정(운항)팀장
④ 100톤 미만 및 특수함정(방제, 소방, 순찰정) : 부장

> **해설** 최근 「무기 · 탄약류 관리규칙」의 개정으로, 현재는 ②파출소 · 출장소는 파출소장이 관리책임자, ③특공(항공)대는 특공(항공)대장이 관리책임자이고, 톤수 기준은 100톤에서 300톤으로 변경되었다.
>
> **무기고 및 탄약고의 설치(제5조)**
> 1) 해양경찰청 : 장비관리과장
> 2) 지방해양경찰청 : 경비(안전)과장
> 3) 해양경찰교육원 : 운영지원과장
> 4) 해양경찰정비창 : 정비관리과장
> 5) 해양경찰서 : 장비관리과장
> 6) 서해5도특별경비단 : 경비지원과장
> 7) 300톤 이상 함정 : 함장
> 8) 300톤 미만 및 특수함정(방제정, 소방정, 연안구조정) : 정장(④)
> 9) 파출소 · 출장소 : 파출소장
> 10) 특공대(항공단) : 특공대(항공단)장

02 다음 중 「무기·탄약류 등 관리규칙」에 대한 설명으로 가장 옳은 것은?

21년 경찰간부

① 경찰관 1인 근무기관은 인접 파출소 또는 출장소에 무기고 및 탄약고의 열쇠를 보관시킬 수 있으며, 근거리 통신축상에 위치할 때는 휴대할 수 있다.
② "무기고"란 해양경찰관서등의 각 기능별 운용부서에 효율적 사용을 위하여 무기고로부터 무기 · 탄약의 일부를 대여받아 별도로 보관 관리하는 시설을 말한다.
③ 파출소, 출장소의 무기 및 탄약 관리책임자는 각각 파출소장, 출장소장이다.
④ 해양경찰관서등의 장은 경찰관 직무적성검사 결과 고위험군에 해당하거나 형사사건으로 인하여 조사의 대상이 된 사람이 무기 · 탄약을 휴대하고 있는 경우에는 즉시 대여한 무기 · 탄약을 회수하여야 한다.

> **해설** ② 간이무기고의 정의
> ③ 동 규칙의 개정으로 현재는 파출소장이 관리책임자
> ④ 고위험군에 해당하는 경우에는 임의 회수사유에 해당

정답 01 ① 02 ①

03 다음 <보기> 중 「무기·탄약류 등 관리규칙」에 대한 설명으로 옳지 않은 것은 모두 몇 개인가?

21년 3차

> ㉠ 간이무기고란 해양경찰관서등의 각 기능별 운용부서에서 효율적 사용을 위하여 무기고로 부터 무기·탄약의 일부를 대여받아 별도로 보관 관리하는 시설을 말한다.
> ㉡ 무기고란 해양경찰관서등에 배정된 개인화기와 공용화기를 보관하기 위하여 설치된 시설을 말한다.
> ㉢ 해양경찰관서등의 장은 무기를 휴대한 사람이 정신건강상 문제가 우려되어 치료가 필요한 경우 대여한 무기·탄약을 즉시 회수해야 한다.
> ㉣ 해양경찰관서등의 장은 무기를 휴대한 사람이 술자리 또는 연회장소에 출입할 경우 대여한 무기·탄약을 회수 보관해야 한다.
> ㉤ 탄약고를 무기고와 분리하는 것이 불가능할 때에는 탄약을 반드시 별도의 상자에 넣어 잠금장치를 한 후 무기고에 보관하여야 한다.
> ㉥ 해양경찰관서등의 장은 무기를 휴대한 사람이 직무상의 비위로 인하여 징계대상이 된 경우 대여한 무기·탄약을 회수하여 보관할 수 있다.

① 1개　　　　　② 2개
③ 3개　　　　　④ 4개

 [O] ㉠㉡㉣㉤
[X] ㉢㉥
㉢ 임의 회수사유(할 수 있다)
㉥ 강제(절대) 회수사유(해야 한다)

무기·탄약의 회수 및 보관(「무기·탄약류등 관리규칙」 제19조)
① 해양경찰관서등의 장은 무기를 휴대한 사람이 다음 각호의 어느 하나에 해당하는 때에는 대여한 무기·탄약을 즉시 회수해야 한다.
　1. 직무상의 비위로 인하여 징계대상이 된 경우
　2. 형사사건으로 인하여 조사의 대상이 된 경우
　3. 사의(辭意)를 표명한 경우
② 해양경찰관서등의 장은 무기를 휴대한 사람이 다음 각호의 어느 하나에 해당하는 때에는 대여한 무기·탄약을 회수하여 보관할 수 있다.
　1. 경찰관 직무적성검사 결과 고위험군에 해당되는 경우
　2. 정신건강상 문제가 우려되어 치료가 필요한 경우
　3. 정서적 불안 상태로 인하여 무기소지가 적합하지 않은 자로서 소속 부서장의 요청이 있는 경우
　4. 그 밖에 해양경찰관서등의 장이 부적합하다고 판단하는 경우
③ 해양경찰관서등의 장은 무기를 휴대한 사람이 다음 각호의 어느 하나의 장소에 출입하는 경우에는 대여한 무기·탄약을 회수 보관해야 한다.
　1. 술자리 또는 연회장소에 출입할 경우
　2. 상사의 사무실을 출입할 경우
　3. 그 밖에 정황을 판단하여 필요하다고 인정되는 장소에 출입하는 경우

04 다음 <보기> 중 「무기·탄약류 등 관리규칙」에 대한 설명으로 옳은 것을 모두 고른 것은?

22년 경찰간부

㉠ 일과 중 무기고·탄약고 열쇠는 무기·탄약 관리책임자가 보관하는 것을 원칙으로 한다. 다만, 업무상황을 고려하여 매주 점검자가 보관할 수 있다.
㉡ 일과 후 및 공휴일의 무기·탄약고 열쇠 보관방법은 파출소의 경우 외부 문의 열쇠는 순찰팀장이 보관하며, 내부 문의 열쇠는 순찰팀원중 선임자가 보관한다. 다만, 1인 근무출장소는 1인이 통합관리 한다.
㉢ 해양경찰관서등의 장은 필요한 경우 간이무기고를 설치하여 운용할 수 있다. 다만, 함정의 경우 1000톤급 이상에 한해서 간이무기고를 설치·운용할 수 있다.
㉣ 해양경찰관서등의 장은 무기를 휴대한 사람이 정서적 불안 상태로 인하여 무기소지가 적합하지 않은 자로서 소속 부서장의 요청이 있는 경우에는 즉시 무기·탄약을 회수하여야 한다.
㉤ "공용화기"란 경비함정 등에서 공동 임무를 수행하기 위하여 사용하는 무기를 말한다.

① ㉠,㉡,㉤   ② ㉠,㉡,㉣
③ ㉡,㉢,㉣   ④ ㉡,㉢,㉤

 [O] ㉠㉡㉤
[X] ㉢㉣
㉢ 함정의 경우 <u>100톤급 이상</u>에 한해서 간이무기고를 설치·운용할 수 있다.
㉣ 정서적 불안 상태로 인한 무기소지가 적합하지 않은 경우에는 대여한 무기·탄약을 회수하여 보관할 수 있다.

1] 규칙 제2조(정의) 이 규칙에서 사용하는 용어의 뜻은 다음과 같다.
1. "해양경찰관서등"이란 해양경찰청, 지방해양경찰청, 해양경찰교육원, 해양경찰정비창, 해양경찰서, 서해5도특별경비단, 파출소·출장소, 함정, 특공대, 항공단, 그 밖에 해양경찰청장이 지정한 소속기관을 말한다.
2. "무기"란 인명 또는 신체에 위해를 가할 수 있도록 제작된 장비를 말한다.
3. "개인화기"란 해양경찰관서등 경찰공무원(이하 "경찰관"이라 한다) 개인이 휴대하며 운용할 수 있는 무기를 말한다.
4. "공용화기"란 경비함정 등에서 공동 임무를 수행하기 위하여 사용하는 무기를 말한다.
5. "무기고"란 해양경찰관서등에 배정된 개인화기와 공용화기를 보관하기 위하여 설치된 시설을 말한다.
6. "간이무기고"란 해양경찰관서등의 각 기능별 운용부서에서 효율적 사용을 위하여 무기고로 부터 무기·탄약의 일부를 대여 받아 별도로 보관 관리하는 시설을 말한다.
7. "탄약고"란 경찰탄약 및 최루탄을 집중 보관하기 위하여 다른 용도의 사무실, 무기고 등과 분리 설치된 보관시설을 말한다.
8. "무기·탄약 관리책임자"란 해양경찰관서등의 장으로부터 무기·탄약 관리업무를 위임받아 무기고, 탄약고 및 간이무기고에 보관된 무기·탄약을 총괄하여 관리 감독하는 사람을 말한다(제12호).
9. "무기·탄약 취급담당자"란 해당 해양경찰관서등의 무기·탄약의 보관·운반·수리·입출고 등 무기·탄약 관리에 종사하는 사람을 말한다(제13호).

2] 규칙 제10조(무기고 · 탄약고 열쇠의 보관 및 잠금)
① 무기고와 탄약고의 열쇠는 따른 무기 · 탄약 관리책임자가 보관해야 한다.
② 무기고 · 탄약고의 방책 문 · 내부 문 · 외부 문 열쇠는 각각 2개씩 제작한 후, 각 문의 열쇠 1개를 한 묶음으로 하여 2개 조(組)로 만든 다음 그 중 1개 조의 열쇠는 비상열쇠함에 넣어 보관하고 나머지 1개 조는 다음 각호에 따라 관리한다.
   1. 일과 중에는 무기 · 탄약 관리책임자가 보관하는 것을 원칙으로 한다. 다만, 업무상황을 고려하여 제6조제1항에 따른 매주 점검자가 보관할 수 있다.
   2. 일과 후 및 공휴일의 무기 · 탄약고 열쇠 보관 방법은 다음 각 목과 같다.
     가. 해양경찰청 : 방책 문과 외부 문의 열쇠는 당직관(부당직관)이, 내부 문의 열쇠는 전반 · 후반 선임당직자가 보관한다.
     나. 지방해양경찰청 · 해양경찰교육원 · 해양경찰서 · 서해5도특별경비단 · 해양경찰정비창 : 방책 문과 외부 문의 열쇠는 당직관(부당직관)이, 내부 문의 열쇠는 전반 · 후반 선임당직자가 보관한다.
     다. 함정 : 외부 문의 열쇠는 상황대기관이 보관하고 내부 문의 열쇠는 선임상황대기자가 보관하며, 통합상황대기 편성 함정에서는 외부 문의 열쇠는 선임상황대기자가 보관하고 내부 문의 열쇠는 차선임 상황대기자가 보관한다. 다만, 1인 상황대기 함정 및 함정 임무수행 중 간이무기고는 내부 문 · 외부 문 열쇠를 통합 보관할 수 있다.
     라. 파출소 · 출장소 : 외부 문의 열쇠는 순찰팀장이 보관하며, 내부 문의 열쇠는 순찰팀원 중 선임자가 보관한다. 다만, 1인 근무출장소는 1인이 통합관리 한다.
③ 경찰관 1명 근무 출장소는 인접 파출소 또는 출장소에 열쇠를 보관시킬 수 있다.
④ 무기 · 탄약 취급담당자가 일과 중에 무기고 또는 탄약고에 출입할 때에는 무기 · 탄약 관리책임자에게 사유를 보고하고 열쇠를 인계받아 출입할 수 있으며 출입사유가 종료된 즉시 열쇠를 반납해야 한다.
⑤ 해양경찰관서등의 장은 무기고 · 탄약고 열쇠(비상열쇠 포함)의 인계 · 인수 및 관리 상태를 확인 감독해야 한다.
⑥ 무기 · 탄약 관리책임자가 자리를 비울 때에는 차하급자에게 인계 이유를 고지 후 무기고 · 탄약고 열쇠를 인계하여 보관하게 한다.
⑦ 당직관은 일과 후 및 공휴일에 긴급한 사유로 무기고나 탄약고에 출입하거나, 무기 · 탄약을 출고하고자 할 때에는 즉시 해양경찰관서등의 장에게 보고하여 허가를 받은 후 행하고, 이상 유무를 해양경찰관서등의 장에게 보고하며 무기 · 탄약 관리책임자에게 출 · 입고 사항을 통보해야 한다. 다만, 해양경찰관서등의 장에 허가를 받을 수 없는 급박한 상황일 때에는 당직 책임자가 선행 조치하고 사후 보고할 수 있다.
⑧ 무기 · 탄약 관리책임자는 무기고 · 탄약고의 자물쇠 봉인(封印)에 대한 훼손 여부를 확인하여 잠금 상태의 이상 유무를 점검해야 한다.

3] 규칙 제19조(무기 · 탄약의 회수 및 보관)
① 해양경찰관서등의 장은 무기를 휴대한 사람이 다음 각호의 어느 하나에 해당하는 때에는 대여한 무기 · 탄약을 즉시 회수해야 한다.
   1. 직무상의 비위로 인하여 징계대상이 된 경우
   2. 형사사건으로 인하여 조사의 대상이 된 경우
   3. 사의(辭意)를 표명한 경우
② 해양경찰관서등의 장은 무기를 휴대한 사람이 다음 각호의 어느 하나에 해당하는 때에는 대여한 무기 · 탄약을 회수하여 보관할 수 있다.
   1. 경찰관 직무적성검사 결과 고위험군에 해당되는 경우
   2. 정신건강상 문제가 우려되어 치료가 필요한 경우
   3. 정서적 불안 상태로 인하여 무기소지가 적합하지 않은 자로서 소속 부서장의 요청이 있는 경우
   4. 그 밖에 해양경찰관서등의 장이 부적합하다고 판단하는 경우
③ 해양경찰관서등의 장은 무기를 휴대한 사람이 다음 각호의 어느 하나의 장소에 출입하는 경우에는 대여한 무기 · 탄약을 회수 보관해야 한다.
   1. 술자리 또는 연회장소에 출입할 경우
   2. 상사의 사무실을 출입할 경우
   3. 그 밖에 정황을 판단하여 필요하다고 인정되는 장소에 출입하는 경우

4] 규칙 제21조(간이무기고 운용)
① 해양경찰관서등의 장은 필요한 경우 간이무기고를 설치하여 운용할 수 있다. 다만, 함정의 경우 100톤급 이상에 한해서 간이무기고를 설치·운용할 수 있다.
② 권총과 소총을 간이무기고에 보관할 경우에는 분리보관 장치를 설치하여 보관하고, 소총은 별도의 잠금장치를 설치해서 보관해야 한다.
③ 무기와 탄약을 함께 간이무기고에 보관할 경우에는 탄약은 반드시 상자에 넣어 잠금장치를 하고 무기와 분리해서 보관해야 한다.
④ 이 장에서 규정하지 않은 간이무기고의 보관관리, 부책정리, 관리책임자 지정 및 감독점검은 제2장을 준용한다.

[해양경찰장비 도입 및 관리]

01 다음 중「해양경찰장비 도입 및 관리에 관한 법률」(시행령 및 시행규칙 포함)상 용어의 정의로 가장 옳은 것은?   22년 2차/간부

① "처분"이란 해양경찰장비를 구매하거나 건조, 제작하여 해양경찰장비관리자에게 인계하는 것을 말한다.
② "운용"이란 해양경찰장비관리자가 해양경찰장비를 인수하여 그 본래의 성능을 발휘할 수 있도록 하기 위한 점검, 정비, 처분 등의 행위를 말한다.
③ "관리"란 해양경찰장비를 그 기능 및 목적에 맞도록 안전하게 사용하는 것을 말한다.
④ "해양경찰장비관리자"란 해양경찰장비를 직접 관리, 운용하는 해양경찰청 소속 공무원을 말한다.

해설 ① 도입
② 관리
③ 운용

정의(법 제2조) 이 법에서 사용하는 용어의 뜻은 다음과 같다.
1. "해양경찰장비"란 「해양경찰법」 제14조에 따른 해양경찰의 직무를 수행하는 데 필요한 함정·항공기 및 탑재장비를 말한다.
2. "탑재장비"란 함정 또는 항공기에 탑재하여 사용하는 장비로서 대통령령으로 정하는 것을 말한다.
3. "도입"이란 해양경찰장비를 구매하거나 건조·제작하여 해양경찰장비관리자에게 인계하는 것을 말한다.
4. "관리"란 해양경찰장비관리자가 해양경찰장비를 인수하여 그 본래의 성능을 발휘할 수 있도록 하기 위한 점검·정비·처분 등의 행위를 말한다.
5. "운용"이란 해양경찰장비를 그 기능 및 목적에 맞도록 안전하게 사용하는 것을 말한다.
6. "처분"이란 매각, 양여 등의 방법으로 해양경찰장비의 소유권이 국가 외의 자에게 이전되거나 다른 기관에 관리권이 이전되는 것을 말한다.
7. "내용연수(耐用年數)"란 해양경찰장비의 운용에 지장이 없는 상태에서 해양경찰의 직무를 원활하게 수행할 수 있을 것으로 예측한 해양경찰장비의 경제적 사용연수를 말한다.
8. "해양경찰장비관리자"란 해양경찰장비를 직접 관리·운용하는 해양경찰청 소속 공무원을 말한다.

정답 01 ④

02 「해양경찰장비 도입 및 관리에 관한 법률(시행령, 시행규칙 포함)」에 대한 설명으로 가장 옳지 않은 것은?

23년 경찰간부

① 해양경찰청장은 용도폐지한 해양경찰장비에 대하여 「국유재산법」 제2조 제11호의 중앙관서의 장 등에게 관리전환에 대한 의견을 조회하여야 하며, 의견이 없는 경우에 용도폐지한 해양경찰장비를 매각할 수 있다.

② 해양경찰장비를 매각할 때에는 해체한 후 매각한다. 국가 간의 우호증진을 목적으로 해외에 매각하거나 비영리 공공목적으로 지방자치단체 또는 공공단체에 매각할 때에도 해체한 후 매각하는 것을 원칙으로 한다.

③ 해양경찰청장은 무상으로 양여할 개발도상국을 선정할 때에는 개발도상국과 해양안전·외교·방위산업 분야에서의 협력 가능성, 개발도상국의 해양경찰장비 관리·운용 역량 등을 고려해야 하며, 기획재정부장관, 외교부장관, 국방부장관, 방위사업청장 등과 협의해야 한다.

④ 해양경찰청장은 선정된 개발도상국에 해양경찰장비를 무상으로 양여하려는 경우에는 무상으로 양여할 해양경찰장비의 명세, 무상양여 방법 등이 포함된 약정을 체결해야 한다.

해설 ② 해양경찰장비를 매각할 때에는 해체하여 매각하는 것을 원칙으로 한다. 다만, 국가 간 우호증진을 목적으로 해외에 매각하거나 비영리 공공목적으로 지방자치단체 또는 공공단체에 매각할 때에는 해체하지 아니하고 매각할 수 있다.

1] 용도폐지한 해양경찰장비의 처분(「해양경찰장비 도입 및 관리에 관한 법률」 제16조)
① 해양경찰청장은 제15조에 따라 용도폐지한 해양경찰장비에 대하여 「국유재산법」 제2조제11호의 중앙관서의 장 등에게 같은 법 제16조에 따른 관리전환에 대한 의견을 조회하여야 한다.
② 제1항에 따른 의견조회에도 불구하고 관리전환에 대한 의견이 없는 경우에는 용도폐지한 해양경찰장비를 「국유재산법」 제48조에 따라 매각할 수 있다.
③ 제2항에 따라 해양경찰장비를 매각할 때에는 해체하여 매각하는 것을 원칙으로 한다. 다만, 국가 간 우호증진을 목적으로 해외에 매각하거나 비영리 공공목적으로 지방자치단체 또는 공공단체에 매각할 때에는 해체하지 아니하고 매각할 수 있다.

2] 해양경찰장비의 무상양여(「해양경찰장비 도입 및 관리에 관한 법률」 제17조)
① 해양경찰청장은 제16조 및 「국유재산법」 제55조에도 불구하고 국제협력 증진을 위하여 용도폐지한 해양경찰장비를 「국제개발협력기본법」 제2조제2호에 따른 개발도상국에 무상으로 양여할 수 있다.
② 해양경찰청장은 제1항에 따라 무상양여하기로 결정한 해양경찰장비에 대해서는 그 성능의 유지에 필요한 정비 등을 할 수 있다.
③ 제1항에 따른 무상양여의 대상국가 선정 기준과 절차 등에 필요한 사항은 대통령령으로 정한다.

3] 해양경찰장비 무상양여 대상국가의 선정(「해양경찰장비 도입 및 관리에 관한 법률 시행령」 제10조)
① 해양경찰청장은 법 제17조 제1항에 따라 무상으로 양여할 개발도상국을 선정할 때에는 다음 각호의 사항을 고려해야 한다.
   1. 개발도상국과 해양안전·외교·방위산업 분야에서의 협력 가능성
   2. 개발도상국의 해양경찰장비 관리·운용 역량
② 제1항에 따라 무상양여 대상 개발도상국을 선정할 때에는 다음 각호의 관계 행정기관의 장과 협의해야 한다.
   1. 기획재정부장관

2. 외교부장관
  3. 국방부장관
  4. 방위사업청장
  5. 그 밖에 해양경찰청장이 협의가 필요하다고 인정하는 관계 행정기관의 장
③ 해양경찰청장은 제1항 및 제2항에 따라 선정된 개발도상국에 해양경찰장비를 무상으로 양여하려는 경우에는 무상으로 양여할 해양경찰장비의 명세, 무상양여 방법 등이 포함된 약정을 체결해야 한다.
④ 제1항부터 제3항까지에서 규정한 사항 외에 용도폐지된 해양경찰장비의 무상양여에 필요한 세부사항은 해양경찰청장이 정한다.

4] 국제협력(「해양경비법」 제9조)
① 해양경찰청장은 국제협력을 위한 국가 간 합동훈련 및 구호활동을 위하여 대통령령으로 정하는 바에 따라 경비세력의 일부를 외국에 파견할 수 있다.
② 해양경찰청장은 「국유재산법」 제55조에도 불구하고 국제협력 증진을 위하여 용도폐지된 함정을 「국제개발협력기본법」 제2조제2호에 따른 개발도상국에 무상으로 양여할 수 있다.
③ 제2항에 따른 양여 대상 개발도상국의 선정 기준과 방법 및 구체적인 양여 절차는 대통령령으로 정한다.

5] 용도폐지된 함정의 양여(「해양경비법 시행령」 제3조의2)
① 해양경찰청장은 법 제9조제2항에 따른 양여 대상 개발도상국을 선정할 때에는 다음 각호의 사항을 고려해야 한다.
  1. 해당 개발도상국과 해양안전·외교·방위산업 분야에서의 협력가능성
  2. 해당 개발도상국의 함정 관리·운용 역량
② 제1항에 따라 양여 대상 개발도상국을 선정할 때에는 다음 각호의 관계 행정기관의 장과 협의해야 한다.
  1. 기획재정부장관
  2. 외교부장관
  3. 국방부장관
  4. 방위사업청장
  5. 그 밖에 해양경찰청장이 협의가 필요하다고 인정하는 관계 행정기관의 장
③ 해양경찰청장은 제1항 및 제2항에 따라 선정된 개발도상국과 양여 대상 함정의 명세, 함정의 운반에 관한 사항 등을 포함한 서면 약정을 체결해야 한다.
④ 제1항부터 제3항까지에서 규정한 사항 외에 양여 전 함정의 정비에 관한 사항 등 용도폐지된 함정의 양여에 필요한 사항은 해양경찰청장이 정한다.

제5절 보안관리

01 「보안업무규정」상 비밀분류의 원칙에 대한 설명으로 가장 적당하지 않는 것은? 18년 경장

① 비밀은 그 자체의 내용과 가치의 정도에 따라 분류하여야 한다.
② 비밀은 적절히 보호할 수 있는 최고등급으로 분류하되, 과도하거나 과소하게 분류해서는 안된다.
③ 비밀은 다른 비밀과 관련하여 분류해서는 안된다.
④ 외국정부로부터 접수한 비밀은 그 생산기관이 필요로 하는 정도로 보호·분류해야 한다.

정답 02 ② 01 ②

해설 ② 과도 또는 과소분류금지의 원칙. 비밀은 적절히 보호할 수 있는 최저등급으로 분류하여야 하며, 과도 또는 과소하게 분류하여서는 안된다.
①③독립분류의 원칙에 대한 설명이다.
④ 외국 또는 국제기구의 비밀존중의 원칙

02 「보안업무규정」에 따라 누설되는 경우 국가안전보장에 막대한 지장을 초래할 우려가 있는 비밀은 몇 급 비밀에 해당하는가? 19년 경위

① 대외비
② Ⅰ급 비밀
③ Ⅱ급 비밀
④ Ⅲ급 비밀

해설 ③ 위 설문은 Ⅱ급 비밀(Secret)을 설명하고 있다. 비밀은 비밀을 작성하거나 생산하는 자가 그 비밀내용의 중요성과 가치의 정도에 따라 Ⅰ급 비밀, Ⅱ급 비밀, Ⅲ급 비밀 또는 대외비로 구분. 분류한다.

03 다음 중 「보안업무규정 시행규칙」상 비밀의 보관에 관한 내용으로 가장 옳지 않은 것은? 21년 1차

① 비밀은 일반문서나 암호자재와 혼합하여 보관하여서는 아니 되며, 비밀의 보관용기 외부에는 비밀의 보관을 알리거나 나타내는 어떠한 표시도 해서는 아니 된다.
② 보관용기에 넣을 수 없는 비밀은 제한구역 또는 통제구역에 보관하는 등 그 내용이 노출되지 아니하도록 특별한 보호대책을 마련하여야 한다.
③ 1급비밀은 반드시 금고에 보관하여야 하며, 다른 비밀과 혼합하여 보관하는 경우 구별이 쉽도록 분리하여 보관한다.
④ 2급비밀 및 3급비밀은 금고 또는 이중 철제캐비닛 등 잠금장치가 있는 안전한 용기에 보관하여야 하며, 보관책임자가 2급비밀 취급 인가를 받은 때에는 2급비밀과 3급비밀을 같은 용기에 혼합하여 보관할 수 있다.

해설 ③ Ⅰ급비밀은 반드시 금고에 보관하여야 하며, 다른 비밀과 혼합하여 보관하여서는 아니 된다.
「보안업무규정 시행규칙」
1) 문서 등의 비밀 표시(제23조)
① 비밀문서에는 맨 앞면과 맨 뒷면의 표지(表紙)와 각 면 위·아래의 중앙에 별지 제7호서식에 따른 비밀등급표를 등급에 따라 붉은색으로 표시한다.
② 제1항에도 불구하고 비밀문서를 복제 또는 복사하는 때에는 복제 또는 복사물과 동일한 색으로 비밀등급표를 표시할 수 있다. 이 경우 비밀 표시는 복제 또는 복사물의 글자보다 크고 뚜렷하게 하여야 한다.
③ 단일문서로서 면마다 비밀등급이 다를 때에는 면별로 해당 등급의 비밀 표시를 한다. 이 경우 맨 앞면과 맨 뒷면의 표지에는 면별로 표시된 비밀등급 중 최고의 비밀등급을 표시한다.
④ 비밀등급이 다른 여러 개의 문서를 하나의 문서로 철한 경우 그 문서 맨 앞면과 맨 뒷면의 표지에는 각 문서에 표시된 비밀등급 중 최고의 비밀등급을 표시한다.

⑤ 비밀문서는 철하여져 있거나 보관되어 있을 때를 제외하고 별지 제8호서식부터 별지 제10호서식까지의 비밀표지를 해당 등급에 따라 첨부하고 취급한다.
⑥ 외장형 하드디스크 등 보조기억매체는 앞면 중앙에 관리번호, 건명, 비밀등급, 사본번호 등이 표시된 스티커를 부착하여 비밀의 표시를 하여야 한다.

2) 보관기준(제33조)
① 비밀은 일반문서나 암호자재와 혼합하여 보관하여서는 아니 된다.
② Ⅰ급비밀은 반드시 금고에 보관하여야 하며, 다른 비밀과 혼합하여 보관하여서는 아니 된다.
③ Ⅱ급비밀 및 Ⅲ급비밀은 금고 또는 이중 철제캐비닛 등 잠금장치가 있는 안전한 용기에 보관하여야 하며, 보관책임자가 Ⅱ급비밀 취급 인가를 받은 때에는 Ⅱ급비밀과 Ⅲ급비밀을 같은 용기에 혼합하여 보관할 수 있다.
④ 보관용기에 넣을 수 없는 비밀은 제한구역 또는 통제구역에 보관하는 등 그 내용이 노출되지 아니하도록 특별한 보호대책을 마련하여야 한다.

3) 보관용기(제34조)
① 비밀의 보관용기 외부에는 비밀의 보관을 알리거나 나타내는 어떠한 표시도 해서는 아니 된다.
② 보관용기의 잠금장치의 종류 및 사용방법은 보관책임자 외의 사람이 알지 못하도록 특별한 통제를 하여야 하며, 다른 사람이 알았을 때에는 즉시 이를 변경하여야 한다.

04 「보안업무규정」에 따른 신원조사에 대한 설명으로 가장 옳지 않은 것은? 19년 경사

① 국가정보원장은 국가보안을 위하여 국가에 대한 충성심·성실성 및 신뢰성을 조사하기 위하여 신원조사를 한다.
② 신원조사는 관계기관의 장의 요청이 있는 경우에 한하여 실시한다.
③ 공무원 임용예정자, 비밀취급 인가 예정자는 신원조사를 실시하여야 한다.
④ 신원조사 결과 국가 안전보장에 해를 끼칠 정보가 있음이 확인된 사람에 대해서는 관계기관의 장에게 그 사실을 통보하여야 한다.

해설 ② 예전에는 신원조사는 국가정보원장이 직권으로 하거나 관계기관의 장의 요청에 따라 하였지만, 현재는 국가정보원장이 관계기관의 장의 요청이 있는 경우에 한하여 실시한다. 신원조사는 국가정보원장이 국가안보를 위하여 보안의 대상이 되는 인원, 즉 국가안전 또는 이에 관련되는 업무를 하는 자 및 그 예정자에 대하여 국가에 대한 충성심·신뢰성 등을 확인하는 대인정보자료 수집활동이다.
④ 국가정보원장은 신원조사 결과 국가안전보장에 해를 끼칠 정보가 있음이 확인된 사람에 대해서는 관계기관의 장에게 그 사실을 통보하여야 한다. 이에 따라 통보를 받은 관계기관의 장은 신원조사 결과에 따라 필요한 보안대책을 마련하여야 한다.

신/원/조/사/대/상
1) 공무원 임용예정자(국가안전보장에 한정된 국가기밀을 취급하는 직위에 임용될 예정인 사람으로 한정)
2) 비밀취급 인가예정자
3) 〈삭제〉 *해외여행을 위하여 「여권법」에 따른 여권이나 「선원법」에 따른 선원수첩 등 신분증서 또는 「출입국관리법」에 따른 사증(査證) 등을 발급받으려는 사람(입국하는 교포를 포함)
4) 국가보안시설·보호장비를 관리하는 기관 등의 장(해당 국가보안시설 등의 관리 업무를 수행하는 소속 직원을 포함)
5) 〈삭제〉 *임명할 때 정부의 승인이나 동의가 필요한 공공기관의 임직원
6) 그 밖에 다른 법령에서 정하는 사람이나 각급기관의 장이 국가보안상 필요하다고 인정하는 사람

정답 02 ③ 03 ③ 04 ①

05 다음 <보기>는 「해양경찰청 보안업무시행세칙」에서 정의하고 있는 보호구역이다. 이 중 제한구역에 해당하는 것은 모두 몇 개인가?

21년 경찰간부

> ㉠ 함정 및 항공대
> ㉡ 해상교통관제센터
> ㉢ 인사기록카드 보관시설(장소)
> ㉣ 종합상황실
> ㉤ 사이버보안 관제센터
> ㉥ 송·수신소
> ㉦ 중앙감시실(CCTV 감시 및 저장 장소)
> ㉧ 비밀발간실

① 3개 ② 4개
③ 5개 ④ 6개

해설 1] 제한구역 : ㉠㉡㉢㉥㉦
2] 통제구역 : ㉣㉤㉧ 이외에도 통제구역은 무기고, 탄약고, 보안실(암호취급소), 을지연습 및 전시 종합상황실, 중앙망관리센터 내 통합지휘무선통신망 장비실, 행정전산실, 백업센터 및 중요 정보통신시설을 집중제어하는 국소, 그 밖에 해양경찰청장이 필요하다고 인정한 곳

Chapter 08 경찰통제 및 독자적 수사권

제 1 절 경찰통제 필요성과 유형

01 다음 중 경찰통제의 필요성이라고 볼 수 없는 것은?   18년 경력특채
① 경찰의 민주적인 운영
② 경찰의 정치적 중립성 보장
③ 법치주의의 확립
④ 경찰활동의 능률성 도모

> 해설 ④ 경찰은 업무성격 자체가 국민의 자유와 권리에 개입하는 등 국민의 기본적 인권과 충돌하는 경우가 많고, 경찰이 가지고 있는 권한으로 인해 권력으로부터 유혹을 받기 쉬우며, 업무범위가 광범위하고 다양한 특성을 갖고 있어 경찰의 조직과 활동을 체크하고 감시함으로써 경찰조직과 경찰활동의 적정을 도모하기 위한 제도적 장치를 경찰통제라 한다. 그러므로 경찰의 민주적 운영과 관계가 깊으나, 경찰의 효율적 운영과는 표면적으로 거리가 멀다.

02 다음의 경찰통제의 유형 중 그 성격이 가장 다른 것은?   19년 경력/공채
① 국회의 국정조사, 감사권
② 행정심판
③ 행정절차법상 입법예고제
④ 행정소송

> 해설 ③ 위는 사전적 통제와 사후통제로 크게 구별할 수 있다. 국회의 국정조사 및 감사, 행정심판(행정청)이나 행정소송(법원)과 같은 행정쟁송제도는 사후통제의 대표적인 성질을 가진다. ③행정절차법은 사전통제의 기본법이다. 특히 입법예고는 40일 이상(자치법규는 20일 이상)하여야 한다.

정답   05 ③   01 ④   02 ③

03 행정통제를 크게 외부통제와 내부통제로 분류할 때 다음 중 그 분류가 다른 것은?

19년 경감

① 시민단체에 의한 통제
② 선거권의 행사에 의한 통제
③ 주민참여제도에 의한 통제
④ 사원에 의한 통제

해설 ①②③외부통제 중에서 민중통제, 감사원은 행정부 수반인 대통령 직속기관이다. 그러므로 행정조직(행정부)을 기준으로 봤을 때는 감사원은 내부통제기관이다. 하지만, 해양경찰조직을 중심으로 보면 모두 외부통제기관에 해당된다.

04 해양경찰의 민주적 운영, 정치적 중립성 확보, 국민의 인권보호 측면에서 경찰통제는 중요한 의미를 가진다. 다음의 경찰통제에 대한 설명 중 가장 옳지 않은 것은? 19년 경찰간부

① 행정절차법에는 사전통제의 수단으로 청문, 행정예고 등을 규정하고 있다.
② 감사, 행정심판 등은 경찰통제 중 사후통제에 해당한다.
③ 국회에 의한 예산의 심의, 결산, 국정감사 등은 외부적 통제에 해당한다.
④ 현재 우리나라에서 국민이 직접 감사를 청구할 수 있는 제도는 도입되어 있지 않다.

해설 ④ 18세 이상의 국민은 공공기관의 사무처리가 법령위반 또는 부패행위로 인하여 공익을 현저히 해하는 경우 대통령령으로 정하는 일정한 수(300인) 이상의 국민의 연서로 감사원에 감사를 청구할 수 있다. 다만, 국회 · 법원 · 헌법재판소 · 선거관리위원회 또는 감사원의 사무에 대하여는 국회의장 · 대법원장 · 헌법재판소장 · 중앙선거관리위원회 위원장 또는 감사원장에게 감사를 청구하여야 한다(「부패방지 및 국민권익위원회의 설치와 운영에 관한 법률」 제72조).

05 행정통제 중 외부통제로 가장 옳지 않은 것은?

20년 경찰간부

① 공무원으로서 직업윤리
② 사법부에 의한 통제
③ 감사원에 의한 통제
④ 입법부에 의한 통제

해설 ① 직업윤리의 확립은 경찰공무원 스스로 행하는 자율적이고 내재적인 통제이고, 또한 지속적이고 근본적 통제수단이다.

06 다음 중 해양경찰 통제에 대한 설명으로 가장 옳지 않은 것은?   21년 경찰간부

① 정에 대한 사전통제를 규정하고 있는 기본법은 「행정절차법」이다.
② 청심사위원회 및 국가인권위원회에 의한 통제는 외부통제에 해당한다.
③ 직무명령권은 상급해양경찰기관이 하급해양경찰기관에 대하여 지시 및 감독권을 행사하는 것을 의미한다.
④ 경찰통제의 기본요소에는 권한 분산, 정보공개, 국민 참여, 책임, 환류가 있다.

> 해설 조직의 내부질서유지를 위한 특별권력으로는 명령권과 징계권이 있다. 여기서 명령권은 훈령권과 직무명령으로 구분되고, 훈령은 상급경찰관청이 하급경찰관청의 권한행사를 지휘하기 위하여 발하는 일반적·추상적 명령이다. ③ 이에 비하여 직무명령은 상관이 부하 경찰공무원에 대하여 발하는 명령이다.

07 다음 해양경찰 통제제도 중 사후통제 제도로 가장 옳지 않은 것은?   21년 3차

① 사법부의 사법심사
② 행정부의 징계책임
③ 국회의 예산결산권
④ 해양경찰위원회의 심의·의결권

> 해설 ④ 해양경찰위원회는 해양경찰행정에 관하여 주요사항을 심의·의결하기 위하여 해양수산부에 해양경찰위원회를 두고 있다(해양경찰법 제5조). 해양경찰위원회의 법적 성격은 심의·의결기관이고, 외부의 타율적 통제기관이며, 해양경찰행정에 관하여 주요사항을 심의·의결하므로 사전통제기관의 성격을 가진다고 볼 수 있다.

08 해양경찰 통제에 대한 설명으로 그 성격이 가장 다른 것은?   23년 공/특채

① 법원에 의한 통제
② 감사원에 의한 통제
③ 국민권익위원회에 의한 통제
④ 해양경찰위원회에 의한 통제

> 해설 ① 법원에 의한 통제는 사법부에 의한 통제에 해당하고, 행정부 수반인 대통령 소속의 감사원이나 국무총리 소속의 국민권익위원회 그리고 해양수산부장관 소속의 해양경찰위원회에 의한 통제는 넓은 의미의 행정부에 의한 통제로 볼 수 있다.

정답 03 ④ 04 ④ 05 ① 06 ③ 07 ④ 08 ①

제 2 절 사전통제의 기본법으로서 「행정절차법」

01 「행정절차법」에 관한 설명으로 가장 옳지 않은 것은? 19년 경정

① 「행정절차법」이 행정절차에 관한 일반법이지만, 모든 행정작용에 적용되는 것은 아니다.
② 「행정절차법」에는 확약, 공법상 계약에 관한 명문의 규정을 두고 있다.
③ 행정청은 공청회를 개최하려는 경우 공청회 개최 14일 전까지 일정한 사항을 당사자 등에게 통지하여야 한다.
④ 「행정절차법」은 문서열람청구권을 청문절차에서만 인정하고 있다.

> **해설** ② 「행정절차법」에는 신의성실의 원칙, 청문, 공청, 의견제출, 입법예고(40일 이상), 행정예고(20일 이상), 신고절차, 처분절차, 행정지도, 행정응원 등을 두고 있었으나, 개정으로 행정계획 · 확약 · 위반사실 등의 공표 등의 절차를 명문화하였다. 하지만, 동법상 행정조사(「행정조사기본법」) · 행정강제(「행정기본법」) · 공법상 계약(「행정기본법」) 등에 관한 규정은 없다.
> ④ 현재는 청문뿐 아니라, 의견제출 절차에서도 문서의 열람/복사청구권을 인정하고 있다.
> ③ 참고로, 행정청은 청문을 하려면 청문이 시작되는 날부터 10일 전까지 해당사항을 당사자등에게 통지하여야 한다. 그리고 청문은 행정청이 소속 직원 또는 대통령령으로 정하는 자격을 가진 사람 중에서 선정하는 사람이 주재하되, 행정청은 청문 주재자의 선정이 공정하게 이루어지도록 노력하여야 한다. 또한 행정청은 청문이 시작되는 날부터 7일 전까지 청문 주재자에게 청문과 관련한 필요한 자료를 미리 통지하여야 한다.
>
> **신의성실 및 신뢰보호(「행정절차법」 제4조)**
> ① 행정청은 직무를 수행할 때 신의(信義)에 따라 성실히 하여야 한다.
> ② 행정청은 법령등의 해석 또는 행정청의 관행이 일반적으로 국민들에게 받아들여졌을 때에는 공익 또는 제3자의 정당한 이익을 현저히 해칠 우려가 있는 경우를 제외하고는 새로운 해석 또는 관행에 따라 소급하여 불리하게 처리하여서는 아니 된다.

02 신고에 대한 설명으로 가장 옳은 것은? (다툼이 있는 경우 판례에 의함) 19년 경정

① 신고는 사인이 행하는 공법행위로 행정기관의 행위가 아니므로 「행정절차법」에는 신고에 관한 규정을 두고 있지 않다.
② 신고의 수리는 타인의 행위를 유효한 행위로 받아들이는 행정행위를 말하며, 이는 강학상 법률 행위적 행정행위에 해당한다.
③ 「행정절차법」상 사전통지의 상대방인 당사자는 행정청의 처분에 대하여 직접 그 상대가 되는 자를 의미하므로, 「식품위생법」상의 영업자지위승계 신고를 수리하는 행정청은 영업자지위를 이전한 종전의 영업자에 대하여 사전통지를 할 필요가 없다.
④ 「수산업법」 제48조 소정의 어업의 신고는 행정청의 수리에 의하여 비로소 그 효과가 발생하는 수리를 요하는 신고이다.

① 신고행위는 일정한 사항을 통지함으로써 효력을 발생하는 자기완결적 신고가 있고, 수리를 요하는 신고로 구분할 수 있는데, 「행정절차법」상 신고행위는 자기완결적 신고에 해당한다.
② 수리행위는 법률행위적 행정행위와 준법률행위적 행정행위로 구분할 때, 준법률행위적 행정행위에 해당된다.
③ 행정청이 구 「식품위생법」 규정에 의하여 영업자지위승계신고를 수리하는 처분은 종전의 영업자의 권익을 제한하는 처분이라 할 것이고 따라서 종전의 영업자는 그 처분에 대하여 직접 그 상대가 되는 자에 해당한다고 봄이 상당하므로, 행정청으로서는 위 신고를 수리하는 처분을 함에 있어서 행정절차법 규정 소정의 당사자에 해당하는 종전의 영업자에 대하여 위 규정 소정의 행정절차를 실시하고 처분을 하여야 한다. [대법원 2003.2.14. 선고, 2001두7015, 판결]

1] 「행정절차법」상 신고(제40조)
① 법령등에서 행정청에 일정한 사항을 통지함으로써 의무가 끝나는 신고를 규정하고 있는 경우 신고를 관장하는 행정청은 신고에 필요한 구비서류, 접수기관, 그 밖에 법령등에 따른 신고에 필요한 사항을 게시(인터넷 등을 통한 게시를 포함)하거나 이에 대한 편람을 갖추어 두고 누구나 열람할 수 있도록 하여야 한다.
② 제1항에 따른 신고가 다음 각호의 요건을 갖춘 경우에는 신고서가 접수기관에 도달된 때에 신고 의무가 이행된 것으로 본다.
  1. 신고서의 기재사항에 흠이 없을 것
  2. 필요한 구비서류가 첨부되어 있을 것
  3. 그 밖에 법령등에 규정된 형식상의 요건에 적합할 것
③ 행정청은 제2항 각호의 요건을 갖추지 못한 신고서가 제출된 경우에는 지체 없이 상당한 기간을 정하여 신고인에게 보완을 요구하여야 한다.
④ 행정청은 신고인이 제3항에 따른 기간 내에 보완을 하지 아니하였을 때에는 그 이유를 구체적으로 밝혀 해당 신고서를 되돌려 보내야 한다.

2] 「행정기본법」상 수리 여부에 따른 신고의 효력(제34조)
법령 등으로 정하는 바에 따라 행정청에 일정한 사항을 통지하여야 하는 신고로서 법률에 신고의 수리가 필요하다고 명시되어 있는 경우(행정기관의 내부 업무처리 절차로서 수리를 규정한 경우는 제외한다)에는 행정청이 수리하여야 효력이 발생한다.

3] 「수산업법」상 신고어업(제48조)
① 제7조·제40조·제43조 또는 제46조에 따른 어업 외의 어업으로서 대통령령으로 정하는 어업을 하려는 자(신고일을 기준으로 조업장소를 관할하는 시·군·구에 6개월 이상 주소를 둔 자에 한정한다)는 시장·군수·구청장에게 해양수산부령으로 정하는 바에 따라 신고하여야 한다.
② 시장·군수·구청장은 제1항에 따른 신고를 받은 날부터 해양수산부령으로 정하는 기간 내에 신고수리 여부를 신고인에게 통지하여야 한다.
③ 시장·군수·구청장이 제2항에서 정한 기간 내에 신고수리 여부 또는 민원 처리 관련 법령에 따른 처리기간의 연장을 신고인에게 통지하지 아니하면 그 기간(민원 처리 관련 법령에 따라 처리기간이 연장 또는 재연장된 경우에는 해당 처리기간을 말한다)이 끝난 날의 다음 날에 신고를 수리한 것으로 본다.
④ 제1항에 따른 신고의 유효기간은 신고를 수리(제3항에 따라 신고를 수리한 것으로 보는 경우를 포함한다)한 날부터 5년으로 한다. 다만, 공익사업의 시행을 위하여 필요한 경우와 그 밖에 대통령령으로 정하는 경우에는 그 유효기간을 단축할 수 있다.
⑤ 시장·군수·구청장은 제1항에 따른 신고를 수리한 경우(제3항에 따라 신고를 수리한 것으로 보는 경우를 포함한다) 그 신고인에게 어업신고증명서를 내주어야 한다.
⑥ 제1항에 따라 어업의 신고를 한 자는 다음 각호의 사항을 준수하여야 한다.
  1. 신고어업자의 주소지와 조업장소를 관할하는 시장·군수·구청장의 관할 수역에서 연간 60일 이상 조업을 할 것
  2. 다른 법령의 규정에 따라 어업행위를 제한하거나 금지하고 있는 수면에서 그 제한이나 금지를 위반하여 조업하지 아니할 것
  3. 수산자원보호나 어업조정 등을 위하여 대통령령으로 정하는 사항과 시장·군수·구청장이 고시로 정하는 사항을 준수할 것

정답 01 ②④ 02 ④

03 행정지도에 관한 설명으로 가장 옳지 않은 것은? 18년 경정

① 행정지도는 일정한 법적 효과의 발생을 목적으로 하는 처분이다.
② 행정기관은 행정지도의 상대방이 행정지도에 따르지 아니하였다는 것을 이유로 불이익한 조치를 하여서는 아니 된다.
③ 행정지도의 상대방은 해당 행정지도의 방식·내용 등에 관하여 행정기관에 의견 제출을 할 수 있다.
④ 법치주의 붕괴, 책임소재의 불분명으로 인한 책임행정의 이탈 등은 행정지도의 문제점에 해당된다.

> 해설 ① 행정지도는 비권력적 사실행위로서 원칙적으로 상대방에게 아무런 법적 권리나 의무를 발생시키지 않는다. 행정지도란 행정기관이 그 소관 사무의 범위에서 일정한 행정목적을 실현하기 위하여 특정인에게 일정한 행위를 하거나 하지 아니하도록 지도, 권고, 조언 등을 하는 행정작용을 말한다(「행정절차법」 제2조).

제 3 절 정보공개와 개인정보의 보호

01 다음 중 「공공기관의 정보공개에 관한 법률」에 대한 설명으로 가장 옳지 않은 것은? 18년 경찰간부

① 공공기관이 보유·관리하는 정보는 국민의 알 권리보장 등을 위하여 이 법에서 정하는 바에 따라 적극적으로 공개하여야 한다.
② 모든 국민은 정보의 공개를 청구할 권리를 가지나, 외국인은 청구권이 없다.
③ 정보의 공개 및 우송 등에 드는 비용은 청구인이 부담한다.
④ 청구인이 정보공개와 관련하여 공공기관의 비공개 결정 또는 부분 공개 결정에 대하여 불복이 있거나 정보공개 청구 후 20일이 경과하도록 정보공개 결정이 없는 때에는 공공기관으로부터 정보공개 여부의 결정 통지를 받은 날 또는 정보공개 청구 후 20일이 경과한 날부터 30일 이내에 해당 공공기관에 문서로 이의를 신청할 수 있다.

> 해설 ② 모든 국민은 정보의 공개를 청구할 권리를 가진다(제5조). 외국인의 정보공개 청구에 관하여는 대통령령으로 정한다(1. 국내에 일정한 주소를 두고 거주하거나 학술·연구를 위하여 일시적으로 체류하는 사람, 2. 국내에 사무소를 두고 있는 법인 또는 단체).

「정보공개법」주요 내용

1] 정보공개 여부의 결정(제11조)
① 공공기관은 제10조에 따라 정보공개의 청구를 받으면 그 청구를 받은 날부터 10일 이내에 공개 여부를 결정하여야 한다.
② 공공기관은 부득이한 사유로 제1항에 따른 기간 이내에 공개 여부를 결정할 수 없을 때에는 그 기간이 끝나는 날의 다음 날부터 기산(起算)하여 10일의 범위에서 공개 여부 결정기간을 연장할 수 있다. 이 경우 공공기관은 연장된 사실과 연장 사유를 청구인에게 지체없이 문서로 통지하여야 한다.
③ 공공기관은 공개 청구된 공개대상 정보의 전부 또는 일부가 제3자와 관련이 있다고 인정할 때에는 그 사실을 제3자에게 지체없이 통지하여야 하며, 필요한 경우에는 그의 의견을 들을 수 있다.
④ 공공기관은 다른 공공기관이 보유·관리하는 정보의 공개 청구를 받았을 때에는 지체없이 이를 소관 기관으로 이송하여야 하며, 이송한 후에는 지체없이 소관 기관 및 이송 사유 등을 분명히 밝혀 청구인에게 문서로 통지하여야 한다.

2] 정보공개심의회(제12조)
① 국가기관, 지방자치단체 및 「공공기관의 운영에 관한 법률」제5조에 따른 공기업은 제11조에 따른 정보공개 여부 등을 심의하기 위하여 정보공개심의회를 설치·운영한다.
② 심의회는 위원장 1명을 포함하여 5명 이상 7명 이하의 위원으로 구성한다.
③ 심의회의 위원장을 제외한 위원은 소속 공무원, 임직원 또는 외부 전문가로 지명하거나 위촉하되, 그 중 2분의 1은 해당 국가기관등의 업무 또는 정보공개의 업무에 관한 지식을 가진 외부 전문가로 위촉하여야 한다. 다만, 제9조제1항제2호 및 제4호에 해당하는 업무를 주로 하는 국가기관은 그 국가기관의 장이 외부 전문가의 위촉 비율을 따로 정하되, 최소한 3분의 1 이상은 외부 전문가로 위촉하여야 한다.
④ 심의회의 위원장은 제3항에 규정된 위원과 같은 자격을 가진 사람 중에서 국가기관등의 장이 지명하거나 위촉한다.
⑤ 심의회의 위원에 대해서는 제23조제4항 및 제5항을 준용한다.
⑥ 심의회의 운영과 기능 등에 관하여 필요한 사항은 국회규칙·대법원규칙·헌법재판소규칙·중앙선거관리위원회규칙 및 대통령령으로 정한다.

3] 불복구제절차
(1) 이의신청(제18조)
① 청구인이 정보공개와 관련한 공공기관의 비공개 결정 또는 부분 공개 결정에 대하여 불복이 있거나 정보공개 청구 후 20일이 경과하도록 정보공개 결정이 없는 때에는 공공기관으로부터 정보공개 여부의 결정 통지를 받은 날 또는 정보공개 청구 후 20일이 경과한 날부터 30일 이내에 해당 공공기관에 문서로 이의신청을 할 수 있다.
② 국가기관등은 제1항에 따른 이의신청이 있는 경우에는 심의회를 개최하여야 한다. 다만, 다음 각 호의 어느 하나에 해당하는 경우에는 개최하지 아니할 수 있으며 개최하지 아니하는 사유를 청구인에게 문서로 통지하여야 한다.
  1. 심의회의 심의를 이미 거친 사항
  2. 단순·반복적인 청구
  3. 법령에 따라 비밀로 규정된 정보에 대한 청구
③ 공공기관은 이의신청을 받은 날부터 7일 이내에 그 이의신청에 대하여 결정하고 그 결과를 청구인에게 지체없이 문서로 통지하여야 한다. 다만, 부득이한 사유로 정하여진 기간 이내에 결정할 수 없을 때에는 그 기간이 끝나는 날의 다음 날부터 기산하여 7일의 범위에서 연장할 수 있으며, 연장 사유를 청구인에게 통지하여야 한다.
④ 공공기관은 이의신청을 각하(却下) 또는 기각(棄却)하는 결정을 한 경우에는 청구인에게 행정심판 또는 행정소송을 제기할 수 있다는 사실을 제3항에 따른 결과 통지와 함께 알려야 한다.

정답 03 ① 01 ②

(2) 행정심판(제19조)
① 청구인이 정보공개와 관련한 공공기관의 결정에 대하여 불복이 있거나 정보공개 청구 후 20일이 경과하도록 정보공개 결정이 없는 때에는 「행정심판법」에서 정하는 바에 따라 행정심판을 청구할 수 있다. 이 경우 국가기관 및 지방자치단체 외의 공공기관의 결정에 대한 감독행정기관은 관계 중앙행정기관의 장 또는 지방자치단체의 장으로 한다.
② 청구인은 제18조에 따른 이의신청 절차를 거치지 아니하고 행정심판을 청구할 수 있다.
③ 행정심판위원회의 위원 중 정보공개 여부의 결정에 관한 행정심판에 관여하는 위원은 재직 중은 물론 퇴직 후에도 그 직무상 알게 된 비밀을 누설하여서는 아니 된다.
④ 제3항의 위원은 「형법」이나 그 밖의 법률에 따른 벌칙을 적용할 때에는 공무원으로 본다.

(3) 행정소송(제20조)
① 청구인이 정보공개와 관련한 공공기관의 결정에 대하여 불복이 있거나 정보공개 청구 후 20일이 경과하도록 정보공개 결정이 없는 때에는 「행정소송법」에서 정하는 바에 따라 행정소송을 제기할 수 있다.
② 재판장은 필요하다고 인정하면 당사자를 참여시키지 아니하고 제출된 공개 청구 정보를 비공개로 열람·심사할 수 있다.
③ 재판장은 행정소송의 대상이 제9조제1항제2호에 따른 정보 중 국가안전보장·국방 또는 외교관계에 관한 정보의 비공개 또는 부분 공개 결정처분인 경우에 공공기관이 그 정보에 대한 비밀 지정의 절차, 비밀의 등급·종류 및 성질과 이를 비밀로 취급하게 된 실질적인 이유 및 공개를 하지 아니하는 사유 등을 입증하면 해당 정보를 제출하지 아니하게 할 수 있다.

4] 제3자의 비공개 요청(제21조)
① 제11조제3항에 따라 공개 청구된 사실을 통지받은 제3자는 그 통지를 받은 날부터 3일 이내에 해당 공공기관에 대하여 자신과 관련된 정보를 공개하지 아니할 것을 요청할 수 있다.
② 제1항에 따른 비공개 요청에도 불구하고 공공기관이 공개 결정을 할 때에는 공개 결정 이유와 공개 실시일을 분명히 밝혀 지체 없이 문서로 통지하여야 하며, 제3자는 해당 공공기관에 문서로 이의신청을 하거나 행정심판 또는 행정소송을 제기할 수 있다. 이 경우 이의신청은 통지를 받은 날부터 7일 이내에 하여야 한다.
③ 공공기관은 제2항에 따른 공개 결정일과 공개 실시일 사이에 최소한 30일의 간격을 두어야 한다.

5] 정보공개위원회
(1) 정보공개위원회의 설치(제22조)
다음 각호의 사항을 심의·조정하기 위하여 행정안전부장관 소속으로 정보공개위원회를 둔다.
1. 정보공개에 관한 정책 수립 및 제도 개선에 관한 사항
2. 정보공개에 관한 기준 수립에 관한 사항
3. 제12조에 따른 심의회 심의결과의 조사·분석 및 심의기준 개선 관련 의견제시에 관한 사항
4. 제24조제2항 및 제3항에 따른 공공기관의 정보공개 운영실태 평가 및 그 결과 처리에 관한 사항
5. 정보공개와 관련된 불합리한 제도·법령 및 그 운영에 대한 조사 및 개선권고에 관한 사항
6. 그 밖에 정보공개에 관하여 대통령령으로 정하는 사항

(2) 위원회의 구성(제23조)
① 위원회는 성별을 고려하여 위원장과 부위원장 각 1명을 포함한 11명의 위원으로 구성한다.
② 위원회의 위원은 다음 각호의 사람이 된다. 이 경우 위원장을 포함한 7명은 공무원이 아닌 사람으로 위촉하여야 한다.
　　1. 대통령령으로 정하는 관계 중앙행정기관의 차관급 공무원이나 고위공무원단에 속하는 일반직공무원
　　2. 정보공개에 관하여 학식과 경험이 풍부한 사람으로서 행정안전부장관이 위촉하는 사람
　　3. 시민단체(「비영리민간단체 지원법」 제2조에 따른 비영리민간단체를 말한다)에서 추천한 사람으로서 행정안전부장관이 위촉하는 사람
③ 위원장·부위원장 및 위원(제2항제1호의 위원은 제외)의 임기는 2년으로 하며, 연임할 수 있다.
④ 위원장·부위원장 및 위원은 정보공개 업무와 관련하여 알게 된 정보를 누설하거나 그 정보를 이용하여 본인 또는 타인에게 이익 또는 불이익을 주는 행위를 하여서는 아니 된다.
⑤ 위원장·부위원장 및 위원 중 공무원이 아닌 사람은 「형법」이나 그 밖의 법률에 따른 벌칙을 적용할 때에는 공무원으로 본다.
⑥ 위원회의 구성과 의결 절차 등 위원회 운영에 필요한 사항은 대통령령으로 정한다.

02 다음 중 「공공기관의 정보공개에 관한 법률」상 정보공개제도에 대한 설명으로 가장 옳지 않은 것은?

20년 경찰간부

① 모든 국민은 정보의 공개를 청구할 권리를 가진다.
② 공공기관은 정보공개의 청구를 받으면 그 청구를 받은 날부터 10일 이내에 공개 여부를 결정하여야 한다.
③ 공공기관은 부득이한 사유로 기간 이내에 공개 여부를 결정할 수 없을 때에는 그 기간이 끝나는 날부터 기산하여 10일의 범위에서 공개 여부 결정기간을 연장할 수 있다.
④ 청구인이 공공기관의 비공개 결정에 대하여 불복이 있는 때에는 공공기관으로부터 정보공개 여부의 결정 통지를 받은 날부터 30일 이내에 해당 공공기관에 문서로 이의신청을 할 수 있다.

해설 ③ 공공기관은 부득이한 사유로 기간 이내에 공개 여부를 결정할 수 없을 때에는 그 기간이 끝나는 날의 다음 날부터 기산(起算)하여 10일의 범위에서 공개 여부 결정기간을 연장할 수 있다. 이 경우 공공기관은 연장된 사실과 연장 사유를 청구인에게 지체 없이 문서로 통지하여야 한다.

정보공개 여부의 결정(제11조)
① 공공기관은 제10조에 따라 정보공개의 청구를 받으면 그 청구를 받은 날부터 10일 이내에 공개 여부를 결정하여야 한다.
② 공공기관은 부득이한 사유로 제1항에 따른 기간 이내에 공개 여부를 결정할 수 없을 때에는 그 기간이 끝나는 날의 다음 날부터 기산(起算)하여 10일의 범위에서 공개 여부 결정기간을 연장할 수 있다. 이 경우 공공기관은 연장된 사실과 연장 사유를 청구인에게 지체 없이 문서로 통지하여야 한다.
③ 공공기관은 공개 청구된 공개 대상 정보의 전부 또는 일부가 제3자와 관련이 있다고 인정할 때에는 그 사실을 제3자에게 지체 없이 통지하여야 하며, 필요한 경우에는 그의 의견을 들을 수 있다.
④ 공공기관은 다른 공공기관이 보유·관리하는 정보의 공개 청구를 받았을 때에는 지체 없이 이를 소관 기관으로 이송하여야 하며, 이송한 후에는 지체 없이 소관 기관 및 이송 사유 등을 분명히 밝혀 청구인에게 문서로 통지하여야 한다.
⑤ 공공기관은 정보공개 청구가 다음 각호의 어느 하나에 해당하는 경우로서 「민원 처리에 관한 법률」에 따른 민원으로 처리할 수 있는 경우에는 민원으로 처리할 수 있다.
  1. 공개 청구된 정보가 공공기관이 보유·관리하지 아니하는 정보인 경우
  2. 공개 청구의 내용이 진정·질의 등으로 이 법에 따른 정보공개 청구로 보기 어려운 경우

정답 02 ③

03 다음 중 「공공기관의 정보공개에 관한 법률」에 대한 설명으로 가장 옳지 않은 것은?

21년 1차

① 모든 국민은 정보의 공개를 청구할 권리를 가지며, 외국인의 정보공개 청구에 관하여는 대통령령으로 정한다.
② 공공기관이 보유·관리하는 정보는 비공개 대상정보가 아닌 한, 국민의 알권리 보장 등을 위하여 이 법에서 정하는 바에 따라 공개할 수 있다.
③ 구인이 정보공개와 관련한 공공기관의 비공개결정 및 부분 공개 결정에 대하여 불복이 있거나 결정이 없는 때에는 공공기관으로부터 정보공개여부의 결정 통지를 받은 날 또는 정보공개 청구 후 20일이 경과한 날부터 30일 이내에 해당 공공기관에 문서로 이의신청을 할 수 있다.
④ 정보의 공개 및 우송 등에 드는 비용은 실비의 범위에서 청구인이 부담한다.

> 해설 ② 적극적으로 공개하여야 한다(의무적이고 기속행위가 원칙). 「공공기관의 정보공개에 관한 법률」 제3조(정보공개의 원칙) 공공기관이 보유·관리하는 정보는 국민의 알권리 보장 등을 위하여 이 법에서 정하는 바에 따라 적극적으로 공개하여야 한다.

04 다음 중 「공공기관의 정보공개에 관한 법률」상 청구인이 불복 구제절차로 행정심판을 청구할 수 있는데 이에 대한 설명으로 가장 옳지 않은 것은?

21년 경장

① 청구인이 정보공개와 관련한 공공기관의 결정에 대하여 불복이 있거나 정보공개 청구 후 20일이 경과하도록 정보공개 결정이 없는 때에는 행정심판을 청구할 수 있다.
② 청구인은 이의신청 절차를 거친 이후 행정심판을 청구할 수 있다.
③ 행정심판위원회 위원 중 정보공개 여부의 결정에 관한 행정심판에 관여하는 위원은 재직 중은 물론 퇴직 후에도 그 직무상 알게 된 비밀을 누설하여서는 아니 된다.
④ 공공기관의 결정에 대한 감독행정기관은 관계 중앙 행정기관의 장 또는 지방자치단체의 장으로 한다.

> 해설 ② 「정보공개법」상 이의신청절차와 행정심판절차는 임의절차이다. 즉 이를 거치지 않고 처음부터 행정심판을 제기할 수도 있고, 행정소송을 제기할 수도 있다.
> 행/정/심/판(제19조)
> ① 청구인이 정보공개와 관련한 공공기관의 결정에 대하여 불복이 있거나 정보공개 청구 후 20일이 경과하도록 정보공개 결정이 없는 때에는 「행정심판법」에서 정하는 바에 따라 행정심판을 청구할 수 있다. 이 경우 국가기관 및 지방자치단체 외의 공공기관의 결정에 대한 감독행정기관은 관계 중앙행정기관의 장 또는 지방자치단체의 장으로 한다.

② 청구인은 제18조에 따른 이의신청 절차를 거치지 아니하고 행정심판을 청구할 수 있다.
③ 행정심판위원회의 위원 중 정보공개 여부의 결정에 관한 행정심판에 관여하는 위원은 재직 중은 물론 퇴직 후에도 그 직무상 알게 된 비밀을 누설하여서는 아니 된다.
④ 제3항의 위원은 「형법」이나 그 밖의 법률에 따른 벌칙을 적용할 때에는 공무원으로 본다.

05 「공공기관의 정보공개에 관한 법률(시행령, 시행규칙 포함)」에 대한 설명으로 가장 옳은 것은?

23년 경찰간부

① 청구인의 정보공개와 관련하여 공공기관의 비공개 결정 또는 부분 공개 결정에 대하여 불복이 있거나 정보공개 청구 후 20일이 경과하도록 정보공개결정이 없는 때에는 공공기관으로부터 정보공개 여부의 결정 통지를 받은 날 또는 정보공개 청구 후 20일이 경과한 날부터 30일 이내에 해당 공공기관에 문서로 이의신청을 할 수 있다.
② 모든 국민은 정보의 공개를 청구할 권리를 가지며, 외국인의 경우 국내에 일정한 주소를 두고 거주하거나 학술·연구를 위하여 일시적으로 체류하는 경우에 한하여 허용된다.
③ 정보의 공개 및 우송 등에 드는 비용은 수수료와 우편요금으로 구분하며, 수수료의 금액은 대통령령으로 정한다.
④ 공공기관이 보유·관리하는 정보는 국민의 알권리 보장 등을 위하여 이 법에서 정하는 바에 따라 공개할 수 있다.

해설 ② 외국인의 정보공개 청구에 관하여는 대통령령으로 정한다. 즉 1. 국내에 일정한 주소를 두고 거주하거나 학술·연구를 위하여 일시적으로 체류하는 사람, 2. 국내에 사무소를 두고 있는 법인 또는 단체로 한다.
③ 정보의 공개 및 우송 등에 드는 비용은 실비(實費)의 범위에서 청구인이 부담한다. 다만, 공개를 청구하는 정보의 사용 목적이 공공복리의 유지·증진을 위하여 필요하다고 인정되는 경우에는 이에 따른 비용을 감면할 수 있다.
④ 제3조(정보공개의 원칙) 공공기관이 보유·관리하는 정보는 국민의 알권리 보장 등을 위하여 이 법에서 정하는 바에 따라 적극적으로 공개하여야 한다.

정답 03 ② 04 ② 05 ①

06 다음 중 「개인정보 보호법」에 관한 설명으로 가장 옳지 않은 것은?   18년 경찰간부

① 개인정보처리자는 정보주체의 동의를 받은 경우 정보주체의 개인정보를 제3자에게 제공할 수 있다.
② 개인정보처리자는 범죄의 수사와 공소의 제기 및 유지를 위하여 필요한 경우 정보주체의 개인정보를 제3자에게 제공할 수 있다.
③ 개인정보를 처리하거나 처리하였던 자는 업무상 알게 된 개인정보를 누설하거나 권한 없이 다른 사람이 이용하도록 제공하는 행위를 하여서는 아니 된다.
④ 개인정보처리자는 보유기간의 경과 개인정보의 처리 목적달성 등 그 개인정보가 불필요하게 되었을 때에는 지체없이 그 개인정보를 파기하여야 한다. 다만, 다른 법령에 따라 보존하여야 하는 경우에는 그러하지 아니하다.

해설 ② 정보주체로부터 별도의 동의를 받은 경우, 다른 법률에 특별한 규정이 있는 경우, 명백히 정보주체 또는 제3자의 급박한 생명, 신체, 재산의 이익을 위하여 필요하다고 인정되는 경우 등은 정보주체 또는 제3자의 이익을 부당하게 침해할 우려가 있을 때를 제외하고는 개인정보를 목적 외의 용도로 이용하거나 이를 제3자에게 제공할 수 있다. 하지만, ②의 경우에는 공공기관의 경우로 한정한다.

1) 법 제15조(개인정보의 수집·이용)
개인정보처리자는 다음 각호의 어느 하나에 해당하는 경우에는 개인정보를 수집할 수 있으며 그 수집 목적의 범위에서 이용할 수 있다(제1항).
 1. 정보주체의 동의를 받은 경우
 2. 법률에 특별한 규정이 있거나 법령상 의무를 준수하기 위하여 불가피한 경우
 3. 공공기관이 법령 등에서 정하는 소관 업무의 수행을 위하여 불가피한 경우
 4. 정보주체와 체결한 계약을 이행하거나 계약을 체결하는 과정에서 정보주체의 요청에 따른 조치를 이행하기 위하여 필요한 경우
 5. 명백히 정보주체 또는 제3자의 급박한 생명, 신체, 재산의 이익을 위하여 필요하다고 인정되는 경우
 6. 개인정보처리자의 정당한 이익을 달성하기 위하여 필요한 경우로서 명백하게 정보주체의 권리보다 우선하는 경우. 이 경우 개인정보처리자의 정당한 이익과 상당한 관련이 있고 합리적인 범위를 초과하지 아니하는 경우에 한한다.
 7. 공중위생 등 공공의 안전과 안녕을 위하여 긴급히 필요한 경우

2) 법 제17조(개인정보의 제공)
① 개인정보처리자는 다음 각호의 어느 하나에 해당되는 경우에는 정보주체의 개인정보를 제3자에게 제공(공유를 포함한다)할 수 있다.
 1. 정보주체의 동의를 받은 경우
 2. 제15조제1항제2호, 제3호 및 제5호부터 제7호까지에 따라 개인정보를 수집한 목적 범위에서 개인정보를 제공하는 경우
② 개인정보처리자는 제1항제1호에 따른 동의를 받을 때에는 다음 각호의 사항을 정보주체에게 알려야 한다. 다음 각호의 어느 하나의 사항을 변경하는 경우에도 이를 알리고 동의를 받아야 한다.
 1. 개인정보를 제공받는 자
 2. 개인정보를 제공받는 자의 개인정보 이용 목적
 3. 제공하는 개인정보의 항목
 4. 개인정보를 제공받는 자의 개인정보 보유 및 이용 기간
 5. 동의를 거부할 권리가 있다는 사실 및 동의 거부에 따른 불이익이 있는 경우에는 그 불이익의 내용
③ 삭제 〈2023. 3. 14.〉
④ 개인정보처리자는 당초 수집 목적과 합리적으로 관련된 범위에서 정보주체에게 불이익이 발생하는지 여부,

암호화 등 안전성 확보에 필요한 조치를 하였는지 여부 등을 고려하여 대통령령으로 정하는 바에 따라 정보주체의 동의 없이 개인정보를 제공할 수 있다.

3) 법 제18조(개인정보의 목적 외 이용·제공 제한)
① 개인정보처리자는 개인정보를 제15조제1항에 따른 범위를 초과하여 이용하거나 제17조제1항 및 제28조의8제1항에 따른 범위를 초과하여 제3자에게 제공하여서는 아니 된다.
② 제1항에도 불구하고 개인정보처리자는 다음 각 호의 어느 하나에 해당하는 경우에는 정보주체 또는 제3자의 이익을 부당하게 침해할 우려가 있을 때를 제외하고는 개인정보를 목적 외의 용도로 이용하거나 이를 제3자에게 제공할 수 있다. 다만, 제5호부터 제9호까지에 따른 경우는 공공기관의 경우로 한정한다.
  1. 정보주체로부터 별도의 동의를 받은 경우
  2. 다른 법률에 특별한 규정이 있는 경우
  3. 명백히 정보주체 또는 제3자의 급박한 생명, 신체, 재산의 이익을 위하여 필요하다고 인정되는 경우
  4. 삭제 〈2020. 2. 4.〉
  5. 개인정보를 목적 외의 용도로 이용하거나 이를 제3자에게 제공하지 아니하면 다른 법률에서 정하는 소관 업무를 수행할 수 없는 경우로서 보호위원회의 심의·의결을 거친 경우
  6. 조약, 그 밖의 국제협정의 이행을 위하여 외국정부 또는 국제기구에 제공하기 위하여 필요한 경우
  7. 범죄의 수사와 공소의 제기 및 유지를 위하여 필요한 경우
  8. 법원의 재판업무 수행을 위하여 필요한 경우
  9. 형(刑) 및 감호, 보호처분의 집행을 위하여 필요한 경우
  10. 공중위생 등 공공의 안전과 안녕을 위하여 긴급히 필요한 경우

07 「개인정보 보호법」상 개인정보보호위원회에 대한 설명 중 가장 옳은 것은? 19년 경정

① 보호위원회는 위원장 1명, 비상임위원 1명을 포함한 15명 이내의 위원으로 구성하되, 비상임위원은 정무직공무원으로 임명한다.
② 위원장과 위원의 임기는 3년으로 하되, 1차에 한하여 연임할 수 있다.
③ 보호위원회의 회의는 위원장이 필요하다고 인정하거나 재적위원 5분의 1 이상의 요구가 있는 경우에 위원장이 소집한다.
④ 보호위원회는 재적위원 과반수의 출석과 출석위원 3분의 2 이상의 찬성으로 의결한다.

해설
1) 개인정보 보호위원회(제7조)
  개인정보 보호에 관한 사무를 독립적으로 수행하기 위하여 국무총리 소속으로 개인정보 보호위원회를 둔다(제1항).
2) 보호위원회의 구성(제7조의2)
① 보호위원회는 상임위원 2명(위원장 1명, 부위원장 1명)을 포함한 9명의 위원으로 구성한다.
② 보호위원회의 위원은 개인정보 보호에 관한 경력과 전문지식이 풍부한 다음 각 호의 사람 중에서 위원장과 부위원장은 국무총리의 제청으로, 그 외 위원 중 2명은 위원장의 제청으로, 2명은 대통령이 소속되거나 소속되었던 정당의 교섭단체 추천으로, 3명은 그 외의 교섭단체 추천으로 대통령이 임명 또는 위촉한다.
  1. 개인정보 보호 업무를 담당하는 3급 이상 공무원(고위공무원단에 속하는 공무원을 포함)의 직에 있거나 있었던 사람
  2. 판사·검사·변호사의 직에 10년 이상 있거나 있었던 사람

정답 06 ② 07 ②

3. 공공기관 또는 단체(개인정보처리자로 구성된 단체를 포함)에 3년 이상 임원으로 재직하였거나 이들 기관 또는 단체로부터 추천받은 사람으로서 개인정보 보호 업무를 3년 이상 담당하였던 사람
4. 개인정보 관련 분야에 전문지식이 있고 「고등교육법」 제2조제1호에 따른 학교에서 부교수 이상으로 5년 이상 재직하고 있거나 재직하였던 사람

③ 위원장과 부위원장은 정무직 공무원으로 임명한다.
④ 위원장, 부위원장, 제7조의13에 따른 사무처의 장은 「정부조직법」 제10조에도 불구하고 정부위원이 된다.

3) 위원의 임기(제7조의4)
① 위원의 임기는 3년으로 하되, 한 차례만 연임할 수 있다.
② 위원이 궐위된 때에는 지체없이 새로운 위원을 임명 또는 위촉하여야 한다. 이 경우 후임으로 임명 또는 위촉된 위원의 임기는 새로이 개시된다.

4) 회의(제7조의10)
① 보호위원회의 회의는 위원장이 필요하다고 인정하거나 재적위원 4분의 1 이상의 요구가 있는 경우에 위원장이 소집한다.
② 위원장 또는 2명 이상의 위원은 보호위원회에 의안을 제의할 수 있다.
③ 보호위원회의 회의는 재적위원 과반수의 출석으로 개의하고, 출석위원 과반수의 찬성으로 의결한다.

5) 정의(제2조) 이 법에서 사용하는 용어의 뜻은 다음과 같다. 〈개정 2023. 3. 14.〉
1. "개인정보"란 살아 있는 개인에 관한 정보로서 다음 각 목의 어느 하나에 해당하는 정보를 말한다.
   가. 성명, 주민등록번호 및 영상 등을 통하여 개인을 알아볼 수 있는 정보
   나. 해당 정보만으로는 특정 개인을 알아볼 수 없더라도 다른 정보와 쉽게 결합하여 알아볼 수 있는 정보. 이 경우 쉽게 결합할 수 있는지 여부는 다른 정보의 입수 가능성 등 개인을 알아보는 데 소요되는 시간, 비용, 기술 등을 합리적으로 고려하여야 한다.
   다. 가목 또는 나목을 제1호의2에 따라 가명처리함으로써 원래의 상태로 복원하기 위한 추가 정보의 사용·결합 없이는 특정 개인을 알아볼 수 없는 정보(가명정보)
1의2. "가명처리"란 개인정보의 일부를 삭제하거나 일부 또는 전부를 대체하는 등의 방법으로 추가 정보가 없이는 특정 개인을 알아볼 수 없도록 처리하는 것을 말한다.
2. "처리"란 개인정보의 수집, 생성, 연계, 연동, 기록, 저장, 보유, 가공, 편집, 검색, 출력, 정정(訂正), 복구, 이용, 제공, 공개, 파기(破棄), 그 밖에 이와 유사한 행위를 말한다.
3. "정보주체"란 처리되는 정보에 의하여 알아볼 수 있는 사람으로서 그 정보의 주체가 되는 사람을 말한다.
4. "개인정보파일"이란 개인정보를 쉽게 검색할 수 있도록 일정한 규칙에 따라 체계적으로 배열하거나 구성한 개인정보의 집합물(集合物)을 말한다.
5. "개인정보처리자"란 업무를 목적으로 개인정보파일을 운용하기 위하여 스스로 또는 다른 사람을 통하여 개인정보를 처리하는 공공기관, 법인, 단체 및 개인 등을 말한다.
6. "공공기관"이란 다음 각 목의 기관을 말한다.
   가. 국회, 법원, 헌법재판소, 중앙선거관리위원회의 행정사무를 처리하는 기관, 중앙행정기관(대통령 소속 기관과 국무총리 소속 기관을 포함한다) 및 그 소속 기관, 지방자치단체
   나. 그 밖의 국가기관 및 공공단체 중 대통령령으로 정하는 기관
7. "고정형 영상정보처리기기"란 일정한 공간에 설치되어 지속적 또는 주기적으로 사람 또는 사물의 영상 등을 촬영하거나 이를 유·무선망을 통하여 전송하는 장치로서 대통령령으로 정하는 장치를 말한다.
7의2. "이동형 영상정보처리기기"란 사람이 신체에 착용 또는 휴대하거나 이동 가능한 물체에 부착 또는 거치(據置)하여 사람 또는 사물의 영상 등을 촬영하거나 이를 유·무선망을 통하여 전송하는 장치로서 대통령령으로 정하는 장치를 말한다.
8. "과학적 연구"란 기술의 개발과 실증, 기초연구, 응용연구 및 민간 투자 연구 등 과학적 방법을 적용하는 연구를 말한다.

08 다음 중 「개인정보보호법」 제2조(정의)의 규정 내용으로 가장 옳지 않은 것은? 21년 경위

① 개인정보란 살아있는 개인에 관한 정보로서 성명, 주민등록번호 등을 통하여 개인을 알아볼 수 있는 정보를 말한다.
② 정보주체란 처리되는 정보에 의하여 알아볼 수 있는 사람으로서 그 정보의 주체가 되는 사람을 말한다.
③ 공공기관에는 국회, 법원, 헌법재판소, 중앙선거관리위원회의 행정사무를 처리하는 기관, 중앙행정기관, 지방자치단체가 포함된다.
④ 개인정보에는 해당 정보만으로는 특정 개인을 알아볼 수 없더라도 다른 정보와 쉽게 결합하여 알아볼 수 있는 것을 제외한다.

해설 ④ 개인정보에는 해당 정보만으로는 특정 개인을 알아볼 수 없더라도 다른 정보와 쉽게 결합하여 알아볼 수 있는 정보를 포함한다.

제4절 언론중재 및 피해구제

01 언론사의 정정보도 청구의 요건에 대한 설명으로 가장 적절하지 않은 것은? 18년 경사

① 사실적 주장에 관한 언론보도 등이 진실하지 않아 피해를 입은 자는 해당 언론보도가 있던 날부터 6개월 이내 언론사에게 그 언론보도 등의 내용에 관한 정정보도를 청구할 수 있다.
② 언론사 등의 고의·과실이나 위법성을 필요로 하지 아니한다.
③ 국가·지방자치단체, 기관 또는 단체의 장은 해당업무에 대하여 그 기관 또는 단체를 대표하여 정정보도를 청구할 수 있다.
④ 「민사소송법」상 당사자능력이 없는 기관 또는 단체라도 하나의 생활단위를 구성하고 보도 내용과 직접적인 이해관계가 있을 때에는 그 대표자가 정정보도를 청구 할 수 있다.

해설 "정정보도"란 언론의 보도 내용의 전부 또는 일부가 진실하지 아니한 경우 이를 진실에 부합되게 고쳐서 보도하는 것을 말하고, "반론보도"란 언론의 보도 내용의 진실 여부에 관계없이 그와 대립되는 반박적 주장을 보도하는 것을 말한다.
① 보도가 있음을 안 날부터 3개월 이내란 규정이 없고 다른 지문에 틀린 내용이 없어 상대적으로 ①을 정답으로 채택한 것으로 보인다.

정답 08 ④ 01 ①

1) 정정보도 청구의 요건(제14조)

① 사실적 주장에 관한 언론보도등이 진실하지 아니함으로 인하여 피해를 입은 자(피해자)는 해당 언론보도등이 <u>있음을 안 날부터 3개월 이내에</u> 언론사, 인터넷뉴스서비스사업자 및 인터넷 멀티미디어 방송사업자(언론사등)에게 그 언론보도등의 내용에 관한 정정보도를 청구할 수 있다. 다만, 해당 <u>언론보도등이 있은 후 6개월이</u> 지났을 때에는 <u>그러하지 아니하다.</u>
② 제1항의 청구에는 언론사등의 고의 · 과실이나 위법성을 필요로 하지 아니한다.
③ 국가 · 지방자치단체, 기관 또는 단체의 장은 해당 업무에 대하여 그 기관 또는 단체를 대표하여 정정보도를 청구할 수 있다.
④ 「민사소송법」상 당사자능력이 없는 기관 또는 단체라도 하나의 생활단위를 구성하고 보도 내용과 직접적인 이해관계가 있을 때에는 그 대표자가 정정보도를 청구할 수 있다.

2) 정정보도청구권의 행사(제15조)

① 정정보도 청구는 언론사등의 대표자에게 서면으로 하여야 하며, 청구서에는 피해자의 성명 · 주소 · 전화번호 등의 연락처를 적고, 정정의 대상인 언론보도등의 내용 및 정정을 청구하는 이유와 청구하는 정정보도문을 명시하여야 한다. 다만, 인터넷신문 및 인터넷뉴스서비스의 언론보도의 내용이 해당 인터넷 홈페이지를 통하여 계속 보도 중이거나 매개 중인 경우에는 그 내용의 정정을 함께 청구할 수 있다.
② 제1항의 청구를 받은 언론사등의 대표자는 3일 이내에 그 수용 여부에 대한 통지를 청구인에게 발송하여야 한다. 이 경우 정정의 대상인 언론보도등의 내용이 방송이나 인터넷신문, 인터넷뉴스서비스 및 인터넷 멀티미디어 방송의 보도과정에서 성립된 경우에는 해당 언론사등이 그러한 사실이 없었음을 입증하지 아니하면 그 사실의 존재를 부인하지 못한다.

3) 반론보도청구권(제16조)

① 사실적 주장에 관한 언론보도등으로 인하여 피해를 입은 자는 그 보도 내용에 관한 반론보도를 언론사등에 청구할 수 있다.
② 제1항의 청구에는 언론사등의 고의 · 과실이나 위법성을 필요로 하지 아니하며, 보도 내용의 진실 여부와 상관없이 그 청구를 할 수 있다.
③ 반론보도 청구에 관하여는 따로 규정된 것을 제외하고는 정정보도 청구에 관한 이 법의 규정을 준용한다.

4) 추후보도청구권(제17조)

① 언론등에 의하여 범죄혐의가 있거나 형사상의 조치를 받았다고 보도 또는 공표된 자는 그에 대한 형사절차가 무죄판결 또는 이와 동등한 형태로 종결되었을 때에는 그 사실을 안 날부터 3개월 이내에 언론사등에 이 사실에 관한 추후보도의 게재를 청구할 수 있다.
② 제1항에 따른 추후보도에는 청구인의 명예나 권리 회복에 필요한 설명 또는 해명이 포함되어야 한다.
③ 추후보도청구권에 관하여는 제1항 및 제2항에 규정된 것을 제외하고는 정정보도청구권에 관한 이 법의 규정을 준용한다.
④ 추후보도청구권은 특별한 사정이 있는 경우를 제외하고는 이 법에 따른 정정보도청구권이나 반론보도청구권의 행사에 영향을 미치지 아니한다.

---

02 다음 중 「언론중재 및 피해구제 등에 관한 법률」상 사실적 주장에 관한 언론보도등이 진실하지 아니함으로 인하여 피해를 입은 자가 그 내용에 관한 정정보도를 청구할 수 있는 기간으로 가장 적절한 것은? 　　　　　　　　　　　　　　　　20년 경찰간부

① 언론보도등이 있음을 안 날부터 10일 이내, 언론보도등이 있은 후 1개월 이내
② 언론보도등이 있음을 안 날부터 1개월 이내, 언론보도등이 있은 후 2개월 이내
③ 언론보도등이 있음을 안 날부터 2개월 이내, 언론보도등이 있은 후 4개월 이내
④ 언론보도등이 있음을 안 날부터 3개월 이내, 언론보도등이 있은 후 6개월 이내

> 해설 ④ 사실적 주장에 관한 언론보도등이 진실하지 아니함으로 인하여 피해를 입은 자(피해자)는 해당 언론보도등이 있음을 안 날부터 3개월 이내에 언론사, 인터넷뉴스서비스사업자 및 인터넷 멀티미디어 방송사업자(언론사등)에게 그 언론보도등의 내용에 관한 정정보도를 청구할 수 있다. 다만, 해당 언론보도등이 있은 후 6개월이 지났을 때에는 그러하지 아니하다(제14조 제1항).

03 다음 중 「언론중재 및 피해구제 등에 관한 법률」상 언론사의 정정보도 청구의 요건에 대한 설명으로 가장 옳지 않은 것은?
21년 경사

① 사실적 주장에 관한 언론보도 등이 진실하지 아니함으로 인하여 피해를 입은 자는 해당 언론보도 등이 있음을 안 날부터 3개월 이내에 언론사에게 그 언론보도 등의 내용에 관한 정정보도를 청구할 수 있다.
② 언론사 등의 고의·과실이나 위법성을 필요로 하지 아니한다.
③ 국가·지방자치단체, 기관 또는 단체의 장은 해당 업무에 대하여 그 기관 또는 단체를 대표하여 정정보도를 청구할 수 있다.
④ 「민사소송법」상 당사자능력이 없는 기관 또는 단체는 하나의 생활단위를 구성하고 보도내용과 직접적인 이해관계가 없을 때에도 그 대표자가 정정보도를 청구할 수 있다.

> 해설 정정보도 청구의 요건(제14조)
> ① 사실적 주장에 관한 언론보도등이 진실하지 아니함으로 인하여 피해를 입은 자(피해자)는 해당 언론보도등이 있음을 안 날부터 3개월 이내에 언론사, 인터넷뉴스서비스사업자 및 인터넷 멀티미디어 방송사업자(언론사등)에게 그 언론보도등의 내용에 관한 정정보도를 청구할 수 있다. 다만, 해당 언론보도등이 있은 후 6개월이 지났을 때에는 그러하지 아니하다.
> ② 제1항의 청구에는 언론사등의 고의·과실이나 위법성을 필요로 하지 아니한다.
> ③ 국가·지방자치단체, 기관 또는 단체의 장은 해당 업무에 대하여 그 기관 또는 단체를 대표하여 정정보도를 청구할 수 있다.
> ④ 「민사소송법」상 당사자능력이 없는 기관 또는 단체라도 하나의 생활단위를 구성하고 보도 내용과 직접적인 이해관계가 있을 때에는 그 대표자가 정정보도를 청구할 수 있다.

정답 02 ④ 03 ④

04. 다음은 「언론중재 및 피해구제 등에 관한 법률」 제2조(정의)에 따른 설명이다. ( ) 안에 부합하는 용어로 가장 올바르게 짝지어진 것은?

21년 경사

> ㉠ (   ) 언론의 보도내용의 진실여부에 관계없이 그와 대립되는 반박적 주장을 보도하는 것을 말한다.
> ㉡ (   ) 언론의 보도내용의 전부 또는 일부가 진실하지 아니한 경우 이를 진실에 부합되게 고쳐서 보도하는 것을 말한다.

① ㉠ 정정보도   ㉡ 반론보도
② ㉠ 사실적주장   ㉡ 정정보도
③ ㉠ 반론보도   ㉡ 정정보도
④ ㉠ 사실적주장   ㉡ 언론사과보도

해설
1) "정정보도"란 언론의 보도 내용의 전부 또는 일부가 진실하지 아니한 경우 이를 진실에 부합되게 고쳐서 보도하는 것을 말한다(제2조 제16호).
2) "반론보도"란 언론의 보도 내용의 진실 여부에 관계없이 그와 대립되는 반박적 주장을 보도하는 것을 말한다(제2조 제17호).

05. 「언론중재 및 피해구제 등에 관한 법률」상 언론중재위원회의 언론중재 조정은 신청 접수일로부터 며칠 이내 하여야 하는가?

18년 경장

① 5일   ② 10일
③ 14일   ④ 30일

해설 조/정/신/청(제18조)
① 이 법에 따른 정정보도청구등과 관련하여 분쟁이 있는 경우 피해자 또는 언론사등은 중재위원회에 조정을 신청할 수 있다.
② 피해자는 언론보도등에 의한 피해의 배상에 대하여 제14조제1항의 기간 이내에 중재위원회에 조정을 신청할 수 있다. 이 경우 피해자는 손해배상액을 명시하여야 한다.
③ 정정보도청구등과 손해배상의 조정신청은 제14조제1항(제16조제3항에 따라 준용되는 경우를 포함한다) 또는 제17조제1항의 기간 이내에 서면 또는 구술이나 그 밖에 대통령령으로 정하는 바에 따라 전자문서 등으로 하여야 하며, 피해자가 먼저 언론사등에 정정보도청구등을 한 경우에는 피해자와 언론사등 사이에 협의가 불성립된 날부터 14일 이내에 하여야 한다. 조정은 신청 접수일부터 14일 이내에 하여야 하며, 중재부의 장은 조정신청을 접수하였을 때에는 지체 없이 조정기일을 정하여 당사자에게 출석을 요구하여야 한다(제19조 제2항).

06 다음 중 「언론중재 및 피해구제 등에 관한 법률 (시행령, 시행규칙 포함)」에 대한 설명으로 가장 옳지 않은 것은?
21년 경찰간부

① 언론중재위원회는 40명 이상 90명 이내의 중재위원으로 구성한다.
② "반론보도"란 언론의 보도 내용의 전부 또는 일부가 진실하지 아니한 경우 이를 진실에 부합되게 고쳐서 보도하는 것을 의미한다.
③ 「민사소송법」상 당사자능력이 없는 기관 또는 단체라도 하나의 생활단위를 구성하고 보도 내용과 직접적인 이해관계가 있을 때에는 그 대표자가 정정보도를 청구할 수 있다.
④ "추후보도청구권"은 특별한 사정이 있는 경우를 제외하고는 이 법에 따른 정정보도청구권이나 반론보도청구권의 행사에 영향을 미치지 아니한다.

해설 ② "정정보도"란 언론의 보도 내용의 전부 또는 일부가 진실하지 아니한 경우 이를 진실에 부합되게 고쳐서 보도하는 것을 말한다.
① 언론중재위원회는 40명 이상 90명 이내의 중재위원으로 구성하며, 중재위원은 문화체육관광부장관이 위촉한다(제7조 제3항). 중재위원회에 위원장 1명과 2명 이내의 부위원장 및 2명 이내의 감사를 두며, 각각 중재위원 중에서 호선(互選)한다(제4항). 위원장·부위원장·감사 및 중재위원의 임기는 각각 3년으로 하며, 한 차례만 연임할 수 있다(제5항).

「언론중재 및 피해구제 등에 관한 법률」
1. 용어정의(제2조)
1) "사실적 주장"이란 증거에 의하여 그 존재 여부를 판단할 수 있는 사실관계에 관한 주장을 말한다(제14호).
2) "언론보도"란 언론의 사실적 주장에 관한 보도를 말한다(제15호).
3) "정정보도"란 언론의 보도 내용의 전부 또는 일부가 진실하지 아니한 경우 이를 진실에 부합되게 고쳐서 보도하는 것을 말한다(제16호).
4) "반론보도"란 언론의 보도 내용의 진실 여부에 관계없이 그와 대립되는 반박적 주장을 보도하는 것을 말한다(제17호).
2. 정정보도 청구의 요건(제14조)
① 사실적 주장에 관한 언론보도등이 진실하지 아니함으로 인하여 피해를 입은 자(피해자)는 해당 언론보도등이 있음을 안 날부터 3개월 이내에 언론사, 인터넷뉴스서비스사업자 및 인터넷 멀티미디어 방송사업자(언론사등)에게 그 언론보도등의 내용에 관한 정정보도를 청구할 수 있다. 다만, 해당 언론보도등이 있은 후 6개월이 지났을 때에는 그러하지 아니하다.
② 제1항의 청구에는 언론사등의 고의·과실이나 위법성을 필요로 하지 아니한다.
③ 국가·지방자치단체, 기관 또는 단체의 장은 해당 업무에 대하여 그 기관 또는 단체를 대표하여 정정보도를 청구할 수 있다.
④ 「민사소송법」상 당사자능력이 없는 기관 또는 단체라도 하나의 생활단위를 구성하고 보도 내용과 직접적인 이해관계가 있을 때에는 그 대표자가 정정보도를 청구할 수 있다.

정답 04 ③ 05 ③ 06 ②

07 다음 중 「언론중재 및 피해구제 등에 관한 법률」(시행령 포함)상 언론의 자유와 독립에 대한 설명으로 옳지 않은 것은? `22년 2차/경찰학과`

① 언론의 자유와 독립은 보장된다.
② 누구든지 언론의 자유와 독립에 관하여 어떠한 규제나 간섭을 할 수 없다.
③ 언론의 자유와 권리는 법률에 의해 제한받을 수 없다.
④ 언론은 정보원에 대하여 자유로이 접근할 권리의 그 취재한 정보를 자유로이 공표할 자유를 갖는다.

> **해설** 언론의 자유와 독립(법 제3조)
> ① 언론의 자유와 독립은 보장된다.
> ② 누구든지 언론의 자유와 독립에 관하여 어떠한 규제나 간섭을 할 수 없다.
> ③ 언론은 정보원(情報源)에 대하여 자유로이 접근할 권리와 그 취재한 정보를 자유로이 공표할 자유를 갖는다.
> ④ 제1항부터 제3항까지의 자유와 권리는 헌법과 법률에 의하지 아니하고는 제한받지 아니한다.

08 다음 중 「언론중재 및 피해구제 등에 관한 법률(시행령 포함)」상 정정보도청구권에 대한 설명으로 가장 옳지 않은 것은? (다툼이 있는 경우 판례에 의함) `22년 경찰간부`

① 사실적 주장에 관한 언론보도 등이 진실하지 아니함으로 인하여 피해를 입은 자는 해당 언론보도등이 있음을 안 날부터 3개월 이내에 언론사등에게 청구할 수 있다. 다만, 해당 언론보도 등이 있은 후 6개월이 지났을 때에는 그러하지 아니하다.
② 정정보도의 청구에는 언론사 등의 고의·과실이나 위법성을 필요로 한다.
③ 피해자는 언론보도 등이 진실하지 아니하다는 증명책임을 부담한다.
④ "정정보도"란 언론의 보도 내용의 전부 또는 일부가 진실하지 아니한 경우 이를 진실에 부합되게 고쳐서 보도하는 것을 말한다.

> **해설** 정정보도 청구의 요건(법 제14조)
> ① 사실적 주장에 관한 언론보도등이 진실하지 아니함으로 인하여 피해를 입은 자(피해자)는 해당 언론보도등이 있음을 안 날부터 3개월 이내에 언론사, 인터넷뉴스서비스사업자 및 인터넷 멀티미디어 방송사업자(언론사 등)에게 그 언론보도등의 내용에 관한 정정보도를 청구할 수 있다. 다만, 해당 언론보도등이 있은 후 6개월이 지났을 때에는 그러하지 아니하다.
> ② 제1항의 청구에는 언론사 등의 고의·과실이나 위법성을 필요로 하지 아니한다.
> ③ 국가·지방자치단체, 기관 또는 단체의 장은 해당 업무에 대하여 그 기관 또는 단체를 대표하여 정정보도를 청구할 수 있다.
> ④ 「민사소송법」상 당사자능력이 없는 기관 또는 단체라도 하나의 생활단위를 구성하고 보도 내용과 직접적인 이해관계가 있을 때에는 그 대표자가 정정보도를 청구할 수 있다.

제 5 절 인권보호, 적극행정

01 다음 중 「해양경찰 인권보호 직무규칙」상 용어 정의에 대한 설명으로 가장 옳지 않은 것은?

22년 경찰간부

① "인권"이란 「대한민국헌법」 및 법률에서 보장하거나 대한민국이 가입·비준한 국제인권조약 및 국제관습법에서 인정하는 인간으로서의 존엄과 가치 및 자유와 권리를 말한다.

② "사회적 약자"란 장애인, 20세 미만의 자, 여성, 노약자, 외국인, 그 밖에 신체적·경제적·정신적 문화적인 차별 등으로 어려움을 겪고 있어 사회적 보호가 필요한 자를 말한다.

③ "성(性)적 소수자"란 동성애자 양성애자, 성전환자 등 당사자의 성 정체성을 기준으로 소수인 자를 말한다.

④ "피해자"란 타인의 범죄행위로 피해를 당한 사람과 그 배우자(사실상의 혼인관계를 포함한다), 직계친족 및 형제자매를 말한다.

> **해설** ② 동법상 19세 미만의 사람이 사회적 약자에 해당한다.
>
> **정의(규칙 제2조)** 이 규칙에서 사용하는 용어의 뜻은 다음과 같다.
> 1. "인권"이란 「국가인권위원회법」 제2조 제1호에 따른 인권을 말한다(「대한민국헌법」 및 법률에서 보장하거나 대한민국이 가입·비준한 국제인권조약 및 국제관습법에서 인정하는 인간으로서의 존엄과 가치 및 자유와 권리).
> 2. "인권침해"란 해양경찰청 소속 경찰관이 직무수행과 관련하여 모든 사람에게 보장된 인권을 침해하는 것을 말한다.
> 3. "사회적 약자"란 장애인, 19세 미만의 자(소년), 여성, 노약자, 외국인, 그 밖에 신체적·경제적·정신적·문화적인 차별 등으로 어려움을 겪고 있어 사회적 보호가 필요한 자를 말한다.
> 4. "성(性)적 소수자"란 동성애자, 양성애자, 성전환자 등 당사자의 성 정체성을 기준으로 소수인 자를 말한다.
> 5. "피해자"란 「범죄피해자보호법」 제3조제1항제1호에 따른 범죄피해자를 말한다(타인의 범죄행위로 피해를 당한 사람과 그 배우자(사실상의 혼인관계를 포함한다), 직계친족 및 형제자매).
> 6. "신고자등"이란 범죄에 관한 신고·진정·고소·고발 등 수사단서의 제공이나 진술, 그 밖에 자료제출 행위 또는 범인검거를 위한 제보나 검거활동에 기여한 자를 말한다.

정답 07 ③ 08 ② 01 ②

02 해양경찰 내부통제의 수단 중 하나로 해양경찰 인권위원회를 두고 있다. 이에 대한 설명으로 가장 옳지 않은 것은?　　　　　　　　　　　　　　　　　　　　　　　　23년 경찰간부

① 인권을 존중하는 경찰활동상 정립을 위해 해양경찰청에 인권위원회를 두고, 지방해양경찰청 및 해양경찰서에 시민인권단을 둘 수 있다.
② 인권위원회는 인권과 관련된 해양경찰의 제도·정책·관행에 대한 자문, 개선권고 및 의견표명, 해양경찰에 의한 인권침해 행위에 대한 조사 및 시정권고, 인권과 관련된 해양경찰 시설에 대한 방문조사 인권교육 등의 임무를 수행한다.
③ 인권위원회는 위원장 1명을 포함하여 7명 이내의 위원으로 구성하며, 위원장과 위원은 법조계, 학계, 종교계, 노동계, 여성계, 언론계 등 사회적으로 덕망있고 학식과 경험이 풍부한 사람 중에서 해양경찰청장이 위촉한다.
④ 위원장과 위원의 임기는 2년으로 하되, 연임할 수 있다.

해설 ③ 인권위는 위원장 1명을 포함하여 7명 이상 20명 이하의 위원으로 구성한다. 그리고 위원장과 위원은 법조계·학계·종교계·노동계·여성계·언론계 등 사회적으로 덕망이 있고 학식과 경험이 풍부한 사람 중에서 해양경찰청장이 위촉한다.

「해양경찰 인권보호 직무규칙」
1] 정의(제2조) 이 규칙에서 사용하는 용어의 뜻은 다음과 같다.
1. "인권"이란「국가인권위원회법」제2조제1호에 따른 인권을 말한다.
2. "인권침해"란 해양경찰청 소속 경찰관이 직무수행과 관련하여 모든 사람에게 보장된 인권을 침해하는 것을 말한다.
3. "사회적 약자"란 장애인, 19세 미만의 자(소년), 여성, 노약자, 외국인, 그 밖에 신체적·경제적·정신적·문화적인 차별 등으로 어려움을 겪고 있어 사회적 보호가 필요한 자를 말한다.
4. "성(性)적 소수자"란 동성애자, 양성애자, 성전환자 등 당사자의 성 정체성을 기준으로 소수인 자를 말한다.
5. "피해자"란「범죄피해자보호법」제3조제1항제1호에 따른 범죄피해자를 말한다.
6. "신고자등"이란 범죄에 관한 신고·진정·고소·고발 등 수사단서의 제공이나 진술, 그 밖에 자료제출 행위 또는 범인검거를 위한 제보나 검거활동에 기여한 자를 말한다.
2] 설치(제14조)
① 인권을 존중하는 경찰활동상 정립을 위해 해양경찰청에 인권위원회(인권위)를 두고, 지방해양경찰청 및 해양경찰서에 시민인권단(인권단)을 둘 수 있다.
② 제1항에 따른 인권단의 구성·운영·임무 등에 대해서는 제15조부터 제24조 까지를 준용한다. 이 경우 "해양경찰청장"은 "지방해양경찰청장·해양경찰서장"으로, "인권담당관"은 "인권보호관"으로 본다.
3] 구성(제16조)
① 인권위는 위원장 1명을 포함하여 7명 이상 20명 이하의 위원으로 구성한다.
② 위원장과 위원은 법조계·학계·종교계·노동계·여성계·언론계 등 사회적으로 덕망이 있고 학식과 경험이 풍부한 사람 중에서 해양경찰청장이 위촉한다.
4] 위원의 임기(제17조)
① 위원장 및 위원의 임기는 2년으로 하되, 연임할 수 있다.
② 위원이 부득이한 사유로 직무를 수행할 수 없다고 인정되거나 그 직무상 의무를 위반하는 등 위원으로서의 자격을 유지하기가 부적합하다고 인정되는 경우 해양경찰청장은 그 위원을 해촉할 수 있다.
③ 위촉 위원에 결원이 생긴 경우 새로 위촉할 수 있고, 이 경우 새로 위촉된 위원의 임기는 위촉된 날부터 기산한다.

5] 위원장의 직무(제18조)
① 위원장은 인권위를 대표하며, 인권위의 업무를 총괄한다.
② 위원장이 부득이한 사유로 그 직무를 수행할 수 없는 경우에는 위원장이 미리 지명한 위원이 그 직무를 대행한다.
6] 인권위의 운영(제20조)
① 인권위의 회의는 정기회의와 임시회의로 구분한다.
② 정기회의는 연 1회 소집하며, 임시회의는 위원장이 필요하다고 인정하거나 해양경찰청장 또는 재적위원 3분의 1 이상이 요구하는 경우 위원장이 소집한다.
③ 위원회의 회의는 재적위원 과반수의 출석으로 개의하고 출석위원 과반수의 찬성으로 의결한다.

03 다음 중 「해양경찰 인권보호 직무규칙」상 수사 사건의 언론공개에 대한 설명 중 가장 적절하지 않은 것은?　　19년 경사

① 원칙적으로 수사사건에 대하여는 공판청구 전 언론공개를 하여서는 안된다.
② 공개수배는 살인·강도 등 흉악범으로서 죄증이 명백하고 체포영장이 발부된 자 중에서 공개수배로 인한 공익상 필요성이 현저한 경우에만 실시하여야 한다.
③ 국민의혹 또는 불안을 해소하거나 유사범죄 예방 등을 위해 특히 필요하다고 인정되는 경우 언론에 공개할 수 있다.
④ 범죄와 직접 관련이 없다면 개인의 명예·사생활에 관한 사항은 예외적으로 공개할 수 있다.

해설 ④ 범죄와 직접 관련이 없는 명예·사생활에 관한 사항은 공개하지 않아야 한다(제63조).

「해양경찰 인권보호 직무규칙」
1) 수사사건 언론공개의 기준(제62조)
① 경찰관은 원칙적으로 수사사건에 대하여 공판청구 전에 언론공개를 해서는 안 된다.
② 경찰관은 제1항에도 불구하고 공공의 이익 및 국민의 알권리를 보장하기 위해 다음 각호의 어느 하나에 해당하는 경우 소속 해양경찰관서장의 승인을 받아 언론에 공개할 수 있다.
　1. 중요범인 검거 및 참고인·증거 발견을 위해 특히 필요하다고 인정되는 경우
　2. 국민의혹 또는 불안을 해소하거나 유사범죄 예방을 위해 특히 필요하다고 인정되는 경우
　3. 그 밖에 공익을 위해 특히 필요하다고 인정되는 경우
③ 경찰관은 제1항에 따라 언론에 공개하는 경우에도 객관적이고 정확한 증거 및 자료를 바탕으로 필요한 사항만 공개해야 한다.
④ 경찰관은 개인의 신상정보 등이 기록된 모든 서류 및 부책 등은 외부로 유출되지 않도록 보안 관리해야 한다.
2) 수사사건 언론공개의 한계(제63조)
경찰관은 제62조제2항 및 제3항에 따라 수사사건을 언론에 공개할 때에도 다음 각호의 어느 하나에 해당하는 사항을 공개해서는 안 된다.
　1. 범죄와 직접 관련이 없는 명예·사생활에 관한 사항
　2. 보복당할 우려가 있는 사건관계인의 신원에 관한 사항
　3. 범죄 수법 및 검거 경위에 관한 자세한 사항
　4. 그 밖에 법령에 따라 공개가 금지된 사항
3) 초상권 침해 금지(제64조) 경찰관은 해양경찰서 안에서 피의자, 피해자 등 사건관계인의 신원을 추정할 수 있거나 신분이 노출될 우려가 있는 장면이 촬영되지 않도록 해야 한다.

정답 02 ③　03 ④

4) 예외적 공개 허용(제65조)

경찰관은 피의자가 「특정중대범죄 피의자 등 신상정보 공개에 관한 법률」(중대범죄신상공개법)에 해당하는 경우에는 그 피의자의 얼굴, 실명, 및 나이 등 신상에 관한 정보를 공개할 수 있다.

「특정중대범죄 피의자 등 신상정보 공개에 관한 법률」(중대범죄신상공개법)

1] 다른 법률과의 관계(제3조) 수사 및 재판 단계에서 신상정보의 공개에 대하여는 다른 법률의 규정에도 불구하고 이 법을 우선 적용한다.

2] 피의자의 신상정보 공개(제4조)

① 검사와 사법경찰관은 다음 각호의 요건을 모두 갖춘 특정중대범죄사건의 피의자의 얼굴, 성명 및 나이(신상정보)를 공개할 수 있다. 다만, 피의자가 미성년자인 경우에는 공개하지 아니한다.
  1. 범행수단이 잔인하고 중대한 피해가 발생하였을 것(제2조제3호부터 제6호까지의 죄에 한정한다)
  2. 피의자가 그 죄를 범하였다고 믿을 만한 충분한 증거가 있을 것
  3. 국민의 알권리 보장, 피의자의 재범 방지 및 범죄예방 등 오로지 공공의 이익을 위하여 필요할 것

② 검사와 사법경찰관은 제1항에 따라 신상정보 공개를 결정할 때에는 범죄의 중대성, 범행 후 정황, 피해자 보호 필요성, 피해자(피해자가 사망한 경우 피해자의 유족을 포함한다)의 의사 등을 종합적으로 고려하여야 한다.

③ 검사와 사법경찰관은 제1항에 따라 신상정보를 공개할 때에는 피의자의 인권을 고려하여 신중하게 결정하고 이를 남용하여서는 아니 된다.

④ 제1항에 따라 공개하는 피의자의 얼굴은 특별한 사정이 없으면 공개 결정일 전후 30일 이내의 모습으로 한다. 이 경우 검사와 사법경찰관은 다른 법령에 따라 적법하게 수집·보관하고 있는 사진, 영상물 등이 있는 때에는 이를 활용하여 공개할 수 있다.

⑤ 검사와 사법경찰관은 제1항에 따라 피의자의 얼굴을 공개하기 위하여 필요한 경우 피의자를 식별할 수 있도록 피의자의 얼굴을 촬영할 수 있다. 이 경우 피의자는 이에 따라야 한다.

⑥ 검사와 사법경찰관은 제1항에 따라 피의자의 신상정보 공개를 결정하기 전에 피의자에게 의견을 진술할 기회를 주어야 한다. 다만, 신상정보공개심의위원회에서 피의자의 의견을 청취한 경우에는 이를 생략할 수 있다.

⑦ 검사와 사법경찰관은 피의자에게 신상정보 공개를 통지한 날부터 5일 이상의 유예기간을 두고 신상정보를 공개하여야 한다. 다만, 피의자가 신상정보 공개 결정에 대하여 서면으로 이의 없음을 표시한 때에는 유예기간을 두지 아니할 수 있다.

⑧ 검사와 사법경찰관은 정보통신망을 이용하여 그 신상정보를 30일간 공개한다.

⑨ 신상정보의 공개 등에 관한 절차와 방법 등 그 밖에 필요한 사항은 대통령령으로 정한다.

3] 피고인의 신상정보 공개(제5조)

① 검사는 공소제기 시까지 특정중대범죄사건이 아니었으나 재판 과정에서 특정중대범죄사건으로 공소사실이 변경된 사건의 피고인으로서 제4조제1항 각호의 요건을 모두 갖춘 피고인에 대하여 피고인의 현재지 또는 최후 거주지를 관할하는 법원에 신상정보의 공개를 청구할 수 있다. 다만, 피고인이 미성년자인 경우는 제외한다.

② 제1항에 따른 청구는 해당 특정중대범죄 피고사건의 항소심 변론종결 시까지 하여야 한다.

③ 제1항에 따른 청구에 관하여는 해당 특정중대범죄 피고사건을 심리하는 재판부가 아닌 별도의 재판부에서 결정한다.

④ 법원은 피고인의 신상정보 공개 여부를 결정하기 위하여 필요하다고 인정하는 때에는 검사, 피고인, 그 밖의 참고인으로부터 의견을 들을 수 있다.

⑤ 제1항에 따른 청구를 받은 법원은 청구의 허부에 관한 결정을 하여야 한다.

⑥ 제5항의 결정에 대하여는 즉시항고를 할 수 있다.

⑦ 법원의 신상정보 공개 결정은 검사가 집행하고, 이에 대하여는 제4조제4항·제5항·제8항·제9항을 준용한다.

04 다음 <보기>는 「해양경찰공무원 징계양정 등에 관한 규칙」에 대한 설명이다. 빈칸에 들어갈 말로 가장 옳은 것은?

23년 경찰간부

> 제4조의2(적극행정 등에 대한 징계면제)
> ① 징계의결요구권자 또는 징계위원회는 제4조에도 불구하고 (㉠)이 없는 비위로써 다음 각호의 어느 하나에 해당하는 경우에는 징계등을 요구하거나 의결해서는 안 된다.
> 1. 국가적으로 이익이 되고 국민생활에 편익을 주는 정책 또는 소관 법령의 입법목적을 …(중략)
> ② 징계위원회는 행위자가 다음 각호를 모두 만족하는 경우 해당 비위에 (㉠)이 없는 것으로 추정한다.
> 1. 행위자와 비위 관련 직무 사이에 사적인 이해관계가 없을 것
> 2. 해당 직무를 처리하면서 중대한 (㉡)이 없을 것 …(생략)
>
> 제5조(감독자의 징계양정 기준)
> ① 징계의결요구권자 또는 징계위원회는 감독자에 대한 감독의무 위반정도 등을 고려하여 별표5부터 별표8까지에 따라 징계등을 요구 또는 의결해야 한다. 다만, 감독자가 부하직원의 의무위반행위를 (㉢)하거나 은폐·비호했을 때에는 행위자와 동일한 양정으로 징계등을 요구 또는 의결해야 한다.

① ㉠ 고의 또는 중과실   ㉡ 결과상의 결함   ㉢ 요구
② ㉠ 고의 또는 중과실   ㉡ 절차상의 결함   ㉢ 묵인·방조
③ ㉠ 과실   ㉡ 결과상의 결함   ㉢ 묵인·방조
④ ㉠ 과실   ㉡ 절차상의 결함   ㉢ 요구

 ㉠ 고의 또는 중과실
㉡ 절차상의 결함
㉢ 묵인·방조

1] 「적극행정 운영규정」
1) 정의(제2조) 이 영에서 사용하는 용어의 뜻은 다음과 같다.
   1. "적극행정"이란 공무원이 불합리한 규제를 개선하는 등 공공의 이익을 위해 창의성과 전문성을 바탕으로 적극적으로 업무를 처리하는 행위를 말한다.
   2. "소극행정"이란 공무원이 부작위 또는 직무태만 등 소극적 업무행태로 국민의 권익을 침해하거나 국가 재정상 손실을 발생하게 하는 행위를 말한다.
   3. "중앙행정기관"이란 「정부조직법」 제2조제2항에 따른 중앙행정기관 및 국무조정실을 말한다.
2) 징계요구 등 면책(제16조)
① 공무원이 적극행정을 추진한 결과에 대해 그의 행위에 고의 또는 중대한 과실이 없는 경우에는 「감사원법」 제34조의3 및 「공공감사에 관한 법률」 제23조의2에 따라 징계 요구 또는 문책 요구 등 책임을 묻지 않는다.
② 공무원이 사전컨설팅 의견대로 업무를 처리한 경우에는 제1항에 따른 면책 요건을 충족한 것으로 추정한다. 다만, 공무원과 대상 업무 사이에 사적 이해관계가 있거나 감사원이나 감사기구의 장이 사전컨설팅을 하는 데 필요한 정보를 충분히 제공하지 않은 경우에는 그렇지 않다.

정답 04 ②

③ 공무원이 제13조에 따라 위원회가 제시한 의견대로 업무를 처리한 경우에는 「공공감사에 관한 법률」 제23조의2에 따른 면책 요건을 충족한 것으로 추정한다. 다만, 해당 공무원과 대상 업무 사이에 사적인 이해관계가 있거나 위원회가 심의하는 데 필요한 정보를 충분히 제공하지 않은 경우에는 그렇지 않다.

④ 위원회는 공무원이 적극행정을 추진한 결과에 대해 「감사원법」에 따른 감사원 감사를 받게 되는 경우에는 해당 공무원의 요청에 따라 감사원에 같은 법 제34조의3에 따른 면책을 건의할 수 있다.

3) 소극행정 신고(제18조의3)

① 누구든지 공무원의 소극행정을 소속 중앙행정기관의 장이나 제3항에 따른 소극행정 신고센터에 신고할 수 있다.

② 중앙행정기관의 장은 제1항에 따른 신고의 내용에 상당한 이유가 있다고 인정되는 경우에는 사실관계 확인을 위한 조사를 하여 신속한 업무처리를 하는 등 적절한 조치를 하고, 그 처리결과를 신고인에게 알려야 한다.

③ 국민권익위원회는 중앙행정기관 소속 공무원의 소극행정 예방 및 근절을 위해 소극행정 신고센터를 운영하고, 중앙행정기관의 장에게 제1항에 따른 신고사항에 대해 적절한 조치를 하도록 권고할 수 있다.

④ 제3항에 따른 소극행정 신고센터의 운영과 신고사항의 처리 절차 등에 관한 세부 사항은 국민권익위원회가 정한다.

2] 「해양경찰청 적극행정 운영규칙」

1) 정의(제2조) 이 규칙에서 사용하는 용어의 뜻은 다음과 같다.

1. "적극행정공무원"은 「적극행정 운영규정」 제2조제1호의 행위를 한 해양경찰청과 그 소속기관 공무원을 말한다.
2. "사전컨설팅"이란 규제, 불명확한 법령 등으로 인해 공무원이 적극적으로 업무를 추진하기가 어려운 경우 사전에 감사원이나 해양경찰청 감사담당관에게 업무처리 방향이나 방법 등을 제시해줄 것을 요청하여 의견을 받는 것을 말한다.

2) 적극행정면책 기준(제25조)

① 「공공감사에 관한 법률」 제2조제1호에 따른 자체감사 대상 부서의 장 또는 자체감사를 받는 사람(자체감사 대상자)이 적극행정면책을 받기 위해서는 「공공감사에 관한 법률 시행령」제13조의3의 요건을 모두 갖추어야 한다.

> **제13조의3(적극행정에 대한 면책의 기준)**
> ① 자체감사를 받는 사람이 법 제23조의2에 따라 적극행정면책을 받기 위해서는 다음 각호의 요건을 모두 갖추어야 한다.
> 1. 자체감사를 받는 사람의 업무처리가 불합리한 규제의 개선, 공익사업의 추진 등 공공의 이익을 위한 것일 것
> 2. 자체감사를 받는 사람이 대상 업무를 적극적으로 처리한 결과일 것
> 3. 삭제 〈2019. 5. 14.〉
> 4. 자체감사를 받는 사람의 행위에 고의나 중대한 과실이 없을 것
> ② 제1항제4호의 요건을 적용하는 경우 자체감사를 받는 사람이 다음 각호의 요건을 모두 갖추어 업무를 처리한 것으로 인정되는 경우에는 그 행위에 고의나 중대한 과실이 없는 경우에 해당하는 것으로 추정한다.
> 1. 자체감사를 받는 사람과 대상 업무 사이에 사적인 이해관계가 없을 것
> 2. 대상 업무를 처리하면서 중대한 절차상의 하자가 없었을 것

② 자체감사 대상자가「부패방지 및 국민권익위원회의 설치와 운영에 관한 법률」 제46조 및 제47조에 따른 국민권익위원회의 시정권고 또는 의견표명을 이행한 경우에는 제1항의 면책요건을 갖춘 것으로 본다.

③ 자체감사 대상자가 위원회의 의결에 따라 정책을 시행하거나 소관업무 등을 처리 한 경우에도 면책요건을 갖춘 것으로 본다. 다만, 자체감사 대상자와 대상 업무 사이에 사적인 이해관계가 있거나 위원회가 심의하는데 필요한 정보를 충분히 제공하지 않은 경우에는 그렇지 않다.

제 6 절 수사구조개혁과 독자적 수사권

01 다음 경찰의 수사구조개혁에 관한 내용 중 성격이 가장 다른 하나는 무엇인가? 19년 경사

① 정보력과 수사권이 결합되어 권력집중으로 인한 피해가 발생할 수 있다.
② 검사의 공소제기와 수사는 상호 불가분의 관계가 있다.
③ 검찰의 광범위한 수사지휘로 경찰의 업무과중을 초래하고 있다.
④ 법률전문가의 수사지휘로 법집행의 왜곡을 막고 인권옹호에 더 충실할 수 있다.

> 해설 ③ 경찰수사권 독립의 찬성론에 대한 내용이고, 나머지는 경찰수사권 독립 반대론에 대한 견해이다. 2021년 1월 1일부터는 「형사소송법」 등의 개정으로 경찰과 검찰의 관계가 대등 협력관계로 전환되었다.

02 다음 중 「검사와 사법경찰관의 상호협력과 일반적 수사준칙에 관한 규정」에 대한 설명으로 가장 옳지 않은 것은? 21년 경찰간부

① 검사와 사법경찰관은 수사와 사건의 송치, 송부 등에 관한 이견의 조정이나 협력 등이 필요한 경우 서로 협의를 요청할 수 있다.
② 사법경찰관은 변사자 또는 변사한 것으로 의심되는 사체가 있으면 변사사건 발생 사실을 검사에게 보고해야 한다.
③ 검사는 「형사소송법」 제197조의4제2항 단서에 따라, 사법경찰관이 범죄사실을 계속 수사할 수 있게 된 경우에는 정당한 사유가 있는 경우를 제외하고는 그와 동일한 범죄사실에 대한 사건을 이송하는 등 중복수사를 피하기 위해 노력해야 한다.
④ 검사는 「형사소송법」 제245조의5제1호에 따라, 사법경찰관으로부터 송치받은 사건에 대해 보완 수사가 필요하다고 인정하는 경우에는 특별히 직접 보완수사를 할 필요가 있다고 인정되는 경우를 제외하고는 사법경찰관에게 보완수사를 요구하는 것을 원칙으로 한다.

> 해설 ② 지휘감독관계가 아니라, 상호협력관계이다. 사법경찰관은 변사자 또는 변사한 것으로 의심되는 사체가 있으면 변사사건 발생사실을 검사에게 통보해야 한다(수사준칙 제17조 제1항). 경찰관은 변사자 또는 변사로 의심되는 사체를 발견하거나 사체가 있다는 신고를 받았을 때에는 즉시 소속 해양경찰서장에게 보고해야 한다(「범죄수사규칙」 제55조).
> ④ 현재는 개정(23년 11월 1일)으로 검사의 직접 수사를 원칙으로 하고 필요한 경우 사법경찰관에게 보완수사를 요구할 수 있다.

정답 01 ③ 02 ②④

1] 검사와 사법경찰관의 협의(제8조)
① 검사와 사법경찰관은 수사와 사건의 송치, 송부 등에 관한 이견의 조정이나 협력 등이 필요한 경우 서로 협의를 요청할 수 있다. 이 경우 특별한 사정이 없으면 상대방의 협의 요청에 응해야 한다.
② 제1항에 따른 협의에도 불구하고 이견이 해소되지 않는 경우로서 다음 각호의 어느 하나에 해당하는 경우에는 해당 검사가 소속된 검찰청의 장과 해당 사법경찰관이 소속된 경찰관서(지방해양경찰관서를 포함한다)의 장의 협의에 따른다.
  1. 중요사건에 관하여 상호 의견을 제시·교환하는 것에 대해 이견이 있거나 제시·교환한 의견의 내용에 대해 이견이 있는 경우
  2. 「형사소송법」 제197조의2제2항 및 제3항에 따른 정당한 이유의 유무에 대해 이견이 있는 경우
  3. 법 제197조의4제2항 단서에 따라 사법경찰관이 계속 수사할 수 있는지 여부나 사법경찰관이 계속 수사할 수 있는 경우 수사를 계속할 주체 또는 사건의 이송 여부 등에 대해 이견이 있는 경우
  4. 법 제245조의8제2항에 따른 재수사의 결과에 대해 이견이 있는 경우

2] 고소·고발 사건의 수리(제16조의2)
① 검사 또는 사법경찰관은 고소 또는 고발을 받은 경우에는 이를 수리해야 한다.
② 검사 또는 사법경찰관은 고소 또는 고발에 따라 범죄를 수사하는 경우에는 고소 또는 고발을 수리한 날부터 3개월 이내에 수사를 마쳐야 한다.

3] 변사자의 검시(제17조)
① 사법경찰관은 변사자 또는 변사한 것으로 의심되는 사체가 있으면 변사사건 발생사실을 검사에게 통보해야 한다.
② 검사는 법 제222조제1항에 따라 검시를 했을 경우에는 검시조서를, 검증영장이나 같은 조 제2항에 따라 검증을 했을 경우에는 검증조서를 각각 작성하여 사법경찰관에게 송부해야 한다.
③ 사법경찰관은 법 제222조제1항 및 제3항에 따라 검시를 했을 경우에는 검시조서를, 검증영장이나 같은 조 제2항 및 제3항에 따라 검증을 했을 경우에는 검증조서를 각각 작성하여 검사에게 송부해야 한다.
④ 검사와 사법경찰관은 법 제222조에 따라 변사자의 검시를 한 사건에 대해 사건 종결 전에 수사할 사항 등에 관하여 상호 의견을 제시·교환해야 한다.

4] 사법경찰관의 사건송치(제58조)
① 사법경찰관은 관계 법령에 따라 검사에게 사건을 송치할 때에는 송치의 이유와 범위를 적은 송치 결정서와 압수물 총목록, 기록목록, 범죄경력 조회 회보서, 수사경력 조회 회보서 등 관계 서류와 증거물을 함께 송부해야 한다.
② 사법경찰관은 피의자 또는 참고인에 대한 조사과정을 영상녹화한 경우에는 해당 영상녹화물을 봉인한 후 검사에게 사건을 송치할 때 봉인된 영상녹화물의 종류와 개수를 표시하여 사건기록과 함께 송부해야 한다.
③ 사법경찰관은 사건을 송치한 후에 새로운 증거물, 서류 및 그 밖의 자료를 추가로 송부할 때에는 이전에 송치한 사건명, 송치 연월일, 피의자의 성명과 추가로 송부하는 서류 및 증거물 등을 적은 추가송부서를 첨부해야 한다.

5] 보완수사요구의 대상과 범위(제59조)
① 검사는 사법경찰관으로부터 송치받은 사건에 대해 보완수사가 필요하다고 인정하는 경우에는 직접 보완수사를 하거나 법 제197조의2제1항제1호에 따라 사법경찰관에게 보완수사를 요구할 수 있다. 다만, 송치사건의 공소 제기 여부 결정에 필요한 경우로서 다음 각 호의 어느 하나에 해당하는 경우에는 특별히 사법경찰관에게 보완수사를 요구할 필요가 있다고 인정되는 경우를 제외하고는 검사가 직접 보완수사를 하는 것을 원칙으로 한다.
  1. 사건을 수리한 날(이미 보완수사요구가 있었던 사건의 경우 보완수사 이행 결과를 통보받은 날을 말한다)부터 1개월이 경과한 경우
  2. 사건이 송치된 이후 검사가 해당 피의자 및 피의사실에 대해 상당한 정도의 보완수사를 한 경우
  3. 법 제197조의3제5항, 제197조의4제1항 또는 제198조의2제2항에 따라 사법경찰관으로부터 사건을 송치받은 경우
  4. 제7조 또는 제8조에 따라 검사와 사법경찰관이 사건 송치 전에 수사할 사항, 증거수집의 대상 및 법령의 적용 등에 대해 협의를 마치고 송치한 경우
② 검사는 법 제197조의2제1항에 따른 보완수사요구 여부를 판단하는 경우 필요한 보완수사의 정도, 수사 진행 기간, 구체적 사건의 성격에 따른 수사 주체의 적합성 및 검사와 사법경찰관의 상호 존중과 협력의

취지 등을 종합적으로 고려한다.
③ 검사는 법 제197조의2제1항제1호에 따라 사법경찰관에게 송치사건 및 관련사건(법 제11조에 따른 관련사건 및 법 제208조제2항에 따라 간주되는 동일한 범죄사실에 관한 사건을 말한다. 다만, 법 제11조제1호의 경우에는 수사기록에 명백히 현출(現出)되어 있는 사건으로 한정한다)에 대해 다음 각호의 사항에 관한 보완수사를 요구할 수 있다.
 1. 범인에 관한 사항
 2. 증거 또는 범죄사실 증명에 관한 사항
 3. 소송조건 또는 처벌조건에 관한 사항
 4. 양형 자료에 관한 사항
 5. 죄명 및 범죄사실의 구성에 관한 사항
 6. 그 밖에 송치받은 사건의 공소제기 여부를 결정하는 데 필요하거나 공소유지와 관련해 필요한 사항
④ 검사는 사법경찰관이 신청한 영장(「통신비밀보호법」 제6조 및 제8조에 따른 통신제한조치허가서 및 같은 법 제13조에 따른 통신사실 확인자료 제공 요청 허가서를 포함한다. 이하 이 항에서 같다)의 청구 여부를 결정하기 위해 필요한 경우 법 제197조의2제1항제2호에 따라 사법경찰관에게 보완수사를 요구할 수 있다. 이 경우 보완수사를 요구할 수 있는 범위는 다음 각 호와 같다.
 1. 범인에 관한 사항
 2. 증거 또는 범죄사실 소명에 관한 사항
 3. 소송조건 또는 처벌조건에 관한 사항
 4. 해당 영장이 필요한 사유에 관한 사항
 5. 죄명 및 범죄사실의 구성에 관한 사항
 6. 법 제11조(법 제11조제1호의 경우는 수사기록에 명백히 현출되어 있는 사건으로 한정한다)와 관련된 사항
 7. 그 밖에 사법경찰관이 신청한 영장의 청구 여부를 결정하기 위해 필요한 사항

6] 보완수사요구의 방법과 절차(제60조)
① 검사는 법 제197조의2제1항에 따라 보완수사를 요구할 때에는 그 이유와 내용 등을 구체적으로 적은 서면과 관계 서류 및 증거물을 사법경찰관에게 함께 송부해야 한다. 다만, 보완수사 대상의 성질, 사안의 긴급성 등을 고려하여 관계 서류와 증거물을 송부할 필요가 없거나 송부하는 것이 적절하지 않다고 판단하는 경우에는 해당 관계 서류와 증거물을 송부하지 않을 수 있다.
② 보완수사를 요구받은 사법경찰관은 제1항 단서에 따라 송부받지 못한 관계 서류와 증거물이 보완수사를 위해 필요하다고 판단하면 해당 서류와 증거물을 대출하거나 그 전부 또는 일부를 등사할 수 있다.
③ 사법경찰관은 법 제197조의2제1항에 따른 보완수사요구가 접수된 날부터 3개월 이내에 보완수사를 마쳐야 한다.
④ 사법경찰관은 법 제197조의2제2항에 따라 보완수사를 이행한 경우에는 그 이행 결과를 검사에게 서면으로 통보해야 하며, 제1항 본문에 따라 관계 서류와 증거물을 송부받은 경우에는 그 서류와 증거물을 함께 반환해야 한다. 다만, 관계 서류와 증거물을 반환할 필요가 없는 경우에는 보완수사의 이행 결과만을 검사에게 통보할 수 있다.
⑤ 사법경찰관은 법 제197조의2제1항제1호에 따라 보완수사를 이행한 결과 법 제245조의5제1호에 해당하지 않는다고 판단한 경우에는 제51조제1항제3호에 따라 사건을 불송치하거나 같은 항 제4호에 따라 수사중지할 수 있다.

7] 사법경찰관의 사건불송치(제62조)
① 사법경찰관은 법 제245조의5제2호 및 이 영 제51조제1항제3호에 따라 불송치 결정을 하는 경우 불송치의 이유를 적은 불송치 결정서와 함께 압수물 총목록, 기록목록 등 관계 서류와 증거물을 검사에게 송부해야 한다.
② 제1항의 경우 영상녹화물의 송부 및 새로운 증거물 등의 추가 송부에 관하여는 제58조제2항 및 제3항을 준용한다.

8] 재수사요청의 절차(제63조)
① 검사는 법 제245조의8에 따라 사법경찰관에게 재수사를 요청하려는 경우에는 법 제245조의5제2호에 따라 관계 서류와 증거물을 송부받은 날부터 90일 이내에 해야 한다. 다만, 다음 각 호의 어느 하나에 해당하는 경우에는 관계 서류와 증거물을 송부받은 날부터 90일이 지난 후에도 재수사를 요청할 수 있다.

1. 불송치 결정에 영향을 줄 수 있는 명백히 새로운 증거 또는 사실이 발견된 경우
2. 증거 등의 허위, 위조 또는 변조를 인정할 만한 상당한 정황이 있는 경우

② 검사는 제1항에 따라 재수사를 요청할 때에는 그 내용과 이유를 구체적으로 적은 서면으로 해야 한다. 이 경우 법 제245조의5제2호에 따라 송부받은 관계 서류와 증거물을 사법경찰관에게 반환해야 한다.
③ 검사는 법 제245조의8에 따라 재수사를 요청한 경우 그 사실을 고소인등에게 통지해야 한다.
④ 사법경찰관은 법 제245조의8제1항에 따른 재수사의 요청이 접수된 날부터 3개월 이내에 재수사를 마쳐야 한다.

9] 재수사 결과의 처리(제64조)
① 사법경찰관은 법 제245조의8제2항에 따라 재수사를 한 경우 다음 각호의 구분에 따라 처리한다.
1. 범죄의 혐의가 있다고 인정되는 경우: 법 제245조의5제1호에 따라 검사에게 사건을 송치하고 관계 서류와 증거물을 송부
2. 기존의 불송치 결정을 유지하는 경우: 재수사 결과서에 그 내용과 이유를 구체적으로 적어 검사에게 통보

② 검사는 사법경찰관이 제1항제2호에 따라 재수사 결과를 통보한 사건에 대해서 다시 재수사를 요청하거나 송치 요구를 할 수 없다. 다만, 검사는 사법경찰관이 사건을 송치하지 않은 위법 또는 부당이 시정되지 않아 사건을 송치받아 수사할 필요가 있는 다음 각호의 경우에는 법 제197조의3에 따라 사건송치를 요구할 수 있다.
1. 관련 법령 또는 법리에 위반된 경우
2. 범죄 혐의의 유무를 명확히 하기 위해 재수사를 요청한 사항에 관하여 그 이행이 이루어지지 않은 경우. 다만, 불송치 결정의 유지에 영향을 미치지 않음이 명백한 경우는 제외한다.
3. 송부받은 관계 서류 및 증거물과 재수사 결과만으로도 범죄의 혐의가 명백히 인정되는 경우
4. 공소시효 또는 형사소추의 요건을 판단하는 데 오류가 있는 경우

③ 검사는 제2항 각 호 외의 부분 단서에 따른 사건송치 요구 여부를 판단하기 위해 필요한 경우에는 사법경찰관에게 관계 서류와 증거물의 송부를 요청할 수 있다. 이 경우 요청을 받은 사법경찰관은 이에 협력해야 한다.
④ 검사는 재수사 결과를 통보받은 날(제3항에 따라 관계 서류와 증거물의 송부를 요청한 경우에는 관계 서류와 증거물을 송부받은 날을 말한다)부터 30일 이내에 제2항 각 호 외의 부분 단서에 따른 사건송치 요구를 해야 하고, 그 기간 내에 사건송치 요구를 하지 않을 경우에는 송부받은 관계 서류와 증거물을 사법경찰관에게 반환해야 한다.

Part 03

해양경찰의 직무활동

CHAPTER 01 해양경찰 범죄예방론
CHAPTER 02 해양경찰 수사론
CHAPTER 03 해양경찰 정보론
CHAPTER 04 해양경찰 보안론
CHAPTER 05 해양경찰 외사론
CHAPTER 06 해양경찰 경비론
CHAPTER 07 해양경찰 수색구조론
CHAPTER 08 해양경찰 안전관리론
CHAPTER 09 해양경찰 환경관리론

해양경찰 범죄예방론

01 주취자에 대한 파출소근무자의 조치요령에 대한 설명으로 틀린 것은?   18년 경력특채

① 주취자의 파출소내 소란·공무집행방해시 CCTV를 작동하여 채증한다.
② 부상당한 주취자 발견시 사진촬영을 하여 항의나 오해의 소지가 없도록 한다.
③ 타인의 생명·신체와 재산에 위해를 미칠 우려가 없는 주취자에 대해서는 보호조치가 불필요하다.
④ 형사사건으로 구속대상이 아닐 경우 보호자나 친구 등 지인을 찾아 우선 귀가 조치한 다음 출석케하여 조사토록 한다.

> **해설** ③ 술취한 상태로 인하여 자기 또는 타인의 생명·신체와 재산에 위해를 미칠 우려가 있는 자는 보호조치의 대상이다(「경찰관직무집행법」 제4조). 만취자는 정도에 따라서 사망하는 사례도 있으므로 신속히 병원에 후송하여 구호조치하고 연고자 확인시 가족에 인계토록 한다.

02 「파출소 및 출장소 운영규칙」상 용어의 정의로 가장 옳지 않은 것은?

    19년 공채/특채 3차 변형

① 대행신고소란 「어선 출입항신고 관리규칙」 제2조제3호의 신고기관을 말한다.
② 지역경찰활동이란 지역사회의 주민 및 기관·단체 등과 협력을 통해 범죄와 안전사고를 예방하고 민원사항이나 지역주민의 의견을 청취하여 치안활동에 반영하며 해양경찰활동에 지역주민의 이해와 참여를 이끌어 내어 함께하는 해양경찰활동을 말한다.
③ 교대근무란 근무조를 나누어 일정한 계획에 의한 반복 주기에 따라 교대로 업무를 수행하는 근무형태를 말한다.
④ 연안구조장비란 연안해역의 안전관리와 해상치안활동을 위해 파출소 및 출장소에 배치하여 운용하는 선박 등을 말한다.

해설 ④ 연안구조정에 대한 설명이다. 연안구조장비란 파출소 및 출장소에 배치하여 운용하는 연안구조정 및 수상오토바이 등을 말한다.

정의(「파출소 및 출장소 운영규칙」 제2조)
1. "지역경찰 활동"이란 지역사회의 주민과 기관·단체 등과 협력을 통해 범죄와 안전사고를 예방하고 민원사항이나 지역주민의 의견을 청취하여 치안활동에 반영하는 해양경찰 활동을 말한다.
2. "대행신고소"란 「어선 출입항신고 관리규칙」 제2조 제3호의 신고기관을 말한다.
3. "연안구조장비"란 연안해역의 안전관리와 해상치안활동을 위해 파출소 및 출장소에 배치하여 운용하는 연안구조정 및 수상오토바이 등을 말한다.
4. "연안구조정"이란 연안해역의 안전관리와 해상치안활동을 위해 파출소 및 출장소에 배치하여 운용하는 선박을 말한다.
5. "교대근무"란 근무조를 나누어 일정한 계획에 의한 반복 주기에 따라 교대로 업무를 수행하는 근무형태를 말한다.
6. "일근"이란 「국가공무원 복무규정」제9조제2항에 규정된 근무형태를 말한다.
7. "비번"이란 교대근무자가 다음 근무시작 전까지 자유롭게 쉬는 것을 말한다.
8. "휴게시간"이란 교대근무자 또는 연일 근무자 등이 근무 중 청사에서 자유롭게 쉬는 시간을 말한다.

03 해양경찰청은 체계적이고 효율적인 안전관리와 치안활동을 위해 「파출소 및 출장소 운영규칙」을 훈령으로 제정하여 시행하고 있다. 이와 관련하여 다음 중 가장 옳지 않은 것은?

19년 경찰간부 변형

① 해양경찰서장의 소관사무를 분장하기 위해 서장소속하에 파출소를 설치하며, 파출소장 소속으로 출장소를 설치한다.
② 파출소 및 출장소에 배치하여 운용하는 연안구조정 및 수상오토바이 등을 "연안구조장비"라고 한다.
③ 상주근무자를 배치하지 않고, 관할 파출소에서 탄력적으로 기동순찰하며, 치안업무를 수행하는 출장소를 "순찰형 출장소"라고 한다.
④ 상주근무자를 두고, 해당 출장소를 관할하는 파출소 경찰관이 출장소에 일정 시간 근무하다 파출소로 귀소하는 방법으로 운영하는 출장소를 "탄력근무형 출장소"라고 한다.

해설 ④ 「파출소 및 출장소 운영규칙」상 탄력근무형 출장소와 순찰형 출장소는 모두 비상주로 운영되는 출장소의 일종이다.
1] **비상주 출장소의 운영(제14조)**
해양경찰서장은 안전·치안수요 및 인력 여건 등을 고려하여 상주 근무자를 두지 않는 탄력근무형 출장소와 순찰형 출장소를 운영할 수 있다.
2] **탄력근무형 출장소(제15조)**
① 탄력근무형 출장소는 관할 파출소의 소속 경찰관이 출장소에서 일정한 시간 동안 근무한 후에 파출소로 복귀하는 방법으로 운영한다.

정답 01 ③ 02 ④ 03 ④

② 해양경찰서장은 지역의 안전·치안수요와 인력운영 여건 등을 고려하여 탄력근무형 출장소의 근무시간을 조정할 수 있다.

3] 순찰형 출장소(제16조)
① 순찰형 출장소는 관할 파출소의 소속 경찰관이 출장소를 경유하여 순찰하는 방법으로 운영한다.
② 파출소장은 안전·치안수요를 고려하여 순찰형 출장소에 대하여 구체적으로 순찰방법을 지시해야 한다.

04 지역사회의 주민과 기관·단체 등과 협력을 통해 범죄와 안전사고를 예방하고 민원사항이나 지역주민의 의견을 청취하여 치안활동에 반영하며 해양경찰활동에 지역주민의 이해와 참여를 이끌어내어 함께하는 해양경찰 활동으로 가장 알맞은 것은? 18년 경위

① 관내순찰 활동
② 관내치안 활동
③ 지역경찰 활동
④ 지역순찰 활동

해설 ③ 위는 「파출소 및 출장소 운영규칙」(제2조)상 지역경찰활동에 대해 설명하고 있다. 즉 "지역경찰 활동"이란 지역사회의 주민과 기관·단체 등과 협력을 통해 범죄와 안전사고를 예방하고 민원사항이나 지역주민의 의견을 청취하여 치안활동에 반영하며 해양경찰활동에 지역주민의 이해와 참여를 이끌어내어 함께하는 해양경찰 활동을 말한다(제2조 제1호).

05 「파출소 및 출장소 운영규칙」상 해양경찰 출장소의 관할구역 지정권자와 파출소의 관할구역 지정권자가 바르게 연결된 것은? 18년 승진 변형

① 파출소장 : 해양경찰서장
② 해양경찰서장 : 해양경찰서장
③ 해양경찰서장 : 지방해양경찰청장
④ 지방해양경찰청장 : 지방해양경찰청장

해설 ④ 파출소와 출장소의 관할구역 및 명칭은 「해양경찰청과 그 소속기관 직제」 제31조 제3항에 따라 지방해양경찰청장이 정한다.

1] 설치 및 폐지(제4조)
① 지방해양경찰청장은 선박출입항, 해양종사자, 관리선박, 사건사고 등 치안수요 및 지리적 여건 등을 고려하여 해양경찰청장의 승인을 받아 파출소를 설치 또는 폐지할 수 있다.
② 제1항에 따른 파출소 설치 및 폐지는 연 1회 하반기에 실시하며, 파출소의 설치기준, 설치 및 폐지 절차 등 세부사항은 해양경찰청장이 따로 정한다.
③ 지방해양경찰청장은 치안수요 변화를 고려하여 관할구역 내 파출소와 출장소의 위치를 상호 변경할 수 있다.
④ 제3항에 따라 위치를 상호 변경한 경우에는 해양경찰청장에게 보고해야 한다.

2] 소속 및 관할(제5조)
① 파출소는 해양경찰서장 소속으로 둔다.
② 파출소의 관할구역 및 명칭은 「해양경찰청과 그 소속기관 직제」 제31조 제3항에 따라 지방해양경찰청장이 정한다.

3] 설치 및 폐지(제11조)
① 지방해양경찰청장은 필요한 경우 「해양경찰청과 그 소속기관 직제」 제31조에 따라 해양경찰청장의 승인을 받아 출장소를 설치 또는 폐지할 수 있다.
② 제1항에 따른 출장소의 설치 및 폐지 절차 등 세부사항은 해양경찰청장이 따로 정한다.
4] 소속 및 관할(제12조)
① 출장소는 파출소장 소속으로 둔다.
② 출장소의 관할구역 및 명칭은 「해양경찰청과 그 소속기관 직제」 제31조 제3항에 따라 지방해양경찰청장이 정한다.

06 다음 <보기>의 「파출소 및 출장소 운영규칙」상 (   )에 들어갈 용어를 옳게 연결한 것은?

23년 경찰간부 변형

> (㉠)은 선박출입항, 해양종사자, 관리선박, 사건사고 등 치안수요 및 지리적 여건 등을 고려하여 (㉡)의 승인을 받아 파출소를 설치 또는 폐지할 수 있다. 이에 따른 파출소 설치 및 폐지는 연 1회 하반기에 실시하며, 파출소의 설치기준, 설치 및 폐지 절차 등 세부사항은 (㉢)이 따로 정한다.

① ㉠ : 지방해양경찰청장   ㉡ : 해양경찰청장   ㉢ : 해양경찰청장
② ㉠ : 해양경찰서장   ㉡ : 해양경찰청장   ㉢ : 해양경찰청장
③ ㉠ : 해양경찰서장   ㉡ : 지방해양경찰청장 ㉢ : 해양경찰청장
④ ㉠ : 지방해양경찰청장   ㉡ : 해양수산부장관 ㉢ : 해양경찰청장

해설
1] 파출소 설치 및 폐지(제4조)
① 지방해양경찰청장은 선박출입항, 해양종사자, 관리선박, 사건사고 등 치안수요 및 지리적 여건 등을 고려하여 해양경찰청장의 승인을 받아 파출소를 설치 또는 폐지할 수 있다.
② 제1항에 따른 파출소 설치 및 폐지는 연 1회 하반기에 실시하며, 파출소의 설치기준, 설치 및 폐지 절차 등 세부사항은 해양경찰청장이 따로 정한다.
③ 지방해양경찰청장은 치안수요 변화를 고려하여 관할구역 내 파출소와 출장소의 위치를 상호 변경할 수 있다.
④ 제3항에 따라 위치를 상호 변경한 경우에는 해양경찰청장에게 보고해야 한다
2] 출장소 설치 및 폐지(제11조)
① 지방해양경찰청장은 필요한 경우 「해양경찰청과 그 소속기관 직제」 제31조에 따라 해양경찰청장의 승인을 받아 출장소를 설치 또는 폐지할 수 있다.
② 제1항에 따른 출장소의 설치 및 폐지 절차 등 세부사항은 해양경찰청장이 따로 정한다.
3] 소속 및 관할(제12조)
① 출장소는 파출소장 소속으로 둔다.
② 출장소의 관할구역 및 명칭은 「해양경찰청과 그 소속기관 직제」 제31조 제3항에 따라 지방해양경찰청장이 정한다.

정답 04 ③ 05 ④ 06 ①

07 다음 <보기>는 「파출소 및 출장소 운영규칙」상 조직에 대한 설명이다. 가장 옳은 것은?

23년 공/특채 변형

> 상주 근무자를 두지 않고, 관할 파출소 경찰관이 일정시간 근무하다 파출소로 복귀하는 방법으로 운영하며, 해양경찰서장이 지역의 치안·안전 수요와 인력 운영 여건 등을 고려하여 근무시간을 조정할 수 있다.

① 구조거점 파출소
② 순찰형 출장소
③ 대행신고소
④ 탄력근무형 출장소

비상주 출장소	해양경찰서장은 안전·치안수요 및 인력 여건 등을 고려하여 상주 근무자를 두지 않는 탄력근무형 출장소와 순찰형 출장소를 운영할 수 있다(제14조)	
	탄력근무형 출장소 (제15조)	① 탄력근무형 출장소는 관할 파출소의 소속 경찰관이 출장소에서 일정한 시간 동안 근무한 후에 파출소로 복귀하는 방법으로 운영한다. ② 해양경찰서장은 지역의 안전·치안수요와 인력운영 여건 등을 고려하여 탄력근무형 출장소의 근무시간을 조정할 수 있다.
	순찰형 출장소 (제16조)	① 순찰형 출장소는 관할 파출소의 소속 경찰관이 출장소를 경유하여 순찰하는 방법으로 운영한다. ② 파출소장은 안전·치안수요를 고려하여 순찰형 출장소에 대하여 구체적으로 순찰방법을 지시해야 한다.

08 다음은 「파출소 및 출장소 운영규칙」상 조직 및 구성에 대한 설명이다. 가장 옳은 것은?

20년 경력/공채, 22년 1차 변형

> 사고 빈발해역을 관할하고 있으나 해양경찰구조대와 원거리에 위치하여 초기 구조상황에 즉시 대응하기 위해 잠수구조요원을 배치한 파출소로, 지방해양경찰청장은 해양경찰구조대와의 거리, 사고발생빈도, 선박통항량, 다중이용선박 등 안전·치안 여건을 고려하여 해양경찰청장의 승인을 받아 지정·운영할 수 있다.

① 출장소
② 탄력근무형 출장소
③ 순찰형 출장소
④ 구조거점파출소

해설 구조거점파출소(제10조)
1) 이 조에서 "구조거점파출소"란 사고 빈발해역을 관할하고 있으나 해양경찰구조대와 원거리에 위치하여 초기 구조상황에 즉시 대응하기 위해 잠수구조요원을 배치한 파출소를 말한다(제1항).
2) 지방해양경찰청장은 해양경찰구조대와의 거리, 사고발생빈도, 선박통항량, 다중이용선박 등 안전·치안 여건을 고려하여 해양경찰청장의 승인을 받아 <u>구조거점파출소를 지정·운영할 수 있다</u>(제2항).

09 다음 중 「파출소 및 출장소 운영규칙」에 대한 내용으로 옳은 것은 모두 몇 개인가?

20년 경찰간부 변형

> ㉠ 구조거점파출소장은 경정 또는 경감으로 보한다.
> ㉡ 구조거점파출소에는 잠수구조요원을 배치·운영하여야 한다.
> ㉢ 출장소는 범죄의 예방, 단속 및 치안·안전 정보수집 업무를 수행한다.
> ㉣ 지방해양경찰청장은 해양경찰 구조대와의 거리, 사고발생빈도, 선박통항량, 다중이용선박 등 안전·치안여건을 고려하여 해양경찰청장의 승인을 받아 구조거점파출소를 지정·운영할 수 있다.

① 없음
② 1개
③ 2개
④ 3개

해설
[O] ㉡㉣
[X] ㉠㉢
㉠ 파출소장은 경감으로 보한다.
㉢ 파출소에서 수행하는 업무에 해당한다(제6조).

1] 파출소 업무(제6조)
  1. 범죄 예방·단속 및 안전·치안 정보수집
  2. 다중이용선박 및 수상레저활동 안전관리
  3. 선박 출입항신고 관리
  4. 연안해역 안전관리
  5. 각종 해양사고 예방 및 초동조치
  6. 지역경찰 활동
  7. 국가기관, 지방자치단체 등의 공익을 위한 행정지원

2] 출장소 업무(제13조)
  1. 선박 출입항신고 관리
  2. 각종 해양사고 초동조치
  3. 지역경찰 활동
  4. 그 밖에 파출소장이 지시한 사항에 대한 처리

정답 07 ④ 08 ④ 09 ③

10 다음 중 「파출소 및 출장소 운영규칙」에 대한 설명으로 가장 옳지 않은 것은?

22년 2차/해경학과/경찰간부 변형

① 지방해양경찰청장은 관내 안전·치안수요와 인력운영 여건 등을 고려하여 교대근무 운영 취지에 부합하는 범위에서 파출소의 교대근무제를 정할 수 있다
② 지방해양경찰청장은 해양경찰구조대와의 거리, 사고발생빈도, 선박통항량, 다중이용선박 등 안전·치안 여건을 고려하여 해양경찰청장의 승인을 받아 구조거점파출소를 지정·운영할 수 있다.
③ 구조거점파출소장은 경정 또는 경감으로 보한다.
④ 구조거점파출소에는 잠수 구조요원을 배치·운영하여야 한다.

> **해설** ③ 개정 전에는 구조거점파출소에는 잠수 구조요원을 배치·운영할 수 있다고 하였으나, 현재는 잠수구조요원을 배치한 파출소로 정의하고 있고, 또한 구조거점파출소장을 경정 또는 경감으로 보한다는 규정은 삭제되었다. 파출소의 사무를 총괄하고 소속 경찰관을 지휘·감독하기 위해 파출소장을 두고, 파출소장은 경감으로 보한다(제7조).
>
> 1] 근무방법(제21조)
> ① 지방해양경찰청장은 관내 안전·치안수요와 인력운영 여건 등을 고려하여 교대근무 운영 취지에 부합하는 범위에서 파출소의 교대근무제를 정할 수 있다. 다만, 도서지역 파출소등의 교대근무제는 지역별 실정에 맞게 해양경찰서장이 정할 수 있다.
> ② 해양경찰서장은 파출소등의 근무방법(교대시간, 근무주기 등을 포함한다)을 정할 때에는 안전·치안수요와 인력운영 여건 등을 고려하여 지역별 취약시간에 인력을 집중할 수 있도록 해야 한다.
> ③ 파출소장은 일근을 원칙으로 한다. 다만, 도서 지역 파출소장은 교대근무를 할 수 있다.
> ④ 해양경찰서장은 파출소등의 전반적 안전관리와 긴급상황에 대응하기 위해 파출소장에게 근무시간 이외의 시간에 상황대기근무를 지시할 수 있다.
> ⑤ 순찰구조팀 및 출장소 근무 경찰관은 교대근무를 원칙으로 한다.
> ⑥ 혹서기 순찰 등 야외 활동은 별표 1 폭염 단계별 근무지침에 따른다.
>
> 2] 근무교대 방법(제22조)
> 근무교대는 매일 근무시작 전 30분 내에서 파출소장 또는 출장소장 주관으로 교대근무자 간에 주요 처리사항, 중요업무 지시사항, 장비 등을 정확하게 인계인수하여 업무의 연속성을 유지하고 업무처리에 차질이 없도록 해야 한다.

11 다음 중 「파출소 및 출장소 운영규칙」상 파출소의 임무로 가장 옳지 않은 것은?

23년 해경학과

① 다중이용선박 및 수상레저활동 안전관리
② 선박보안 및 선박등록에 관한 업무
③ 선박 출입항신고 접수 및 통제
④ 범죄의 예방, 단속 및 치안·안전 정보의 수집

해설 ② 선박보안 및 선박등록에 관한 업무와는 직접 관련이 없다.
1] 파출소 업무(제6조)
  1. 범죄 예방·단속 및 안전·치안 정보수집
  2. 다중이용선박 및 수상레저활동 안전관리
  3. 선박 출입항신고 관리
  4. 연안해역 안전관리
  5. 각종 해양사고 예방 및 초동조치
  6. 지역경찰 활동
  7. 국가기관, 지방자치단체 등의 공익을 위한 행정지원
2] 출장소 업무(제13조)
  1. 선박 출입항신고 관리
  2. 각종 해양사고 초동조치
  3. 지역경찰 활동
  4. 그 밖에 파출소장이 지시한 사항에 대한 처리

12 다음 <보기> 중 「파출소 및 출장소 운영규칙」에 따른 출장소의 임무가 아닌 것은 모두 몇 개인가? 23년 경찰간부 변형

> ㉠ 범죄의 예방, 단속 및 치안·안전 정보의 수집
> ㉡ 관내 안전·치안 분석 및 대책 수립
> ㉢ 선박 출입항신고 관리
> ㉣ 파출소장이 지시한 사항에 대한 처리
> ㉤ 각종 해양사고 초동조치
> ㉥ 지역경찰활동
> ㉦ 국가기관, 지방자치단체 등의 공익을 위한 행정지원
> ㉧ 연안해역 안전관리

① 3개 ② 4개
③ 5개 ④ 6개

해설 ㉢㉤㉥ 출장소와 파출소 공통업무, ㉣ 파출소장이 지시한 사항에 대한 처리는 출장소 업무이다. 그 외는 모두 파출소나 파출소장의 업무에 해당한다.
  ㉠ 파출소 업무
  ㉡ 파출소장의 직무
  ㉦ 파출소 업무
  ㉧ 파출소 업무

정답 10 ③ 11 ② 12 ②

1] 파출소 업무(제6조)
   1. 범죄 예방·단속 및 안전·치안 정보수집
   2. 다중이용선박 및 수상레저활동 안전관리
   3. 선박 출입항신고 관리
   4. 연안해역 안전관리
   5. 각종 해양사고 **예방** 및 초동조치
   6. 지역경찰 활동
   7. 국가기관, 지방자치단체 등의 공익을 위한 행정지원

2] 파출소장(제7조)
① 파출소의 사무를 총괄하고 소속 경찰관을 지휘·감독하기 위해 파출소장을 둔다.
② 파출소장은 경감으로 보한다.
③ 파출소장은 다음 각호의 직무를 수행한다.
   1. <u>관내 안전·치안 분석 및 대책 수립</u>
   2. 파출소 및 소속 출장소의 시설, 예산, 무기·탄약 및 장비의 관리
   3. 안전·치안에 대한 대민홍보 및 협력활동
   4. 관내 순찰 및 상황 지휘
   5. 소속 출장소에 대한 월 1회 이상 지도점검. 다만, 도서 지역 출장소는 기상, 선박운항 등 입도여건을 고려하여 점검주기를 조정할 수 있다.
   6. 관내 대행신고소에 대한 지도 및 교육
   7. 소속 경찰관의 근무지정, 순찰 지시 등 근무와 관련된 제반사항에 대한 지휘·감독
   8. 그 밖에 해양경찰서장이 지시한 사항에 대한 처리

3] 출장소 업무(제13조)
   1. <u>선박 출입항신고 관리</u>
   2. <u>각종 해양사고 초동조치</u>
   3. <u>지역경찰 활동</u>
   4. <u>그 밖에 파출소장이 지시한 사항에 대한 처리</u>

4] 출장소장(제17조)
① 출장소장은 다음 각호의 직무를 수행한다.
   1. 선박 출입항신고 관리
   2. 각종 해양사고 초동조치
   3. 출장소 시설 및 장비 관리
   4. 지역경찰 활동
   5. 관내 대행신고소에 대한 지도 및 교육
   6. 무기·탄약 관리
   7. 소속 경찰관의 근무지정, 순찰 지시 등 근무와 관련된 제반사항에 대한 지휘·감독
   8. 그 밖에 파출소장이 지시한 업무처리 등
② 탄력근무형 출장소 및 순찰형 출장소에는 출장소장을 따로 정하지 않고, 관할 파출소의 순찰구조팀장이 일일 근무 편성한 경찰관이 출장소장의 직무를 수행한다.

13 다음 중 「파출소 및 출장소 운영규칙」에 따라 파출소 '상황근무'의 업무내용으로 가장 옳은 것은?
21년 경사

① 문서의 접수 및 처리
② 중요사건·사고 및 수배사항 전파
③ 시설·장비의 관리 및 예산의 집행
④ 각종 현황, 통계, 자료 등 관리

> **해설** ② 상황근무, ①③④ 행정근무에 해당한다.
> 1] 근무의 종류(제23조) 파출소등의 근무는 행정근무, 상황근무, 순찰근무, 대기근무 및 기타근무로 구분한다.
> 2] 행정근무(제24조) 행정근무를 지정받은 경찰관은 파출소등에서 다음 각호의 업무를 수행한다.
>   1. 문서의 접수 및 처리
>   2. 시설·장비의 관리 및 예산의 집행
>   3. 각종 현황, 통계, 자료 등 관리
>   4. 그 밖에 파출소장이 지시한 행정업무
> 3] 상황근무(제25조) 상황근무를 지정받은 경찰관은 파출소등에서 다음 각호의 업무를 수행한다.
>   1. 민간구조세력 등 관내 안전관리 및 치안상황 파악 및 전파
>   2. 중요사건·사고 및 수배사항 보고·전파
>   3. 민원 및 사건의 접수, 조사·처리
>   4. 요보호자 또는 피의자, 수배자에 대한 보호·감시
>   5. 순찰 근무자와의 통신 유지 및 자체경비
>   6. 그 밖에 상황대응 및 처리에 관한 업무
> 4] 순찰근무(제26조)
> ① 순찰근무는 파출소장 및 출장소장의 지시에 따라 파출소 또는 출장소의 관내를 돌아다니는 근무로서, 해상순찰과 해안순찰로 구분하며, 주로 해상순찰을 중심으로 해야 한다.
> ② 파출소장 및 출장소장은 순찰근무자에게 관내의 순찰경로, 순찰방법, 순찰 중 관심 가져야 할 사항 등을 구체적으로 지시해야 한다.
> ③ 순찰근무자는 순찰활동 사항, 검문검색 등 순찰근무 중 취급사항을 현장업무포털시스템의 근무일지에 기록해야 한다.
> ④ 파출소장 및 출장소장은 관내 사건사고 현황 분석, 조치사항 및 사건사고 유형별 처리요령과 관내 지리적·인문적 참고자료 등을 담은 순찰자료집을 파출소, 순찰차 및 연안구조정 내에 비치하여 근무자가 순찰근무에 활용하도록 해야 한다.
> 5] 대기근무(제27조)
> ① 대기근무는 각종 사건사고 또는 신고에 따른 출동 등 안전·치안 상황에 대응하기 위하여 일정시간 동안 지정된 장소에서 근무태세를 갖추고 있는 근무를 말한다.
> ② 대기근무는 파출소등 내에서 한다.
> ③ 대기근무를 지정받은 경찰관은 지정된 장소에서 대기하되, 통신기기를 청취하며 5분 이내 출동이 가능한 태세를 유지해야 한다.
> 6] 기타근무(제28조)
> ① 기타근무는 제24조부터 제27조까지의 규정에 따른 근무 이외의 근무 형태를 말한다.
> ② 기타근무의 근무내용 및 방법 등은 파출소장이 정한다.

정답 13 ②

14 다음 <보기>의 해양경찰 파출소와 출장소의 근무방식에 대한 내용으로 가장 옳은 것은?

23년 공/특채 변형

> ㉠ 중요 사건·사고 및 수배상황 전파
> ㉡ 민원 및 사건의 접수, 조사, 처리
> ㉢ 요보호자 또는 피의자, 수배자에 대한 보호 및 감시
> ㉣ 순찰 근무자와의 통신 유지 및 자체경비

① 상황근무 ② 행정근무
③ 순찰근무 ④ 대기근무

해설 ①「상황근무」를 지정받은 경찰관은 파출소 등에서 다음 각호의 업무를 수행한다(제25조).
1. 민간구조세력 등 관내 안전관리 및 치안상황 파악 및 전파
2. 중요 사건·사고 및 수배사항 보고·전파
3. 민원 및 사건의 접수, 조사·처리
4. 요보호자 또는 피의자, 수배자에 대한 보호·감시
5. 순찰 근무자와의 통신 유지 및 자체경비
6. 그 밖에 상황대응 및 처리에 관한 업무

15 다음 중「파출소 및 출장소 운영규칙」에 따른 연안 구조정에 관한 설명으로 가장 옳지 않은 것은?

21년 경사

① 연안구조정은 파출소 등의 임무수행을 위하여 파출소에 배치하며, 소속 해양경찰서장의 지시를 받아 파출소장이 운용한다.
② 연안구조정의 활동구역은 파출소 관할해역으로 한정함을 원칙으로 하며, 관할해역 밖의 해역에서는 임무를 수행할 수 없다.
③ 연안구조정은 상시 운용하여야 한다. 다만, 항해·야간 장비의 보유여부, 장비의 성능, 치안수요 및 기상 등을 고려하여 소속 파출소장이 변경하여 운용할 수 있다.
④ 파출소장은 연안구조정을 근무자들이 원활하게 운용할 수 있도록 교육훈련을 실시하고 관내 지형과 특성을 숙지시켜야 한다.

해설 1] 연안구조정(제38조)
① 연안구조정은 파출소등의 임무수행을 위하여 파출소등에 배치하며, 소속 해양경찰서장의 지시를 받아 파출소장이 운용한다.
② 파출소장은 순찰구조팀원 중 연안구조정의 운용 책임자를 지정한다.

③ 연안구조정의 활동구역은 파출소 관할해역으로 한정함을 원칙으로 한다. 다만, 해양사고 등 그 밖의 상황에 대처하기 위하여 필요하다고 인정될 때에는 지방해양경찰청장 및 해양경찰서장의 지시에 따라 관할해역 밖의 해역에서도 임무를 수행할 수 있다.
④ 연안구조정은 상시 운용해야 한다. 다만, 항해·야간 장비의 보유여부, 장비의 성능, 치안수요 및 기상 등을 고려하여 소속 파출소장이 운용 방법을 변경할 수 있다.
⑤ 파출소장은 운용자 대상 연안구조정에 대한 교육·훈련을 실시하고 관내 지형과 특성을 숙지시켜야 한다.
⑥ 연안구조정 운용 책임자는 해상순찰 시 출입항을 포함하여 **1시간 간격으로** 파출소 또는 출장소에 위치 및 해상상황을 보고하고, **입항 즉시** 연안구조정의 행동사항, 검문검색 등 중요 순찰결과를 파출소장에게 보고해야 한다.
⑦ 해양경찰서장은 연안구조정의 계류장소가 파출소와 원거리에 있어서 신속한 출동이 제한되는 경우 연안구조정 운용자를 연안구조정 또는 연안구조정과 가까운 대기장소에서 근무하게 할 수 있다.

2] 연안구조정 안전조치(제39조)
연안구조정 운용 책임자는 기상악화나 농무 등으로 인하여 임무수행이 불가능하거나 안전에 위험이 있다고 판단될 때에는 파출소장의 승인을 받아 안전해역으로 피항 또는 양륙해야 한다. 다만, 사전승인을 받을 시간적 여유가 없는 경우에는 먼저 조치한 후 지체 없이 보고해야 한다.

3] 연안구조정비 관리(제40조)
파출소장은 연안구조장비의 고장 예방과 효율적인 장비 관리를 위하여 순찰구조팀원 중에서 관리책임자를 지정해야 한다(제1항).

16 다음 중 「파출소 및 출장소 운영규칙」상 연안구조정에 대한 내용으로 가장 옳지 않은 것은?

20년 3차/간부 변형

① 연안구조정은 파출소 등의 임무수행을 위하여 파출소 및 출장소에 배치하며, 소속 해양경찰서장의 지시를 받아 파출소장이 운용한다.
② 연안구조정의 활동구역은 파출소 관할해역으로 한정함을 원칙으로 한다.
③ 연안구조정 운용책임자는 연안구조정의 행동사항, 검문검색 등 중요 순찰결과를 1시간 간격으로 파출소장에게 보고해야 한다.
④ 파출소장은 연안구조정의 고장예방과 효율적인 장비관리를 위하여 관리책임자를 지정해야 한다.

해설 ③ 연안구조정 운용 책임자는 해상순찰 시 출입항을 포함하여 **1시간 간격으로** 파출소 또는 출장소에 위치 및 해상상황을 보고하고, **입항 즉시** 연안구조정의 행동사항, 검문검색 등 중요 순찰결과를 파출소장에게 보고해야 한다.

정답 14 ① 15 ② 16 ③

17 다음 중 「파출소 및 출장소 운영규칙」에 대한 설명으로 가장 적절한 것은? <small>20년 3차 변형</small>

① 순찰차의 활동구역은 관할 파출소 관내로 한정해야 한다.
② 순찰차는 불가피한 경우를 제외하고는 2명 미만 탑승을 원칙으로 한다.
③ 순찰차를 순찰 이외에 경찰관서 출입의 용도로 운용해서는 안 된다.
④ 순찰차의 관리 운용에 관한 사항은 「해양경찰청 공용차량 관리규칙」에 따른다.

> **해설** 순찰차(제37조)
> ① 파출소장 및 출장소장은 순찰차를 안전관리 및 치안활동에 투입될 수 있도록 최상의 상태로 유지해야 한다.
> ② 순찰차의 활동구역은 관할 파출소 관내로 한정함을 원칙으로 한다. 다만, 지방해양경찰청장 및 해양경찰서장은 관내 치안여건 등을 고려하여 여러 구역을 통합하여 운영할 수 있다.
> ③ 순찰차는 불가피한 경우를 제외하고는 2명 이상이 탑승하는 것을 원칙으로 한다.
> ④ 순찰차는 순찰 이외에 경찰관서 등의 출입, 출장소 지도감독 등 파출소등의 효율적인 업무수행을 위하여 운용할 수 있다.
> ⑤ 그 밖에 순찰차의 관리운용에 관한 사항은 「해양경찰청 공용차량 관리규칙」에 따른다.

18 다음 중 「파출소 및 출장소 운영규칙」에 대한 설명으로 가장 옳은 것은? <small>21년 경찰간부</small>

① "휴무"란 교대근무자가 다음 근무시작 전까지 자유롭게 쉬는 것을 말한다.
② "탄력근무형 출장소"는 상주 근무자를 두지 않고, 관할 파출소의 소속 경찰관이 출장소에서 일정한 시간 동안 근무한 후에 파출소로 복귀하는 방법으로 운영한다.
③ 파출소 및 출장소 근무 경찰관은 권총, 경찰봉 등의 경찰장비 및 인명구조장비와 통신장비를 반드시 연안구조정에 비치하거나 개인 휴대하여야 한다.
④ 파출소 및 출장소의 근무는 행정근무, 상황근무, 순찰근무, 대기근무 및 그 밖에 근무로 구분되며, 근무교대는 매일 근무시작 전 1시간 내에서 파출소장 또는 출장소장 책임하에 이루어진다.

> **해설** ① 비번의 정의, 휴무는 근무일에 해당함에도 불구하고 누적된 피로 회복 등 건강 유지를 위하여 근무에서 벗어나 자유롭게 쉬는 것을 말한다.
> ③ 「무기·탄약류 등 관리규칙」 제4조 제1항 제1호에 따른 권총 및 「진압장비 등 관리규칙」 제4조 제1항 제1호에 따른 가스발사총은 필요시에만 휴대한다.
> ④ 근무교대는 매일 근무시작 전 30분 내에서 파출소장 또는 출장소장 주관으로 교대근무자 간에 주요 처리사항, 중요업무 지시사항, 장비 등을 정확하게 인계인수하여 업무의 연속성을 유지하고 업무처리에 차질이 없도록 해야 한다.
>
> 장비의 휴대 및 비치(제20조)
> ① 파출소등 소속 경찰관은 근무 중 다음 각호의 장비를 휴대해야 한다. 다만, 제1호에 해당하는 장비는 필요시에만 휴대한다.
>   1. 「무기·탄약류 등 관리규칙」 제4조 제1항 제1호에 따른 권총 및 「진압장비 등 관리규칙」 제4조 제1항 제1호에 따른 가스발사총

         2. 「진압장비 등 관리규칙」 별표 6에 따른 진압 장구
         3. 재난안전통신망 단말기
      ② 파출소등 소속 경찰관은 근무 중 다음 각호의 장비를 연안구조정 또는 순찰차에 비치해야 한다.
         1. 구명조끼, 구명줄 및 구조 튜브 등 인명구조장비
         2. 방제복, 유흡착제 및 폐기물 포대 등 오염방제장비
         3. 음주 측정기, 수갑 및 폴리스라인 등 수사·단속장비
      ③ 파출소장은 치안상황 및 임무수행의 특성 등을 고려하여 비치 또는 휴대해야 할 장비를 조정할 수 있다.

19. 다음 중 「파출소 및 출장소 운영규칙」상 파출소의 근무방법에 대한 설명으로 가장 옳지 않은 것은?

21년 3차 변형

① 지방해양경찰청장은 관내 안전·치안수요와 인력운영 여건 등을 고려하여 교대근무 운영 취지에 부합하는 범위에서 파출소의 교대근무제를 정할 수 있다.
② 순찰구조팀 및 출장소 근무 경찰관은 교대근무를 원칙으로 한다.
③ 해양경찰서장은 파출소등의 전반적 안전관리와 긴급상황에 대응하기 위해 파출소장에게 근무시간 이외의 시간에 상황대기근무를 지시할 수 있다.
④ 지방해양경찰청장은 해양경찰서장은 파출소등의 근무방법(교대시간, 근무주기 등을 포함한다)을 정할 때에는 안전·치안수요와 인력운영 여건 등을 고려하여 지역별 취약시간에 인력을 집중할 수 있도록 해야 한다.

해설 ④ 해양경찰서장의 권한이다(「파출소 및 출장소 운영규칙」 제21조 제2항).

1] 근무방법(제21조)
① 지방해양경찰청장은 관내 안전·치안수요와 인력운영 여건 등을 고려하여 교대근무 운영 취지에 부합하는 범위에서 파출소의 교대근무제를 정할 수 있다. 다만, 도서지역 파출소등의 교대근무제는 지역별 실정에 맞게 해양경찰서장이 정할 수 있다.
② 해양경찰서장은 파출소등의 근무방법(교대시간, 근무주기 등을 포함한다)을 정할 때에는 안전·치안수요와 인력운영 여건 등을 고려하여 지역별 취약시간에 인력을 집중할 수 있도록 해야 한다.
③ 파출소장은 일근을 원칙으로 한다. 다만, 도서 지역 파출소장은 교대근무를 할 수 있다.
④ 해양경찰서장은 파출소 등의 전반적 안전관리와 긴급상황에 대응하기 위해 파출소장에게 근무시간 이외의 시간에 상황대기근무를 지시할 수 있다.
⑤ 순찰구조팀 및 출장소 근무 경찰관은 교대근무를 원칙으로 한다.
⑥ 혹서기 순찰 등 야외 활동은 별표 1 폭염 단계별 근무지침에 따른다.

2] 근무교대 방법(제22조)
근무교대는 매일 근무시작 전 30분 내에서 파출소장 또는 출장소장 주관으로 교대근무자 간에 주요 처리사항, 중요업무 지시사항, 장비 등을 정확하게 인계인수하여 업무의 연속성을 유지하고 업무처리에 차질이 없도록 해야 한다.

정답 17 ④ 18 ② 19 ④

20 다음 중 「파출소 및 출장소 운영 규칙」상 일일 근무지정 관련, 순찰구조팀장 및 출장소장이 지역의 안전관리 및 치안활동이 효율적으로 수행될 수 있도록 고려하여야 할 사항으로 가장 옳지 않은 것은?

22년 2차/해경학과/경찰간부

① 안전사고 및 각종 사건사고 발생
② 관할 해안선, 해역 및 교통, 국가중요시설 등
③ 순찰인력 및 가용 장비
④ 시간대별, 장소별 안전관리 및 치안수요

> **해설** ② 관할 해안선·해역 및 교통·지리적 여건 등이 해당하고, 국가중요시설에 대한 명시적 규정은 없다.
>
> 일/일/근/무/지/정(제29조)
> ① 파출소장은 근무인원, 안전·치안수요 및 그 밖의 업무량 등을 고려하여 일일근무를 지정해야 한다.
> ② 순찰구조팀장 및 출장소장은 제1항에 따라 해당 근무시간 내 근무자의 개인별 근무종류, 근무시간 등을 구체적으로 지정하여 현장업무포털시스템의 근무일지에 기록해야 한다.
> ③ 순찰구조팀장 및 출장소장은 관내 안전관리 및 치안활동이 효율적으로 수행될 수 있도록 다음 각호의 사항을 숙지해야 한다.
>   1. 시간대별, 장소별 안전·치안수요
>   2. 안전사고 및 각종 사건사고 발생 현황
>   3. 순찰인력 및 가용 장비
>   4. 관할 해안선·해역 및 교통·지리적 여건 등

21 「파출소 및 출장소 운영규칙」상 해양사고 또는 해양오염사고의 신고를 받았거나 사고 발생사항을 인지하였을 때 처리사항으로 옳지 않은 것은?

19년 경찰간부

① 해양경찰서 구난담당자 또는 해양오염방제 담당자 등이 현장에 도착하면 상황을 인계하고, 사고처리에 협조하여야 한다.
② 사고현장을 보존하고 조사를 행하여야 한다.
③ 해양경찰서장에게 즉시 보고와 동시에 현장에 임하여 인명과 재산피해의 확대 방지 및 필요한 초동조치를 취할 수 있다.
④ 경미한 사건·사고에 대하여 파출소장이 직접 처리할 수 있으며, 이 경우에는 조사 또는 처리사항을 해양경찰서장에게 보고하여야 한다.

> **해설** ③ 해양경찰서장에게 즉시 보고와 동시에 현장에 임하여 인명과 재산피해의 확대 방지와 필요한 초동 조치를 취하여야 한다(기속행위).
>
> 사건·사고 처리 및 수사(제35조)
> ① 사건·사고 처리 및 수사는 다음 각호에 따라 처리해야 한다.
>   1. 범죄현장의 보존, 증거의 수집, 피해현황과 범죄 실황조사 등 범죄 현장을 중심으로 필요한 초동조치와 수사
>   2. 해양경찰서의 수사관이 현장에 도착하면 상황을 인계하고 사건 조사에 협조

② 해양사고 또는 해양오염사고의 신고를 받았거나 사고 발생사항을 인지하였을 때에는 다음 각호에 따라 처리해야 한다.
  1. 해양경찰서장에게 즉시 보고하고 동시에 현장으로 출동하여 인명과 재산피해의 확대 방지와 필요한 초동조치
  2. 사고현장 보존 및 조사
  3. 해양경찰서 구조담당자 또는 해양오염방제 담당자 등이 현장에 도착하면 상황을 인계하고 사고처리에 협조
③ 경미한 사건·사고는 파출소장이 직접 처리할 수 있으며, 이 경우에는 조사 또는 처리사항을 해양경찰서장에게 보고해야 한다.
④ 변사사건이 발생하였을 때에는 변사체의 발견 일시, 장소, 인적사항 그 밖의 참고사항을 확인해야 한다.

22 「파출소 및 출장소 운영규칙」상 해양사고 또는 해양오염사고의 신고를 받거나 사고 발생사항을 인지하였을 때 취해야 할 조치로 가장 옳지 않은 것은? 　　21년 1차

① 해양경찰서장에게 즉시 보고와 동시에 현장에 임하여 인명과 재산피해의 확대 방지와 필요한 초동조치를 취하여야 한다.
② 사고현장을 보존하고 조사를 행하여야 한다.
③ 해양경찰서의 수사관이 현장에 도착하면 상황을 인계하고, 사고처리에 협조하여야 한다.
④ 경미한 사건·사고에 대하여는 파출소장이 직접 처리할 수 있으며, 이 경우에는 조사 또는 처리사항을 해양경찰서장에게 보고하여야 한다.

> **해설** 해양사고 또는 해양오염사고 처리절차에서는 해양경찰서 구난담당자 또는 해양오염방제 담당자 등이 현장에 도착하면 상황을 인계하고, 사고처리에 협조하여야 한다. ③ 특히 사건/사고처리 및 수사절차(범죄관련 사건사고)에서는 해양경찰서 수사관이 현장에 도착하면 이를 인계하고 사건조사에 협조하여야 한다. 유의할 것은 범죄와 관련된 사건/사고(제1항)와 단순한 해양사고 및 해양오염사고(제2항)를 구분하여 봐야 한다.

23 「파출소 및 출장소 운영규칙」에 의거, 파출소 및 출장소에서 발급할 수 있는 민원서류를 모두 고르시오. 　　19년 경력/공채

㉠ 선원 승선신고 사실 확인서
㉡ 선박 조업사실 확인서
㉢ 선박 출항입항 신고 사실 확인서
㉣ 선박 보험가입 사실 확인서

① ㉠, ㉡　　　　② ㉠, ㉢
③ ㉠, ㉣　　　　④ ㉡, ㉢

정답 20 ② 21 ③ 22 ③ 23 ②

해설 파출소 및 출장소에서 발급할 수 있는 민원서류는 ㉠선원 승선신고 사실 확인서와 ㉡선박 출항·입항신고 사실 확인서이다.

민원 접수·처리(제34조)
① 파출소등에서 고소, 고발, 진정 및 탄원과 범죄 또는 피해신고에 관한 민원 등을 접수하였을 경우 신속하게 해양경찰서에 이송한다. 다만, 출장소에서 접수한 경우에는 파출소장을 경유해야 한다.
② 파출소등에서 발급할 수 있는 민원서류는 다음 각호와 같다.
　1. 선원 승선신고 사실 확인서(별지 제1호서식)
　2. 선박 출항·입항신고 사실 확인서(별지 제2호서식)
③ 파출소등에서 제2항의 민원서류를 발급하는 경우에는 신청인에게 별지 제3호서식의 발급신청서를 작성하게 하고, 주민등록증·여권·자동차운전면허증 등 신청인의 신분증을 확인한 후 발급해야 한다.
④ 제3항에 따라 작성된 발급신청서의 보존기간은 3년으로 하고, 파출소등에서 2년간 보관한 다음 소속 해양경찰서로 이관한다.

24 「파출소 및 출장소 운영규칙」에 의거, 민원서류, 근무일지 작성 및 보관에 대한 설명으로 가장 옳지 않은 것은?
18년 경사 변형

① 민원서류 발급신청서의 보존기간은 3년으로 하고, 파출소 등에서 2년간 보관한 다음 소속 해양경찰서로 이관한다.
② 해양경찰청장은 파출소 등 사무를 효율적으로 관리하기 위하여 현장업무포탈시스템을 구축·운영할 수 있다.
③ 순찰구조팀장 및 출장소장은 근무내용 및 교육·훈련 결과 등을 현장업무포털시스템의 근무일지에 입력할 수 있다.
④ 근무일지를 작성한 경우 보존기간은 3년으로 한다.

해설 ③ 순찰구소팀상 및 출장소장은 근무내용 및 교육·훈련 결과 등을 현장업무포탈시스템의 근무일지에 입력해야 한다. 다만, 현장업무포탈시스템 이용이 불가한 경우 별지 제4호서식에 따라 근무일지를 작성해야 한다.

1] **현장업무포탈시스템의 구축·운영(제48조)**
　해양경찰청장은 파출소 등 사무를 효율적으로 관리하기 위하여 현장업무포탈시스템을 구축·운영할 수 있다.

2] **근무일지 작성 및 보관(제49조)**
① 순찰구조팀장 및 출장소장은 근무내용 및 교육·훈련 결과 등을 현장업무포탈시스템의 근무일지에 입력해야 한다. 다만, 현장업무포탈시스템 이용이 불가한 경우 별지 제4호서식에 따라 근무일지를 작성해야 한다.
② 별지 제4호서식에 따라 기록한 근무일지의 보존기간은 3년으로 한다.

25 「파출소 및 출장소 운영규칙」상 정원 및 현원 관리에 관한 설명이다. ( ) 들어갈 숫자가 적절하게 연결된 것은?

> ① 지방해양경찰청장 및 해양경찰서장은 파출소등의 관할구역, 안전·치안수요 등을 고려하여 적정한 인력을 배치해야 한다.
> ② 지방해양경찰청장 및 해양경찰서장은 파출소등의 정원을 다른 부서에 우선하여 충원해야 하며, 다음 각호의 사람이 파출소등 근무자의 ( )퍼센트 이상이 되도록 해야 한다.
>   1. 인명구조 관련 자격을 취득한 사람
>   2. 구조 및 파출소 업무 관련 전문교육을 ( )년 이내 이수한 사람
> ③ 지방해양경찰청장은 파출소등의 충원 현황을 연 ( )회 점검하고, 현원이 정원에 미달할 경우 별도의 충원 대책을 수립하여 시행해야 한다.

① 30 - 3 - 1　　　② 50 - 5 - 2
③ 30 - 5 - 2　　　④ 50 - 3 - 1

해설 정/원/및/현/원/관/리(제43조)
① 지방해양경찰청장 및 해양경찰서장은 파출소등의 관할구역, 안전·치안수요 등을 고려하여 적정한 인력을 배치해야 한다.
② 지방해양경찰청장 및 해양경찰서장은 파출소 등의 정원을 다른 부서에 우선하여 충원해야 하며, 다음 각호의 사람이 파출소등 근무자의 30퍼센트 이상이 되도록 해야 한다.
  1. 인명구조 관련 자격을 취득한 사람
  2. 구조 및 파출소 업무 관련 전문교육을 5년 이내 이수한 사람
③ 지방해양경찰청장은 파출소등의 충원 현황을 연 2회 점검하고, 현원이 정원에 미달할 경우 별도의 충원 대책을 수립하여 시행해야 한다.

정답 24 ③　25 ③

해양경찰 수사론

제 1 절 수사경찰의 의의

01 다음 중 범죄 수사의 개념에 대한 설명으로 가장 옳지 않은 것은? *23년 해경학과*

① 사인(私人)의 현행범 체포는 수사 활동이 아니다.
② 불기소처분에 의하여 종결하는 경우도 수사 활동에 포함된다.
③ 경찰관의 불심검문은 수사 활동이 아니다.
④ 변사체의 검시는 수사 활동에 포함된다.

> **해설** 수사는 수사기관의 활동이고, 범죄혐의가 존재할 때 수사는 시작된다. 그러므로 ④변사자 검시는 수사단서(수사개시의 자료)에 불과하고, 아직 확정적으로 범죄혐의가 존재하는 것은 아니므로 수사의 과정에 포함되지 않는다.

02 다음은 수사의 구조론에 대한 설명이다. 괄호 안에 가장 알맞은 말은 무엇인가? *10년 경감*

> (㉠) 수사관 : 수사절차가 검사를 주재로 하는 수사기관과 그 상대방인 피의자의 불평등 수직관계로 구성되어 있다고 보는 견해
> (㉡) 수사관 : 수사절차에 수사기관과 피의자 이외에 제3의 기관인 법관의 개입을 인정하는 견해
> (㉢) 수사관 : 공판절차와는 별개의 절차로 파악하여 수사절차의 소송구조화를 꾀하려는 이론

① ㉠ : 규문적, ㉡ : 탄핵적, ㉢ : 소송적
② ㉠ : 규문적, ㉡ : 소송적, ㉢ : 탄핵적
③ ㉠ : 소송적, ㉡ : 규문적, ㉢ : 탄핵적
④ ㉠ : 탄핵적, ㉡ : 소송적, ㉢ : 규문적

> 해설
> ㉠ 규문적 수사관에서 수사절차는 법관의 사법적 개입이 없이 수사기관의 독자적인 판단 하에 범인, 범죄사실과 증거를 조사하는 합목적적 절차로서 수사에 필요한 강제처분권은 수사의 주재자인 검사의 고유권한으로 이해한다.
> ㉡ 탄핵적 수사관에서는 수사에 필요한 강제처분권한은 법원의 고유권한에 속하고, 이때는 영장을 명령장의 성질을 가진다.
> ㉢ 소송적 수사관에서는 피의자의 지위를 단순히 수사의 객체로부터 사법경찰관과 대등한 수사주체로 이해한다.

03 다음 중 수사의 조건에 관한 설명으로 가장 옳지 않은 것은?   19년 경사

① 수사의 상당성은 수사비례의 원칙과 관련되어 있다.
② 피의자를 체포, 구속할 때는 증거에 의해 뒷받침되는 객관적 혐의가 필요하다.
③ 수사기관이 범죄수사를 개시함에 있어서는 주관적 혐의 및 객관적 혐의가 필요하다.
④ 폭행죄의 수사에 있어서 피해자의 처벌불원 의사 표시가 명백히 표시된 경우 수사의 필요성도 부인된다.

> 해설 ③ 수사기관이 수사를 개시할 때에는 주관적 혐의만 있어도 가능하고, 객관적 혐의까지는 필요없다. 수사의 조건은 크게 필요성과 상당성으로 구분할 수 있다. 필요성에서는 범죄혐의의 존재와 공소제기 가능성이 있어야 한다. 수사의 필요성이 있어도 수사는 비례의 원칙과 신의칙을 충족시켜야 한다(상당성).

04 다음 중 수사 실행의 일반적 조건의 내용으로 가장 옳은 것은?   21년 경사

① 수사의 적법성, 수사의 합리성
② 수사의 필요성, 수사의 정당성
③ 수사의 필요성, 수사의 상당성
④ 수사의 상당성, 수사의 합리성

> 해설 ③ 수사 실행의 일반적 조건은 수사의 필요성과 수사의 상당성을 말하고, 수사의 필요성은 범죄혐의의 존재 및 공소제기의 가능성, 수사의 상당성은 수사비례의 원칙과 신의칙을 그 내용으로 한다.
>
> 1] 수사의 필요성
> 1) 의의
>   수사는 수사의 목적을 달성할 필요가 있는 경우에 한해서 허용된다. 수사의 필요성은 강제수사뿐만 아니라 임의수사의 경우에도 그 조건이 되며, 수사의 필요성이 없음에도 불구하고 행하는 수사처분은 위법이다.
> 2) 관련문제
>   ① 범죄혐의와 수사조건 : 수사기관의 주관적 혐의
>   ② 소송조건과 수사 : 공소제기 가능성(친고죄나 반의사불벌죄의 경우에는 고소나 처벌희망의사표시가 없더라도 그 가능성이 있는 경우 수사는 허용된다)

정답 01 ④ 02 ① 03 ③ 04 ③

2] 수사의 상당성
1) 개념
    수사의 필요성이 인정되는 경우에도 수사처분은 그 수단이 수사의 목적을 달성하는데 상당하다고 인정되는 방법으로 해야 한다.
2) 내용
   ① 수사비례의 원칙 : 과잉수사금지, 범죄인지의 상당성
   ② 수사의 신의칙(신의성실) : 기회제공형 함정수사는 가능(「아동·청소년 성보호법」상 디지털 성범죄에 대한 신분위장수사)

05 다음 중 범죄수사의 형식적 의의에 대한 설명으로 가장 옳지 않은 것은? 18년 경사

① 인권보장과 실체적 진실발견의 조화를 추구한다.
② 주로 형사소송법으로 규정한다.
③ 합법성이 요구된다.
④ 절차적인 측면에서의 수사를 말한다.

> 해설
> 1) 형식적 의의 수사 – 절차적 측면/인권보장과 공공복리의 조화/합법성 요구/어떠한 수단과 방법으로 행할 건가?
> 2) 실질적 의의 수사 – 실체적 측면/실체적 진실발견의 추구/합리성 요구/무엇을 밝힐 것인가?

06 다음 중 범죄수사의 형식적 의의에 대한 설명으로 가장 옳지 않은 것은? 19년 경사

① 합리성 또는 합목적성이 요구된다.
② 수사를 어떠한 수단과 방법에 의할 것인가의 의미이다.
③ 주로 형사소송법으로 규정한다.
④ 인권보장과 공공복리의 조화를 추구한다.

> 해설
> 1) 형식적 의의의 수사는 어떠한 방법과 수단으로 행할 것인가, 절차적 측면에서의 수사, 인권보장과 공공복리의 조화추구(형사소송법의 절차적 이념), 합법성 요구 등과 관련이 있다.
> 2) 실질적 의의의 수사는 수사에 의해 무엇을 밝힐 것인가, 목적 또는 내용에 관한 실체적 측면에서의 수사, 실체적 진실발견을 추구(형사소송법의 실질적 이념), 합리성 요구 등과 관련이 있다.

07 다음 중 범죄수사의 형식적 의미의 수사에 대한 설명으로 가장 옳지 않은 것은? 21년 경위

① 주로 형사소송법으로 규정한다.
② 인권보장과 실체적 진실발견의 조화를 추구한다.
③ 수사의 수단과 방법을 결정한다.
④ 절차적인 측면에서의 수사를 말한다.

> 해설 ② 합법성을 추구하는 형식적 의의의 수사는 인권보장과 공공복리의 조화를 추구(형사소송법의 절차적 이념), 합리성을 추구하는 실질적 의의의 수사는 실체적 진실발견을 추구(형사소송법의 실질적 이념)

08 다음 중 무죄추정의 법리 및 필요 최소한도의 법리의 제도적 표현과 가장 관계 깊은 수사의 기본원칙은? 19년 경사

① 자기부죄강요금지의 원칙
② 임의수사의 원칙
③ 수사비례의 원칙
④ 제출인 환부의 원칙

> 해설 ② 임의수사의 원칙은 무죄추정의 법리나 필요 최소한도의 법리를 제도적으로 표현한 것이라 보아야 한다. 비례의 원칙은 강제수사이든 임의수사이든 공통적으로 요구된다. 자기부죄강요금지원칙은 헌법상 보장되는 있는 고문금지와 형사상 불리한 진술을 강요당하지 않는 자기부죄거부의 원칙을 선언하고 있다.

09 다음 <보기> 중 범죄수사의 여러 원칙에 관한 내용으로 옳지 않은 것은 모두 몇 개인가? 21년 1차

㉠ 범죄수사의 3대 원칙 : 신속착수의 원칙, 현장보존의 원칙, 민사사건불관여의 원칙
㉡ 수사실행의 5원칙 : 수사자료 완전수집의 원칙, 수사자료 감식·검토의 원칙, 적절한 추리의 원칙, 임의수사의 원칙, 사실판단 증명의 원칙
㉢ 범죄수사상의 준수원칙 : 선포후증의 원칙, 법령준수의 원칙, 민중협력의 원칙, 종합수사의 원칙

① 없음
② 1개
③ 2개
④ 3개

정답 05 ① 06 ① 07 ② 08 ② 09 ④

> **해설** 위 ㉠㉡㉢ 모두 연결이 적절하지 않다.
> 1] **범죄수사의 3대 원칙(3S 원칙)** : 신속착수의 원칙, 현장보존의 원칙, 민중협력의 원칙
> 2] **범죄수사상 준수원칙** : 선증후포원칙, 법령준수원칙, 민사사건불간섭의 원칙, 종합수사원칙
> 3] **수사실행의 5원칙** : 수사자료 완전수집원칙, 수사자료감식·검토원칙, 적정추리원칙, 검증적 수사의 원칙, 사실판단증명의 원칙(객관적 증명의 원칙)

10 수사실행의 5대 원칙에 대한 설명으로 가장 옳은 것은? 23년 경찰간부

① 적절한 추리의 원칙은 수사관의 상식적 검토·판단에만 의할 것이 아니라 감식과학이나 과학적 지식 또는 시설장비를 최대한 유용하게 활용하여 수사해야 한다는 원칙이다.

② 수사자료의 감식·검토의 원칙은 문제해결의 관건이 되는 자료를 누락한다든지 없어지는 일이 없도록 전력을 다해서 자료를 수집해야 한다는 원칙이다.

③ 사실판단 증명의 원칙은 수사관이 한 판단의 진실성이 증명되기 위해서는 누구에게나 그 진위가 확인될 수 있어야 하며, 판단이 언어나 문자로 표현되고 근거의 제시로써 객관화되어야 한다는 원칙이다.

④ 검증적 수사의 원칙은 '수사방법의 결정 → 수사사항의 결정 → 수사실행'이라는 순서에 따라 여러가지 추측들을 검토한다.

> **해설** ① 수사관의 상식적 검토·판단에만 의할 것이 아니라 감식과학이나 과학적 지식 또는 시설장비를 최대한 유용하게 활용하여 수사해야 한다는 원칙이다. → 수사자료 감식·검토의 원칙
> ② 문제해결의 관건이 되는 자료를 누락한다든지 없어지는 일이 없도록 전력을 다해서 자료를 수집해야 한다는 원칙이다. → 수사자료 완전수집의 원칙
> ④ 검증적 수사의 원칙은 '수사사항의 결정 → 수사방법의 결정 → 수사실행'이라는 순서에 따라 여러가지 추측들을 검토한다.

11
다음은 수사자료의 종류에 대한 설명이다. ( )안에 들어갈 말로 가장 옳게 짝지어진 것을 고르시오.
21년 경위

> (㉠) : 구체적인 범죄사건 수사와 관련하여 그 사건의 수사방침 수립과 범인 및 범죄 사실 발견을 위하여 수집되는 모든 자료
> (㉡) : 구체적인 범죄사건 수사와 관계없이 평소의 수사활동을 통하여 범죄가 현실적으로 발생했을 경우에 제공하기 위하여 활용되는 자료

① ㉠ 사건자료 ㉡ 기초자료
② ㉠ 기초자료 ㉡ 감식자료
③ ㉠ 감식자료 ㉡ 기초자료
④ ㉠ 사건자료 ㉡ 참고자료

해설
㉠ 구체적인 사건과 관련 자료 – 사건자료
㉡ 평상시 수사활동을 통해 수집되는 자료 – 기초자료
수사자료는 범인 및 범죄사실을 명백히 하고 범인과 범죄의 관계를 추리·판단·단정하기 위하여 수립되는 유형·무형의 증거가치 있는 자료와 수사활동에 도움이나 뒷받침되는 모든 자료를 말한다. 여기에는 기초자료(사회적 통계, 우범자동향), 감식자료, 사건자료, 참고자료가 있다.
감식자료는 수사를 과학적으로 추진하기 위하여 감식기술, 장비를 이용하여 얻는 자료(지문, 유전자, 혈액형)를 말한다. 참고자료는 수사과정의 반성, 분석, 검토를 통해 얻어진 자료를 말한다.

12
다음 <보기> 중 수사자료 종류의 연결이 가장 옳은 것은?
21년 3차

> ㉠ 구체적인 범죄사건 수사와 관련하여 그 사건의 수사방침 수립과 범인 및 범죄사실의 발견을 위하여 수집되는 모든 자료
> ㉡ 수사를 과학적으로 추진하기 위하여 과학의 지식과 기술을 이용해서 범인의 발견·범죄의 증명에 활용되는 자료
> ㉢ 수사과정의 반성·분석·검토를 통하여 얻어진 자료로서 차후의 수사에 활용될 수 있는 자료
> ㉣ 구체적인 범죄사건과 관계없이 범죄가 현실적으로 발생했을 때 수사에 제공하기 위하여 평소 수사활동을 통해 수집되는 자료

① ㉠ 사건자료 ㉡ 감식자료 ㉢ 기초자료 ㉣ 참고자료
② ㉠ 사건자료 ㉡ 감식자료 ㉢ 참고자료 ㉣ 기초자료
③ ㉠ 기초자료 ㉡ 감료   ㉢ 참고자료 ㉣ 사건자료
④ ㉠ 참고자료 ㉡ 사건자료 ㉢ 기초자료 ㉣ 감식자료

정답 10 ③ 11 ① 12 ②

해설 ② 범인 및 범죄사실을 명백히 하고 범인과 범죄의 관계를 추리·판단·단정하기 위하여 수립되는 유형·무형의 증거가치 있는 자료와 수사활동에 도움이나 뒷받침되는 모든 자료를 수사자료라고 한다. 이에는 기초자료, 감식자료, 사건자료, 참고자료가 있다.

13 범죄첩보의 특징에 관한 다음 설명 중 가장 적절하지 않은 것은? 　　20년 3차/간부
① 가치변화성은 수사기관의 필요성에 따라 가치가 달라지는 범죄첩보의 특징을 말한다.
② 여러 첩보가 서로 결합하여 이루어지는 범죄첩보의 특징을 결합성이라 한다.
③ 혼합성이란 범죄첩보가 단순한 사실의 나열이 아니라 그 속에 하나의 원인과 결과를 내포하고 있는 성질을 의미한다.
④ 범죄첩보는 수사 후 현출되는 결과가 있어야 한다는 설명은 시한성을 말한다.

해설 ④ 결과지향성에 대한 내용. 즉 범죄첩보는 수사에 착수하여 사건으로서 현출되는 결과가 있어야 한다. 범죄첩보 수사는 아무리 많은 노력과 시간을 투입하더라도 사건으로서의 결과를 얻지 못하면 의미가 없다. 그리고 시한성은, 범죄첩보는 그 수집시기 및 내사착수 시기가 중요하고 시간이 경과함에 따라 가치가 감소한다는 특징을 말한다.

14 다음 중 범죄징표에 대한 설명으로 가장 옳지 않은 것은? 　　21년 경사
① 범죄징표의 내적 징표를 범적이라고 한다.
② 범죄징표는 수사자료가 될 수 있는 것이어야 한다.
③ 범죄징표의 형태에 따라서 수사방식의 형태가 결정된다.
④ 범죄에 수반하여 나타나는 내적·외적 현상을 말한다.

해설 ① 범죄에 수반하여 나타나는 내적·외적 현상을 범죄징표라고 하고, 특히 외적 범죄징표를 범적이라고 한다. 그러므로 범죄징표와 범적(범죄의 흔적)은 엄격히는 다른 개념이다. 범죄징표는 통상 생물학적 특징에 의한 범죄징표, 범인의 심리적 특징에 의한 범죄징표, 범인의 사회관계에 의한 징표, 자연현상에 의한 범죄징표, 문서에 의한 범죄징표로 구분한다.

15 다음 중 범죄징표와 그 흔적을 연결한 것으로 가장 옳지 않은 것은?

19년 경찰간부

① 자연현상에 의한 징표 : 물건의 이동 등
② 심리학적 특징에 의한 징표 : 범죄수법, 습관, 경력 등
③ 문서에 의한 징표 : 문자의 감정, 사용잉크의 감정 등
④ 생물학적 특징에 의한 징표 : 인상, 지문, 혈액형 등

> **해설** 범죄징표란 범죄에 수반하여 나타나는 내적 또는 외적 현상을 말한다. 수사수단에 의해 수집되는 범죄징표는 주로 외적으로 표현되는 징표이다. 이러한 외적 징표를 특히, 범적(범죄흔적)이라고 한다. 그러므로 범죄징표와 범적은 동일한 의미는 아니다.
> ② 심리학적 징표는 원한, 치정, 알리바이 공작, 현장사전답사, 숙지/숙달된 기술의 선호(수법), 잠꼬대, 증거인멸, 변명준비 등을 말한다.
> ① 자연현상에 의한 징표는 물건의 이동(장물), 물건의 특징, 일시 등
> ③ 문서에 의한 징표는 문자의 감정, 사용잉크의 감정, 종이의 재질 등
> ④ 생물학적 특징에 의한 징표는 인상, 지문, 혈액형, DNA 등 그리고 사회관계에 의한 범죄징표는 성명 · 가족 · 주거 · 경력 · 직업 등의 사회적 지문과 사회적 파문(목격자, 풍설, 소문) 등이 있다.
> 여기서 반복적인 개인적 습벽인 범행수법은 1차적으로는 심리적 특징에 의한 범죄징표로 본다. 통상적인 보통 심리로써 범인은 목적달성에 용이한 방법, 숙지/숙달된 기술(수법)을 선호한다고 볼 수 있다. 한편, 수법은 개인적 습벽이 사회적 파문을 일으킨 경우로 볼 수도 있어서 사회관계에 의한 범죄징표로 전개될 수 있다. 위 문제에서 통상적 분류에 따를 때 범죄수법은 심리적 특징에 의한 범죄징표에 포함되지만, 경력은 사회관계에 의한 범죄징표이므로 ②이 확실히 틀린 내용이다.

16 다음 중 수사수단의 방향에 따른 횡적 수사방법에 대한 설명으로 가장 옳은 것은?

21년 경사

① 수집된 특정자료의 성질, 특징 등을 깊이 관찰하여 범인에 도달하는 수사활동이다.
② 수사자료에 의한 수사로 종류에는 유류품수사, 수법수사, 장물수사 등이 있다.
③ 한정된 자료로 판단을 그르쳐 헛수고에 그치는 단점이 있다.
④ 범행에 관계있는 자료의 발견 · 수집을 목적으로 하는 수사활동이다.

> **해설** ① 종적수사에 대한 설명이다.
> ② 종적수사에 대한 내용이다. 횡적수사는 감별수사, 탐문수사, 행적수사 등이 해당되고, 횡적수사는 폭을 넓혀가는 수사이다.
> ③ 종적수사의 단점이다. 횡적수사는 사건의 신중한 판단을 기할 수 있고, 종적수사는 특정한 자료에 의한 수사이고 신속한 범인검거를 기할 수 있다.

정답 13 ④ 14 ① 15 ② 16 ④

17 다음 중 「범죄수사규칙」에 따른 진술거부권 등의 고지 내용으로 가장 옳지 않은 것은?

21년 경사

① 일체의 진술을 하지 아니하거나 개개의 질문에 대하여 진술을 하지 아니할 수 있다는 것
② 진술을 하지 않으면 유죄의 증거로 사용될 수 있다는 것
③ 진술을 거부할 권리를 포기하고 행한 진술은 법정에서 유죄의 증거로 사용될 수 있다는 것
④ 신문을 받을 때에는 변호인을 참여하게 하는 등 변호인의 조력을 받을 수 있다는 것

> 해설
> 1) 「범죄수사규칙」 제63조(조사 시 진술거부권 등의 고지)
> 「형사소송법」 제244조의3에 따른 진술거부권의 고지는 조사를 상당 시간 중단하거나 회차를 달리하거나 담당 경찰관이 교체된 경우에도 다시 해야 한다.
> 2) 개정전 「범죄수사규칙」 제78조(진술거부권 등의 고지)
> ① 경찰관은 피의자를 조사할 때에는 미리 다음 각호의 사항을 알려주어야 한다.
>   1. 일체의 진술을 하지 아니하거나 개개의 질문에 대하여 진술을 하지 아니할 수 있다는 것
>   2. 진술을 하지 않더라도 불이익을 받지 아니한다는 것
>   3. 진술을 거부할 권리를 포기하고 행한 진술은 법정에서 유죄의 증거로 사용될 수 있다는 것
>   4. 신문을 받을 때에는 변호인을 참여하게 하는 등 변호인의 조력을 받을 수 있다는 것
> ② 경찰관은 제1항에 따라 알려준 때에는 피의자가 진술을 거부할 권리와 변호인의 조력을 받을 권리를 행사할 것인지의 여부를 질문하고, 이에 대한 피의자의 답변을 조서에 기재하여야 한다. 이 경우 피의자의 답변은 피의자로 하여금 자필로 기재하게 하거나 경찰관이 답변을 기재한 부분에 기명날인 또는 서명하게 하여야 한다.
> ③ 제1항 및 제2항의 고지는 조사를 상당기간 중단하였다가 다시 개시할 경우 또는 담당 경찰관이 교체된 경우에도 다시 하여야 한다.

18 내사(입건전 조사)는 범죄첩보 및 진정·탄원과 범죄에 관한 언론·출판물·인터넷 등의 정보, 신고 또는 풍문 중에서 출처·사회적 영향 등을 고려하여 그 진상을 확인할 가치가 있는 사안을 그 대상으로 한다. 다음 빈칸에 들어갈 내사의 종류는 무엇인가?

18년 경위

> 「입건전 조사 사건 처리에 관한 규칙」상 (㉠)는 진정·탄원·투서 등 서면으로 접수된 신고에 대한 입건전 조사 사건을 말하고, (㉡)는 경찰관이 대상자, 범죄혐의 및 증거자료 등 조사 단서에 관한 사항을 작성·제출한 범죄첩보 사건을 말한다.

① ㉠ : 진정사건   ㉡ : 신고사건
② ㉠ : 신고사건   ㉡ : 비신고사건
③ ㉠ : 진정사건   ㉡ : 첩보사건
④ ㉠ : 신고사건   ㉡ : 첩보사건

해설 **사건의 분류(「입건전 조사 사건 처리에 관한 규칙」제3조)** 입건전 조사 사건은 다음 각호와 같이 분류한다.
1. 진정사건: 범죄와 관련하여 진정·탄원 또는 투서 등 서면으로 접수된 사건
2. 신고사건: 범죄와 관련하여 전화신고 또는 방문신고 등 서면이 아닌 방법으로 접수된 사건
3. 첩보사건
   가. 경찰관이 대상자, 범죄혐의 및 증거 자료 등 조사 단서에 관한 사항을 작성·제출한 범죄첩보 사건
   나. 범죄에 관한 정보, 풍문 등 진상을 확인할 필요가 있는 사건
4. 기타조사사건: 제1호부터 제3호까지를 제외하고 범죄를 의심할 만한 정황이 있는 사건

19. 다음은 수사절차로 전환하지 않은 내사(입건전 조사) 사건을 처리하는 방법에 관한 설명이다. 가장 적절하지 않은 것은 무엇인가?

18년 경사

> 가. 내사종결 – 혐의없음, 죄안됨, 공소권 없음 등에 해당하여 수사개시의 필요가 없는 경우
> 나. 내사중지– 피혐의자 또는 참고인 등의 소재불명으로 사유 해소 시까지 내사를 계속할 수 없는 경우
> 다. 이송 – 진정·탄원·투서 등 서면으로 접수된 신고가 같은 내용으로 3회 이상 반복하여 접수되고 2회 이상 그 처리 결과를 통지한 신고와 같은 내용인 경우
> 라. 공람종결 – 관할이 없거나 범죄특성 및 병합처리 등을 고려하여 다른 해양경찰관서 또는 기관(해당 기관과 협의된 경우로 한정)에서 내사할 필요가 있는 경우

① 가, 나
② 나, 다
③ 다, 라
④ 가, 라

해설 **입건 전 조사(「해양경찰 수사규칙」 제19조)**
① 사법경찰관은「수사준칙」제16조제3항에 따른 입건 전에 범죄를 의심할 만한 정황이 있어 수사 개시 여부를 결정하기 위한 사실관계의 확인 등 필요한 조사(입건 전 조사)에 착수하기 위해서는 해당 사법경찰관이 소속된 해양경찰관서의 수사 부서의 장(소속수사부서장)의 지휘를 받아야 한다.
② 사법경찰관은 입건 전 조사한 사건을 다음 각호의 구분에 따라 처리해야 한다.
  1. 입건: 범죄의 혐의가 있어 수사를 개시하는 경우
  2. 입건전조사 종결: 다음 각 목의 구분에 따라 종결처리
     가. 혐의없음: 제110조제1항제1호에 따른 사유가 있는 경우
     나. 죄가안됨: 제110조제1항제2호에 따른 사유가 있는 경우
     다. 공소권없음: 제110조제1항제3호에 따른 사유가 있는 경우
  3. 입건전조사 중지: 피혐의자 또는 참고인 등의 소재불명으로 입건전조사를 계속할 수 없는 경우
  4. 이송: 관할이 없거나 범죄특성 및 병합처리 등을 고려하여 다른 해양경찰관서 또는 기관(해당 기관과 협의된 경우로 한정한다)에서 입건전조사를 할 필요가 있는 경우
  5. 공람 후 종결: 진정·탄원·투서 등 서면으로 접수된 신고가 다음 각 목의 어느 하나에 해당하는 경우
     가. 같은 내용으로 3회 이상 반복하여 접수되고 2회 이상 그 처리 결과를 통지한 신고와 같은 내용인 경우
     나. 무기명 또는 가명으로 접수된 경우

정답 17 ② 18 ③ 19 ③

다. 단순한 풍문이나 인신공격적인 내용인 경우
라. 완결된 사건 또는 재판에 불복하는 내용인 경우
마. 민사소송 또는 행정소송에 관한 사항인 경우

20 사법경찰관이 변사자를 검시할 때 주의해야 할 사항으로 가장 올바르지 않은 것은?

19년 경장

① 검시는 영안실 등 적당한 곳으로 옮겨서 실시한다.
② 변사자의 소지품 등 수사에 필요하다고 인정되는 것은 보존에 유의한다.
③ 지문채취에 유의하고 의사에게 검안서를 작성하게 한다.
④ 자살의 의심이 있는 변사자의 경우 자살교사·방조 등의 가능성에 대비한다.

해설 ① 변사자 검시에 착수하기 전 변사자의 위치, 상태 등이 변하지 않도록 현장을 보존하는 것에 유의해야 한다.
검시할 때의 주의사항(「해양경찰 수사규칙」 제29조)
  1) 검시에 착수하기 전에 변사자의 위치, 상태 등이 변하지 않도록 현장을 보존하고, 변사자 발견 당시 변사자의 주변 환경을 조사할 것
  2) 변사자의 소지품이나 그 밖에 변사자가 남겨 놓은 물건이 수사에 필요하다고 인정되는 경우에는 이를 보존하는 데 유의할 것
  3) 검시하는 경우에는 잠재지문 및 변사자의 지문 채취에 유의할 것
  4) 자살자나 자살로 의심되는 사체를 검시하는 경우에는 교사자(敎唆者) 또는 방조자의 유무와 유서가 있는 경우 그 진위를 조사할 것
  5) 등록된 지문이 확인되지 않거나 부패 등으로 신원확인이 곤란한 경우에는 디엔에이(DNA) 감정을 의뢰하고, 입양자로 확인된 경우에는 입양기관 탐문 등 신원확인을 위한 보강 조사를 할 것
  6) 신속하게 절차를 진행하여 유족의 장례 절차에 불필요하게 지장을 초래하지 않도록 할 것

21 다음 중 「해양경찰 수사규칙」에서 정하고 있는 변사체 인도요령에 대한 설명으로 가장 틀린 것은?

19년 경장

① 사법경찰관은 변사자에 대한 검시 또는 검증이 종료된 때에는 사체를 소지품 등과 함께 신속히 유족 등에게 인도한다.
② 다만, 사체를 인수할 사람이 없거나 변사자의 신원이 판명되지 않은 경우에는 사체가 현존하는 지역의 특별자치시장·특별자치도지사·시장·군수 또는 자치구의 구청장에게 인도해야 한다.
③ 사법경찰관은 ①② 에 따라 사체를 인도한 경우에는 인수자로부터 사체 및 소지품 인수서를 받아야 한다.
④ 사법경찰관리는 검시에 특별한 지장이 없다고 인정하면 변사자의 가족·친족, 이웃사람·친구, 시·군·구·읍·면·동의 공무원이나 그 밖에 필요하다고 인정하는 사람을 검시에 참여시킬 수 있다.

해설 ④ 사법경찰관리는 검시에 특별한 지장이 없다고 인정하면 변사자의 가족·친족, 이웃사람·친구, 시·군·구·읍·면·동의 공무원이나 그 밖에 필요하다고 인정하는 사람을 검시에 참여시켜야 한다(제30조).

22 다음 중 변사체 검시에 대한 설명 중 가장 옳지 않은 것으로 연결된 것은? 19년 경위

> ㄱ 사체를 인수할 사람이 없거나 변사자의 신원이 판명되지 않은 경우에는 사체가 현존하는 지역의 특별자치시장·특별자치도지사·시장·군수 또는 자치구의 구청장에게 인도해야 한다.
> ㄴ 변사체 검시의 주체는 검사이다.
> ㄷ 추락사, 표류익사체, 교통사고에 대한 검시의 경우 발생신고 접수 12시간 이내에 시체를 유족에게 인도하여야 한다.
> ㄹ 검시에 착수하기 전에 변사체를 검시하기 편리한 곳으로 옮겨 보존시켜야 한다.

① ㄱ - ㄹ
② ㄴ - ㄷ
③ ㄱ - ㄷ
④ ㄷ - ㄹ

해설 ㄷㄹ 검시 후 범죄와 관련이 없을 경우에는 지체없이 가족에게 인도하여야 한다. 그리고 검시를 착수하기 전에는 변사자의 위치 등이 바뀌지 않도록 현장보존에 유의하여야 한다.

변사사건의 처리(「해양경찰 수사규칙」)
1) 변사사건 발생사실 통보(제26조)
① 사법경찰관은 「수사준칙」 제17조제1항에 따라 변사사건 발생사실을 검사에게 통보하는 경우에는 별지 제14호서식의 변사사건 발생통보서에 따른다.
② 사법경찰관은 긴급한 상황 등 제1항의 방식으로 통보하는 것이 불가능하거나 현저히 곤란한 경우에는 구두·전화·팩스·전자우편 등 간편한 방식으로 통보할 수 있다. 이 경우 사후에 지체없이 서면으로 변사사건 발생사실을 통보해야 한다.
2) 변사자의 검시·검증(제27조)
① 사법경찰관은 법 제222조제1항 및 제3항에 따라 검시를 하는 경우에는 의사를 참여시켜야 하며, 그 의사로 하여금 검안서를 작성하게 해야 한다. 이 경우 사법경찰관은 검시 조사관을 참여시킬 수 있다.
② 사법경찰관은 법 제222조에 따른 검시 또는 검증 결과 사망의 원인이 범죄로 인한 것으로 판단하는 경우에는 신속하게 수사를 개시해야 한다.
3) 검시·검증조서(제28조)
① 「수사준칙」 제17조제3항에 따른 검시조서는 별지 제15호서식에 따르고, 검증조서는 별지 제16호서식에 따른다.
② 사법경찰관은 「수사준칙」 제17조제3항에 따라 검사에게 제1항의 검시조서 또는 검증조서를 송부하는 경우에는 의사의 검안서, 감정서 및 촬영한 사진 등 관련 자료를 첨부해야 한다.
③ 사법경찰관은 「수사준칙」 제17조제4항에 따라 검시를 한 사건에 대해 검사와 의견을 제시·교환하는 경우에는 별지 제17호서식의 변사사건 처리 등에 관한 의견서에 따른다.

정답 20 ① 21 ④ 22 ④

4) 검시의 주의사항(제29조)

사법경찰관리는 검시할 때에는 다음 각호의 사항에 주의해야 한다.
1. 검시에 착수하기 전에 변사자의 위치, 상태 등이 변하지 않도록 현장을 보존하고, 변사자 발견 당시 변사자의 주변 환경을 조사할 것
2. 변사자의 소지품이나 그 밖에 변사자가 남겨 놓은 물건이 수사에 필요하다고 인정되는 경우에는 이를 보존하는 데 유의할 것
3. 검시하는 경우에는 잠재지문 및 변사자의 지문 채취에 유의할 것
4. 자살자나 자살로 의심되는 사체를 검시하는 경우에는 교사자(敎唆者) 또는 방조자의 유무와 유서가 있는 경우 그 진위를 조사할 것
5. 등록된 지문이 확인되지 않거나 부패 등으로 신원확인이 곤란한 경우에는 디엔에이(DNA) 감정을 의뢰하고, 입양자로 확인된 경우에는 입양기관 탐문 등 신원확인을 위한 보강 조사를 할 것
6. 신속하게 절차를 진행하여 유족의 장례 절차에 불필요하게 지장을 초래하지 않도록 할 것

5) 검시와 참여자(제30조)

사법경찰관리는 검시에 특별한 지장이 없다고 인정하면 변사자의 가족·친족·이웃사람·친구, 시·군·구·읍·면·동의 공무원이나 그 밖에 필요하다고 인정하는 사람을 검시에 참여시켜야 한다.

6) 사체의 인도(제31조)

① 사법경찰관은 변사자에 대한 검시 또는 검증이 종료된 때에는 사체를 소지품 등과 함께 신속히 유족 등에게 인도한다. 다만, 사체를 인수할 사람이 없거나 변사자의 신원이 판명되지 않은 경우에는 사체가 현존하는 지역의 특별자치시장·특별자치도지사·시장·군수 또는 자치구의 구청장에게 인도해야 한다.
② 제1항 본문에서 검시 또는 검증이 종료된 때는 다음 각호의 구분에 따른 때를 말한다.
1. 검시가 종료된 때: 다음 각 목의 어느 하나에 해당하는 때
가. 「수사준칙」 제17조제2항에 따라 검사가 사법경찰관에게 검시조서를 송부한 때
나. 「수사준칙」 제17조제3항에 따라 사법경찰관이 검사에게 검시조서를 송부한 이후 검사가 의견을 제시한 때
2. 검증이 종료된 때: 부검이 종료된 때
③ 사법경찰관은 제1항에 따라 사체를 인도한 경우에는 인수자로부터 별지 제18호서식의 사체 및 소지품 인수서를 받아야 한다.

23 다음 중 「범죄수사규칙」상 변사자의 검시에 대한 내용으로 옳은 것을 모두 고르시오.

21년 경감

> ㉠ 경찰관은 검시에 특별한 지장이 있을 때 변사자의 가족·친족·이웃사람·친구 등 그 밖에 필요하다고 인정되는 자를 참여시켜야 한다.
> ㉡ 검시에 착수하기 전에 변사자의 위치, 상태 등이 변하지 않도록 현장을 보존하여야 한다.
> ㉢ 변사자의 소지금품이나 그 밖의 유류한 물건으로서 수사에 필요가 있다고 인정할 때에는 이를 보존하는데 유의하여야 한다.
> ㉣ 잠재지문 및 변사자지문 채취에 유의하고 검사로 하여금 검안서를 작성하게 하여야 한다.

① ㉠, ㉡ ② ㉠, ㉢
③ ㉡, ㉢ ④ ㉡, ㉣

해설 [O] ⓒⓒ
[X] ㉠㉣
㉠ 특별한 지장이 없는 경우
㉣ 사체검안서는 의사가 작성

24
다음 중 「해양경찰수사규칙」 및 「해양경찰청 범죄수사규칙」에서 정하고 있는 변사체 인도 방법에 대한 설명으로 가장 옳지 않은 것은?   22년 해경학과

① 사법경찰관은 변사자에 대한 검시 또는 검증이 종료된 때에는 소속 서장의 지휘를 받아 사체를 소지품 등과 함께 신속히 유족 등에게 인도한다.
② 사체를 인수할 사람이 없거나 변사자의 신원이 판명되지 않은 경우에는 사체가 현존하는 지역의 시장·군수 또는 자치구의 구청장에게 인도해야 한다.
③ 사법경찰관은 사체를 인도한 경우에는 인수자로부터 사체 및 소지품 인수서를 받아야 한다.
④ 변사체는 후일을 위해 매장함을 원칙으로 한다.

해설 사체의 인도(「해양경찰 수사규칙」제31조)
① 사법경찰관은 변사자에 대한 검시 또는 검증이 종료된 때에는 사체를 소지품 등과 함께 신속히 유족 등에게 인도한다. 다만, 사체를 인수할 사람이 없거나 변사자의 신원이 판명되지 않은 경우에는 사체가 현존하는 지역의 특별자치시장·특별자치도지사·시장·군수 또는 자치구의 구청장에게 인도해야 한다.
② 제1항 본문에서 검시 또는 검증이 종료된 때는 다음 각호의 구분에 따른 때를 말한다.
   1. 검시가 종료된 때 : 다음 각 목의 어느 하나에 해당하는 때
      가. 「수사준칙」제17조제2항에 따라 검사가 사법경찰관에게 검시조서를 송부한 때
      나. 「수사준칙」제17조제3항에 따라 사법경찰관이 검사에게 검시조서를 송부한 이후 검사가 의견을 제시한 때
   2. 검증이 종료된 때 : 부검이 종료된 때
③ 사법경찰관은 제1항에 따라 사체를 인도한 경우에는 인수자로부터 별지 제18호서식의 사체 및 소지품 인수서를 받아야 한다.

25
다음 중 「해양경찰 수사규칙」상 고소·고발사건의 수사기간으로 괄호 안에 들어갈 가장 알맞은 말을 고르시오.   20년 경찰간부

사법경찰관리는 고소·고발을 수리한 날부터 (　) 이내에 수사를 마쳐야 한다.

① 1개월　　　　　　　　　② 2개월
③ 3개월　　　　　　　　　④ 6개월

정답 23 ③ 24 ① 25 ③

> **해설** 「해양경찰 수사규칙」 제24조(고소·고발사건의 수사기간)
> ① 사법경찰관리는 고소·고발을 수리한 날부터 3개월 이내에 수사를 마쳐야 한다.
> ② 사법경찰관리는 제1항의 기간 내에 수사를 완료하지 못한 경우에는 그 이유를 소속수사부서장에게 보고하고 수사기간 연장을 승인받아야 한다.

26 아래에서 「해양경찰 수사규칙」에 의거한 송치서류의 편철순서 중 ( )에 알맞은 것은?

18년 경장

| 사건송치서 - 압수물 총목록 - 기록목록 - ( ) - 그 밖의 서류 |

① 범죄인지서 ② 송치결정서
③ 진술서 ④ 진술조서

> **해설** ② 송치서류는 ㈎사건송치서, ㈏압수물 총목록, 작성된 서류 또는 물건 전부를 적은 ㈐기록목록, ㈑송치결정서, ㈒그 밖의 서류 순으로 편철한다(제105조). 「수사준칙」 제58조에 따라 사건을 송치하는 경우에는 소속 해양경찰관서장 또는 소속 수사부서장의 명의로 하고, 송치결정서는 사법경찰관이 작성해야 한다.

27 다음 <보기> 중 「검사와 사법경찰관의 상호협력과 일반적 수사준칙에 관한 규정」에 대한 설명으로 옳은 것을 모두 고른 것은?

22년 경찰간부 변형

> ㉠ 검사와 사법경찰관의 협력관계, 일반적인 수사의 절차와 방법에 관하여 다른 법령에 특별한규정이 있는 경우를 제외하고는 이 영이 정하는 바에 따른다.
> ㉡ 검사와 사법경찰관은 공소제기 후의 형사사건에 관한 내용을 공개해서는 안 된다.
> ㉢ 검사 또는 사법경찰관이 피의자신문조서의 작성에 착수한 때에는 수사를 개시한 것으로 본다. 이 경우 검사 또는 사법경찰관은 해당사건을 즉시 입건해야 한다.
> ㉣ 검사와 사법경찰관은 중요사건의 경우에는 송치 전에 수사할 사항, 증거수집의 대상, 법령의 적용 등에 관하여 상호 의견을 제시 교환할 것을 요청할 수 있다.
> ㉤ 사법경찰관은 변사자 또는 변사한 것으로 의심되는 사체가 있으면 변사사건 발생사실을 검사에게 보고해야 한다.
> ㉥ 검사는 사법경찰관으로부터 송치받은 사건에 대해 보완수사가 필요하다고 인정하는 경우에는 직접 보완수사를 하거나 법 제197조의2제1항제1호에 따라 사법경찰관에게 보완수사를 요구할 수 있다.

① ㉠,㉢,㉣,㉤ ② ㉠,㉡,㉣,㉥
③ ㉠,㉤,㉥ ④ ㉢,㉤

[O] ㉠㉢㉣㉥
[X] ㉡㉤
㉡ 검사와 사법경찰관은 공소제기 전의 형사사건에 관한 내용을 공개해서는 안 된다.
㉤ 사법경찰관은 변사자 또는 변사한 것으로 의심되는 사체가 있으면 변사사건 발생사실을 검사에게 통보해야 한다. 즉 상호협력관계로 보고사항은 아니다.

1] 규정 제2조(적용 범위)
검사와 사법경찰관의 협력관계, 일반적인 수사의 절차와 방법에 관하여 다른 법령에 특별한 규정이 있는 경우를 제외하고는 이 영이 정하는 바에 따른다.

2] 규정 제5조(형사사건의 공개금지 등)
① 검사와 사법경찰관은 공소제기 전의 형사사건에 관한 내용을 공개해서는 안 된다.
② 검사와 사법경찰관은 수사의 전(全) 과정에서 피의자와 사건관계인의 사생활의 비밀을 보호하고 그들의 명예나 신용이 훼손되지 않도록 노력해야 한다.
③ 제1항에도 불구하고 법무부장관, 경찰청장 또는 해양경찰청장은 무죄추정의 원칙과 국민의 알권리 등을 종합적으로 고려하여 형사사건 공개에 관한 준칙을 정할 수 있다.

3] 규정 제7조(중요사건 협력절차)
① 검사와 사법경찰관은 다음 각호의 어느 하나에 해당하는 사건(중요사건)의 경우에는 송치 전에 수사할 사항, 증거 수집의 대상, 법령의 적용, 범죄수익 환수를 위한 조치 등에 관하여 상호 의견을 제시ㆍ교환할 것을 요청할 수 있다. 이 경우 검사와 사법경찰관은 특별한 사정이 없으면 상대방의 요청에 응해야 한다.
  1. 공소시효가 임박한 사건
  2. 내란, 외환, 대공(對共), 선거(정당 및 정치자금 관련 범죄를 포함한다), 노동, 집단행동, 테러, 대형참사 또는 연쇄살인 관련 사건
  3. 범죄를 목적으로 하는 단체 또는 집단의 조직ㆍ구성ㆍ가입ㆍ활동 등과 관련된 사건
  4. 주한 미합중국 군대의 구성원ㆍ외국인군무원 및 그 가족이나 초청계약자의 범죄 관련 사건
  5. 그 밖에 많은 피해자가 발생하거나 국가적ㆍ사회적 피해가 큰 중요한 사건
② 제1항에도 불구하고 검사와 사법경찰관은 다음 각 호의 어느 하나에 따른 공소시효가 적용되는 사건에 대해서는 공소시효 만료일 3개월 전까지 제1항 각 호 외의 부분 전단에 규정된 사항 등에 관하여 상호 의견을 제시ㆍ교환해야 한다. 다만, 공소시효 만료일 전 3개월 이내에 수사를 개시한 때에는 지체 없이 상호 의견을 제시ㆍ교환해야 한다.
  1. 「공직선거법」 제268조
  2. 「공공단체등 위탁선거에 관한 법률」 제71조 〈중략〉

4] 규정 제16조(수사의 개시)
① 검사 또는 사법경찰관이 다음 각호의 어느 하나에 해당하는 행위에 착수한 때에는 수사를 개시한 것으로 본다. 이 경우 검사 또는 사법경찰관은 해당 사건을 즉시 입건해야 한다.
  1. 피혐의자의 수사기관 출석조사
  2. 피의자신문조서의 작성
  3. 긴급체포
  4. 체포ㆍ구속영장의 청구 또는 신청
  5. 사람의 신체, 주거, 관리하는 건조물, 자동차, 선박, 항공기 또는 점유하는 방실에 대한 압수ㆍ수색 또는 검증영장(부검을 위한 검증영장은 제외한다)의 청구 또는 신청
② 검사 또는 사법경찰관은 수사 중인 사건의 범죄 혐의를 밝히기 위한 목적으로 관련 없는 사건의 수사를 개시하거나 수사기간을 부당하게 연장해서는 안 된다.
③ 검사 또는 사법경찰관은 입건 전에 범죄를 의심할 만한 정황이 있어 수사 개시 여부를 결정하기 위한 사실관계의 확인 등 필요한 조사를 할 때에는 적법절차를 준수하고 사건관계인의 인권을 존중하며, 조사가 부당하게 장기화되지 않도록 신속하게 진행해야 한다.

정답 26 ② 27 ②

④ 검사 또는 사법경찰관은 제3항에 따른 조사 결과 입건하지 않는 결정을 한 때에는 피해자에 대한 보복범죄나 2차 피해가 우려되는 경우 등을 제외하고는 피혐의자 및 사건관계인에게 통지해야 한다.
⑤ 제4항에 따른 통지의 구체적인 방법 및 절차 등은 법무부장관, 경찰청장 또는 해양경찰청장이 정한다.
⑥ 제3항에 따른 조사와 관련한 서류 등의 열람 및 복사에 관하여는 제69조제1항, 제3항, 제5항(같은 조 제1항 및 제3항을 준용하는 부분으로 한정한다. 이하 이 항에서 같다) 및 제6항(같은 조 제1항, 제3항 및 제5항에 따른 신청을 받은 경우로 한정한다)을 준용한다.

5] 규정 제17조(변사자의 검시 등)
① 사법경찰관은 변사자 또는 변사한 것으로 의심되는 사체가 있으면 변사사건 발생사실을 검사에게 통보해야 한다.
② 검사는 법 제222조제1항에 따라 검시를 했을 경우에는 검시조서를, 검증영장이나 같은 조 제2항에 따라 검증을 했을 경우에는 검증조서를 각각 작성하여 사법경찰관에게 송부해야 한다.
③ 사법경찰관은 법 제222조제1항 및 제3항에 따라 검시를 했을 경우에는 검시조서를, 검증영장이나 같은 조 제2항 및 제3항에 따라 검증을 했을 경우에는 검증조서를 각각 작성하여 검사에게 송부해야 한다.
④ 검사와 사법경찰관은 법 제222조에 따라 변사자의 검시를 한 사건에 대해 사건 종결 전에 수사할 사항 등에 관하여 상호 의견을 제시·교환해야 한다.

6] 규정 제59조(보완수사요구의 대상과 범위)
① 검사는 사법경찰관으로부터 송치받은 사건에 대해 보완수사가 필요하다고 인정하는 경우에는 직접 보완수사를 하거나 법 제197조의2제1항제1호에 따라 사법경찰관에게 보완수사를 요구할 수 있다. 다만, 송치사건의 공소제기 여부 결정에 필요한 경우로서 다음 각호의 어느 하나에 해당하는 경우에는 특별히 사법경찰관에게 보완수사를 요구할 필요가 있다고 인정되는 경우를 제외하고는 검사가 직접 보완수사를 하는 것을 원칙으로 한다.
　1. 사건을 수리한 날(이미 보완수사요구가 있었던 사건의 경우 보완수사 이행 결과를 통보받은 날을 말한다)부터 1개월이 경과한 경우
　2. 사건이 송치된 이후 검사가 해당 피의자 및 피의사실에 대해 상당한 정도의 보완수사를 한 경우
　3. 법 제197조의3제5항, 제197조의4제1항 또는 제198조의2제2항에 따라 사법경찰관으로부터 사건을 송치받은 경우
　4. 제7조 또는 제8조에 따라 검사와 사법경찰관이 사건 송치 전에 수사할 사항, 증거수집의 대상 및 법령의 적용 등에 대해 협의를 마치고 송치한 경우
② 검사는 법 제197조의2제1항에 따른 보완수사요구 여부를 판단하는 경우 필요한 보완수사의 정도, 수사진행 기간, 구체적 사건의 성격에 따른 수사 주체의 적합성 및 검사와 사법경찰관의 상호 존중과 협력의 취지 등을 종합적으로 고려한다. 〈중략〉

28 불기소처분 중 '죄가 안 됨' 사유에 해당하지 않는 것은? 　　　18년 경력특채

① 정당방위인 경우
② 심신상실자인 경우
③ 피의사실이 피의자의 행위인지 아닌지 명확하지 않은 경우
④ 친족이 본인을 위해 증거인멸의 죄를 범한 경우

해설 ③ 피의사실이 인정되지 아니하거나 피의사실을 인정할 만한 충분한 증거가 없는 경우에는 혐의없음의 불기소처분 사유에 해당한다.

수/사/의/종/결/형/식
수사는 공소제기 여부를 판단할 수 있을 정도로 범죄의 혐의가 명백하게 되었거나 또는 수사를 계속할 필요가 없는 경우에 종결한다. 수사종결처분에는 공소제기, 불기소처분, 타관송치 등이 있다.

㉠ 공소제기
  피의사건에 관하여 범죄의 객관적 혐의가 충분하고 소송조건 및 처벌 조건을 구비하여 유죄판결을 받을 수 있다고 인정될 때에는 검사는 공소를 제기한다. 다만, 약식명령을 할 수 있는 경우에는 공소제기와 동시에 약식명령을 청구할 수 있다.
㉡ 불기소처분

협의의 불기소처분	① 각하 　고소·고발 사건에서 혐의없음 ·죄가 안됨·공소권 없음 사유에 해당함이 명백한 경우 ② 죄가안됨 　범죄구성요건에는 해당하나 위법성 조각사유(정당행위, 정당방위)나 책임조각사유가 있어 범죄를 구성하지 아니하는 경우(형사미성년자, 심신상실자) ③ 공소권없음 　소송조건이 결여된 경우(공소시효완성)나 형면제 사유가 있는 경우(친족상도례) ④ 혐의없음 　피의사실이 인정되지 아니하거나 피의사실을 인정할 만한 충분한 증거가 없는 경우(증거불충분) 또는 피의사실이 범죄를 구성하지 아니하는 경우(구성요건해당성 없음)
기소유예	피의사건에 대해 범죄의 혐의가 인정되고 소송조건이 구비되었으나 범인의 연령, 성행, 지능과 환경, 피해자에 대한 관계, 범행의 동기·수단의 결과, 범행후의 정황 등을 참작해 공소를 제기하지 아니하는 경우(「형법」 제51조 양형의 조건 참작)
공소보류	검사는 「국가보안법」의 죄를 범한 자에 대해「형법」제51조의 사항을 참작해 공소제기를 보류할 수 있으며, 공소보류를 받은 자가 공소의 제기 없이 2년을 경과한 후에는 소추할 수 없다.
기소중지	피의자의 소재불명 등의 사유로 수사종결할 수 없는 경우. 기소중지는 잠정적인 수사종결이라는 점에서 협의의 불기소처분과 구별된다.
참고인중지	검사가 중요참고인·고소인·고발인 또는 같은 사건의 피의자의 소재불명으로 수사를 종결할 수 없는 경우 그 사유가 해소될 때까지 하는 처분이다.

㉢ 다른 관청 송치
  검사는 사건이 그 소속 검찰청에 대응한 법원의 관할에 속하지 아니한 때에는 사건을 서류와 증거물과 함께 관할 법원에 대응하는 검찰청의 검사에게 송치하여야 한다. 또한, 검사는 소년에 대한 피의사건을 수사한 결과 보호처분에 해당하는 사유가 있다고 인정할 때에는 관할 법원 소년부에 송치하여야 한다(소년법 제49조).
㉣ 불기소처분에 대한 불복
  검사의 불기소처분에 대한 고소인 또는 고발인의 불복 수단으로는 검찰청법에 의한 항고·재항고, 재정신청, 그리고 헌법소원이 있다.

정답 28 ③

29 다음 중 수사의 종결처분에 대한 설명으로 가장 옳지 않은 것은? 19년 경찰간부

① 협의의 불기소처분을 할 수 있는 경우에는 "혐의없음", "죄가 안됨", "공소권 없음" 등이 있다.
② 피의사실이 범죄구성요건에 해당하나 위법성조각사유나 책임조각사유가 있어 범죄를 구성하지 아니하는 경우 수사 종결처분은 "혐의없음"이다.
③ 「형사소송법」상 수사의 최종 종결권은 원칙적으로 검사에게 인정된다.
④ 고소 또는 고발이 있는 사건에 관하여 "혐의없음", "죄가 안됨", "공소권 없음"의 사유에 해당함이 명백한 경우 수사 종결처분은 "각하"이다.

> 해설
> ② 범죄구성요건에는 해당되나 위법성조각사유(정당방위, 긴급피난, 정당행위)나 책임조각사유(형사미성년, 심신상실)가 있어 범죄를 구성하지 않는 경우에는 죄가 안됨의 불기소 처분사유에 해당된다.
> ① 혐의없음은 피의사실이 인정되지 아니하거나 피의사실을 인정할 만한 충분한 증거가 없는 경우(증거불충분) 또는 피의사실이 범죄를 구성하지 아니하는 경우(구성요건해당성 없음)에 해당된다. 그리고 공소권 없음은 소송조건이 결여된 경우(공소시효완성)나 형면제 사유가 있는 경우(친족상도례)가 해당된다.
> ③ 경찰에게는 1차적 수사종결권인 불송치권이 인정된다. 그리고 고위공직자수사처에서는 경무관 이상의 경찰공무원, 판사 및 검사에 대한 기소권을 가진다.

30 다음 중 피의사건에 대하여 범죄의 혐의가 인정되고 소송조건이 구비되었으나 범인의 연령, 성행, 지능과 환경, 피해자에 대한 관계, 범행의 동기, 범행 후의 정황 등을 참작하여 공소를 제기하지 아니하는 불기소 처분으로 가장 옳은 것은? 20년 경력/공채

① 기소유예   ② 공소보류
③ 기소중지   ④ 참고인중지

> 해설
> ② 공소보류 – 「국가보안법」의 죄를 범한 때 「형법」 제51조(양형의 조건)의 사항을 참작해 공소제기 보류할 수 있다.
> ③ 기소중지 – 피의자의 소재불명 등의 사유로 수사종결을 할 수 없는 경우
> ④ 참고인중지 – 중요참고인·고소인·고발인 또는 같은 사건의 피의자의 소재불명으로 수사를 종결할 수 없는 경우

31 다음 중 임의수사에 해당하는 것은 모두 몇 개인가? 19년 경력/공채

| ㉠ 피의자 신문 | ㉡ 감정유치 | ㉢ 압수·수색·검증 |
| ㉣ 참고인 조사 | ㉤ 실황조사 | ㉥ 출석요구 |

① 5개   ② 4개
③ 3개   ④ 2개

해설 ㉠㉢㉣㉤임의수사, ㉡㉦강제수사에 해당된다. 여기서 실황조사는 실무상 검증과 다를 바가 없으나 다만, 강제력이 따르지 않고 검사의 지휘를 받지 않는다는 점에서 검증과 구별된다.

임의수사 원칙과 강제수사 법정주의
수사기관은 그 목적을 달성하기 위하여 법률이 정한 범위 내에서 필요한 조사를 할 수 있다(「형사소송법」제199조 제1항). 범죄수사의 방법에는 일반적으로 임의수사와 강제수사의 두 가지가 있고, 기본적으로 임의적 방법에 의할 것을 요구하는 임의수사가 원칙이다.
강제수사는 강제수사법정주의의 원칙에 따라 법률에 특별한 규정이 있는 경우에만 예외적으로 허용된다(동법 동조 제1항 단서). 강제수사의 경우에는 영장주의 원칙에 따라 일부 법정된 예외를 경우하고는 법관이 발부한 영장이 요구된다.

임의수사	① 출석요구 ③ 참고인 조사 ⑤ 임의제출물의 압수 ⑦ 사실조회	② 피의자 신문 ④ 감정 · 통역 · 번역의 위촉 ⑥ 실황조사 ⑧ 촉탁수사
강제수사	① 체포영장에 의한 체포 ③ 현행범인의 체포 ⑤ 압수 · 수색 · 검증 ⑦ 증인신문의 청구 ⑨ 기타 감정에 필요한 처분	② 긴급체포 ④ 피의자의 구속 ⑥ 증거보전(證據保全) ⑧ 수사상의 감정유치(鑑定留置)

32 다음 중 「형사소송법」상 긴급체포의 요건 중 가장 옳지 않은 것은? 19년 경찰간부, 22차 1차

① 피의자가 증거를 인멸할 염려가 있는 때
② 피의자가 도망하거나 도망할 우려가 있을 때
③ 긴급을 요하여 판사의 체포영장을 발부받을 시간적 여유가 없을 때
④ 피의자가 사형, 무기 또는 장기 2년 이상의 징역이나 금고에 해당하는 죄를 범하였다고 의심할만한 상당한 이유가 있을 때

해설 ④ 「형사소송법」상 긴급체포의 요건은 죄의 중대성과 필요성과 긴급성을 요건으로 한다. 피의자가 사형, 무기 또는 장기 3년 이상의 징역이나 금고에 해당하는 죄를 범하였다고 의심할만한 상당한 이유가 있을 때가 그 대상 범죄이다.
피의자가 사형 · 무기 또는 장기 3년 이상의 징역이나 금고에 해당하는 죄를 범하였다고 의심할 만한 상당한 이유가 있고 아래의 어느 하나에 해당하는 사유가 있으면서 긴급을 요하여 체포영장을 받을 수 없는 때에는 그 사유를 알리고 영장 없이 피의자를 체포할 수 있다.
1. 피의자가 증거를 인멸할 염려가 있는 때
2. 피의자가 도망하거나 도망할 우려가 있는 때

정답 29 ② 30 ① 31 ② 32 ④

33 다음 중 통상적인 압수·수색의 절차로서 가장 올바른 것은?
19년 경사

① 영장신청 → 압수증명서(압수목록) 교부 → 영장제시 → 영장집행 → 압수조서의 작성
② 영장신청 → 영장제시 → 영장집행 → 압수증명서(압수목록) 교부 → 압수조서의 작성
③ 영장신청 → 영장제시 → 영장집행 → 압수조서의 작성 → 압수증명서(압수목록) 교부
④ 영장신청 → 영장제시 → 압수증명서(압수목록) 교부 → 영장집행 → 압수조서의 작성

해설 ② 압수를 했을 때, 피압수자에게 교부하는 서류가 압수증명서(압수목록)이다. 여기에는 연월일과 압수물(품종/수량/비고)을 연번으로 기재한다(압수품의 목록). 그리고 사법경찰관(수사기관)이 압수경위 등을 구체적으로 작성한 수사서류가 압수조서이다.

한편, 압수물을 압수한 경우 수사기관에서 피압수자 등에게 교부해야 하는 압수목록에는 작성 연월일 기재되고 그 내용도 사실에 부합해야 한다. 이는 환부·가환부 신청을 하거나 압수처분에 대한 준항고(불복)를 하는 권리행사절차를 밟는 기초자료가 되기 때문에, 이러한 권리행사에 지장이 없도록 압수 직후 현장에서 바로 작성하여 교부하는 것이 원칙이다.

1] 「형사소송법」
1) 증명서의 교부(제128조)
  수색한 경우에 증거물 또는 몰취할 물건이 없는 때에는 그 취지의 증명서를 교부하여야 한다.
2) 압수목록의 교부(제129조)
  압수한 경우에는 목록을 작성하여 소유자, 소지자, 보관자 기타 이에 준할 자에게 교부하여야 한다.

2] 「형사소송규칙」
1) 압수와 수색의 참여(제60조)
  ① 법원이 압수수색을 할 때에는 법원사무관등을 참여하게 하여야 한다.
  ② 법원사무관등 또는 사법경찰관리가 압수수색영장에 의하여 압수수색을 할 때에는 다른 법원사무관등 또는 사법경찰관리를 참여하게 하여야 한다.
2) 수색증명서, 압수품목록의 작성(제61조)
  법 제128조에 규정된 증명서 또는 법 제129조에 규정된 목록은 제60조제1항의 규정에 의한 압수수색을 한 때에는 참여한 법원사무관등이 제60조제2항의 규정에 의한 압수수색을 한 때에는 그 집행을 한 자가 각 작성 교부한다.
3) 압수수색조서의 기재(제62조)
  압수수색에 있어서 제61조의 규정에 의한 증명서 또는 목록을 교부하거나 법 제130조(압수물의 보관, 폐기)의 규정에 의한 처분을 한 경우에는 압수수색의 조서에 그 취지를 기재하여야 한다.

3] 「검사와 사법경찰관의 상호협력과 일반적 수사준칙에 관한 규정」
1) 압수·수색 또는 검증영장의 청구·신청(제37조)
  검사 또는 사법경찰관은 압수·수색 또는 검증영장을 청구하거나 신청할 때에는 압수·수색 또는 검증의 범위를 범죄혐의의 소명에 필요한 최소한으로 정해야 하고, 수색 또는 검증할 장소·신체·물건 및 압수할 물건 등을 구체적으로 특정해야 한다.
2) 압수·수색 또는 검증영장의 제시(제38조)
  ① 검사 또는 사법경찰관은 법 제219조에서 준용하는 법 제118조에 따라 영장을 제시할 때에는 피압수자에게 법관이 발부한 영장에 따른 압수·수색 또는 검증이라는 사실과 영장에 기재된 범죄사실 및 수색 또는 검증할 장소·신체·물건, 압수할 물건 등을 명확히 알리고, 피압수자가 해당 영장을 열람할 수 있도록 해야 한다.
  ② 압수·수색 또는 검증의 처분을 받는 자가 여럿인 경우에는 모두에게 개별적으로 영장을 제시해야 한다.
3) 압수조서와 압수목록(제40조)
  검사 또는 사법경찰관은 증거물 또는 몰수할 물건을 압수했을 때에는 압수의 일시·장소, 압수 경위 등을 적은 압수조서와 압수물건의 품종·수량 등을 적은 압수목록을 작성해야 한다. 다만, 피의자신문조서, 진술조서, 검증조서에 압수의 취지를 적은 경우에는 그렇지 않다.

34. 다음 중 「범죄수사규칙」상 압수조서와 압수목록 작성에 대한 설명으로 가장 옳지 않은 것은?
21년 경감

① 압수목록에는 압수경위를 압수조서에는 물건의 특징을 기재한다.
② 경찰관은 압수물의 소유자가 그 물건에 소유권을 포기한다는 의사표시를 하였을 때에는 소유권포기서를 제출하게 하여야 한다.
③ 증거물을 압수하였을 때는 압수조서와 압수목록을 작성한다.
④ 압수조서는 피의자신문조서, 실황조사서 등에 압수의 취지를 기재하여 갈음할 수 있다.

> **해설** ① 압수조서에는 압수경위를, 압수목록에는 물건의 특징을 기재한다. 구체적으로 보면, 물건을 압수한 경우에는 영장이든 임의든 압수목록과 압수조서작성 그리고 압수목록의 교부를 해야 한다. 임의제출물의 압수시에도 임의제출용 압수조서를 작성하여야 하고, 소유권을 포기한 경우에는 앞의 서류와 함께 소유권포기서를 제출 받아야 한다.
> 한편, 수색과 압수를 한 동시에 경우 통상 압수조서만 작성한다. 왜냐면 압수조서에는 압수경위에 수색과정이 당연히 현출되기 때문이다. 그리고 수색조서에는 수색후 압수한 물건이 없을 때 수색과정과 결과를 명확히 기재한다.

제2절 수사경찰의 주요활동

01. 「해양경찰수사규칙」 및 「(해양경찰청) 범죄수사규칙」상 수배제도에 대한 설명으로 가장 옳지 않은 것은?
23년 경찰간부

① 법정형이 사형, 무기 또는 장기 3년 이상의 징역이나 금고에 해당하는 죄를 범했다고 의심할 만한 상당한 이유가 있어 체포영장 또는 구속영장이 발부된 사람의 소재를 알 수 없을 때 지명통보가 가능하다.
② 해양경찰공무원은 지명수배를 한 경우 체포영장 또는 구속영장의 유효기간에 유의해야 하고, 유효기간 경과 후에도 계속 수배할 필요가 있을 때에는 유효기간 만료 전에 체포영장 또는 구속영장을 재발부 받아야 한다.
③ 지방해양경찰청장은 지명수배를 한 후, 6개월이 경과해도 검거하지 못한 사람들 중 중요지명피의자를 매년 5월, 11월 연 2회 선정하여 수사국장에게 보고해야 한다.
④ 수사국장은 공개수배위원회를 개최하여 중요지명피의자 종합 공개수배 대상자를 선정하고, 매년 6월, 12월 중요지명피의자 종합 공개수배 전단을 작성하여 게시하는 방법으로 공개수배를 할 수 있다.

정답 33 ② 34 ① 01 ①

해설 ① 법정형이 사형, 무기 또는 장기 3년 이상의 징역이나 금고에 해당하는 죄를 범했다고 의심할 만한 상당한 이유가 있어 체포영장 또는 구속영장이 발부된 사람으로 소재를 알 수 없을 때에는 지명수배를 할 수 있다.

1] 지명수배(「해양경찰수사규칙」 제45조)
① 사법경찰관리는 다음 각호의 어느 하나에 해당하는 사람의 소재를 알 수 없을 때에는 지명수배를 할 수 있다.
  1. 법정형이 사형, 무기 또는 장기 3년 이상의 징역이나 금고에 해당하는 죄를 범했다고 의심할 만한 상당한 이유가 있어 체포영장 또는 구속영장이 발부된 사람
  2. 제47조에 따른 지명통보의 대상인 사람 중 지명수배를 할 필요가 있어 체포영장 또는 구속영장이 발부된 사람
② 제1항에도 불구하고 법 제200조의3제1항에 따른 긴급체포를 하지 않으면 수사에 현저한 지장을 초래하는 경우에는 영장을 발부받지 않고 지명수배할 수 있다. 이 경우 지명수배 후 신속히 체포영장을 발부받아야 하며, 체포영장을 발부받지 못한 때에는 즉시 지명수배를 해제해야 한다.

2] 지명수배(「범죄수사규칙」 제88조)
경찰관이 「해양경찰수사규칙」 제45조에 따라 지명수배를 한 경우에는 체포영장 또는 구속영장의 유효기간에 유의해야 하고, 유효기간 경과 후에도 계속 수배할 필요가 있는 때에는 유효기간 만료 전에 체포영장 또는 구속영장을 재발부 받아야 한다.

3] 지명통보(「해양경찰수사규칙」 제47조) 사법경찰관리는 다음 각호의 어느 하나에 해당하는 사람의 소재를 알 수 없을 때에는 지명통보를 할 수 있다.
  1. 법정형이 장기 3년 미만의 징역 또는 금고, 벌금에 해당하는 죄를 범했다고 의심할 만한 상당한 이유가 있고, 출석요구에 응하지 않은 사람
  2. 법정형이 장기 3년 이상의 징역이나 금고에 해당하는 죄를 범했다고 의심되더라도 사안이 경미하고, 출석요구에 응하지 않은 사람

02 다음 중 「범죄수사규칙」상 공개수배에 대한 설명으로 가장 옳은 것은? 　21년 경장

① 수사국장은 지명수배를 한 후 6개월이 경과하여도 검거하지 못한 중요지명피의자에 대하여는 종합 공개수배 하여야 한다.
② 수사국장은 지명수배를 한 후 4개월이 경과하여도 검거하지 못한 중요지명피의자에 대하여는 종합 공개수배 하여야 한다.
③ 수사국장은 지명수배를 한 후 6개월이 경과하여도 검거하지 못한 중요지명피의자에 대하여는 종합 공개수배 할 수 있다.
④ 수사국장은 지명수배를 한 후 4개월이 경과하여도 검거하지 못한 중요지명피의자에 대하여는 종합 공개수배 할 수 있다.

해설 1) 중요지명피의자 종합 공개수배(「범죄수사규칙」 제98조)
① 지방해양경찰청장은 지명수배를 한 후, 6개월이 경과하여도 검거하지 못한 피의자 중 다음 각 호의 어느 하나에 해당하는 중요지명피의자를 매년 5월과 11월 연 2회 선정하여 수사국장에게 별지 제36호서식의 중요지명피의자 종합 공개수배 보고서에 따라 보고해야 한다.
  1. 강력범(살인ㆍ강도ㆍ성폭력ㆍ마약ㆍ방화ㆍ폭력ㆍ절도범을 말한다)
  2. 다액ㆍ다수피해 경제사범, 부정부패 사범
  3. 그밖에 신속한 검거를 위해 전국적 공개수배가 필요하다고 판단되는 사람
② 수사국장은 제101조에 따른 공개수배위원회를 개최하여 제1항의 중요지명피의자 종합 공개수배 대상자를 선정하고, 매년 6월과 12월 중요지명피의자 종합 공개수배 전단을 별지 제37호서식의 중요지명피의자 종합

공개수배에 따라 작성하여 게시하는 방법으로 공개수배 할 수 있다.
③ 해양경찰서장은 제2항에 따른 중요지명피의자 종합 공개수배 전단을 다음 각호에 따라 게시·관리해야 한다.
1. 관할 내 다중의 눈에 잘 띄는 장소, 수배자의 은신 또는 이용·출현 예상 장소 등을 선별하여 게시한다.
2. 관할 내 교도소·구치소 등 교정시설, 읍·면사무소·주민센터 등 관공서, 병무관서, 군 부대 등에 게시한다.
3. 검거 등 사유로 종합 공개수배를 해제한 경우 즉시 검거표시를 한다.
4. 신규 종합 공개수배 전단을 게시할 때에는 이전에 게시한 전단을 회수하여 폐기한다.
④ 중요지명피의자 종합 공개수배 전단은 언론매체·정보통신망 등에 게시할 수 있다.

2) 긴급 공개수배(제99조)
① 해양경찰관서의 장은 법정형이 사형·무기 또는 장기 3년 이상 징역이나 금고에 해당하는 죄를 범하였다고 의심할만한 타당한 이유가 있고, 범죄의 상습성, 사회적 관심, 공익에 대한 위험 등을 고려할 때 신속한 검거가 필요한 사람에 대해 긴급 공개수배를 할 수 있다.
② 제1항에 따른 긴급 공개수배는 사진·현상·전단 등의 방법으로 할 수 있으며, 언론매체·정보통신망 등을 이용할 수 있다.
③ 해양경찰관서의 장은 검거 등 긴급 공개수배의 필요성이 소멸한 때에는 긴급 공개수배 해제의 사유를 고지하고 관련 게시물·방영물을 회수, 삭제해야 한다.

03 다음 중 「범죄수사규칙」상 장물수배서 구별에 대한 색깔의 설명으로 가장 옳은 것은?

21년 경장

① 특별 중요 장물수배서 : 홍색
   보통 장물 수배서 : 청색
   중요 장물 수배서 : 백색

② 특별 중요 장물수배서 : 홍색
   보통 장물 수배서 : 백색
   중요 장물 수배서 : 청색

③ 특별 중요 장물수배서 : 백색
   보통 장물 수배서 : 홍색
   중요 장물 수배서 : 청색

④ 특별 중요 장물수배서 : 청색
   보통 장물 수배서 : 백색
   중요 장물 수배서 : 홍색

해설 ② 해양경찰서장이 발급하는 장물수배서는 ㈎특별 중요 장물수배서, ㈏중요 장물수배서, ㈐보통 장물수배서 3종류가 있다. 일반 장물수배서는 없고, 중요사건 중 수사본부를 설치하느냐에 따라 특별 중요 장물수배서와 중요 장물수배서로 구분된다.

정답 02 ③ 03 ②

「범죄수사규칙」상 장물수배서(제106조)
① 해양경찰서장은 범죄수사상 필요하다고 인정할 때에는 장물과 관련 있는 영업주에 대하여 장물수배서를 발급할 수 있으며, 장물수배서는 다음의 3종으로 구분한다.
  1. 특별 중요 장물수배서(수사본부를 설치하고 수사하고 있는 사건에 관하여 발하는 경우의 장물수배서)
  2. 중요 장물수배서(수사본부를 설치하고 수사하고 있는 사건 이외의 중요한 사건에 관하여 발하는 경우의 장물수배서)
  3. 보통 장물수배서(그 밖의 사건에 관하여 발하는 경우의 장물수배서)
② 특별 중요 장물수배서는 홍색, 중요 장물수배서는 청색, 보통장물수배서는 백색으로 각각 구별하여 적어야 한다.
③ 장물수배서를 발급할 때에는 제105조제2항을 준용한다.
④ 해양경찰서장은 장물수배서를 발부하거나 배부하였을 때 별지 제40호서식의 장물수배서 원부와 별지 제41호서식의 장물수배서 배부부에 따라 각각 그 상황을 명확히 작성해야 한다.

04 다음 중 부산해양경찰서는 선박 내 살인강도사건이 발생하여 수사본부를 설치하고 장물의 신속한 발견을 위하여 장물수배서를 발부하였다. 다음 중 이에 해당 되는 장물수배서로 가장 옳은 것은? 18년 경사

① 특별중요장물수배서 ② 중요장물수배서
③ 보통장물수배서 ④ 일반장물수배서

해설 ① 수사본부를 설치하는 경우는 특별중요장물수배서(홍색), 중요사건은 중요장물수배서(청색), 그 외의 사건은 보통장물수배서(백색), 일반장물수배서는 없다.

05 다음 중 범죄수법의 특성에 대한 설명으로 가장 옳지 않은 것은? 19년 경위
① 범죄수법은 반드시 현장에 남게 된다.
② 사회적인 습성 내지 특징을 지닌다.
③ 범죄수법을 위장하려고 한다면 위장 자체가 수법이 된다.
④ 상습범의 범죄행위는 일정한 정형(定型)으로 고정되는 경향이 있다.

해설 ② 범죄수법은 반복적인 범인의 범행수단 방법 및 습벽에 의하여 범인을 식별하려는 인적 특징의 유형기준을 말한다.
범죄수법의 특징은 반복성(관행성)과 수법의 필존성이다. 즉 상습범의 범죄수법은 일정한 정형으로 고착되는 경향(개인적 습벽)과 범죄수법은 반드시 현장에 남긴다. 범죄수법을 남기지 않는 완전범죄는 없다.

06 다음 중 수법원지와 피해통보표의 공통점으로 가장 알맞은 것은 무엇인가?   19년 경사

① 범죄사건부 기재   ② 작성 시기
③ 이용 목적   ④ 삭제 사유

해설 ① 범죄사건부 해당란에 수법원지나 피해통보표에 그 작성여부를 모두 표시하여야 한다.

구분	피해통보표	수법원지
작성대상	미검 + 신원불상	구속피의자, 재범우려가 있는 불구속 피의자
작성시기	발생시	검거시
폐기사유	검거, 사망, 10년	80세, 사망, 2건 이상 중복될 때 1건

기존의 수법원지 폐기 전산자료 삭제사유였던 '수법원지 작성 후 10년이 경과했을 때'는 삭제되었다.
그리고 주의할 것은, 현재 해양경찰청「범죄수법공조자료관리규칙」이 없어 육경의 경찰청「범죄수법공조자료관리규칙」을 준용하였다(제14조). 해양경찰청 및 국민안전처에서 제정한「범죄수법공조자료관리규칙」은 현재 폐기된 상태다.
여기에서는 수법범죄를 강도, 위조·변조, 약취유인, 사기, 절도, 공갈, 기타 해양경찰청장이 지정하는 범죄로 규정하고 피해통보표 폐기기간을 강도 5년, 기타 범죄는 3년으로 규정하고 있었다.

07 다음 중 살인사건의 경우 범인과 피해자의 관계에 대하여 수사하는 기법으로 가장 옳은 것은?   18년 경력/간부

① 지리감 수사   ② 연고감 수사
③ 추적수사   ④ 유류품 수사

해설 ②「감별수사」란 범인과 피해자 또는 범인과 범행지 및 주변의 지역 간에 존재하는 사정·관계 등에 근거를 두고 수사하는 방법을 말한다. 크게 연고감과 지리감으로 구분할 수 있다.
연고감은 범인과 피해자(또는 그 가족 및 피해가옥)와의 관계를 말하고, 지리감은 범인과 범행지(또는 주변지역)와의 관계를 말한다.

08 다음 보기 중 수사활동에 대한 설명으로 옳지 않은 것을 모두 고른 것은?   22년 2차

> ㉠ 중요장물수배서는 홍색용지에 작성하여야 한다.
> ㉡ 범행 발생 전후를 고려하여 범죄혐의자가 그 시간까지 현장에 도저히 도착할 수 없거나 또는 범행 후 제3의 장소에 그 시간까지는 도저히 도착할 수 없었을 경우는 절대적 알리바이에 해당한다.
> ㉢ 피의자의 사투리는 지리감이다.
> ㉣ 지리감은 연고감에 비하면 수사대상도 많고 수사범위도 넓다.

① ㉠, ㉡   ② ㉠, ㉢
③ ㉢, ㉣   ④ ㉡, ㉢

정답 04 ① 05 ② 06 ① 07 ② 08 ①

[O] ㉡㉢
[X] ㉠㉣
㉠ 특별중요장물수배서(수사본부를 설치하고 수사하는 중요사건)는 홍색용지에 작성한다. 중요장물수배서(중요사건)는 청색, 보통장물수배서(그 밖의 사건)는 백색이다.
㉣ 범행 발생 전후를 고려하여 범죄혐의자가 그 시간까지 현장에 도저히 도착할 수 없거나, 또는 범행 후 제3의 장소에 그 시간까지는 도저히 도착할 수 없었을 경우는 상대적 알리바이에 해당한다. 범행 시간에 다른 장소에 있었다는 것이 명확하게 입증되는 경우가 절대적 알리바이에 해당한다.

09 「수사긴급배치규칙」상 긴급배치 종별 사건범위 중 갑호에 해당되는 것은 모두 몇 개인가?

18년 경위

㉠ 중요 상해치사   ㉡ 강도, 강간
㉢ 국보급 문화재 절도   ㉣ 총기, 대량의 탄약 및 폭발물 절도
㉤ 방화사건

① 2개 ② 3개
③ 4개 ④ 5개

 [갑호] ㉡㉣㉤
[을호] ㉠㉢
1] 갑/호/배/치
1) 살인, 강도, 강간, 약취유인, 방화사건
2) 기타 중요사건(인사사고를 동반한 선박충돌 도주사건, 총기 대량의 탄약 및 폭발물 절도, 구인 또는 구속 피의자 도주)
2] 을/호/배/치
1) 중요 상해치사
2) 5,000만원 이상 다액절도, 관공서 및 국가 중요시설 절도, 국보급 문화재 절도
3) 기타(해양경찰관서장이 중요하다고 판단하여 긴급배치가 필요하다고 인정하는 사건)
3] 발령권자(제4조)
1) 긴급배치를 사건발생지 관할해양경찰서 또는 인접 해양경찰서에 시행할·경우는 발생지 관할 해양경찰서장이 발령한다. 인접 해양경찰서가 인접 지방해양경찰청 관할인 경우도 같다.
2) 긴급배치를 사건발생지 지방해양경찰청의 전 해양경찰서 또는 인접 지방해양경찰청에 시행할 경우는 발생지 지방해양경찰청장이 발령한다.
3) 전국적인 긴급배치는 해양경찰청장이 발령한다.
4] 경/력/동/원/기/준(제7조)
① 긴급배치 종별에 따른 경력동원 기준은 다음과 같다.
 1. 갑호배치 : 형사(수사)요원, 형사기동정요원, 해양파출소 요원은 가동경력 100%
 2. 을호배치 : 형사(수사)요원, 형사기동정요원은 가동경력 100%, 해양파출소 요원은 가동경력 50%
② 발령권자는 긴급배치 실시상 필요하다고 인정할 때는 전항의 규정에 불구하고 추가로 경력을 동원 배치할 수 있다.

10 「수사긴급배치규칙」상 긴급배치 종별 사건범위에서 을호에 해당되는 것을 모두 고르시오?

18년 경사

> ㉠ 인사사고를 동반한 선박충돌도주사건
> ㉡ 총기, 대량의 탄약 및 폭발물 절도
> ㉢ 방화사건
> ㉣ 관공서 및 국가 중요시설 절도
> ㉤ 5,000만원이상 다액절도

① ㉠, ㉡
② ㉡, ㉢
③ ㉢, ㉣
④ ㉣, ㉤

해설 을호는 중요 상해치사, 5,000만원 이상 다액절도(㉤), 관공서 및 국가 중요시설 절도(㉣), 국보급 문화재 절도, 기타 해양경찰관서장이 중요하다고 판단하여 긴급배치가 필요하다고 인정하는 사건

11 (해양경찰청)「수사긴급배치규칙」상 긴급배치종별 사건 범위 중 을호에 해당하는 내용으로 가장 옳지 않은 것은?

20년 경찰간부

① 총기 대량의 탄약 및 폭발물 절도
② 5,000만원 이상 다액절도
③ 중요 상해치사
④ 국보급 문화재 절도

해설
1) 중요 상해치사
2) 5,000만원 이상 다액절도, 관공서 및 국가 중요시설 절도, 국보급 문화재 절도
3) 기타(해양경찰관서장이 중요하다고 판단하여 긴급배치가 필요하다고 인정하는 사건)

12 다음 긴급배치의 보고에 관한 설명이다. ( ) 안에 가장 알맞은 것은?

18년 경사

> 발령권자는 긴급배치 발령시에는 지체없이 차상급기관의 장에게 보고하여야 하며, 비상 해제시는 ( )이내에 해제일시 및 사유, 단속실적 등을 보고하여야 한다.

① 3시간
② 6시간
③ 12시간
④ 24시간

정답 09 ② 10 ④ 11 ① 12 ②

해설 ② 「수사긴급배치규칙」(제5조)상 비상해제시에는 6시간 이내에 해제일시, 해제사유, 단속실적 등을 보고하여야 한다. 발령권자의 상급기관의 장은 긴급배치에 불합리한 점이 발견되면 이를 조정해야 한다.

13 다음은 수사긴급배치에 관한 내용이다. 괄호 안에 들어갈 숫자의 합으로 가장 알맞은 것은?
19년 경사

○ 갑호비상 : 형사(수사)요원 가동경력 (　)%, 파출소 · 출장소 가동경력 (　)%
○ 을호비상 : 형사(수사)요원 가동경력 (　)%, 파출소 · 출장소 가동경력 (　)%
○ 발령권자는 긴급배치발령시에는 지체없이 차상급기관의 장에게 보고해야 하며, 비상해제 시에는 (　)시간 이내에 해제 일시 및 사유, 단속실적 등을 보고해야 한다.

① 306　　　　　　　　② 356
③ 362　　　　　　　　④ 374

해설 ② 「수사긴급배치규칙」(해양경찰청 훈령)상 100% / 100% / 100% / 50% / 6시간이 각각 해당한다(제7조).

14 「수사본부 운영규칙」상 수사본부 해산사유는 모두 몇 개인가?
18년 경사

가. 범인을 검거하였을 때
나. 오랜 기간 수사하였으나 사건해결의 전망이 없을 때
다. 수사검토회의의 해산결정이 있을 때
라. 기타 특별수사를 계속할 필요가 없게 되었을 때

① 1개　　　　　　　　② 2개
③ 3개　　　　　　　　④ 4개

해설 ③ 수사본부를 해산하기 전 특별한 경우를 제외하고는 수사본부 관계자를 소집하여 수사검토회의를 열기는 하나, 그렇다고 수사본부의 해산을 수사검토회의에서 최종적으로 결정하는 것은 아니다. 즉 지방해양경찰청장의 명에 의하여 수사본부는 해산한다.
1] 수사본부의 해산(제19조)
① 지방해양경찰청장은 다음 각호의 어느 하나에 해당한 경우에는 수사본부의 해산을 명한다.
　1. 범인을 검거하였을 때
　2. 오랜 기간 수사하였으나 사건해결의 전망이 없을 때
　3. 기타 특별수사를 계속할 필요가 없게 되었을 때
② 지방해양경찰청장은 수사본부를 해산하였을 때에는 각 해양경찰서장, 기타 관련 기관장에게 해산사실 및 사유를 알려야 한다.

2] 수사검토회의(제20조)
　　본부장은 수사본부를 해산하기 전에 특별한 경우를 제외하고는 수사본부 관계자를 소집하여, 수사검토회의를 열고 수사실행의 경과를 반성, 검토하는 등 수사기능 향상을 위하여 노력하여야 한다.
3] 수사본부의 설치와 운용
　　수사본부는 해양경찰청장 또는 지방해양경찰청장은 살인 등 중요사건이 발생하여 종합적인 수사를 통하여 해결할 필요가 있다고 인정할 때에는 수사본부를 설치할 수 있다(「범죄수사규칙」 제35조 제1항).
1) 중요사건(수사본부 설치 대상 중요사건은 아래에 해당하고 중요하다고 인정되는 사건)
　　1. 살인, 강도, 강간, 약취유인, 방화사건
　　2. 5인 이상 상해 또는 업무상과실치사상 사건
　　3. 국가중요시설물 파괴 및 인명피해가 발생한 테러사건 또는 그러한 테러가 예상되는 사건
　　4. 〈삭제〉 *사망 또는 5인 이상 상해발생 사건
　　5. 집단 특수공무집행 방해사건
　　6. 선박의 충돌·침몰·도주사건
　　7. 기름 또는 유해물질 30㎘이상 해양오염사고
　　8. 그 밖의 사회적 이목을 집중시키거나 중대한 영향을 미칠 우려가 있는 사건
2) 수사본부의 설치
　　해양경찰청장은 중요사건이 발생한 경우, 필요하다고 인정할 때에는 지방해양경찰청장에게 수사본부 또는 합동수사본부의 설치를 명하여 그 사건을 특별수사하게 할 수 있고, 이 경우 지방해양경찰청장은 수사본부를 설치하여야 한다.
3) 수사본부의 설치장소
　　수사본부는 사건 발생지를 관할하는 해양경찰서에 설치함을 원칙으로 한다. 다만, 관계기관과 공조가 필요하거나 사건내용에 따라 다른 곳에 설치하는 것이 적당하다고 인정될 때에는 그러하지 아니한다.

15 다음 중 「해양경찰청 수사본부 운영규칙」상 수사본부 설치 대상이 되는 중요 사건으로 가장 옳지 않은 것은? 　　22년 경찰간부

① 3인 이상 상해 또는 업무상과실치사상 사건
② 기름 또는 유해물질 30 kl 이상 해양오염사고
③ 방화사건
④ 선박의 충돌·침몰·도주사건

해설 ① 5인 이상 상해 또는 업무상 과실치사상 사건이 수사본부 설치 대상의 중요사건에 해당한다.
중/요/사/건(「수사본부 운영규칙」 제2조)
수사본부 설치 대상 중요사건은 다음 각호에 해당하고 중요하다고 인정되는 사건으로 한다.
1. 살인, 강도, 강간, 약취유인, 방화사건
2. 5인 이상 상해 또는 업무상과실치사상 사건
3. 국가중요시설물 파괴 및 인명피해가 발생한 테러사건 또는 그러한 테러가 예상되는 사건
4. 〈삭 제〉
5. 집단 특수공무집행 방해사건
6. 선박의 충돌·침몰·도주사건
7. 기름 또는 유해물질 30㎘이상 해양오염사고
8. 그 밖의 사회적 이목을 집중시키거나 중대한 영향을 미칠 우려가 있는 사건

정답 13 ② 14 ③ 15 ①

16 다음 중 「해양경찰청 범죄수사규칙」상 외국군함과 외국 선박에서의 수사활동에 대한 설명으로 가장 옳지 않은 것은?

22년 경찰간부

① 중대한 범죄를 범한 사람이 도주하여 대한민국의 영해에 있는 외국군함으로 들어갔을 때에는 신속히 수사국장에게 보고하여 그 지시를 받아야 한다. 다만, 범죄인 체포 등 수사에 있어 급속을 요할 때에는 그 신병의 인도를 위해 출입할 수 있다.

② 대한민국의 영해에 있는 외국 선박 내에서 발생한 범죄로써 대한민국 육상이나 항내의 안전을 해할 때에는 수사를 해야 한다.

③ 대한민국의 영해에 있는 외국 선박 내에서 발생한 범죄로써 승무원 이외의 사람이나 대한민국의 국민에 관계가 있을 때에는 수사를 해야 한다.

④ 외국군함에 속하는 군인이나 군속이 그 군함을 떠나 대한민국의 영해 또는 영토 내에서 죄를 범한 경우에는 신속히 수사국장에게 보고하여 그 지시를 받아야 한다. 다만, 현행범, 그 밖에 긴급한 경우에는 체포, 그 밖의 수사상 필요한 조치를 한 후 신속히 수사국장에게 보고하여 그 지시를 받아야 한다.

해설 ① 외국 군함은 불가침의 대상이고 치외법권 지역으로 군함에의 출입은 함장의 동의나 요구가 있는 경우 외에는 할 수 없다.

1] 외국인 등 관련범죄 수사의 착수(제182조)
경찰관은 외국인 등 관련 범죄 중 중요한 범죄는 미리 수사국장에게 보고하여 그 지시를 받아 수사에 착수해야 한다. 다만, 긴급한 경우에는 필요한 처분을 한 후 신속히 수사국장의 지시를 받아야 한다.

2] 외국군함에의 출입(제185조)
① 경찰관은 외국군함에 관하여는 해당 군함의 함장의 청구가 있는 경우 외에는 그 군함에 출입해서는 안 된다.
② 경찰관은 중대한 범죄를 범한 사람이 도주하여 대한민국의 영해에 있는 외국군함으로 들어갔을 때에는 신속히 수사국장에게 보고하여 그 지시를 받아야 한다. 다만, 급속을 요할 때에는 해당 군함의 함장에게 범죄자의 임의 인도를 요구할 수 있다.

3] 외국군함의 승무원에 대한 특칙(제186조)
경찰관은 외국군함에 속하는 군인이나 군속이 그 군함을 떠나 대한민국의 영해 또는 영토 내에서 죄를 범한 경우에는 신속히 수사국장에게 보고하여 그 지시를 받아야 한다. 다만, 현행범, 그 밖에 긴급한 경우에는 체포, 그 밖의 수사상 필요한 조치를 한 후 신속히 수사국장에게 보고하여 그 지시를 받아야 한다.

4] 외국 선박 내의 범죄(제188조)
경찰관은 대한민국의 영해에 있는 외국 선박 내에서 발생한 범죄로써 다음 각 호의 어느 하나에 해당할 때에는 수사를 해야 한다.
1. 대한민국 육상이나 항내의 안전을 해할 때
2. 승무원 이외의 사람이나 대한민국의 국민에 관계가 있을 때
3. 중대한 범죄가 발생하였을 때

17 「해양경찰수사규칙」 및 「(해양경찰청) 범죄수사규칙」상 외사 업무와 관련된 경찰의 활동으로 가장 옳지 않은 것은?　　　　　　　　　　　　　　　23년 경찰간부

① 사법경찰관리는 외국인을 체포·구속하는 경우 국내 법령을 위반하지 않는 범위에서 영사관원과 자유롭게 접견·교통할 수 있고, 체포·구속된 사실을 영사기관에 통보해 줄 것을 요청할 수 있다는 사실을 알려줘야 한다.

② 사법경찰관은 주한 미합중국 군대의 구성원·외국인 군무원 및 그 가족이나 초청계약자의 범죄 관련 사건을 인지하거나 고소·고발 등을 수리한 때에는 7일 이내에 한미행정협정사건 통보서를 검사에게 통보해야 한다.

③ 경찰관은 외국 군함에 관하여는 해당 군함의 함장의 청구가 있는 경우 외에는 그 군함에 출입해서는 안된다.

④ 경찰관은 외국군함에 속하는 군인이나 군속이 그 군함을 떠나 대한민국의 영해 또는 영토 내에서 죄를 범한 경우에는 신속히 정보외사국장에게 보고하고 그 지시를 받아야 한다.

해설 ④ 경찰관은 외국군함에 속하는 군인이나 군속이 그 군함을 떠나 대한민국의 영해 또는 영토 내에서 죄를 범한 경우에는 신속히 수사국장에게 보고하여 그 지시를 받아야 한다. 다만, 현행범, 그 밖에 긴급한 경우에는 체포, 그 밖의 수사상 필요한 조치를 한 후 신속히 수사국장에게 보고하여 그 지시를 받아야 한다.

1] 「해양경찰수사규칙」
1) 외국인에 대한 조사(제92조)
① 사법경찰관리는 외국인을 조사하는 경우에는 조사를 받는 외국인이 이해할 수 있는 언어로 통역해 주어야 한다.
② <u>사법경찰관리는 외국인을 체포·구속하는 경우 국내 법령을 위반하지 않는 범위에서 영사관원과 자유롭게 접견·교통할 수 있고, 체포·구속된 사실을 영사기관에 통보해 줄 것을 요청할 수 있다는 사실을 알려야 한다.</u>
③ 사법경찰관리는 체포·구속된 외국인이 제2항에 따른 통보를 요청하는 경우에는 별지 제91호서식의 영사기관 체포·구속 통보서를 작성하여 지체 없이 해당 영사기관에 체포·구속 사실을 통보해야 한다.
④ 사법경찰관리는 외국인 변사사건이 발생한 경우에는 별지 제92호서식의 영사기관 사망 통보서를 작성하여 지체 없이 해당 영사기관에 통보해야 한다.

2) 한미행정협정사건의 통보(제94조)
① <u>사법경찰관은 주한 미합중국 군대의 구성원·외국인군무원 및 그 가족이나 초청계약자의 범죄 관련 사건을 인지하거나 고소·고발 등을 수리한 때에는 7일 이내에 별지 제93호서식의 한미행정협정사건 통보서를 검사에게 통보해야 한다.</u>
② 사법경찰관은 주한 미합중국 군당국으로부터 공무증명서를 제출받은 경우 지체 없이 공무증명서의 사본을 검사에게 송부해야 한다.
③ 사법경찰관은 검사로부터 주한 미합중국 군당국의 재판권포기 요청 사실을 통보받은 날부터 14일 이내에 검사에게 사건을 송치 또는 송부해야 한다. 다만, 검사의 동의를 받아 그 기간을 연장할 수 있다.

2] 「범죄수사규칙」

1) 외국인 등 관련범죄 수사의 착수(제182조)
경찰관은 외국인 등 관련 범죄 중 중요한 범죄는 미리 수사국장에게 보고하여 그 지시를 받아 수사에 착수해야 한다. 다만, 긴급한 경우에는 필요한 처분을 한 후 신속히 수사국장의 지시를 받아야 한다.

2) 대·공사 등에 관한 특칙(제183조)
① 경찰관은 외국인 등 관련범죄를 수사할 때 다음 각호의 어느 하나에 해당하는 사람의 외교 특권을 침해하는 일이 없도록 주의해야 한다.
  1. 외교관 또는 외교관의 가족
  2. 그 밖의 외교의 특권을 가진 사람
② 제1항에 규정된 사람의 사용인을 체포하거나 조사할 필요가 있다고 인정될 때에는 현행범인의 체포 그 밖의 긴급 부득이한 경우를 제외하고는 미리 수사국장에게 보고하여 그 지시를 받아야 한다.
③ 경찰관은 피의자가 외교 특권을 가진 사람인지 여부가 의심스러운 경우에는 신속히 수사국장에게 보고하여 그 지시를 받아야 한다.

3) 대·공사관 등에의 출입(제184조)
① 경찰관은 대·공사관과 대·공사나 대·공사관원의 사택 별장 또는 그 밖의 숙박하는 장소에 해당 대·공사나 대·공사관원의 청구가 있을 경우 이외에는 출입해서는 안 된다. 다만, 중대한 범죄를 범한 사람을 추적 중 그 사람이 위 장소에 들어간 경우에 지체할 수 없을 때에는 대·공사, 대·공사관원 또는 이를 대리할 권한을 가진 사람의 사전 동의를 얻어 수색해야 한다.
② 경찰관이 제1항에 따라 수색을 할 때에는 지체 없이 수사국장에게 보고하여 그 지시를 받아야 한다.

4) 외국군함에의 출입(제185조)
① 경찰관은 외국군함에 관하여는 해당 군함의 함장의 청구가 있는 경우 외에는 그 군함에 출입해서는 안 된다.
② 경찰관은 중대한 범죄를 범한 사람이 도주하여 대한민국의 영해에 있는 외국군함으로 들어갔을 때에는 신속히 수사국장에게 보고하여 그 지시를 받아야 한다. 다만, 급속을 요할 때에는 해당 군함의 함장에게 범죄자의 임의 인도를 요구할 수 있다.

5) 외국군함의 승무원에 대한 특칙(제186조)
경찰관은 외국군함에 속하는 군인이나 군속이 그 군함을 떠나 대한민국의 영해 또는 영토 내에서 죄를 범한 경우에는 신속히 수사국장에게 보고하여 그 지시를 받아야 한다. 다만, 현행범, 그 밖에 긴급한 경우에는 체포, 그 밖의 수사상 필요한 조치를 한 후 신속히 수사국장에게 보고하여 그 지시를 받아야 한다.

6) 영사 등에 관한 특칙(제187조)
① 경찰관은 임명국의 국적을 가진 대한민국 주재의 총영사, 영사 또는 부영사에 대한 사건이 구속 또는 조사할 필요가 있다고 인정될 때에는 미리 수사국장에게 보고하여 그 지시를 받아야 한다.
② 총영사, 영사 또는 부영사의 사무소는 해당 영사의 청구나 동의가 있는 경우 외에는 출입해서는 안 된다.
③ 경찰관은 총영사, 영사 또는 부영사의 사택이나 명예영사의 사무소 또는 사택에서 수사할 필요가 있다고 인정될 때에는 미리 수사국장에게 보고하여 그 지시를 받아야 한다.
④ 경찰관은 총영사, 영사 또는 부영사나 명예영사의 사무소 안에 있는 기록문서를 열람하거나 압수해서는 안 된다.

7) 외국선박 내의 범죄(제188조)
경찰관은 대한민국의 영해에 있는 외국선박 내에서 발생한 범죄로써 다음 각호의 어느 하나에 해당할 때에는 수사를 해야 한다.
  1. 대한민국 육상이나 항내의 안전을 해할 때
  2. 승무원 이외의 사람이나 대한민국의 국민에 관계가 있을 때
  3. 중대한 범죄가 발생하였을 때

8) 외국인에 대한 조사(제189조)
① 경찰관은 외국인의 조사와 체포·구속을 할 때 언어, 풍속과 습관의 특성을 고려해야 한다.
② 경찰관은 「해양경찰수사규칙」 제92조 제2항에 따라 고지한 경우 피의자로부터 별지 제118호서식의 영사기관통보요청확인서를 작성해야 한다.
③ 경찰관은 「해양경찰수사규칙」 제92조 제3항에도 불구하고, 별도 외국과의 조약에 따라 피의자 의사와 관계없이 해당 영사기관에 통보하게 되어 있는 경우에는 반드시 통보해야 한다.
④ 「해양경찰수사규칙」 제92조 제3항부터 제4항까지 및 이 조 제2항부터 제3항까지의 서류는 수사기록에 편철

해야 한다.
9) 통역인의 참여(제191조)
① 경찰관은 외국인인 피의자 및 그 밖의 관계자가 한국어에 능통하지 않은 경우 통역인에게 통역하게 하여 한국어로 피의자신문조서나 진술조서를 작성해야 하고, 특히 필요한 때에는 외국어로 진술서를 작성하여 제출하게 해야 한다.
② 외국인이 구술로써 고소·고발이나 자수를 하려는 경우에 한국어가 능통하지 않을 때의 고소·고발 또는 자수인 진술조서는 제1항의 규정에 준하여 작성해야 한다.
10) 번역문의 첨부(제192조) 경찰관은 다음 각호의 경우 번역문을 첨부해야 한다.
 1. 외국인에게 구속영장 그 밖의 영장을 집행하는 경우
 2. 외국인으로부터 압수한 물건에 압수목록교부서를 교부하는 경우

제 3 절 과학수사

01 다음 중 지문에 관한 설명으로 가장 옳은 것은? 　　　　　　18년 경감

① 지문은 인간만이 가지고 있는 고유한 것으로 만인부동, 종생불변의 특징을 가진다.
② 일란성의 경우 DNA지문은 다르나, 지문은 설령 네 쌍둥이일 경우에도 모두 동일하다.
③ 우리나라의 지문분류체계는 영국인 Sir Aduardo Richard Henry가 창안한 Henry식 분류법을 활용하고 있다.
④ 표피아래 진피부분이 상처를 입게 되면 상처부분을 치료하더라도 지문이 원상회복되지 않는다.

해설
① 지문은 원숭이 같은 유인원도 가진다.
② 일란성 쌍둥이는 DNA지문은 같으나, 지문은 다르다.
③ 우리나라의 경우 독일 함부르크 경찰청의 로셔(Rosher)가 창안한 함부르크식을 사용하고 있다. 헨리식은 영미에서 사용되는 분류방식이다.
(해양경찰청) 「지문 및 수사자료표 등에 관한 규칙」
1. "지문"이란 손가락 끝마디의 안쪽에 피부가 융기(隆起)한 선 또는 점(융선)으로 형성된 무늬를 말한다.
2. "지문자동검색시스템(AFIS, Automated Fingerprint Identification System)"이란 주민등록증발급신청서, 외국인의 생체정보, 수사자료표의 지문을 원본 그대로 암호화하여 데이터베이스에 저장하고, 채취한 지문과의 동일성 검색에 활용하는 전산시스템을 말한다.
3. "전자수사자료표시스템(E-CRIS, Electronic Criminal Record Identification System)"이란 피의자의 지문으로 신원을 확인하고 수사자료표를 전자문서로 작성해 암호화하여 데이터베이스에 저장·관리하는 전산시스템을 말한다.
4. "경찰조회시스템"이란 범죄경력자료·수사경력자료 등 경찰청의 각종 자료를 조회·출력하기 위하여 사용하는 전산시스템을 말한다.
5. "현장지문"이란 범죄현장에서 채취한 지문을 말한다.
6. "준현장지문"이란 범죄현장 이외의 장소에서 채취한 지문을 말한다.

정답 01 ④

02 다음에서 설명하는 지문의 종류로 가장 알맞은 것은?   19년 경사

> 지문 중심부에 상부곡선과 하부곡선을 형성하고 둥글게 돌아갔으며 좌측과 우측에 삼각도가 있는 지문

① 제상문 ② 궁상문
③ 와상문 ④ 변태문

> 해설 ③ 위의 〈보기〉는 와상문에 대한 내용이다. 섬 모양의 삼각도가 두 개가 있는 지문의 종류는 와상문이다.

03 다음 중 지문의 종류에 대한 설명으로 가장 옳지 않은 것은?   21년 경사

① 지문의 융선모양이 활모양 또는 파도모양을 형성한 문양을 궁상문이라 한다.
② 궁상문, 제상문, 와상문 중 어느 문형에도 속하지 않는 지문은 변태문이다.
③ 지문의 중심부가 빙글빙글 돌아가는 달팽이 모양 또는 소용돌이 모양일 경우 와상문이다.
④ 지문 중에서 모양이 말발굽 모양을 형성하는 지문을 제상문이라 하며, 삼각도가 좌수의 좌측, 우수의 우측에 있는 것을 을종 제상문이라 한다.

> 해설 ④ 갑종제상문에 대한 설명. 을종제상문은 좌수의 지문을 찍었을 때 삼각도가 우측에 형성되어 있거나 우수의 지문을 찍었을 때 삼각도가 좌측에 형성되어 있는 지문을 말한다.
> 지문번호의 부여(분류번호)는, 궁상문은 〈1〉, 갑종제상문은 〈2〉, 을종제상문은 내단과 외단사이의 융선 수에 따라 〈3〉, 〈4〉, 〈5〉, 〈6〉을 부여한다. 그리고 와상문은 〈7〉, 〈8〉, 〈9〉를 부여하고, 변태문은 9에 점, 절단문은 0, 손상문은 0에 점을 찍어 〈⊙〉부여한다.

04 다음 보기 중 잠재지문의 채취방법과 현출되는 색깔의 연결이 옳지 않은 것은 모두 몇 개인가?   21년 1차

> ㉠ 닌히드린 용액법 : 자청색
> ㉡ 요오드증기 검출법 : 다갈색
> ㉢ 강력순간접착제법 : 흑색
> ㉣ 오스믹산 용액법 : 백색
> ㉤ 초산은 용액법 : 자색

① 없음 ② 1개
③ 2개 ④ 3개

해설 [O] ㉠㉡㉢
[X] ㉣㉤

잠재지문 채취방법으로 ㉢ 강력순간접착제법 : 백색, ㉣ 오스믹산 용액법 : 흑색으로 현출된다.
1) 닌히드린 용액법은 땀 속에 함유되어 있는 아미노산에 닌히드린을 작용시켜 자청색의 발색반응을 시키는 방법이다.
2) 옥도가스(요오드증기)에 의한 검출법은 옥도가스를 사용하여 잠재지문(분비물)의 지방분에 작용시켜 다갈색으로 착색되어 지문을 검출하는 방법이다.
3) 강력순간접착제법은 본드의 증기에 의해 지문 속에 함유되어 있는 염분, 지방분, 단백질 등과 화학반응을 일으켜서 백색의 잠재지문을 검출하는 방법이다.
4) 초산은 용액법은 초산은 용액을 땀 속에 함유되어 있는 염분과 작용시켜 태양광선에 쪼여서 자색으로 검출하는 방법이다.

05 다음 중 지문(指紋)에 대한 설명으로 가장 옳지 않은 것은? 22년 해경학과/경찰간부

① 「해양경찰청 지문 및 수사자료표 등에 관한 규칙」상 현장지문 또는 준현장지문 중에서 피의자가 유류하였다고 인정되는 지문을 유류지문이라 한다.
② 손끝에 묻은 혈액·잉크·먼지 등이 손가락에 묻은 후 피사체에 인상된 지문으로, 무인했을 때의 지문과 동일한 지문을 역지문이라 한다.
③ 잠재지문 채취방법 중 초산은 용액법을 사용하면 자색으로 현출된 지문을 검출할 수 있다.
④ 「해양경찰청 지문 및 수사자료표 등에 관한 규칙」상 현장지문 또는 준현장지문 중에서 피의자 지문이 아닌 지문을 관계자 지문이라 한다.

해설 ② 손끝에 묻은 혈액·잉크·먼지 등이 손가락에 묻은 후 피사체에 인상된 지문으로, 무인했을 때의 지문과 동일한 지문은 정상지문이다. 역지문은 주로 마르지 않은 도장면, 연한 점토, 먼지쌓인 물체 등에서 이랑과 고랑이 반대로 현출되는 지문을 말한다.
1) 기체법 : 옥도(요오드)가스법-다갈색, 강력순간접착제법-백색, 오스믹산용액법-흑색
2) 액체법 : 초산은 용액법-자색, 닌히드린 용액법-자청색
3) 고체법 : 분말법(쇄모법, 롤법, 분사법)

06 다음 중 혈흔검사를 할 때의 순서로 가장 알맞은 것은? 19년 경사

① 혈흔확인시험 → 인혈증명시험 → 혈흔예비시험 → 혈액형 검사
② 인혈증명시험 → 혈흔예비시험 → 혈흔확인시험 → 혈액형 검사
③ 혈흔확인시험 → 혈흔예비시험 → 인혈증명시험 → 혈액형 검사
④ 혈흔예비시험 → 혈흔확인시험 → 인혈증명시험 → 혈액형 검사

정답 02 ③ 03 ④ 04 ③ 05 ② 06 ④

해설 ④ 혈흔검사는 일반적으로 육안관찰-혈흔예비시험-혈흔확인시험-인혈증명시험-혈액형 검사의 순서로 진행된다. 특히 혈흔예비시험단계에서 루미놀 시험(형광색반응)과 무색 마라카이트 그린 시험(녹색반응)을 한다.

제 4 절 법의학(사망 및 시체현상)

01 다음 중 사람이 죽은 후 시체에 나타나는 변화과정을 가장 올바르게 나열한 것은?

18년 경사

① 혈액침전 → 시체냉각 → 자가용해 → 시체굳음 → 부패
② 혈액침전 → 시체냉각 → 시체굳음 → 자가용해 → 부패
③ 시체냉각 → 혈액침전 → 시체굳음 → 자가용해 → 부패
④ 시체냉각 → 혈액침전 → 자가용해 → 시체굳음 → 부패

해설 ③ 통상 사체의 초기현상은 시체냉각(체온의 하강)·시체건조·각막의 혼탁·시체얼룩(혈액침전/시반)·시체굳음 등이고, 후기현상은 자가용해·부패·미라·시랍화·백골화 등이 있다.

02 다음 중 시체굳음(시강)의 순서로 가장 올바른 것은?

19년 경위

① 어깨 → 팔 → 손가락 → 턱
② 턱 → 팔 → 어깨 → 손가락
③ 손가락 → 턱 → 어깨 → 팔
④ 턱 → 어깨 → 팔 → 손가락

해설 ④ 시체의 초기현상으로 사후강직(사후경직)은 사후 2, 4시간이 경과하면 턱관절에서부터 굳어지기 시작하여 12시간 정도가 되면 온몸에 미친다. 일반적으로 턱관절-어깨관절-팔다리-손발가락의 순서로 진행된다 (Nysten의 법칙).

03 다음 중 시체의 후기현상에 대한 설명으로 가장 옳지 않은 것은? 20년 3차/간부

① 사망으로 혈액순환이 정지됨에 따라 중력에 의해 적혈구가 낮은 곳으로 가라앉아 혈액침하현상이 발생하여 시체하부의 피부가 암적갈색으로 변화한다.
② 부패균의 산화작용과 환원작용에 의하여 부패가 발생한다.
③ 시체밀랍은 화학적 분해에 의해 고체형태의 지방산 혹은 그 화합물로 변화한 상태이다.
④ 미이라화(mummification)는 고온·건조지대에서 시체의 건조가 부패·분해보다 빠를 때 생기는 현상이다.

> **해설** ① 시반(屍斑), 즉 시체얼룩은 중력현상에 의한 사체의 초기현상으로 사체의 아래 부위에 암적색의 얼룩으로 형성되고, 30분부터 1시간 경과 후부터 나타나기 시작하며, 사후 4시간부터 5시간 이내는 사체의 위치를 바꾸면 시체얼룩도 이동한다. 사후 10시간 후면 침윤성 시반이 형성되어 체위를 바꿔도 이미 형성된 시체얼룩은 위치가 바뀌지 않는다.

제 5 절 수사행정

01 다음은 「피의자 유치 및 호송규칙」상 신체 등 검사의 종류와 기준 및 방법에 대해 설명한 것이다. ( ) 안에 들어갈 말 중 가장 옳은 것은? 18년 경사

> (㉠) : 죄질이 경미하고 동작과 언행에 특이상황이 없으며 위험물 등을 은닉하고 있지 않다고 판단되는 유치인에 대하여는 신체 등의 외부를 눈으로 확인하고 손으로 가볍게 두드려 만져 검사한다.
> (㉡) : 일반적으로 유치인에 대하여는 탈의막 안에서 속옷은 벗지 않고 신체검사의를 착용(유치인의 의사에 따른다)하도록 한 상태에서 위험물 등의 은닉여부를 검사한다.
> (㉢) : 살인, 강도, 절도, 강간, 방화, 마약류, 조직폭력 등 죄질이 중하나 근무자 및 다른 유치인에 대한 위해 또는 자해할 우려가 있다고 판단되는 유치인에 대하여는 탈의막 안에서 속옷을 벗고 신체검사의로 갈아입도록 한 수 정밀하게 위험물 등의 은닉여부를 검사하여야 한다.

① ㉠ : 정밀검사　　② ㉡ : 간이검사
③ ㉢ : 외표검사　　④ ㉢ : 간이검사

정답　01 ③　02 ④　03 ①　01 ②

㉠ 외표검사
㉡ 간이검사
㉢ 정밀검사

신/체/등/의/검/사「피의자 유치 및 호송규칙」제9조)
① 유치인보호관은 피의자를 유치하는 과정에서 피의자의 생명, 신체에 대한 위해를 방지하고, 유치장내의 안전과 질서를 유지하기 위하여 필요하다고 인정될 때에는 유치인의 신체등 및 유치실을 검사할 수 있다.
② 제1항에 따른 신체등의 검사는 동성(同性)의 유치인보호관이 실시해야 한다. 다만, 여성유치인보호관이 없을 경우에는 미리 지정하여 신체등의 검사방법을 교육 받은 여성경찰관으로 하여금 대신하게 할 수 있다.
③ 유치인보호관은 신체등의 검사를 하기 전에 유치인에게 검사 목적과 절차를 설명하고, 스스로 제10조제1항에 따른 위험물등을 제출할 것을 고지해야 한다.
④ 신체등의 검사는 유치인보호주무자가 별지 제2호서식의 피의자 입감·출감 지휘서에 지정하는 방법으로 유치장내 신체검사실에서 해야 하며, 그 종류와 기준 및 방법은 다음 각호와 같다.
  1. 외표검사: 죄질이 경미하고 동작과 언행에 특이사항이 없으며 위험물등을 은닉하고 있지 않다고 판단되는 유치인에 대하여 신체등의 외부를 눈으로 확인하고 손으로 가볍게 두드려 만지면서 하는 검사
  2. 간이검사: 탈의막 안에서 속옷은 벗지 않고 신체검사용 의복을 착용하도록 한 상태에서 위험물등의 은닉여부를 확인하는 검사
  3. 정밀검사: 살인, 강도, 절도, 강간, 방화, 마약류, 조직폭력 등 죄질이 중하거나 유치장 근무자 및 다른 유치인에 대한 위해 또는 자해할 우려가 있다고 판단되는 유치인에 대하여 탈의막 안에서 속옷을 벗고 신체검사용 의복을 착용하도록 한 후 정밀하게 위험물등의 은닉여부를 확인하는 검사
⑤ 유치인보호관은 외표검사, 간이검사에서 위험물등을 은닉하고 있다고 판단되는 유치인에 대해서는 유치인보호주무자에게 보고하고 정밀검사를 해야 한다. 다만, 신속한 위험물등의 제거가 필요한 경우에는 정밀검사 후 유치인보호주무자에게 지체 없이 보고해야 한다.
⑥ 유치인보호관은 제4항과 제5항에 따른 신체등의 검사를 하는 경우에는 부당하게 이를 지연하거나 신체에 대한 굴욕감을 주는 언행 등으로 유치인의 고통이나 수치심을 유발하는 일이 없도록 주의해야 하며, 검사결과를 근무일지에 기록하고 특이사항에 대하여는 해양경찰서장과 유치인보호주무자에게 즉시 보고해야 한다.

02 다음은「피의자유치 및 호송규칙」에 대해 설명한 것이다. 이에 대한 설명으로 가장 적절하지 않은 것은? 18년 경위

① 유치인의 평일 접견시간은 09:00~21:00까지로 한다. 다만, 원거리에서 온 접견희망자 등 특별한 경우에는 해양경찰서장의 허가를 받아 22:00까지 연장할 수 있다.
② 호송관서의 장은 호송관이 5인 이상 10인 이내일 때에는 경사 1인을 지휘감독관으로 지정하여야 한다.
③ 간이검사란 죄질이 경미하고 동작과 언행에 특이사항이 없으며 위험물 등을 은닉하고 있지 않다고 판단되는 유치인에 대하여는 신체 등의 외부를 눈으로 확인하고 손으로 가볍게 두드려 만져 검사하는 것을 말한다.
④ 해양경찰서장은 풍수해, 화재 기타 비상재해를 당하여 유치장내에서 피난시킬 다른 방도가 없다고 인정될 때에는 지방검찰청 검사장과 협의하여 다른 장소에 호송하여 피난시키거나 또는 일시 석방할 수 있다.

해설 ② 호송관서의 장은 호송수단과 피호송자의 죄질, 형량, 범죄경력, 성격, 체력, 사회적 지위, 인원, 호송거리, 도로사정, 기상 등을 고려하여 호송관 수를 결정해야 한다. 다만, 호송인원은 어떠한 경우라도 2명 이상 지정해야 하며, 시보순경 또는 의무경찰만으로 지명할 수 없다(제49조 제2항). 그리고 호송관서의 장은 호송관이 5명 이상일 경우에는 경위 1명을 지휘·감독관으로 지정해야 한다(제3항). 또한 호송관은 호송근무에 당할 때에는 호송관서의 장이 특별한 지시가 없는 한 총기를 휴대하여야 한다(제70조). 호송관이 호송 중 휴대할 총기는 권총 또는 소총, 가스총 등으로 한다.
③ 외표검사(Frisk)에 대한 설명이다. 간이검사는 일반적으로 유치인에 대하여는 탈의막 안에서 속옷은 벗지 않고 신체검사의를 착용(유치인의 의사에 따른다)하도록 한 상태에서 위험물 등의 은닉여부를 검사한다.

03 다음 빈칸에 들어갈 숫자의 합으로 가장 옳은 것은? 18년 경사

「피의자 유치 및 호송규칙」 제39조 제3항 "유치인의 접견시간은 1회에 (　)분 이내로, 접견횟수는 1일 (　)회 이내로 하여 접수순서에 따라 접견자의 수를 고려 균등하게 시간을 배분하여야 한다. 다만, 변호인과의 접견은 예외로 한다."

① 23　　　　　　　　　　② 25
③ 33　　　　　　　　　　④ 35

해설 접견시간 및 요령(「피의자 유치 및 호송규칙」 제39조)
① 유치인의 접견은 다음의 구분에 따라 실시한다.
　1. 평일에는 09:00~21:00까지로 한다. 다만, 원거리에서 온 접견희망자 등 특별한 경우에는 해양경찰서장의 허가를 받아 22:00까지 연장할 수 있다.
　2. 토요일과 일요일, 공휴일은 09:00~20:00까지로 한다.
② 제1항에도 불구하고 변호인의 접견 신청이 있는 때에는 접견을 제한하지 아니한다. 다만, 유치인의 안전 또는 유치장 내 질서유지 등 관리에 지장이 있는 경우에는 그렇지 않다.
③ 유치인의 접견 시간은 1회에 30분 이내로, 접견횟수는 1일 3회 이내로 하여 접수순서에 따라 접견자의 수를 고려 균등하게 시간을 배분하여야 한다. 다만, 변호인과의 접견은 예외로 한다.
④ 제36조부터 제38조까지의 규정에 의한 접견시에는 접견을 신청한 자의 성명, 직업, 주소, 연령 및 유치인과의 관계를 기록하여야 한다. 다만, 경찰관이 입회한 경우에는 면담의 중요한 내용을 기록하여야 한다.
⑤ 경찰관이 접견에 입회한 경우 대화 내용이 죄증인멸의 우려가 있거나 도주의 기도 등 유치장의 안전과 질서를 위태롭게 하는 때에는 입회한 유치인보호관 등이 접견을 중지시키고 유치인보호주무자에게 보고하여야 하며 접견도중 검사한 음식물을 제외한 물품의 수수를 금하고 암호 등으로 상호의사를 주고받지 않도록 엄중히 관찰하여야 한다.

정답 02 ②③　03 ③

04
다음은 (해양경찰청)「피의자 유치 및 호송규칙」상 유치인 접견에 대한 설명이다. 괄호 안에 들어갈 숫자의 합으로 가장 옳은 것은?

20년 경찰간부

> 유치인의 접견 시간은 1회에 ( )분 이내로, 접견횟수는 1일 ( )회 이내로 하여 접수순서에 따라 접견자의 수를 고려 균등하게 시간을 배분해야 한다. 다만, 변호인과의 접견은 예외로 한다.

① 31
② 33
③ 61
④ 63

정답 ②

해설 ② 유치인의 접견시간은 1회에 30분 이내로, 접견횟수는 1일 3회 이내로 하여 접수순서에 따라 접견자의 수를 고려 균등하게 시간을 배분하여야 한다. 다만, 변호인과의 접견은 예외로 한다(「피의자 유치 및 호송규칙」 제39조 제3항).

05
다음 중 「해양경찰청 피의자 유치 및 호송 규칙」에 대한 설명으로 가장 옳지 않은 것은?

22년 경찰간부

① 유치인보호주무자란 해양경찰서 수사과장을 말하며, 해양경찰서의 당직사령·당직관 또는 해양경찰서장이 지정하는 사람은 일과 후 또는 토요일·공휴일에 유치인보호주무자의 직무를 대리한다.
② 동시에 3명 이상의 피의자를 입감시킬 때에는 경위 이상 경찰관이 입회하여 순차적으로 입감시켜야 한다.
③ 형사범과 구류 처분을 받은 자, 19세 이상의 사람과 19세 미만의 사람은 유치장이 허용하는 범위에서 분리하여 유치해야 한다.
④ 간이검사란 죄질이 경미하고 동작과 언행에 특이사항이 없으며 위험물등을 은닉하고 있지 않다고 판단되는 유치인에 대하여 신체등의 외부를 눈으로 확인하고 손으로 가볍게 두드려 만지면서 하는 검사를 말한다.

해설
1) 외표검사 : 죄질이 경미하고 동작과 언행에 특이사항이 없으며 위험물등을 은닉하고 있지 않다고 판단되는 유치인에 대하여 신체등의 외부를 눈으로 확인하고 손으로 가볍게 두드려 만지면서 하는 검사
2) 간이검사 : 탈의막 안에서 속옷은 벗지 않고 신체검사용 의복을 착용하도록 한 상태에서 위험물등의 은닉여부를 확인하는 검사
3) 정밀검사 : 살인, 강도, 절도, 강간, 방화, 마약류, 조직폭력 등 죄질이 중하거나 유치장 근무자 및 다른 유치인에 대한 위해 또는 자해할 우려가 있다고 판단되는 유치인에 대하여 탈의막 안에서 속옷을 벗고 신체검사용 의복을 착용하도록 한 후 정밀하게 위험물등의 은닉여부를 확인하는 검사

06 다음 중 해양경찰서장의 유치장 유치인보호관에 대한 정기교양의 횟수로 가장 옳은 것은?

18년 경사

① 주 1회 이상
② 매월 1 회 이상
③ 분기 1회 이상
④ 반기 1회 이상

> 해설 정/기/교/양(「피의자 유치 및 호송규칙」 제74조)
> 해양경찰서장은 유치인보호관에 대하여 피의자의 유치에 관한 관계법령 및 규정 등을 매월 1회 이상 정기적으로 교양하고 유치인보호관은 이를 숙지하여야 한다.

제 6 절 마약범죄수사

01 다음 설명에 가장 가까운 마약류 상용자의 증상은?

19년 경위

> 약물이 체내에 잔류하는 동안에 생체가 그 약리효과에 의존하는 상태로 적응하여 정상에 가까운 생활을 하지만, 그 효과가 소실되면 신체기능에 균형이 깨져 병적 징후가 나타나는 상태

① 내성
② 금단증상
③ 신체적 의존성
④ 정신적 의존성

> 해설 ③ 의존성은 신체적 의존성과 정신적 의존성이 있는데, 위는 신체적 의존성(중독성)에 대한 내용이다. 정신적 의존성은 마약류의 약리효과를 체험한 자가 그 약물을 섭취하고자 하는 강한 욕구를 가진 상태를 말한다. ①내성은 사용약물의 양이 증가되는 현상, ②금단현상은 이를 중단할 경우 나타나는 정신적 · 신체적인 증상(고통과 부작용)을 말한다.

02 다음 중 「마약류관리에 관한 법률」상의 규제대상인 "대마"로 보기에 가장 거리가 먼 것은?

18년 경감

① 마리화나
② 양귀비
③ 해시시
④ 해시시 미네랄 오일

정답 04 ② 05 ④ 06 ② 01 ③ 02 ②

해설 ② 「마약류관리에 관한 법률」(제2조 용어의 정의)상 "마약류"란 마약·향정신성의약품 및 대마를 말한다. 대마초(마리화나), 대마수지(해시시), 대마수지 오일(해시시 미네랄 오일) 등을 말하고, 양귀비·아편·모르핀·코카인 등은 마약에 해당한다. 그리고 향정신성의약품에는 각성제(필로폰, 엑스타시 등), 환각제(L.S.D, 페이요트, 메스칼린, 사일로사이빈), 억제제 등이 있다.

03 다음 중 「마약류 관리에 관한 법률」상 규제대상인 향정신성의약품에 해당하는 것으로 가장 알맞은 것은? 18년 경사

① L.S.D
② 코카엽
③ 모르핀
④ 코카인

해설
1) 대마 : 대마초(마리화나), 대마수지(해시시), 대마수지 오일(해시시 미네랄 오일) 등
2) 마약 : 양귀비(앵속), 아편, 모르핀, 코카인, 크랙, 코데인 등
3) 향정신성의약품 : 각성제(필로폰/히로뽕, MDMA/엑스타시), 환각제(L.S.D, 페이요트, 메스칼린, 사일로사이빈), 억제제 등

04 다음 설명에 해당하는 마약류를 가장 적절하게 연결된 것은? 19년 경사

㉠ 미국, 유럽 등지에서 성범죄용으로 악용되어 '데이트 강간 약물'이라고도 불리며, 무색·무취로 음료에 타서 복용하며, '물뽕'이라고도 불린다.
㉡ 환각제 중 가장 강력한 효과를 나타내며, 미량을 유당·각설탕·과자 등에 첨가시켜 먹거나, 우편·종이 등의 표면에 묻혀다가 입에 넣는 방법으로 복용하기도 한다.

① ㉠ - L.S.D   ㉡ - MDMA
② ㉠ - GHB   ㉡ - L.S.D
③ ㉠ - 야바(YABA) ㉡ - GHB
④ ㉠ - GHB   ㉡ - 야바(YABA)

해설 ㉠ GHB는 무색·무취·짠맛이 나며, 음료에 타서 복용하여 '물같은 히로뽕'이란 의미로 일명 '물뽕'이라고 불리고 데이트 강간약물(Date Rape Drug)이라고도 불린다. 사용 후 15분에 효과가 발현되고, 3시간 정도 지속된다.
㉡ L.S.D는 무색·무취·무미이며, 곡물의 곰팡이나 보리맥각에서 발견되는 것으로서, 효과가 강력하여 주로 우표, 종이 등의 표면에 묻혔다가 뜯어먹는 방법으로 복용하는 향정신성의약품이다.
그리고 **엑스타시**(MDMA)는 기분이 좋아지는 약, 포옹마약, 클럽마약, 도리도리 등으로 불리는 향정신성의약품이다. **야바**(YABA)는 태국 등 주로 동남아시아 지역에서 생산되고, 적갈색·오렌지색·흑색·녹색 등의 여러 가지 색으로 제조가 가능하다.
한편, **프로포폴**(propofol)은 흔히 수면마취제로 불리는 정맥마취제로 수면내시경 등에 사용된다. 환각제 대용으로 오/남용되는 사례가 있어 향정신성의약품으로 지정되어 관리되고 있다.

Chapter 03 해양경찰 정보론

제 1 절 정보의 특성과 종류

01 다음 중 정보와 첩보에 대한 설명으로 가장 옳지 않은 것은? 〈19년 경위〉
① 정보는 특정한 사용목적에 맞도록 분석되어야 한다.
② 첩보는 부정확한 견문·지식을 포함하나, 정보는 객관적으로 평가된 정확한 지식이다.
③ 첩보는 일련의 처리과정을 거치면서 여러 사람의 협동을 통하여 생산된다.
④ 정보는 적시성을 요구하는 반면 첩보는 시간의 구애를 받지 않는다.

> **해설** ③ 첩보(Information)는 개인적인 견문(見聞) 지식이나, 정보(Intelligence)는 협동적인 생산과정을 거쳐 만들어진 정확한 지식이다. 그리고 정보는 첩보에 비해 정확성, 완전성, 적시성, 목적성을 가진다.

02 다음은 정보가치에 대한 평가기준을 설명한 것으로 각각에 해당하는 정보의 질적 요건을 순서대로 가장 옳게 나열한 것은? 〈18년 경사〉

> ㉠ 정보가 국가정책의 결정과정에서 사용될 때 국익증대와 안보추구라는 차원에서 왜곡되어서는 안된다.
> ㉡ 정보가 그 자체로 정책결정에 필요하고 가능하면 주제와 관련된 사항을 모두 망라하여 작성되어야 한다.
> ㉢ 정보가 필요한 정책의 결정에 어느 정도 연관되는지를 나타내는 정보의 질적 요건에 해당한다.

① 객관성 - 적실성 - 완전성
② 정확성 - 완전성 - 객관성
③ 객관성 - 완전성 - 적합성
④ 정확성 - 적실성 - 합리성

정답 03 ① 04 ② 01 ③ 02 ③

해설 위는 ㉠객관성, ㉡완전성, ㉢적합성을 차례대로 설명하고 있다. 한편, 정보사용자가 현재 당면하고 있거나 당면하게 될 문제해결을 위해 관련된 내용을 제공할 때 가치를 가진다는 특징을 적실성(관련성)으로도 표현할 수 있다. 최근에는 정보의 구분이나 특성에 대해 새로운 견해에 따라 정립한 것이 많이 보인다. 그런 추세에 따라 현재는 적합성을 적실성으로 바꿔 쓰는 것이 일반적이다.
객관성은 국익증대와 안보추구라는 차원에서 객관적인 입장을 유지해야 한다는 것을 의미하고, 생산자나 사용자의 의도에 따라 정보가 주관적으로 왜곡되면 안된다는 것을 의미한다.

03 다음은 경찰정보의 일반적 특성을 설명한 것이다. 순서대로 옳게 나열한 것은?

18년 경찰간부

㉠ 정보는 정보 사용자가 현재 당면하고 있거나 당면하게 될 문제와 관련되어야 한다.
㉡ 정보는 정책결정이 이루어지는 시점에 제공되어야 그 가치를 발휘한다.
㉢ 정보는 그 자체로서 정책결정에 필요한 모든 내용을 가능한 망라하고 있어야 한다.
㉣ 정보는 사실과 일치되어야 하며 그렇지 못한 경우 정보라 할 수 없다.

① ㉠ 적실성 ㉡ 적시성 ㉢ 완전성 ㉣ 정확성
② ㉠ 적시성 ㉡ 적실성 ㉢ 완전성 ㉣ 정확성
③ ㉠ 적실성 ㉡ 정확성 ㉢ 적시성 ㉣ 완전성
④ ㉠ 완전성 ㉡ 적시성 ㉢ 적실성 ㉣ 정확성

해설 ㉠ 적실성 ㉡ 적시성 ㉢ 완전성 ㉣ 정확성
정/보/의/특/성
1] 정보의 3대 요건

정확성 (Accuracy)	정보란 국가가 추구하는 가치의 달성을 위한 정책의 수립과 수행에 있어 이용 가능한 사전지식으로서 그 존재가치가 있기 때문에 정확해야 한다. 정보는 사용자가 어떤 결심이나 행동방침을 결정하는 중요한 요소가 되므로 객관적으로 평가된 정확한 지식이어야 한다.
완전성 (Completeness)	완전성은 절대적인 완전성이 아니라 가능한 한 주제와 관련된 사항을 망라하여 완전하게 작성되어야 한다.
적시성 (Timeliness)	가치 있는 정보는 정보사용자의 필요시기에 알맞게 제공되어야 한다. 아무리 정확하고 완전하게 작성된 정보라 할지라도 적당한 시기에 적절히 이용되지 못한다면 가치가 없다.

2] 일반적 특성

변화성	㉠ 사용자에 따른 중요도의 차이 　정보는 선별적 가치를 지니고 있기에, 동일한 정보라도 사용자(상·하위 계층)에 따라 달라진다. ㉡ 시간에 따른 가치의 체감 　정보는 일반지식보다 변화가 심하므로, 변화되는 정황을 추적·분석하고 계속적으로 보완해야 한다.

다양성	정보는 제 학문의 이론과 실제가 다양하게 종합적으로 운용되어지는 종합과학기술을 동원하여 작성될 때에 그 가치가 나타난다.
독립성	배타적으로 독립된 정보가 큰 가치를 갖고 있으며 이는 비밀로 관리된다. 공개된 정보보다는 비공개된 정보가 일반적으로 더 가치를 배가하는 것이다.
무한가치성	필요한 사람이면 누구에게나 가치를 가진다.
비이전성	타인에게 이전되어도 그 가치가 그대로 남는다.

04 다음 중 정보가치의 평가기준에 대한 설명으로 가장 옳은 것은?   20년 경력/공채

① 완전성 : 정보가 당면 문제와 관련되어 있는 성질
② 정확성 : 정보가 사실과 일치되는 성질
③ 적실성 : 정보가 정책결정이 이루어지는 시점에 비추어 가장 적절한 시기에 존재하는 성질
④ 적시성 : 정보가 그 자체로 정책결정에 필요하고 가능한 모든 내용을 망라하고 있는 성질

해설 ① 적실성(관련성)
③ 적시성
④ 완전성

05 다음은 정보가치에 대한 평가 기준을 설명한 내용으로 각각 해당하는 정보의 질적 요건을 순서대로 가장 옳게 나열한 것은?   21년 경감

㉠ 정보가 사실과 일치되는 성질
㉡ 정보가 당면 문제와 관련되어 있는 성질
㉢ 생산자나 사용자의 의도에 따라 주관적으로 왜곡되면 선호 정책의 합리화 도구로 전락 될 수 있다.
㉣ 정보는 사용자가 필요한 때에 사용할 수 있도록 제공되어야 한다.

① ㉠ 정확성 ㉡ 적시성 ㉢ 객관성 ㉣ 적실성
② ㉠ 객관성 ㉡ 적실성 ㉢ 정확성 ㉣ 완전성
③ ㉠ 적시성 ㉡ 객관성 ㉢ 정확성 ㉣ 적실성
④ ㉠ 정확성 ㉡ 적실성 ㉢ 객관성 ㉣ 적시성

정답 03 ① 04 ② 05 ④

해설 ㉠ 정보가 사실과 일치되는 성질(정확성)
㉡ 정보가 당면 문제와 관련되어 있는 성질(적실성/관련성)
㉢ 생산자나 사용자의 의도에 따라 주관적으로 왜곡되면 선호 정책의 합리화 도구로 전락될 수 있다(객관성).
㉣ 정보는 사용자가 필요한 때에 사용할 수 있도록 제공되어야 한다(적시성).

06 다음은 정보의 분석형태에 따른 분류이다. 괄호 안에 들어갈 말을 바르게 배열한 것은?

19년 경력/공채

> (ㄱ) : 기본적, 서술적 또는 일반 자료적 유형의 정보
> (ㄴ) : 현실의 동적인 사항에 관한 정보
> (ㄷ) : 특정문제를 체계적이며 실증적으로 연구하여 미래에 있을 상태를 추리, 평가한 정보

① (ㄱ) 기본정보   (ㄴ) 판단정보   (ㄷ) 현용정보
② (ㄱ) 현용정보   (ㄴ) 기본정보   (ㄷ) 판단정보
③ (ㄱ) 기본정보   (ㄴ) 직접정보   (ㄷ) 적극정보
④ (ㄱ) 기본정보   (ㄴ) 현용정보   (ㄷ) 판단정보

해설 ④ 정보는 분석형태(또는 기능)에 따라 기본정보, 현용정보, 판단정보로 구분할 수 있다. 기본정보는 과거에 관한 기초자료이고, 현용정보가 현실의 동적 자료라면, 판단정보는 특정문제를 체계적이고 실증적으로 연구하여 미래에 있을 어떤 상태를 추리, 평가한 정보로서 기획정보라고도 한다.

07 정보를 다양한 기준에 따라 분류할 때 가장 옳지 않게 연결된 것은?

19년 경사

① 사용목적에 따른 분류 : 적극정보, 소극정보
② 사용수준에 따른 분류 : 전략정보, 전술정보, 방첩정보
③ 정보출처에 따른 분류 : 인간정보, 기술정보
④ 분석형태에 따른 분류 : 기본정보, 현용정보, 판단정보

해설 ③ 수집활동에 의한 분류이다. 인간정보는 인적수단을 사용하여 수집한 정보를 말한다. Human Intelligence(HUMINT)라고도 하고, 정보관이 대표적이다. 해외에 주재하면서 주재국의 정보를 수집하는 외교관인 주재관도 인간정보의 한 형태이다. 기술정보는 기술적 수단을 사용하여 수집한 정보를 말한다. Technical Intelligence(TECHINT)라고도 하고, 영상정보나 신호정보 등이 있다.
② 정확하게는 성질에 따른 분류로 전략정보, 전술정보, 방첩정보(대정보)로 구분한다. 여기서 전략과 전술정보는 적극적 성질을 띠는 정보이고, 방첩정보는 소극적(방어적) 성질을 띠는 정보이다. 그리고 사용수준에 따라 국가정보(전략)과 부문정보(전술)로 구분할 수 있다.

08 정보의 분류에 대한 연결로 가장 옳지 않은 것은? 23년 경찰간부

① 사용수준에 따른 분류 – 적극정보, 소극정보
② 경찰업무에 따른 분류 – 보안정보, 범죄정보, 외사정보, 일반정보
③ 입수형태에 따른 분류 – 직접정보, 간접정보
④ 수집활동에 따른 분류 – 인간정보, 기술정보

해설 ① 사용수준에 따른 분류는 전략정보(국가가 사용주체)와 전술정보(각 부처가 사용주체)로 구분한다. 적극정보와 소극정보(보안정보)는 사용목적이나 대상에 따른 분류이다.

09 다음 중 정보의 효용성을 평가할 수 있는 요소에 대한 설명으로 가장 옳지 않은 것은? 21년 경사

① 통제효용 : 정보가 필요한 사람들에게 필요한 만큼 제공될 수 있게 통제되어야 한다.
② 소유효용 : 정보사용자가 정보에 쉽게 접근할 수 있을 때 정보의 효용성이 높아진다.
③ 형식효용 : 정보형태가 의사결정의 요구사항에 밀접하게 부합시 정보의 효용이 높아진다.
④ 시간효용 : 정보는 정보를 필요로 하는 시점에 제공되어야 정보의 효용이 높아진다.

해설 ② 접근효용에 대한 설명이다. 소유효용은 누적 효과성을 말한다(정보는 국력이다).

10 다음 중 정보의 효용성에 대한 설명으로 가장 옳게 연결된 것은? 18년 경사

① 형식효용 : 고위정책결정자의 경우 정보는 비교적 상세하고 구체적일 필요가 있다.
② 통제효용 : '정보는 국력이다'라는 표현은 정보의 통제효용과 관련이 있다.
③ 접근효용 : 정보형태가 의사결정의 요구사항과 보다 밀접하게 부합될 때 정보의 효용은 높아진다.
④ 소유효용 : 정보는 가능한 많으면 많을수록 효과가 커지게 된다.

해설 ① 형식효용과 관련하여 낮은 수준의 정책결정자의 경우 정보는 비교적 상세하고 구체적일 필요가 있고(전술정보), 고위정책결정자는 중요한 요소만 축약해 놓은 형태(1면주의)가 바람직하다(전략정보).
② 통제효용은 알 사람만 알아야 하는 원칙 또는 차단의 원칙을 말한다. '정보는 국력이다'라는 표현은 정보의 소유효용과 관련이 있다.
③ 접근효용이란 정보사용자가 쉽게 접근할 수 있어야 한다는 기준을 말한다. 정보형태가 의사결정의 요구사항과 보다 밀접하게 부합될 때 정보의 효용은 높아진다는 기준은 형식효용에 대한 내용이다.
그리고 시간효용이 있다. 정보는 정보사용자가 정보를 필요로 하는 시점에 제공될 때 특히, 시간효용이 높다(적시성).

정답 06 ④ 07 ③ 08 ① 09 ② 10 ④

11 다음 중 정보의 정확성을 평가할 때의 그 기준이 되는 시점으로 가장 옳은 것은?

18년 경사

① 정보사용자의 사용 시점
② 정보가 생산되는 시점
③ 정보요구자의 요구 시점
④ 첩보수집자의 수집 시점

> 해설 ② 정보의 정확성 평가의 시기는 일단 정보가 생산되는 시점이라고 할 수 있다. 물론 시간이 경과함에 따라 가치는 체감한다. ①정보의 적시성과 관련이 있다. 정보의 적시성은 정보사용자의 사용 시점에서 강조된다.

12 다음 정보용어 중 확률이 가장 높은 것부터 낮은 순으로 가장 바르게 배열한 것은?

18년 경위

① 판단 – 전망 – 예상 – 추정 – 우려
② 판단 – 전망 – 예상 – 우려 – 추정
③ 판단 – 예상 – 전망 – 추정 – 우려
④ 판단 – 예상 – 전망 – 우려 – 추정

> 해설 ① 판단됨 : 어떤 징후가 나타나거나 상황이 전개될 것이 거의 확실시되는 근거가 있는 경우
> ② 예상됨 : 첩보 등을 분석한 결과 단기적으로 어떤 상황이 전개될 것이 비교적 확실한 경우
> ③ 전망됨 : 과거의 움직임이나 현재동향, 미래의 계획 등으로 미루어 장기적으로 활동의 윤곽이 어떠하리라는 예측을 할 경우
> ④ 추정됨 : 구체적인 근거없이 현재 나타난 동향의 원인이나 배경 등을 다소 막연히 추측할 경우
> ⑤ 우려됨 : 구체적인 징후는 없으나 전혀 그 가능성을 배제하기 곤란하여 최소한의 대비가 필요한 때

13 다음은 견문수집 및 처리 시 '판단'을 나타내는 용어이다. 다음 중 가장 옳게 짝지어진 것은?

21년 경위

> ㉠ 장기적으로 활동의 윤곽이 어떠하리라는 예측을 한 경우
> ㉡ 상황전개가 거의 확실시 될 때
> ㉢ 구체적인 근거는 없이 현재 나타난 상황의 배경 등을 다소 막연히 추측할 때
> ㉣ 구체적인 징후는 없으나 전혀 그 가능성을 배제하기 곤란하여 최소한의 대비가 필요할 때

① ㉠ 전망됨 ㉡ 판단됨 ㉢ 추정됨 ㉣ 우려됨
② ㉠ 예상됨 ㉡ 판단됨 ㉢ 추정됨 ㉣ 우려됨
③ ㉠ 전망됨 ㉡ 우려됨 ㉢ 추정됨 ㉣ 판단됨
④ ㉠ 예상됨 ㉡ 판단됨 ㉢ 우려됨 ㉣ 추정됨

> **해설** ② 판단됨 〉예상됨(단기적으로 어떤 상황이 전개될 것이 비교적 확실한 경우) 〉전망됨 〉추정됨 〉우려됨의 순으로 확실성이 떨어진다고 볼 수 있다.

제2절 정보의 산출과정

01 정보의 요구단계에서 이루어지는 소순환과정으로 가장 옳은 순서대로 연결된 것은?

19년 경사

① 정보의 요구 – 첩보의 수집 – 정보의 생산 – 정보의 배포
② 첩보의 기본요소 결정 – 첩보수집계획서의 작성 – 명령하달 – 수집활동에 대한 조정·감독
③ 첩보수집계획서의 작성 – 첩보의 기본요소 결정 – 수집활동에 대한 조정·감독 – 명령하달
④ 첩보의 기본요소 결정 – 첩보수집계획서의 작성 – 수집활동에 대한 조정·감독 – 명령하달

> **해설** ② 정보요구단계에서의 소순환과정은 ㈎첩보의 기본요소 결정 → ㈏첩보수집계획서의 작성 → ㈐명령하달 → ㈑수집활동에 대한 조정·감독(사후검토)의 과정을 거친다. 그리고 명령하달은 상황에 맞게 서면 또는 구두로 행할 수 있다.

정답 11 ② 12 ③ 13 ① 01 ②

02 다음 중 정보의 요구단계에서 이루어지는 소순환 과정으로 가장 옳게 연결된 것은?

22년 해경학과

① 정보의 요구 – 첩보의 수집 – 정보의 생산 – 정보의 배포
② 첩보의 기본요소 결정 – 첩보수집계획서의 작성 – 명령하달 – 수집활동에 대한 조정·감독
③ 첩보수집계획서의 작성 – 첩보의 기본요소 결정 – 수집활동에 대한 조정·감독 – 명령하달
④ 첩보의 기본요소 결정 – 첩보수집계획서의 작성 – 수집활동에 대한 조정·감독 – 명령하달

해설 ② 정보요구의 소순환과정은 ㉠첩보의 기본요소 결정 – ㉡첩보수집계획서의 작성 – ㉢명령하달 – ㉣수집활동에 대한 조정·감독(사후검토)의 순서를 거친다.

03 다음 중 정보의 순환과정을 순서대로 4단계로 분류할 때 가장 옳은 것은? 23년 해경학과

① 정보의 요구–첩보의 수집–정보의 생산–정보의 배포
② 첩보의 요구–정보의 수집–정보의 생산–정보의 배포
③ 정보의 요구–첩보의 수집–정보의 생산–첩보의 배포
④ 첩보의 요구–첩보의 수집–정보의 생산–정보의 배포

해설 ① 정보의 순환은 ㉠정보의 요구 – ㉡첩보의 수집 – ㉢정보의 생산 – ㉣정보의 배포 과정을 거친다. 여기서 주의할 것은 정보와 첩보의 개념은 구별되는 개념으로 구분하여 분류해야 한다.

04 다음은 정보요구방법이다. 가장 올바르게 짝지어진 것은? 19년 공채/특채 3차

① PNIO : 각 정보부서에서 맡고 있는 정책을 수행함에 있어 필요한 일반적·포괄적 정보로서 계속적이고 반복적으로 수집해야 할 필요가 있는 경우
② EEI : 급변하는 정세의 변화에 따라 불가피하게 정책상 수정이 필요하거나 또는 이를 위한 자료가 절실히 요구될 때 필요한 경우
③ SRI : 어떤 수시적 돌발상황의 해결에 필요한 한도내에서 임시적·단편적·지역적인 특수사건을 단기에 해결하기 위하여 필요한 경우
④ OIR ; 국가안전보장이나 정책에 관련되는 국가정보목표의 우선순위로서 정부에서 기획된 연간 기본정책을 수행함에 있어 필요로 하는 자료들을 목표로 하여 선정하는 경우

> **해설** ① EEI(첩보의 기본요소)
> ② OIR(기타정보요구)
> ③ SRI(특정정보요구)
> ④ PNIO(국가정보목표 우선순위)

05 다음 중 정보요구의 방법에 관한 설명으로 가장 옳지 않은 것은? 21년 3차

① PNIO(국가정보목표우선순위)는 국가정책의 수립자와 수행자의 질문에 대한 응답을 위하여 선정된 우선적인 정보목표일 뿐만 아니라 국가의 전 정보기관 활동의 기본방침이기도 하다.
② OIR(기타정보요구)은 일반적으로 PNIO에 포함 되어 있지 않거나 포함되어 있더라도 그 우선 순위가 늦게 책정되어 있기 때문에 OIR로 책정되는 정보는 PNIO에 우선하여 작성한다.
③ EEI(첩보기본요소)는 정부의 각 부서에서 맡고 있는 정책계획을 수행함에 있어 우선적으로 필요로 하는 첩보요소를 말한다.
④ SRI(특별첩보요구)는 급변하는 정세의 변화에 따라 불가피하게 정책상 수정이 요구되거나 이를 위한 자료가 절실히 요구될 때 PNIO에 우선하여 이를 충족시키기 위한 정보요구를 말한다.

> **해설** ④는 기타정보요구(OIR)에 대한 내용이다. SRI(특별첩보요구)는 수시적 돌발상황에 해결에 필요한 한도 내에서 임시적·단편적·지역적인 특수사건을 단기간에 해결하기 위하여 필요한 경우에 요구되는 첩보를 말한다. ② 긴급성의 우선순위는 OIR, SRI, EEI, PNIO이고, 중요도(정보활동)의 우선순위는 PNIO, EEI, SRI, OIR이다.

06 다음에서 설명하는 정보요구 방법은 무엇에 가장 해당하는 가? 21년 경사

> 최근 인천수협에서 설 명절을 앞두고 수산물이 폭등하고 있어 이에 중부지방해양경찰청에서는 인천해양경찰서에 어업종사자 여론, 수산물 폭등 원인 등의 첩보를 요구하였다.

① 국가정보목표우선순위
② 기타정보요구
③ 첩보기본요소
④ 특별첩보요구

정답 02 ② 03 ① 04 ③ 05 ④ 06 ④

해설 ④ 위 〈보기〉에 가장 가까운 첩보(정보)요구방법은 특별첩보요구이다. SRI(특별첩보요구)는 수시적 돌발상황에 해결에 필요한 한도 내에서 임시적 · 단편적 · 지역적인 특수사건을 단기간에 해결하기 위하여 필요한 경우에 요구되는 첩보를 말한다.

07 다음 중 특별첩보요구(SRI)에 대한 설명으로 가장 옳지 않은 것은? 21년 경찰간부

① 어떤 수시적 돌발상황 해결에 필요한 한도 내에서 임시적 · 단편적 · 지역적인 특수사건을 단기간에 해결하기 위하여 필요한 경우 요구되는 첩보를 말한다.
② 서면이 아닌 구두로 요구하는 경우가 많다.
③ 첩보의 수집에 대한 지침은 사안과 대상에 따라 다르며, 비교적 구체성 · 전문성이 요구된다. ④ 사전에 반드시 첩보수집계획서를 작성하여야 한다.

해설 ④ SRI는 사전 수집계획서는 불필요, EEI는 사전에 반드시 첩보수집요구계획서를 작성(요구형식으로는 서면이 원칙)한다.
1] SRI의 특징
㉠ 임시적/돌발적이며 지역적인 특수사항에 대한 단기적 문제해결을 위한 첩보요구
㉡ 수시로 단편적 사항에 대하여 명령되는 것이 원칙
㉢ 첩보수집지침은 사안과 대상에 따라 상이(相異)하며, 비교적 구체성 · 전문성이 요구
㉣ 사전 수집계획서는 불필요
㉤ 요구형식이 구두로 하는 경우가 많음
㉥ 통상 정보기관의 활동은 주로 SRI에 의함
2] EEI의 특징
㉠ 첩보의 기본요소(첩보수집요구의 기본적 지침)
㉡ 국가지도자 또는 정책수립자가 임무를 효과적으로 수행하기 위하여 우선적으로 필요로 하는 정보요구사항
㉢ 계속적/반복적으로 요구되는 첩보
㉣ 광범위한 지역에 걸쳐 수집되어야 할 요구사항
㉤ 사전에 반드시 첩보수집요구계획서를 작성(요구형식으로는 서면이 원칙)

08 다음 〈보기〉의 정보요구 방법으로 가장 옳은 것은? 23년 경찰간부

㉠ 정보관들이 일상적으로 정보를 수집하는 가장 기본적인 사항
㉡ 정보요구 소순환 과정에서 첩보수집계획서를 작성하여 정보수집을 명함
㉢ 계속 · 반복적으로 수집할 사항
㉣ 광범위한 지역에서 수집되는 항시적 요구사항

① 첩보기본요소(EEI)
② 국가정보목표우선순위(PNIO)
③ 특별첩보요구(SRI)
④ 기타정보요구(OIR)

정보요구 방법		
	PNIO	① 국가정보목표 우선순위(Priority National Intelligence Objective) ② 국가안전보장이나 정책에 관련되는 국가정보목표물의 우선순위로서 국가의 전(全) 정보기관 활동의 기본방침
	EEI	① 첩보의 기본요소(Essential Elements of Information) ② EEI는 긴급상황과 관계없이 어느 정도 지속적이고 장기적으로 수집을 지시하는 요구사항
	SRI	① 특별(특정)첩보요구(Special Requirements for Information) ② 수시적 돌발상황의 해결에 필요한 한도 내에서 임시적·단편적·지역적인 특수사건을 단기에 해결하기 위하여 필요한 경우에 요구되는 첩보 ③ 일상적으로 경찰업무에서 활용되는 정보요구는 주로 SRI(수시로 단편적인 사안에 대해 그때 그때마다 구두로 정보요구를 하기 때문)
	OIR	① 기타정보요구(Other Intelligence Requirement) ② 급변하는 정세의 변화에 따라 불가피하게 정책상 수정이 요구되거나 이를 위한 자료가 절실히 요구될 때 PNIO에 우선하여 이를 충족시키기 위한 정보목표

① 긴급성의 우선순위는 OIR, SRI, EEI, PNIO 이다.
② 중요도(정보활동)의 우선순위를 따지면, PNIO, EEI, SRI, OIR 이다.
③ PNIO는 국가의 1년간 기본정보 운영지침이고, 국가 전 정보기관활동의 기본방침이 되는 것으로 국가정보원에서 작성한다. 이는 경찰이 정보활동계획을 수립할 때 가장 중요한 지침이 된다.
④ EEI는 PNIO를 지침으로 작성되고, 해당 부서의 정보활동을 위한 일반지침이 된다.

EEI의 특징	SRI의 특징
㉠ 첩보의 기본요소(첩보수집요구의 기본적 지침) ㉡ 국가지도자 또는 정책수립자가 임무를 효과적으로 수행하기 위하여 우선적으로 필요로 하는 정보요구사항 ㉢ 계속적·반복적으로 요구되는 첩보 ㉣ 광범위한 지역에 걸쳐 수집되어야 할 요구사항 ㉤ 사전에 반드시 첩보수집요구계획서를 작성(요구형식으로는 서면이 원칙)	㉠ 임시적·돌발적이며 지역적인 특수사항에 대한 단기적 문제해결을 위한 첩보요구 ㉡ 수시로 단편적 사항에 대하여 명령되는 것이 원칙 ㉢ 첩보수집지침은 사안과 대상에 따라 상이(相異)하며, 비교적 구체성·전문성이 요구 ㉣ 사전 수집계획서는 불필요 ㉤ 요구형식이 구두로 하는 경우가 많음 ㉥ 통상 정보기관의 활동은 주로 SRI에 의함

정답 07 ④ 08 ①

09 다음은 정보생산단계의 소순환과정에 대한 설명이다. 그 순서를 가장 바르게 나열한 것은?
18년 경사

> (가) 첩보의 출처 및 내용에 관해 신뢰성과 사실성, 즉 타당성을 판정하는 과정이다.
> (나) 부여된 주제에 대한 정보를 생산하기 위해 동종의 것끼리 분류된 사실을 하나의 통일체로 결합하는 과정이다.
> (다) 평가, 분석, 종합된 생정보에 대해서 그 의미와 중요성을 결정하여 건전한 결론도출을 가능하게 하는 과정이다.
> (라) 수집된 첩보 중 불필요한 첩보를 골라내고 긴급성, 유효성 등을 기준으로 필요한 것들을 걸러내는 초기적 평가과정이다.
> (마) 평가단계에서 정선된 첩보를 가지고 정보요구를 해결하기 위한 가설들을 논리적으로 검증하는 일련의 과정이다.

① (라) → (가) → (마) → (나) → (다)
② (나) → (라) → (마) → (가) → (다)
③ (라) → (마) → (가) → (다) → (나)
④ (가) → (나) → (다) → (라) → (마)

해설 정보는 일반적으로 정보요구-첩보수집-정보생산-정보배포의 순으로 산출된다. 그리고 정보요구는 첩보의 기본요소의 결정-첩보수집계획서의 작성-명령하달-사후검토의 순으로 이루어진다. ① 정보생산의 소순환과정은 ㉠첩보의 선택 〉 ㉡첩보의 기록 〉 ㉢첩보의 평가 〉 ㉣첩보의 분석 〉 ㉤첩보의 종합 〉 ㉥첩보의 해석단계를 거친다.

10 다음 정보배포의 원칙에 대한 설명으로 옳지 않은 것은 모두 몇 개인가?
19년 경사

> ㉠ 필요성 : 정확하고 완전한 정보라 할지라도 배포과정에서 지연되어 사용 시기를 놓치거나 너무 일찍 전달되면 정보의 가치는 상실된다.
> ㉡ 적시성 : 정보는 소요시기와 목적에 따라 분류되며, 먼저 생산된 정보를 우선적으로 배포하여야 한다.
> ㉢ 적당성 : 배포기관은 누가 어떤 정보를 언제, 어떻게 사용할 것인가를 파악하고 있어야 한다.
> ㉣ 보안성 : 정보는 사용자의 능력과 상황에 맞추어서 적당한 양을 조절하여 필요한 만큼만 적절한 전파수단을 통해 전달되어야 한다.
> ㉤ 계속성 : 이전의 정보와 비교하여 변동이 없으면 이전의 정보를 사용한 자에게 변동이 없다는 것을 알릴 필요는 없다.

① 2개 ② 3개
③ 4개 ④ 5개

> **해설** [X] ㉠㉡㉢㉣㉤ 모두 적절하지 않다.
> ㉠ 적시성 : 정확하고 완전한 정보라 할지라도 배포과정에서 지연되어 사용 시기를 놓치거나 너무 일찍 전달되면 정보의 가치는 상실된다.
> ㉡ 정보는 적시성이 생명이다. 적시에 필요한 대상에게 배포되어야 한다.
> ㉢ 필요성 : 배포기관은 누가 어떤 정보를 언제, 어떻게 사용할 것인가를 파악하고 있어야 한다. 필요성의 원칙은 알아야 할 필요가 있는 대상자에게는 알려야 하고, 알 필요가 없는 대상자에게는 알려서는 안된다는 원칙, 차단의 원칙
> ㉣ 적당성 : 정보는 사용자의 능력과 상황에 맞추어서 적당한 양을 조절하여 필요한 만큼만 적절한 전파수단을 통해 전달되어야 한다.
> ㉤ 계속성 : 그 주제와 관련된 변동, 새로운 정보는 그 기관에 계속 배포를 해 주어야 한다.
> 참고로, 보안성은 누설됨으로써 초래될 결과를 예방하기 위해 보안대책을 강구한다는 의미이고, 예를 들면 비밀등급을 만들어 꼭 필요한 인가자에게만 배포함으로써 알고 있는 사람의 수를 줄이는 것이다.

11 다음 중 배포수단에 대한 설명으로 가장 옳지 않은 것은? 21년 경사

① 일일 정보보고서는 매일 정치, 경제, 사회 등 제반 정세의 변화를 중점적으로 망라한 보고서이다.
② 브리핑은 통상 강연식이나 문답식으로 진행되며, 시간을 절약할 수 있어 현용정보의 배포수단으로 많이 이용된다.
③ 문자메시지는 단순 보고에 활용하는 방식으로 최근 활용도가 높은 정보배포 수단이다.
④ 메모는 분석된 내용에 대한 요약이나 결론만을 언급하지만, 정확성 또한 다른 수단에 비해 높다.

> **해설** ④ 메모는 특히 긴급한 경우 내용을 요약하여 기록을 전달하는 방법이다. 메모는 분석된 내용에 대한 요약이나 결론만을 언급하므로, 정확성은 그다지 높지 않다고 보아야 한다.

12 다음 보기는 정보의 배포수단에 관한 내용이다. 가장 바르게 짝지어진 것은? 21년 1차

> (ㄱ) 정보사용자가 공식회의나 행사 등에 참석하고 있어 물리적 접촉이 용이하지 않거나 사실확인 차원의 단순보고에 주로 활용된다.
> (ㄴ) 정보사용자 또는 다수 인원에게 신속히 전달하는 경우에 이용되는 방법으로 강연식이나 문답식으로 진행되며, 현용정보의 배포수단으로 많이 이용된다.
> (ㄷ) 정보분석관이 가장 많이 활용하는 방법으로 정기간행물에 포함시키는 것이 적절하지 못한 긴급한 정보를 전달하는 데 주로 사용되며, 신속성이 중요하다.
> (ㄹ) 매일 24시간에 걸친 경제·사회·문화 등 제반 정세의 변화를 중점적으로 망라한 보고서로 사전에 고안된 양식에 의해 매일 작성되며, 제한된 범위에서 배포한다.

① (ㄱ) 휴대폰 문자메시지, (ㄴ) 브리핑, (ㄷ) 메모, (ㄹ) 특별보고서
② (ㄱ) 메모, (ㄴ) 전화, (ㄷ) 휴대폰문자메시지, (ㄹ) 특별보고서
③ (ㄱ) 메모, (ㄴ) 전화, (ㄷ) 휴대폰문자메시지, (ㄹ) 일일정보 보고서
④ (ㄱ) 휴대폰 문자메시지, (ㄴ) 브리핑, (ㄷ) 메모, (ㄹ) 일일정보보고서

해설

비공식적 방법 (구두)	통상 개인적 대화의 형식으로 이루어지며, 특수질문에 대한 답변·복잡한 문제에 대한 광범위한 토의형태로 이루어질 수 있고, 구두에 의한 방법이 보안성이 가장 좋다.
브리핑	정보사용자 또는 다수 인원에 대하여 개인이 정보내용을 요약하여 구두로 설명하는 것(현용정보)
메모	긴급한 경우에 내용을 요약하여 기록을 전달하는 방법으로 신속성이 생명(현용정보)
일일정보보고서	매일 24시간에 걸친 제반 정세의 변화를 중점적으로 망라한 보고서(현용정보)
정기간행물	- 광범위한 배포를 위하여 주/월간 등으로 발행, 방대한 정보를 수록 - 최근에 중요한 진행상황을 주/월간 등으로 발행 및 배포
특별보고서	누적된 정보가 다수의 사람이나 기관에게 이해관계가 있거나 가치가 있을 때 사용
지정된 연구과제보고서	어떤 기관 또는 사용자가 요청한 문제에 대하여 정보를 작성하고 배포
서적	정보가 다수인의 참고나 교범을 위하여 요구될 때 이용
연구참고용 보고서	정보사용자에게는 배포되지 않고 분석관 상호 간의 연구를 돕기 위하여 작성되고 배포
도표 및 사진	내용을 쉽게 이해하는데 효과적이며 통상 타 수단의 설명을 보충하거나 요약하기 위하여 이용
필름	반복하여 계속적인 전달이 요구되는 경우 이용되며, 특히 교육적 전달 방법으로 이용
전화(전신)	긴급을 요하는 경우 1차적으로 전달하는 방법이며, 보안유지가 특히 요구되는 방법
문자메세지	정보사용자가 공식회의나 행사 등에 참석하여 물리적인 접촉이 용이하지 않은 경우나 사실확인 차 원의 단순보고에 활용하는 방식, 때로는 일시에 다수를 대상으로 배포하는 데 활용

13 다음 <보기> 중 정보배포의 원칙과 수단에 대한 설명으로 옳은 것은 모두 몇 개인가?

22년 경찰간부

> ㉠ 정보배포란 정보를 필요로 하는 개인이나 기관에게 적합한 형태를 갖추어 필요로 하는 시기에 제공하는 과정을 말한다.
> ㉡ 정보가 필요한 기관에 배포되었다면 그 주제와 관련된 새로운 정보는 그 기관에 계속 배포되어야 한다.
> ㉢ 정보의 배포는 정보의 순환과정 중 가장 마지막 단계이다.
> ㉣ 정보는 먼저 생산된 것을 우선적으로 배포하여야 한다.
> ㉤ 특별보고서란 매일 24시간에 걸친 제반 정세(정치, 경제, 사회, 문화 등)의 변화를 중점적으로 망라한 보고서로서 사전에 고안된 양식에 따라 작성되며 신속한 전달이 필수이다.

① 1개 ② 2개
③ 3개 ④ 4개

해설 [O] ㉠㉡㉢
[X] ㉣㉤
㉣ 정보의 생명은 적시성이다. 정보는 중요하고 적시성을 띤 정보를 우선적으로 배포해야 한다.
㉤ 일일정보보고서의 내용이다. 특별보고서는 누적된 정보가 다수의 사람이나 기관에게 이해관계가 있거나 가치가 있을 때 사용되는 보고서이다.

제 3 절 정보경찰활동

01 해양경찰서 상황실장 갑(甲)은 행복호 선원 을(乙)로부터 선상 쟁의행위 신고를 접수하였다. 당시 상황실장은 동 신고사항에 대하여, 「선원법」상 쟁의행위가 제한되지 않는 사항으로 판단하였다. 다음 중 선원근로관계에 관한 쟁의행위가 가능한 경우로 가장 옳은 것은?

19년 경장

① 선박이 외국항에 있는 경우
② 여객선이 승객을 태우고 정박 중인 경우
③ 항구를 출·입항할 때 선장이 선박의 조종을 지휘하여 항해 중인 경우
④ 위험물 운송을 전용으로 하는 선박이 항행 중인 경우로서 위험물의 종류별로 해양수산부령이 정하는 경우

> **해설** 「선원법」상 선원은 아래에 해당하는 경우에는 선원근로관계에 관한 쟁의행위를 하여서는 아니 된다(제25조).
> ① 선박이 외국 항에 있는 경우
> ② 여객선이 승객을 태우고 항해 중인 경우
> ③ 위험물 운송을 전용으로 하는 선박이 항해 중인 경우로서 위험물의 종류별로 해양수산부령으로 정하는 경우
> ④ 선장 등이 선박의 조종을 지휘하여 항해 중인 경우
> ⑤ 어선이 어장에서 어구를 내릴 때부터 냉동처리 등을 마칠 때까지의 일련의 어획작업 중인 경우
> ⑥ 그 밖에 선원근로관계에 관한 쟁의행위로 인명이나 선박의 안전에 현저한 위해를 줄 우려가 있는 경우

Chapter 04 해양경찰 보안론

제 1 절 보안경찰활동

01 다음 중 방첩활동에 대한 설명으로 가장 옳지 않은 것은? 22년 경찰간부

① 방첩의 기본원칙으로 완전협조의 원칙, 치밀의 원칙, 계속접촉의 원칙을 들 수 있다.
② 계속접촉의 유지는 탐지, 판명, 주시, 이용, 타진(검거)의 단계이다.
③ 방첩기관이 간첩을 발견했다고 해서 즉시 검거해서는 안 되며, 조직망 전체를 파악할 때까지 계속해서 유형·무형의 접촉을 해야 한다.
④ 방첩의 수단 중 적극적 수단으로 허위정보 유포, 양동간계시위, 유언비어 유포 등을 들 수 있다.

> 해설 ④ 방첩의 수단 중 기만적 수단으로 허위정보 유포, 양동간계시위, 유언비어 유포 등을 들 수 있다.

02 다음 방첩수단 중 소극적 방첩수단에 해당하는 내용을 모두 고른 것으로 가장 옳은 것은? 19년 경위

> ㉠ 첩보공작분석
> ㉡ 정보·자재보안의 확립
> ㉢ 허위정보 유포
> ㉣ 보안업무 규정화
> ㉤ 대상인물 감시
> ㉥ 양동간계시위

① ㉠, ㉣
② ㉡, ㉣
③ ㉡, ㉤
④ ㉢, ㉥

정답 01 ② 01 ④ 02 ②

제4장 해양경찰 보안론 313

해설 ㉠㉤적극적 방첩수단, ㉢㉥기만적 방첩수단

1] 적극적 방첩수단
   침투되어 있는 적 및 적의 공작망을 분쇄하기 위하여 취하는 공격적인 수단으로서 대간첩행위·대태업행위·대전복행위 등을 들 수 있다. 현실적으로 취하여지는 조치는 다음과 같다.
   1) 적에 대한 첩보수집
   2) 대상인물감시
   3) 적의 공작방향과 수단방법을 파악하기 위한 적의 첩보공작분석
   4) 대상단체 및 지역의 정황탐지 및 증거수집을 위한 침투공작전개
   5) 간첩신문
   6) 간첩을 활용한 역용공작 등

2] 소극적 방첩수단
   적의 비밀공작으로부터 우리측을 보호하기 위한 자체보안의 기능을 발휘하는 방어적 조치수단으로 그 내용은 다음과 같다.
   1) 정보·자재보안의 확립(비밀사항에 대한 표시방법·보호방법을 강구)
   2) 인원보안의 확립(비밀취급인가제도의 확립)
   3) 시설보안의 확립(시설에 대한 경비, 출입자에 대한 통제)
   4) 보안업무 규정화(정보·자재보안, 인원·시설보안 등 소극적 방첩수단을 통일성 있게 통제할 수 있는 가장 효과적인 방법)
   5) 방첩업무와 관련되는 제법령의 수정 및 개정사항 등 입법사항 건의

3] 기만적 방첩수단
   적극적·소극적 방첩수단이 철저하여 보안조치가 잘되어 있다하더라도 비밀이 적에게 하나도 누설되지 않았다고 자신할 수 없는 것이다. 따라서 비밀이 적에게 노출되어 있는 상황 하에서 우리가 기도한 바를 적이 오인판단하도록 방해하는 조치가 필요하다. 이것을 기만적 방첩수단이라 하며, 기만적 방첩수단은 다른 수단과는 달리 고도의 기술과 계획이 요구되는 방첩활동이며, 심리전의 중요한 수단이 된다.
   1) **허위정보의 유포**(사실을 허위날조하여 우리가 기도하고 있는 바를 적이 오인토록 하는 허위정보의 유포기술)
   2) **양동간계시위**(거짓행동을 적에게 시위함으로써 우리가 기도한 바를 적이 오인판단케 하는 방법)
   3) **유언비어 유포**(유언비어를 유포하여 적이 오인토록 하는 방법으로써 유언비어는 구두로 퍼져 나가는 전혀 확실성과 출처가 불분명한 풍설)

03 다음 방첩수단 중 적극적 방첩에 해당하는 것을 모두 고르시오. 19년 공채/특채 3차

| ㉠ 시설보안의 확립 | ㉡ 보안업무 규정화 | ㉢ 적에 대한 첩보수집 |
| ㉣ 대상인물 감시 | ㉤ 적의 첩보공작분석 | ㉥ 정보 및 자재보안의 확립 |

① ㉠㉡㉢   ② ㉠㉡㉥
③ ㉢㉤㉥   ④ ㉢㉣㉤

해설 1] ㉢㉣㉤ 적극적 방첩수단(이외에 역용공작, 간첩신문, 침투공작전개)
     2] ㉠㉡㉥ 소극적 방첩수단(이외에 인원보안확립, 방첩업무와 관련된 입법사항의 건의)
     3] 기만적 방첩수단(허위정보유포, 유언비어유포, 양동간계시위)

04 다음 중 방첩활동과 관련된 설명으로 가장 옳지 않은 것은? 18년 경사

① 간첩, 태업, 전복 등의 국가위해 행위로부터 국가안전을 보장하기 위한 활동이다.
② 방첩공작, 첩보수집과 같은 소극적 방첩활동과 인원·시설보안과 같은 적극적 방첩활동이 종합적으로 요구된다.
③ 헌법상의 자유민주적 기본질서의 보장은 방첩활동의 근거가 될 수 있다.
④ 「경찰관직무집행법」은 방첩활동의 직·간접적인 관련규정으로 볼 수 있다.

> **해설** ② 방첩의 수단은 크게 적극적 수단, 소극적 수단, 기만적 수단으로 나눌 수 있다. 방첩공작, 첩보수집, 대상인물감시, 간첩신문 등은 적극적 방첩수단에 해당된다. 소극적 방첩수단은 정보 및 자재보안확립, 인원보안확립, 보안업무의 규정화 등이 해당된다. 기만은 방첩수단은 허위정보유포, 양동간계시위, 유언비어유포 등이 있다.

05 다음은 간첩의 임무유형별로 연결한 것이다. 연결이 틀린 것은? 18년 경위

① 일반간첩 – 기밀탐지·수집 등 가장 전형적인 형태
② 보급간첩 – 간첩을 침투시키거나 이미 침투한 간첩에게 필요한 활동자재를 보급·지원하는 간첩
③ 무장간첩 – 요인암살, 남파간첩의 호송, 월북안내, 연락 및 남파루트 개척
④ 동원간첩 – 이미 구성된 간첩망의 보강을 위해 파견되는 간첩, 또는 간첩으로 이용할 양민 등의 납치·월북 등을 주된 임무로 하는 간첩

> **해설** 위는 간첩의 임무(사명)에 따른 분류이다. ④은 증원간첩에 대한 내용이다. 그리고 활동방법에 따라 고정간첩, 배회간첩, 공행간첩(합법적 신분)으로 분류하고, 활동범위에 따라 대량형 간첩(주로 전시)과 지명형 간첩(평시 또는 전시)으로 구분한다.

06 다음은 간첩의 유형과 설명을 연결한 것으로 가장 옳지 않은 것은? 19년 경사

① 배회간첩 – 연락 및 남파루트를 개척하고 부차적으로 휴전선 일대의 군사정보 수집을 사명으로 하는 간첩
② 증원간첩 – 간첩으로 이용할 양민 등의 납치, 월북 등을 주된 임무로 하는 간첩
③ 공행간첩 – 합법적인 신분을 갖고 상대국에 대한 각종 정보를 수집하는 간첩
④ 보급간첩 – 간첩을 침투시키거나 이미 침투한 간첩에게 필요한 활동자재를 보급·지원하는 간첩

정답 03 ④ 04 ② 05 ④ 06 ①

해설 ① 무장간첩에 가깝다. 무장간첩은 요인암살, 남파간첩의 호송, 월북안내, 연락 및 남파루트 개척 등을 임무로 한다. 간첩은 ㈀활동범위에 따라 대량형 간첩(보통 전쟁시 파견)과 지명형 간첩(보통 평상시), ㈁사명(임무)에 따라 일반간첩(기밀탐지나 수집 등 가장 전형적인 형태), 보급간첩, 증원간첩, 무장간첩(요인암살, 일반간첩의 호송을 주된 임무)로 구분한다. 그리고 ㈂활동방법에 따라 ㈎고정간첩(일정지역 내에서 영구적으로 간첩임무를 부여받고 활동, 일정한 공작기간이 없고 합법적으로 보장된 신분이나 보장될 수 있는 조건을 구비), ㈏배회간첩(합법적 신분을 취득하면 고정간첩으로 변할 수 있음), ㈐공행간첩(다른 나라에 공용의 명목 하에 입국하여 외교관이나 상사주재원 등 합법적인 신분을 갖고 이를 기회로 상대국에 대한 각종 정보를 수집)으로 구분된다.

07 다음 중 방첩활동에 대한 설명으로 가장 옳지 않은 것은? 21년 경찰간부

① 간첩은 활동범위(임무)에 따라 고정간첩, 배회간첩, 공행간첩으로 구분된다.
② 태업이란 특정국가의 방위력 또는 전쟁수행능력을 약화시키기 위하여 행해지는 직접·간접의 모든 손상 및 파괴행위를 의미한다.
③ 공작원이란 비밀조직의 최선단에서 철저한 가장과 통제하에 공작목표에 접근 및 공작관을 대신하여 비밀을 탐지하거나 기타 부여받은 공작임무를 직접 수행하는 구성원을 의미한다.
④ 간첩망의 형태 중 현재 첩보전에서 가장 많이 이용되지만, 간첩의 정체가 폭로되었을 때 외교적 문제로 국제사회에 미치는 악영향이 큰 조직 형태는 서클형이다.

해설 ① 간첩은 ㈀활동범위에 따라 대량형 간첩과 지명형 간첩으로, ㈁사명(임무)에 따라 일반간첩/보급간첩/증원간첩/무장간첩으로 구분되고, ㈂활동방법에 따라 고정간첩/배회간첩/공행간첩으로 구분한다. 비밀공작의 4대 요소는 주관자/공작목표/공작금/공작원이다. 이 중 공작원은 주공작원(공작망의 책임자)/행동공작원(실제 공작임무를 직접 수행)/지원공작원으로 나눌 수 있다.

08 다음 중 공작의 4대 요소에 해당하는 것으로 옳은 것은 모두 몇 개인가? 20년 경찰간부

| ㉠ 공작금   ㉡ 공작원   ㉢ 연락관   ㉣ 주관자 |

① 4개   ② 3개
③ 2개   ④ 1개

해설 [O] ㉠㉡㉣
[X] ㉢
비밀공작은 정보기관이 어떠한 목적 하에 주어진 목표에 대하여 계획적으로 수행하는 비밀활동을 말하고, 비밀공작의 4대 요소는 ㈎주관자(공작책임자), ㈏목표, ㈐공작원(주공작원/행동공작원/지원공작원), ㈑공작금이다. 특히 공작목표는 공작상황에 따라 결정되며, 개괄적이고 광범위한 것부터 구체적이고 특정된 것까지 있으나 진행에 따라 구체화·세분화되는 것이 통상적이다.

09 다음 보기는 심리전의 일종인 선전에 대한 설명이다. ( )안에 들어갈 내용으로 가장 옳은 것은?
                                                                                    21년 1차

> (ㄱ)(이)란 출처를 공개하고 행하는 선전을 말하고, (ㄴ)(이)란 출처를 위장하고 행하는 선전을 말하며, (ㄷ)(이)란 출처를 밝히지 않고 행하는 선전을 말한다.

① (ㄱ) : 흑색선전   (ㄴ) : 백색선전   (ㄷ) : 회색선전
② (ㄱ) : 회색선전   (ㄴ) : 흑색선전   (ㄷ) : 백색선전
③ (ㄱ) : 백색선전   (ㄴ) : 회색선전   (ㄷ) : 흑색선전
④ (ㄱ) : 백색선전   (ㄴ) : 흑색선전   (ㄷ) : 회색선전

해설 ④ 위는 선전에 대한 유형을 설명하고 있다. 이에 비하여 선동은 대중의 심리를 자극, 감정을 폭발시킴으로써 그들의 이성·판단력을 마비시켜 폭력을 유발하게 하는 심리전의 한 기술. 선전은 특정문제에 대한 이론적이 분석능력이 있는 전문가에 의하여 행해지나, 선동은 웅변·예언능력이 뛰어난 사람에 의해 행해진다.

개념	특정집단의 심리적 작용을 자극하여 감정이나 견해 등을 자기측에 유리한 방향으로 유도하기 위하여 계획적으로 특정한 주장과 지식 등을 전파하는 심리전의 기술	
유형	백색선전	• 출처를 공개하고 행하는 선전 • 국가 또는 공인된 기관이 공식적이 보도기관을 통하여 행하게 된다. • 주제의 선정과 용어사용에 제한을 받지만 신뢰도가 높다.
	흑색선전	• 출처를 위장하여 암암리에 행사하는 선전 • (구)한국민족민주전선(사회주의 지하조직)의 구국의 소리방송이 이에 해당
	회색선전	• 출처를 밝히지 않고 행하는 선전 • 적이 회색선전이라는 것을 감지하고 역선전을 하는 경우 대항이 어려움

제2절 보안수사활동

01 다음 중 「국가보안법」에 대한 설명으로 가장 옳지 않은 것은?   22년 2차
① 국가보안법은 고의범만을 처벌한다.
② 공소보류를 받은 자가 공소의 제기없이 2년을 경과한 때에는 소추할 수 없다.
③ 수사를 계속함에 상당한 이유가 있다고 인정한 때에는 사법경찰관과 검사는 각 1차에 한하여 구속기간을 연장할 수 있다.
④ 참고인으로 출석을 요구받은 자가 정당한 이유없이 2회 이상 출석요구에 불응한 때에는 관할법원 판사의 구속영장을 발부받아 구인할 수 있다.

정답 07 ① 08 ② 09 ④ 01 ③

해설 ③ 국가보안법상 최장 구속기간은 50일 이다. 사법경찰관은 1차(10일 이내), 2차(10일 이내) 그리고 검사는 1차(10일 이내), 2차(10일 이내), 3차(10일 이내)까지 가능하다.

02 다음은「국가보안법」제2조에 규정되어 있는 '반국가단체'의 정의이다. 빈칸에 들어갈 말을 순서대로 가장 옳게 나열한 것은? 19년 경사

( )를 참칭하거나 ( )를 변란할 것을 목적으로 하는 국내외의 결사 또는 집단으로서의 ( )를 갖춘 단체를 말한다.

① 정부, 국가, 집단지도체제
② 정부, 국가, 지휘통솔체제
③ 국가, 정부, 집단지도체제
④ 국가, 정부, 지휘통솔체제

해설 ②「국가보안법」제2조(정의) 이 법에서 "반국가단체"라 함은 정부를 참칭하거나 국가를 변란할 것을 목적으로 하는 국내외의 결사 또는 집단으로서 지휘통솔체제를 갖춘 단체를 말한다(제1항).

03 다음 중「국가보안법」상 반국가단체에 대한 설명으로 가장 옳은 것은? 21년 경사

① 국가보안법상 반국가단체가 성립하기 위해서는 정부참칭 또는 국가변란의 목적이 있어야 한다.
② 지휘통솔체제를 갖추지 않아도 반국가단체가 성립된다.
③ 국가변란이란 합법적인 절차에 의하지 아니하고 임의로 정부를 조직하여 진정한 정부인 양 사칭하는 것을 말한다.
④ 정부참칭이란 정부를 전복하여 새로운 정부를 조직하는 것을 말한다.

해설 ② 반국가단체는 2인 이상의 특정 다수인 사이에 단체의 내부질서를 유지하고 그 단체를 주도하기 위하여 일정한 위계 및 분담 등의 체계를 갖춘 결합체를 말한다.
③ 정부참칭의 개념. 정부참칭이라고 하기 위해서는 정부와 동일한 명칭을 사용할 필요까지는 없고 일반인이 정부로 오인할 정도이면 충분하다.
④ 국가변란의 개념. 정부를 전복하여 새로운 정부를 조직하는 것으로 전복의 대상인 정부는 행정부·입법부·사법부를 모두 포함하는 넓은 의미의 정부를 의미한다.

04 다음 중「국가보안법」제5조 제1항(자진지원죄)에 대한 설명으로 가장 옳지 않은 것은?

22년 해경학과

① "자진하여"란 구성원 또는 그 지령을 받은 자의 요구나 권유에 의하지 않고 아무런 의사의 연락없이 범행함을 의미한다.
② 반국가단체의 구성원 또는 그 지령을 받은 자를 제외한 모든 사람이 주체가 된다.
③ 자진지원죄는 목적범이므로 목적의 달성 여부는 본죄의 성부에 영향을 미친다.
④ 반국가단체나 그 구성원 또는 그 지령을 받은 자를 지원한다는 목적이 있어야 한다.

> **해설** 자진지원죄는 자진하여 행위를 인식한다는 인식 외에 반국가단체나 구성원 또는 지령을 받은 자를 지원한다는 목적이 있어야 한다. ③ 그 목적 달성여부는 본죄 성립과 아무런 관련이 없다. 이러한 목적이 없으면 본죄는 성립하지 않고 각호에 규정된 별개의 범죄가 성립될 뿐이다.

제3절 남북교류와 협력

01 「남북교류협력에 관한 법률」에 따를 때 괄호 안에 들어갈 말이 바르게 연결된 것은?

19년 경력/공채

- 남한의 주민이 북한을 방문하려면 (ㄱ)의 방문승인을 받아야 한다.
- 남한과 북한 간 거래는 (ㄴ)의 거래로 본다.
- 북한으로 물품 등을 반출하려는 자는 (ㄷ)의 승인을 받아야 한다.

① (ㄱ) 대통령   (ㄴ) 민족내부   (ㄷ) 통일부장관
② (ㄱ) 대통령   (ㄴ) 국가 간   (ㄷ) 국가정보원장
③ (ㄱ) 통일부장관 (ㄴ) 민족내부   (ㄷ) 통일부장관
④ (ㄱ) 통일부장관 (ㄴ) 국가 간   (ㄷ) 국가정보원장

> **해설** ③「남북교류협력에 관한 법률」상 남한과 북한은 통일을 지향하는 특수한 관계로 국가와 국가 간의 거래가 아니라 민족 내부의 거래관계로 본다. 그러한 의미에서 군사분계선 이북지역을 북한, 이남지역을 남한이라고 표현하고 있다. 그리고 남북한의 방문은 통일부장관의 승인, 남북한 주민접촉은 통일부장관에게 미리 신고, 물건의 반출이나 반입은 통일부장관의 승인을 받아야 한다.

정답 02 ② 03 ① 04 ③ 01 ③

주/요/규/정
1] **다른 법률과의 관계(제3조)** 남한과 북한의 왕래 · 접촉 · 교역 · 협력사업 및 통신 역무(役務)의 제공 등 남한과 북한 간의 상호 교류와 협력(남북교류 · 협력)을 목적으로 하는 행위에 관하여는 이 법률의 목적 범위에서 다른 법률에 우선하여 이 법을 적용한다.
2] **남북교류협력 추진협의회의 설치(제4조)** 남북교류 · 협력에 관한 정책을 협의 · 조정하고, 중요 사항을 심의 · 의결하기 위하여 통일부에 남북교류협력 추진협의회를 둔다.
3] **협의회의 구성(제5조)**
① 협의회는 위원장 1명을 포함한 18명 이내의 위원으로 구성한다.
② 위원장은 통일부장관이 되며, 협의회의 업무를 총괄한다.
③ 위원은 다음 각호의 어느 하나에 해당하는 사람 중에서 국무총리가 임명하거나 위촉한다. 이 경우 위원 중 3명 이상은 제2호에 해당하는 사람으로 한다.
1. 차관 또는 차관급 공무원
2. 남북교류 · 협력에 관한 전문지식과 경험을 갖춘 민간전문가
④ 위원장이 부득이한 사유로 직무를 수행할 수 없을 때에는 위원장이 미리 지정한 위원이 직무를 대행한다.
⑤ 제3항제1호에 해당하는 위원이 회의에 출석하지 못할 부득이한 사유가 있을 때에는 대통령령으로 정하는 바에 따라 그가 소속된 기관의 다른 공무원으로 하여금 회의에 대리출석하여 그의 권한을 대행하게 할 수 있다.
⑥ 협의회에는 위원장이 지명하는 간사 1명을 둔다.
4] **남북한 방문(제9조)**
① 남한의 주민이 북한을 방문하거나 북한의 주민이 남한을 방문하려면 대통령령으로 정하는 바에 따라 통일부장관의 방문승인을 받아야 하며, 통일부장관이 발급한 증명서(방문증명서)를 소지하여야 한다.
② 방문증명서는 유효기간을 정하여 북한방문증명서와 남한방문증명서로 나누어 발급하며, 다음 각호와 같이 구분한다.
1. 한 차례만 사용할 수 있는 방문증명서
2. 유효기간이 끝날 때까지 여러 차례 사용할 수 있는 방문증명서(복수방문증명서)
③ 복수방문증명서의 유효기간은 5년 이내로 하며, 5년의 범위에서 연장할 수 있다.
5] **남북한 주민접촉(제9조의2)**
① 남한의 주민이 북한의 주민과 회합 · 통신, 그 밖의 방법으로 접촉하려면 통일부장관에게 미리 신고하여야 한다. 다만, 대통령령으로 정하는 부득이한 사유에 해당하는 경우에는 접촉한 후에 신고할 수 있다.
② 방문증명서를 발급받은 사람이 그 방문 목적의 범위에서 당연히 인정되는 접촉을 하는 경우 등 대통령령으로 정하는 경우에 해당하면 제1항의 접촉신고를 한 것으로 본다.

02 다음 중 「남북교류협력에 관한 법률」상 ( )안에 들어갈 말을 순서대로 가장 옳게 연결한 것은?

21년 경감

> ㉠ 남북한 교역을 하려는 자는 (　　)으로 정하는 바에 따라 통일부장관의 승인을 받아야 한다.
> ㉡ 남북방문 시에는 (　　)의 방문승인을 받아야 한다.
> ㉢ 남한과 북한의 거래는 (　　) 거래로 본다.

① 대통령령 → 통일부장관 → 민족내부
② 국무총리령 → 국방부장관 → 국가 간
③ 대통령령 → 통일부장관 → 국가 간
④ 국무총리령 → 통일부장관 → 민족내부

해설 ㉠ 남북한 교역을 하려는 자는 대통령령으로 정하는 바에 따라 통일부장관의 승인을 받아야 한다.
㉡ 남북방문 시에는 통일부장관의 방문승인을 받아야 한다.
㉢ 남한과 북한의 거래는 국가 간의 거래가 아닌 민족내부의 거래로 본다.

정답 02 ①

Chapter 05 해양경찰 외사론

제 1 절 외사경찰 일반

01 외사경찰의 활동범위에 대한 특성으로 가장 옳지 않은 것은? 18년 경찰간부

① 외사정보 활동
② 국가적 경찰공조 활동
③ 외사보안 활동
④ 외국인보호 활동

> 해설 ④ 「해양경찰청과 그 소속기관 등 직제 시행규칙」 제8조의2(정보외사국) 제3항은 해양경찰청 외사과장의 업무로서 외사경찰업무의 기획·지도 및 조정과 외사방첩업무에 관한 사항, 외사정보의 수집·종합·분석·작성 및 배포, 국제형사경찰기구에 관한 사항, 국제사법공조업무에 관한 사항, 국제해항에서의 외사활동 계획 및 지도 등을 규정하고 있다.

02 국가와 사회 안녕·질서유지를 목적으로 외국인, 외국기관 등을 대상으로 간첩행위, 산업스파이 등의 반국가적 행위 여부를 파악하고 동향을 관찰하며 검거하는 경찰활동으로 가장 옳은 것은? 19년 승위

① 외사대테러 활동
② 외사방첩(보안) 활동
③ 외사정보 활동
④ 국제범죄수사 활동

> 해설 ② 「해양경찰청과 그 소속기관 직제 시행규칙」상 정보외사국(제8조의2)은 정보과, 보안과, 외사과, 국제협력과를 두고 있는데, 외사과장은 외사경찰업무에 관한 기획·지도 및 조정, 외사방첩업무에 관한 사항, 외사정보의 수집·종합·분석·작성 및 배포, 국제형사경찰기구에 관한 사항, 국제사법공조업무에 관한 사항, 국제해항에서의 외사활동 계획 및 지도 등을 행한다. 위 내용은 외사방첩(보안)활동에 대한 설명이다. 이에 비하여 외사정보활동은 외사활동객체를 대상으로 외사첩보를 수집하고 이를 판단, 분석하여 정책수립자료로 제공함으로써 경찰상 또는 국가안보상의 위해요인을 사전에 제거하고 그 대책을 마련하는 외사경찰의 활동을 말한다.

제 2 절 외교사절과 영사

01 다음 중 외교사절과 영사를 비교한 설명으로 가장 옳지 않은 것은?　　23년 해경학과

① 외교사절은 외교교섭이 가능하지만, 원칙적으로 영사는 외교교섭이 불가능하다.
② 외교사절과 영사 모두 접수국의 아그레망이 필요하다.
③ 외교사절은 포괄적 특권이 인정되지만, 영사는 제한적 특권이 인정된다.
④ 외교사절은 정치적 목적의 업무를 수행하지만, 영사는 주로 통상·산업 등 경제적 목적이나 자국 국민을 보호하는 업무를 수행한다.

> 해설 ② 외교사절은 국가를 대표하여 외교교섭 등을 위해 정치적 목적으로 파견한 국가기관이다. 외교사절의 파견에는 아그레망(접수국의 사전 동의)이 국제적 관례이다. 이에 비하여 영사는 경제나 문화적 목적으로 파견되며, 국가를 대표하여 외교교섭 등을 행할 권한은 없고 아그레망 또한 불필요하다.

제 3 절 출국과 입국의 관리

01 우리나라에 외국인의 입국 시 지문 및 얼굴 정보제공에 대한 설명 중 가장 옳지 않은 것은?　　19년 경사

① 입국하려는 외국인은 입국심사를 받을 때 지문 및 얼굴에 관한 정보를 제공하고 본인임을 확인하는 절차에 응하여야 한다.
② 17세 미만인 사람, 외국정부 또는 국제기구의 업무를 수행하기 위하여 입국하는 사람과 그 동반가족 등은 제외된다.
③ 외국인이 지문 및 얼굴에 관한 정보를 제공하지 아니하는 경우에는 그의 입국을 허가하지 아니할 수 있다.
④ 외교부장관은 제공받은 지문 및 얼굴에 관한 정보를 「개인정보보호법」에 따라 보유하고 관리한다.

정답 01 ④ 02 ② 01 ② 01 ④

① 입국하려는 외국인은 입국심사를 받을 때 법무부령으로 정하는 방법으로 지문 및 얼굴에 관한 정보를 제공하고 본인임을 확인하는 절차에 응하여야 한다. 다만, 다음 각호의 어느 하나에 해당하는 사람은 그러하지 아니하다.
  1. 17세 미만인 사람
  2. 외국정부 또는 국제기구의 업무를 수행하기 위하여 입국하는 사람과 그 동반가족
  3. 외국과의 우호 및 문화교류 증진, 경제활동 촉진 또는 대한민국의 이익 등을 고려하여 지문 및 얼굴에 관한 정보의 제공을 면제하는 것이 필요하다고 대통령령으로 정하는 사람
② 출입국관리공무원은 외국인이 ①본문에 따라 지문 및 얼굴에 관한 정보를 제공하지 아니하는 경우에는 그의 입국을 허가하지 아니할 수 있다.
③ 법무부장관은 입국심사에 필요한 경우에는 관계 행정기관이 보유하고 있는 외국인의 지문 및 얼굴에 관한 자료의 제출을 요청할 수 있다.
④ ③에 따라 협조를 요청받은 관계 행정기관은 정당한 이유 없이 그 요청을 거부하여서는 아니 된다.
⑤ 출입국관리공무원은 ①에 따라 제공받은 지문 및 얼굴에 관한 정보와 ③에 따라 제출받은 자료를 입국심사에 활용할 수 있다.
⑥ 법무부장관은 ①에 따라 제공받은 지문 및 얼굴에 관한 정보와 ③에 따라 제출받은 자료를「개인정보 보호법」에 따라 보유하고 관리한다.

02 다음은 우리나라 여권과 사증(VISA)에 대한 설명이다. 빈칸에 들어갈 숫자의 합으로 가장 옳은 것은? 18년 경사

> (가) 관광통과(B-2) 체류자격을 가진 자는 (　)일의 범위 내에서 체류기간을 부여받아 사증없이 입국할 수 있다.
> (나) 단수사증의 유효기간은 발급일로부터 (　)개월이다.
> (다) 여행증명서의 유효기간은 (　)년으로 하되, 그 여행증명서의 발급목적을 이루면 그 효력을 잃는다.

① 34 ② 37
③ 64 ④ 67

 ① 사증을 발급할 때에는 여권 등에 사증인(查證印)을 찍고 체류자격과 체류기간, 근무처 등을 기재하여야 한다(「출입국관리법 시행령」제7조). 따라서 사증은 통상 제출된 여권에 표시한다.
  (가) 관광(체류기간은 통상 30일)
  (나) 1회만 입국이 가능하며 발급일로부터 3개월 이내, 복수사증은 2회 이상 입국이 가능하며 발급일로부터 5년 이내
  (다) 여행증명서는 일반여권의 발급신청과 같은 방법으로 외교부장관에게 발급신청을 하는데, 여행증명서의 유효기간은 1년 이내이며, 발급목적이 성취된 때에는 그 효력을 상실한다.

03 다음 중 「출입국관리법」(시행령, 시행규칙 포함)상 외국인의 입국금지 사유로 가장 옳지 않은 것은?

21년 3차

① 강제퇴거명령을 받고 출국한 후 5년이 지난 사람
② 감염병환자, 마약류중독자, 그 밖에 공중위생상 위해를 끼칠 염려가 있다고 인정되는 사
③ 경제질서 또는 사회질서를 해치거나 선량한 풍속을 해치는 행동을 할 염려가 있다고 인정할 만한 상당한 이유가 있는 사람
④ 사리 분별력이 없고 국내에서 체류활동을 보조할 사람이 없는 정신장애인, 국내체류비용을 부담할 능력이 없는 사람, 그 밖에 구호가 필요한 사람

해설 ① 강제퇴거명령을 받고 출국한 후 5년이 지나지 아니한 외국인은 입국 금지의 대상자이다.

입/국/의/금/지(「출입국관리법」 제11조)
① 법무부장관은 다음 각 호의 어느 하나에 해당하는 외국인에 대하여는 입국을 금지할 수 있다.
1. 감염병환자, 마약류중독자, 그 밖에 공중위생상 위해를 끼칠 염려가 있다고 인정되는 사람
2. 「총포·도검·화약류 등의 안전관리에 관한 법률」에서 정하는 총포·도검·화약류 등을 위법하게 가지고 입국하려는 사람
3. 대한민국의 이익이나 공공의 안전을 해치는 행동을 할 염려가 있다고 인정할 만한 상당한 이유가 있는 사람
4. 경제질서 또는 사회질서를 해치거나 선량한 풍속을 해치는 행동을 할 염려가 있다고 인정할 만한 상당한 이유가 있는 사람
5. 사리 분별력이 없고 국내에서 체류활동을 보조할 사람이 없는 정신장애인, 국내체류비용을 부담할 능력이 없는 사람, 그 밖에 구호(救護)가 필요한 사람
6. 강제퇴거명령을 받고 출국한 후 5년이 지나지 아니한 사람
7. 1910년 8월 29일부터 1945년 8월 15일까지 사이에 다음 각 목의 어느 하나에 해당하는 정부의 지시를 받거나 그 정부와 연계하여 인종, 민족, 종교, 국적, 정치적 견해 등을 이유로 사람을 학살·학대하는 일에 관여한 사람
   가. 일본 정부
   나. 일본 정부와 동맹 관계에 있던 정부
   다. 일본 정부의 우월한 힘이 미치던 정부
8. 제1호부터 제7호까지의 규정에 준하는 사람으로서 법무부장관이 그 입국이 적당하지 아니하다고 인정하는 사람
② 법무부장관은 입국하려는 외국인의 본국(本國)이 제1항 각 호 외의 사유로 국민의 입국을 거부할 때에는 그와 동일한 사유로 그 외국인의 입국을 거부할 수 있다.

정답 02 ① 03 ①

04 「출입국관리법」에 따를 때 다음 중 범죄를 범한 내국인에 대해 수사목적상 출국금지조치를 할 경우 그 절차에 관한 설명으로 가장 옳지 않은 것은?　　　　　　　　　　　　　19년 경위

① 대통령령으로 정하는 금액 이상의 벌금이나 추징금을 내지 아니한 사람은 3개월 이내의 기간을 정하여 출국을 금지할 수 있다.
② 형사재판에 계속 중인 사람은 6개월 이내의 기간을 정하여 출국을 금지할 수 있다.
③ 기소중지결정이 된 경우로서 체포영장 또는 구속영장이 발부된 사람은 영장 유효기간 이내 출국을 금지할 수 있다.
④ 범죄수사를 위하여 출국이 적당하지 아니하다고 인정되는 사람에 대해서는 원칙적으로 1개월 이내의 기간을 정하여 출국을 금지할 수 있다.

> **해설** ① 대통령령으로 정하는 금액 이상의 벌금(1천만원)이나 추징금(2천만원)을 내지 아니한 사람은 6개월 이내의 기간을 정하여 출국을 금지할 수 있다. 그리고 대통령령으로 정하는 금액 이상의 국세 · 관세(5천만원) 또는 지방세(3천만원)를 정당한 사유 없이 그 납부기한까지 내지 아니한 사람 역시 6개월 이내의 기간을 정하여 출국금지를 할 수 있다.

05 「출입국관리법」상 상륙허가 기간이 잘못 연결된 것은? (단, 기간 연장은 없음)　　　　　　　　　　　　　19년 경찰간부

① 긴급상륙허가 : 30일 이내
② 임시상륙허가 : 180일 이내
③ 재난상륙허가 : 30일 이내
④ 승무원상륙허가 : 15일 이내

> **해설** ①③긴급상륙허가 및 재난상륙 : 30일 이내, ②난민임시상륙허가 : 90일 이내(이때 법무부장관은 외교부장관과 협의), ④승무원상륙허가 : 15일 이내 그리고 관광임시상륙은 3일 이내로 허가한다.
> ㉠승무원의 상륙허가 – 15일의 범위에서
> ㉡관광상륙허가 – 3일의 범위에서
> ㉢긴급상륙허가 – 30일의 범위에서
> ㉣재난상륙허가 – 30일의 범위에서
> ㉤난민 임시상륙허가 – 90일의 범위에서
> 입국이란 외국인이 우리나라에 체류하거나 통과하기 위하여 사증면제협정이 체결되어 있는 국가의 국민을 제외하고는 반드시 사전에 입국사증(Visa)을 받아서 우리나라의 영역으로 들어오는 것을 말하는데 반하여, 상륙은 부득이한 사유로 인하여 사증없이 공항만에서 지방출입국 · 외국인관서장의 허가를 받아 일시 상륙하는 것으로서 「출입국관리법」에는 승무원상륙 · 관광상륙 · 긴급상륙 · 재난상륙 · 난민임시상륙이 규정되어 있다.

06 다음 <보기>는 「출입국관리법」상 외국인의 상륙종류에 따른 허가기간에 대한 설명이다. ( )안에 들어갈 숫자의 합으로 가장 옳은 것은? 22년 2차

> ㉠ 외국인 승무원이 승선 중인 선박들이 대한민국의 출입국항에 정박하고 있는 동안 휴양 등의 목적으로 상륙하는 때 : (   ) 일 이내
> ㉡ 선박 등에 타고 있는 외국인이 질병이나 그 밖의 사고로 긴급히 상륙할 때 : (   ) 일 이내
> ㉢ 관광을 목적으로 대한민국과 외국 해상을 국제적으로 순회하여 운항하는 여객운송선박 중 법무부령으로 정하는 선박에 승선한 외국인 승객이 상륙하고자 하는 때 : (   ) 일 이내

① 33
② 48
③ 63
④ 75

해설
1) 승무원 상륙 : 15일 이내
2) 긴급상륙과 재난상륙 : 30일 이내
3) 난민임시상륙 : 90일 이내
4) 관광상륙 : 3일 이내

07 「출입국관리법」의 규정을 적용하여 외국인에게만 취할 수 있는 조치로 가장 옳지 않은 것은? 19년 경사

① 통고처분
② 출국정지
③ 출국권고
④ 보호조치

해설 위/반/행/위/자/에/대/한 「출입국관리법」상 조치사항
㉠ 내국인 : 출국금지
㉡ 외국인 : 입국금지, 출국정지, 강제퇴거, 보호조치, 출국권고, 출국명령
㉢ 내 · 외국인 : 고발, 통고처분

정답 04 ① 05 ② 06 ② 07 ①

08 다음 중 「출입국관리법」상 외국인에게 취할 수 있는 조치로 옳은 것은 모두 몇 개인가?

20년 3차/간부

㉠ 강제퇴거	㉡ 고발	㉢ 보호조치
㉣ 입국금지	㉤ 출국금지	㉥ 출국명령
㉦ 출국정지	㉧ 통고처분	

① 5개 ② 6개
③ 7개 ④ 8개

> 해설 ㉤ 출국금지는 우리나라 국민에 대해서만 가능하다. 이 외에도 위반정도가 가벼운 외국인의 경우 자진하여 출국을 권고할 수 있다(제67조). 한편, 법무부장관은 공공질서의 유지나 국가이익에 필요하다고 인정하면 해당하는 외국인에 대하여 입국하기 전에 허가(사전여행허가)를 받도록 할 수 있다(제7조의3).

09 다음 보기 중 「출입국관리법」 위반시 외국인에게만 취할 수 있는 조치는 모두 몇 개인가?

21년 1차

| ㉠ 출국금지 | ㉡ 입국금지 | ㉢ 출국정지 | ㉣ 고발조치 |
| ㉤ 강제퇴거 | ㉥ 출국명령 | ㉦ 통고처분 | ㉧ 출국권고 |

① 1개 ② 3개
③ 5개 ④ 7개

> 해설 출국금지는 우리나라 국민에게만, 고발과 통고처분 모두 해당한다. 나머지 ㉡㉢㉤㉥㉧은 외국인에게만 취할 수 있는 조치이다.

10 「출입국관리법」상 외국인의 강제퇴거 사유로 가장 옳지 않은 것은?

23년 경찰간부

① 금고 이상의 형을 선고받고 석방된 사람
② 기소중지 또는 수사중지(피의자중지로 한정)나 도주 등 특별한 사유가 있는 사람
③ 입국금지 사유가 입국 후에 발견되거나 발생한 사람
④ 지방출입국·외국인관서의 장이 붙인 허가 조건을 위반한 사람

> 해설 ② 기소중지 또는 수사중지(피의자중지로 한정)나 도주 등 특별한 사유가 있는 사람은 출국정지의 대상이다. 강제퇴거의 사유로는 통상 법 위반이나 조건 위반이고, 이는 주권의 행사로써 위법 또는 위반행위를 한 외국인을 강제로 출국시키는 행정처분의 일종이다.

1] 외국인의 출국

외국인의 자발적 출국은 자유이며, 원칙적으로 이를 금할 수 없다. 강제 출국(추방)은 주권의 행사로 인정되지만, 정당한 이유 없이 추방하는 것은 권리남용이며 비우호적 행위로 취급된다.

3개월 이내 (6개월)	법무부장관은 아래에 해당하는 외국인(국민)에 대하여는 3개월(6개월) 이내의 기간을 정하여 출국을 정지(금지)할 수 있다(「출입국관리법」 제29조/제4조). ㉠ 형사재판에 계속 중인 사람 ㉡ 징역형이나 금고형의 집행이 끝나지 아니한 사람 ㉢ 대통령령으로 정하는 금액 이상의 벌금(1천만원)이나 추징금(2천만원)을 내지 아니한 사람 ㉣ <u>대통령령으로 정하는 금액 이상의 국세ㆍ관세(5천만원) 또는 지방세(3천만원)를 정당한 사유없이 그 납부기한까지 내지 아니한 사람</u> ㉤ 「양육비 이행확보 및 지원에 관한 법률」 제21조의4제1항에 따른 양육비 채무자 중 양육비이행심의위원회의 심의ㆍ의결을 거친 사람 ㉥ 그 밖에 ㉠부터 ㉤까지의 규정에 준하는 사람으로서 대한민국의 이익이나 공공의 안전 또는 경제질서를 해칠 우려가 있어 그 출국이 적당하지 아니하다고 법무부령으로 정하는 사람
1개월 이내	법무부장관은 범죄 수사를 위하여 출국이 적당하지 아니하다고 인정되는 사람에 대하여는 1개월 이내의 기간을 정하여 출국을 정지(금지)할 수 있다.
3개월 이내	소재를 알 수 없어 기소중지/수사중지(피의자중지에 한함)결정이 된 사람 또는 도주 등 특별한 사유가 있어 수사진행이 어려운 사람
영장유효 기간이내	기소중지/수사중지(피의자중지에 한함)결정이 된 경우로서 체포영장 또는 구속영장이 발부된 사람

2] 외국인의 강제퇴거

강제퇴거 사유	지방출입국ㆍ외국인관서의 장은 이 장에 규정된 절차에 따라 다음 각호의 어느 하나에 해당하는 외국인을 대한민국 밖으로 강제퇴거시킬 수 있다(「출입국관리법」 제46조). ① 출입국관리공무원의 출입국심사를 받지 않고 출국하려고 하는 사람 ② 근무처 변경 허가를 받지 아니하고 근무처를 변경ㆍ추가하거나 외국인을 고용ㆍ알선한 사람 ③ 허위초청 등의 행위로 입국한 외국인 ④ 유효한 여권과 법무부장관이 발급한 사증 없이 입국한 외국인 ⑤ 출입국관리공무원의 입국심사를 받지 않거나, 선박 등을 이용하여 불법으로 입국한 외국인 ⑥ 입국금지 사유가 입국 후에 발견되거나 발생한 사람 ⑦ **금고 이상의 형을 선고받고 석방된 사람** ⑧ 사무소장이나 출장소장이 붙인 허가조건을 위반한 사람 ⑨ 승무원의 상륙허가, 관광상륙허가, 긴급상륙허가, 재난상륙허가, 난민임시상륙허가를 받지 아니하고 상륙한 사람 ⑩ 승무원의 상륙허가, 긴급상륙허가, 재난상륙허가, 난민 임시상륙허가에 따라 지방출입국ㆍ외국인관서장 또는 출입국 관리공무원이 붙인 허가조건을 위반한 사람 ⑪ 체류기간, 고용제한, 체류자격외 활동, 체류자격, 체류자격 변경, 체류자격 연장허가 등을 위반한 사람 ⑫ 법무부장관이 정한 거소 또는 활동범위의 제한이나 그 밖의 준수사항을 위반한 사람 ⑬ 외국인등록 의무를 위반한 사람 등 ⑭ 외국인등록증 등의 채무이행 확보수단 제공 등의 금지를 위반한 외국인 ⑮ 이외에도 제76조의4제1항 각호의 어느 하나에 해당하는 사람, 그 밖에 제1호부터 제10호까지, 제10호의2, 제11호, 제12호, 제12호의2, 제13호 또는 제14호에 준하는 사람으로서 법무부령으로 정하는 사람

제 4 절 외사수사활동

01 「범죄수사규칙」상 영해 안에 있는 외국선박 내에서 발생한 범죄로서 수사에 착수할 수 있는 경우로 가장 옳지 않은 것은?
19년 공채/특채 3차

① 범죄가 승무원 이외의 자와 관계가 있을 경우
② 경미한 범죄가 행하여졌을 때
③ 대한민국 육상이나 항내의 안전을 해할 때
④ 범죄가 대한민국의 국민과 관계가 있을 경우

> **해설** ② 경찰관은 대한민국의 영해에 있는 외국 선박 내에서 발생한 범죄로서 다음 각호의 어느 하나에 해당하는 경우에는 수사를 해야 한다(제188조).
> 1. 대한민국 육상이나 항내의 안전을 해할 때
> 2. 승무원 이외의 자나 대한민국의 국민에 관계가 있을 때
> 3. 중대한 범죄가 행하여졌을 때

02 다음 중 「UN 해양법협약」에 따라 영해를 통항하고 있는 외국선박 내에서 통항 중에 발생한 범죄에 대하여 연안국이 그 외국선박 내에서 체포나 수사 등의 형사관할권을 행사할 수 있는 경우가 아닌 것은 모두 몇 개인가?
21년 경감

㉠ 선박의 소유자 또는 영사가 현지 당국에 지원을 요청하는 경우
㉡ 마약 또는 향정신성물질의 불법거래를 억제하기 위하여 필요한 경우
㉢ 범죄의 효과가 연안국에 미치는 경우
㉣ 범죄가 연안국의 평화 또는 영해의 공공질서를 교란하는 종류인 경우

① 없음 ② 1개
③ 2개 ④ 3개

> **해설** [X] ㉠ 선장 또는 영사가 현지 당국에 지원을 요청하는 경우
> 외국선박내에서의 형사관할권(「UN 해양법협약」 제27조)
> 1. 연안국의 형사관할권은 오직 다음의 각호의 경우를 제외하고는 영해를 통항하고 있는 외국선박의 선박내에서 통항중에 발생한 어떠한 범죄와 관련하여 사람을 체포하거나 수사를 수행하기 위하여 그 선박내에서 행사될 수 없다.
>   (a) 범죄의 결과가 연안국에 미치는 경우
>   (b) 범죄가 연안국의 평화나 영해의 공공질서를 교란하는 종류인 경우
>   (c) 그 선박의 선장이나 기국의 외교관 또는 영사가 현지 당국에 지원을 요청한 경우

(d) 마약이나 향정신성물질의 불법거래를 진압하기 위하여 필요한 경우
2. 위의 규정은 내수를 떠나 영해를 통항중인 외국선박내에서의 체포나 수사를 목적으로 자국법이 허용한 조치를 취할 수 있는 연안국의 권리에 영향을 미치지 아니한다.
3. 제1항 및 제2항에 규정된 경우, 연안국은 선장이 요청하면 어떠한 조치라도 이를 취하기 전에 선박기국의 외교관이나 영사에게 통고하고, 이들과 승무원간의 연락이 용이하도록 한다. 긴급한 경우 이러한 통고는 조치를 취하는 동안에 이루어질 수도 있다.
4. 현지당국은 체포여부나 체포방식을 고려함에 있어 통항의 이익을 적절히 고려한다.
5. 제12부에 규정된 경우나 제5부에 따라 제정된 법령위반의 경우를 제외하고는, 연안국은 외국선박이 외국의 항구로부터 내수에 들어오지 아니하고 단순히 영해를 통과하는 경우, 그 선박이 영해에 들어오기 전에 발생한 범죄와 관련하여 사람을 체포하거나 수사를 하기 위하여 영해를 통항중인 외국선박내에서 어떠한 조치도 취할 수 없다.

03 울산해양경찰서 강동파출소에 근무하고 있는 이경위는 순찰 중 승선어선에서 무단이탈한 외국인 선원을 검거하였다. 신병처리 절차가 가장 올바른 것은? 18년 경찰간부

① 「출입국관리법」 위반 혐의로 입건, 불구속 수사한다.
② 불입건시 무단이탈 경위 등에 대하여 조사할 필요가 없다.
③ 무단이탈한 자이므로 「출입국관리법」 위반 혐의로 구속수사가 필요하다.
④ 입건의 실익이 없고 다른 범죄사실이 확인되지 않으면 불입건하고, 신병은 지방출입국·외국인관서에 인계한다.

> 해설 ④ 출입국관리 위반사범은 먼저 일반범죄 위반여부를 따져보고 일반형법 위반시에는 통상적인 절차에 따라 입건하여 수사를 하고, 일반범죄를 위반하지 않은 출입국관리 위반사범은 즉시고발사건이므로 지방출입국·외국인관서에 인계하여 처리한다.

04 평택해양경찰서 외사계에서 출입국사범을 검거하였다. 다음 중 「출입국관리법」상 출입국사범 처리요령으로 가장 옳지 않은 것은? 21년 경사

① 출입국사범을 입건(立件)하였을 때에는 지체없이 관할 지방출입국·외국인관서의 장에게 인계하여야 한다.
② 일반 형사법 사건과 「출입국관리법」 위반 사건이 경합하는 때는 형사법 사건 종결 후 관할 지방출입국·외국인관서의 장에게 신병을 인계하는 것이 일반적이다.
③ 출입국사범에 관한 사건은 지방출입국·외국인 관서의 장의 고발이 없어도 공소(公訴)를 제기할 수 있다.
④ 형의 집행을 받고 있는 중에 강제퇴거명령서가 발급되면 그 외국인에 대한 형의 집행이 끝난 후에 강제퇴거명령서를 집행한다.

정답 01 ② 02 ② 03 ④ 04 ③

해설 ③ 출입국사범에 관한 사건은 지방출입국·외국인관서의 장의 고발이 없으면 공소(公訴)를 제기할 수 없다(「출입국관리법」 제101조 제1항). 출입국관리공무원 외의 수사기관이 제1항에 해당하는 사건을 입건(立件)하였을 때에는 지체없이 관할 지방출입국·외국인관서의 장에게 인계하여야 한다(제2항).

제 5 절 국제경찰공조

01 다음 중 국제형사경찰기구(INTERPOL)에 대한 설명으로 가장 옳지 않은 것은?

22년 경찰간부

① 국제형사경찰기구(INTERPOL) 헌장은 국제조약이나 협약이 아니라 경찰기관들의 국제공조기구의 헌장일 뿐이므로 외교적 서명이나 정부의 비준을 필요로 하지 않는다.
② 국제형사경찰기구(INTERPOL)는 범죄의 예방과 진압을 위해 각 회원국간의 현행법 범위 내에서 세계인권선언의 정신에 입각하여 회원국간 가능한 다방면에 걸쳐 상호 협력을 증진시키는 것을 목적으로 한다.
③ 국제형사경찰기구(INTERPOL)는 회원국 상호간 필요한 각종 정보와 자료를 교환하고, 또한 범인체포 및 인도에 있어서 상호 신속·원활한 협조관계를 유지하는 형사경찰의 정부간 국제공조수사기구이다.
④ 국제형사경찰기구(INTERPOL)는 자체 내에 국제수사관을 두어 각국의 법과 국경에 구애됨이 없이 자유로이 왕래하면서 범인을 추적·수사하는 국제수사기관으로서의 역할을 한다.

해설 ④ 국제형사경찰기구(INTERPOL)는 형사경찰의 정부간 국제공조수사기구로서 일반적인 수사기관이 아니다. 그러므로 통상적인 체포나 구속 등의 권한은 없고 인도를 위한 일시적인 체포 정도의 권한을 가진다.

02 인터폴에서 발행하는 국제수배서의 종류와 그에 대한 설명으로 가장 옳지 않은 것은?

19년 경사

① 청색수배서 : 수배자의 신원·전과 및 소재확인
② 황색수배서 : 가출인의 소재확인 및 기억상실자의 신원확인
③ 자주색수배서 : 폭발물 등 위험물에 대한 경고 목적으로 발행
④ 적색수배서 : 범죄인 인도를 목적으로

해설 ③ 자주색(Purple Notice)은 범죄수법수배서(Modus operandi), 폭발물 등 위험물에 대한 경고목적으로 발행되는 수배서는 오렌지 Notice이다.

03 다음 괄호 안에 들어갈 인터폴 국제수배서의 명칭을 바르게 배열한 것은? 19년 경력/공채

> ㉠ ( ) : 수배자의 신원과 소재 확인을 위해 발행
> ㉡ ( ) : 일반 형법을 위반하여 체포영장이 발부된 범죄인에 대해 범인인도를 목적으로 발행
> ㉢ ( ) : 가출인의 소재확인 또는 기억상실자 등의 신원을 파악할 목적으로 발행

① ㉠ 적색수배   ㉡ 청색수배   ㉢ 녹색수배
② ㉠ 적색수배   ㉡ 청색수배   ㉢ 황색수배
③ ㉠ 청색수배   ㉡ 적색수배   ㉢ 녹색수배
④ ㉠ 청색수배   ㉡ 적색수배   ㉢ 황색수배

해설 ㉠ 국제정보조회수배서(Blue Notice, Form 2)
㉡ 국제체포수배서(Red Notice, Form 1)
㉢ 황색수배서(Yellow Notice, Form 4)에 대한 설명이다.

국/제/수/배/서/의/종/류

적색수배서	국제체포수배서라고 하며, 일반형법을 위반하여 체포영장이 발부되고 범인인도를 목적으로 하는 경우에 한하여 발행
청색수배서	국제정보조회수배서로서, 피수배자의 신원과 소재확인을 목적으로 발행되며, 일반형법위반자로 범인인도를 요청할 가능성이 있는 자에게 발행
녹색수배서	상습적으로 범행하였거나 범행할 우려가 있는 국제범죄자의 동향을 파악케 하여 그 범행을 방지할 목적으로 발행
황색수배서	가출인의 소재확인 또는 기억상실자 등의 신원을 파악하기 위하여 발행
흑색수배서	변사자수배서, 사망자의 신원을 확인할 수 없거나 또는 사망자가 가명을 사용하였을 경우 정확한 신원을 확인할 목적으로 발행
범죄수법 수배서	자주색 수배서, 세계 각국에서 사용된 새로운 범죄수법을 사무총국에서 집중관리하고, 이를 각 회원국에 배포하여 범죄예방과 수사자료에 활용케 할 목적으로 발행
Orange Notice	폭발물, 테러범(위험인물) 등에 대하여 보안을 경보하기 위하여 발행
인터폴-UN Special Notice	인터폴과 UN 양 국제기구가 협력하여 국제테러범 및 테러단체에 대해 제재와 처벌목적으로 발행

정답 01 ④ 02 ③ 03 ④

04 다음 <보기>의 경우 사용할 수 있는 인터폴 국제수배서는? 19년 공채/특채 3차

> 서해지방해양경찰청 목포해양경찰서 형사계에 근무하는 박 경위는 목포항 인근에서 국적불명의 변사체를 발견하고, 그 소지품 등을 조사하였으나 신분증이 없어 신원을 확인할 수 없다.

① 적색수배서　　　　　　② 황색수배서
③ 흑색수배서　　　　　　④ 청색수배서

해설　③ 위는 변사자 수배서(흑색수배서)와 관계가 깊다. 즉 변사자 수배서(Black Notice)는 사망자의 신원을 확인할 수 없거나 또는 사망자가 가명(假名)을 사용하였을 경우 정확한 신원을 확인할 목적으로 발행된다.

05 다음 중 국제경찰공조에 대한 설명으로 가장 옳지 않은 것은? 20년 경력/공채

① "적색수배서"는 일반형법을 위반하여 체포영장이 발부된 범죄인에 대하여 그 인도를 목적으로 발행한다.
② "황색수배서"는 가출인의 소재확인 또는 기억상실자의 신원확인을 목적으로 발행한다.
③ "상호주의"는 요청국이 공조에 따라 취득한 증거를 공조요청한 범죄 이외의 범죄에 관한 수사나 재판에 사용하여서는 아니 된다는 원칙을 말한다.
④ "쌍방가벌성의 원칙"은 형사사법공조의 대상이 되는 범죄는 피요청국과 요청국 모두에서 처벌가능한 범죄이어야 한다는 원칙을 말한다.

해설　③ 국제형사사법공조법상 특정성의 원칙에 대한 내용이다. 상호주의는 범죄인 인도조약이 미체결된 국가에서 범죄인 인도를 요구할 경우, 동종의 인도범죄에 대해 우리나라의 범죄인 인도청구에 응한다는 보증이 있을 때 상응한 조치를 한다는 것을 말한다.

06 다음 중 세계 각국에서 범인들이 사용한 새로운 범죄수법 등을 각 회원국에 배포할 때 발행되는 수배서로 가장 옳은 것은? 21년 경사

① 적색수배서　　　　　　② 자주색수배서
③ 황색수배서　　　　　　④ 흑색수배서

해설　② 자주색 수배서(범죄수법수배서)는 세계 각국에서 사용된 새로운 범죄수법을 사무총국에서 집중 관리하고, 이를 각 회원국에 배포하여 범죄예방과 수사자료에 활용케 할 목적으로 발행한다.

07 다음 <보기>의 내용은 국제수배서의 종류에 대한 설명이다. 가장 옳게 짝지어진 것은?

21년 경찰간부

> ㉠ 체포영장이 발부된 범죄인에 대하여 범죄인 인도를 목적으로 하는 경우에 발행
> ㉡ 폭발물, 테러범, 위험인물 등에 대한 보안을 경보하기 위하여 발행
> ㉢ 사망자의 신원을 확인할 수 없거나 사망자가 가명을 사용하였을 경우 정확한 신원을 파악할 목적으로 발행
> ㉣ 여러 국가에서 상습적으로 범죄를 저질렀거나 범죄를 저지를 가능성이 있는 국제범죄자의 동행을 파악 및 사전에 그 범행을 방지할 목적으로 발행
> ㉤ 가출인의 소재 확인 또는 기억상실자 등의 신원을 확인할 목적으로 발행

① ㉠ 적색 수배서 ㉡ 오렌지색 수배서 ㉢ 흑색 수배서 ㉣ 녹색 수배서 ㉤ 황색 수배서
② ㉠ 청색 수배서 ㉡ 흑색 수배서   ㉢ 황색 수배서 ㉣ 오렌지색 수배서 ㉤ 적색 수배서
③ ㉠ 적색 수배서 ㉡ 청색 수배서   ㉢ 흑색 수배서 ㉣ 녹색 수배서 ㉤ 황색 수배서
④ ㉠ 청색 수배서 ㉡ 오렌지색 수배서 ㉢ 녹색 수배서 ㉣ 적색 수배서 ㉤ 흑색 수배서

해설 ① 올바르게 나열되어 있다. 위 외에도 범죄수법수배서(자주색 수배서), 인터폴/UN 특별수배서가 있다. 국제수배서는 인터폴 사무총국에서 각 회원국에서 수배의뢰 한 것을 종합하여 발행하고 우편 또는 인터폴통신망을 활용하여 각 회원국에 배포한다.

08 다음 중 국제형사경찰기구(인터폴)에서 발생하는 국제수배서의 종류에 대한 설명으로 가장 옳지 않은 것은?

22년 2차

① 적색수배서 - 범죄인 인도를 목적으로 발행
② 녹색수배서 - 신종 수법 공유
③ 흑색수배서 - 사망자, 변사자 신원확인
④ 청색수배서 - 국제정보조회수배서, 수배자 소재·신원 파악

해설 ② 녹색수배서는 상습적으로 범행하였거나 범행할 우려가 있는 국제범죄자의 동향을 파악케 하여 그 범행을 방지할 목적으로 발행한다. 신종 수법의 공유와 관계되는 수배서는 범죄수법수배서이다(자주색수배서).

정답 04 ③ 05 ③ 06 ② 07 ① 08 ②

09 「범죄인 인도법」 제9조에 규정된 임의적 인도거절 사유로 가장 옳지 않은 것은?

23년 공/특채

① 범죄인이 인도범죄 외의 범죄에 관하여 대한민국 법원에 재판이 계속 중인 경우
② 대한민국 또는 청구국의 법률에 따라 인도범죄에 관한 공소시효 또는 형의 시효가 완성된 경우
③ 인도범죄의 전부 또는 일부가 대한민국 영역에서 범한 것인 경우
④ 인도범죄의 성격과 범죄인이 처한 환경 등에 비추어 범죄인을 인도하는 것이 비인도적이라고 인정되는 경우

> **해설** ② 대한민국 또는 청구국의 법률에 따라 인도범죄에 관한 공소시효 또는 형의 시효가 완성된 경우는 절대적 인도거절 사유에 해당한다.
>
> 1] **절대적 인도거절 사유(제7조)** 다음 각호의 어느 하나에 해당하는 경우에는 범죄인을 인도하여서는 아니 된다.
>   1. 대한민국 또는 청구국의 법률에 따라 인도범죄에 관한 공소시효 또는 형의 시효가 완성된 경우
>   2. 인도범죄에 관하여 대한민국 법원에서 재판이 계속(係屬) 중이거나 재판이 확정된 경우
>   3. 범죄인이 인도범죄를 범하였다고 의심할 만한 상당한 이유가 없는 경우. 다만, 인도범죄에 관하여 청구국에서 유죄의 재판이 있는 경우는 제외한다.
>   4. 범죄인이 인종, 종교, 국적, 성별, 정치적 신념 또는 특정 사회단체에 속한 것 등을 이유로 처벌되거나 그 밖의 불리한 처분을 받을 염려가 있다고 인정되는 경우
>
> 2] **임의적 인도거절 사유(제9조)** 다음 각호의 어느 하나에 해당하는 경우에는 범죄인을 인도하지 아니할 수 있다.
>   1. 범죄인이 대한민국 국민인 경우
>   2. 인도범죄의 전부 또는 일부가 대한민국 영역에서 범한 것인 경우
>   3. 범죄인의 인도범죄 외의 범죄에 관하여 대한민국 법원에 재판이 계속 중인 경우 또는 범죄인이 형을 선고받고 그 집행이 끝나지 아니하거나 면제되지 아니한 경우
>   4. 범죄인이 인도범죄에 관하여 제3국(청구국이 아닌 외국을 말한다)에서 재판을 받고 처벌되었거나 처벌받지 아니하기로 확정된 경우
>   5. 인도범죄의 성격과 범죄인이 처한 환경 등에 비추어 범죄인을 인도하는 것이 비인도적(非人道的)이라고 인정되는 경우

해양경찰 경비론

제1절 경비일반

01 다음 「해양경비규칙」에서 의거한 함정의 경비방법 중 가장 옳지 않은 것은? 19년 승진

① '순항경비'란 경비해역 중 선박의 밀도가 높은 해역 등을 저속으로 항해하면서 감시하는 경비 방법을 말한다.

② '표류경비'란 함정 운용지휘부서의 정보판단에 따라 미리 지정한 해양에서 기관을 정지시킨 상태로 해양 이동물체를 감시하는 경비방법을 말한다.

③ '경계경비'란 밀입국 첩보 등 경계 강화가 요구되는 경우 경비해역의 모든 이동물체에 대하여 정선 및 승선 검색을 실시하는 경비방법을 말한다.

④ '거점경비'란 야간 또는 치안수요가 적은 시간대에 함정장의 건전한 판단에 따라 긴급 출동이 가능하고, 사주경계가 용이한 곳에서 대기와 순찰을 반복적으로 실시하는 경비방법을 말한다.

> **해설** ② 전략경비를 말한다. (ㄱ)표류경비는 해상이동물체를 감시하기 위해 함·정장의 합리적 판단에 따라 우범해역 등 임의의 해상을 선정해 기관을 정지시키고 표류하면서 실시하는 경비방법을 말한다. 한편, (ㄴ)복합경비는 경비함정이 거점 및 순항하면서 경비하는 형태로 해상경비의 대부분을 차지한다. (ㄷ)입체경비는 함정, 항공기 등을 이용하여 해·공입체적으로 행하는 경비를 말한다. 해상경호경비는 복합 및 입체경비의 한 형태로 정부요인, 국내외 중요인사 등 피경호자의 신변에 대하여 직접, 간접으로 가해지려는 위해를 방지를 위하여 위험요소를 사전에 제거하고 피경호자의 안전을 도모하는 종합적이고 입체적 경비활동이라 할 수 있다.

정답 09 ② 01 ②

02 다음은 「해양경비규칙」상 함정의 경비방법에 대한 설명이다. 경비방법의 종류 중 가장 옳은 것은? 21년 경위

> 서해지방해양경찰청 종합상황실로 목포시 소재 흑산도로 외국인이 밀입국을 한다는 익명의 첩보 신고를 접수받아 흑산도 주변해역의 해상경계 강화가 요구되는 경우로 경비해역의 모든 이동 물체에 대하여 정선 및 승선 검색을 실시하는 경비

① 전략경비 ② 경계경비
③ 표류경비 ④ 순항경비

해설
1) 「표류경비」 – 해상이동물체를 감시하기 위해 함정장의 합리적 판단에 따라 우범해역 등 임의의 해상을 선정해 기관을 정지시키고 표류하면서 실시하는 경비방법
2) 「전략경비」 – 함정 운용지휘부서의 정보판단에 따라 미리 지정한 해상에서 기관을 정지시킨 상태에서 해상이동물체를 감시하는 경비방법
3) 「경계경비」 – 입국 첩보 등 경계강화가 요구되는 경우 경비해역의 모든 이동 물체에 대해 정선 및 승선 검색을 실시하는 경비방법
4) 「순항경비」 – 경비해역 중 선박의 밀도가 높은 해역 등을 저속으로 항해하면서 감시하는 경비방법 *예전에는 일정한 해역을 항행하면서 경비하는 형태로, 호송경비, 불법어로활동 감시경비, 그 밖에 각종 선박의 범법행위 방지를 위한 경비라고 정의하기도 함

03 다음 <보기>의 해양경비 방법으로 가장 옳은 것은? 23년 공/특채, 간부

> 야간 또는 치안수요가 적은 시간대에 함·정장의 판단에 따라 긴급출동이 가능하고 사주경계가 용이한 곳에서 대기와 순찰을 반복적으로 실시하는 경비

① 통상경비 ② 전략경비
③ 거점경비 ④ 입체경비

해설 ③ 위는 거점경비의 방법을 설명하고 있다. 거점이 될 수 있는 장소는 긴급출동이 가능하고 사주경계가 용이한 곳, 또는 최근 범죄 발생지역이나 우범지역 등이 되기도 한다.

제 2 절 해양경비 경찰활동

I. 해상 검문검색

01 다음 중 '불법 외국어선 단속 및 처벌'에 있어 직접 적용 가능한 법령으로 가장 옳지 않은 것은?
18년 경사, 22년 1차

① 「해양경비법」
② 「선박안전조업규칙」
③ 「배타적 경제수역 및 대륙붕에 관한 법률」
④ 「영해 및 접속수역법」

해설 ② 「선박안전조업규칙」과는 직접 관계가 없다. 이는 총톤수 100톤 미만 선박의 출항 및 입항에 관한 사항을 규정함을 목적으로 하고(제1조), 이 규칙은 총톤수 100톤 미만의 선박에 대해 적용한다. 다만, 「어선법」제2조 제1호에 따른 어선, 정부나 공공단체가 소유하는 선박, 여객선 및 국외에 취항하는 선박은 제외한다(제2조).

1) 「선박안전조업규칙」제1조(목적) 이 규칙은 총톤수 100톤 미만 선박의 출항 및 입항에 관한 사항을 규정함을 목적으로 한다.

2) 「선박안전조업규칙」제2조(적용범위)
   이 규칙은 총톤수 100톤 미만의 선박에 대해 적용한다. 다만, 「어선법」제2조 제1호에 따른 <u>어선, 정부나 공공단체가 소유하는 선박</u>, 여객선 및 <u>국외에 취항하는 선박</u>은 제외한다.

3) 「어선안전조업법」제1조(목적)
   이 법은 어선의 안전한 조업(操業)과 항행(航行)을 위하여 필요한 사항을 정함으로써 건전한 어업질서를 확립하고 국민의 생명·신체·재산을 보호함을 목적으로 한다.

4) 「어선안전조업법」제3조(적용범위)
   이 법은 대한민국 국민(국내법에 따라 설립된 법인과 국내 어업허가 등을 받은 외국인·외국법인을 포함한다)과 대한민국 정부가 소유하는 모든 어선에 대하여 적용한다. 다만, 어업지도선, 원양어업에 종사하는 어선 등 대통령령으로 정하는 어선은 그러하지 아니하다.

정답 02 ② 03 ③ 01 ②

02 다음 <보기> 중 불법 외국어선 단속의 근거가 될 수 있는 법률은 모두 몇 개인가?

21년 경찰간부

> ㉠ 「해양환경관리법」
> ㉡ 「영해 및 접속수역법」
> ㉢ 「해양과학조사법」
> ㉣ 「해양경비법」
> ㉤ 「배타적 경제수역에서의 외국인어업 등에 대한 주권적 권리의 행사에 관한 법률」

① 2개 ② 3개
③ 4개 ④ 5개

해설 ㉠㉡㉢㉣㉤ 모두 불법 외국어선을 단속할 수 있는 근거 규정을 두고 있다.

1) 「영해 및 접속수역법」 제6조(정선)
   외국선박(외국의 군함 및 비상업용 정부선박은 제외한다. 이하 같다)이 제5조를 위반한 혐의가 있다고 인정될 때에는 관계 당국은 정선(停船)·검색·나포(拿捕), 그 밖에 필요한 명령이나 조치를 할 수 있다.

2) 「해양과학조사법」 제13조(불법조사)
   ① 관계기관의 장은 외국인등이 제6조부터 제8조까지의 규정에 따른 허가나 동의를 받지 아니하고 해양과학조사를 실시한다고 의심되는 경우에는 정선(停船)·검색·나포(拿捕)하거나 그 밖에 필요한 명령이나 조치를 할 수 있다.
   ② 관계기관의 장은 제1항에 따라 정선·검색·나포하거나 그 밖에 필요한 명령이나 조치를 하였을 때에는 즉시 그 사실을 해양수산부장관에게 통보하여야 한다.

3) 「배타적 경제수역에서의 외국인어업 등에 대한 주권적 권리의 행사에 관한 법률」 제6조의2(불법 어업활동 혐의 선박에 대한 정선명령)
   검사(檢事)나 대통령령으로 정하는 사법경찰관은 배타적 경제수역에서 다음 각호의 어느 하나에 해당하는 불법 어업활동 혐의가 있는 외국선박에 정선명령(停船命令)을 할 수 있다. 이 경우 그 선박은 명령에 따라야 한다.
   1. 이 법, 이 법에 따른 명령 또는 제한이나 조건을 위반한 혐의가 있다고 인정되는 경우
   2. 대한민국과 어업에 관한 협정을 체결한 국가의 선박이 그 협정, 그 협정에 따른 명령 또는 제한이나 조건을 위반한 혐의가 있다고 인정되는 경우

4) 「해양경비법」 해상검문검색(제12조) 및 추적나포(제13조), 제14조(항행보호조치)

5) 「해양환경관리법」 정선·검색·나포·입출항금지(제117조)
   선박이 이 법의 규정을 위반한 혐의가 있다고 인정되는 경우에는 해역관리청 또는 해양경찰청장은 정선·검색·나포·입출항금지 그 밖에 필요한 명령이나 조치를 할 수 있다.
   이 외에도, 「배타적 경제수역 및 대륙붕에 관한 법률」, 「수산업법」, 「어업자원보호법」 등이 해당한다.

03 다음 중 불법조업 외국어선의 단속절차를 순서대로 나열한 것은?
18년 경찰간부

> ㉠ 진압 · 검색 ㉡ 나포 · 조사
> ㉢ 준비 · 채증 ㉣ 추적 · 정선
> ㉤ 압송 · 처리

① ㉢ → ㉣ → ㉠ → ㉡ → ㉤
② ㉢ → ㉠ → ㉣ → ㉡ → ㉤
③ ㉢ → ㉣ → ㉠ → ㉤ → ㉡
④ ㉢ → ㉠ → ㉡ → ㉣ → ㉤

해설 ① 불법어선 단속시 크게 단계별 조치는 준비단계(1단계), 정선명령 · 추적(2단계), 진압 · 검색(3단계), 나포 · 압송(4단계)의 과정으로 행해진다. 즉 ㉢ 준비 · 채증 → ㉣ 추적 · 정선 → ㉠ 진압 · 검색 → ㉡ 나포 · 조사 → ㉤ 압송 · 처리의 단계로 이루어진다고 할 수 있다.

04 불법조업선박 단속에 관한 근거 법령에 대한 설명으로 가장 옳지 않은 것은?
18년 간부, 22년 1차

① 국제법적 근거로는 「해양법에 관한 국제연합협약」 및 「한 · 중 어업협정」, 「한 · 일 어업협정」 등이 있다.
② 「영해 및 접속수역법」에 따라 영해에서 관계당국의 승인을 받으면 어로행위가 가능하도록 명시되어 있어 단속이 불가능하다.
③ 배타적 경제수역과 동일하게 대륙붕에서는 불법어로 단속권한을 명시하고 있다.
④ 「배타적 경제수역에서의 외국인어업 등에 관한 주권적 권리행사에 관한 법률」에는 불법 어업활동 혐의 선박에 대한 정선명령이 명시적으로 규정되어 있다.

해설 ② 「영해 및 접속수역법」상 외국선박이 무해통항을 할 수 있을 뿐이고, 영해에서의 어로행위는 대한민국의 평화 · 공공질서 또는 안전보장을 해치는 것으로 보며(제5조), 위반 혐의가 인정될 때에는 언제든지 정선명령 등 필요한 명령이나 조치를 할 수 있다.

1) 「영해법 및 접속수역법」 제6조(정선 등)
외국선박(외국의 군함 및 비상업용 정부선박은 제외한다. 이하 같다)이 제5조를 위반한 혐의가 있다고 인정될 때에는 관계 당국은 정선(停船) · 검색 · 나포(拿捕), 그 밖에 필요한 명령이나 조치를 할 수 있다.

2) 「영해 및 접속수역법」 제9조(군함 등에 대한 특례)
외국의 군함이나 비상업용 정부선박 또는 그 승무원이나 그 밖의 승선자가 이 법이나 그 밖의 다른 법령을 위반하였을 때에는 이의 시정이나 영해로부터의 퇴거를 요구할 수 있다.

정답 02 ④ 03 ① 04 ②

3) 「배타적 경제수역 및 대륙붕에 관한 법률」 제5조(대한민국의 권리행사)

대한민국의 배타적 경제수역과 대륙붕에서 제3조에 따른 권리를 침해하거나 그 배타적 경제수역과 대륙붕에 적용되는 대한민국의 법령을 위반한 혐의가 있다고 인정되는 자에 대하여 관계 기관은 협약 제111조에 따른 추적권(追跡權)의 행사, 정선(停船)·승선·검색·나포 및 사법절차를 포함하여 필요한 조치를 할 수 있다(제3항).

4) 「배타적 경제수역에서의 외국인어업 등에 대한 주권적 권리의 행사에 관한 법률」(경제수역어업주권법) 제23조 (위반 선박 등에 대한 사법절차)

검사나 사법경찰관은 이 법, 이 법에 따른 명령 또는 제한이나 조건을 위반한 선박 또는 그 선박의 선장이나 그 밖의 위반자에 대하여 정선, 승선, 검색, 나포(拿捕) 등 필요한 조치를 할 수 있다(제1항).

05 해양경찰청 경비함정은 배타적 경제수역에서 대한민국의 법령을 위반한 혐의가 있다고 인정되는 자를 발견하였다. 다음 중 「배타적 경제수역 및 대륙붕에 관한 법률」상 취할 수 있는 조치로 가장 옳지 않은 것은? 19년 경장

① 해상봉쇄
② 추적권 행사
③ 정선 및 승선
④ 검색 및 나포

해설 ① 대한민국의 배타적 경제수역과 대륙붕에서 권리를 침해하거나 그 배타적 경제수역과 대륙붕에 적용되는 대한민국의 법령을 위반한 혐의가 있다고 인정되는 자에 대하여 관계 기관은 협약 제111조에 따른 추적권(追跡權)의 행사, 정선(停船)·승선·검색·나포 및 사법절차를 포함하여 필요한 조치를 할 수 있다(동법 제5조 제3항).

II. 해상시위의 진압

01 집회시위 현장에서의 해산조치와 관련한 설명 중 가장 옳지 않은 것은? 18년 경사

① 해산명령은 집회 참가자들이 충분히 인식할 수 있도록 적의한 방법으로 적절한 간격을 두고 반드시 5회 이상 고지하여야 한다.
② 해산명령은 관할 경찰관서장으로부터 권한을 부여받은 경찰관도 할 수 있다.
③ 관할 경찰서장이 비록 '자진해산' 용어를 사용하지 않았다 하더라도 스스로 해산할 것을 설득하거나, 요구하였다면 자진해산할 것을 요청한 경우에 해당한다.
④ 집회시위 장소에 주최자·주관자·연락책임자·질서유지인 등이 없는 경우에 종결선언의 요청을 생략할 수 있다.

해설 ① 불법시위참가자에게 시의적절한 방법으로 자진해산할 것을 요청했음에도 불구하고, 자진해산요청에 응하지 아니하는 경우에는 3회 이상 해산할 것을 명령(판례)하고, 불법시위참가자들이 해산명령에 불구하고 퇴거하지 않을 때에는 직접 강제해산시킬 수 있다.

III. 해양대테러 경비

01 다음 중 우리나라의 테러방지 기본법으로 가장 옳은 것은?   18년 경찰간부

① 「재난 및 안전관리기본법」
② 「대테러활동지침」
③ 「국민보호와 공공안전을 위한 테러방지법」
④ 「국가위기관리법」

해설 ③ 「국민보호와 공공안전을 위한 테러방지법」은 테러의 예방 및 대응 활동 등에 관하여 필요한 사항과 테러로 인한 피해보전 등을 규정함으로써 테러로부터 국민의 생명과 재산을 보호하고 국가 및 공공의 안전을 확보하는 것을 목적으로 한다(제1조). 이 법은 대테러활동에 관하여 다른 법률에 우선하여 적용한다(제4조).

02 다음 중 「국민보호와 공공안전을 위한 테러방지법 (시행령, 시행규칙 포함)」에 대한 설명으로 가장 옳지 않은 것은?   21년 경찰간부

① "테러위험인물"이란 테러단체의 조직원이거나 테러단체 선전, 테러자금 모금·기부, 그 밖에 테러 예비·음모·선전·선동을 하였거나 하였다고 의심할 상당한 이유가 있는 사람을 말한다.
② 관계기관의 장은 테러 예방 및 대응을 위하여 필요한 전담조직을 둘 수 있으며, 전담조직의 구성 및 운영과 효율적 테러 대응을 위하여 필요한 사항은 대통령령으로 정한다.
③ 대통령은 법률에 따라 국가테러대책위원회의 위원장이 된다.
④ 국가정보원장은 테러위험인물에 대하여 출입국·금융거래 및 통신이용 등의 관련정보를 수집할 수 있다.

해설 ③ 대테러활동에 관한 정책의 중요사항을 심의·의결하기 위하여 국가테러대책위원회를 둔다. 국가테러대책위원회는 국무총리 및 관계기관의 장 중 대통령령으로 정하는 사람으로 구성하고 위원장은 국무총리로 한다.

정답   05 ①   01 ①   01 ③   02 ③

03 다음 중 「국가대테러활동 세부운영 규칙」에 명시된 해양테러 위기대응의 위기경보에 대한 설명으로 가장 옳지 않은 것은?

18년 경력/간부

① 관심은 선박 및 해상을 통한 항만, 임해중요시설 테러관련 미확인 첩보를 입수한 때를 말한다.
② 주의는 해상을 통한 테러이용물질의 국내 반입기도 첩보를 입수한 때를 말한다.
③ 경계는 해상테러관련 첩보를 입수한 때를 말한다.
④ 심각은 테러 발생 가능성이 높은 테러위험의 발생, 국제행사에 대한 테러위험 및 테러첩보 등의 동향을 입수한 때를 말한다.

해설 ④ 경계단계에 대한 설명이다. 심각단계는 국제항해 선박 탈취 등 첩보입수, 우리나라에 대한 테러발생 위험이나 직접적인 테러 위험 경고, 테러발생 가능성이 매우 높은 테러 위험발생 등의 즉각 대응태세를 돌입해야 하는 단계를 말한다.

해양경찰청장은 테러경보가 발령된 경우에는 아래의 기준을 고려하여 단계별 조치를 취하여야 한다.

1. 관심단계
    테러 관련 상황의 전파, 관계기관 상호간 연락체계의 확인, 비상연락망의 점검
    ㉠ 국내 테러 위험으로 발전할 가능성이 낮은 테러사건 발생 및 해상을 통한 테러이용물질 국제 유통확산 동향 입수
    ㉡ 선박 및 해상을 통한 항만, 임해중요시설테러 관련 미확인 첩보를 입수한 때

2. 주의단계
    테러대상 시설 및 테러에 이용될 수 있는 위험물질에 대한 안전관리의 강화, 자체 대비태세의 점검
    ㉠ 주요 관계국가 선박 및 해상을 통한 테러발생, 국내에서 각국의 관심도가 높은 국제행사 개최, 테러발생에 대한 여론 우려 및 보도 증가 등 동향입수
    ㉡ 해상을 통한 테러이용물질의 국내 반입 기도 첩보를 입수한 때

3. 경계단계
    테러취약요소에 대한 경비 등 예방활동의 강화, 테러취약시설에 대한 출입통제의 강화, 「대테러단답 비상근무
    ㉠ 테러 발생가능성이 높은 테러 위험발생, 국제행사에 대한 테러 위험 및 테러첩보 등 동향 입수
    ㉡ 해상테러관련 첩보를 입수한 때

4. 심각단계
    대테러 관계 공무원의 비상근무, 해양테러사건대책본부 등 사건대응 조직의 운영준비, 필요 장비ㆍ인원의 동원태세 유지
    ㉠ 우리나라에 대한 테러발생 위험이나 직접적인 테러 위험 경고, 테러발생 가능성이 매우 높은 테러 위험발생 등의 즉각 대응태세를 돌입해야 하는 단계
    ㉡ 국제 항해 선박 탈취 등의 첩보를 입수 한 때

04 다음 국가위기관리 활동단계에 대한 설명과 각 활동단계의 중점활동이 가장 올바르게 짝지어진 것은? _{19년 경사}

> 가. 복구   나. 대비   다. 예방   라. 대응

> ㉠ 초기 대응조직 및 비상대책기구의 가동, 응급대응 및 공조체계 유지, 대내·외 홍보 등
> ㉡ 제도개선, 정책적·기술적 대안강구, 취약점의 보완·관리 등
> ㉢ 복구자원의 투입 및 원상회복, 위기관리 활동의 평가 및 개선책의 강구 등
> ㉣ 매뉴얼의 작성·보완 등 위기 대응책의 수립 및 점검, 위기대응 투입자원의 확보·관리, 위기대응 조치 절차의 교육 및 연습·훈련, 비상근무태세 유지

① 가 - ㉠, 나 - ㉢, 다 - ㉣, 라 - ㉡
② 가 - ㉣, 나 - ㉡, 다 - ㉠, 라 - ㉢
③ 가 - ㉢, 나 - ㉣, 다 - ㉡, 라 - ㉠
④ 가 - ㉡, 나 - ㉠, 다 - ㉢, 라 - ㉣

> **해설** ③ 국가위기관리 활동단계는 크게 예방 및 대비활동, 대응활동, 복구활동의 단계로 구분할 수 있다.
> ㉡ 예방활동 : 제도개선, 정책적·기술적 대안강구, 취약점의 보완·관리
> ㉣ 대비활동 : 매뉴얼의 작성·보완 등 위기 대응책의 수립 및 점검, 위기대응 투입자원의 확보·관리, 위기대응 조치 절차의 교육 및 연습·훈련, 비상근무태세 유지
> ㉠ 대응활동 : 초기 대응조직 및 비상대책기구의 가동, 응급대응 및 공조체계 유지, 대내·외 홍보
> ㉢ 복구활동 : 복구자원의 투입 및 원상회복, 위기관리 활동의 평가 및 개선책의 강구

05 다음 중 「테러방지법」상 '대테러 특공대'의 임무로 가장 옳지 않은 것은? _{21년 경사}

① 테러사건 발생 시 신속한 인명구조
② 테러사건과 관련한 폭발물의 탐색 및 처리
③ 대한민국 또는 국민과 관련된 국내외 테러사건 진압
④ 주요 요인 경호 및 국가 중요행사의 안전한 진행 지원

> **해설** 대/테/러/특/공/대(「국민보호와 공공안전을 위한 테러방지법 시행령」 제18조)
> ① 국방부장관, 경찰청장 및 해양경찰청장은 테러사건에 신속히 대응하기 위하여 대테러특공대를 설치·운영한다.
> ② 국방부장관, 경찰청장 및 해양경찰청장은 제1항에 따른 대테러특공대를 설치·운영하려는 경우에는 대책위원회의 심의·의결을 거쳐야 한다.
> ③ 대테러특공대는 다음 각 호의 임무를 수행한다.
>   1. 대한민국 또는 국민과 관련된 국내외 테러사건 진압
>   2. 테러사건과 관련한 폭발물의 탐색 및 처리

정답 03 ④ 04 ③ 05 ①

3. 주요 요인 경호 및 국가 중요행사의 안전한 진행 지원
   4. 그 밖에 테러사건의 예방 및 저지활동
④ 국방부 소속 대테러특공대의 출동 및 진압작전은 군사시설 안에서 발생한 테러사건에 대하여 수행한다. 다만, 경찰력의 한계로 긴급한 지원이 필요하여 대책본부의 장이 요청하는 경우에는 군사시설 밖에서도 경찰의 대테러 작전을 지원할 수 있다.
⑤ 국방부장관은 군 대테러특공대의 신속한 대응이 제한되는 상황에 대비하기 위하여 군 대테러특수임무대를 지역 단위로 편성·운영할 수 있다. 이 경우 군 대테러특수임무대의 편성·운영·임무에 관하여는 제2항부터 제4항까지의 규정을 준용한다.

06 「국민보호와 공공안전을 위한 테러방지법」상 대테러 특공대를 설치, 운영하는 기관을 모두 고르시오.
19년 경력/공채

| ㉠ 국방부 ㉡ 해양경찰청 ㉢ 경찰청 ㉣ 국가정보원 |

① ㉠, ㉡, ㉢
② ㉠, ㉢, ㉣
③ ㉡, ㉢, ㉣
④ ㉠, ㉡, ㉢, ㉣

해설 ① 국가정보원(NIS)은 정보의 수집, 분석, 배포기관이다. 우리나라는 대부분의 다른 나라와는 달리 수사기능을 가지고 있는 것이 특징이다.
우리나라에서는 대테러특공대를 국방부장관과 경찰청장 그리고 해양경찰청장이 테러사건에 신속히 대응하기 위하여 대테러특공대를 설치·운영한다(동법 시행령 제18조 제1항). 지역관할은 통상 해상작전은 해양경찰특공대, 육상은 경찰특공대, 해외작전은 707특임부대가 수행한다.

07 다음 중 「국민보호와 공공안전을 위한 테러방지법」(시행령 및 시행규칙 포함)상 대테러 특공대를 설치하는 기관으로 가장 옳지 않은 것은?
22년 2차

① 국가정보원
② 국방부
③ 경찰청
④ 해양경찰청

해설 대테러 특공대(시행령 제18조)
① 국방부장관, 경찰청장 및 해양경찰청장은 테러사건에 신속히 대응하기 위하여 대테러특공대를 설치·운영한다.
② 국방부장관, 경찰청장 및 해양경찰청장은 제1항에 따른 대테러특공대를 설치·운영하려는 경우에는 대책위원회의 심의·의결을 거쳐야 한다.
③ 대테러특공대는 다음 각호의 임무를 수행한다.
   1. 대한민국 또는 국민과 관련된 국내외 테러사건 진압
   2. 테러사건과 관련된 폭발물의 탐색 및 처리
   3. 주요 요인 경호 및 국가 중요행사의 안전한 진행 지원
   4. 그 밖에 테러사건의 예방 및 저지활동
④ 국방부 소속 대테러특공대의 출동 및 진압작전은 군사시설 안에서 발생한 테러사건에 대하여 수행한다. 다만, 경찰력의 한계로 긴급한 지원이 필요하여 대책본부의 장이 요청하는 경우에는 군사시설 밖에서도 경찰의 대테러 작전을 지원할 수 있다.
⑤ 국방부장관은 군 대테러특공대의 신속한 대응이 제한되는 상황에 대비하기 위하여 군 대테러특수임무대를 지역 단위로 편성·운영할 수 있다. 이 경우 군 대테러특수임무대의 편성·운영·임무에 관하여는 제2항부터 제4항까지의 규정을 준용한다.

Ⅳ. 해양중요시설의 보호

01 2001년 9월 11일 미국에서 발생한 테러사건 이후 해상화물 운송선박 및 항만시설에 대한 해상테러 가능성을 대비하기 위한 해상분야 보안강화 규정 관련 협약이 탄생되었다. 이 협약과 관련된 설명 중 가장 옳지 않은 것은? 19년 경찰간부

① ISPS CODE로 불린다.
② 우리나라는 「국제항해선박 및 항만시설의 보안에 관한 법률」을 국내법으로 수용하였다.
③ 「국제항해선박 및 항만시설의 보안에 관한 법률」에서 대한민국 국적이면 고정식 해상구조물도 포함된다.
④ 「국제항해선박 및 항만시설의 보안에 관한 법률」에서 비상업용 목적으로 사용되는 국가소유 국제항해선박은 이 법의 적용이 제외된다.

> **해설** ③ 이동식 해상구조물(천연가스 등 해저자원의 탐사·발굴 또는 채취 등에 사용되는 것)은 해당되고, 고정식 해상구조물은 포함되지 않는다.
>
> **적/용/범/위(제3조)**
> ① 이 법은 다음 각호의 국제항해선박 및 항만시설에 대하여 적용한다. 다만, 이 법에 특별한 규정이 있으면 그 규정에 따른다.
>   1. 다음 각 목의 어느 하나에 해당하는 대한민국 국적의 국제항해선박
>   가. 모든 여객선
>   나. 총톤수 500톤 이상의 화물선
>   다. 이동식 해상구조물(천연가스 등 해저자원의 탐사·발굴 또는 채취 등에 사용되는 것)
>   2. 제1호 각 목의 어느 하나에 해당하는 대한민국 국적 또는 외국 국적의 국제항해선박과 선박항만연계활동이 가능한 항만시설
> ② 제1항에도 불구하고 비상업용 목적으로 사용되는 선박으로서 국가 또는 지방자치단체가 소유하는 국제항해선박에 대하여는 이 법을 적용하지 아니한다.

02 「국제항해선박 및 항만시설의 보안에 관한 법률」에 따른 선박식별번호를 표시하여야 하는 국제해양선박은? 19년 경찰간부

① 모든 여객선
② 모든 화물선
③ 총톤수 50톤 이상의 여객선
④ 총톤수 300톤 이상의 화물선

정답 06 ① 07 ① 01 ③ 02 ④

제6장 해양경찰 경비론 347

> **해설** 1] 적/용/범/위(제3조)
> ① 이 법은 다음 각호의 국제항해선박 및 항만시설에 대하여 적용한다. 다만, 이 법에 특별한 규정이 있으면 그 규정에 따른다.
>   1. 다음 각 목의 어느 하나에 해당하는 대한민국 국적의 국제항해선박
>   가. 모든 여객선
>   나. 총톤수 500톤 이상의 화물선
>   다. 이동식 해상구조물(천연가스 등 해저자원의 탐사·발굴 또는 채취 등에 사용되는 것)
>   2. 제1호 각목의 어느 하나에 해당하는 대한민국 국적 또는 외국 국적의 국제항해선박과 선박항만연계활동이 가능한 항만시설
> ② 제1항에도 불구하고 비상업용 목적으로 사용되는 선박으로서 국가 또는 지방자치단체가 소유하는 국제항해선박에 대하여는 이 법을 적용하지 아니한다.
>
> 2] 선/박/식/별/번/호(제18조)
> ① 제3조에도 불구하고 다음 각호에 해당하는 국제항해선박은 개별 선박의 식별이 가능하도록 부여된 번호를 표시하여야 한다.
>   1. 총톤수 100톤 이상의 여객선
>   2. 총톤수 300톤 이상의 화물선
> ② 선박식별번호의 표시방법 및 표시위치 등에 관하여 필요한 사항은 해양수산부령으로 정한다.

03 다음 <보기> 중 「국제항해선박 및 항만시설의 보안에 관한 법률(시행령, 시행규칙 포함)」에 대한 설명으로 옳은 것은 모두 몇 개인가?   21년 경찰간부

> ㉠ "선박항만연계활동"이란 국제항해선박과 항만시설 사이에 승선·하선 또는 선적·하역과 같이 사람 또는 물건의 이동을 수반하는 상호작용으로서 그 활동의 결과 국제항해선박이 직접적으로 영향을 받게 되는 것을 말한다.
> ㉡ 국제항해선박과 항만시설의 보안에 관하여 국제적으로 발효된 국제협약의 보안기준과 이 법의 규정 내용이 다른 때에는 국제협약의 효력을 우선한다. 단, 이 법의 규정 내용이 국제협약의 보안기준보다 강화된 기준을 포함하는 때에는 그러하지 아니하다.
> ㉢ 해양수산부장관은 국제항해선박 및 항만시설에 대하여 대통령령으로 정하는 바에 따라 보안등급을 설정하여야 한다.
> ㉣ ㉢에서의 보안등급은 1등급, 2등급, 3등급의 3단계로 구분된다.

① 1개 ② 2개
③ 3개 ④ 4개

> **해설** ㉠㉡㉢㉣ 4개 모두 올바른 내용이다.
> 1) "보안사건"이란 국제항해선박이나 항만시설을 손괴하는 행위 또는 국제항해선박이나 항만시설에 위법하게 폭발물 또는 무기류 등을 반입·은닉하는 행위 등 국제항해선박·항만시설·선박항만연계활동 또는 선박상호활동의 보안을 위협하는 행위 또는 그 행위와 관련된 상황을 말한다(제2조 제5호).
> 2) "보안등급"이란 보안사건이 발생할 수 있는 위험의 정도를 단계적으로 표시한 것으로서 「1974년 해상에서의 인명안전을 위한 국제협약」에 따른 등급구분 방식을 반영한 것을 말한다(제2조 제6호).

04 다음 중 PSI(확산방지구상)의 기본정신과 WM(대량살상무기) 확산방지를 위해 회원국들의 공약을 명시한 PSI의 기본문서를 지칭하는 것으로 가장 옳은 것은? 18년 경사

① WMD 확산방지협약
② PSI 의결서
③ PSI 차단원칙
④ UN안전보장이사회 결의안

해설 ③ 이 구상에 따르면, 핵과 미사일 등 대량살상무기의 확산을 방지하기 위한 정보 공유는 물론, 필요한 경우에는 가입국의 합동작전도 가능하다. 또 인신매매 금지나 마약·위조지폐 등의 밀수와 마찬가지로 대량살상무기의 밀수를 각국의 국내법으로 저지할 수 있는 내용도 포함되어 있다. 우리나라의 경우 「해양경비법」 제12조 제1항 제2호 해상 검문검색과 직접 관련이 있다.

1] PSI 차단원칙(The PSI Statement of Interdiction Principles)
2001년 9·11 테러 이후 미국은 미래에 있을 대규모 테러를 막기 위해서는 대량살상무기 확산방지가 안보 핵심과제라고 판단했다. 2003년 5월 조지 부시 당시 미 대통령이 폴란드 크라코우 연설에서 PSI(Proliferation Security Initiative)를 주창했고, 같은 해 9월 프랑스 파리에서 PSI 차단원칙(The PSI Statement of Interdiction Principles)에 관한 합의문을 11개국이 공동 발의하면서 체제가 출범했다.

2] 해/상/검/문/검/색(「해양경비법」 제12조)
해양경찰관은 해양경비 활동 중 다음 각호의 어느 하나에 해당하는 선박등에 대하여 주위의 사정을 합리적으로 판단하여 상당한 이유가 있는 경우 해상검문검색을 실시할 수 있다. 다만, 외국선박에 대한 해상검문검색은 대한민국이 체결·비준한 조약 또는 일반적으로 승인된 국제법규에 따라 실시한다.
1. 다른 선박의 항행 안전에 지장을 주거나 진로 등 항행상태가 일정하지 아니하고 정상적인 항법을 이탈하여 운항되는 선박 등
2. 대량파괴무기나 그 밖의 무기류 또는 관련 물자의 수송에 사용되고 있다고 의심되는 선박 등
3. 국내법령 및 대한민국이 체결·비준한 조약을 위반하거나 위반행위가 발생하려 하고 있다고 의심되는 선박 등

05 「국제항해선박 등에 대한 해적행위 피해예방에 관한 법률」에 대한 설명으로 가장 옳은 것은? 23년 경찰간부

① 위험해역이란 해적행위나 해상강도 행위가 발생하거나 발생할 우려가 있어 국제항해선박·원양어선·해상구조물 또는 선원·승선자의 안전에 상당한 위험이 있다고 판단하는 해역으로 해양경찰청장이 지정한 해역을 의미한다.
② 이 법은 위험해역을 통항하는 국제항해선박 등에 대해 적용한다. 다만, 총톤수 1,000톤 이상의 화물선, 고정식 해상구조물, 국가 또는 지방자치단체가 소유하는 선박은 제외된다.
③ 누구든지 해적행위 등이 발생한 사실이나 발생할 징후를 발견하였을 때에는 지체 없이 외교부장관, 해양수산부장관, 해양경찰청장 또는 재외공관장에게 신고하여야 한다.
④ 해상특수경비업을 영위하려는 자는 해양경찰청장의 허가를 받아야 한다.

정답 03 ④ 04 ③ 05 ③

해설 ① 해양수산부장관이 위험해역을 정하고 고시한다.
② 총톤수 500톤 미만의 화물선, 고정식 해상구조물, 국가 또는 지방자치단체가 소유하는 선박 등에 대해서는 적용하지 않는다.
④ 해상특수경비업을 영위하려는 자는 해양수산부장관의 허가를 받아야 한다.

1] **정의(제2조)** 이 법에서 사용하는 용어의 뜻은 다음과 같다.
   1. "국제항해선박"이란 국제항해에 이용되는 대한민국 국적의 선박(국적취득조건부나용선을 포함한다)으로서 대통령령으로 정하는 선박을 말한다.
   2. "원양어선"이란 「원양산업발전법」 제6조제1항에 따라 원양어업의 허가를 받은 어선 및 같은 법 제17조에 따른 시험어업 및 연구어업·교습어업에 사용되는 선박을 말한다.
   3. "선원"이란 「선원법」 제2조제1호에 따른 선원으로서 국제항해선박에 종사하는 사람을 말한다.
   4. "해상구조물"이란 자원의 탐사·개발, 해양과학조사, 그 밖의 경제적 목적 등을 위하여 해상에 설치되는 시설 또는 구조물을 말한다.
   5. "해적행위"란 다음 각 목의 어느 하나에 해당하는 행위를 말한다.
      가. 민간선박의 선원이나 승객이 사적 목적으로 공해상 또는 어느 국가 관할권에도 속하지 아니하는 곳에 있는 다른 선박이나 그 선박 내의 사람이나 재산에 대하여 범하는 불법적 폭력행위, 억류 또는 약탈행위
      나. 어느 선박이 해적선이 되는 활동을 하고 있다는 사실을 알고서도 자발적으로 그러한 활동에 참여하는 행위
   6. "해상강도행위"란 외국의 관할권이 미치는 곳에서 행하는 제5호가목 또는 나목에 해당하는 행위를 말한다.
   7. "위험해역"이란 해적행위나 해상강도행위(해적행위등)가 발생하거나 발생할 우려가 있어 국제항해선박·원양어선·해상구조물(국제항해선박등) 또는 선원·승선자의 안전에 상당한 위험이 있다고 판단하는 해역으로서 제8조에 따른 해적행위피해예방협의회의 심의를 거쳐 해양수산부장관이 고시로 정하는 해역을 말한다.
   8. "고위험해역"이란 위험해역 중 선원납치 사건 등 해적에 의한 피해가 집중발생되는 해역으로서 제8조에 따른 해적행위피해예방협의회의 심의를 거쳐 해양수산부장관이 고시로 정하는 해역을 말한다.
   9. "해상특수경비업"이란 해적행위등으로부터 국제항해선박등과 선원의 안전을 확보하는 데 필요한 경비업무를 제공하는 영업을 말한다.
   10. "위험성평가"란 해상특수경비원의 승선, 해상특수경비업무 수행과 관련한 고려사항 등을 결정하기 위하여 실시하는 평가를 말한다.

2] **적용범위(제4조)**
   이 법은 위험해역을 통항하는 국제항해선박등에 대하여 적용한다. 다만, 다음 각호의 어느 하나에 해당하는 선박 및 해상구조물에 대하여는 그러하지 아니하다.
   1. 총톤수 500톤 미만의 화물선
   2. 고정식 해상구조물
   3. 국가 또는 지방자치단체가 소유하는 선박

3] **다른 법률과의 관계(제5조)**
   ① 국제항해선박등에 대한 해적행위등과 관련한 피해예방에 있어서는 다른 법률에 특별한 규정이 있는 경우를 제외하고는 이 법에서 정하는 바에 따른다.
   ② 해적행위의 피해예방을 위하여 해상특수경비원이 이 법에 따라 우리나라 영해 밖에서 무기를 소지 및 사용하는 경우에는 「총포·도검·화약류 등의 안전관리에 관한 법률」을 적용하지 아니한다.

4] **해적행위 피해신고(제10조)**
   ① 누구든지 해적행위등이 발생한 사실이나 발생할 징후를 발견하였을 때에는 지체 없이 외교부장관, 해양수산부장관, 해양경찰청장 또는 재외공관장에게 신고하여야 한다.
   ② 제1항에 따른 신고를 받은 외교부장관, 해양수산부장관, 해양경찰청장 또는 재외공관장은 그 내용을 지체 없이 관계 중앙행정기관의 장과 선박소유자등에게 통보하여야 한다.

V. 경찰작전 및 위기관리

01 다음은 「통합방위법」상 통합방위작전에 대한 설명이다. 괄호 안에 들어갈 작전지휘관으로 가장 옳지 않은 것은?
20년 3차 / 간부

> "통합방위작전"이란 통합방위사태가 선포된 지역에서 제15조에 따라 (㉠), (㉡), (㉢) 또는 (㉣)이 국가방위요소를 통합하여 지휘·통제하는 방위작전을 말한다.

① ㉠ 통합방위본부장
② ㉡ 지역군사령관
③ ㉢ 지방해양경찰청장
④ ㉣ 시·도경찰청장

해설 ③ 현재 「통합방위법」상 해양경찰은 단독으로 통합방위작전을 수행할 권한과 책임이 없다. "통합방위작전"이란 통합방위사태가 선포된 지역에서 제15조에 따라 통합방위본부장, 지역군사령관, 함대사령관 또는 시·도경찰청장(이하 작전지휘관)이 국가방위요소를 통합하여 지휘·통제하는 방위작전을 말한다(제2조 제4호). 한편 "통합방위"란 적의 침투·도발이나 그 위협에 대응하기 위하여 각종 국가방위요소를 통합하고 지휘체계를 일원화하여 국가를 방위하는 것을 말하고(제2조 제1호), "통합방위사태"란 적의 침투·도발이나 그 위협에 대응하여 제6호부터 제8호까지의 구분에 따라 선포하는 단계별 사태를 말한다(제3호).

02 다음 중 「통합방위법(시행령, 시행규칙 포함)」에 대한 설명으로 가장 옳지 않은 것은?
21년 경찰간부

① "병종사태"란 일부 또는 수개 지역에서 적의 침투·도발로 인하여 단기간 내에 치안회복이 어려워 지역군사령관의 지휘·통제 하에 통합방위작전을 수행하여야 할 사태를 말한다.
② "갑종사태"란 일정한 조직체계를 갖춘 적의 대규모 병력 침투 또는 대량살상무기 공격 등의 도발로 인하여 통합방위본부장 또는 지역군사령관의 지휘·통제 하에 통합방위작전을 수행하여야 할 사태를 말한다.
③ 국방부장관은 2개 이상의 특별시·광역시·도에 걸쳐 을종사태에 해당하는 상황이 발생한 때에 즉시 국무총리를 거쳐 대통령에게 통합방위사태의 선포를 건의하여야 한다.
④ 지방해양경찰청장이 관할구역 내 적의 침투가 예상되는 곳에 검문소를 설치하는 경우에는 미리 관할 함대사령관과 협의하여야 한다.

정답 01 ③ 02 ①

> **해설**
> 1) "통합방위"란 적의 침투·도발이나 그 위협에 대응하기 위하여 각종 국가방위요소를 통합하고 지휘체계를 일원화하여 국가를 방위하는 것을 말한다(제2조 제1호).
> 2) "통합방위사태"란 적의 침투·도발이나 그 위협에 대응하여 제6호부터 제8호까지의 구분에 따라 선포하는 단계별 사태를 말한다(동조 제3호).
> 3) "통합방위작전"이란 통합방위사태가 선포된 지역에서 제15조에 따라 통합방위본부장, 지역군사령관, 함대사령관 또는 시·도경찰청장(작전지휘관)이 국가방위요소를 통합하여 지휘·통제하는 방위작전을 말한다(동조 제4호).
> 4) "갑종사태"란 일정한 조직체계를 갖춘 적의 대규모 병력 침투 또는 대량살상무기(大量殺傷武器) 공격 등의 도발로 발생한 비상사태로서 통합방위본부장 또는 지역군사령관의 지휘·통제 하에 통합방위작전을 수행하여야 할 사태를 말한다(동조 제6호).
> 5) "을종사태"란 일부 또는 여러 지역에서 적이 침투·도발하여 단기간 내에 치안이 회복되기 어려워 지역군사령관의 지휘·통제 하에 통합방위작전을 수행하여야 할 사태를 말한다(동조 제7호).
> 6) "병종사태"란 적의 침투·도발 위협이 예상되거나 소규모의 적이 침투하였을 때에 시·도경찰청장, 지역군사령관 또는 함대사령관의 지휘·통제 하에 통합방위작전을 수행하여 단기간 내에 치안이 회복될 수 있는 사태를 말한다(동조 제8호).

03 다음 중 「통합방위법(시행령 포함)」상 통합방위사태 선포에 관한 사항으로 가장 옳지 않은 것은?

23년 해경학과

① 갑종사태, 을종사태 또는 병종사태로 구분하여 선포한다.
② 시·도경찰청장, 지역군사령관 또는 함대사령관은 을종사태나 병종사태에 해당하는 상황이 발생한 때에는 즉시 시·도지사에게 통합방위사태의 선포를 건의하여야 한다.
③ 시·도지사가 통합방위사태를 선포한 때에는 지체 없이 관계장관과 국무총리를 거쳐 대통령에게 그 사실을 보고하여야 한다.
④ 둘 이상의 시·도에 걸쳐 을종사태에 해당하는 상황이 발생하였을 때에는 국방부장관이 통합방위사태를 선포한다.

> **해설** ④ 국방부장관은 선포 건의권자이지 선포권자는 아니다. 특히 통합방위사태가 발생하여 대통령이 선포할 때 국무총리를 거쳐 대통령에게 선포를 건의해야 한다.
> **통/합/방/위/사/태/의/선/포(제12조)**
> ① 통합방위사태는 갑종사태, 을종사태 또는 병종사태로 구분하여 선포한다.
> ② 제1항의 사태에 해당하는 상황이 발생하면 다음 각호의 구분에 따라 해당하는 사람은 즉시 국무총리를 거쳐 대통령에게 통합방위사태의 선포를 건의하여야 한다.
>   1. 갑종사태에 해당하는 상황이 발생하였을 때 또는 둘 이상의 특별시·광역시·특별자치시·도·특별자치도(시·도)에 걸쳐 을종사태에 해당하는 상황이 발생하였을 때 : 국방부장관
>   2. 둘 이상의 시·도에 걸쳐 병종사태에 해당하는 상황이 발생하였을 때 : 행정안전부장관 또는 국방부장관
> ③ 대통령은 제2항에 따른 건의를 받았을 때에는 중앙협의회와 국무회의의 심의를 거쳐 통합방위사태를 선포할 수 있다.
> ④ 시·도경찰청장, 지역군사령관 또는 함대사령관은 을종사태나 병종사태에 해당하는 상황이 발생한 때에는 즉시 시·도지사에게 통합방위사태의 선포를 건의하여야 한다.

⑤ 시·도지사는 제4항에 따른 건의를 받은 때에는 시·도 협의회의 심의를 거쳐 을종사태 또는 병종사태를 선포할 수 있다.
⑥ 시·도지사는 제5항에 따라 을종사태 또는 병종사태를 선포한 때에는 지체 없이 행정안전부장관 및 국방부장관과 국무총리를 거쳐 대통령에게 그 사실을 보고하여야 한다.

04 「통합방위법」에 대한 설명으로 가장 옳지 않은 것은? 23년 공/특채, 간부

① 통합방위란 적의 침투·도발이나 그 위협에 대응하기 위해 각종 국가방위요소를 통합하고 지휘체계를 일원화하여 국가를 방위하는 것을 의미한다.
② 대통령령으로 정하는 군부대의 장 및 경찰관서의 장은 적의 침투·도발이나 그 위협이 예상될 경우 통합방위작전을 준비하기 위하여 경계태세를 발령할 수 있다.
③ 통합방위작전의 해상 관할구역은 일반경비해역과 특정경비해역으로 구분하며, 일반경비해역은 지방해양경찰청장이, 특정경비해역은 함대사령관이 담당한다.
④ 지방해양경찰청장은 적의 침투가 예상되는 곳 등에 검문소를 설치·운용할 수 있지만, 사전에 관할 함대사령관과 협의하여야 한다.

해설 ③ "통합방위작전"이란 통합방위사태가 선포된 지역에서 제15조에 따라 통합방위본부장, 지역군사령관, 함대사령관 또는 시·도경찰청장(작전지휘관)이 국가방위요소를 통합하여 지휘·통제하는 방위작전을 말한다. 그러므로 통합방위법상 해양경찰청장은 단독으로 통합방위작전을 수행할 수 있는 작전지휘관이 아니다.

1] 경계태세(제11조)
① 대통령령으로 정하는 군부대의 장 및 경찰관서의 장(발령권자)은 적의 침투·도발이나 그 위협이 예상될 경우 통합방위작전을 준비하기 위하여 경계태세를 발령할 수 있다.
② 제1항에 따라 경계태세가 발령된 때에는 해당 지역의 국가방위요소는 적의 침투·도발이나 그 위협에 대응하기 위하여 필요한 지휘·협조체계를 구축하여야 한다.
③ 발령권자는 경계태세 상황이 종료되거나 상급 지휘관의 지시가 있는 경우 경계태세를 해제하여야 하고, 제12조에 따라 통합방위사태가 선포된 때에는 경계태세는 해제된 것으로 본다.
④ 경계태세의 종류, 발령·해제 절차 및 경계태세 발령 시 국가방위요소 간 지휘·협조체계 구축 등에 필요한 사항은 대통령령으로 정한다.

2] 통합방위작전(제15조)
① 통합방위작전의 관할구역은 다음 각호와 같이 구분한다.
  1. 지상 관할구역 : 특정경비지역, 군관할지역 및 경찰관할지역
  2. 해상 관할구역 : 특정경비해역 및 일반경비해역
  3. 공중 관할구역 : 비행금지공역(空域) 및 일반공역
② 시·도경찰청장, 지역군사령관 또는 함대사령관은 통합방위사태가 선포된 때에는 즉시 다음 각호의 구분에 따라 통합방위작전(공군작전사령관의 경우에는 통합방위 지원작전)을 신속하게 수행하여야 한다. 다만, 을종사태가 선포된 경우에는 지역군사령관이 통합방위작전을 수행하고, 갑종사태가 선포된 경우에는 통합방위본부장 또는 지역군사령관이 통합방위작전을 수행한다.
  1. 경찰관할지역: 시·도경찰청장
  2. 특정경비지역 및 군관할지역 : 지역군사령관
  3. 특정경비해역 및 일반경비해역 : 함대사령관
  4. 비행금지공역 및 일반공역 : 공군작전사령관

정답 03 ④ 04 ③

③ 통합방위사태가 선포된 때에는 해당 지역의 모든 국가방위요소는 대통령령으로 정하는 바에 따라 통합방위작전을 효율적으로 수행하기 위하여 필요한 지휘·협조체계를 구축하여야 한다.
④ 제1항부터 제3항까지에서 규정한 사항 외에 통합방위작전 관할구역의 세부 범위 및 통합방위작전의 시행 등에 필요한 사항은 실무위원회의 심의를 거쳐 통합방위본부장이 정한다.
⑤ 통합방위작전의 임무를 수행하는 사람은 그 작전지역에서 대통령령으로 정하는 바에 따라 임무 수행에 필요한 검문을 할 수 있다.

3] 검문소의 운용(제18조)
① 시·도경찰청장, 지방해양경찰청장(대통령령으로 정하는 해양경찰서장을 포함한다), 지역군사령관 및 함대사령관은 관할구역 중에서 적의 침투가 예상되는 곳 등에 검문소를 설치·운용할 수 있다. 다만, 지방해양경찰청장이 검문소를 설치하는 경우에는 미리 관할 함대사령관과 협의하여야 한다.
② 검문소의 지휘·통신체계 및 운용 등에 필요한 사항은 대통령령으로 정한다.

05 「해양경찰청 비상소집 및 근무규칙」상 '비상근무 등급'의 인력동원에 대한 설명으로 가장 옳지 않은 것은?
19년 경사

① 해상경계강화 : 별도의 경력 동원 없이 비상대기태세를 유지하되 필요에 따라 적정 수준의 가용인력을 동원할 수 있다.
② 갑호비상 : 가용인력의 100%까지 동원할 수 있다.
③ 을호비상 : 가용인력의 60%까지 동원할 수 있다.
④ 병호비상 : 가용인력의 30%까지 동원할 수 있다.

> 해설 ③ 을호비상은 가용인력의 50%까지 동원할 수 있다. 가용인력은 출장, 병가, 연가, 휴직, 휴가, 파견, 교육중 인원과 가용경비세력 운용인력을 제외하고 실제 동원할 수 있는 인원을 말한다. 그리고 가용경비세력은 수리중인 함정 및 항공기를 제외하고 실제 동원될 수 있는 함정 및 항공기와 그 운용인력을 말한다.

06 「해양경찰청 비상소집 및 근무규칙」상 '비상근무 등급'의 인력동원에 대한 설명으로 가장 옳지 않은 것은?
19년 경력/공채

① 갑호비상 : 가용인력의 100%까지 동원할 수 있다.
② 을호비상 : 가용인력의 50%까지 동원할 수 있다.
③ 병호비상 : 가용인력의 25%까지 동원할 수 있다.
④ 해상경계강화 : 별도의 경력 동원 없이 비상대기 태세를 유지하되 필요에 따라 적정수준의 가용인력을 동원할 수 있다

> 해설 ③ 비상근무의 등급별 정황은 「해상치안 상황처리 매뉴얼」상황별 단계구분에 따른 A급 상황 및 이에 준하는 상황에 한하여 비상발령권자가 등급을 설정하여 운용한다.

비상근무 종류	경비비상	해양주권 관련 상황, 해양안보 관련 상황
	구조비상	해양안전 관련 상황
	정보수사비상	해상치안 관련 상황
	방제비상	해양오염 관련 상황
비상근무 등급	갑호비상	가용인력의 100%까지 동원할 수 있다.
	을호비상	가용인력의 50%까지 동원할 수 있다.
	병호비상	가용인력의 30%까지 동원할 수 있다.
	해상경계강화	별도의 경력 동원없이 비상대기태세를 유지하되 필요에 따라 적정수준의 가용인력을 동원할 수 있다.

07 다음 중 「해양경찰청 비상소집 및 근무규칙」에 대한 설명으로 가장 옳지 않은 것은?

20년 경력/공채

① 가용인력은 출장·휴직·휴가·파견·교육 중인 인원과 가용경비세력 운용인력을 제외하고 실제 동원될 수 있는 인원을 말한다.
② 비상근무의 종류에는 경비비상, 구조비상, 정보수사비상 등이 있다.
③ 비상소집 시 필수요원은 1시간 이내, 일반요원은 2시간 이내 응소함을 원칙으로 한다.
④ 연 1회 이상 불시 비상소집 전화훈련을 실시할 수 있으며, 비상소집 전화응소는 1시간 내 응소함을 원칙으로 한다.

해설 ④ 비상근무발령권자는 연 1회 이상 불시 비상소집훈련을 실시하며, 비상근무발령권자는 전화 확인방식으로 반기 1회 이상 불시 비상소집 전화훈련을 실시할 수 있으며, 비상소집 전화응소는 30분 내 응소함을 원칙으로 한다. 30분 이후 응소자는 미응소로 한다(제15조).

08 다음 중 「해양경찰청 비상소집 및 근무규칙」상 '비상근무'에 대한 설명으로 가장 옳지 않은 것은?

21년 경사

① 비상근무의 종류로는 경비비상, 구조비상, 정보수사비상, 방제비상이 있다.
② 비상근무 등급은 갑호, 을호, 병호비상, 해상경계강화가 있다.
③ 을호비상은 가용인력의 70%까지 동원할 수 있다.
④ 비상근무는 비상상황하에서 업무수행의 계속성을 유지하는 것을 말한다.

정답 05 ③ 06 ③ 07 ④ 08 ③

해설

1] 용어정의(제2조)

1. "비상상황"이라 함은 해양주권·안보·안전·치안·오염과 관련하여 중요상황이 발생하거나 발생할 우려가 있어 다수의 경력을 동원할 필요가 있는 때를 말한다.
2. "비상소집"이라 함은 비상상황이 발생하거나 발생할 우려가 있어 현행 근무인력으로 상황조치가 어려운 경우 소속 공무원을 해당 소집장소로 집결하게 하는 것을 말한다. 다만, 비상상황에 미치는 상황은 아니나 현행 근무인력으로 상황처리가 어려운 경우도 포함한다.
3. "비상근무"라 함은 비상상황하에서 업무수행의 계속성을 유지하는 것을 말한다.
4. "해상경계강화"라 함은 관내 취약요소에 대한 순찰과 감시를 강화하고 유관기관 간 정보교환을 철저히 하는 등 즉응태세를 유지하는 것을 말한다.
5. "지휘통제선상 위치"라 함은 지휘관이 유사시 통신으로 즉시 상황지휘가 가능하고 1시간내 상황지휘 및 상황근무가 가능한 위치에서 대기하는 것을 말한다.
6. "비상대기 태세 유지"라 함은 지휘관을 제외한 공무원이 비상연락체계를 유지하면서 비상소집이 가능한 위치에서 대기하는 것을 말한다.
7. "비상업무 주무부서"라 함은 기관 전체의 비상연락망을 유지하고 비상업무를 관리·감독하는 부서로 종합상황실을 포함한 경비업무를 담당하는 부서(해양경찰교육원과 해양경찰정비창은 총무기능)를 말한다.
8. "가용인력"이라 함은 출장·휴직·휴가·파견·교육중(이하 사고)인 인원과 가용경비세력 운용인력을 제외하고 실제 동원될 수 있는 인원을 말한다.
9. "가용경비세력"이라 함은 수리중인 함정 및 항공기를 제외하고 실제 동원될 수 있는 함정 및 항공기와 그 운용인력을 말한다.
10. "필수요원"이라 함은 비상발령권자가 지정한 자로 비상소집 시 1시간 이내에 응소하여야 할 공무원을 말한다.
11. "일반요원"이라 함은 필수요원을 제외한 공무원으로 비상소집 시 2시간 이내에 응소하여야 할 공무원을 말한다.

2] 근무요령(제6조)

① 비상근무발령권자는 다음 각호에 따라 인력을 동원하여 비상근무를 실시한다. 다만 상황의 특성을 고려하여 주무기능과 관련기능만 비상근무를 발령하여 비상근무를 실시할 수 있다.
  1. 갑호비상 : 가용인력의 100%까지 동원할 수 있다.
  2. 을호비상 : 가용인력의 50%까지 동원할 수 있다.
  3. 병호비상 : 가용인력의 30%까지 동원할 수 있다.
  4. 해상경계강화 : 별도의 경력 동원없이 비상대기태세를 유지하되 필요에 따라 적정수준의 가용인력을 동원할 수 있다.

② 비상근무발령권자는 다음 각호에 따라 경비세력을 동원하여 비상근무를 실시한다. 다만 상황을 특성을 고려하여 가용인력과 가용경비세력 동원을 다르게 지정할 수 있다.
  1. 갑호비상 : 가용경비세력의 100%까지 동원할 수 있다.
  2. 을호비상 : 가용경비세력의 50%까지 동원할 수 있다.
  3. 병호비상 : 가용경비세력의 30%까지 동원할 수 있다.
  4. 해상경계강화 : 별도의 가용경비세력 동원 없이 비상대기태세를 유지하되 필요에 따라 적정수준의 가용경비세력을 동원할 수 있다.

③ 비상대기태세 유지 시 기본 근무지침은 다음 각호와 같다.
  1. 각급 지휘관은 지휘통제선상 위치로 근무기강 확립 및 취약분야에 대한 지휘감독 철저
  2. 상황 발생 시 보고·지휘체계 확립 및 대응철저
  3. 전 직원 비상연락망 점검 및 비상소집 체계 유지
  4. 안전수칙 준수로 자체사고 예방
  5. 함정·항공기·특공대·구조대 긴급 출동태세 유지

④ 해상경계강화를 제외한 비상등급의 근무는 비상근무 목적과 인원 등을 종합적으로 고려하여 현장배치 및 교대근무, 대기근무 등으로 편성하여 운용한다.

⑤ 비상근무가 장기간 유지되거나 될 우려가 있는 경우 기본근무 복귀 또는 귀가하여 비상대기태세를 갖추도록 할 수 있다.

⑥ 갑호비상 근무 시 연가를 중지하고, 을호 및 병호 비상시 부득이한 경우를 제외하고 연가를 억제한다.

09 다음 중 「해양경찰청 비상소집 및 근무규칙」상 '지휘본부운영'에 대한 설명으로 가장 옳지 않은 것은?
21년 경사

① 지휘본부장은 해양경찰청장이, 지방해양경찰청과 해양경찰서의 본부장은 당해 지방해양경찰청장 및 해양경찰서장이다.
② 지휘본부의 구성은 각종 상황관련 매뉴얼에 따라 편성하여 운영한다.
③ 지휘본부의 각 반은 일일 종합보고서를 작성하여야 한다.
④ 비상근무발령권자는 신속한 지휘를 위해 반드시 종합상황실에 설치·운영하여야 한다.

해설 1) 지휘본부운영(제7조)
① 비상근무발령권자는 필요시 지휘본부를 종합상황실에 설치하여 운영할 수 있다.
② 지휘본부장은 해양경찰청장이, 지방해양경찰청과 해양경찰서의 본부장은 당해 지방해양경찰청장 및 해양경찰서장이 된다.
③ 지휘본부의 구성은 각종 상황관련 매뉴얼에 따라 편성하여 운영한다.
④ 지휘본부의 각 반은 일일 종합보고서를 작성하여 지휘본부장에게 보고하거나 상황 주무기능에서 취합하여 통합 보고할 수 있다.
2) 해제(제8조)
비상근무발령권자는 비상상황이 종료되는 즉시 비상근무를 해제하고, 제5조제1항제2호 내지 제3호의 발령권자는 6시간이내 해제일시, 사유 및 비상근무 결과 등을 차상급 기관의 장에게 보고하여야 한다. 단, 해상경계 강화의 경우는 별도보고를 실시하지 않을 수 있다.

10 다음 중 「해양경찰청 비상소집 및 근무규칙」상 '비상대기태세 유지 근무지침'에 대한 설명으로 가장 옳지 않은 것은?
21년 경위

① 비상대기태세 유지란 지휘관을 제외한 공무원이 비상연락체계를 유지하면서 비상소집이 가능한 위치에서 대기하는 것을 말한다.
② 각급 지휘관은 지휘통제선상 위치로 근무기강확립 및 취약분야에 대한 지휘감독을 한다.
③ 비상소집 필수요원에 대해 비상연락망 점검 및 비상소집체계를 유지한다.
④ 함정·항공기·특공대·구조대 등 긴급출동태세를 유지한다.

해설 ③ 전 직원에 대해 비상연락망 점검 및 비상소집 체계를 유지해야 한다.
근/무/요/령(제6조)
1] 비상대기태세 유지 시 기본 근무지침(제3항)
1. 각급 지휘관은 지휘통제선상 위치로 근무기강 확립 및 취약분야에 대한 지휘감독 철저
2. 상황 발생 시 보고·지휘체계 확립 및 대응철저
3. 전 직원 비상연락망 점검 및 비상소집 체계 유지

정답 09 ④ 10 ③

4. 안전수칙 준수로 자체사고 예방
5. 함정·항공기·특공대·구조대 긴급 출동태세 유지

2) 해상경계강화를 제외한 비상등급의 근무는 비상근무 목적과 인원 등을 종합적으로 고려하여 현장배치 및 교대근무, 대기근무 등으로 편성하여 운용한다(제4항).
3) 비상근무가 장기간 유지되거나 될 우려가 있는 경우 기본근무 복귀 또는 귀가하여 비상대기태세를 갖추도록 할 수 있다(제5항).
4) 갑호비상 근무 시 연가를 중지하고, 을호 및 병호 비상시 부득이한 경우를 제외하고 연가를 억제한다(제6항).

11. 다음 중「해양경찰청 비상소집 및 근무규칙」에 따른 비상근무 등급별 연가에 관한 설명으로 가장 옳지 않은 것은?
20년 3차

① 갑호비상 : 연가 중지
② 을호비상 : 연가 중지
③ 병호비상 : 부득이한 경우를 제외하고 연가 억제
④ 해상경계강화 : 제한 규정 없음

해설 ② 갑호비상 근무시 연가를 중지하고, 을호 및 병호 비상시 부득이한 경우를 제외하고 연가를 억제한다.

12. 다음은「해양경찰청 비상소집 및 근무규칙」상 비상소집 및 비상근무 등에 관한 내용이다. ( )안에 들어갈 숫자의 합으로 가장 옳은 것은?
21년 경감

> ㉠ 필수요원은 ( )시간 이내로 비상소집에 응소하여야 한다.
> ㉡ 시간 외 응소는 해당시간 경과 후 ( )시간 내 응소를 말한다.
> ㉢ 비상근무발령권자는 전화 확인방식으로 반기 ( )회 이상 불시 비상소집 전화훈련을 실시 할 수 있으며, 비상소집 전화응소는 ( )분내 응소함을 원칙으로 한다.
> ㉣ 병호비상은 가용인력의 ( )%까지 동원할 수 있다.

① 63   ② 64
③ 83   ④ 84

해설 ㉠ 1시간 이내, ㉡ 1시간 내, ㉢ 반기 1회 이상, 30분 내 응소함이 원칙, ㉣ 30%

1] 근무요령(제6조)
① 비상근무발령권자는 다음 각호에 따라 인력을 동원하여 비상근무를 실시한다. 다만 상황의 특성을 고려하여 주무기능과 관련기능만 비상근무를 발령하여 비상근무를 실시 할 수 있다.
 1. 갑호비상 : 가용인력의 100%까지 동원할 수 있다.
 2. 을호비상 : 가용인력의 50%까지 동원할 수 있다.
 3. 병호비상 : 가용인력의 30%까지 동원할 수 있다.

4. 해상경계강화 : 별도의 경력 동원없이 비상대기태세를 유지하되 필요에 따라 적정수준의 가용인력을 동원할 수 있다.
② 비상근무발령권자는 다음 각호에 따라 경비세력을 동원하여 비상근무를 실시한다. 다만 상황을 특성을 고려하여 가용인력과 가용경비세력 동원을 다르게 지정할 수 있다.
　　1. 갑호비상 : 가용경비세력의 100%까지 동원할 수 있다.
　　2. 을호비상 : 가용경비세력의 50%까지 동원할 수 있다.
　　3. 병호비상 : 가용경비세력의 30%까지 동원할 수 있다.
　　4. 해상경계강화 : 별도의 가용경비세력 동원 없이 비상대기태세를 유지하되 필요에 따라 적정수준의 가용경비세력을 동원할 수 있다.

2] 응소 및 보고(제11조)

① 비상소집관은 별지 제2호 서식에 따라 비상소집응소부를 작성, 비치하여야 한다. 다만, 필요에 따라 각 과 주무계로부터 비상소집실시 결과보고로 비상소집응소부를 대체할 수 있다.
② 비상소집 명령을 전달받은 공무원은 소집장소로 응소함을 원칙으로 하고 함정, 항공대, 구조대, 특공대, 파출소 등 현장부서는 특별한 지시가 없을 경우 해당 근무장소로 응소한다. 단, 도서를 포함한 원거리 소재 파출소 및 출장소 근무자 등 시간 내 응소가 불가능한 경우에는 가까운 해양경찰관서에 응소 후 지시에 따른다.
③ 비상소집시 필수요원은 1시간 이내, 일반요원은 2시간이내 응소함을 원칙으로 하고 응소자 명부에는 응소시간별로 기록하며, 시간내 응소자와 시간외 응소자, 미응소자를 구분하여 기록한다.
　　1. 시간내 응소 : 해당시간 내 응소
　　2. 시간외 응소 : 해당시간 경과후 1시간내 응소
　　3. 미응소 : 해당시간 경과 후 1시간 초과 응소
④ 사고중인 공무원은 응소에서 제외하고 사고시간이 해결되었을 경우 즉시 응소하여야 한다.
⑤ 비상소집된 부서는 별지 제3호 서식에 따라 비상소집 후 1시간 내에 비상소집 실시보고를 주무부서에 통보하여야 한다.

3] 교육훈련(제15조)

① 비상근무발령권자는 직장교육 등의 교육기회를 통하여 다음 각호의 사항을 교육하여야 한다.
　　1. 실제응소 및 전화 응소 요령
　　2. 비상소집 전달요령
　　3. 전출·입 및 변동사항 통보 의무와 책임
② 비상근무발령권자는 연1회 이상 불시 비상소집훈련을 실시한다.
③ 비상근무발령권자는 전화 확인방식으로 반기 1회 이상 불시 비상소집 전화훈련을 실시할 수 있으며, 비상소집 전화응소는 30분내 응소함을 원칙으로 하고, 30분 이후 응소자는 미응소로 한다.

정답　11 ②　12 ①

13 다음 중 「해양경찰청 비상소집 및 근무규칙」에 대한 설명으로 가장 옳지 않은 것은?

21년 경찰간부

① "가용인력"이란 출장·휴직·휴가 등인 인원과 가용 경비세력 운용인력을 제외하고 실제 동원될 수 있는 인원을 말한다.
② 비상소집은 비상근무발령권자의 지시에 따라 종합상황실장이 실시한다. 단, 자체 상황처리를 위하여 함·정장, 파출소장 등 현장 지휘관이 인력을 동원할 필요가 있는 경우 비상소집을 할 수 있다.
③ 비상소집 명령을 전달받은 공무원은 소집장소로 응소함을 원칙으로 한다. 단, 시간 내 응소가 불가능한 경우에는 가까운 해양경찰관서에 응소 후 지시에 따른다.
④ 비상근무발령권자는 전화 확인의 방식으로 분기 1회 이상 불시 비상소집 전화훈련을 실시할 수 있다.

해설 ④ 비상근무발령권자는 전화 확인 방식으로 반기 1회 이상 불시 비상소집 전화훈련을 실시할 수 있다.

「비상소집 및 근무규칙」
1] 용어정의(제2조)
1) "가용인력"이라 함은 출장·휴직·휴가·파견·교육중(이하 사고)인 인원과 가용경비세력 운용인력을 제외하고 실제 동원될 수 있는 인원을 말한다(제8호).
2) "가용경비세력"이라 함은 수리중인 함정 및 항공기를 제외하고 실제 동원될 수 있는 함정 및 항공기와 그 운용인력을 말한다(제9호).
3) "필수요원"이라 함은 비상발령권자가 지정한 자로 비상소집 시 1시간 이내에 응소하여야 할 공무원을 말한다(제10호).
4) "일반요원"이라 함은 필수요원을 제외한 공무원으로 비상소집 시 2시간 이내에 응소하여야 할 공무원을 말한다(제11호).

2] 비상소집(제9조)
① 비상소집은 비상근무발령권자의 지시에 따라 종합상황실장이 실시하며, 상황대응에 필요한 인원의 전부 또는 일부를 지역별, 계급별, 기능별로 구분하여 비상소집한다. 단, 자체 상황처리를 위하여 함·정장, 파출소장, 특공대장 등 현장 지휘관이 인력을 동원할 필요가 있는 경우 비상소집을 할 수 있다.
② 비상소집은 별지 제1호 서식에 따라 발령한다.

3] 교육훈련(제15조)
① 비상근무발령권자는 직장교육 등의 교육기회를 통하여 다음 각호의 사항을 교육하여야 한다.
  1. 실제응소 및 전화 응소 요령
  2. 비상소집 전달요령
  3. 전출·입 및 변동사항 통보 의무와 책임
② 비상근무발령권자는 연1회 이상 불시 비상소집훈련을 실시한다.
③ 비상근무발령권자는 전화 확인 방식으로 반기 1회 이상 불시 비상소집 전화훈련을 실시할 수 있으며, 비상소집 전화응소는 30분내 응함을 원칙으로 하고, 30분 이후 응소자는 미응소로 한다.

14 다음 중 「해양경찰청 비상소집 및 근무규칙」에 따른 비상근무에 관한 설명으로 가장 옳지 않은 것은?

21년 3차

① 비상근무가 장기간 유지되거나 될 우려가 있는 경우 기본근무 복귀 또는 귀가하여 비상대기태세를 갖추도록 할 수 있다.
② 비상근무발령권자는 비상상황이 종료되는 즉시 비상근무를 해제하고, 지방해양경찰청장 또는 해양경찰서장이 발령권자였을 경우 6시간이내 해제일시, 사유 및 비상근무 결과 등을 차상급 기관의 장에게 보고하여야 한다.
③ 갑호 및 을호비상 근무 시 연가를 중지하고, 병호 비상시 부득이한 경우를 제외하고 연가를 억제한다.
④ 비상근무발령권자는 필요시 지휘본부를 종합상황실에 설치하여 운영할 수 있다.

> **해설** ③ 갑호비상 근무 시 연가를 중지하고, 을호 및 병호 비상시 부득이한 경우를 제외하고 연가를 억제한다(제6조 제6항).
> ① 규칙 제6조 제5항.
> ② 규칙 제8조
> ④ 규칙 제7조 제1항

15 다음 중 「해양경찰청 비상소집 및 근무규칙」상 비상근무의 종류로 가장 옳지 않은 것은?

22년 해경학과

① 경비비상   ② 방제비상
③ 안전비상   ④ 정보수사비상

> **해설** 비/상/근/무/의/종/류
> 1] 경비비상
> 2] 구조비상
> 3] 정보수사비상
> 4] 방제비상

정답 13 ④ 14 ③ 15 ③

16 다음 중 「해양경찰청 비상소집 및 근무규칙」상 경비비상의 등급별 세부사항으로 연결이 가장 옳지 않은 것은?

22년 경찰간부

① 을호비상 – 국제행사·기념일 등을 전후하여 해상경비수요가 증가하여 가용 경력을 50% 동원할 필요가 있는 경우
② 을호비상 – 집단사태·테러 등의 발생으로 사회적 혼란 발생이 예상되는 경우
③ 병호비상 – 전시, 사변 또는 이에 준하는 비상사태와 관련된 징후가 현저히 증가된 경우
④ 병호비상 – 국제행사·기념일 등을 전후하여 해상경비수요가 증가하여 가용 경력을 30% 동원할 필요가 있는 경우

해설 ② 경비비상의 병호등급

경비비상	
갑호	1. 전시, 사변 또는 이에 준하는 비상사태가 발생하였거나 발생이 임박하여 긴장이 최고조에 이른 경우 2. 대규모 집단사태·테러 등의 발생으로 사회가 극도로 혼란하게 되었거나 그 징후가 현저한 경우 3. 국제행사·기념일 등을 전후하여 해상경비수요가 증가하여 가용 경력을 100% 동원할 필요가 있는 경우
을호	1. 전시, 사변 또는 이에 준하는 비상사태와 관련된 긴장이 고조된 경우 2. 대규모 집단사태·테러 등의 발생으로 사회가 혼란하게 되었거나 그 징후가 예상되는 경우 3. 국제행사·기념일 등을 전후하여 해상경비수요가 증가하여 가용 경력을 50% 동원할 필요가 있는 경우
병호	1. 전시, 사변 또는 이에 준하는 비상사태와 관련된 징후가 현저히 증가된 경우 2. 적의 국지도발이 있는 경우로서 경비비상 "갑호" 또는 "을호"의 발령단계에 이르지 아니한 경우 3. 집단사태·테러 등의 발생으로 사회적 혼란 발생이 예상되는 경우 4. 국제행사·기념일 등을 전후하여 해상경비수요가 증가하여 가용 경력을 30% 동원할 필요가 있는 경우
구조비상	
갑호	재난으로 인명 또는 재산의 피해정도가 매우 크거나 재난의 영향이 사회적·경제적으로 광범위한 경우
을호	재난으로 인명 또는 재산의 피해정도가 현저히 증가되거나 재난의 영향이 사회적·경제적으로 미치는 경우
병호	재난으로 인명 또는 재산의 피해정도가 크고 재난이 사회적·경제적으로 영향을 미칠것으로 예상되는 경우
정보수사비상	
갑호	사회 이목을 집중시킬만한 중대범죄 발생 시
을호	중요범죄 사건발생 시
방제비상	
갑호	전시 또는 재난적 해양오염사고로 인명, 재산 및 환경피해가 심각한 수준으로 확대된 경우
을호	전시 또는 재난적 해양오염사고로 인명, 재산 및 환경피해가 발생한 경우
병호	전시 또는 재난적 해양오염사고가 발생하거나, 발생될 우려가 있는 경우
해상경계강화	
	별도의 경력 동원이 없는 "병호"비상보다 낮은 단계로, 적 활동징후 및 취약시기를 고려 적정수준의 경비세력을 추가 배치하여 해상 경계를 강화할 필요가 있을 때

17 다음 중 「해양경찰청 종합상황실 운영규칙」상 중요상황이 발생했거나 발생할 우려가 있는 경우 또는 이에 준하는 해양상황 발생 시 신속하고 체계적인 대응을 위해 소집되어 상황을 처리하는 팀으로 가장 옳은 것은?   22년 해경학과/경찰간부

① 상황기획팀
② 상황대책팀
③ 상황관리팀
④ 상황지원팀

해설

1] 규칙 제2조(정의) 이 규칙에서 사용하는 용어의 뜻은 다음과 같다.
 1. "해양상황"이란 해양과 관련된 경비·재난·치안·오염 등의 상황이 발생하였거나 발생할 징후가 있는 경우를 말한다.
 2. "초동조치"란 해양상황 접수 시 해양경찰청 및 지방해양경찰관서 종합상황실에서 다음 각호의 조치를 하는 것을 말한다.
  가. 상황보고, 통보 및 하달
  나. 함정·항공기 등 대응세력의 출동·동원요청 및 현장조치 지시(대응세력 도착 전까지의 현장 안전조치를 포함한다)
  다. 긴급 상황 관련 수배 및 차단지시
  라. 가능한 장비, 물자의 동원
  마. 민간선박과 관련기관 및 외국기관과의 협조
  바. 그 밖의 합리적인 판단 하에 필요한 조치
 3. "중요상황"이란 해양주권, 해양안보, 해양치안, 해양오염, 해양안전 등에 중대한 영향을 미치는 상황으로 상황대책팀을 구성하거나 상황지원팀을 소집하여 처리할 필요가 있는 경우를 말하며, 별표 3과 같다.
 4. "상황지원팀"이란 중요상황이 발생할 우려가 있어 소관부서의 지원이 필요한 경우에 소집되어 상황담당과장을 보좌하여 상황처리를 지원하는 팀을 말한다.
 5. "상황대책팀"이란 중요상황이 발생했거나 발생할 우려가 있는 경우 또는 이에 준하는 해양상황 발생 시 신속하고 체계적인 대응을 위해 소집되어 상황을 처리하는 팀을 말한다.
 6. "상황관리"란 해양상황 발생 시 해양주권 수호, 치안질서 유지, 해양오염 방지, 인명과 재산피해 방지 및 최소화 등을 위하여 신속한 상황전파와 초동조치, 지휘 등의 업무를 수행하기 위한 모든 활동을 말한다.
 7. "상황담당부서의 장"이란 해양경찰청 상황실장, 지방해양경찰청 상황실장, 해양경찰서 경비구조과장, 서해5도 특별경비단 경비작전과장을 말한다.
 8. "상황근무자"란 상황실에서 교대 근무하는 사람을 말한다.
 9. "긴급신고전화"란 해양사고, 해양오염, 범죄피해 등 해양사건사고의 당사자 또는 이를 인지한 사람이 유선전화, 문자메시지 등의 방법으로 긴급하게 해양경찰에게 조치를 요청하는 것으로 통합신고처리시스템으로 접수되는 것을 말한다.
 10. "지방해양경찰관서"란 「해양경찰청과 그 소속기관 직제」에 따른 지방해양경찰청, 해양경찰서, 서해5도 특별경비단을 말한다.

2] 규칙 제4조(조직)
 ① 해양경찰청은 차장 밑에 상황실을 두고, 상황실 운영을 총괄하는 상황실장 1명을 두며, 상황실 소속으로 상황기획팀과 상황관리팀을 둔다.
 ② 지방해양경찰청은 안전총괄부 소속으로 상황실을 두고, 상황실 운영을 총괄하는 상황실장 1명을 두며, 상황실 소속으로 상황기획계와 상황관리계를 둔다. 다만, 지방해양경찰청에 안전총괄부장이 없는 경우에는 지방해양경찰청장 직속으로 상황실을 둔다.
 ③ 해양경찰서는 경비구조과 소속으로 상황실을 두고, 서해5도 특별경비단의 경우에는 경비작전과 소속으로 상황실을 둔다.

3] 규칙 제9조(선발기준)
 ① 해양경찰청장 및 지방해양경찰관서장은 상황·경비·구조·안전부서에서 근무경험이 풍부한 사람 중에서 상황기획팀장, 상황관리팀장과 해양경찰서 상황실장을 선발한다. 다만, 인사운영상 부득이한 경우에는 상황·경비·구조·안전부서 이외의 부서에서 근무한 사람 중에서도 선발할 수 있다.

정답 16 ② 17 ②

② 해양경찰청장 및 지방해양경찰관서장은 상황·경비·구조·안전부서에서 근무경험이 풍부한 사람 중에서 상황근무자를 선발한다. 다만, 인사운영상 부득이한 경우에는 함정·파출소 등 현장부서에서 2년 이상 근무한 경험이 있는 사람 중에서 선발할 수 있다.

4] 규칙 제10조(보직)
① 상황근무자는 연속하여 5년 이상 근무할 수 없다. 이 경우 상황실 근무기간은 해당 기관 이외 상황실 근무를 포함한다.
② 제1항에도 불구하고, 인사운영상 부득이한 경우 7년까지 근무할 수 있다. 다만, 동일 기관에서는 5년을 초과할 수 없다.
③ 해양경찰청장 및 지방해양경찰관서장은 상황실에서 2년 이상 근무한 사람이 희망보직(1희망)의 객관적 조건이 충족된 경우에는 최우선으로 보직하도록 해야 한다. 다만, 인사운영상 부득이한 경우에는 대상자의 의견을 존중하여 다른 직위로 보직시킬 수 있다.
④ 해양경찰청장 및 지방해양경찰관서장은 외국 또는 외국인 관련 해양상황에 대비하여 외국어 가능자를 상황실에 배치해야 한다. 다만, 인사운영상 배치할 수 없는 경우에는 대책을 수립해야 한다.
⑤ 해양경찰청장 및 지방해양경찰관서장은 상황근무자의 결원이 발생한 경우에는 상황실 업무공백을 방지하기 위하여 우선적으로 충원해야 한다.

5] 규칙 제11조(포상)
① 해양경찰청장 및 지방해양경찰관서장은 상황실에서 2년 이상 근무하는 사람에게는 특별승진, 특별승급, 모범공무원 선발, 성과상여금 지급, 표창 등을 할 때에 가능한 우대해야 한다.
② 해양경찰청장 및 지방해양경찰관서장은 승진심사 시 상황실에 근무하는 사람에게는 경험한 직책 평가 항목 부분에 대하여 근무기간에 따라 가점을 줄 수 있다.

중/요/상/황

구분	상황유형
안보 관련 상황	① NLL 우발사태
	② 우리선박 월북
	③ 유인 북한선박 발견
	④ UN 및 정부단독 제재선박의 금지행위 발생
	⑤ 우리 국민 관련 해양테러 발생
주권 관련 상황	① 독도영해침범 또는 이어도 해양과학기지 침해사건
	② 우리 수역 내 외국 관공선의 추적권 행사
	③ 우리 수역 내 외국 관공선의 무허가(무동의) 해양과학조사
	④ 외국 관공선·항공기의 우리 해양조사선 조사 방해
안전 관련 상황	① 사망 5명이상, 부상 10명이상 사회적 이목이 집중되는 해양사고(외국수역 해양사고 포함)
	② 사망 3명이상, 부상 5명이상 다중이용선박 해양사고
	③ 북한수역 선박 조난사고로 우리 측 구조가 필요한 상황
	④ 항공기 해상추락, 불시착 사고
치안 관련 상황	① 선상 살인, 해상강도, 해적 등 해상 강력사건 발생(사회이목 집중사건)
	② 대규모 밀수, 집단 밀입국·밀항 또는 외국선원 집단 도주
	③ 해상집단행동으로 업무·해상교통 방해 등(사회이목 집중사건)
	④ 외국어선 단속작전 시 사망·중상자 발생, 선박전복 등 중요사항
오염 관련상황	① 기름 및 위험·유해물질(HNS) 유출사고로 방제대책본부 설치 가능성이 있는 경우
자체 중요 사건	① 관서·함정·항공기 등 화재, 피습, 해양사고 또는 중요 자체사고
	② 직원·의경의 사상, 납치, 구속 등 중요사건
	③ 총기 도난·오발 사고 또는 총기사용 사건
	④ 유치인 도주 및 자·타살 사건

Chapter 07 해양경찰 수색구조론

제1절 재난 및 안전관리 일반

01 「재난 및 안전관리기본법」 및 같은 법 시행령에 따라 해양경찰청이 재난관리주관기관으로 지정된 재난 및 사고유형으로 가장 적절한 것은? 　　　　18년 경력/간부, 22년 1차

① 해양에서 발생한 유·도선 등 수난사고
② 해양 분야 환경오염 사고
③ 해양 선박 사고
④ 해외에서 발생한 해양 선박 사고

해설 ① 해상에서 발생한 선박이나 항공기 등의 조난사고의 긴급구조활동에 관하여는 「수상에서의 수색·구조 등에 관한 법률」 등 관계 법령에 따른다(동법 제56조).
그리고 「수상에서의 수색구조 등에 관한 법률」은 수상에서 조난된 사람, 선박, 항공기, 수상레저기구 등의 수색·구조·구난 및 보호에 필요한 사항을 규정함으로써 조난사고로부터 국민의 생명과 신체 및 재산을 보호하고 공공의 복리증진에 이바지하는 것을 목적으로 한다(제1조).

재난관리주관기관	재난 및 사고의 유형
해양경찰청	해양에서 발생한 유도선 등의 수난사고
해양수산부	1. 조류 대발생(적조에 한정한다) 2. 조수(潮水) 3. 해양 분야 환경오염 사고 4. 해양 선박 사고
소방청	1. 화재·위험물 사고 2. 다중 밀집시설 대형화재
행정안전부	1. 정부중요시설 사고 2. 공동구(共同溝) 재난(국토교통부가 관장하는 공동구는 제외한다) 3. 내륙에서 발생한 유도선 등의 수난사고 4. 풍수해(조수는 제외)·지진·화산·낙뢰·가뭄으로 인한 재난 및 사고로서 다른 재난관리주관에 속하지 아니하는 재난 및 사고

정답 01 ①

02 「재난 및 안전관리 기본법」(및 시행령)에서 해양경찰청이 재난관리주관기관으로 지정되어 있는 재난 또는 사고를 모두 고르시오.   19년 경찰간부

> ㉠ 내륙에서 발생한 유도선 등의 수난사고
> ㉡ 해양에서 발생한 유도선 등의 수난사고
> ㉢ 해양선박사고
> ㉣ 해양분야 환경오염 사고

① 1개   ② 2개
③ 3개   ④ 4개

해설 [O] ㉡
[X] ㉠㉢㉣
㉡ 「재난 및 안전관리 기본법」(및 시행령)에서 정하고 있는 해양경찰청이 재난관리주관기관으로 지정된 재난 및 사고유형은 해양에서 발생한 유도선 등의 수난사고이다. 참고로, ㉢㉣해양수산부, ㉠ 행정안전부가 주관기관이다.

03 다음 중 「재난 및 안전관리 기본법」에 대한 내용으로 가장 옳지 않은 것은?   20년 경찰간부

① "안전관리"란 재난이나 그 밖의 각종 사고로부터 사람의 생명·신체 및 재산의 안전을 확보하기 위하여 하는 모든 활동을 말한다.
② "긴급구조"란 재난이 발생할 우려가 현저하거나 재난이 발생하였을 때에 국민의 생명·신체 및 재산을 보호하기 위하여 긴급구조기관과 긴급구조지원기관이 하는 인명구조, 응급처치, 그 밖에 필요한 모든 긴급한 조치를 말한다.
③ "긴급구조기관"이란 경찰청·지방경찰청 및 경찰서를 말한다. 다만, 해양에서 발생한 재난의 경우에는 해양경찰청·지방해양경찰청 및 해양경찰서를 말한다.
④ 해상에서 발생한 선박이나 항공기 등의 조난사고의 긴급구조활동에 관하여는 「수상에서의 수색·구조 등에 관한 법률」등 관계 법령에 따른다.

해설 ③ 동법상 긴급구조기관은 육상은 소방청/소방본부/소방서, 해양에서는 해양경찰이 담당하고 있다.

04 다음 중 「재난 및 안전관리 기본법」(시행령, 시행규칙 포함)에 관한 내용으로 가장 옳지 않은 것은?
21년 1차

① 해양에서 발생한 재난의 긴급구조기관이란 해양경찰청, 지방해양경찰청 및 해양경찰서를 말한다.
② 재난이란 국민의 생명·신체·재산과 국가에 피해를 주거나 줄 수 있는 것으로서 자연재난, 사회재난, 인적재난으로 구분된다.
③ 사회재난이란 화재·붕괴·폭발·교통사고(항공사고 및 해상사고를 포함)·화생방사고, 환경오염 사고 등으로 인하여 발생하는 대통령령으로 정하는 규모 이상의 피해와 미세먼지 저감 및 관리에 관한 특별법에 따른 미세먼지 등으로 인한 피해를 말한다.
④ 「재난 및 안전관리 기본법」(및 시행령)에 따르면, 해양경찰청이 재난관리주관기관으로 지정된 재난 및 사고유형은 해양에서 발생한 유·도선 등의 수난사고이며, 해양 선박 사고는 해양수산부가 재난관리주관기관이 된다.

해설 ② 동법상 재난은 국민의 생명·신체·재산과 국가에 피해를 주거나 줄 수 있는 것으로서, 크게 자연재난과 사회재난으로 구분된다.

05 다음 중 「재난 및 안전관리 기본법(시행령, 시행규칙 포함)」에 대한 설명으로 가장 옳지 않은 것은?
21년 경찰간부

① 재난 및 안전관리에 관하여 「자연재해대책법」 등 다른 법률에 특별한 규정이 있는 경우를 제외하고는 이 법에서 정하는 바에 따른다.
② 재난 및 안전관리에 관한 중요 정책 사항 등을 심의하기 위하여 행정안전부장관 소속으로 중앙 안전관리위원회를 둔다.
③ 행정안전부장관은 국가 및 지방자치단체가 행하는 재난 및 안전관리 업무를 총괄·조정한다.
④ 대통령령으로 정하는 대규모 재난의 대응·복구 (수습) 등에 관한 사항을 총괄·조정하고 필요한 조치를 하기 위하여 행정안전부에 중앙재난안전대책본부를 둔다.

해설 ② 재난 및 안전관리에 관한 주요사항을 심의하기 위하여 국무총리 소속으로 중앙안전관리위원회(중앙위원회)를 둔다(제9조 제1항).

정답 02 ① 03 ③ 04 ② 05 ②

06 다음 중 「재난 및 안전관리 기본법(시행령 및 시행규칙 포함)」에 관한 설명으로 가장 옳은 것은?

22년 경찰간부

① "재난"이란 국민의 생명·신체·재산과 국가에 피해를 주거나 줄 수 있는 것으로서 자연재난과 인적재난으로 구분된다.
② "재난관리"란 재난이나 그 밖의 각종 사고로부터 사람의 생명·신체 및 재산의 안전을 확보하기 위하여 하는 모든 활동을 말한다.
③ "재난관리정보"란 재난관리를 위하여 필요한 재난상황정보, 동원가능 자원정보, 시설물정보, 지리정보를 말한다.
④ 국무총리는 국가 및 지방자치단체가 행하는 재난 및 안전관리 업무를 총괄·조정한다.

해설 1] 법 제3조(정의) 이 법에서 사용하는 용어의 뜻은 다음과 같다.
1. "재난"이란 국민의 생명·신체·재산과 국가에 피해를 주거나 줄 수 있는 것으로서 다음 각 목의 것을 말한다.
   가. 자연재난: 태풍, 홍수, 호우(豪雨), 강풍, 풍랑, 해일(海溢), 대설, 한파, 낙뢰, 가뭄, 폭염, 지진, 황사(黃砂), 조류(藻類) 대발생, 조수(潮水), 화산활동, 소행성·유성체 등 자연우주물체의 추락·충돌, 그 밖에 이에 준하는 자연현상으로 인하여 발생하는 재해
   나. 사회재난: 화재·붕괴·폭발·교통사고(항공사고 및 해상사고를 포함한다)·화생방사고·환경오염사고 등으로 인하여 발생하는 대통령령으로 정하는 규모 이상의 피해와 국가핵심기반의 마비, 「감염병의 예방 및 관리에 관한 법률」에 따른 감염병 또는 「가축전염병예방법」에 따른 가축전염병의 확산, 「미세먼지 저감 및 관리에 관한 특별법」에 따른 미세먼지 등으로 인한 피해
   다. 삭제 〈2013. 8. 6.〉
2. "해외재난"이란 대한민국의 영역 밖에서 대한민국 국민의 생명·신체 및 재산에 피해를 주거나 줄 수 있는 재난으로서 정부차원에서 대처할 필요가 있는 재난을 말한다.
3. "재난관리"란 재난의 예방·대비·대응 및 복구를 위하여 하는 모든 활동을 말한다.
4. "안전관리"란 재난이나 그 밖의 각종 사고로부터 사람의 생명·신체 및 재산의 안전을 확보하기 위하여 하는 모든 활동을 말한다.
4의2. "안전기준"이란 각종 시설 및 물질 등의 제작, 유지관리 과정에서 안전을 확보할 수 있도록 적용하여야 할 기술적 기준을 체계화한 것을 말하며, 안전기준의 분야, 범위 등에 관하여는 대통령령으로 정한다.
5. "재난관리책임기관"이란 재난관리업무를 하는 다음 각 목의 기관을 말한다.
   가. 중앙행정기관 및 지방자치단체(「제주특별자치도 설치 및 국제자유도시 조성을 위한 특별법」 제10조제2항에 따른 행정시를 포함한다)
   나. 지방행정기관·공공기관·공공단체(공공기관 및 공공단체의 지부 등 지방조직을 포함한다) 및 재난관리의 대상이 되는 중요시설의 관리기관 등으로서 대통령령으로 정하는 기관
5의2. "재난관리주관기관"이란 재난이나 그 밖의 각종 사고에 대하여 그 유형별로 예방·대비·대응 및 복구 등의 업무를 주관하여 수행하도록 대통령령으로 정하는 관계 중앙행정기관을 말한다.
6. "긴급구조"란 재난이 발생할 우려가 현저하거나 재난이 발생하였을 때에 국민의 생명·신체 및 재산을 보호하기 위하여 긴급구조기관과 긴급구조지원기관이 하는 인명구조, 응급처치, 그 밖에 필요한 모든 긴급한 조치를 말한다.
7. "긴급구조기관"이란 소방청·소방본부 및 소방서를 말한다. 다만, 해양에서 발생한 재난의 경우에는 해양경찰청·지방해양경찰청 및 해양경찰서를 말한다.
8. "긴급구조지원기관"이란 긴급구조에 필요한 인력·시설 및 장비, 운영체계 등 긴급구조능력을 보유한 기관이나 단체로서 대통령령으로 정하는 기관과 단체를 말한다.
9. "국가재난관리기준"이란 모든 유형의 재난에 공통적으로 활용할 수 있도록 재난관리의 전 과정을 통일적으로

단순화·체계화한 것으로서 행정안전부장관이 고시한 것을 말한다.
9의2. "안전문화활동"이란 안전교육, 안전훈련, 홍보 등을 통하여 안전에 관한 가치와 인식을 높이고 안전을 생활화하도록 하는 등 재난이나 그 밖의 각종 사고로부터 안전한 사회를 만들어가기 위한 활동을 말한다.
9의3. "안전취약계층"이란 어린이, 노인, 장애인, 저소득층 등 신체적·사회적·경제적 요인으로 인하여 재난에 취약한 사람을 말한다.
10. "재난관리정보"란 재난관리를 위하여 필요한 재난상황정보, 동원가능 자원정보, 시설물정보, 지리정보를 말한다.
10의2. "재난안전의무보험"이란 재난이나 그 밖의 각종 사고로 사람의 생명·신체 또는 재산에 피해가 발생한 경우 그 피해를 보상하기 위한 보험 또는 공제(共濟)로서 이 법 또는 다른 법률에 따라 일정한 자에 대하여 가입을 강제하는 보험 또는 공제를 말한다.
11. "재난안전통신망"이란 재난관리책임기관·긴급구조기관 및 긴급구조지원기관이 재난 및 안전관리업무에 이용하거나 재난현장에서의 통합지휘에 활용하기 위하여 구축·운영하는 통신망을 말한다.
12. "국가핵심기반"이란 에너지, 정보통신, 교통수송, 보건의료 등 국가경제, 국민의 안전·건강 및 정부의 핵심 기능에 중대한 영향을 미칠 수 있는 시설, 정보기술시스템 및 자산 등을 말한다.
13. "재난안전데이터"란 정보처리능력을 갖춘 장치를 통하여 생성 또는 처리가 가능한 형태로 존재하는 재난 및 안전관리에 관한 정형 또는 비정형의 모든 자료를 말한다.

2] 법 제6조(재난 및 안전관리 업무의 총괄·조정)
행정안전부장관은 국가 및 지방자치단체가 행하는 재난 및 안전관리 업무를 총괄·조정한다.

3] 법 제9조(중앙안전관리위원회)
재난 및 안전관리에 관한 다음 각호의 사항을 심의하기 위하여 국무총리 소속으로 중앙안전관리위원회(중앙위원회)를 둔다(제1항).

07 「재난 및 안전관리 기본법(시행령, 시행규칙 포함)」에 대한 설명으로 가장 옳지 않은 것은?

23년 경찰간부

① 재난 및 안전관리에 관하여「자연재해대책법」등 다른 법률에 특별한 규정이 있는 경우를 제외하고는 이 법에서 정하는 바에 따른다.
② 재난 및 안전관리에 관한 중요 정책 사항 등을 심의하기 위하여 행정안전부장관 소속으로 중앙안전관리위원회를 둔다.
③ 행정안전부장관은 국가 및 지방자치단체가 행하는 재난 및 안전관리 업무를 총괄·조정한다.
④ 대통령령으로 정하는 대규모 재난의 대응·복구 등에 관한 사항을 총괄·조정하고 필요한 조치를 하기 위하여 행정안전부에 중앙재난안전대책본부를 둔다.

해설 ② 중앙안전관리위원회는 재난 및 안전관리에 관한 사항을 심의하기 위하여 국무총리 소속으로 중앙안전관리위원회를 둔다.
1] 재난 및 안전관리 업무의 총괄·조정(제6조)
행정안전부장관은 국가 및 지방자치단체가 행하는 재난 및 안전관리 업무를 총괄·조정한다.

정답 06 ③ 07 ②

2) 다른 법률과의 관계(제8조)
    ① 재난 및 안전관리에 관하여 다른 법률을 제정하거나 개정하는 경우에는 이 법의 목적과 기본이념에 맞도록 하여야 한다.
    ② 재난 및 안전관리에 관하여 「자연재해대책법」 등 다른 법률에 특별한 규정이 있는 경우를 제외하고는 이 법에서 정하는 바에 따른다.
3) 중앙안전관리위원회(제9조)
    재난 및 안전관리에 관한 다음 각호의 사항을 심의하기 위하여 국무총리 소속으로 중앙안전관리위원회를 둔다(제1항).
    1. 재난 및 안전관리에 관한 중요 정책에 관한 사항
    2. 제22조에 따른 국가안전관리기본계획에 관한 사항 〈중략〉
4) 중앙재난안전대책본부(제14조)
    대통령령으로 정하는 대규모 재난의 대응·복구(수습) 등에 관한 사항을 총괄·조정하고 필요한 조치를 하기 위하여 행정안전부에 중앙재난안전대책본부(중앙대책본부)를 둔다(제1항).

08 「해양 유·도선 재난에 대한 중앙사고수습본부 구성 및 운영에 관한 규정」에 대한 설명으로 가장 옳지 않은 것은?   23년 공/특채

① 해양경찰청 소관 재난은 해양에서 유·도선 사고로 인해 국가 또는 지방자치단체 차원의 대처가 필요한 대규모 인명 또는 재산 피해가 발생되었거나 발생이 예상되는 경우를 의미한다.
② 수습본부장은 재난상황에 대한 체계적인 홍보와 언론대응 등을 위하여 홍보반을 운영할 경우 언론대응 창구의 일원화를 위해 홍보책임자를 지정·운영해야 한다.
③ 수습본부장은 해양경찰청장이 되며, 부본부장은 사고 관할 지방해양경찰청장, 수습본부 상황실장은 경비국장이 담당한다.
④ 수습본부장은 재난이 발생한 경우에 효과적인 초동조치 및 지휘 등을 위하여 수습본부상황실을 설치·운영하며, 수습본부상황실은 해양경찰청 종합상황실 또는 종합상황실과 연계된 장소에 설치함을 원칙으로 하고, 24시간 상황관리체계를 유지해야 한다.

> **해설** ③ 수습본부장은 해양경찰청장이 되며, 부본부장은 해양경찰청 차장, 수습본부 상황실장은 기획조정관이 담당한다.
>
> 1) 정의(제2조) 이 규정에서 사용하는 용어의 뜻은 다음과 같다.
>   1. "재난"이란 「재난 및 안전관리 기본법」 제3조제1호 가목의 자연재난과 나목의 사회재난을 말한다.
>   2. "수습"이란 재난의 대응·복구를 수행하는 일련의 활동을 말한다.
>   3. "대응"이란 재난 발생 시 대처하는 일련의 활동으로 현장지휘, 응급조치, 긴급구조, 상황관리, 기관간의 협조·지원 등 피해를 최소화하기 위하여 수행하는 제반 활동을 말한다.
>   4. "복구"란 재난으로 피해가 발생한 경우 피해조사, 피해자 지원 등을 통해 재난 이전의 상태로 만드는 일련의 활동을 말한다.
>   5. "위기경보수준"이란 법 제34조의5에 따라 작성한 해양 유·도선 위기관리 매뉴얼(이하 "위기관리 매뉴얼"이라 한다)에서 정하는 바에 따라 관심·주의·경계·심각으로 구분하는 위기경보의 단계를 말한다.

6. "해양경찰청 소관 재난"이란 해양에서의 유·도선사고로 인해 국가 또는 지방자치단체 차원의 대처가 필요한 대규모 인명 또는 재산 피해가 발생되었거나 발생이 예상되는 경우를 말한다.

2] 중앙사고수습본부의 설치 및 운영시기(제4조)

① 해양경찰청장은 다음 각호의 경우에 수습본부를 지체 없이 설치·운영한다.
  1. 해양경찰청 소관 재난이 발생하여 체계적인 수습이 필요한 경우
  2. 위기관리 매뉴얼에서 정하는 위기경보수준에 도달한 경우
  3. 해양경찰청 소관 재난이 발생하여 법 제14조에 따른 중앙재난안전대책본부(중앙대책본부)를 운영하는 경우
  4. 그 밖에 해양경찰청장이 필요하다고 인정하는 경우
② 해양경찰청장은 제1항에 따른 수습본부를 설치·운영하거나 종료하는 경우에는 그 내용을 중앙대책본부장에게 지체 없이 통보해야 한다.

3] 수습본부의 구성(제6조)

① 수습본부는 다음 각호와 같이 구성한다.
  1. 수습본부장은 해양경찰청장이 되며, 수습본부의 업무를 총괄한다.
  2. 부본부장은 해양경찰청 차장이 되며, 본부장을 보좌한다.
  3. 수습본부 상황실장은 기획조정관으로 하며, 수습본부상황실 업무를 맡아 처리한다.
  4. 수습본부상황실은 해양경찰청 소속 공무원과 관계부처 공무원 및 유관기관(단체) 직원을 파견 받아 실무반을 편성하여 수습업무를 수행한다.
  5. 실무반 구성, 편성인력 및 기능 등은 위기관리 매뉴얼에서 정하는 바에 따른다.
② 수습본부장은 재난상황에 대한 체계적인 홍보와 언론대응 등을 위하여 홍보반을 운영할 경우 언론대응 창구의 일원화를 위하여 홍보책임자를 지정·운영해야 한다.

4] 수습본부상황실 설치 및 운영(제15조)

① 수습본부장은 재난이 발생한 경우에 효과적인 초동조치 및 지휘 등을 위하여 수습본부상황실을 설치·운영한다.
② 수습본부상황실은 해양경찰청 종합상황실 또는 종합상황실과 연계된 장소에 설치함을 원칙으로 하고, 24시간 상황관리체계를 유지해야 한다.
③ 제1항에 따라 운영하는 수습본부상황실은 다음 각 호의 상황관리 체계를 갖추어야 한다.
  1. 해양경찰청 소관 재난에 대한 신고 접수 및 상황관리
  2. 발생한 해양경찰청 소관 재난 수습에 필요한 구조·구급요청 등 초동조치
  3. 해양경찰청 소관 재난이 발생한 경우에 초동지휘 및 내부보고, 국민행동요령 전파
  4. 해양경찰청 소관 재난이 발생한 경우에 상황별 근무요령 전파 및 비상근무 발령
  5. 국가안보실, 행정안전부(중앙재난안전상황실) 등에 재난 발생 상황 보고
  6. 해양경찰청 소관 재난이 발생한 경우에 관계기관과의 비상연락 체계 구축 및 유지

09 SAR 협약(1979)에 의하면 구조대가 생존자에게 투하하는 구명용품은 담겨진 용기 또는 포장물에 따라 색채(color)를 표시하도록 되어 있다. 다음 중 가장 옳은 것은? 18년 경사

① 빨강 : 의료품 및 구급용품
② 파랑 : 모포 및 보호의류
③ 노랑 : 난로, 도끼, 나침의와 취사도구
④ 검정 : 식품 및 물

정답 08 ③ 09 ①

해설 1] 파랑 - 식품 및 물
2] 노랑 - 모포 및 보호의류
3] 검정 - 난로, 도끼, 나침의와 취사도구 등

10 다음은 수색방식에 대한 설명이다. 그 내용과 수색방식이 바르게 연결된 것은? 19년 경위

> ㉠ 생존자의 위치가 불확실하고 광범위한 지역을 균등히 수색할 경우 사용하며, 동시에 여러 척의 함정 또는 항공기를 투입하여 수색 가능한 장점이 있는 수색방법
> ㉡ 선박이 어느 지점에서부터 다른 지점으로 가는 도중에 아무런 자취 없이 사라진 경우 사용하며, 선박이 침몰했을 것으로 가정되는 예상항로를 따라가면서 수색하는 방식

① ㉠ 평행수색 (Parallel Sweep Search)   ㉡ 항적선수색
② ㉠ 원형수색 (Sector Search)   ㉡ 평행수색
③ ㉠ 항적선수색 (Track Line Search)   ㉡ 확대사각수색
④ ㉠ 확대사각수색 (Expanding Square Search) ㉡ 평행수색

해설 ㉠ 평행수색 (Parallel Sweep Search)
㉡ 항적선수색 (Track Line Search)
참고로, 확대사각수색은 상대적으로 적은(가까운) 한계 내에서 수색대상의 위치가 알려진 경우 효과적이고, 기준점을 중심으로 직사각형 또는 정사각형으로 퍼져나가는 수색방식이다. 부채꼴 수색은 수색 목표물의 위치를 정확하게 알고 수색구역이 소규모일 때 가장 효과적이다.

11 다음 중 「국제 항공 및 해상 수색구조 편람 (International Aeronautical and Maritime Search And Rescue Manual)」상 수색방법에 대한 내용으로 가장 옳은 것은?

20년 경찰간부

① 부채꼴 수색(VS : Sector Search)은 수색대상의 위치가 불확실할 때 적합한 수색방법이다.
② 다수의 선박, 항공기로 수색하는 경우 부채꼴 수색(VS : Sector Search)이 유용하다.
③ 평행선 항적 수색(PS : Parallel Track Search)은 생존자의 위치가 불확실하고 광범위한 해역에서 여러 척의 함정이나 항공기로 수색하는데 적합한 방법이다.
④ 확대사각수색(SS : Expanding Square Search)은 바람, 해류 등 외력의 영향을 많이 받는 해역에서 적합한 방법으로 주로 소형선박을 이용하여 수색한다.

해설 ①②부채꼴 수색은 위치를 정확하게 알고 수색구역이 소규모일 때 가장 효과적이다. 개입된 구역이 적기 때문에 다수의 선박에 의해 동시에 사용되면 비효율적이다.
④ 확대사각수색은 수색목표물의 위치가 상대적으로 근접한 한계 내에 있을 때 또는 외력이 거의 없을 때 효과적이지만, 수색구역이 좁으므로 다수가 동시에 이용되긴 어렵다.

12 다음 <보기>의 수색·구조 방법에 대한 설명으로 가장 옳은 것은? 23년 경찰간부

> ㉠ 실종자의 추정위치가 불분명하고 광범위한 해역을 수색할 때 사용하는 방법이다.
> ㉡ 'ㄹ'자형 수색방법으로 현장에 여러 척의 함정이나 항공기의 동시 수색이 요구된다.
> ㉢ 단점으로는 수색에 장시간이 소요되고, 수색 효율성이 떨어진다.

① 부채꼴 수색(Sector search)
② 확대사각 수색(Expanding square search)
③ 항로 수색(Track line search)
④ 평행 수색(Parallel sweep search)

해설 ④ 평행수색은 생존자의 위치가 불확실하고 광범위한 지역을 균등히 수색할 경우 사용하며, 동시에 여러 척의 함정 또는 항공기를 투입하여 수색 가능한 장점이 있는 수색방법이다.

제2절 수상에서의 수색 및 구조

01 다음은 「수상에서의 수색·구조 등에 관한 법률」의 목적에 관한 설명이다. ( )안에 순서대로 들어갈 가장 알맞은 말을 고르시오. 19년 경사

> 수상에서 조난된 사람, 선박, 항공기, 수상레저기구 등의 ( )에 필요한 사항을 규정함으로써 ( )로부터 국민의 생명과 신체 및 재산을 보호하고 공공의 복리증진에 이바지하는 것을 목적으로 한다.

① 수난대비 및 수난구호 : 해양사고
② 수색 및 구조 : 조난사고
③ 수색 · 구조 · 구난 및 보호 : 조난사고
④ 수난대비 및 구호 : 해양사고

정답 10 ① 11 ③ 12 ④ 01 ③

해설 이 법은 수상에서 조난된 사람, 선박, 항공기, 수상레저기구 등의 수색·구조·구난 및 보호에 필요한 사항을 규정함으로써 조난사고로부터 국민의 생명과 신체 및 재산을 보호하고 공공의 복리증진에 이바지하는 것을 목적으로 한다(제1조).

02 다음 중 「수상에서의 수색·구조 등에 관한 법률」상 용어의 정의에 대한 내용으로 가장 옳지 않은 것은?
20년 경찰간부

① "수난구호"란 수상에서 조난된 사람 및 선박, 항공기, 수상레저기구 등의 수색·구조·구난과 구조된 사람·선박등 및 물건의 보호·관리·사후처리에 관한 업무를 말한다.
② "수난구호협력기관"이란 수난구호를 위하여 협력하는 중앙행정기관·지방자치단체, 「재난 및 안전관리 기본법」제3조제8호에 따른 긴급구조지원기관, 대통령령으로 정하는 공공단체를 말한다.
③ "구조"란 조난을 당한 사람을 구출하여 응급조치 또는 그 밖의 필요한 것을 제공하고 안전한 장소로 인도하기 위한 활동을 말한다.
④ "민간해양구조대원"이란 연안사고예방을 위한 순찰·지도업무를 보조하기 위해 연안해역의 특성을 잘 아는 지역주민들 중 해양경찰청장이 위촉한 사람을 말한다.

해설 ④ 민간해양구조대원이란 지역해역에 정통한 주민 등 해양경찰관서에 등록되어 해양경찰의 해상구조활동을 보조하는 사람을 말한다. 「연안사고예방법」(제17조)상 해양경찰청장은 지역주민으로서 연안해역의 특성을 잘 아는 사람 등을 민간연안순찰요원(연안안전지킴이)으로 위촉하여 연안사고예방을 위한 순찰·지도업무를 보조하게 할 수 있다.

03 다음 중 「수상에서의 수색·구조 등에 관한 법률 (시행령, 시행규칙 포함)」상 용어의 정의에 대한 설명으로 가장 옳은 것은?
21년 3차

① "구조"란 조난을 당한 선박등 또는 그 밖의 다른 재산에 관한 원조를 위하여 행하여진 행위 또는 활동을 말한다.
② "표류물"이란 점유를 이탈하여 수상에 떠 있거나 떠내려가고 있는 물건을 말한다.
③ "수난구호"란 인원 및 장비를 사용하여 조난을 당한 사람 또는 사람이 탑승하였을 것으로 추정 되는 선박등을 찾는 활동을 말한다.
④ "구난"이란 조난을 당한 사람을 구출하여 응급조치 또는 그 밖의 필요한 것을 제공하고 안전한 장소로 인도하기 위한 활동을 말한다.

> **해설** 용/어/정/의(「수상구조법」 제2조)
> 1. "수상"이란 해수면과 내수면을 말한다.
> 2. "해수면"이란 「수상레저안전법」 제2조제6호에 따른 바다의 수류나 수면을 말한다.
> 3. "내수면"이란 「수상레저안전법」 제2조제7호에 따른 하천, 댐, 호수, 늪, 저수지, 그 밖에 인공으로 조성된 담수나 기수(汽水)의 수류 또는 수면을 말한다.
> 4. "수난구호"란 수상에서 조난된 사람 및 선박, 항공기, 수상레저기구 등의 수색·구조·구난과 구조된 사람·선박등 및 물건의 보호·관리·사후처리에 관한 업무를 말한다.
> 5. "조난사고"란 수상에서 다음 각 목의 사유로 인하여 사람의 생명·신체 또는 선박등의 안전이 위험에 처한 상태를 말한다.
>   가. 사람의 익수·추락·고립·표류 등의 사고
>   나. 선박등의 침몰·좌초·전복·충돌·화재·기관고장 또는 추락 등의 사고
> 6. "수난구호협력기관"이란 수난구호를 위하여 협력하는 중앙행정기관·지방자치단체, 「재난 및 안전관리 기본법」 제3조제8호에 따른 긴급구조지원기관, 대통령령으로 정하는 공공단체를 말한다.
> 7. "수색"이란 인원 및 장비를 사용하여 조난을 당한 사람 또는 사람이 탑승하였을 것으로 추정되는 선박등을 찾는 활동을 말한다.
> 8. "구조"란 조난을 당한 사람을 구출하여 응급조치 또는 그 밖의 필요한 것을 제공하고 안전한 장소로 인도하기 위한 활동을 말한다.
> 9. "구난"이란 조난을 당한 선박등 또는 그 밖의 다른 재산(선박등에 실린 화물을 포함)에 관한 원조를 위하여 행하여진 행위 또는 활동을 말한다.
> 10. "구조대"란 수색 및 구조활동을 신속히 수행할 수 있도록 훈련된 인원으로 편성되고 적절한 장비를 보유한 단위조직을 말한다.
> 11. "민간해양구조대원"이란 지역해역에 정통한 주민 등 해양경찰관서에 등록되어 해양경찰의 해상구조활동을 보조하는 사람을 말한다.
> 12. "표류물"이란 점유를 이탈하여 수상에 떠 있거나 떠내려가고 있는 물건을 말한다.
> 13. "침몰품"이란 점유를 이탈하여 수상에 가라앉은 물건을 말한다.

04 다음 중 「수상에서의 수색·구조 등에 관한 법률」상 용어의 정의에 대한 설명으로 가장 옳지 않은 것은?   22년 1차

① "수난구호"란 수상에서 조난된 사람 및 선박, 항공기, 수상레저기구 등의 수색·구조·구난과 구조된 사람·선박등 및 물건의 보호·관리·사후 처리에 관한 업무를 말한다.
② "수색"이란 인원 및 장비를 사용하여 조난을 당한 사람 또는 사람이 탑승하였을 것으로 추정 되는 선박등을 찾는 활동을 말한다.
③ "구조"란 조난을 당한 선박등 또는 그 밖의 다른 재산(선박등에 실린 화물을 포함)에 관한 원조를 위하여 행하여진 행위 또는 활동을 말한다.
④ "구조대"란 수색 및 구조활동을 신속히 수행할 수 있도록 훈련된 인원으로 편성되고 적절한 장비를 보유한 단위조직을 말한다.

정답 02 ④ 03 ② 04 ③

해설 ③ "구조"란 조난을 당한 사람을 구출하여 응급조치 또는 그 밖의 필요한 것을 제공하고 안전한 장소로 인도하기 위한 활동을 말하고, "구난"이란 조난을 당한 선박등 또는 그 밖의 다른 재산(선박등에 실린 화물을 포함)에 관한 원조를 위하여 행하여진 행위 또는 활동을 말한다.

05 다음 중 「수상에서의 수색·구조 등에 관한 법률」상 가장 옳지 않은 것은? 〈21년 경장〉

① 중앙구조본부는 수상에서 발생하는 조난사고로부터 사람의 생명과 신체 및 재산을 보호하기 위하여 수난구호협력기관 및 수난구호민간단체 등과 공동으로 매년 수난대비기본훈련을 실시하여야 한다.
② 수상에서 조난된 사람, 선박, 항공기, 수상레저기구 등의 수색·구조·구난 및 보호에 필요한 사항을 규정함으로써 조난사고로부터 국민의 생명과 신체 및 재산을 보호하고 공공의 복리증진에 이바지하는 것을 목적으로 한다.
③ "수난구호"란 조난을 당한 선박 등 또는 그 밖의 재산(선박 등에 실린 화물을 포함)에 관한 원조를 위하여 행하여진 행위 또는 활동을 말한다.
④ 해수면에서의 수난구호는 구조본부의 장이 수행하고, 내수면에서의 수난구호는 소방관서의 장이 수행한다.

해설 ③ "수난구호"란 수상에서 조난된 사람 및 선박, 항공기, 수상레저기구 등(이하 선박등)의 수색·구조·구난과 구조된 사람·선박등 및 물건의 보호·관리·사후처리에 관한 업무를 말한다(제2조 제4호). "구난"이란 조난을 당한 선박등 또는 그 밖의 다른 재산(선박등에 실린 화물을 포함)에 관한 원조를 위하여 행하여진 행위 또는 활동을 말한다(제9호).

06 「수상구조법」과 다른 법률과의 관계를 가장 잘 표현하고 있는 것은? 〈법규기출〉

① 수상구조법은 다른 법보다 우선적용하지는 않지만 국제조약보다는 우선한다.
② 수상구조법의 내용이 다른 법의 내용과 충돌할 경우 다른 법보다 우선하여 적용한다.
③ 수상구조법이 다른 법이나 조약에서 정한 내용과 충돌할 경우 법원의 판단에 의하여 결정된다.
④ 수상구조법은 수상에서 발생한 모든 조난사고에 대하여는 다른 법률에서 따로 정한 경우를 제외하고는 이 법을 적용한다.

해설 ④ 다른 법률관계과의 관계는, 수상에서 발생한 모든 조난사고에 대하여는 다른 법률에서 따로 정한 경우를 제외하고는 이 법에서 정하는 바에 따른다(제3조).

1) "수상"이란 해수면과 내수면을 말한다(제2조 제1호).
2) "해수면"이란 「수상레저안전법」 제2조 제7호에 따른 바다의 수류나 수면을 말한다(제2호).
3) "내수면"이란 「수상레저안전법」 제2조 제8호에 따른 하천, 댐, 호수, 늪, 저수지, 그 밖에 인공으로 조성된 담수나 기수(汽水)의 수류 또는 수면을 말한다(제3호).

07 해상에서 발생하는 조난사고에 대한 수색구조에 관한 법률 중 가장 우선적으로 적용되는 법령은?
                                                                                                법규기출
① 수상구조법
② 재난 및 안전관리 기본법
③ 소방기본법
④ 해양경비법

해설 「수상구조법」에 따른 수색구조의 단계는 인지 → 초동조치 → 수색 → 구조 → 사후처리 → 종료의 단계로 이루어진다.
① 수상에서 발생한 모든 조난사고에 대하여는 다른 법률에서 따로 정한 경우를 제외하고는 이 법에서 정하는 바에 따른다(「수상구조법」 제3조).
② 해상에서 발생한 선박이나 항공기 등의 조난사고의 긴급구조활동에 관하여는 「수상에서의 수색·구조 등에 관한 법률」 등 관계 법령에 따른다(「재난 및 안전관리 기본법」 제56조).

08 「수상에서의 수색·구조 등에 관한 법률」상 "(㉠)은 해수면에서 자연적, 인위적 원인으로 발생하는 조난사고로부터 사람의 생명과 신체 및 재산을 보호하고 효율적인 수난구호를 위해 수난대비기본계획을 (㉡) 단위로 수립하여야 한다." ㉠, ㉡에 들어갈 말을 순서대로 나열한 것 중 가장 옳은 것은?
                                                                                                19년 경장
① ㉠ 해양경찰청장,   ㉡ 3년
② ㉠ 해양경찰청장,   ㉡ 5년
③ ㉠ 해양수산부장관, ㉡ 3년
④ ㉠ 해양수산부장관, ㉡ 5년

해설 ② 해수면에서 수난대비기본계획의 수립은 해양경찰청장이 5년을 단위로 수립하여야 한다.
「수상구조법」상 수난대비기본계획의 수립(제4조)
① 해양경찰청장은 해수면에서 자연적·인위적 원인으로 발생하는 조난사고로부터 사람의 생명과 신체 및 재산을 보호하고 효율적인 수난구호를 위하여 수난대비기본계획을 5년 단위로 수립하여야 한다.
② 해양경찰청장은 제1항의 수난대비기본계획을 집행하기 위하여 수난대비집행계획을 매년 수립·시행하여야 한다.

정답 05 ③ 06 ④ 07 ① 08 ②

09 「수상에서의 수색구조 등에 관한 법률」상의 수난대비계획에 대한 설명으로 가장 옳지 않은 것은?
19년 경찰간부

① 해양경찰청장은 수난구호를 위하여 수난대비기본 계획을 5년 단위로 수립하여야 한다.
② 해양경찰청장은 수난대비집행계획을 매년 수립, 시행하여야 한다.
③ 수난대비집행계획은 민방위기본법에 따른 민방위 계획을 제외하여 수립, 시행할 수 있다.
④ 수난대비기본계획과 수난대비집행계획의 수립 및 변경 등에 필요한 사항은 해양수산부령으로 정한다.

> **해설** ③ 수난대비집행계획은 「민방위기본법」에 따른 민방위계획에 포함하여 수립·시행할 수 있다.
> **수/난/대/비/기/본/계/획/의/수/립(제4조)**
> ① 해양경찰청장은 해수면에서 자연적·인위적 원인으로 발생하는 조난사고로부터 사람의 생명과 신체 및 재산을 보호하고 효율적인 수난구호를 위하여 수난대비기본계획을 5년 단위로 수립하여야 한다.
> ② 해양경찰청장은 제1항의 수난대비기본계획을 집행하기 위하여 수난대비집행계획을 매년 수립·시행하여야 한다.
> ③ 제2항에 따른 수난대비집행계획은 「민방위기본법」에 따른 민방위계획에 포함하여 수립·시행할 수 있다.
> ④ 제1항에 따른 수난대비기본계획과 제2항에 따른 수난대비집행계획의 수립 및 변경 등에 필요한 사항은 해양수산부령으로 정한다.

10 「수상에서의 수색구조 등에 관한 법률」상 수난대비 기본훈련에 관한 내용으로 가장 옳지 않은 것은?
19년 공채/특채 3차

① 해양경찰청장은 수난대비기본훈련의 실시결과를 해양수산부장관에게 보고하여야 한다.
② 중앙구조본부는 수상에서 자연적·인위적 원인으로 발생하는 조난사고로부터 사람의 생명과 신체 및 재산을 보호하기 위하여 수난구호협력기관 및 수난구호민간단체 등과 공동으로 매년 수난대비기본훈련을 실시하여야 한다.
③ 중앙구조본부의 장은 필요한 경우 훈련참여기관이 아닌 선박소유자에게 선박 및 선원 등에 대해 수난대비기본훈련에 참여를 요청할 수 있다.
④ 중앙구조본부의 장은 수난대비기본훈련을 효율적으로 실시하기 위해 수난대비기본훈련계획을 수립하고 수난구호협력기관 및 수난구호민간단체 등의 장에게 통보할 수 있다.

① 해양경찰청장은 수난대비기본훈련의 실시결과를 매년 국회 소관상임위원회에 보고하여야 한다(동법 시행령에는 해양경찰청장은 수난대비기본훈련의 실시결과를 다음 해 2월 말일까지 국회 소관상임위원회에 서면으로 보고하도록 하고 있다).

「수상에서의 수색구조 등에 관한 법률」상 수난대비
1) 수난대비기본계획의 수립(제4조)
① 해양경찰청장은 해수면에서 자연적·인위적 원인으로 발생하는 조난사고로부터 사람의 생명과 신체 및 재산을 보호하고 효율적인 수난구호를 위하여 수난대비기본계획을 5년 단위로 수립하여야 한다.
② 해양경찰청장은 제1항의 수난대비기본계획을 집행하기 위하여 수난대비집행계획을 매년 수립·시행하여야 한다.
③ 제2항에 따른 수난대비집행계획은 「민방위기본법」에 따른 민방위계획에 포함하여 수립·시행할 수 있다.
④ 제1항에 따른 수난대비기본계획과 제2항에 따른 수난대비집행계획의 수립 및 변경 등에 필요한 사항은 해양수산부령으로 정한다.

2) 수난대비기본훈련의 실시(제5조의2)
① 중앙구조본부는 수상에서 자연적·인위적 원인으로 발생하는 조난사고로부터 사람의 생명과 신체 및 재산을 보호하기 위하여 수난구호협력기관 및 수난구호민간단체 등과 공동으로 매년 수난대비기본훈련을 실시하여야 한다.
② 해양경찰청장은 제1항의 수난대비기본훈련의 실시결과를 매년 국회 소관상임위원회에 보고하여야 한다.
③ 제1항에 따른 수난대비기본훈련의 실시 범위 및 방법 등 구체적인 사항은 대통령령으로 정한다.

3) 동법 시행령(제5조의2 수난대비기본훈련의 실시)
① 중앙구조본부의 장은 수난대비기본훈련을 연 1회 이상 실시하여야 한다.
② 중앙구조본부의 장은 수난대비기본훈련을 효율적으로 실시하기 위하여 다음 각호의 사항이 포함된 해당 연도 수난대비기본훈련계획을 수립하고, 법 제5조의2제1항에 따른 수난구호협력기관 및 수난구호민간단체 등(훈련참여기관)의 장에게 통보할 수 있다.
   1. 수난대비기본훈련의 목표
   2. 훈련참여기관의 범위
   3. 수난대비기본훈련의 유형
   4. 그 밖에 수난대비기본훈련의 실시에 관한 사항
③ 중앙구조본부의 장은 필요한 경우 훈련참여기관이 아닌 선박소유자(여객선, 어선 등을 소유한 자)에게 선박 및 해당 선박의 선장·선원 등을 수난대비기본훈련에 참여시킬 것을 요청할 수 있다.
④ 중앙구조본부의 장은 수난대비기본훈련 실시 7일 전까지 훈련일시, 훈련장소, 훈련방법, 그 밖에 수난대비기본훈련에 필요한 사항을 훈련참여기관의 장(제3항에 따라 선박 및 해당 선박의 선장·선원 등이 수난대비기본훈련에 참여하는 경우에는 해당 선박소유자를 포함)에게 통보하여야 한다. 다만, 부득이한 사유가 있는 경우에는 훈련 실시 전날까지 통보할 수 있다.
⑤ 중앙구조본부의 장은 제3항 및 제4항에 따른 수난대비기본훈련 참여자에게 수난대비기본훈련을 위한 사전 교육을 실시할 수 있다.
⑥ 중앙구조본부의 장은 제3항에 따라 수난대비기본훈련에 참여하는 선박의 소유자에게 훈련에 참여하는 데 필요한 비용을 예산의 범위에서 지급할 수 있다.
⑦ 제1항부터 제6항까지에서 규정한 사항 외에 수난대비기본훈련의 방법 등에 관하여 필요한 사항은 중앙구조본부의 장이 정한다.

정답 09 ③ 10 ①

11 다음은 「수상에서의 수색·구조 등에 관한 법률」상 중앙구조본부장의 관장업무이다. 가장 틀린 것은? 19년 경장

① 대규모 수난구호활동의 현장 지휘·통제
② 해상수난구호업무에 관한 국제기구 및 외국기관과의 협력
③ 수난구호장비의 확충·보급 등
④ 소속 구조대의 편성·운영 및 구조활동에 관한 지휘·통제

> **해설** ④ 소속 구조대의 편성·운영 및 구조활동에 관한 지휘·통제업무는 광역구조본부의 장의 관장사항이다.
>
> **중앙구조본부의 장의 관장사항(시행령 제4조)**
> 1. 수난구호대책의 총괄·조정
> 1의2. 법 제5조의2제1항에 따른 수난대비기본훈련의 실시
> 2. 법 제17조제4항에 따른 대규모 수난구호활동의 현장 지휘·통제
> 3. 해수면에서의 수난구호업무(해양수난구호업무)에 관한 관계기관·단체와의 협력
> 4. 해양수난구호업무에 관한 국제기구 및 외국기관과의 협력
> 5. 수난구호협력기관 등 관계기관·단체의 구조대와의 합동훈련 및 합동수색·구조활동에 필요한 구조지침에 관한 사항
> 6. 법 제4조제2항에 따른 수난대비집행계획의 시행
> 7. 수난구호장비의 확충·보급 등
> 8. 법 제5조제2항에 따른 광역구조본부 및 지역구조본부의 지휘·감독
> 9. 그 밖에 해양수난구호업무의 효율적인 수행을 위하여 필요한 사항

12 「수상에서의 수색·구조 등에 관한 법률(시행령 포함)」 중 광역구조본부장의 관장사항으로 가장 옳지 않은 것은? 19년 경감

① 관할해역에서의 수난구호업무 수행
② 해양수난구호업무의 효율적인 수행을 위하여 필요한 사항
③ 소속 구조대의 편성·운영 및 구조활동에 관한 지휘·통제
④ 선박위치통보제도의 시행에 관한 사항

> **해설** ② 관할, 소속, 지역 등의 단서가 있으면 중앙구조본부장의 관장사항은 아니고 광역이나 지역본부장의 관장사항에 해당한다고 보면 되고, 특히 선박위치통보제도의 시행에 관한 사항은 광역구조본부장의 관장사항에 해당한다. 중앙구조본부장은 말 그대로 중앙에서 전체적인 업무를 조정한다.
>
> **광역구조본부의 장의 관장사항(시행령 제5조)**
> 1. 광역구조본부 관할해역에서의 수난구호업무 총괄·조정·지휘 및 관계기관, 외국기관과의 협력
> 2. 관할해역에서의 수난구호업무 수행
> 3. 소속 구조대의 편성·운영 및 구조활동에 관한 지휘·통제
> 4. 지역 소재 수난구호협력기관과 수난구호민간단체의 수난구호활동 역할 분담 및 지휘·통제
> 5. 법 제33조에 따른 선박위치통보제도의 시행에 관한 사항
> 6. 해양수난구호업무를 위한 지역 통신망의 관리·운용
> 7. 그 밖에 중앙구조본부의 장으로부터 위임받거나 지시받은 사항

13 다음은 「수상구조법」의 내용에 대한 설명이다. 적절한 것은?   법규기출

> ㉠ 해양경찰청장은 수난대비집행계획을 5년 단위로 수립·시행한다.
> ㉡ 구난이란 조난을 당한 사람을 구출하여 응급조치 또는 그 밖의 필요한 것을 제공하고 안전한 장소로 인도하기 위한 활동을 말한다.
> ㉢ 표류물이란 점유를 이탈하여 해수면 또는 내수면에 가라앉은 물건을 말한다.
> ㉣ 해수면 또는 내수면에서 발생한 모든 조난사고에 대해 다른 법률에서 따로 정한 경우에도 수상구조법의 규정이 우선 적용된다.
> ㉤ 수상구조법을 위반한 자에 대한 과태료 부과·징수권자는 시장·군수 또는 구청장이다.

① 없음
② 1개
③ 2개
④ 3개

해설 [X] ㉠㉡㉢㉣㉤ 모두 틀린 내용이다.
㉠ 해양경찰청장은 수난대비기본계획을 집행하기 위하여 수난대비집행계획을 <u>매년 수립·시행하여야 한다</u>(제4조 제2항).
㉡ "구난"이란 조난을 당한 선박 등 또는 그 밖의 다른 재산(선박 등에 실린 화물을 포함)에 관한 원조를 위하여 행하여진 행위 또는 활동을 말한다(제2조 제9호).
㉢ "표류물"이란 점유를 이탈하여 <u>수상에 떠 있거나 떠내려가고 있는 물건</u>을 말한다(제2조 제12호).
㉣ 수상에서 발생한 모든 조난사고에 대하여는 <u>다른 법률에서 따로 정한 경우를 제외하고는 이 법에서 정하는 바에 따른다</u>(제3조).
㉤ 과태료는 대통령령으로 정하는 바에 따라 <u>구조본부의 장 또는 소방관서의 장</u>이 부과·징수한다(제46조).

14 다음 중 「수상에서의 수색구조 등에 관한 법률」상 수난대비에 대한 설명으로 옳은 것은 모두 몇 개인가?   20년 경력/공채

> ㉠ 해양경찰청장은 수난대비기본계획을 집행하기 위하여 수난대비집행계획을 5년단위로 수립, 시행하여야 한다.
> ㉡ 수난구호활동의 역할조정과 지휘통제 및 수난현장에서의 지휘통제를 위하여 지방해양경찰청에 지역구조본부를 둔다.
> ㉢ 중앙구조본부는 수상에서 자연적·인위적 원인으로 발생하는 조난사고로부터 사람의 생명과 신체 및 재산을 보호하기 위하여 수난구호협력기관 및 수난구호민간단체 등과 공동으로 매년 수난 대비기본훈련을 실시하여야 한다.
> ㉣ 해양경찰청장은 수난대비기본훈련의 실시결과를 매년 국회 소관상임위원회에 보고하여야 한다.

① 1개
② 2개
③ 3개
④ 4개

정답 11 ④ 12 ② 13 ① 14 ②

해설 [O] ⓒⓔ
[X] ㄱㄴ
ㄱ 수난대비기본계획을 5년 단위로 수립하여야 하고, 수난대비집행계획은 매년 수립, 시행하여야 한다.
ㄴ 해양경찰청에는 중앙구조본부를 두고, 지방해양경찰청에 광역구조본부를, 해양경찰서에는 지역구조본부를 둔다.

15 다음 중 「수상에서의 수색·구조 등에 관한 법률」상 가장 옳은 것은 무엇인가? 21년 경감

① 해양경찰청장은 수난대비기본계획을 집행하기 위하여 수난대비집행계획을 3년 단위로 수립·시행한다.
② 중앙구조본부장이 위촉하는 "중앙해양수색구조기술위원회" 위원의 임기는 3년으로 한다.
③ 표류물 또는 침몰품을 습득한 자는 지체없이 해양경찰서장 또는 소방서장에게 인도하여야 한다.
④ 해양경찰청장은 수난대비기본훈련의 실시결과를 매년 국회 소관 상임위원회에 보고하여야 한다.

해설 ① 수난대비집행계획을 매년 단위로 수립·시행
② 위촉된 중앙해양수색구조기술위원회 위원의 임기는 2년
③ 표류물 또는 침몰품을 습득한 자는 지체없이 특별자치도지사/시/군/구의 장에게 인도

16 다음 중 「수상에서의 수색·구조 등에 관한 법률」상 가장 옳은 것은 무엇인가? 21년 경사

① 해양경찰청장은 수난대비기본계획을 집행하기 위하여 수난대비집행계획을 3년 단위로 수립·시행한다.
② 해양경찰청장은 수난대비기본훈련의 실시결과를 매년 국회 소상관임위원회에 보고하여야 한다.
③ 표류물 또는 침몰품을 습득한 자는 지체없이 해양경찰서장 또는 소방서장에게 인도하여야 한다.
④ 중앙구조본부장이 위촉하는 "중앙해양수색구조기술위원회" 위원의 임기는 3년으로 한다.

해설 ① 수난대비기본계획 : 5년, 수난대비집행계획 : 매년
③ 표류물 또는 침몰품을 습득한 자는 특별자치도지사 또는 시장, 군수, 구청장에게 인도
④ 위촉된 중앙해양수색구조기술위원회 위원의 임기 : 2년

17 다음 중 「수상에서의 수색·구조 등에 관한 법률」에 따른 조난된 선박 등의 구난작업 관련 설명이다. 가장 옳지 않은 것은?　　　21년 경사

① 해수면에서의 구난작업을 하려는 자는 해양경찰에게 신고하여야 한다.
② 구조본부의 장의 요청으로 구난작업을 하는 경우에는 해양경찰에게 신고하지 아니할 수 있다.
③ 구조본부의 장은 신고된 내용이 구난작업을 실시하는데 미흡하다고 인정할 때에는 필요한 사항을 보완한 후 다시 신고하게 할 수 있다.
④ 구조본부의 장은 구난작업 현장의 안전관리와 환경오염방지를 위하여 필요한 경우라도 구난작업 관계자에게 인력 및 장비의 보강 등의 조치를 명할 수 없다.

해설 1) 조난된 선박등의 구난작업 신고(제19조)
① 누구든지 다음 각호의 장소에서 조난된 선박등을 구난하려는 자는 구난작업을 시작하기 전에 구조본부의 장 또는 소방관서의 장에게 그 사실을 신고하여야 한다. 다만, 대통령령으로 정하는 소형선박을 구난하려는 경우(「해양환경관리법」 제2조제4호 · 제5호 또는 제7호에 따른 폐기물 · 기름 또는 유해액체물질의 산적운반(散積運搬)에 전용(轉用)되지 아니하는 선박으로서 총톤수 100톤 미만의 선박), 제16조제3항에 따른 구조본부의 장 또는 소방관서의 장의 요청으로 구난을 하려는 경우에는 그러하지 아니하며, 긴급구난을 하려는 경우에는 구난작업을 시작한 후 지체없이 구조본부의 장 또는 소방관서의 장에게 알려야 한다.
　1. 「영해 및 접속수역법」 제1조 및 제3조에 따른 영해 및 내수
　2. 「배타적 경제수역 및 대륙붕에 관한 법률」에 따른 배타적 경제수역
② 구조본부의 장 또는 소방관서의 장은 제1항에 따른 신고를 받은 경우 그 내용을 검토하여 구난작업을 실시하는 데 적합하다고 인정할 때에는 신고를 수리하여야 한다. 이 경우 신고된 내용이 미흡하다고 인정할 때에는 필요한 사항을 보완한 후 다시 신고하게 할 수 있다.
③ 제1항에 따른 신고의 내용 및 서식 등에 필요한 사항은 해양수산부령으로 정한다.
2) 구난작업 현장의 안전관리(제19조의2)
　구조본부의 장 또는 소방관서의 장은 구난작업 현장의 안전관리와 환경오염 방지를 위하여 필요한 경우 구난작업 관계자에게 인력 및 장비의 보강, 인근 선박의 항행안전을 위한 조치 등을 할 것을 명할 수 있다.

정답　15 ④　16 ②　17 ④

18 「수상에서의 수색·구조 등에 관한 법률(시행규칙 포함)」 중 여객선비상수색구조계획서에 대한 설명으로 가장 옳지 않은 것은? 19년 경사

① 국제항해에 취항하는 여객선 소유자는 비상시 여객선의 수색구조를 위하여 구조본부의 비상연락망, 비상훈련계획 및 구명설비배치도 등이 기재된 계획서를 작성하여 해양경찰청장에게 신고하고 확인을 받아 해당 여객선 및 선박 소유자의 주된 사무실에 비치하여야 한다.

② 여객선 및 여객선 소유자는 여객선비상수색구조 훈련을 연 1회 이상 선장의 지휘 하에 실시하여야 한다.

③ 여객선비상수색구조 훈련은 충돌, 좌초, 침수, 화재, 전복 및 탑승객 해상 추락 등의 상황을 대비한 훈련으로 한다.

④ 관할 해양경찰서장은 여객선의 안전을 위하여 필요하다고 인정하는 경우 소속 경찰공무원으로 하여금 여객선 소유자의 선박 또는 주된 사무소에 출입하여 여객선비상수색구조계획서를 확인하게 할 수 있다.

> **해설** ① 국제항해에 취항하는 여객선 소유자는 여객선비상수색구조계획서를 작성하여 관할 해양경찰서장에게 신고하여야 한다.
>
> **여객선 비상수색구조계획서의 작성(제9조)**
> ① 국제항해에 취항하는 여객선(「해운법」 제6조제1항에 따라 승인을 받은 외국의 해상여객운송사업자가 운영하는 여객선을 포함) 소유자는 비상시 여객선의 수색구조를 위하여 구조본부의 비상연락망, 비상훈련계획 및 구명설비배치도 등이 기재된 계획서(여객선비상수색구조계획서)를 작성하여 관할 해양경찰서장에게 신고하고 확인을 받아 해당 여객선 및 선박 소유자의 주된 사무실에 비치하여야 한다.
> ② 여객선 소유자는 여객선비상수색구조계획서의 내용에 변경이 있는 경우 지체 없이 변경된 내용을 관할 해양경찰서장에게 신고하여야 한다.
> ③ 관할 해양경찰서장은 여객선의 안전을 위하여 필요하다고 인정하는 경우 소속 경찰공무원으로 하여금 여객선 소유자의 선박 또는 주된 사무소에 출입하여 여객선비상수색구조계획서를 확인하게 할 수 있다.
> ④ 제3항에 따라 여객선 소유자의 선박 또는 주된 사무소에 출입하는 경찰공무원은 그 권한을 나타내는 증표를 지니고 이를 관계인에게 내보여야 한다.

19 다음 중 조난사고에 대한 수색구조 절차를 가장 옳게 나열한 것은? 18년 경력/간부

① 인지 → 초동조치 → 수색 → 구조 → 사후조치

② 인지 → 초동조치 → 수색 → 사후조치 → 구조

③ 인지 → 수색 → 초동조치 → 구조 → 사후조치

④ 인지 → 수색 → 초동조치 → 사후조치 → 구조

> **해설** ① 통상적인 조난사고에 대한 구조절차, SAR 협약(79) 및 「수상구조법」에 따른 수색구조의 단계는 인지 → 초동조치 → 수색 → 구조 → 사후조치 → 종료의 단계로 이루어진다.

20 「수상에서 수색구조 등에 관한 법률」에 대한 설명으로 가장 틀린 것은? 　　법규기출

① "구조"란 조난을 당한 사람을 구출하여 응급조치 또는 그 밖의 필요한 것을 제공하고 안전한 장소로 인도하기 위한 활동을 말한다.
② 외국의 구조대가 신속한 수난구호활동을 위하여 우리나라와 체결한 조약에 따라 우리나라의 영해·영토 또는 그 상공에의 진입허가를 요청하는 때에는 중앙구조본부의 장은 지체 없이 이를 허가하고, 그 사실을 관계 기관에 통보한다.
③ 선박의 구난작업을 하려는 자는 구난작업을 시작하기 12시간 전 구난작업 신고서를 구조본부의 장 또는 소방관서의 장에게 제출하여야 한다.
④ 구조본부의 장 및 소방관서의 장은 수난구호를 위한 종사명령을 할 때에는 수난구호업무 종사명령서를 발급하여야 한다.

> **해설** ③ 누구든지 영해 및 내수, 배타적 경제수역 등의 장소에서 조난된 선박등을 구난하려는 자는 구난작업을 시작하기 전에 구조본부의 장 또는 소방관서의 장에게 그 사실을 신고하여야 한다(제19조 제1항, 단서 제외). 이에 따라 선박의 구난작업을 하려는 자는 구난작업을 시작하기 24시간 전에 서식의 구난작업 신고서를 관할 구조본부의 장 또는 소방청장, 소방본부장 및 소방서장에게 제출하여야 한다(시행규칙 제8조).
> ④ 구조본부의 장 및 소방관서의 장은 수난구호를 위한 종사명령을 할 때에는 서식의 수난구호업무 종사명령서를 발급하여야 한다(규칙 제10조). 그리고 구조본부의 장 및 소방관서의 장은 동법 제29조제1항에 따라 선박, 자동차, 항공기, 다른 사람의 토지, 건물 또는 그 밖의 물건 등을 사용할 때에는 서식의 시설·물자 등 사용통지서를 발급하여야 한다. 다만, 긴급한 경우에는 시설·물자 등 사용통지서를 발급하지 아니하고 구술로 통지하며, 사용이 끝난 후에 별지 제5호서식의 시설·물자 등 사용증명서를 발급할 수 있다.

21 「수상구조법」상 구조본부의 장이 해당 선박에 대해 이동 및 대피를 명할 수 있는 경우를 고르면? 　　법규기출

> ㉠ 태풍, 풍랑 등 해상기상의 악화로 조난이 우려되는 선박
> ㉡ 수색구조 훈련중인 해역에서 조업중인 항행중인 선박
> ㉢ 선박구난현장에서 구난작업에 방해가 되는 선박
> ㉣ 선단을 구성하여 이동중인 항로상에 조업중 또는 항해중인 선박

① ㉠, ㉡
② ㉠, ㉢
③ ㉠, ㉡, ㉢
④ ㉠, ㉡, ㉣

정답 18 ① 19 ① 20 ③ 21 ②

[O] ㉠㉢
[X] ㉡㉣
구조본부의 장은 아래에 해당하는 선박의 경우에는 해양수산부령으로 정하는 바에 따라 해당 선박의 이동 및 대피를 명할 수 있다. 다만, 외국선박에 대한 이동 및 대피명령은 「영해 및 접속수역법」 제1조 및 제3조에 따른 영해 및 내수(「내수면어업법」 제2조제1호에 따른 내수면은 제외)에서만 실시한다(제10조).
1. 태풍, 풍랑 등 해상기상의 악화로 조난이 우려되는 선박
2. 선박구난현장에서 구난작업에 방해가 되는 선박

22. 「수상구조법」에서 구조본부의 장은 특정한 경우 선박에 대해 이동 및 대피를 명할 수 있다. 이와 관련하여 옳은 것을 모두 고르시오. *19년 경찰간부*

> ㉠ 태풍, 풍랑 등 해상기상의 악화로 조난이 우려되는 선박에 대해 이동 및 대피를 명할 수 있다.
> ㉡ 선박구난현장에서 구난작업에 방해가 되는 선박은 이동 및 대피를 명할 수 있다.
> ㉢ 수색구조 훈련 중인 해역에서 조업 중인 선박은 이동 및 대피를 명할 수 있다.
> ㉣ 외국선박의 이동 및 대피명령은 영해 및 접속수역법 제1조 및 제3조에 따른 영해 및 내수(내수면어업법 제2조 제1호에 따른 내수면은 제외)에서만 실시한다.

① ㉠,㉢   ② ㉠,㉡
③ ㉠,㉡,㉢   ④ ㉠,㉡,㉣

[O] ㉠㉡㉣
[X] ㉢
「수상구조법」상 선박의 이동 및 대피명령(제10조)
구조본부의 장은 다음 각호의 어느 하나에 해당하는 선박의 경우에는 해양수산부령으로 정하는 바에 따라 해당 선박의 이동 및 대피를 명할 수 있다. 다만, 외국선박에 대한 이동 및 대피명령은 「영해 및 접속수역법」 제1조 및 제3조에 따른 영해 및 내수(「내수면어업법」 제2조제1호에 따른 내수면은 제외)에서만 실시한다.
1. 태풍, 풍랑 등 해상기상의 악화로 조난이 우려되는 선박
2. 선박구난현장에서 구난작업에 방해가 되는 선박

23 다음 중 「수상에서의 수색·구조 등에 관한 법률 (시행령, 시행규칙 포함)」에 따라, 구조본부의 장이 선박구난현장에서 구난작업에 방해가 되는 국내 선박의 선장에게 이동 및 대피를 명령함에 있어 고지하여야 할 사항으로 가장 옳지 않은 것은? *21년 경찰간부*

① 이동 및 대피 사유   ② 이동 및 대피 경로
③ 이동 및 대피 해역   ④ 이동 및 대피 기간

> **해설** ①③④는 고지사항에 해당하나, ② 이동 및 대피경로는 규정상 고지사항에는 해당하지 않는다.
>
> 1] 선박의 이동 및 대피명령(법 제6조)
>   구조본부의 장은 다음 각호의 어느 하나에 해당하는 선박의 경우에는 해양수산부령으로 정하는 바에 따라 해당 선박의 이동 및 대피를 명할 수 있다. 다만, 외국선박에 대한 이동 및 대피명령은 「영해 및 접속수역법」제1조 및 제3조에 따른 영해 및 내수(「내수면어업법」제2조제1호에 따른 내수면은 제외)에서만 실시한다.
>   1. 태풍, 풍랑 등 해상기상의 악화로 조난이 우려되는 선박
>   2. 선박구난현장에서 구난작업에 방해가 되는 선박
> 2] 선박의 이동 및 대피명령(시행규칙 제6조)
>   구조본부의 장은 법 제10조에 따른 이동 및 대피 명령을 할 때에는 대상 선박의 선장에게 다음 각호의 사항을 고지하여야 한다.
>   1. 이동 및 대피 사유
>   2. 이동 및 대피 해역
>   3. 이동 및 대피 기간

24 다음 중 「수상에서의 수색·구조 등에 관한 법률(시행령 및 시행규칙 포함)」상 수상에서 조난사고가 발생한 때 조난사실의 신고 의무가 있는 사람으로 가장 옳지 않은 것은?

23년 해경학과

① 조난된 선박의 선장 또는 소유자
② 수상에서 조난사실을 발견한 자
③ 조난된 선박으로부터 조난신호나 조난통신을 수신한 자
④ 조난된 선박의 선장 및 승무원

> **해설** ④ 조난된 선박의 선장 또는 소유자, 또는 조난사고 원인을 제공한 선박의 선장 및 승무원이 신고의무자에 해당한다.
>
> **조난사실의 신고(법 제15조)**
> ① 수상에서 조난사고가 발생한 때에는 다음 각호의 어느 하나에 해당하는 자는 즉시 가까운 구조본부의 장이나 소방관서의 장에게 조난사실을 신고하여야 한다.
>   1. 조난된 선박등의 선장·기장 또는 소유자
>   2. 수상에서 조난사실을 발견한 자
>   3. 조난된 선박등으로부터 조난신호나 조난통신을 수신한 자
>   4. 조난사고 원인을 제공한 선박의 선장 및 승무원
> ② 선박등의 소재가 불명하고 통신이 두절되어 실종의 위험이 있다고 인정되는 경우에는 그 선박등의 소유자·운항자 또는 관리자는 지체 없이 그 사실을 구조본부의 장이나 소방관서의 장에게 신고하여야 한다.
> ③ 제1항 및 제2항에 따라 조난사실을 신고받거나 인지한 구조본부의 장 또는 소방관서의 장은 그 사실을 지체 없이 조난지역을 관할하는 구조본부의 장이나 소방관서의 장에게 통보하여야 한다.

정답 22 ④ 23 ② 24 ④

25. 「수상구조법」에 따라 조난현장에서 수난구호활동에 임하는 수난구호요원, 조난된 선박의 선원 및 승객이 지휘·통제에 따라야 할 사람으로 가장 옳은 것은? 19년 경위

① 현장지휘관 ② 지역구조본부장
③ 임무조정관 ④ 구조본부의 장

> **해설** ① 지역구조본부장의 지휘를 받는 것이 대부분이나, 광역이나 중앙구조본부장의 지휘를 받기도 하므로 엄격히는 현장지휘관이라고 표현하는 것이 가장 적절한 규정상 표현이다.
>
> **현/장/지/휘(제17조)**
> 조난현장에서의 수난구호활동의 지휘는 지역구조본부의 장 또는 소방서장이 행한다. 다만, 응급의료 및 이송 등과 관련된 사항에 대하여는 관련 수난구호협력기관의 장과 협의하여야 한다(제1항). 광역구조본부의 장 또는 소방본부장은 둘 이상의 지역구조본부의 장 또는 소방서장의 공동대응 등이 필요하다고 인정하는 경우에는 제1항에도 불구하고 직접 현장지휘를 할 수 있다(제3항). 중앙구조본부의 장 또는 소방청장은 대통령령으로 정하는 대규모의 수난이 발생하거나 그 밖에 필요하다고 인정하는 경우에는 제1항 및 제3항에도 불구하고 직접 현장지휘를 할 수 있다(제4항). 조난현장에서 수난구호활동에 임하는 수난구호요원, 조난된 선박의 선원 및 승객은 제1항·제3항 및 제4항에 따라 현장지휘관의 지휘·통제에 따라야 한다(제5항).

26. 다음 중 「수상에서의 수색·구조 등에 관한 법률」 제17조(현장지휘) 제1항 및 제5항에 대한 내용이다. ( )안에 옳은 내용으로 가장 바르게 나열한 것을 고르시오. 21년 경사

> 제1항 : 조난현장에서의 수난구호 활동의 지휘는 (㉠) 또는 소방서장이 행한다. 다만 응급의료 및 이송 등과 관련된 사항에 대하여는 관련 수난구호협력기관의 장과 협의하여야 한다.
> 제5항 : 조난현장에서 수난구호활동에 임하는 수난구호요원, 조난된 선박의 선원 및 승객은 제1항·제3항 및 제4항에 따라 (㉡)의 지휘·통제에 따라야 한다.

① ㉠ : 지역구조본부의 장 ㉡ : 현장지휘관
② ㉠ : 현장지휘관 ㉡ : 수색구조조정관
③ ㉠ : 지역구조본부의 장 ㉡ : 수색구조조정관
④ ㉠ : 현장지휘관 ㉡ : 지역구조본부의 장

> **해설** 1) 조난현장에서의 수난구호 활동의 지휘는 지역구조본부의 장 또는 소방서장이 행한다.
> 2) 조난현장에서 수난구호활동에 임하는 수난구호요원, 조난된 선박의 선원 및 승객은 제1항·제3항 및 제4항에 따라 현장지휘관의 지휘·통제에 따라야 한다.

27 다음은 「수상에서의 수색구조 등에 관한 법률」에 대한 설명이다. 바르게 짝지어진 것은?

19년 경력/공채

㉠ 위치통보 ㉡ 최종통보 ㉢ 변경통보 ㉣ 항해계획통보

(가) 선박이 예정위치에서 25해리 이상 벗어난 경우
(나) 선박이 항구 또는 포구를 출항하기 직전 또는 직후
(다) 항해계획 통보 후 약 12시간 마다
(라) 목적지에 도착하기 직전이나 도착할 때

① ㉠-(다) ② ㉡-(가)
③ ㉢-(나) ④ ㉣-(라)

해설 ① 선장은 선박이 항구 또는 포구로부터 출항하거나 해양경찰청장이 지정·고시하는 선박위치통보해역에 진입한 때에는 해상구조조정본부의 장에게 항해계획통보, 위치통보, 변경통보, 최종통보를 하여야 한다.

선박위치통보의 시기 및 구분(시행규칙 제14조 제1항)

항해계획통보	선박이 항구 또는 포구를 출항하기 직전 또는 그 직후나 해양경찰청장이 지정·고시하는 선박위치통보해역에 진입한 때
위치통보	항해계획 통보 후 약 「12시간」마다
변경통보	항해계획의 내용을 변경한 때, 선박이 예정위치에서 「25해리」 이상 벗어난 때 또는 목적지를 변경한 때
최종통보	목적지에 도착하기 직전이나 도착한 때 또는 해양경찰청장이 지정·고시하는 선박위치통보해역을 벗어난 때

28 「수상에서의 수색·구조 등에 관한 법률」상 우리나라 선위통보에 대한 용어와 그에 맞는 조치사항을 열거한 것으로 틀린 것은?

18년 경사

① 항해계획통보 : 선박이 항구 또는 포구를 출항하기 직전 또는 그 직후나 해양경찰청장이 지정·고시하는 선박위치통보해역에 진입한 때에 행한다.
② 위치통보 : 항해계획통보 후 약 12시간 간격으로 행한다.
③ 변경통보 : 항해계획의 내용을 변경한 때, 예정위치에서 12해리 이상 벗어난 때 또는 목적지 변경한 때에 행한다.
④ 최종통보 : 목적지에 도착하기 직전이나 도착한 때 또는 해양경찰청장이 지정·고시하는 선박위치통보해역을 벗어난 때 행한다.

정답 25 ① 26 ① 27 ① 28 ③

해설 ③ 변경통보는 SAR협약(79)에는 없고, 현재 우리나라 수상구조법에는 두고 있다. 변경통보는 항해계획의 내용을 변경한 때, 선박이 예정위치에서 「25해리」이상 벗어난 때 또는 목적지를 변경한 때에 통보한다.

29 「수상에서의 수색·구조 등에 관한 법률」상 선박위치통보의 시기에 관한 설명이다. 빈칸에 들어갈 숫자를 모두 합한 것은?

18년 법규기출

> ㉠ 항해계획 통보 후 약 ( )시간 마다 선박의 위치를 통보하여야 한다.
> ㉡ 항해계획 내용의 변경 또는 선박이 예정위치에서 ( )해리 이상 벗어나거나 목적지를 변경한 경우 선박의 위치를 통보하여야 한다.

① 32　　　　　　　　　② 37
③ 44　　　　　　　　　④ 49

해설 ② 위 ( )의 숫자를 모두 합하면(12시간 + 25해리), 총 「37」에 해당한다.

1] 선박위치통보
(1) 선장은 선박이 항구 또는 포구로부터 출항하거나 해양경찰청장이 지정·고시하는 선박위치통보해역에 진입한 때에는 해상구조조정본부의 장에게 다음의 통보를 하여야 한다(제33조 제1항).

> ① 항해계획통보
> ② 위치통보
> ③ 변경통보
> ④ 최종통보

(2) 「선박안전법」제30조에 따라 선박위치발신장치를 갖추고 항행하는 선박의 경우에는 위의 (1)에서 ②의 위치통보를 생략할 수 있다(제3항).

2] 선박위치통보 선박의 범위
선박의 위치를 통보하여야 하는 선박의 범위는 아래와 같다. 다만, 아래의 ③부터 ⑤까지의 규정에 해당하는 선박의 경우에는 해수면에서의 인명 안전을 위한 국제협약 및 관련 의정서에 따른 세계 해상조난 및 안전제도(GMDSS)의 시행에 필요한 통신설비를 설치하고 있는 선박으로 한정한다(시행규칙 제13조).

> ① 국제항해에 취항하는 여객선
> ② 국제항해에 취항하는 총톤수 300톤 이상의 선박 중 항행시간이 12시간 이상인 선박
> ③ 「해사안전법」제2조 제12호부터 제14호까지의 규정에 따른 조종불능선(操縱不能船)·조종제한선(操縱制限船) 및 흘수제약선(吃水制約船)
> ④ 예인선열(曳引船列)의 길이가 200미터를 초과하는 예인선
> ⑤ 석유류 액체화학물질 등 위험화물을 운송하고 있는 선박

30 「수상에서의 수색구조 등에 관한 법률」(및 시행규칙)상 선박위치통보의 시기에 대한 설명으로 가장 옳은 것은?　　　　　　　　　　　　　　　　　　　　　　　19년 경찰간부

① 항해계획통보 : 해양경찰청장이 지정, 고시하는 선박위치통보해역에 진입한 때
② 위치통보 : 선박위치통보해역을 벗어난 때
③ 변경통보 : 항해계획통보 후 약 12시간 마다
④ 최종통보 : 목적지를 변경한 때

> **해설**
> ② 해양경찰청장이 지정, 고시하는 선박위치통보해역을 벗어난 때, 목적지에 도착하기 직전이나 도착한 때 – 최종통보
> ③ 항해계획통보 후 약 12시간 마다 – 위치통보
> ④ 목적지를 변경한 때, 항해계획의 내용을 변경한 때, 선박이 예정위치에서 25해리 이상을 벗어난 때 – 변경통보
> ① 선박이 항구 또는 포구를 출항하기 직전 또는 그 직후나 해양경찰청장이 지정, 고시하는 선박위치통보해역에 진입한 때 – 항해계획통보

31 「수상에서의 수색·구조 등에 관한 법률」상 선박 위치통보와 관련하여 항해계획 통보 후 약 (㉠)마다 위치통보를 하여야 하고, 항해계획의 내용을 변경한 때나 선박이 예정위치에서 (㉡) 이상 벗어난 때 또는 목적지를 변경한 때에는 변경통보를 하여야 한다. 다음 중 ( )안에 들어갈 내용으로 가장 옳은 것은?　　　　　　　　　　21년 경사

① ㉠ 12시간　㉡ 24해리
② ㉠ 24시간　㉡ 24해리
③ ㉠ 12시간　㉡ 25해리
④ ㉠ 24시간　㉡ 25해리

> **해설**
> 1) 위치통보 : 항해계획 통보 후 약 「12시간」마다(㉠)
> 2) 변경통보 : 항해계획의 내용을 변경한 때, 선박이 예정위치에서 「25해리」 이상 벗어난 때 또는 목적지를 변경한 때(㉡)

정답　29 ②　30 ①　31 ③

32 다음 보기는 「수상에서의 수색·구조 등에 관한 법률」(시행령, 시행규칙 포함)상 선박위치 통보를 해야 하는 선박이다. 빈칸에 들어갈 수를 순서대로 바르게 나열한 것은? **21년 1차**

> (ㄱ) 국제항해에 취항하는 여객선
> (ㄴ) 국제항해에 취항하는 총톤수(a)톤이상의 선박 중 항행시간이(b)시간 이상인 선박
> (ㄷ) 해사안전법상 조종불능선, 조종제한선 및 흘수제약선
> (ㄹ) 예인선열의 길이가 (c)미터를 초과하는 예인선
> (ㅁ) 석유류 액체화학물질 등 위험화물을 운송하고 있는 선박

① (a) : 300 (b) : 12 (c) : 100
② (a) : 300 (b) : 12 (c) : 200
③ (a) : 500 (b) : 24 (c) : 100
④ (a) : 500 (b) : 24 (c) : 200

해설 (ㄱ) 국제항해에 취항하는 여객선
(ㄴ) 국제항해에 취항하는 총톤수 300톤 이상의 선박 중 항행시간이 12시간 이상인 선박
(ㄷ) 해사안전법상 조종불능선, 조종제한선 및 흘수제약선
(ㄹ) 예인선열의 길이가 200미터를 초과하는 예인선
(ㅁ) 석유류 액체화학물질 등 위험화물을 운송하고 있는 선박

33 다음 지문 중 「수상에서의 수색·구조 등에 관한 법률」 제24조에 따라 구조활동을 종료 또는 중지할 수 있는 경우는 모두 몇 개인가? **18년 경찰간부**

> ㉠ 수색활동을 완료한 경우
> ㉡ 구조활동을 완료한 경우
> ㉢ 생존자를 구조할 모든 가능성이 사라진 경우
> ㉣ 더 이상 구조활동을 계속할 필요가 없다고 인정되는 경우

① 1개   ② 2개
③ 3개   ④ 모두 맞는 지문임

해설 ③ 구조본부장이 수상구조법상 구조활동의 종료 또는 중지할 수 있는 경우는 ㉡㉢㉣이 해당된다.
「수상구조법」상 구조활동의 종료 또는 중지(제24조)
구조본부의 장은 아래에 해당하는 경우에는 구조활동을 종료 또는 중지할 수 있다.
① 구조활동을 완료한 경우
② 생존자를 구조할 모든 가능성이 사라지는 등 더 이상 구조활동을 계속할 필요가 없다고 인정되는 경우

34 「수상구조법」에 규정된 구조활동을 종료하는 사유로 가장 적절한 것은? 18년 경사

> ㄱ. 수색활동을 완료한 경우
> ㄴ. 구조활동을 완료한 경우
> ㄷ. 생존자를 구조할 모든 가능성이 사라지는 등 더 이상 구조활동을 계속할 필요가 없다고 인정되는 경우
> ㄹ. 생존자를 구조할 모든 가능성이 사라지는 등 더 이상 수색활동을 계속할 필요가 없다고 인정되는 경우

① ㄱ, ㄴ
② ㄱ, ㄷ
③ ㄱ, ㄹ
④ ㄴ, ㄷ

해설 [O] ㄴ, ㄷ
[X] ㄱ, ㄹ
「수상구조법」상 구조활동을 완료한 경우, 생존자를 구조할 모든 가능성이 사라진 경우, 구조활동을 계속할 필요가 없다고 인정되는 경우가 구조활동의 종료사유에 해당된다.

35 「수상에서의 수색·구조 등에 관한 법률」상 구조된 사람·선박·물건의 인계에 관한 설명으로 가장 틀린 것은? 법규기출

① 신원을 확인하고 보호자 또는 유족이 있는 경우 보호자 또는 유족에게 인계한다.
② 표류물 또는 침몰품을 습득한 자는 지체없이 구조본부의 장 또는 소방관서의 장에게 인도하여야 한다.
③ 소유자가 확인되지 아니한 물건의 경우 특별자치도지사 또는 시장·군수·구청장에게 인계한다.
④ 선박 또는 물건에 대하여 소유자가 확인된 경우 소유자에게 인계한다.

해설 ② 표류물 또는 침몰품을 습득한 자는 지체없이 이를 특별자치도지사 또는 시장·군수·구청장에게 인도하여야 한다. 다만, 그 표류물 등의 소유자가 분명하고 그 표류물 등이 법률에 따라 소유 또는 소지가 금지된 물건이 아닌 경우에는 습득한 날부터 7일 이내에 직접 그 소유자에게 인도할 수 있다(제35조 제3항).

정답 32 ② 33 ③ 34 ④ 35 ②

36 다음 중 「수상에서의 수색·구조 등에 관한 법률」에 따라 구조된 사람·선박등·물건의 인계에 관한 설명으로 가장 옳지 않은 것은?　　21년 경감

① 구조본부의 장은 구조된 사람이나 사망자에 대하여는 그 신원을 확인하고 보호자 또는 유족이 있는 경우에는 보호자 또는 유족에게 인계하여야 한다.
② 구조본부의 장은 구조된 선박 등이나 물건에 대하여는 소유자가 확인된 경우에 소유자에게 인계할 수 있다.
③ 구조본부의 장은 구조된 사람이나 사망자의 신원이 확인되지 아니하거나 인계받을 보호자 또는 유족이 없는 경우 및 구조된 선박 등이나 물건의 소유자가 확인되지 아니한 경우에는 구조된 사람, 사망자, 구조된 선박 등 및 물건을 특별자치도지사 또는 시장·군수·구청장에게 인계한다.
④ 표류물 또는 침몰품을 습득한 자는 지체없이 이를 특별자치도지사 또는 시장·군수·구청장에게 인도하여야 한다. 다만, 그 표류물 등의 소유자가 분명하고 그 표류물 등이 법률에 따라 소유 또는 소지가 금지된 물건이 아닌 경우에는 습득한 날로부터 3일 이내에 직접 그 소유자에게 인도할 수 있다.

> 해설　④ 표류물 또는 침몰품을 습득한 자는 지체없이 이를 특별자치도지사 또는 시장·군수·구청장에게 인도하여야 한다. 다만, 그 표류물등의 소유자가 분명하고 그 표류물등이 법률에 따라 소유 또는 소지가 금지된 물건이 아닌 경우에는 습득한 날부터 7일 이내에 직접 그 소유자에게 인도할 수 있다(제35조 제3항).

37 「수상구조법」상 중앙해양수색구조기술위원회(중앙기술위원회)에 관한 내용으로 틀린 것은?　　법규기출

① 해양수산부장관 소속하에 설치한다.
② 설치 목적은 해상수난구호업무를 신속하고 효과적으로 수행하기 위함에 있다.
③ 위원의 임기는 2년으로 한다.
④ 회의는 재적위원 과반수의 출석으로 개의하고, 출석위원 과반수의 찬성으로 의결한다.

> 해설　① 해양에서의 수색구조활동을 신속하고 효과적으로 지원하고, 수색구조 관련 정책조정과 유관기관 및 민간단체와의 협력체제를 구축하기 위하여 중앙구조본부의 장, 광역구조본부의 장 및 지역구조본부의 장 소속으로 각각 중앙, 광역 및 지역 해양수색구조기술위원회를 둔다(제6조 제1항).

해양수색구조기술위원회의 설치

설치	㉠ 수난구호협력기관 및 수난구호민간단체와의 유기적인 협조체제를 구축하여 해상수난구호를 신속하고 효과적으로 수행하기 위하여 중앙구조본부의 장 소속으로 중앙해양수색구조기술위원회를 둔다(제6조 제1항). ㉡ 지방의 수난구호협력기관 및 수난구호민간단체와의 유기적인 협조체제를 구축하여 해상수난구호를 신속하고 효과적으로 수행하기 위하여 광역 및 지역 구조본부에 각각 광역 및 지역 해양수색구조기술위원회를 둔다(제2항).
구성	㉠ 동법 제6조 제1항에 따른 중앙해양수색구조기술위원회는 위원장 및 부위원장 각 1명을 포함하여 40명 이내의 위원으로 구성한다(시행령 제6조). ㉡ 중앙기술위원회의 위원장은 중앙구조본부의 부본부장이 되고, 부위원장은 중앙구조본부의 중앙조정관이 된다. ㉢ 위원의 임기는 2년으로 한다.
회의	㉠ 중앙기술위원회의 회의는 해양경찰청장 또는 그 위원장이 필요하다고 인정할 때에 소집하며, 광역 및 지역 기술위원회의 회의는 그 위원장이 필요하다고 인정할 때에 소집한다(시행령 제11조). ㉡ 기술위원회의 회의는 재적위원 과반수의 출석으로 개의(開議)하고, 출석위원 과반수의 찬성으로 의결한다.

38 「수상에서의 수색구조 등에 관한 법률」(및 시행령)상 중앙구조본부와 중앙해양수색구조기술위원회에 대한 내용으로 올바른 것은? 법규기출

> ㉠ 중앙구조본부의 본부장은 해양경찰청장이 된다.
> ㉡ 광역구조본부에는 본부장 부본부장 각 1명과 광역조정관 1명 및 업무수행에 필요한 직원을 둔다.
> ㉢ 광역구조본부의 장은 소속 구조대의 편성 운영에 대한 사항을 관장한다.
> ㉣ 중앙해양수색구조기술위원회는 위원장 및 부위원장 각 1명을 포함하여 40명 이내의 위원으로 구성한다.

① 1개 ② 2개
③ 3개 ④ 4개

 [O] ㉠㉢㉣
[X] ㉡ 광역구조본부에는 본부장 1명과 광역조정관 1명을 두고, 지역구조본부에는 본부장 1명과 지역조정관 1명을 두며, 광역 및 지역 구조본부별로 업무수행에 필요한 직원을 둔다(시행령 제5조 제1항).
1) 중앙구조본부의 본부장은 해양경찰청장이 되고, 부본부장·중앙조정관 및 직원은 해양경찰청장이 소속 공무원 중에서 지명하는 사람이 된다(시행령 제4조 제2항).
2) 광역구조본부에는 본부장 1명과 광역조정관 1명을 두고, 지역구조본부에는 본부장 1명과 지역조정관 1명을 두며, 광역 및 지역 구조본부별로 업무수행에 필요한 직원을 둔다(시행령 제5조 제1항).

정답 36 ④ 37 ① 38 ③

3) 광역구조본부의 장은 다음의 사항을 관장한다(시행령 제5조 제3항).
   ① 광역구조본부 관할해역에서의 수난구호업무 총괄·조정·지휘 및 관계 기관, 외국기관과의 협력
   ② 관할해역에서의 수난구호업무 수행
   ③ 소속 구조대의 편성·운영 및 구조활동에 관한 지휘·통제
   ④ 지역 소재 수난구호협력기관과 수난구호민간단체의 수난구호활동 역할 분담 및 지휘·통제
   ⑤ 법 제33조에 따른 선박위치통보제도의 시행에 관한 사항
   ⑥ 해상수난구호업무를 위한 지역 통신망의 관리·운용
   ⑦ 그 밖에 중앙구조본부의 장으로부터 위임받거나 지시받은 사항
4) 동법 제6조 제1항에 따른 중앙해양수색구조기술위원회(중앙기술위원회)는 위원장 및 부위원장 각 1명을 포함하여 40명 이내의 위원으로 구성한다(시행령 제6조 제1항).

39 다음 중 「수상에서의 수색·구조 등에 관한 법률 (시행령 포함)」상 해양수색구조기술위원회에 대한 설명으로 옳은 것은? 22년 1차

① 해양에서의 수색구조활동을 신속하고 효과적으로 지원하고, 수색구조 관련 정책조정과 유관기관 및 민간단체와의 협력체제를 구축하기 위하여 해양수산부에 해양수색구조기술위원회를 둔다.
② 지역 해양수색구조기술위원회는 위원장·부위원장 각 1명을 포함하여 10명 이상 40명 이하의 위원으로 구성된다.
③ 중앙 해양수색구조기술위원회의 위원장은 중앙구조본부의 부본부장이 되고, 부위원장은 중앙조정관이 된다.
④ 중앙, 광역 및 지역 해양수색구조기술위원회는 업무를 효율적으로 수행하기 위해 정책조정분과 위원회 및 기술자문분과 위원회를 둘 수 있다.

해설
① 각 구조본부의 장 소속으로 둔다.
② 지역 해양수색구조기술위원회는 위원장·부위원장 각 1명을 포함하여 5명 이상 20명 이하의 위원으로 구성한다.
④ 정책조정분과위원회 및 기술자문분과위원회는 중앙과 광역기술위원회에 둘 수 있다.

1] 법 제6조(각급 해양수색구조기술위원회의 설치)
① 해양에서의 수색구조활동을 신속하고 효과적으로 지원하고, 수색구조 관련 정책조정과 유관기관 및 민간단체와의 협력체제를 구축하기 위하여 중앙구조본부의 장, 광역구조본부의 장 및 지역구조본부의 장(구조본부의 장) 소속으로 각각 중앙, 광역 및 지역 해양수색구조기술위원회를 둔다.
② 제1항에 따른 해양수색구조기술위원회의 구성·운영 등에 필요한 사항은 대통령령으로 정한다.

2] 시행령 제6조(중앙 해양수색구조기술위원회의 구성)
① 법 제6조제1항에 따른 중앙 해양수색구조기술위원회(중앙기술위원회)는 위원장 및 부위원장 각 1명을 포함하여 40명 이내의 위원으로 구성한다.
② 중앙기술위원회의 위원장은 중앙구조본부의 부본부장이 되고, 부위원장은 중앙구조본부의 중앙조정관이 된다.
④ 제3항제2호에 따른 위원의 임기는 2년으로 한다.

3] 시행령 제7조(광역 및 지역 해양수색구조기술위원회의 구성)
① 법 제6조제1항에 따른 광역 해양수색구조기술위원회(광역기술위원회)는 위원장·부위원장 각 1명을 포함하여 10명 이상 40명 이하의 위원으로 구성한다.

② 광역기술위원회의 위원장은 광역구조본부의 장이 되고, 부위원장은 광역조정관이 되며,
③ 법 제6조제1항에 따른 지역 해양수색구조기술위원회(지역기술위원회)는 위원장·부위원장 각 1명을 포함하여 5명 이상 20명 이하의 위원으로 구성한다.

4) 시행령 제12조의2(분과위원회의 설치 등)
① 중앙기술위원회는 업무를 효율적으로 수행하기 위해 정책조정분과위원회 및 기술자문분과위원회를 둘 수 있다.
② 제1항에 따른 분과위원회의 구성·운영 등에 필요한 사항은 중앙기술위원회의 의결을 거쳐 중앙기술위원회 위원장이 정한다.
③ 광역기술위원회의 분과위원회의 설치 등에 관하여는 제1항 및 제2항을 준용한다. 이 경우 "중앙기술위원회"는 각각 "광역기술위원회"로 본다.

40 다음 중 「수상에서의 수색·구조 등에 관한 법률」상 수난구호 종사명령에 대한 내용(제29조, 제39조)으로 가장 옳지 않은 것은? 20년 3차

① 구조본부의 장은 수난구호를 위하여 부득이하다고 인정할 때에는 필요한 범위에서 사람 또는 단체를 수난구호업무에 종사하게 할 수 있다.
② 수난구호 종사명령을 받은 자는 구조본부의 장의 지휘를 받아 수난구호업무에 종사하여야 한다.
③ 수난구호 종사명령에 따라 수난구호에 종사한 자는 국가 또는 특별자치도지사·시장·군수·구청장으로부터 수난구호비용을 지급받을 수 있다.
④ 구조본부의 장의 정당한 거부에도 불구하고 구조를 강행한 자는 수난구호 비용을 지급받을 수 없다.

해설 ③ 수난구호에 종사한 자와 일시적으로 사용된 토지·건물 등의 소유자·임차인 또는 사용인은 특별자치도지사 또는 시장·군수·구청장으로부터 수난구호비용을 지급받을 수 있다. 보상금의 경우에는 국가 또는 지방자치단체가 부담한다.

1) 수난구호를 위한 종사명령(제29조)
① 구조본부의 장 및 소방관서의 장은 수난구호를 위하여 부득이하다고 인정할 때에는 필요한 범위에서 사람 또는 단체를 수난구호업무에 종사하게 하거나 선박, 자동차, 항공기, 다른 사람의 토지·건물 또는 그 밖의 물건 등을 일시적으로 사용할 수 있다. 다만, 노약자, 정신적 장애인, 신체장애인, 그 밖에 대통령령으로 정하는 사람에 대하여는 제외한다.
② 제1항에 따라 수난구호업무에의 종사명령을 받은 자는 구조본부의 장 및 소방관서의 장의 지휘를 받아 수난구호업무에 종사하여야 한다.
③ 국가 또는 지방자치단체는 제1항에 따라 수난구호 업무에 종사한 사람이 부상(신체에 장애를 입은 경우를 포함)을 입거나 사망(부상으로 인하여 사망한 경우를 포함)한 경우에는 그 부상자 또는 유족에게 보상금을 지급하여야 한다. 다만, 다른 법령에 따라 국가 또는 지방자치단체의 부담에 의한 같은 종류의 보상금을 지급받은 사람에 대하여는 그 보상금에 상당하는 금액은 지급하지 아니한다.
④ 구조본부의 장 또는 소방관서의 장은 제1항에 따라 수난구호 업무에 종사한 사람이 「의사상자 등 예우 및 지원에 관한 법률」의 적용대상자인 경우에는 같은 법에 따른 보상을 받을 수 있도록 적극 지원하여야 한다.
⑤ 제3항 본문에 따른 보상금은 국가 또는 지방자치단체의 부담으로 하며, 그 기준 및 절차 등에 필요한 사항은 대통령령으로 정한다. 이 경우 특별한 사정이 없는 한 「의사상자 등 예우 및 지원에 관한 법률」의 보상기준을 준수하여야 한다.

정답 39 ③ 40 ③

2) 수난구호비용의 지급(제39조)

제29조제1항에 따른 명령에 따라 수난구호에 종사한 자와 일시적으로 사용된 토지·건물 등의 소유자·임차인 또는 사용인은 **특별자치도지사 또는 시장·군수·구청장**으로부터 수난구호비용을 지급받을 수 있다(제1항). 다만, 다음 각호의 어느 하나에 해당하는 자의 경우에는 그러하지 아니하다.
1. 구조된 선박등의 선장등 및 선원 등
2. 고의 또는 과실로 인하여 조난을 야기한 자
3. 정당한 거부에도 불구하고 구조를 강행한 자
4. 조난된 물건을 가져간 자

---

41 다음 중「수상에서의 수색·구조 등에 관한 법률(시행령 및 시행규칙 포함)」상 수난구호비용을 지급받을 수 있는 사람으로 가장 옳은 것은? 22년 해경학과/경찰간부

① 구조된 선박의 선장 및 선원
② 고의 또는 과실로 인하여 조난을 야기한 자
③ 정당한 거부에도 불구하고 구조를 강행한 자
④ 조난된 물건을 습득한 자

> **해설** 수/난/구/호/비/용/의/지/급(법 제39조)
> 제29조 제1항에 따른 명령에 따라 수난구호에 종사한 자와 일시적으로 사용된 토지·건물 등의 소유자·임차인 또는 사용인은 특별자치도지사 또는 시장·군수·구청장으로부터 수난구호비용을 지급받을 수 있다. 다만, 다음 각 호의 어느 하나에 해당하는 자의 경우에는 그러하지 아니하다(제1항).
> 1. 구조된 선박등의 선장등 및 선원 등(①)
> 2. 고의 또는 과실로 인하여 조난을 야기한 자(②)
> 3. 정당한 거부에도 불구하고 구조를 강행한 자(③)
> 4. 조난된 물건을 가져간 자

---

42 다음 중「수상에서의 수색·구조 등에 관한 법률」상 민간구조활동 지원에 대한 내용으로 가장 옳지 않은 것은? 20년 경찰간부

① 민간해양구조대원은 해양경찰의 해상구조 및 조난사고 예방·대응 활동을 지원할 수 있다.
② 지방자치단체의 장은 필요한 경우 관할 구역에서 민간해양구조대원이 수난구호 활동에 참여하는 데 소요되는 경비의 전부 또는 일부를 지원할 수 있다.
③ 최초 수상구조사 자격을 취득한 경우 자격증을 발급 받은 날부터 기산하여 2년이 되는 날부터 6개월 이내에 해양경찰청장이 실시하는 보수교육을 받아야 한다.
④ 보수교육을 받지 않은 사람은 보수교육 기간이 만료한 다음 날부터 수상구조사 자격이 정지된다. 다만, 자격정지 후 1년 이내에 보수교육을 받은 경우 보수교육을 받은 날부터 자격의 효력이 다시 발생한다.

해설 ② 필요한 경우 관할 구역에서 민간해양구조대원등이 수난구호활동에 참여하는 데 소요되는 **경비의 일부를 지원할 수 있다.**

민간해양구조대원등의 처우(제30조)
① 민간해양구조대원은 해양경찰의 해상구조 및 조난사고 예방·대응 활동을 지원할 수 있다.
② 민간해양구조대원 및 수난구호참여자 중 해양수산부령으로 정하는 요건을 갖춘 자(민간해양구조대원등)가 제1항에 따라 해상구조 및 조난사고 예방·대응 활동을 지원한 때에는 해양수산부령으로 정하는 바에 따라 수당 및 실비를 지급할 수 있다.
③ 지방자치단체의 장은 필요한 경우 관할 구역에서 민간해양구조대원등이 수난구호활동에 참여하는 데 소요되는 경비의 일부를 지원할 수 있다. 이 경우 수난구호활동 참여 소요경비 지원에 필요한 사항은 지방자치단체의 조례로 정한다.
④ 구조본부의 장은 민간해양구조대원의 구조활동에 필요한 장비를 무상으로 대여할 수 있다.
⑤ 구조본부의 장은 민간해양구조대원에 대한 교육·훈련을 실시하여야 한다. 이 경우 구조본부의 장은 그 교육·훈련을 협회 등에 위탁할 수 있다.
⑥ 민간해양구조대원에 대한 교육·훈련의 내용, 주기, 방법 등 필요한 사항은 해양수산부령으로 정한다.
⑦ 민간해양구조대원등이 구조업무 및 구조 관련 교육·훈련으로 인하여 질병에 걸리거나 부상(신체에 장애를 입은 경우를 포함한다)을 입거나 사망(부상으로 인하여 사망한 경우를 포함한다)한 경우의 치료 또는 보상금의 기준·절차 등은 제29조제3항부터 제7항까지의 규정을 준용한다.

43 「수상에서의 수색·구조 등에 관한 법률」에 대한 설명으로 가장 옳은 것은? 23년 공/특채

① 해양경찰청장은 수난구호를 위하여 수난대비기본계획을 3년 단위로 수립하여야 한다.
② 구조본부장은 내수인 선박구난현장에서 구난작업에 방해가 되는 외국선박에 대한 이동 및 대피명령을 실시할 수 없다.
③ 수난대비기본계획과 수난대비집행계획의 수립 및 변경 등에 필요한 사항은 대통령령으로 정한다.
④ 수난구호업무에의 종사명령을 받은 자는 구조본부의 장 및 소방관서의 장의 지휘를 받아 수난구호 업무에 종사하여야 한다.

해설 ① 5년 단위로 수립
② 해양수산부령으로 정함
③ 내수 및 영해에서만 실시 가능
④ 경찰긴급권으로 종사명령에 따라야 한다. 다만, 14세 미만인 사람과 그 밖에 피성년후견인·피한정후견인 등 수난구호업무에 종사하게 하는 것이 적당하지 아니하다고 인정되는 사람은 제외

1] 수난대비기본계획의 수립(제4조)
① 해양경찰청장은 해수면에서 자연적·인위적 원인으로 발생하는 조난사고로부터 사람의 생명과 신체 및 재산을 보호하고 효율적인 수난구호를 위하여 수난대비기본계획을 5년 단위로 수립하여야 한다.
② 해양경찰청장은 제1항의 수난대비기본계획을 집행하기 위하여 수난대비집행계획을 매년 수립·시행하여야 한다.
③ 제2항에 따른 수난대비집행계획은 「민방위기본법」에 따른 민방위계획에 포함하여 수립·시행할 수 있다.

정답 41 ④ 42 ② 43 ④

④ 제1항에 따른 수난대비기본계획과 제2항에 따른 수난대비집행계획의 수립 및 변경 등에 필요한 사항은 해양수산부령으로 정한다.

2] 선박의 이동 및 대피 명령(제10조)
구조본부의 장은 다음 각호의 어느 하나에 해당하는 선박의 경우에는 해양수산부령으로 정하는 바에 따라 해당 선박의 이동 및 대피를 명할 수 있다. 다만, 외국선박에 대한 이동 및 대피명령은 「영해 및 접속수역법」제1조 및 제3조에 따른 영해 및 내수(「내수면어업법」제2조제1호에 따른 내수면은 제외한다)에서만 실시한다.
  1. 태풍, 풍랑 등 해상기상의 악화로 조난이 우려되는 선박
  2. 선박구난현장에서 구난작업에 방해가 되는 선박

3] 수난구호를 위한 종사명령(제29조)
① 구조본부의 장 및 소방관서의 장은 수난구호를 위하여 부득이하다고 인정할 때에는 필요한 범위에서 사람 또는 단체를 수난구호업무에 종사하게 하거나 선박, 자동차, 항공기, 다른 사람의 토지·건물 또는 그 밖의 물건 등을 일시적으로 사용할 수 있다. 다만, 노약자, 정신적 장애인, 신체장애인, 그 밖에 대통령령으로 정하는 사람에 대하여는 제외한다.
② 제1항에 따라 수난구호업무에의 종사명령을 받은 자는 구조본부의 장 및 소방관서의 장의 지휘를 받아 수난구호업무에 종사하여야 한다.
③ 국가 또는 지방자치단체는 제1항에 따라 수난구호 업무에 종사한 사람이 부상(신체에 장애를 입은 경우를 포함한다)을 입거나 사망(부상으로 인하여 사망한 경우를 포함한다)한 경우에는 그 부상자 또는 유족에게 보상금을 지급하여야 한다. 다만, 다른 법령에 따라 국가 또는 지방자치단체의 부담에 의한 같은 종류의 보상금을 지급받은 사람에 대하여는 그 보상금에 상당하는 금액은 지급하지 아니한다.
④ 구조본부의 장 또는 소방관서의 장은 제1항에 따라 수난구호 업무에 종사한 사람이 「의사상자 등 예우 및 지원에 관한 법률」의 적용대상자인 경우에는 같은 법에 따른 보상을 받을 수 있도록 적극 지원하여야 한다.
⑤ 제3항 본문에 따른 보상금은 국가 또는 지방자치단체의 부담으로 하며, 그 기준 및 절차 등에 필요한 사항은 대통령령으로 정한다. 이 경우 특별한 사정이 없는 한 「의사상자 등 예우 및 지원에 관한 법률」의 보상기준을 준수하여야 한다.
⑥ 제3항에 따라 보상금을 지급받고자 하는 자는 해양수산부령으로 정하는 바에 따라 관할 지방자치단체의 장에게 신청하여야 한다.
⑦ 국가 또는 지방자치단체는 제1항에 따라 수난구호업무에 종사한 사람이 신체상의 부상을 입은 때에는 대통령령으로 정하는 바에 따라 치료를 실시하여야 한다.

44 「수상에서의 수색·구조 등에 관한 법률(시행령, 시행규칙 포함)」상 수난구호 명령에 대한 설명 중 가장 옳지 않은 것은? 23년 경찰간부

① 구조본부의 장은 수난구호를 위하여 부득이하다고 인정할 때에는 필요한 범위에서 사람 또는 단체를 수난구호 업무에 종사하게 하거나 선박, 자동차, 항공기, 다른 사람의 토지·건물 또는 그 밖의 물건 등을 일시적으로 사용할 수 있다. 다만, 노약자, 정신적 장애인, 신체장애인, 14세 미만의 사람 등에 대해서는 제외한다.

② 수난구호업무에의 종사명령을 받은 자는 구조본부장의 지휘를 받아 수난구호업무에 종사하여야 한다.

③ 민간해양구조대원 및 수난구호 참여자 중 해양수산부령으로 정하는 요건을 갖춘 자가 해양경찰의 해상구조 및 조난사고 예방·대응 활동을 지원한 때에는 해양수산부령으로 정하는 바에 따라 수당 및 실비를 지급할 수 있다.

④ 해양경찰청장은 필요한 경우 관할구역에서 민간해양구조대원 등이 수난구호 활

동에 참여하는 데 소요되는 경비의 일부를 지원할 수 있다. 이 경우 수난구호활동 참여 소요경비 지원에 필요한 사항은 해양경찰청 내규로 정한다.

> **해설** ④ 지방자치단체의 장은 필요한 경우 관할 구역에서 민간해양구조대원등이 수난구호활동에 참여하는 데 소요되는 경비의 일부를 지원할 수 있다. 이 경우 수난구호활동 참여 소요경비 지원에 필요한 사항은 지방자치단체의 조례로 정한다.
> 한편, 2025년 1월 3일부터는 「해양재난구조대의 설치 및 운영에 관한 법률」의 시행으로, 지방자치단체의 장은 필요한 경우 관할구역에서 제2항에 따른 수난구호참여자 중 해양수산부령으로 정하는 요건을 갖춘 자가 수난구호활동에 참여하는 데 소요되는 경비의 일부를 지원할 수 있다. 이 경우 수난구호활동 참여 소요경비 지원에 필요한 사항은 지방자치단체의 조례로 정한다. 라고 개정된다.
>
> 「해양재난구조대의 설치 및 운영에 관한 법률」 제14조(경비 등의 지급)
> ① 해양경찰청장등은 해양재난구조대원이 제8조에 따른 임무를 수행하거나 제13조 제1항에 따른 교육·훈련에 참여하는 경우 해양수산부령으로 정하는 바에 따라 수당 및 실비(경비)를 지급할 수 있다.
> ② 해양경찰청장등은 해양재난구조대원의 구조활동에 필요한 제복을 대여 또는 지급하거나 장비를 무상으로 대여할 수 있다.
> ③ 지방자치단체의 장은 필요한 경우 관할구역에서 해양재난구조대원이 제8조에 따른 임무를 수행하는 데 소요되는 경비의 전부 또는 일부를 지원할 수 있다.

45 다음 중 「수상에서의 수색구조 등에 관한 법률」상 수상구조사의 자격유지에 관한 내용으로 가장 옳은 것은? 21년 해사법규

① 수상구조사 자격을 취득한 사람은 최초 자격증을 발급받은 날 또는 직전의 보수교육을 받은 날부터 기산하여 2년이 되는 날부터 6개월 이내에 해양경찰청장이 실시하는 보수교육을 받아야 한다.
② 군복무 중인 경우 등 사유로 인하여 보수교육 대상자가 보수교육 기간 중 보수교육을 받을 수 없다고 인정되는 경우 해양경찰청장은 6개월의 범위에서 보수교육을 연기하도록 할 수 있으나, 미리 받게 할 수는 없다.
③ 보수교육을 받지 않은 사람은 보수교육 기간이 만료한 다음 날부터 수상구조사 자격이 정지된다. 다만, 자격정지 후 2년 이내에 보수교육을 받은 경우 보수교육을 받은 날부터 자격의 효력이 다시 발생한다.
④ 자격정지 통보를 받은 사람은 통보를 받은 날부터 14일 이내에 자격증을 해양경찰청장에게 반납하여야 한다.

> **해설** 자/격/유/지(제30조의7)
> ① 수상구조사 자격을 취득한 사람은 다음 각호의 구분에 따른 기간(보수교육 기간)에 해양수산부령으로 정하는 바에 따라 해양경찰청장이 실시하는 보수교육을 받아야 한다.
>   1. 최초 수상구조사 자격을 취득한 경우 자격증을 발급 받은 날부터 기산하여 2년이 되는 날부터 6개월 이내
>   2. 제1호 이외의 경우 직전의 보수교육을 받은 날부터 기산하여 2년이 되는 날부터 6개월 이내

| 정답 | 44 ④ | 45 ① |

② 다음 각호의 어느 하나에 해당하는 사유로 인하여 보수교육 대상자가 보수교육 기간 중 보수교육을 받을 수 없다고 인정되는 경우 해양경찰청장은 해양수산부령으로 정하는 바에 따라 보수교육을 <u>미리 받게 하거나 6개월의 범위</u>에서 연기하도록 할 수 있다.
  1. 보수교육 기간 중 해외에 체류가 예정되어 있거나 체류 중인 경우 또는 재해·재난을 당한 경우
  2. 질병이나 부상으로 인하여 거동이 불가능한 경우
  3. 법령에 따라 신체의 자유를 구속당한 경우
  4. 군복무 중인 경우
  5. 그 밖에 보수교육 기간에 보수교육을 받을 수 없는 부득이한 사유라고 인정되는 경우
③ 해양경찰청장은 제1항에 따른 보수교육을 제30조의2제2항에 따른 교육기관에 위탁하여 실시할 수 있다.
④ 제1항에 따른 보수교육을 받지 않은 사람은 보수교육 기간이 만료한 다음 날부터 수상구조사 자격이 정지된다. 다만, 자격정지 후 1년 이내에 <u>보수교육을 받은 경우 보수교육을 받은 날부터 자격의 효력이 다시 발생</u>한다.
⑤ 해양경찰청장은 제4항에 따라 자격이 정지된 사람에게 자격 정지사실을 통보하여야 하고, 자격정지 통보를 받은 사람은 통보를 받은 날부터 <u>15일 이내</u>에 자격증을 해양경찰청장에게 반납하여야 한다.

46 다음 중 「수상에서의 수색·구조 등에 관한 법률」상 ( )안에 들어갈 숫자의 합으로 가장 옳은 것은?
21년 경장

> ㉠ 최초 수상구조사 자격을 취득한 경우 자격증을 발급 받은 날부터 기산하여 ( )년이 되는 날부터 ( )개월 이내 해양경찰청장이 실시하는 보수교육을 받아야 한다.
> ㉡ 수상구조사 자격시험에 응시하려는 사람은 해양경찰청장이 지정하는 관련 단체 또는 기관에서 ( )시간 이상의 교육과정을 이수하여야 한다.
> ㉢ 폐기물·기름 또는 유해액체물질의 산적운반에 전용되지 아니하는 선박으로서 총톤수 ( )톤 미만의 선박을 구난하려는 경우에는 선박의 구난작업 신고를 하지 않아도 된다.

① 171 ② 172
③ 371 ④ 372

해설 1) 자격유지(제30조의7)
① 수상구조사 자격을 취득한 사람은 다음 각호의 구분에 따른 기간(보수교육 기간)에 해양수산부령으로 정하는 바에 따라 해양경찰청장이 실시하는 보수교육을 받아야 한다.
  1. <u>최초 수상구조사 자격을 취득한 경우 자격증을 발급 받은 날부터 기산하여 2년이 되는 날부터 6개월 이내(㉠)</u>
  2. 제1호 이외의 경우 직전의 보수교육을 받은 날부터 기산하여 2년이 되는 날부터 6개월 이내
② 다음 각호의 어느 하나에 해당하는 사유로 인하여 보수교육 대상자가 보수교육 기간 중 보수교육을 받을 수 없다고 인정되는 경우 해양경찰청장은 해양수산부령으로 정하는 바에 따라 보수교육을 미리 받게 하거나 6개월의 범위에서 연기하도록 할 수 있다.
  1. 보수교육 기간 중 해외에 체류가 예정되어 있거나 체류 중인 경우 또는 재해·재난을 당한 경우
  2. 질병이나 부상으로 인하여 거동이 불가능한 경우
  3. 법령에 따라 신체의 자유를 구속당한 경우
  4. 군복무 중인 경우
  5. 그 밖에 보수교육 기간에 보수교육을 받을 수 없는 부득이한 사유라고 인정되는 경우

2) 자격시험의 응시자격(시행령 제30조의4)
  자격시험에 응시하려는 사람은 법 제30조의2제2항에 따라 해양경찰청장이 지정하는 관련 단체 또는 기관에서 64시간 이상의 교육과정을 이수하여야 한다.(ⓒ)
3) 소형선박의 구난(시행령 제20조)
  법 제19조제1항 단서에서 "대통령령으로 정하는 소형선박"이란 「해양환경관리법」 제2조제4호·제5호 또는 제7호에 따른 폐기물·기름 또는 유해액체물질의 산적운반(散積運搬)에 전용(轉用)되지 아니하는 선박으로서 총톤수 100톤 미만의 선박을 말한다.(ⓒ)

47 「수상에서의 수색·구조 등에 관한 법률」과 관련하여 가장 옳지 않은 것은? 23년 경찰간부

① 수상구조사가 되려는 사람은 해양경찰청장이 지정하는 관련 단체 또는 기관에서 교육과정을 이수한 후 해양경찰청장이 실시하는 시험에 합격하여야 한다.
② 외국의 구조대가 신속한 수난구호활동을 위해 우리나라와 체결한 조약에 따라 우리나라의 영해·영토 또는 그 상공에의 진입허가를 요청할 때에는 중앙구조본부의 장은 지체 없이 이를 허가하고 그 사실을 관계기관에 통보한다.
③ 해수면에서의 수색구조·구난활동 지원, 수색구조·구난에 관한 기술·제도·문화 등의 연구·개발·홍보 및 교육훈련, 행정기관이 위탁하는 업무의 수행과 해양 구조·구난 업계의 건전한 발전 및 해양 구조·구난 관계 종사자의 기술향상을 위하여 한국해양구조협회를 설립한다.
④ 해양경찰청장이 실시하는 보수교육을 받지 않은 사람은 보수교육 기간이 만료한 다음 날부터 수상구조사 자격이 정지된다. 다만, 자격정지 후 1년 이내에 보수교육을 받은 경우 보수교육을 받은 다음 날부터 자격의 효력이 다시 발생한다.

해설 ④ 보수교육을 받지 않은 사람은 보수교육 기간이 만료한 다음 날부터 수상구조사 자격이 정지된다. 다만, 자격정지 후 1년 이내에 보수교육을 받은 경우 보수교육을 받은 날부터 자격의 효력이 다시 발생한다.
1] 자격유지(제30조의7)
① 수상구조사 자격을 취득한 사람은 다음 각호의 구분에 따른 기간(보수교육 기간)에 해양수산부령으로 정하는 바에 따라 해양경찰청장이 실시하는 보수교육을 받아야 한다.
  1. 최초 수상구조사 자격을 취득한 경우 자격증을 발급 받은 날부터 기산하여 2년이 되는 날부터 6개월 이내
  2. 제1호 이외의 경우 직전의 보수교육을 받은 날부터 기산하여 2년이 되는 날부터 6개월 이내
② 다음 각호의 어느 하나에 해당하는 사유로 인하여 보수교육 대상자가 보수교육 기간 중 보수교육을 받을 수 없다고 인정되는 경우 해양경찰청장은 해양수산부령으로 정하는 바에 따라 보수교육을 미리 받게 하거나 6개월의 범위에서 연기하도록 할 수 있다.
  1. 보수교육 기간 중 해외에 체류가 예정되어 있거나 체류 중인 경우 또는 재해·재난을 당한 경우
  2. 질병이나 부상으로 인하여 거동이 불가능한 경우
  3. 법령에 따라 신체의 자유를 구속당한 경우
  4. 군복무 중인 경우
  5. 그 밖에 보수교육 기간에 보수교육을 받을 수 없는 부득이한 사유라고 인정되는 경우

정답 46 ② 47 ④

③ 해양경찰청장은 제1항에 따른 보수교육을 제30조의2제2항에 따른 교육기관에 위탁하여 실시할 수 있다.
④ 제1항에 따른 보수교육을 받지 않은 사람은 보수교육 기간이 만료한 다음 날부터 수상구조사 자격이 정지된다. 다만, 자격정지 후 1년 이내에 보수교육을 받은 경우 보수교육을 받은 날부터 자격의 효력이 다시 발생한다.
⑤ 해양경찰청장은 제4항에 따라 자격이 정지된 사람에게 자격 정지사실을 통보하여야 하고, 자격정지 통보를 받은 사람은 통보를 받은 날부터 15일 이내에 자격증을 해양경찰청장에게 반납하여야 한다.

48 다음 중 「구조본부 구성 및 운영 등에 관한 훈령」상 구조본부 구성에 대한 내용으로 가장 적절한 것은?

20년 경찰간부

① 상급 구조본부와 하급 구조본부가 동시에 가동되는 경우 수색구조활동에 관한 직접적인 지휘는 상급구조본부장이 우선적으로 권한과 책임을 가진다.
② 하급 구조본부장이 수색구조활동을 지휘할 경우 상급 구조본부장은 지휘 구조본부에 대한 지원 및 임무 조정 역할을 수행한다.
③ 각급 구조본부장은 운영기준에 따라 대비단계, 대응 1단계, 강화 대응 1단계, 대응 2단계 및 대응 3단계로 구분하여 구조본부를 비상 가동한다.
④ 전복 및 침몰사고의 경우 사망 또는 선내 고립인원이 5명 이상이거나 사고 해점 인근 초기 집중 해상수색이 종료된 상태에서 실종자가 5명 이상인 경우 대응 1단계로 구조본부를 비상 가동한다.

해설
① 상급 구조본부와 하급 구조본부 동시에 가동되는 경우 수색구조 현장의 직접적인 지휘는 법 제17조제1항에 따라 사고 발생지를 관할하는 지역구조본부장이 한다(제8조 제1항).
③ 개정으로 각급 구조본부 비상가동은 대비단계, 대응 1단계, 대응 2단계 및 대응 3단계로 구분한다(제6조 제1항).
④ 개정 전 기준으로 현재는 위와 같은 기준은 없다. 현재 대응 1단계는 태풍, 지진해일 관련 예비특보가 발표되어 자연재난 발생 가능서이 있는 경우, 또는 사회재난이 발생하여 장기간 수색구조가 예상되거나 종합상황실 인력으로는 대응이 곤란한 사고로 대규모 인명구조활동이 필요하거나 다수 실종자 발생 등의 경우가 해당한다.

「구조본부 구성 및 운영 등에 관한 규칙」
1] 비상가동 운영기준(제6조)
① 각급 구조본부 비상가동은 별표 2에 따라 대비단계, 대응 1단계, 대응 2단계 및 대응 3단계로 구분한다. 다만, 구조본부장은 사고의 규모, 사회적 파장, 수색구조 진행경과 등에 따라 비상단계 및 단계별 근무인원, 인원구성, 임무 등을 달리 운영할 수 있다.
② 상급 구조본부는 하급 구조본부의 설정 단계와 같거나 낮은 단계로 설정해야 한다.
③ 제1항에도 불구하고 상급 구조본부장은 하급 구조본부의 운영 단계가 해양 재난 관리에 적절하지 않은 경우 하급 구조본부의 운영 단계를 상향하도록 지시할 수 있다.
④ 각급 구조본부의 조정관은 신속한 초동조치가 필요한 경우 직접 구조본부 비상가동(대비단계에 한정한다)을 할 수 있다. 이 경우 제9조에 따른 상황판단회의를 생략할 수 있다.
2] 비상가동 지휘체계(제8조)
① 상급 구조본부와 하급 구조본부가 동시에 가동되는 경우 수색구조 현장의 직접적인 지휘는 법 제17조제1항에 따라 사고 발생지를 관할하는 지역구조본부장이 한다.
② 상급 구조본부장은 하급 구조본부장이 수색구조를 지휘할 경우 지원 및 임무 조정을 수행한다.

③ 제1항에도 불구하고 다음 각 호의 경우에는 광역구조본부장이 직접 지휘할 수 있다.
  1. 중앙구조본부장이 직접 지휘하도록 지시한 경우
  2. 대규모 인명구조 활동을 위하여 지역구조본부를 통합하여 지휘할 필요가 있다고 판단한 경우
④ 상급 구조본부장이 수색구조 활동을 직접 지휘할 경우에는 하급 구조본부장을 현장지휘함이나 현장지휘소 등에 위치하게 하여 상황을 관리하고 보좌하도록 할 수 있다.
⑤ 상급 구조본부장은 둘 이상의 하급 구조본부의 공동대응 등이 필요하다고 판단하는 경우 하급 구조본부장 중 주된 지휘권을 행사하는 구조본부장을 지정할 수 있으며, 그 외의 구조본부장은 지휘권을 지정받은 구조본 부장의 요청에 적극 협조해야 한다.

3] 비상가동 지휘권 이양(제9조)
① 광역·지역구조본부장은 제8조에 따라 지휘권을 다른 구조본부에 이양할 경우 수색구조의 연속성 유지를 위하여 사고개요, 주요 조치사항, 그 밖의 참고사항 등을 상세하게 전달해야 한다.
② 광역·지역구조본부장은 동급 구조본부에 지휘권을 이양할 경우 공통의 바로 위 상급 구조본부장에게 허가를 받아야 한다.
③ 제1항에 따른 지휘권 이양은 별지 제1호서식을 작성하여 서면으로 한다. 다만, 부득이한 경우 유·무선 통신망 등을 활용할 수 있다.

49 「구조본부 구성 및 운영 등에 관한 규칙」에 대한 설명으로 가장 옳지 않은 것은?

23년 경찰간부

① 상급 구조본부와 하급 구조본부가 동시에 가동되는 경우 수색구조의 직접적인 지휘는 사고발생지를 관할하는 지역구조본부장이 한다.
② 본청 경비국장, 지방청 경비과장, 경찰서 경비구조과장은 상황판단회의를 개최하거나 구조본부비상가동이 결정된 경우 지체 없이 상황판단회의 참석대상자 또는 운영요원을 소집해야 한다.
③ 광역·지역조정관은 구조본부 비상가동 시 일일정기보고서를 작성하여 매일 오전 5시 및 오후 5시에 바로 위 상급 구조본부장에게 보고해야 한다.
④ 태풍, 지진해일 관련 주의보가 발령되어 자연재난 발생 가능성이 현저한 경우 대응 2단계로 운영된다.

해설 ② 상황담당과장은 상황판단회의를 개최하거나 구조본부 비상가동이 결정된 경우 지체 없이 상황판단회의 참 석대상자 또는 운영요원을 비상소집해야 한다.

1] 비상가동 운영기준(제6조)
① 각급 구조본부 비상가동은 별표 2에 따라 대비단계, 대응 1단계, 대응 2단계 및 대응 3단계로 구분한다. 다만, 구조본부장은 사고의 규모, 사회적 파장, 수색구조 진행경과 등에 따라 비상단계 및 단계별 근무인원, 인원구성, 임무 등을 달리 운영할 수 있다.
② 상급 구조본부는 하급 구조본부의 설정 단계와 같거나 낮은 단계로 설정해야 한다.
③ 제1항에도 불구하고 상급 구조본부장은 하급 구조본부의 운영 단계가 해양 재난 관리에 적절하지 않은 경우 하급 구조본부의 운영 단계를 상향하도록 지시할 수 있다.
④ 각급 구조본부의 조정관은 신속한 초동조치가 필요한 경우 직접 구조본부 비상가동(대비단계에 한정한다)을 할 수 있다. 이 경우 제9조에 따른 상황판단회의를 생략할 수 있다.

정답 48 ② 49 ②

2) 비상가동 지휘체계(제8조)

① 상급 구조본부와 하급 구조본부가 동시에 가동되는 경우 수색구조 현장의 직접적인 지휘는 법 제17조제1항에 따라 사고 발생지를 관할하는 지역구조본부장이 한다.
② 상급 구조본부장은 하급 구조본부장이 수색구조를 지휘할 경우 지원 및 임무 조정을 수행한다.
③ 제1항에도 불구하고 다음 각호의 경우에는 광역구조본부장이 직접 지휘할 수 있다.
   1. 중앙구조본부장이 직접 지휘하도록 지시한 경우
   2. 대규모 인명구조 활동을 위하여 지역구조본부를 통합하여 지휘할 필요가 있다고 판단한 경우
④ 상급 구조본부장이 수색구조 활동을 직접 지휘할 경우에는 하급 구조본부장을 현장지휘함이나 현장지휘소 등에 위치하게 하여 상황을 관리하고 보좌하도록 할 수 있다.
⑤ 상급 구조본부장은 둘 이상의 하급 구조본부의 공동대응 등이 필요하다고 판단하는 경우 하급 구조본부장 중 주된 지휘권을 행사하는 구조본부장을 지정할 수 있으며, 그 외의 구조본부장은 지휘권을 지정받은 구조본부장의 요청에 적극 협조해야 한다.

3) 비상가동 지휘권 이양(제9조)

① 광역·지역구조본부장은 제8조에 따라 지휘권을 다른 구조본부에 이양할 경우 수색구조의 연속성 유지를 위하여 사고개요, 주요 조치사항, 그 밖의 참고사항 등을 상세하게 전달해야 한다.
② 광역·지역구조본부장은 동급 구조본부에 지휘권을 이양할 경우 공통의 바로 위 상급 구조본부장에게 허가를 받아야 한다.
③ 제1항에 따른 지휘권 이양은 별지 제1호서식을 작성하여 서면으로 한다. 다만, 부득이한 경우 유·무선 통신망 등을 활용할 수 있다.

4) 상황판단회의(제10조)

① 각급 구조본부장은 다음 각호의 사항을 분석·판단하기 위하여 각 대응부의 장 및 사고 유형별 관련 부서장을 소집하여 상황판단회의를 개최할 수 있다.
   1. 해양 재난의 규모, 인명 및 재산 피해 정도
   2. 수색구조 진행 상황 및 세력 동원 현황
   3. 피해 규모의 확대 가능성
   4. 구조본부 비상가동 시작과 종료 등에 관한 사항
   5. 대응단계 설정 및 단계별 근무인원 증감 등에 관한 사항
   6. 그 밖에 효과적인 수색구조를 위해 필요한 사항
② 각급 구조본부장은 필요시 부본부장, 조정관 또는 특정인을 지정하여 상황판단회의를 개최하게 할 수 있다. 이 경우 회의가 종료되면 회의 결과를 지체 없이 구조본부장에게 보고해야 한다.
③ 제1항 및 제2항에도 불구하고 각급 구조본부장은 상황의 중요성, 시급성 및 사회적 파장 등을 고려하여 상황판단회의 없이 구조본부 비상가동을 할 수 있다.

5) 운영요원 비상소집(제11조)

① 상황담당과장은 상황판단회의를 개최하거나 구조본부 비상가동이 결정된 경우 지체 없이 상황판단회의 참석대상자 또는 운영요원을 비상소집해야 한다.
② 상황판단회의 참석대상자 및 운영요원 비상소집은 비상소집 자동전파장치 등으로 한다.
③ 제2항에 따른 비상소집명령을 받은 소집 대상자는 가능한 최단시간 내 제12조에 따른 구조본부 비상가동 장소로 집결하여 개인별 지정된 임무를 수행한다.
④ 비상소집에 즉시 응소가 곤란한 사람은 직무수행이 가능한 업무 대행자를 응소하게 해야 한다.
⑤ 긴급한 경우 상황판단회의 및 구조본부 비상가동은 대응계획부장과 수색구조 주관부서 소속 운영요원만 소집되어도 시작할 수 있다.
⑥ 제1항부터 제4항까지의 규정에도 불구하고, 명절 등 연휴 기간에는 운영요원 명단을 별도로 구성하여 구조본부 비상가동을 할 수 있다.

6) 구조본부 및 현장지휘소 설치(제12조)

① 각급 구조본부 비상가동 시 근무 장소는 해양 재난 현장의 정보가 집결되고, 현장세력과 교신할 수 있는 복수의 통신체계를 갖춘 종합상황실 또는 그와 유사한 시설·장비가 마련되어 있는 공간으로 한다.
② 제1항에도 불구하고 각급 구조본부장은 직접 현장에서 지휘 또는 지원하는 것이 효율적이라고 판단되는 경우 경비함정 또는 사고현장 인근 해안가에 현장지휘소를 설치·운영 할 수 있다.

7] 구조본부 운영 보고(제13조)
① 광역·지역조정관은 구조본부 비상가동 시 별표 4에 따른 일일정기보고서를 작성하여 매일 오전 5시 및 오후 5시에 바로 위 상급 구조본부장에게 보고해야 한다. 다만, 상급 구조본부장은 수색구조 진행경과에 따라 정기보고 시간 및 횟수를 조정할 수 있다.
② 수색구조 주관부서의 장은 제14조에 따라 구조본부 비상가동이 종료된 경우 15일 이내 구조본부 운영 결과보고서를 작성하여 소속 구조본부장과 상급 구조본부장에게 보고해야 한다. 다만, 구조본부 운영 사항이 포함된 사고대응 종합 결과보고서를 작성하는 경우에는 생략할 수 있다.
③ 광역구조본부장은 소속 지역구조본부의 일일정기보고서 또는 운영 결과보고서를 취합하여 중앙구조본부장에게 제1항 및 제2항에 따른 보고를 해야 한다.

단계	운영기준
대비단계	- 태풍·지진해일 등 관련 기상정보가 생산되어 자연재난 발생이 예상되는 경우 - 종합상황실의 사고대응에 단기적인 지원이 필요하다고 각급 조정관이 판단하는 경우 - 해양재난으로 인해 하급 구조본부가 대응 1단계 이상 비상가동 하고 있어 상급 구조본부에서 지원이 필요한 경우 - 그 밖에 구조본부장이 필요하다고 판단하는 경우

대응 1단계	- 사회재난이 발생하여 장기간 수색구조가 예상되거나 종합상황실 인력으로는 대응이 곤란한 사고로 다음 각 호의 경우
	  1. 대규모 인명구조활동이 필요하거나 다수 실종자 발생
	  2. 민간 항공기 추락(추정)
	- 태풍, 지진해일 관련 예비특보가 발표되어 자연재난 발생 가능성이 있는 경우
	- 그 밖에 구조본부장이 필요하다고 판단하는 경우

대응 2단계	- 사고의 규모 및 사회적 파장이 매우 큰 대형 해양재난으로 인해 대응 1단계로는 대응이 곤란한 경우 - 민·관·군 세력의 조직적 동원, 현장기능 보급지원 등이 필요한 경우 - **태풍, 지진해일 관련 주의보가 발령되어 자연재난 발생 가능성이 현저한 경우** - 그 밖에 구조본부장이 필요하다고 판단하는 경우
대응 3단계	- 대응 2단계의 조건에서 확대 대응이 필요하거나 수습, 복구활동이 요구되는 대규모 해양오염 사고, 대규모 유·도선 사고의 경우 - 범국가적 차원의 대응이 필요하거나 재난의 규모가 대응 2단계로는 대응이 곤란하다고 판단되는 경우 - 태풍, 지진해일 관련 경보가 발령되어 자연재난 발생 가능성이 매우 현저한 경우 - 그 밖에 구조본부장이 필요하다고 판단하는 경우

Chapter 08 해양경찰 안전관리론

제1절 어선의 안전조업관리와 통제

01 다음 중 「어선안전조업법」에 관한 내용으로 가장 옳지 않은 것은?　21년 경감

① 이 법은 어선의 안전한 조업과 항행을 위하여 필요한 사항을 정함으로써 건전한 어업질서를 확립하고 국민의 생명·신체·재산을 보호함을 목적으로 한다.
② 신고기관의 장은 해상에 대하여 기상특보가 발효된 때에는 어선의 출항을 제한할 수 있다.
③ 어선은 원칙적으로 신고기관이 설치되지 아니한 항포구에는 출입항하여서는 아니 된다.
④ 이 법은 대한민국 국민과 정부가 소유하는 모든 어선(어업지도선, 원양어업에 종사하는 어선을 포함)에 대하여 적용한다.

해설 ④ 이 법은 대한민국 국민(국내법에 따라 설립된 법인과 국내 어업허가 등을 받은 외국인·외국법인을 포함)과 대한민국 정부가 소유하는 모든 어선에 대하여 적용한다. 다만, 어업지도선, 원양어업에 종사하는 어선 등 대통령령으로 정하는 어선은 그러하지 아니하다(제3조).
"어업지도선, 원양어업에 종사하는 어선 등 대통령령으로 정하는 어선"이란 다음 각호의 어선을 말한다(시행령 제3조).
1. 「어선법」 제2조제1호나목에 따른 수산업에 관한 시험·조사·지도·단속 또는 교습에 종사하는 선박
2. 「원양산업발전법」 제2조제2호에 따른 원양어업에 종사하는 어선
3. 「내수면어업법」 제2조제5호에 따른 내수면어업에 종사하는 어선
4. 「양식산업발전법」 제10조제1항제7호에 따른 내수면양식업에 종사하는 어선

02 다음 중 「어선안전조업법」상 어선의 조업해역 구분으로 가장 옳지 않은 것은?　21년 경장

① 특정해역　　　　　　　② 조업금지해역
③ 조업자제해역　　　　　④ 일반해역

해설 ② 조업금지해역은 동법의 명문규정상 구분에 없는 해역이다. 동법에서는 특정해역, 조업자제해역, 일반해역으로 구분, 규정하고 있다.
1) "조업한계선"이란 조업을 할 수 있는 동해 및 서해의 북쪽한계선으로서 대통령령으로 정하는 선을 말한다(제2조 제3호).
2) "특정해역"이란 동해 및 서해의 조업한계선 이남(以南)해역 중 어선의 조업과 항행이 제한된 해역으로서 대통령령으로 정하는 범위의 해역을 말한다(제2조 제4호).
3) "조업자제선"이란 조업자제해역의 동해 및 서해의 북쪽한계선으로서 대통령령으로 정하는 선을 말한다(제2조 제5호).
4) "조업자제해역"이란 북한 및 러시아 등의 배타적 경제수역(EEZ)과 인접한 동해특정해역의 이동(以東)해역 및 서해특정해역의 이서(以西)해역 중 어선의 조업과 항행이 제한된 해역으로서 대통령령으로 정하는 범위의 해역을 말한다(제2조 제6호).
5) "일반해역"이란 「원양산업발전법」 제2조제10호에 따른 해외수역을 제외한 해역 중 특정해역 및 조업자제해역을 제외한 모든 해역을 말한다(제2조 제7호).
6) "신고기관"이란 어선의 출입항 신고업무를 담당하는 해양경찰서 소속 파출소, 출장소 및 해양경찰서장이 민간인으로 하여금 출입항 신고업무를 대행하게 하는 대행신고소를 말한다(제2조 제9호).

03 다음 중 「어선안전조업법령」에 따른 특정해역의 조업보호에 관한 사무를 처리하기 위하여 서해 및 동해 조업보호본부를 두고 있는 곳으로 가장 옳은 것은? 19년 경사

① 인천해양경찰서 : 동해해양경찰서
② 중부지방해양경찰청 : 동해지방해양경찰청
③ 인천해양경찰서 : 속초해양경찰서
④ 서해지방해양경찰청 : 동해지방해양경찰청

해설 ③ 속초해양경찰서 및 인천해양경찰서에 각각 동해조업보호본부 및 서해조업보호본부를 설치하고 있다(시행령 제11조).
1) 조업보호본부의 설치 · 운영(제18조)
① 해양경찰청장은 특정해역의 조업보호에 관한 다음 각호의 사무를 처리하기 위하여 해양경찰관서에 조업보호본부를 설치 · 운영할 수 있다.
　1. 조업보호를 위한 경비 및 단속
　2. 어선의 출입항 및 출어등록의 현황 파악과 출어선(出漁船)의 동태 파악
　3. 해양사고 구조
　4. 조업을 하는 자의 위법행위의 적발 · 처리 및 관계기관 통보
　5. 특정해역에 출입하는 어획물운반선의 통제
② 조업보호본부의 설치 및 운영에 관하여 필요한 사항은 대통령령으로 정한다.
2) 조업보호본부의 설치 및 운영(시행령 제11조)
① 법 제18조제1항에 따라 속초해양경찰서 및 인천해양경찰서에 각각 동해조업보호본부 및 서해조업보호본부를 설치한다.
② 제1항에 따른 조업보호본부의 장은 관할 해양경찰서장으로 하고, 그 구성원은 관할 해양경찰서 소속 경찰공무원 중 조업보호본부장이 지명하는 사람으로 한다.
③ 조업보호본부장은 특정해역 조업 어선의 어장이탈 방지, 나포 · 피랍 예방 등 특정해역에서의 조업질서 및 조업안전 유지를 위한 관계기관 간 협조를 위해 조업보호협의회를 설치 · 운영할 수 있다.
④ 제3항에 따른 조업보호협의회의 구성 · 기능 및 운영에 관해 필요한 사항은 조업보호본부장이 관할 어업관리단장, 시장 · 군수 · 구청장, 군부대장, 안전본부의 장 등 관계기관의 장과 협의하여 정한다.

정답 01 ④ 02 ② 03 ③

04 「어선안전조업법령」상 조업보호본부에 대한 설명으로 가장 옳지 않은 것은? 19년 경사

① 해양사고의 조사도 조업보호본부의 사무이다.
② 그 구성원은 관할 해양경찰서 소속 경찰공무원 중 조업보호 본부장이 지명하는 사람으로 한다.
③ 특정해역에 출입하는 어획물운반선은 조업보호 본부장이 통제한다.
④ 조업보호본부를 효율적으로 운영하고 그 기능을 강화하기 위하여 조업보호본부에 조업보호 협의회를 둔다.

> **해설** ① 해양사고의 조사 또는 해양오염 감시 및 방제업무 등은 특정해역의 조업보호를 위한 조업보호본부의 업무는 아니다.
>
> **조업보호본부의 설치 및 운영(시행령 제11조)**
> ① 법 제18조제1항에 따라 속초해양경찰서 및 인천해양경찰서에 각각 동해조업보호본부 및 서해조업보호본부를 설치한다.
> ② 제1항에 따른 조업보호본부의 장은 관할 해양경찰서장으로 하고, 그 구성원은 관할 해양경찰서 소속 경찰공무원 중 조업보호본부장이 지명하는 사람으로 한다.
> ③ 조업보호본부장은 특정해역 조업 어선의 어장이탈 방지, 나포·피랍 예방 등 특정해역에서의 조업질서 및 조업안전 유지를 위한 관계기관 간 협조를 위해 조업보호협의회를 설치·운영할 수 있다.
> ④ 제3항에 따른 조업보호협의회의 구성·기능 및 운영에 관해 필요한 사항은 조업보호본부장이 관할 어업관리단장, 시장·군수·구청장, 군부대장, 안전본부의 장 등 관계기관의 장과 협의하여 정한다.

05 다음 중 특정해역 조업보호본부의 사무처리에 관한 사항으로 가장 옳지 않은 것은? 19년 경위

① 조업보호를 위한 단속
② 해양오염감시 및 방제
③ 해양사고 구조
④ 어선 출어등록 현황 파악

> **해설** ② 해양오염감시 및 방제, 해양사고의 조사 등은 특정해역 조업보호본부의 사무처리사항과는 직접적인 관계가 없다.

06 다음 중 「어선안전조업법」상 조업보호본부의 사무로 가장 옳지 않은 것은? 21년 경장

① 조업보호를 위한 경비 및 단속
② 어선의 출입항 및 출어등록의 현황 파악과 출어선의 동태 파악
③ 조업을 하는 자의 위법행위의 적발·처리 및 관계 기관 통보
④ 조업자제해역에 출입하는 어획물운반선의 통제

해설 ④ 조업자제해역이나 일반해역이 아니라, 해양경찰청장은 특정해역의 조업보호를 위해 해양경찰관서에 조업보호본부를 설치·운영할 수 있다.

07 다음 중 「어선안전조업법」상 해양경찰청장이 정하는 어선위치발신장치를 갖추고 이를 정상적으로 작동하여 출입항하더라고 출입항 신고가 면제되지 않는 경우는 모두 몇 개인가? 21년 경사

㉠ 특정해역에 출어하는 경우
㉡ 승선원 명부 등 어선출입항신고서의 내용에 변동이 있는 경우
㉢ 조업자제해역에 출어하는 경우
㉣ 일반해역에 출어하는 경우
㉤ 최초로 신고하는 경우

① 1개 ② 2개
③ 3개 ④ 4개

해설 ㉣은 출입항 신고 시 예외적인 면제 대상에 해당하나, ㉠㉡㉢㉤은 출입항 신고의 면제 대상이 아니다.

1) 출입항 신고(제8조)
① 항포구에 출입항하려는 어선의 소유자 또는 선장은 신고기관에 신고하여야 한다. 다만, 「수산업법」 제27조제1항에 따라 관리선 사용지정을 받은 어선 또는 같은 조 제3항에 따라 사용승인을 받은 어선은 다음 각호의 어느 하나에 해당하는 해역에 출어하는 경우에만 신고한다.
  1. 특정해역
  2. 조업자제해역
  3. 관할 해양경찰서장이 치안유지나 국방을 위하여 필요하다고 인정하여 관계 기관의 장과 협의를 거쳐 지정한 해역
② 제1항에도 불구하고 「어선법」 제5조의2제1항 단서에 따라 해양경찰청장이 정하는 어선위치발신장치를 갖추고 이를 정상적으로 작동하여 출입항하는 어선은 제1항에 따른 출입항 신고를 한 것으로 본다. 다만, 다음 각호의 어느 하나에 해당하는 경우에는 그러하지 아니하다.
  1. 최초로 신고하는 경우
  2. 승선원 명부 등 어선출입항신고서의 내용에 변동이 있는 경우
  3. 특정해역이나 조업자제해역에 출어하는 경우

정답 04 ① 05 ② 06 ④ 07 ④

③ 제1항에 따른 출입항 신고를 하려는 어선의 소유자 또는 선장은 신고인 인적사항, 승선원 명부 등 해양수산부령으로 정하는 사항을 기재한 어선출입항신고서를 제출하여야 한다.
④ 제1항에 따른 출입항 신고의 절차 및 방법과 그 밖에 필요한 사항은 해양수산부령으로 정한다.

2) 출입항 신고의 절차 및 방법(시행규칙 제2조)
① 「어선안전조업법」 제8조제1항에 따라 출입항 신고를 하려는 어선의 소유자 또는 선장은 별지 제1호서식의 어선출입항신고(확인)서를 출입항하려는 항포구를 관할하는 신고기관(다음 각호의 어느 하나에 해당하는 경우에는 관할 해양경찰서 소속 파출소 및 출장소로 한정)에 제출하여 확인을 받은 후 해당 확인서를 어선에 갖춰 두어야 한다.
   1. 최초로 출입항 신고를 하는 경우
   2. 어선출입항신고(확인)서의 기재 내용에 변동이 있는 경우
   3. 특정해역이나 조업자제해역에 출어하는 경우
② 제1항에도 불구하고 제1항제2호에 따른 어선출입항신고(확인)서 기재 내용의 변동사항이 다음 각호의 어느 하나에 해당하는 경우에는 제1항에 따른 어선출입항신고(확인)서의 제출을 갈음하여 인터넷 등을 이용한 전자적 방법으로 출입항 신고를 할 수 있다.
   1. 승선원 명부   2. 조업 업종   3. 평균조업일수
③ 제1항에도 불구하고 총톤수 5톤 미만 어선의 소유자 또는 선장은 제1항 각호의 경우 외에는 제1항에 따른 어선출입항신고(확인)서 제출을 갈음하여 전화 등으로 출입항 신고를 할 수 있다.
④ 어선의 소유자 또는 선장은 어선이 출항한 후 어선출입항신고(확인)서에 기재된 입항예정 일시 및 장소에 변동이 있을 때에는 관할 해양경찰서 소속 파출소 및 출장소(해양경찰서 신고기관)에 통보하거나 법 제19조제3항에 따른 어선안전조업본부(안전본부)에 통보해야 한다. 이 경우 통보를 받은 안전본부는 이를 관할 해양경찰서 신고기관에 알려야 한다.
⑤ 신고기관의 장은 해양경찰청장이 어선의 출입항을 효율적으로 관리하기 위해 구축·운영하는 어선 출항·입항 종합정보시스템에 제1항에 따라 확인한 내용과 제2항에 따라 신고를 받은 내용을 기록·관리해야 한다.

3) 어선출입항신고서의 기재사항(제3조)
법 제8조제3항에서 "신고인 인적사항, 승선원 명부 등 해양수산부령으로 정하는 사항"이란 다음 각호의 사항을 말한다.
   1. 신고인 인적사항
   2. 승선원 명부
   3. 어선의 제원(諸元)
   4. 출항 일시, 출항지, 조업 업종 및 해역
   5. 입항예정 일시 및 장소(출항하는 경우만 해당)
   6. 입항 일시 및 장소(입항하는 경우만 해당)
   7. 평균조업일수

08 다음 중 「어선안전조업법 시행령」상 위치통지에 대한 내용으로 가장 옳지 않은 것은?

20년 경찰간부

① 일반해역에 출어하는 어선은 1일 1회 위치통지를 해야 한다.
② 특정해역에 출어하는 어선은 1일 3회 위치통지를 해야 한다.
③ 어선은 풍랑특보 발효시 매 12시간 간격으로 어선안전조업본부에 위치통지를 해야 한다.
④ 어선은 태풍특보 발효시 매 6시간 간격으로 어선안전조업본부에 위치통지를 해야 한다.

④ 태풍특보 발효시에는 매 4시간 간격(4시간 전후로 30분의 간격은 허용한다)으로 추가로 위치통지를 해야 한다.

위치통지의 횟수 및 절차(시행령 제12조)
① 법 제21조제2항에 따른 위치통지는 위도와 경도를 통지하는 방법으로 다음 각호의 구분에 따른 안전본부에 해야 한다. 다만, 각호의 구분에 따른 안전본부와 교신이 불가능한 경우에는 인근 안전본부에 위치통지를 해야 한다.
  1. 특정해역에 출어하는 경우: 해당 특정해역을 관할하는 안전본부
  2. 제1호 외의 경우: 출항지를 관할하는 안전본부
② 위치통지의 횟수는 다음 각호의 구분에 따른다. 이 경우 출항시각을 기준으로 매 24시간을 1일로 한다.
  1. 특정해역에 출어하는 어선: 1일 3회(매일 최초의 위치통지는 출항시각에 해당하는 시각을 기준으로 6시간이 경과한 이후에 하고, 두 번째 및 세 번째 통지는 직전의 통지와 6시간 이상의 간격을 두어야 한다)
  2. 조업자제해역에 출어하는 어선: 1일 2회(매일 최초의 위치통지는 출항시각에 해당하는 시각을 기준으로 8시간이 경과한 이후에 하고, 두 번째 통지는 직전의 통지와 8시간 이상의 간격을 두어야 한다)
  3. 일반해역에 출어하는 어선: 1일 1회(매일 위치통지는 출항시각에 해당하는 시각을 기준으로 12시간이 경과한 이후에 해야 한다)
③ 기상특보가 발효된 경우에는 제2항에 따른 통지 외에 다음 각호의 구분에 따라 추가로 위치통지를 해야 한다. 이 경우 기상특보 발효 당시 조업 또는 항행 중인 어선은 기상특보 발효시각을, 기상특보 발효 이후 출항한 어선은 출항시각을 각각 기준으로 하여 최초로 다음 각 호에 따른 간격이 되었을 때 최초 통지를 해야 한다.
  1. 풍랑특보 발효시: 매 12시간 간격(12시간 전후로 30분의 간격은 허용한다)
  2. 태풍특보 발효시: 매 4시간 간격(4시간 전후로 30분의 간격은 허용한다)

09 다음 「어선안전조업법」(시행령, 시행규칙 포함)상 선박 위치통지에 관한 설명 중 가장 옳지 않은 것은?   21년 해사법규

① 특정해역에 출어하는 경우에는 해당 특정해역을 관할하는 안전본부에, 특정해역 외의 경우에는 출항지를 관할하는 안전본부에 위치통지를 해야 한다.
② 조업자제해역에 출어하는 어선은 1일 2회, 특정해역에 출어하는 어선은 1일 3회 위치통지를 하여야 한다.
③ 기상특보가 발효된 경우에는 기본 위치통지 외에 추가로 위치통지를 해야 한다.
④ 풍랑특보 발효시에는 매 12시간 간격으로, 태풍특보 발효시에는 매 6시간 간격으로 위치통지를 해야 한다.

해설 ④ 기상특보가 발효된 경우에는 기본통지(일반해역 : 1일 1회, 조업자제해역 : 1일 2회, 특정해역 1일 : 3회) 외에 추가로 아래의 위치통지를 해야 한다. 이 경우 기상특보 발효 당시 조업 또는 항행 중인 어선은 기상특보 발효시각을, 기상특보 발효 이후 출항한 어선은 출항시각을 각각 기준으로 하여 최초로 다음 각호에 따른 간격이 되었을 때 최초 통지를 해야 한다.
  1. 풍랑특보 발효시 : 매 12시간 간격(12시간 전후로 30분의 간격은 허용)
  2. 태풍특보 발효시 : 매 4시간 간격(4시간 전후로 30분의 간격은 허용)

정답 08 ④ 09 ④

10 다음 중 「어선안전조업법」(시행규칙 포함)에 대한 설명으로 옳은 것은 모두 몇 개인가?

20년 해사법규

> ㉠ 해양수산부장관, 국방부장관 및 해양경찰청장은 어선이 「어선안전조업법」을 위반하였다고 인정되는 경우에는 정선·승선조사 등 필요한 명령이나 조치를 할 수 있다.
> ㉡ 정선신호는 주간에는 노란색과 검은색 표지를 교차하여 연결한 정선명령신호기를 게양하는 방법 또는 통신·방송을 이용하거나 육성으로 명령하는 방법으로 한다.
> ㉢ 정선신호는 야간에는 기적을 짧게 한 번, 길게 한 번 연이어 올리거나 빛을 짧게 한 번, 길게 한 번 연이어 비추는 방법 또는 통신·방송을 이용하거나 육성으로 명령하는 방법으로 한다.
> ㉣ 승선조사를 할 때에는 승선조사를 받는 어선의 선장에게 조사자의 소속 및 성명, 승선조사의 목적 및 이유를 알려야 한다.

① 1개 ② 2개
③ 3개 ④ 4개

해설 위 ㉠㉡㉢㉣ 모두 올바른 내용이다.
1) 정선(제23조)
① 해양수산부장관, 국방부장관 및 해양경찰청장은 어선이 이 법을 위반하였다고 인정되는 경우에는 정선(停船)·승선조사 등 필요한 명령이나 조치를 할 수 있다.
② 제1항에 따른 정선명령을 위한 정선신호 방법 및 승선조사 등에 관하여 필요한 사항은 해양수산부령으로 정한다.
2) 정선신호 방법(시행규칙 제12조)
① 법 제23조제1항에 따른 정선명령을 위한 정선신호는 다음 각호의 구분에 따른 방법으로 한다.
  1. 주간: 노란색과 검은색 표지를 교차하여 연결한 정선명령신호기를 게양하는 방법 또는 통신·방송을 이용하거나 육성으로 명령하는 방법
  2. 야간: 기적을 짧게 한 번, 길게 한 번 연이어 올리거나 빛을 짧게 한 번, 길게 한 번 연이어 비추는 방법 또는 통신·방송을 이용하거나 육성으로 명령하는 방법
② 법 제23조제1항에 따라 승선조사를 할 때에는 승선조사를 받는 어선의 선장에게 조사자의 소속 및 성명, 승선조사의 목적 및 이유를 알려야 한다.

11 다음 중 「어선안전조업법(시행령, 시행규칙 포함)」에 대한 설명으로 가장 옳지 않은 것은?

21년 경찰간부

① "조업자제해역"이란 북한 및 러시아 등의 배타적 경제수역(EEZ)과 인접한 동해 특정해역의 이동해역 및 서해특정해역의 이서해역 중 어선의 조업과 항행이 제한된 해역으로서 대통령령으로 정하는 범위의 해역을 말한다.
② 해양수산부장관은 관계 행정기관의 장과 협의하여 어선의 안전한 조업과 항행을 위한 어선안전조업 기본계획을 5년마다 수립하여야 한다.
③ 무선설비가 없는 어선으로서 「영해 및 접속수역법」 제2조에 따른 영해 내 기선으로부터 3해리 밖의 일반해역에서 조업하려는 어선은 무선설비가 있는 어선과 선단을 편성하여 신고기관에 신고 하여야 한다.
④ 속초해양경찰서 및 인천해양경찰서에 각각 동해 조업보호본부 및 서해조업보호본부를 설치한다.

> **해설** 어선의 선단편성조업(제15조)
> ① 특정해역 또는 조업자제해역에서 조업하려는 어선은 선단을 편성하여 출항하고 조업하여야 한다. 다만, 어선장비의 고장, 인명사고 등 불가피한 경우에는 선단 편성 조업에서 이탈할 수 있다.
> ② 무선설비가 없는 어선으로서 「영해 및 접속수역법」 제2조에 따른 영해 내 기선으로부터 <u>12해리 밖의 일반해역에서 조업하려는 어선은 무선설비가 있는 어선과 선단을 편성하여 신고기관에 신고하여야 한다.</u>
> ③ 제1항 및 제2항에 따른 어선의 선단 편성 방법 및 선단 조업, 선단 이탈 등에 관하여 필요한 사항은 해양수산부령으로 정한다.

12 「어선안전조업법(시행령, 시행규칙 포함)」상 특정해역에 대한 설명으로 가장 옳지 않은 것은?

23년 공/특채

① 특정해역은 동해 및 서해의 조업한계선 이남해역 중 어선의 조업과 항행이 제한된 해역으로서 대통령령으로 정하는 범위의 해역을 말한다.
② 서해 5도의 특정해역을 담당하는 서해5도 특별경비단과 강원도 동해안 최북단 특정해역을 담당하는 속초해양경찰서에 조업보호본부를 설치한다.
③ 동해 조업자제해역에 출어하는 어선은 해양수산부령으로 정하는 바에 따라 특정해역 이남의 일반해역으로 항행하여야 한다.
④ 특정해역 또는 조업자제해역에서 조업하려는 어선은 선단을 편성하여 출항하고 조업하여야한다. 다만, 어선장비의 고장, 인명사고 등 불가피한 경우에는 선단 편성 조업에서 이탈할 수 있다.

정답 10 ④ 11 ③ 12 ②

② 속초해양경찰서 및 인천 해양경찰서에 각각 동해조업보호본부 및 서해조업보호본부를 설치한다(시행령 제11조).
1] "조업한계선"이란 조업을 할 수 있는 동해 및 서해의 북쪽한계선으로서 대통령령으로 정하는 선을 말한다(법 제2조 제3호).
2] "특정해역"이란 동해 및 서해의 조업한계선 이남(以南)해역 중 어선의 조업과 항행이 제한된 해역으로서 대통령령으로 정하는 범위의 해역을 말한다(법 제2조 제4호).
3] "조업자제선"이란 조업자제해역의 동해 및 서해의 북쪽한계선으로서 대통령령으로 정하는 선을 말한다(법 제2조 제5호).
4] "조업자제해역"이란 북한 및 러시아 등의 배타적 경제수역(EEZ)과 인접한 동해특정해역의 이동(以東)해역 및 서해특정해역의 이서(以西)해역 중 어선의 조업과 항행이 제한된 해역으로서 대통령령으로 정하는 범위의 해역을 말한다(법 제2조 제6호).
5] "일반해역"이란 「원양산업발전법」 제2조제10호에 따른 해외수역을 제외한 해역 중 특정해역 및 조업자제해역을 제외한 모든 해역을 말한다(법 제2조 제7호).
6] 조업보호본부의 설치 · 운영(법 제18조)
① 해양경찰청장은 특정해역의 조업보호에 관한 다음 각호의 사무를 처리하기 위하여 해양경찰관서에 조업보호본부를 설치 · 운영할 수 있다.
　　1. 조업보호를 위한 경비 및 단속
　　2. 어선의 출입항 및 출어등록의 현황 파악과 출어선(出漁船)의 동태 파악
　　3. 해양사고 구조
　　4. 조업을 하는 자의 위법행위의 적발 · 처리 및 관계 기관 통보
　　5. 특정해역에 출입하는 어획물운반선의 통제
② 조업보호본부의 설치 및 운영에 관하여 필요한 사항은 대통령령으로 정한다.
7] 조업보호본부의 설치 및 운영(시행령 제11조)
① 법 제18조제1항에 따라 속초해양경찰서 및 인천해양경찰서에 각각 동해조업보호본부 및 서해조업보호본부를 설치한다.
② 제1항에 따른 조업보호본부의 장은 관할 해양경찰서장으로 하고, 그 구성원은 관할 해양경찰서 소속 경찰공무원 중 조업보호본부장이 지명하는 사람으로 한다.
③ 조업보호본부장은 특정해역 조업 어선의 어장이탈 방지, 나포 · 피랍 예방 등 특정해역에서의 조업질서 및 조업안전 유지를 위한 관계기관 간 협조를 위해 조업보호협의회를 설치 · 운영할 수 있다.
④ 제3항에 따른 조업보호협의회의 구성 · 기능 및 운영에 관해 필요한 사항은 조업보호본부장이 관할 어업관리단장, 시장 · 군수 · 구청장, 군부대장, 안전본부의 장 등 관계기관의 장과 협의하여 정한다.
8] 「조업보호협의회 규칙」
1) 조업보호협의회 설치 및 기능(제2조)
① 특정해역에서의 조업질서 및 조업안전 유지를 위한 관계기관 간 협조를 위해 동해 및 서해 조업보호본부에 조업보호협의회를 설치한다.
② 협의회는 다음 각 호의 사항을 협의 · 의결한다.
　　1. 어업별 조업구역, 조업기간의 조정
　　2. 조업 어선의 어장이탈 방지, 나포 · 피랍 예방 등 조업보호 대책
　　3. 그 밖에 조업보호에 필요한 사항
2) 협의회 구성(제3조)
① 협의회는 위원장 1명을 포함하여 9명 이상 19명 이하의 위원으로 구성한다. 이 경우 위원장을 제외하고 행정기관위원과 민간위원의 구성은 같은 수로 한다.
② 위원장은 조업보호본부장으로 하며, 위원은 다음 각 호에 해당하는 사람 중에서 조업보호본부장이 위촉하고 해양경찰청장에게 보고해야 한다.
　　1. 행정기관위원: 특정해역의 조업보호와 관련된 국가 및 지방자치단체의 공무원과 군인
　　2. 민간위원: 수산업에 종사하거나 관련 전문지식 및 실무경험이 풍부한 사람
③ 위원장은 협의회의 업무를 총괄하며, 위원장이 부득이한 사유로 직무를 수행할 수 없을 때에는 위원장이 미리 지명한 위원이 그 직무를 대행한다.

④ 위원의 임기는 3년으로 한다. 다만, 보궐위원의 임기는 전임자 임기의 남은 기간으로 한다.
3) 협의회 운영(제4조)
① 협의회의 회의는 위원장이 필요하다고 인정하거나, 위원 과반수가 요청하는 경우 위원장이 소집한다.
② 협의회의 회의는 출석회의(화상회의를 포함한다)를 원칙으로 한다. 다만, 다음 각호의 어느 하나에 해당하는 경우에는 서면으로 협의·의결할 수 있다.
  1. 안건의 내용이 경미한 경우
  2. 긴급한 사유로 인하여 출석회의를 개최할 시간적 여유가 없는 경우
  3. 천재지변이나 그 밖의 부득이한 사유로 인하여 출석회의를 위한 의사정족수를 채우기 어려운 경우
③ 협의회의 회의는 재적위원 과반수의 출석과 출석위원 과반수의 찬성으로 의결한다.
④ 협의회의 사무를 처리하기 위하여 간사 1명을 두되, 간사는 조업보호본부가 설치된 해양경찰서 경비계장 또는 경비구조계장으로 한다.
4) 협의회 결과 보고(제5조)
  각 위원장은 협의회의 회의 결과를 다음 각호에 해당하는 기관의 장에게 보고한다.
  1. 동해조업보호본부 협의회 위원장: 해양경찰청장 및 동해지방해양경찰청장
  2. 서해조업보호본부 협의회 위원장: 해양경찰청장 및 중부지방해양경찰청장

13 「어선안전조업법」상 특정해역 등에서의 조업 또는 항행 제한에 대한 설명으로 가장 옳지 않은 것은?

23년 경찰간부

① 특정해역 또는 조업자제해역에서 조업하려는 어선의 소유자 또는 선장은 신고기관에 출어등록을 하여야 한다.
② 해양수산부장관은 어선의 안전한 조업과 항행을 위하여 필요한 경우 관계 중앙행정기관의 장과 협의를 거쳐 특정해역에서 어업별 조업구역 및 기간 등을 제한할 수 있다.
③ 특정해역 또는 조업자제해역에서 조업하려는 어선은 선단을 편성하여 출항하고 조업해야 한다. 다만, 어선장비의 고장, 인명사고 등 불가피한 경우에는 선단 편성 조업에서 이탈할 수 있다.
④ 무선설비가 없는 어선은 영해 내 기선으로부터 12해리 밖의 일반해역에서 조업을 제한한다.

해설 ④ 무선설비가 없는 어선으로서 「영해 및 접속수역법」 제2조에 따른 영해 내 기선으로부터 12해리 밖의 일반해역에서 조업하려는 어선은 무선설비가 있는 어선과 선단을 편성하여 신고기관에 신고하여야 한다(제15조).

정답 13 정답 없음

제 2 절　유도선 안전관리

01 다음 <보기> 중 「유선 및 도선 사업법(시행령, 시행규칙 포함)」의 적용배제 사유에 해당하는 것은 모두 몇 개인가?

21년 경찰간부

> ㉠ 「마리나항만의 조성 및 관리 등에 관한 법률」에 따른 마리나업 및 그 사업과 관련된 수상에서의 행위를 하는 경우
> ㉡ 「수중레저활동의 안전 및 활성화 등에 관한 법률」에 따른 수중레저사업 및 그 사업과 관련된 수상에서의 행위를 하는 경우
> ㉢ 「체육시설의 설치·이용에 관한 법률」에 따른 체육시설업 및 그 사업과 관련된 수상에서의 행위를 하는 경우
> ㉣ 「수상레저안전법」에 따른 수상레저사업 및 그 사업과 관련된 수상에서의 행위를 하는 경우
> ㉤ 「낚시관리 및 육성법」에 따른 낚시어선업 및 그 사업과 관련된 수상에서의 행위를 하는 경우

① 2개　　　　　　　　　② 3개
③ 4개　　　　　　　　　④ 5개

해설　④ 「유선 및 도선사업법」은 위 ㉠㉡㉢㉣㉤ 경우에는 적용하지 아니한다(제2조의2). 그리고 "유선사업"이란 유선 및 유선장(遊船場)을 갖추고 수상에서 고기잡이, 관광, 그 밖의 유락(遊樂)을 위하여 선박을 대여하거나 유락하는 사람을 승선시키는 것을 영업으로 하는 것으로서 「해운법」을 적용받지 아니하는 것을 말하고, "도선사업"이란 도선 및 도선장을 갖추고 내수면 또는 대통령령으로 정하는 바닷목에서 사람을 운송하거나 사람과 물건을 운송하는 것을 영업으로 하는 것으로서 「해운법」을 적용받지 아니하는 것을 말한다.

적/용/배/제(제2조의2) 이 법은 다음 각호의 경우에는 적용하지 아니한다.
1. 「수상레저안전법」에 따른 수상레저사업 및 그 사업과 관련된 수상에서의 행위를 하는 경우
2. 「체육시설의 설치·이용에 관한 법률」에 따른 체육시설업 및 그 사업과 관련된 수상에서의 행위를 하는 경우
3. 「낚시 관리 및 육성법」에 따른 낚시어선업 및 그 사업과 관련된 수상에서의 행위를 하는 경우
4. 「마리나항만의 조성 및 관리 등에 관한 법률」에 따른 마리나업 및 그 사업과 관련된 수상에서의 행위를 하는 경우
5. 「수중레저활동의 안전 및 활성화 등에 관한 법률」에 따른 수중레저사업 및 그 사업과 관련된 수상에서의 행위를 하는 경우
6. 「항로표지법」에 따른 항로표지(사설항로표지를 포함한다)의 설치·관리, 위탁관리업 및 그 사업과 관련된 수상에서의 행위를 하는 경우

02 유·도선 사업의 면허 또는 신고에 대한 내용으로 가장 옳지 않은 것은? 　　23년 경찰간부

① 유선장 및 도선장 또는 영업구역이 내수면과 해수면에 걸쳐 있거나 둘 이상의 시·도에 걸쳐 있는 경우는 해당 유·도선을 주로 매어두는 장소를 관할하는 시·도지사 또는 지방해양경찰청장에게 면허를 받거나 신고한다.
② 영업구역이 내수면인 경우에는 특별자치도지사·시장·군수·구청장에게 면허를 받거나 신고한다. 다만, 영업구역이 둘 이상의 특별자치도·시·군·구의 관할구역에 걸쳐 있고 운항거리가 5해리 이상인 경우에는 시·도지사, 5해리 미만인 경우에는 해당 유·도선을 주로 매어두는 장소를 관할하는 시장·군수·구청장에게 면허를 받거나 신고한다.
③ 영업구역이 해수면인 경우에는 해당 유·도선을 주로 매어두는 장소를 관할하는 지방해양경찰청장에게 면허를 받거나 신고한다.
④ 서울의 한강에서 운항하는 유·도선의 경우에는 서울특별시의 한강 관리에 관한 업무 중 유·도선에 관한 업무를 관장하는 기관의 장에게 면허를 받거나 신고한다.

> **해설** ③ 영업구역이 해수면인 경우에는 해당 유·도선을 주로 매어두는 장소를 관할하는 해양경찰서장에게 면허를 받거나 신고한다.

03 「유선 및 도선사업법(시행령 포함)」에 대한 설명으로 가장 옳지 않은 것은? 　　19년 경사

① 유·도선 영업시간은 해 뜨기 전 30분부터 해진 후 30분까지로 한다.
② 공공 목적으로 운항이 필요한 경우 영업구역을 적용하지 않는다.
③ 영업구역이 해수면인 경우 해당 유·도선을 주로 매어두는 장소를 관할하는 해양경찰서장에게 면허를 받거나 또는 신고하여야 한다.
④ 연해구역 내에서 운항하는 유·도선은 기상특보 발효 시 운항할 수 있다.

> **해설** ④ 유·도선은 기상특보(「기상법」 제14조제2항에 따른 해양기상특보를 말한다) 발효 시 운항할 수 없으나, 평수구역 내에서 운항하는 경우 예외적으로 운항할 수 있다.
>
> 1] 사업의 면허 또는 신고(제3조)
> 　유선사업 및 도선사업을 하려는 자는 대통령령으로 정하는 유·도선의 규모 또는 영업구역에 따라 다음 각호의 구분에 따른 관할관청의 면허를 받거나 관할관청에 신고하여야 한다. 면허 또는 신고사항을 변경하려는 경우에도 또한 같다(제1항).
> 　1. 유선장 및 도선장 또는 영업구역이 내수면과 해수면에 걸쳐 있거나 둘 이상의 특별시·광역시·특별자치시·도 또는 특별자치도에 걸쳐 있는 경우: 해당 유·도선을 주로 매어두는 장소를 관할하는 특별시장·광역시장·특별자치시장·도지사 또는 특별자치도지사 또는 지방해양경찰청장

정답 01 ④ 02 ③ 03 ④

2. 영업구역이 내수면인 경우: 특별자치도지사·시장·군수·구청장(구청장은 자치구의 구청장). 다만, 영업구역이 둘 이상의 특별자치도·시·군·구(구는 자치구)의 관할구역에 걸쳐 있고 운항거리가 5해리 이상인 경우에는 시·도지사, 운항거리가 5해리 미만인 경우에는 해당 유·도선을 주로 매어두는 장소를 관할하는 시장·군수·구청장
3. 영업구역이 해수면인 경우: 해당 유·도선을 주로 매어두는 장소를 관할하는 해양경찰서장
4. 서울특별시의 한강에서 운항하는 유·도선의 경우: 서울특별시의 한강 관리에 관한 업무 중 유·도선에 관한 업무를 관장하는 기관의 장

2] 영업구역 및 영업시간(제8조)
① 유·도선의 영업구역은 선박의 톤수 및 성능에 따라 대통령령으로 정한다.
② 유·도선의 영업시간은 해 뜨기 전 30분부터 해 진 후 30분까지로 한다. 다만, 대통령령으로 정하는 바에 따라 야간운항에 필요한 조명시설 등 안전운항 시설과 장비를 갖춘 경우에는 해뜨기 전 30분 이전 또는 해 진 후 30분 이후에도 영업을 할 수 있다.
③ 제1항과 제2항은 다음 각호의 어느 하나에 해당하는 경우에는 적용하지 아니한다.
 1. 응급환자가 발생한 경우
 2. 공공 목적으로 운항이 필요한 경우
④ 유·도선은 기상특보(「기상법」 제14조제2항에 따른 해양기상특보를 말한다) 발효 시 운항할 수 없다.
⑤ 제4항에도 불구하고 「선박안전법」 제8조제3항에 따른 항해구역 중 평수구역(平水區域)(평수구역이 없는 해수면의 경우에는 대통령령으로 정하는 범위의 해수면)에서 운항하는 유·도선은 행정안전부령 또는 해양수산부령으로 정하는 기준 및 절차에 따라 기상특보(대통령령으로 정하는 기상특보에 한정) 발효 시에도 운항할 수 있다.
⑥ 시장·군수·구청장 또는 해양경찰서장은 제5항에 따라 운항이 허용된 경우에도 해당 영업구역의 실제 기상상태를 확인하여 안전운항에 지장이 있다고 판단할 때에는 유·도선의 운항을 제한할 수 있다.

04 「유선 및 도선사업법」에서 정하고 있는 유선사업자 등의 안전운항 의무로 가장 옳지 않은 것은?
19년 경사

① 유선사업자와 선원은 선박의 안전을 점검하고 기상상태를 확인하는 등 안전운항에 필요한 조치를 하여야 하며, 승객에게 위해가 없도록 수면의 상황에 따라 안전하게 유선을 조종하도록 하여야 한다.
② 유선사업자와 선원은 안전에 관한 사항을 매뉴얼로 작성하여 유선장 및 행정안전부령 또는 해양수산부령으로 정하는 유선의 선실이나 통로에 비치하고 출항하기 전에 승객에게 영상물 상영 또는 방송 등을 통하여 안내하여야 한다.
③ 유선사업자와 선원은 음주, 약물중독, 그 밖의 사유로 정상적인 조종을 할 수 없는 우려가 있는 경우에는 유선을 조종하여서는 아니 된다.
④ 유선사업자와 선원은 안전운항을 위하여 필요한 경우 승객 등 승선자 전원에게 구명조끼를 착용하도록 하여야 한다. 다만, 대통령령으로 정하는 소형유선의 경우에는 그러하지 아니하다.

해설 ④ 유선사업자와 선원은 안전운항을 위하여 필요한 경우 및 대통령령으로 정하는 소형유선의 경우(총톤수 5톤 미만)에는 승객 등 승선자 전원에게 구명조끼를 착용하도록 하여야 한다.

05 다음은 「유선 및 도선 사업법(시행령 포함)」상 승객 등 승선자 전원에게 구명동의를 착용시켜야하는 소형 유선의 규모에 대한 내용이다. 괄호 안에 들어갈 숫자로 가장 옳은 것은?

20년 경찰간부

> 「유선 및 도선 사업법」 제12조 제4항에서 "대통령령으로 정하는 소형유선"이란 총톤수 ( )톤 미만의 선박 중 관할관청이 해당 영업구역의 수심·수세·운항거리 등을 고려하여 승객 등 승선자가 구명조끼를 착용할 필요가 있다고 인정하여 지정하는 선박을 말한다.

① 5
② 10
③ 15
④ 20

해설 ① 유선사업자와 선원은 안전운항과 관련하여, 총톤수 5톤 미만의 선박 중 관할관청이 해당 영업구역의 수심·수세·운항거리 등을 고려하여 승객 등 승선자가 구명조끼를 착용하도록 하고 있다.

06 「유선 및 도선사업법」의 규정상 유선사업자 등의 안전운항의무의 설명으로 가장 틀린 것은?

법규기출

① 유선사업자와 선원은 출항하기 전에 승객에게 안전한 승선·하선 방법, 인명구조장비 사용법, 유사시 대처요령 등 안전에 관한 사항을 직접 시범을 통해 안내하여야 한다.
② 유선사업자와 선원은 선박의 안전을 점검하고 기상상태를 확인하는 등 안전운항에 필요한 조치를 하여야 하며, 승객에게 위해가 없도록 수면의 상황에 따라 안전하게 유선을 조종하도록 하여야 한다.
③ 유선사업자와 선원은 음주, 약물중독, 그 밖의 사유로 정상적인 조종을 할 수 없는 우려가 있는 경우에는 유선을 조종하여서는 아니 된다.
④ 유선사업자와 선원은 안전운항을 위하여 필요한 경우 및 대통령령으로 정하는 소형 유선의 경우에는 승객 등 승선자 전원에게 구명동의를 착용하도록 하여야 한다.

해설 ① 유선사업자와 선원은 안전한 승선·하선의 방법, 선내 위험구역 출입금지에 관한 사항, 인명구조장비의 위치 및 사용법, 유사시 대처요령, 그 밖에 필요하다고 인정되는 안전에 관한 사항을 매뉴얼로 작성하여 유선장 및 행정안전부령 또는 해양수산부령으로 정하는 유선의 선실이나 통로에 비치하고 출항하기 전에 승객에게 영상물 상영 또는 방송 등을 통하여 안내하여야 한다.

정답 04 ④ 05 ① 06 ①

유선사업자 등의 안전운항 의무(제12조)
1) 유선사업자와 선원은 선박의 안전을 점검하고 기상상태를 확인하는 등 안전운항에 필요한 조치를 하여야 하며, 승객에게 위해(危害)가 없도록 수면(水面)의 상황에 따라 안전하게 유선을 조종하도록 하여야 한다.
2) 유선사업자와 선원은 음주, 약물중독, 그 밖의 사유로 정상적인 조종을 할 수 없는 우려가 있는 경우에는 유선을 조종하여서는 아니 된다. 이 경우 음주로 정상적인 조종을 할 수 없는 우려가 있는 경우란 「해사안전법」 제41조제5항에 따른 술에 취한 상태를 말한다.
  *2024년 1월 26일부터 「해상교통안전법」 제39조 제4항에 따른 술에 취한 상태
3) 유선사업자와 선원은 안전운항을 위하여 필요한 경우 및 대통령령으로 정하는 소형 유선의 경우(총톤수 5톤 미만의 선박 중 관할관청이 해당 영업구역의 수심·수세·운항거리 등을 고려하여 승객 등 승선자가 구명조끼를 착용할 필요가 있다고 인정하여 지정하는 선박)에는 승객 등 승선자 전원에게 구명조끼를 착용하도록 하여야 한다.

07 「유선 및 도선사업법」에서 정하고 있는 유선승객이 하여서는 아니 되는 사항으로 가장 옳지 않은 것은? 　　　　　　　　　　　　　　　　　　　　　　　　　　　　　　　　　　19년 경사

① 유선사업자, 선원, 그 밖의 종사자의 구명조끼 착용 지시나 그 밖에 안전운항 및 위해방지를 위한 주의사항 또는 지시를 위반하는 행위
② 「관광진흥법」에 따라 등록한 유선 내에서 술을 마시는 행위
③ 인명구조용 장비나 그 밖의 유선 설비를 파손하여 그 효용을 해치는 행위
④ 정원을 초과하여 승선을 요구하는 행위

> **해설** ② 승객은 유선 내에서 주류를 판매하거나 제공하는 행위 또는 유선 내에 주류를 반입하게 하는 행위를 하여서는 아니 된다. 다만, 「관광진흥법」에 따라 등록(제3조의2에 따라 일반관광유람선업 등록이 의제된 경우를 포함)한 관광유람선과 대통령령으로 정하는 유선의 경우에는 그러하지 아니하다(길이 24미터 이상으로서 총톤수 50톤 이상인 선박).

08 「유선 및 도선사업법」에서 금지하는 유선승객의 행위로 가장 옳지 않은 것은? 　법규기출

① 유선의 운항 중 구명조끼, 구명부환, 구명줄 등 인명구조용 장비나 설비에 잠금장치를 하는 경우
② 음주가 허용되지 않는 유선 내에서 술을 마시고 소란을 피우는 행위
③ 정원을 초과하여 승선을 요구하는 행위
④ 유선사업자의 구명조끼 착용 지시나 그 밖에 안전운항 및 위해방지를 위한 주의사항 또는 지시를 위반하는 행위

> **해설** ① 경우에는 유선사업자, 선원, 그 밖의 종사자의 유선 및 유선장에서의 금지행위에 해당한다(제12조 제5항).
> 1) 유선의 승객은 안전수칙을 준수하고, 운항질서의 유지 및 위해방지를 위한 주의를 다하여야 한다(제13조 제1항).

2) 유선의 승객은 아래의 행위를 하여서는 아니된다(제13조 제2항, 시행령 제11조, 제11조의2, 시행규칙 제14조).
   ① 정원을 초과하여 승선을 요구하는 행위
   ② 유선사업자, 선원, 그 밖의 종사자의 구명조끼의 착용 지시나 그 밖에 안전운항 및 위해방지를 위한 주의사항 또는 지시를 위반하는 행위
   ③ 동법 제12조 제5항 제6호 단서[다만, 관광진흥법에 의하여 등록한 관광유람선과 대통령령이 정하는 유선(주류의 판매·반입 등이 허용되는 대통령령이 정하는 유선은 길이 24미터 이상으로 총톤수 50톤 이상인 선박)의 경우에는 선내에서 주류를 판매하거나 제공하는 행위 또는 유선 내에 주류를 반입하도록 하는 행위가 허용된다]에 해당하지 아니하는 유선 내에서 술을 마시거나 그 밖에 선내의 질서를 어지럽히는 행위
   ④ 인명구조용 장비나 그 밖의 유선 설비를 파손하여 그 효용을 해치는 행위
   ⑤ 동법 제12조 제5항 제7호(도박, 고성방가 또는 음란행위 등 공공질서와 선량한 풍속을 해치는 행위)
   ⑥ 대통령령으로 정하는 폭발물·인화물질 등 위험물을 일반 승객과 함께 반입하거나 운송하는 행위(위험물 보관시설 등 격리시설을 설치하여 선원 등 종사자가 안전하게 관리할 수 있는 경우는 제외)]에 해당하는 행위
   ⑦ 조타실(操舵室), 기관실 등 선장이 지정하는 승객출입 금지장소에 선장 또는 그 밖의 종사자의 허락 없이 출입하는 행위

09 다음 중 「유선 및 도선사업법(시행령 및 시행규칙 포함)」상 유선 승객의 금지사항에 대한 것으로 가장 옳지 않은 것은? 23년 해경학과

① 정원을 초과하여 승선을 요구하는 행위
② 유선에서 구명조끼를 착용하지 않는 행위
③ 음란행위 등 공공질서와 선량한 풍속을 해치는 행위
④ 인명구조용 장비나 그 밖의 유선 설비를 파손하여 그 효용을 해치는 행위

> **해설** ② 유선사업자, 선원, 그 밖의 종사자의 구명조끼의 착용 지시나 그 밖에 안전운항 및 위해방지를 위한 주의사항 또는 지시를 위반하는 행위를 금지한다.

10 「유선 및 도선사업법」상 유선의 인명구조용 장비에 있어서 갖추어야 하는 구명조끼의 기준으로 가장 옳은 것은? 18년 경장

① 승선정원의 110% 이상에 해당하는 수의 구명조끼(구명조끼 중 승선정원의 10%에 해당하는 수의 구명조끼는 소아용)
② 승선정원의 120% 이상에 해당하는 수의 구명조끼(구명조끼 중 승선정원의 10%에 해당하는 수의 구명조끼는 소아용)
③ 승선정원의 120% 이상에 해당하는 수의 구명조끼(구명조끼 중 승선정원의 20%에 해당하는 수의 구명조끼는 소아용)
④ 승선정원의 130% 이상에 해당하는 수의 구명조끼(구명조끼 중 승선정원의 20%에 해당하는 수의 구명조끼는 소아용)

정답 07 ② 08 ① 09 ② 10 ③

해설 ③ 유선에는 승선 정원의 120퍼센트 이상에 해당하는 수의 구명조끼(구명조끼 중 승선 정원의 20퍼센트에 해당하는 수의 구명조끼는 소아용으로 하여야 한다)를 갖출 것(제17조)

11 「유선 및 도선사업법(시행령 포함)」상 유선사업자가 유선 및 유선사업장에 갖추어야 하는 인명구조용 장비 등에 관한 설명이다. ( )안에 들어가야 할 숫자의 합은 얼마인가?

19년 경사

> ㉠ 유선에는 승선정원의 120% 이상에 해당하는 수의 구명조끼(구명조끼 중 ( )%는 소아용으로 하여야 한다)를 갖추어야 한다.
> ㉡ ( )해리 이상을 운항하는 유선에는 유선장 또는 가까운 무선국과 연락할 수 있는 통신장비를 갖추어야 한다.
> ㉢ 유선 내 주류를 판매하거나 제공하는 행위 또는 유선 내에 주류를 반입하게 하는 행위는 금지되어 있으나 관광진흥법에 의하여 등록된 관광유람선과 길이 ( )m 이상으로 총톤수 ( )톤 이상인 선박은 예외적으로 허용된다.

① 82　　② 85　　③ 96　　④ 99

해설 ㉠ 유선에는 승선정원의 120퍼센트 이상에 해당하는 수의 구명조끼(구명조끼 중 승선정원의 20퍼센트에 해당하는 수의 구명조끼는 소아용)를 갖출 것
㉡ 2해리 이상을 운항하는 유선에는 유선장 또는 가까운 무선국과 연락할 수 있는 통신장비를 갖출 것
㉢ 주류의 판매·반입이 가능한 선박은 각각 길이 24미터 이상으로서 총톤수 50톤 이상인 선박(시행령 제11조).

유선의 인명구조용 장비(시행령 제17조)
① 동법 제22조제2항에 따라 유선사업자가 유선 및 유선장에 갖추어야 하는 인명구조용 장비의 기준과 시설기준은 다음 각 호와 같다.
　1. 유선에는 승선 정원의 120퍼센트 이상에 해당하는 수의 구명조끼(구명조끼 중 승선 정원의 20퍼센트에 해당하는 수의 구명조끼는 소아용으로 하여야 한다)를 갖출 것
　2. 유선장에 유선(5톤 이상의 선박으로서 제6호에 따른 장비를 갖춘 유선은 제외한다)이 30척 이하인 경우에는 1척 이상, 31척 이상 50척 이하인 경우에는 2척 이상, 51척 이상인 경우에는 50척을 초과하는 50척마다 1척씩 더한 수 이상의 비상구조선을 갖출 것
　3. 승선정원이 5명 이상이거나 추진기관을 설치한 유선에는 그 승선정원의 30퍼센트 이상에 해당하는 수의 구명부환(救命浮環)을 갖출 것. 다만, 승선정원의 50퍼센트 이상(영업구역이 내수면인 경우에는 25퍼센트 이상)을 태울 수 있는 수의 구명정(救命艇), 구명뗏목 또는 구명부기(救命浮器)를 갖춘 경우에는 승선정원의 15퍼센트 이상에 해당하는 수의 구명부환으로 한다.
　4. 승선정원이 13명 이상인 유선에는 유선마다 지름 10밀리미터 이상, 길이 30미터 이상의 구명줄 1개 이상이나 드로우 백(throw bag) 1개 이상을 갖출 것
　5. 유선장에는 노도(櫓棹)가 있는 유선 수의 10퍼센트 이상에 해당하는 수의 선박에 필요한 예비 노도를 갖출 것
　6. 2해리 이상을 운항하는 유선에는 유선장 또는 가까운 무선국과 연락할 수 있는 통신장비를 갖출 것
　7. 영업구역이 내수면인 유선(2해리 미만을 운항하는 유선의 경우에는 추진기관을 설치한 유선 중 야간운항을 하는 유선만 해당한다)에는 위성항법장치(GPS)를 이용하여 위치정보를 취득할 수 있는 휴대전화를 갖출 것

8. 승선정원이 13명 이상인 유선에는 유선마다 선실·조타실 및 기관실별로 1개 이상의 소화기를 갖출 것
9. 유선장에는 유선을 안전하게 매어두는 시설과 승객의 승선·하선에 필요한 1개 이상의 구명부환을 갖춘 승강장 설비를 갖출 것 등

12 다음 <보기>는 「유선 및 도선사업법」(시행령, 시행규칙 포함)상 야간운항에 필요한 안전운항 시설 및 장비에 대한 설명이다. ( )에 들어갈 숫자가 가장 올바르게 배열된 것은?

21년 해사법규

> 유·도선사업의 면허를 발급받은 자나 신고가 수리된 자가 법 제8조 제2항 단서에 따라 해 뜨기 전 30분 이전 또는 해진 후 30분 이후 유도선 영업을 하려는 경우에는 해당 유도선 등에 다음 각호의 구분에 따른 시설 및 장비를 모두 갖추어야 한다.
> 1. 해당 유도선 : 다음 각 목의 모든 장비
>   가. 전등 (㉠)개 이상
>   나. 자기점화등 (㉡)개 이상
>   다. 등이 부착된 승선 정원에 해당하는 수의 구명조끼
> 2. 해당 유선장 또는 도선장 : 다음 각 목의 모든 시설 및 장비
>   가. 자기점화등 (㉢)개 이상
>   나. 승선장 및 하선장에 각각 (㉣)럭스 이상의 조도를 갖춘 조명시설

① ㉠ 2 ㉡ 1 ㉢ 1 ㉣ 50
② ㉠ 1 ㉡ 1 ㉢ 1 ㉣ 100
③ ㉠ 1 ㉡ 1 ㉢ 2 ㉣ 50
④ ㉠ 1 ㉡ 1 ㉢ 2 ㉣ 100

해설 야간운항에 필요한 안전운항 시설 및 장비(시행령 제8조)
유·도선사업의 면허를 발급받은 자나 신고가 수리된 자(유·도선사업자)가 법 제8조제2항 단서에 따라 해뜨기 전 30분 이전 또는 해 진 후 30분 이후 유·도선 영업을 하려는 경우에는 해당 유·도선 등에 다음 각호의 구분에 따른 시설 및 장비를 모두 갖추어야 한다.
1. 해당 유·도선: 다음 각 목의 모든 장비
  가. 전등 1개 이상
  나. 자기점화등 1개 이상
  다. 등(燈)이 부착된 승선정원에 해당하는 수의 구명조끼
2. 해당 유선장 또는 도선장 : 다음 각 목의 모든 시설 및 장비
  가. 자기점화등 1개 이상
  나. 승선장 및 하선장에 각각 100럭스 이상의 조도(밝기)를 갖춘 조명시설

정답 11 ③ 12 ②

13 「유선 및 도선사업법」상 유도선사업 면허의 결격사유로 가장 옳지 않은 것은?

19년 공채/특채 3차

① 유도선사업의 면허가 취소된 후(미성년자, 피성년후견인 또는 피한정후견인에 해당하여 면허가 취소된 경우는 제외) 1년이 지나지 아니한 자
② 이 법을 위반하여 금고 이상의 형을 선고받고 그 집행이 끝나거나 집행을 받지 아니하기로 확정된 날부터 2년이 지나지 아니한 사람
③ 미성년자, 피성년후견인 또는 피한정후견인
④ 동법, 선박안전법, 선박법, 선박직원법, 선원법, 해사안전법, 물환경보전법 또는 해양환경관리법을 위반하여 금고 이상의 형의 집행유예를 선고받고 그 집행유예 기간 중에 있는 사람

> **해설** 유도선 사업의 결격사유(제6조)
> ① 다음 각호의 어느 하나에 해당하는 자는 제3조에 따른 유·도선사업의 면허를 받거나 신고를 할 수 없다.
> 1. 미성년자·피성년후견인 또는 피한정후견인
> 2. 이 법, 「선박안전법」, 「선박법」, 「선박직원법」, 「선원법」, 「해사안전법」, 「물환경보전법」 또는 「해양환경관리법」을 위반하여 금고 이상의 형을 선고받고 그 집행이 끝나거나 집행을 받지 아니하기로 확정된 날부터 2년이 지나지 아니한 사람
>   *2024년 1월 26일부터 「해사안전법」 → 「해상교통안전법」 이하 같음
> 3. 이 법, 「선박안전법」, 「선박법」, 「선박직원법」, 「선원법」, 「해사안전법」, 「물환경보전법」 또는 「해양환경관리법」을 위반하여 금고 이상의 형의 집행유예를 선고받고 그 집행유예기간 중에 있는 사람
> 4. 제9조제1항에 따라 유·도선사업의 면허가 취소(이 항 제1호에 해당하여 면허가 취소된 경우는 제외한다)된 후 2년이 지나지 아니한 자
> 5. 임원 중 제1호부터 제4호까지의 어느 하나에 해당하는 사람이 있는 법인
> ② 제9조제1항에 따라 유·도선사업의 폐쇄명령을 받은 자는 그 사업이 폐쇄(동조 제1항제1호에 해당하여 사업이 폐쇄된 경우는 제외)된 후 1년이 지나지 아니하고는 제3조에 따른 유·도선사업의 신고를 할 수 없다.

제 3 절 낚시안전관리

01 다음 중 「낚시관리 및 육성법(시행령, 시행규칙 포함)」에 대한 설명으로 가장 옳지 않은 것은?

21년 경찰간부

① 누구든지 낚시로 포획한 수산동물을 타인에게 판매하거나 판매할 목적으로 저장·운반 또는 진열하여서는 아니 된다.
② "낚시어선업"이란 영리를 목적으로 낚시터에 일정한 수면을 구획하거나 시설을 설치하여 낚시인이 낚시를 할 수 있도록 장소와 편의를 제공하는 영업을 말한다.
③ 시장·군수·구청장 또는 관할 해양경찰서장은 낚시인의 생명과 신체의 안전을 확보하기 위하여 기상악화 등 대통령령으로 정하는 경우에는 낚시인에게 안전한 장소로의 이동조치를 명할 수 있다.
④ 낚시어선업의 영업구역은 그 낚시어선의 선적항이 속한 시·도지사의 관할 수역으로 하되, 외측 한계는 「영해 및 접속수역법」에 따른 영해로 한다.

> **해설** ② 낚시터업을 말한다. "낚시어선업"이란 낚시인을 낚시어선에 승선시켜 낚시터로 안내하거나 그 어선에서 낚시를 할 수 있도록 하는 영업을 말한다.
>
> **용/어/정/의(「낚시관리 및 육성법」 제2조)**
> 1) "낚시터업"이란 영리를 목적으로 낚시터에 일정한 수면을 구획하거나 시설을 설치하여 낚시인이 낚시를 할 수 있도록 장소와 편의를 제공하는 영업을 말한다(제4호).
> 2) "낚시터업자"란 낚시터업을 경영하는 자로서 제10조에 따라 허가를 받거나 제16조에 따라 등록한 자를 말한다(제5호).
> 3) "낚시어선업"이란 낚시인을 낚시어선에 승선시켜 낚시터로 안내하거나 그 어선에서 낚시를 할 수 있도록 하는 영업을 말한다(제6호).
> 4) "낚시어선"이란 「어선법」에 따라 등록된 어선으로서 낚시어선업에 쓰이는 어선을 말한다(제7호).
> 5) "낚시어선업자"란 낚시어선업을 경영하는 자로서 제25조에 따라 신고한 자를 말한다(제8호).

정답 13 ① 01 ②

02

다음 중 「낚시관리 및 육성법」상 낚시어선의 안전운항에 영향을 미치는 사고가 발생하였을 경우 사고수습을 위하여 사고발생 보고에 관한 설명으로 가장 옳은 것은? 　19년 경장

> ㉠ 사고 장소가 내수면인 경우에는 사고발생 지점에서 가장 가까운 (　)에게 그 사실을 지체 없이 보고하고 사고의 수습에 필요한 조치를 하여야 한다.
> ㉡ 사고 장소가 해수면인 경우에는 관할 (　)에게 그 사실을 지체없이 보고하고 사고의 수습에 필요한 조치를 하여야 한다.

① ㉠ 시·도지사　　㉡ 지방해양경찰청장
② ㉠ 시장·군수·구청장　　㉡ 지방해양경찰청장
③ ㉠ 시·도지사　　㉡ 해양경찰서장
④ ㉠ 시장·군수·구청장　　㉡ 해양경찰서장

해설 ④ 내수면 : 가장 가까운 시장·군수·구청장, 해수면 : 관할 해양경찰서장

사/고/발/생/의/보/고(제37조)
① 낚시어선업자 또는 선원은 다음 각호의 어느 하나에 해당할 때에는 사고 장소가 내수면인 경우에는 사고발생 지점에서 가장 가까운 시장·군수·구청장에게, 해수면인 경우에는 관할 해양경찰서장에게 그 사실을 지체 없이 보고하고 사고의 수습에 필요한 조치를 하여야 한다.
　1. 승객이 사망하거나 실종되었을 경우
　2. 충돌, 좌초 또는 그 밖에 낚시어선의 안전운항에 영향을 미치거나 미칠 우려가 있는 사고가 발생하였을 경우
② 제1항에 따른 보고를 받은 시장·군수·구청장 또는 해양경찰서장은 지체 없이 관할 시·도지사 또는 지방해양경찰청장에게 이를 보고하고 인명구조 등 사고 수습을 위하여 필요한 조치를 하여야 한다.

03

다음 중 「낚시관리 및 육성법」상 낚시인의 생명과 신체의 안전을 확보하기 위하여 기상악화 등의 경우에 낚시인에게 안전한 장소로 이동을 명할 수 있는 자는? 　19년 경장

① 해양수산부장관
② 시·도지사 또는 해양경찰서장
③ 시·도지사 또는 지방해양경찰청장
④ 시장·군수·구청장 또는 해양경찰서장

해설 낚/시/인/안/전/의/관/리(제9조)
① 시장·군수·구청장 또는 관할 해양경찰서장은 낚시인의 생명과 신체의 안전을 확보하기 위하여 기상악화 등 대통령령으로 정하는 경우에는 낚시인에게 다음 각호의 조치를 명할 수 있다.
　1. 안전한 장소로의 이동
　2. 안전사고 방지를 위하여 시장·군수·구청장 또는 해양경찰서장이 필요하다고 인정하는 지역의 출입금지
② 시장·군수·구청장은 제1항 각호의 사항과 그 밖에 낚시인의 안전관리에 필요한 사항이 포함된 안전관리지침을 정하여 시행하여야 한다. 이 경우 해수면에 관한 사항은 관할 해양경찰서장과 미리 협의하여야 한다.

04 다음 중 「낚시관리 및 육성법」에서 정하고 있는 낚시어선이 갖추어야 하는 구명 설비에 대한 설명이다. 다음 중 괄호 안에 들어갈 내용으로 가장 알맞은 것은? 18년 경사

> 낚시어선 최대승선인원의 (㉠)% 이상에 해당하는 수의 구명조끼를 갖추고 이 중 (㉡)% 이상은 어린이용으로 하여야 하며, 구명부환의 경우 낚시어선 최대승선인원의 (㉢)% 이상에 해당하는 수를 갖추어야 한다.

① ㉠ : 110, ㉡ : 10, ㉢ : 20
② ㉠ : 110, ㉡ : 20, ㉢ : 30
③ ㉠ : 120, ㉡ : 10, ㉢ : 20
④ ㉠ : 120, ㉡ : 20, ㉢ : 30

해설
1) 구명설비
   가. 최대승선인원의 120% 이상에 해당하는 수의 구명조끼. 이 중 20% 이상은 어린이용으로 하여야 한다.
   나. 최대승선인원의 30% 이상에 해당하는 수의 구명부환
   다. 지름 10mm 이상, 길이 30m 이상인 구명줄 1개 이상
2) 소화설비
   가. 총톤수 5톤 미만 낚시어선의 경우: 2개 이상의 간이식 소화기
   나. 총톤수 5톤 이상 낚시어선의 경우: 2개 이상의 휴대식 소화기

05 다음 중 「낚시관리 및 육성법(시행령 포함)」상 낚시어선이 갖추어야 할 구명설비에 관한 설명으로 가장 옳지 않은 것은? 19년 경사

① 구명조끼는 최대승선인원의 120% 이상에 해당하는 수를 갖추어야 한다. 이 중 20% 이상은 어린이용으로 갖추어야 한다.
② 구명부환은 최대승선인원의 30% 이상에 해당하는 수를 갖추어야 한다.
③ 총톤수 5톤 미만 낚시어선의 경우 2개 이상의 간이식 소화기를 갖추어야 한다.
④ 총톤수 5톤 이상 낚시어선의 경우 1개 이상의 휴대식 소화기를 갖추어야 한다.

해설 ④ 낚시어선의 경우, 소화설비는 총톤수 5톤 이상 낚시어선의 경우에는 2개 이상의 휴대식 소화기를 갖추어야 한다.

정답 02 ④ 03 ④ 04 ④ 05 ④

06 다음은 낚시어선이 갖추어야 할 구명설비에 대한 설명이다. 빈칸에 들어갈 숫자를 모두 합한 것으로 가장 옳은 것은?

19년 경사

> ⊙ 최대승선인원의 (　)% 이상에 해당하는 수의 구명조끼, 이 중 (　)% 이상은 어린이용으로 하여야 한다.
> ⓒ 최대승선인원의 (　)% 이상에 해당하는 수의 구명부환
> ⓒ 지름 (　)mm 이상, 길이 (　)m 이상인 구명줄 1개 이상

① 180
② 190
③ 200
④ 210

해설
④ 120 + 20 + 30 + 10 + 30 = 모두 210
⊙ 최대승선인원의 120% 이상에 해당하는 수의 구명조끼, 이 중 20% 이상은 어린이용
ⓒ 최대승선인원의 30% 이상에 해당하는 수의 구명부환
ⓒ 지름 10mm 이상, 길이 30m 이상인 구명줄 1개 이상
1) 총톤수 5톤 미만의 낚시어선 : 2개 이상의 간이식 소화기
2) 총톤수 5톤 이상의 낚시어선 : 2개 이상의 휴대식 소화기

07 「낚시관리 및 육성법」에 명시된 낚시어선업자 등의 안전의무로 가장 옳지 않은 것은?

법규기출

① 안전운항을 위하여 낚시어선 승선자 전원에게 구명조끼를 착용하도록 하여야 한다. 이 경우 승객이 구명조끼를 착용하지 아니하면 승선을 거부할 수 있다.
② 보호자를 동반하지 않은 14세 미만의 사람에 대해 승선을 거부하는 행위
③ 신고기관에 통보 후 승선정원을 10% 초과하여 승선하게 하는 행위
④ 정신질환자 등 승선 부적격자에 대해 승선을 거부하는 행위

해설
③ 승선인원은 「어선법」에 따른 어선검사증서에 적힌 어선원 및 어선원 외의 사람 각각의 최대승선인원으로 한다.

낚시어선업자 등의 안전운항 의무(제29조)
① 낚시어선업자 및 선원은 낚시어선의 안전을 점검하고 기상상태를 확인하는 등 안전운항에 필요한 조치를 하여야 하며, 승객에게 위해(危害)가 없도록 수면의 상황에 따라 안전하게 낚시어선을 조종하여야 한다.
② 낚시어선업자 및 선원은 다음 각호의 행위를 하여서는 아니 된다.
1. 영업 중 낚시를 하는 행위
2. 보호자를 동반하지 아니한 14세 미만의 사람, 「정신건강증진 및 정신질환자 복지서비스 지원에 관한 법률」 제3조제1호에 따른 정신질환자 등 승선에 부적격한 사람을 승선하게 하는 행위
3. 그 밖에 낚시어선의 안전운항에 위해를 끼친다고 인정되는 행위
③ 낚시어선업자 및 선원은 안전운항을 위하여 낚시어선에 승선한 승객 등 승선자 전원에게 구명조끼를 착용하도록 하여야 한다. 이 경우 승객이 구명조끼를 착용하지 아니하면 승선을 거부할 수 있다.

④ 낚시어선업자 및 선원은 출항하기 전 승선한 승객에게 안전사고 예방 및 수산자원 보호, 환경오염 방지 등을 위하여 해양수산부장관이 정하는 바에 따라 다음 각호의 사항을 안내하여야 한다.
1. 안전한 승·하선 방법, 인명구조 장비와 소화설비의 보관장소와 사용법, 비상신호, 비상시 집합장소의 위치와 피난요령, 인명구조에 관련된 기관의 유선번호 및 유사시 대처요령 등 안전에 관한 사항
2. 포획금지 체장·체중 등 수산자원보호에 관한 사항
3. 쓰레기 투기 금지 등 환경오염 방지에 관한 사항

제4절 수상레저 안전관리

[수상레저안전법]

01 다음 중 「수상레저안전법」상의 용어에 대한 설명으로 가장 옳지 않은 것은? 21년 경장

① "수상레저활동"이란 해상에서 수상레저기구를 이용하여 취미·오락·체육·교육 등을 목적으로 이루어지는 활동을 말한다.
② "동력수상레저기구"란 추진기관이 부착되어 있거나 추진기관을 부착하거나 분리하는 것이 수시로 가능한 수상레저기구로서 수상오토바이, 모터보트, 고무보트, 세일링요트(돛과 기관이 설치된 것을 말한다) 등 대통령령으로 정하는 것을 말한다.
③ "수상"이란 해수면과 내수면을 말하며 내수면에는 인공으로 조성된 담수나 기수의 수류 또는 수면이 포함된다.
④ "래프팅"이란 무동력수상레저기구를 이용하여 계곡이나 하천에서 노를 저으며 급류 또는 물의 흐름 등을 타는 수상레저활동을 말한다.

> **해설** ① "수상레저활동"이란 수상(水上)에서 수상레저기구를 이용하여 취미·오락·체육·교육 등을 목적으로 이루어지는 활동을 말한다.
> **정의(제2조)** 이 법에서 사용하는 용어의 뜻은 다음과 같다.
> 1. "수상레저활동"이란 수상(水上)에서 수상레저기구를 사용하여 취미·오락·체육·교육 등을 목적으로 이루어지는 활동을 말한다.
> 2. "래프팅"이란 무동력수상레저기구를 사용하여 계곡이나 하천에서 노를 저으며 급류 또는 물의 흐름 등을 타는 수상레저활동을 말한다.
> 3. "수상레저기구"란 수상레저활동에 사용되는 선박이나 기구로서 동력수상레저기구와 무동력수상레저기구로 구분된다.
> 4. "동력수상레저기구"란 추진기관이 부착되어 있거나 추진기관을 부착하거나 분리하는 것이 수시로 가능한 수상레저기구로서 수상오토바이, 모터보트, 고무보트, 세일링요트(돛과 기관이 설치된 것을 말한다) 등 대통령령으로 정하는 것을 말한다.

정답 06 ④ 07 ③ 01 ①

5. "무동력수상레저기구"란 동력수상레저기구 외의 수상레저기구로서 대통령령으로 정하는 것을 말한다.
6. "수상"이란 해수면과 내수면을 말한다.
7. "해수면"이란 바다의 수류나 수면을 말한다.
8. "내수면"이란 하천, 댐, 호수, 늪, 저수지, 그 밖에 인공으로 조성된 담수나 기수(汽水)의 수류 또는 수면을 말한다.

02 동력수상레저기구 조종면허와 관련된 다음 내용 중 가장 옳지 않은 것은? 19년 경사

① 동력이 장착된 요트를 조종하기 위해서는 요트 조종면허가 필요하다.
② 조종면허는 제1급 일반조종면허, 제2급 일반조종면허, 제1급 요트조종면허, 제2급 요트조종면허가 있다.
③ 일반조종면허의 경우 제2급 조종면허를 취득한자가 제1급 조종면허를 취득한 때에는 제2급 조종면허의 효력은 상실된다.
④ 최대출력이 5마력 이상인 동력수상레저기구를 조종하기 위해서는 조종면허가 필요하다.

> **해설** ② 조종면허는 일반조종면허(1급 조종면허, 2급 조종면허)와 요트조종면허로 구분한다(제4조 제2항).
> 조/종/면/허(「수상레저안전법」 제5조)
> ① 동력수상레저기구를 조종하는 사람은 제8조에 따른 면허시험에 합격한 후 해양경찰청장의 동력수상레저기구 조종면허를 받아야 한다.
> ② 조종면허는 다음 각호와 같이 구분한다.
>   1. 일반조종면허 : 제1급 조종면허, 제2급 조종면허
>   2. 요트조종면허
> ③ 일반조종면허의 경우 제2급 조종면허를 받은 사람이 제1급 조종면허를 받은 때에는 제2급 조종면허의 효력은 상실된다.
> ④ 조종면허의 기준·절차 및 방법 등에 필요한 사항은 대통령령으로 정한다.

03 다음 중 「수상레저안전법」상 동력수상레저기구의 정의로 가장 옳은 것은? 19년 경장

① 추진기관이 부착되어 있는 기구
② 5마력 이상의 추진기관이 부착되어 있는 기구
③ 10마력 이상의 추진기관이 부착되어 있는 기구
④ 추진기관이 부착되어 있거나 추진기관의 부착 또는 분리가 수시로 가능한 수상레저기구

> **해설** ④ 동력수상레저기구란 추진기관이 부착되어 있거나 추진기관을 부착하거나 분리하는 것이 수시로 가능한 수상레저기구로서 수상오토바이, 모터보트, 고무보트, 세일링요트(돛과 기관이 설치된 것을 말한다) 등 대통령령으로 정하는 것을 말한다.

① 모터보트(motor boat)
② 세일링요트(sailing yacht, 돛과 기관이 설치된 것)
③ 수상오토바이(personal watercraft)
④ 고무보트(rubber boat)
⑤ 스쿠터(scooter)
⑥ 호버크래프트(hovercraft)
⑦ 수륙양용기구
⑧ 그 밖에 제1호부터 제7호까지의 규정에 따른 수상레저기구와 비슷한 구조·형태·추진기관 또는 운전방식을 가진 것으로서 해양경찰청장이 정하여 고시하는 수상레저기구

「수상레저기구의 종류에 관한 고시」
1] 동력수상레저기구의 종류(제2조)
「수상레저안전법 시행령」제2조제1항제8호에 따른 동력수상레저기구의 종류는 다음 각호와 같다.
1. 동력 조정
2. 동력 카약
3. 동력 카누
4. 동력 수상자전거
5. 동력 서프보드
6. 동력 웨이크보드
7. 수중익(水中翼)형 전동보드
2] 무동력수상레저기구의 종류(제3조)
영 제2조제2항제17호에 따른 무동력수상레저기구의 종류는 다음 각호와 같다.
1. 리버버그
2. 무동력 페달형 보트
3. 무동력 페달형 보드

04 다음 <보기> 중 「수상레저안전법」에 의한 동력수상레저기구는 모두 몇 개인가?

19년 경사

㉠ 호버크래프트	㉡ 조정	㉢ 고무보트
㉣ 모터보트	㉤ 패러세일	㉥ 세일링요트
㉦ 워터슬레드	㉧ 스쿠터	㉨ 딩기요트

① 3개 ② 4개
③ 5개 ④ 6개

 [X] ㉡㉤㉦㉨
[O] ㉠㉢㉣㉥㉧
동력수상레저기구란 추진기관이 부착되어 있거나 추진기관을 부착하거나 분리하는 것이 수시로 가능한 수상레저기구로서 수상오토바이, 모터보트, 고무보트, 세일링요트(돛과 기관이 설치된 것을 말한다) 등 대통령령으로 정하는 것을 말한다.

정답 02 ② 03 ④ 04 ③

1. 모터보트
2. 세일링요트(돛과 기관이 설치된 것)
3. 수상오토바이
4. 고무보트
5. 스쿠터
6. 호버크래프트
7. 수륙양용기구
8. 그 밖에 제1호부터 제7호까지의 규정에 따른 수상레저기구와 비슷한 구조·형태·추진기관 또는 운전방식을 가진 것으로서 해양경찰청장이 정하여 고시하는 수상레저기구

「수상레저기구의 종류에 관한 고시」
「수상레저안전법 시행령」제2조 제1항 제8호에 따른 동력수상레저기구의 종류는 다음 각호와 같다(제2조).
1. 동력 조정
2. 동력 카약
3. 동력 카누
4. 동력 수상자전거
5. 동력 서프보드
6. 동력 웨이크보드
7. 수중익(水中翼)형 전동보드

05 다음은 「수상레저안전법」상 동력수상레저기구 조종면허 결격사유 중 하나이다. 괄호 안에 들어갈 내용으로 바르게 짝지어진 것은?

19년 경력/공채

> 조종면허를 받지 아니하고 동력수상레저기구를 조종한 사람으로서 (ㄱ) 후 구호 등 필요한 조치를 하지 아니하고 달아난 자는 이를 위반한 날부터 (ㄴ)이 지나지 아니한 사람

① (ㄱ) 사람을 사상한   (ㄴ) 4년
② (ㄱ) 사람을 사상한   (ㄴ) 2년
③ (ㄱ) 사고   (ㄴ) 4년
④ (ㄱ) 사고   (ㄴ) 2년

해설 ① 제25조(무면허조종의 금지) 각호 외의 부분 본문을 위반하여 조종면허를 받지 아니하고 동력수상레저기구를 조종한 사람으로서 그 위반한 날부터 1년(사람을 사상한 후 구호 등 필요한 조치를 하지 아니하고 달아난 사람은 이를 위반한 날부터 4년)이 지나지 아니한 사람(제7조 제1항 제5호)

조/종/면/허/의/결/격/사/유(법 제7조)
① 다음 각호의 어느 하나에 해당하는 사람은 조종면허를 받을 수 없다.
 1. 14세 미만(제1급 조종면허의 경우에는 18세 미만)인 사람. 다만, 제9조제1항제1호(체육 관련 단체에 동력수상레저기구의 선수로 등록된 사람)에 해당하는 자는 제외한다.
 2. 정신질환자(「정신건강증진 및 정신질환자 복지서비스 지원에 관한 법률」제3조제1호의 정신질환자) 중 수상레저활동을 할 수 없다고 인정되어 대통령령으로 정하는 사람(치매, 조현병, 조현정동장애, 양극성 정동장애(조울병), 재발성 우울장애 또는 알코올 중독의 정신질환이 있는 사람으로서 해당 분야 전문의가 정상적으로 동력수상레저기구를 조종할 수 없다고 인정하는 사람)
 3. 마약·향정신성의약품 또는 대마(「마약류 관리에 관한 법률」제2조제2호부터 제4호까지의 규정의 마약·향정신성의약품·대마) 중독자 중 수상레저활동을 할 수 없다고 인정되어 대통령령으로 정하는 사람(「마

약류 관리에 관한 법률」 제2조제2호부터 제4호까지의 규정에 따른 마약·향정신성의약품 또는 대마의 중독자로서 해당 분야 전문의가 정상적으로 동력수상레저기구를 조종할 수 없다고 인정하는 사람)
    4. 제17조 제1항(면허의 취소/정지)에 따라 조종면허가 취소된 날부터 1년이 지나지 아니한 사람
    5. 제25조(무면허조종의 금지) 각호 외의 부분 본문을 위반하여 조종면허를 받지 아니하고 동력수상레저기구를 조종한 사람으로서 그 위반한 날부터 1년(사람을 사상한 후 구호 등 필요한 조치를 하지 아니하고 달아난 사람은 이를 위반한 날부터 4년)이 지나지 아니한 사람
② 개인정보를 가지고 있는 기관 중 대통령령으로 정하는 기관의 장은 조종면허의 결격사유와 관련이 있는 개인정보를 해양경찰청장에게 통보하여야 한다.

06 「수상레저안전법」상 동력수상레저기구 조종면허를 받을 수 없는 결격사유에 대한 설명으로 가장 옳지 않은 것은? 19년 경찰간부

① 정신질환자 중 수상레저활동을 할 수 없다고 인정되어 대통령령으로 정하는 자는 결격사유에 해당한다.
② 만 14세미만은 모두 결격사유에 해당한다.
③ 마약 또는 대마중독자 중 수상레저활동을 할 수 없다고 인정되어 대통령령으로 정하는 자는 결격사유에 해당한다.
④ 수상레저안전법 제13조제1항에 따라 조종면허가 취소된 날로부터 1년이 지나지 아니한 자는 결격사유에 해당한다.

해설 ② 14세 미만(제1급 조종면허의 경우에는 18세 미만)인 사람. 다만, 제9조제1항제1호(체육 관련 단체에 동력수상레저기구의 선수로 등록된 사람)에 해당하는 자는 제외한다.

조/종/면/허/의/결/격/사/유(법 제7조)
① 다음 각호의 어느 하나에 해당하는 사람은 조종면허를 받을 수 없다.
  1. 14세 미만(제1급 조종면허의 경우에는 18세 미만)인 사람. 다만, 제9조제1항제1호(체육 관련 단체에 동력수상레저기구의 선수로 등록된 사람)에 해당하는 자는 제외한다.
  2. 정신질환자(「정신건강증진 및 정신질환자 복지서비스 지원에 관한 법률」 제3조제1호의 정신질환자) 중 수상레저활동을 할 수 없다고 인정되어 대통령령으로 정하는 사람(치매, 조현병, 조현정동장애, 양극성 정동장애(조울병), 재발성 우울장애 또는 알코올 중독의 정신질환이 있는 사람으로서 해당 분야 전문의가 정상적으로 동력수상레저기구를 조종할 수 없다고 인정하는 사람)
  3. 마약·향정신성의약품 또는 대마(「마약류 관리에 관한 법률」 제2조제2호부터 제4호까지의 규정의 마약·향정신성의약품·대마) 중독자 중 수상레저활동을 할 수 없다고 인정되어 대통령령으로 정하는 사람(「마약류 관리에 관한 법률」 제2조제2호부터 제4호까지의 규정에 따른 마약·향정신성의약품 또는 대마의 중독자로서 해당 분야 전문의가 정상적으로 동력수상레저기구를 조종할 수 없다고 인정하는 사람)
  4. 제17조 제1항(면허의 취소/정지)에 따라 조종면허가 취소된 날부터 1년이 지나지 아니한 사람
  5. 제25조(무면허조종의 금지) 각호 외의 부분 본문을 위반하여 조종면허를 받지 아니하고 동력수상레저기구를 조종한 사람으로서 그 위반한 날부터 1년(사람을 사상한 후 구호 등 필요한 조치를 하지 아니하고 달아난 사람은 이를 위반한 날부터 4년)이 지나지 아니한 사람
② 개인정보를 가지고 있는 기관 중 대통령령으로 정하는 기관의 장은 조종면허의 결격사유와 관련이 있는 개인정보를 해양경찰청장에게 통보하여야 한다.

정답 05 ① 06 ②

07 다음은 동력수상레저기구 조종면허에 대한 내용이다. 괄호 안에 들어갈 내용으로 바르게 짝지어진 것은?

㉠ 조종면허를 받아야 조종할 수 있는 동력수상레저기구는 추진기관의 (   )출력이 (   )이상이다.

㉡ 조종면허를 받지 아니하고 동력수상레저기구를 조종한 자로서 (   )후 구호 등 필요한 조치를 하지 아니하고 달아난 자는 이를 위반한 날부터 (   )이 지나지 않으면 조종면허를 받을 수 없다.

19년 경찰간부

① ㉠ 최대, 5마력   ㉡ 사람을 사상한, 4년
② ㉠ 최소, 5마력   ㉡ 사람을 사상한, 4년
③ ㉠ 최소, 4마력   ㉡ 사고, 4년
④ ㉠ 최대, 5마력   ㉡ 사고, 4년

해설 ㉠ 동력수상레저기구를 조종하는 사람이 법 제5조제1항에 따라 동력수상레저기구 조종면허를 받아야 하는 동력수상레저기구는 제2조 제1항 각 호에 해당하는 동력수상레저기구로서 추진기관의 **최대 출력이 5마력 이상**(출력 단위가 킬로와트인 경우에는 3.75킬로와트 이상을 말한다)인 동력수상레저기구로 한다(시행령 제4조 제1항).

㉡ 「수상레저안전법」 제25조(무면허조종의 금지) 각 호 외의 부분 본문을 위반하여 조종면허를 받지 아니하고 동력수상레저기구를 조종한 사람으로서 그 위반한 날부터 1년(사람을 사상한 후 구호 등 필요한 조치를 하지 아니하고 달아난 사람은 이를 위반한 날부터 4년)이 지나지 아니한 사람

08 다음 <보기> 중 「수상레저안전법(시행령, 시행규칙 포함)」상 조종면허를 반드시 취소해야만 하는 경우로 옳은 것은 모두 몇 개인가?

21년 경찰간부

㉠ 면허증을 다른 사람에게 빌려주어 조종하게 한 경우
㉡ 거짓이나 그 밖의 부정한 방법으로 조종면허를 받은 경우
㉢ 술에 취한 상태라고 인정할만한 상당한 이유가 있음에도 불구하고 관계공무원의 측정에 따르지 아니한 경우
㉣ 조종면허를 받은 자가 동력수상레저기구를 이용하여 「해사안전법」을 위반한 범죄행위를 한 경우
㉤ 약물의 영향으로 인하여 정상적으로 조종하지 못할 염려가 있는 상태에서 동력수상레저기구를 조종한 경우
㉥ 조종면허 효력정지 기간에 조종을 한 경우
㉦ 조종 중 고의로 사람을 사상하거나 다른 사람의 재산에 중대한 손해를 입힌 경우
㉧ 술에 취한 상태에서 조종을 한 경우

① 3개   ② 4개
③ 5개   ④ 6개

해설
1] 취소사유 : ⓒⓒⓗⓘ
2] 정지/취소사유 : ㉠㉣㉤㉥

주의할 것은, ㉣ 조종면허를 받은 자가 동력수상레저기구를 이용하여 「국가보안법」상 특정한 범죄를 위반한 경우나 「형법」상 살인, 사체유기, 방화, 강도, 강간, 강제추행, 약취/유인/감금, 상습절도(절취한 물건을 운반한 경우에 한함)의 범죄행위를 한 경우에는 취소사유에 해당된다.

조/종/면/허/의/취/소/정/지(제17조)
① 해양경찰청장은 조종면허를 받은 사람이 다음 각 호의 어느 하나에 해당하는 경우에는 해양수산부령으로 정하는 바에 따라 조종면허를 취소하거나 1년의 범위에서 기간을 정하여 그 조종면허의 효력을 정지할 수 있다. 다만, 제1호, 제2호 또는 제4호부터 제6호까지에 해당하면 조종면허를 취소하여야 한다.
1. 거짓이나 그 밖의 부정한 방법으로 조종면허를 받은 경우
2. 조종면허 효력정지 기간에 조종을 한 경우
3. 조종면허를 받은 사람이 동력수상레저기구를 사용하여 살인 또는 강도 등 해양수산부령으로 정하는 범죄행위를 한 경우
4. 제7조 제1항 제2호(정신질환자) 또는 제3호(마약류중독자)에 따라 조종면허를 받을 수 없는 사람에 해당된 경우
5. 제7조 제1항(결격자)에 따라 조종면허를 받을 수 없는 사람이 조종면허를 받은 경우
6. 제27조제1항 또는 제2항을 위반하여 술에 취한 상태에서 조종을 하거나 술에 취한 상태라고 인정할 만한 상당한 이유가 있음에도 불구하고 관계공무원의 측정에 따르지 아니한 경우
7. 조종 중 고의 또는 과실로 사람을 사상하거나 다른 사람의 재산에 중대한 손해를 입힌 경우
8. 면허증을 다른 사람에게 빌려주어 조종하게 한 경우
9. 제28조를 위반하여 약물의 영향으로 인하여 정상적으로 조종하지 못할 염려가 있는 상태에서 동력수상레저기구를 조종한 경우
10. 그 밖에 이 법 또는 이 법에 따른 수상레저활동의 안전과 질서 유지를 위한 명령을 위반한 경우
② 제1항에 따라 조종면허가 취소되거나 그 효력이 정지된 사람은 조종면허가 취소되거나 그 효력이 정지된 날부터 7일 이내에 해양경찰청장에게 면허증을 반납하여야 한다.

09 「수상레저안전법」상 조정면허의 취소·정지에 대한 다음 설명 중 가장 옳지 않은 것은?

19년 경사

① 거짓이나 그 밖의 부정한 방법으로 조종면허를 받은 경우 조종면허를 취소하여야 한다.
② 조종면허 효력정지 기간에 조종을 한 경우 조종면허를 취소하여야 한다.
③ 조종면허를 받은 자가 동력수상레저기구를 이용하여 살인 또는 강도 등 해양수산부령으로 정하는 범죄행위를 한 경우 조종면허를 취소하거나 1년의 범위에서 그 조종면허의 효력을 정지할 수 있다.
④ 조종 중 고의 또는 과실로 사람을 사상하거나 다른 사람의 재산에 중대한 손해를 입힌 경우 조종면허를 취소하거나 3년 범위에서 그 조종면허의 효력을 정지할 수 있다.

정답 07 ① 08 ② 09 ④

해설 ④ 경우에는 해양경찰청장은 조종면허를 취소하거나 1년의 범위에서 그 조종면허의 효력을 정지할 수 있다.

동력수상레저기구를 사용한 범죄의 종류(시행규칙 제19조)
법 제17조제1항제3호에서 "동력수상레저기구를 사용하여 살인 또는 강도 등 해양수산부령으로 정하는 범죄행위"란 다음 각호의 어느 하나에 해당하는 범죄행위를 말한다.
1. 「국가보안법」 제4조부터 제9조까지(목적수행죄, 자진지원/금품수수, 잠입/탈출, 찬양/고무, 회합/통신, 편의제공) 및 제12조제1항(무고/날조)을 위반한 범죄행위
2. 「형법」 등을 위반한 다음 각 목의 범죄행위
   가. 살인·사체유기 또는 방화
   나. 강도·강간 또는 강제추행
   다. 약취·유인 또는 감금
   라. 상습절도(절취한 물건을 운반한 경우로 한정한다)

10 다음 중 조종면허의 취소·정지처분에 대한 설명으로 가장 옳지 않은 것은? 18년 경사

① 일반조종면허와 요트조종면허를 소지한 사람이 조종면허의 취소 또는 정지처분에 해당하게 된 경우에는 위반 당시에 이용한 동력수상레저기구의 조종 또는 운항에 필요한 면허에 대해서만 취소처분 또는 정지처분을 해야 한다.
② 위반행위가 둘 이상이고 각각의 처분기준이 다른 경우에는 그 중 무거운 처분기준을 따른다.
③ 둘 이상의 처분기준이 모두 면허정지인 경우에는 각 처분기준을 합산한 기간으로 한다.
④ 처분대상자의 소재를 알 수 없어 처분내용을 통지할 수 없을 때에는 그 면허증에 적힌 주소지의 관할 해양경찰서 게시판에 14일간 공고함으로써 통지를 갈음할 수 있다.

해설 ③ 둘 이상의 처분기준이 모두 면허정지인 경우에는 각 처분기준을 합산한 기간(1년을 초과하는 경우에는 1년을 말한다)을 넘지 않는 범위에서 무거운 처분기준의 2분의 1의 범위에서 가중한다.

조종면허의 취소 및 효력정지의 세부 기준
(시행규칙 별표 6)

가. 위반행위가 둘 이상인 경우로서 그에 해당하는 각각의 처분기준이 다른 경우에는 그 중 무거운 처분기준에 따르고, 둘 이상의 처분기준이 모두 조종면허의 효력정지인 경우에는 각 처분기준을 합산한 기간을 넘지 않는 범위에서 무거운 처분기준에 그 처분기준의 2분의 1 범위에서 가중한다.
나. 위반행위의 횟수에 따른 행정처분 기준은 최근 1년간 같은 위반행위로 행정처분을 받은 경우에 적용한다. 이 경우 기간의 계산은 위반행위에 대하여 행정처분을 받은 날과 그 처분 후 다시 같은 위반행위를 하여 적발된 날을 기준으로 한다.
다. 나목에 따라 가중된 행정처분을 하는 경우 가중처분의 적용 차수는 그 위반행위 전 처분차수(나목에 따른 기간 내에 행정처분이 둘 이상 있었던 경우에는 높은 차수를 말한다)의 다음 차수로 한다.
라. 처분권자는 다음의 어느 하나에 해당하는 경우에는 제2호의 개별기준에 따른 효력정지 기간의 2분의 1 범위에서 그 기간을 줄일 수 있다.
   1) 위반행위가 사소한 부주의나 오류로 인한 것으로 인정되는 경우
   2) 위반행위자가 위반행위를 바로 정정하거나 시정하여 법 위반상태를 해소한 경우

3) 그 밖에 위반행위의 내용·정도·동기 및 결과 등을 고려하여 효력정지 기간을 줄일 필요가 있다고 인정되는 경우

마. 법 제5조제2항에 따른 일반조종면허와 요트조종면허를 모두 소지한 사람이 조종면허의 취소 또는 효력정지 처분을 받은 경우에는 위반행위 시 사용한 동력수상레저기구의 조종 또는 운항에 필요한 조종면허에 대해서만 취소하거나 효력정지처분을 해야 한다.

11 다음 조종면허의 취소·정지처분에 관한 설명 중 가장 옳은 것은? 19년 경사

① 둘 이상의 처분기준이 모두 면허정지인 경우에는 각 처분기준을 합산한 기간으로 한다.
② 면허증을 다른 사람에게 빌려주어 조종하게 한 경우, 해양경찰청장은 조종면허를 취소하여야 한다.
③ 일반조종면허와 요트조종면허를 소지한 사람이 조종면허의 취소 또는 정지처분에 해당하게 된 경우에는 두 면허 모두 취소 또는 정지처분 하여야 한다.
④ 위반행위가 둘 이상이고 각각의 처분기준이 다른 경우에는 그 중 무거운 처분기준에 따른다.

해설 ① 둘 이상의 처분기준이 모두 조종면허의 효력정지인 경우에는 각 처분기준을 합산한 기간을 넘지 않는 범위에서 무거운 처분기준에 그 처분기준의 2분의 1 범위에서 가중한다.
② 1차 위반 시 효력정지 3개월, 2차 위반 시 효력정지 6개월, 3차 위반 시 면허취소
③ 위반행위 시 사용한 동력수상레저기구의 조종 또는 운항에 필요한 조종면허에 대해서만 취소하거나 효력정지처분을 해야 한다.

12 다음 중 「수상레저안전법」상 조종면허를 받아야 조종할 수 있는 동력수상레저기구를 무면허로 조종할 수 있는 요건에 해당하는 것은 모두 몇 개인가? 21년 경사

┌───┐
│ ㉠ 동시 감독하는 수상레저기구가 3대 이하인 경우
│ ㉡ 해당 수상레저기구가 다른 수상레저기구를 견인하고 있지 아니한 경우
│ ㉢ 면허시험과 관련하여 수상레저기구를 조종하는 경우
│ ㉣ 제1급 조종면허 소지자 또는 요트조종면허 소지자와 함께 탑승하여 조종하는 경우
└───┘

① 1개　　　　　　② 2개
③ 3개　　　　　　④ 4개

정답　10 ③　11 ④　12 ④

해설 위 ㉠㉡㉢㉣ 모두 조종면허를 받지 아니하고 예외적으로 조종할 수 있는 경우에 해당한다.
1) 무면허조종의 금지(법 제25조)
 누구든지 조종면허를 받아야 조종할 수 있는 동력수상레저기구를 조종면허를 받지 아니하고(조종면허의 효력이 정지된 경우를 포함) 조종하여서는 아니 된다. 다만, 다음 각호의 어느 하나에 해당하는 경우에는 그러하지 아니하다.
 1. 제1급 조종면허를 가진 사람의 감독하에 수상레저활동을 하는 경우로서 해양수산부령으로 정하는 경우
 2. 조종면허를 가진 사람과 동승하여 조종하는 경우로서 해양수산부령으로 정하는 경우
2) 무면허조종의 허용(법 제25조 단서)
1) 1급 조종면허가 있는 자의 감독 하에 수상레저활동을 하는 경우로서 해양수산부령으로 정하는 경우. 여기에서 "해양수산부령으로 정하는 경우"란 다음의 요건을 모두 충족하는 경우를 말한다.
 ① <u>동시 감독하는 수상레저기구가 3대 이하인 경우</u>
 ② <u>해당 수상레저기구가 다른 수상레저기구를 견인하고 있지 아니하는 경우</u>
 ③ 다음의 어느 하나에 해당하는 경우
  ㉠ 법 제39조 제1항에 따른 수상레저사업을 등록한 자(수상레저사업자)의 사업장 안에서 탑승 정원이 4명 이하인 수상레저기구를 조종하는 경우(수상레저사업자 또는 그 종사자가 이용객을 탑승시켜 조종하는 경우는 제외)
  ㉡ <u>면허시험과 관련하여 수상레저기구를 조종하는 경우</u>
  ㉢ 「초·중등교육법」제2조 및 「고등교육법」제2조에 따른 학교에서 실시하는 교육·훈련과 관련하여 수상레저기구를 조종하는 경우
  ㉣ 수상레저활동 관련단체 중 해양경찰청장이 정하여 고시하는 단체가 실시하는 비영리목적의 교육·훈련과 관련하여 수상레저기구를 조종하는 경우
2) 조종면허를 가진 자와 동승하여 조종하는 경우로서 해양수산부령으로 정하는 경우. 여기에서 "해양수산부령으로 정하는 경우"란 <u>제1급 조종면허 소지자 또는 요트조종면허 소지자와 함께 탑승하여 조종하는 경우</u>를 말한다. 다만, 술에 취한 상태에서의 조종 또는 약물복용 상태에서의 조종인 경우는 제외된다.

13 「수상레저안전법」상 다음 중 옳은 것은 모두 몇 개인가? 18년 경사

㉠ 일반조종면허의 경우 제2급 조종면허를 취득한 자가 제1급 조종면허를 취득한 때에는 제2급 조종면허의 효력은 상실된다.
㉡ 수상레저활동을 하려는 외국인이 국내에서 개최되는 국제경기대회에 참가하여 수상레저기구를 조종하는 경우에는 조종면허가 없어도 된다.
㉢ 조종면허 효력정지 기간에 조종을 한 경우 조종면허를 취소하여야 한다.
㉣ 술에 취한 상태에서 조종을 하거나 술에 취한 상태라고 인정할만한 상당한 이유가 있음에도 불구하고 관계 공무원의 측정에 따르지 않은 경우의 행정처분 기분은 1차위반의 경우 면허정지이고, 2차 위반부터 면허취소이다.

① 1개 ② 2개
③ 3개 ④ 4개

해설 [O] ㉠㉡㉢
 [X] ㉣ 1차 위반시에 면허취소에 해당된다. 그리고 그 밖의 필요적 취소사유(제17조 제1항 1,2,4,5호)에 마찬가지 이다. 또한 제17조 제1항 3호(동력수상레저기구 이용범죄) 범죄 중 「국가보안법」 위반 범죄 및 「형법」 위반도 1차 위반시 면허취소에 해당한다.

조/종/면/허/의/취/소/정/지(제17조)
① 해양경찰청장은 조종면허를 받은 사람이 다음 각호의 어느 하나에 해당하는 경우에는 해양수산부령으로 정하는 바에 따라 조종면허를 취소하거나 1년의 범위에서 기간을 정하여 그 조종면허의 효력을 정지할 수 있다. 다만, 제1호, 제2호 또는 제4호부터 제6호까지에 해당하면 조종면허를 취소하여야 한다.
  1. 거짓이나 그 밖의 부정한 방법으로 조종면허를 받은 경우
  2. 조종면허 효력정지 기간에 조종을 한 경우
  3. 조종면허를 받은 사람이 동력수상레저기구를 사용하여 살인 또는 강도 등 해양수산부령으로 정하는 범죄행위를 한 경우
  4. 제7조 제1항 제2호(정신질환자) 또는 제3호(마약류중독자)에 따라 조종면허를 받을 수 없는 사람에 해당된 경우
  5. 제7조 제1항(결격자)에 따라 조종면허를 받을 수 없는 사람이 조종면허를 받은 경우
  6. 제27조제1항 또는 제2항을 위반하여 술에 취한 상태에서 조종을 하거나 술에 취한 상태라고 인정할 만한 상당한 이유가 있음에도 불구하고 관계공무원의 측정에 따르지 아니한 경우
  7. 조종 중 고의 또는 과실로 사람을 사상하거나 다른 사람의 재산에 중대한 손해를 입힌 경우
  8. 면허증을 다른 사람에게 빌려주어 조종하게 한 경우
  9. 제28조를 위반하여 약물의 영향으로 인하여 정상적으로 조종하지 못할 염려가 있는 상태에서 동력수상레저기구를 조종한 경우
  10. 그 밖에 이 법 또는 이 법에 따른 수상레저활동의 안전과 질서 유지를 위한 명령을 위반한 경우
② 제1항에 따라 조종면허가 취소되거나 그 효력이 정지된 사람은 조종면허가 취소되거나 그 효력이 정지된 날부터 7일 이내에 해양경찰청장에게 면허증을 반납하여야 한다.

14 동력수상레저기구 조종면허에 대한 설명으로 가장 옳지 않은 것은? 　　18년 경감

① 부정행위로 인해 해당 시험의 중지 또는 무효처분을 받은 자는 그 시험 시행일부터 1년간 면허시험에 응시할 수 없다.
② 조종면허가 취소된 날부터 1년이 경과되어야 조정면허 시험응시가 가능하다.
③ 정신질환자로서 전문의가 정상적으로 수상레저 활동을 수행할 수 있다고 인정하는 자는 수상레저 조종면허시험 응시가 가능하다.
④ 조종면허를 받지 아니하고 동력수상레저기구를 조종한 자로서 그 위반한 날부터 1년이 경과하여야 조종면허 시험응시가 가능하다.

해설 ① 해당 시험의 중지 또는 무효의 처분을 받은 자는 그 시험 시행일부터 2년간 면허시험에 응시할 수 없다.
④ 사람을 사상한 후 구호 등 필요한 조치를 하지 아니하고 달아난 자는 이를 위반한 날부터 4년이 지나지 아니한 자

부/정/행/위/자/에/대/한/제/재(법 제11조)
① 해양경찰청장은 면허시험에서 부정행위를 한 사람에 대하여 그 시험을 중지하게 하거나 무효로 할 수 있다.
② 제1항에 따른 해당 시험의 중지 또는 무효의 처분을 받은 사람은 그 처분이 있는 날부터 2년간 면허시험에 응시할 수 없다.

정답 13 ③　14 ①

15 「수상레저안전법」상 동력수상레저기구를 조종하는 자가 지켜야 할 운항규칙으로 가장 옳지 않은 것은?

18년 경장

① 다른 수상레저기구의 진로를 횡단하는 경우에 충돌의 위험이 있을 때에는 다른 수상레저기구를 왼쪽에 두고 있는 수상레저기구가 진로를 피하여야 한다.
② 교량으로부터 20미터 이내의 구역에서는 10노트이하의 속력으로 운항하여야 한다.
③ 안개 등으로 인하여 기시거리가 0.5킬로미터 이내로 제한되는 경우에는 레이더 및 초단파(VHF) 통신설비를 갖추지 아니한 수상레저기구를 운항해서는 안된다.
④ 다른 수상레저기구와 같은 방향으로 운항하는 경우에는 2미터 이내로 근접하여 운항하지 않아야 한다.

> **해설** ① 다른 수상레저기구의 진로를 횡단하는 경우에 충돌의 위험이 있을 때에는 다른 수상레저기구를 오른쪽에 두고 있는 수상레저기구가 진로를 피하여야 한다.
> ③ 안개 등으로 인하여 가시거리가 0.5킬로미터 이내로 제한되는 경우에는 레이더 및 초단파(VHF) 통신설비를 갖추더라도 수상레저기구를 운항해서는 안된다.

16 「수상레저안전법」(및 시행령)상 수상레저활동자가 지켜야 하는 운항규칙에 관한 설명 중 옳은 것은 모두 몇 개인가?

18년 경사

> 가. 다른 수상레저기구를 추월하려는 경우에는 추월당하는 수상레저기구를 완전히 추월하거나 그 수상레저기구에서 충분히 멀어질 때까지 그 수상레저기구의 진로를 방해하여서는 아니 된다.
> 나. 다른 수상레저기구와 정면으로 충돌할 위험이 있을 때에는 음성신호·수신호 등 적당한 방법으로 상대에게 이를 알리고 좌현 쪽으로 진로를 피하여야 한다.
> 다. 다른 수상레저기구와 같은 방향으로 운항하는 경우에는 2미터 이내로 근접하여 운항하여서는 아니 된다.
> 라. 다이빙대·계류장 및 교량으로부터 20미터 이내의 구역에서는 10노트 이하의 속력으로 운항하여야 한다.

① 1개　　② 2개
③ 3개　　④ 4개

> **해설** [O] 가. 다. 라.
> [X] 나. 다른 수상레저기구와 정면으로 충돌할 위험이 있을 때에는 음성신호·수신호 등 적당한 방법으로 상대에게 이를 알리고 우(右)현 쪽으로 진로를 피하여야 한다.

17 수상레저활동자가 지켜야 하는 운항규칙 중 가장 적절하지 않은 것은?   19년 경사

① 태풍·풍랑·폭풍해일·호우·대설·강풍과 관련된 주의보 이상의 기상특보가 발효된 구역에서는 수상레저기구를 운항해서는 안 된다.
② 안개 등으로 인하여 가시거리가 0.5Km 이내로 제한되는 경우에는 레이더 및 초단파(VHF)통신설비를 갖추지 않은 때에는 수상레저기구를 운항하여서는 아니 된다.
③ 다른 수상레저기구와 정면으로 충돌할 위험이 있을 때에는 음성신호·수신호 등 적당한 방법으로 상대에게 이를 알리고 우현 쪽으로 진로를 피하여야 한다.
④ 다른 수상레저기구와 같은 방향으로 운항하는 경우에는 2m 이내로 근접하여 운항하여서는 아니 된다.

해설 ② 안개 등으로 인하여 가시거리가 0.5킬로미터 이내로 제한되는 경우에는 레이더 및 초단파(VHF) 통신설비를 갖춘다 하더라도 수상레저기구를 운항해서는 안된다.

1] 운항규칙 등의 준수(「수상레저안전법」 제21조)
    수상레저활동을 하는 사람은 대통령령으로 정하는 바에 따라 운항방법, 기구의 속도 및 「수상레저기구의 등록 및 검사에 관한 법률」 제16조 제2항에 따른 운항구역 등에 관한 사항을 준수하여야 한다.

2] 운항방법 등의 준수(시행령 제20조)
① 수상레저활동을 하는 사람은 법 제21조에 따라 별표 11에서 정하는 운항방법 및 기구의 속도 등에 관한 사항을 준수해야 한다.
② 제1항에 따른 사람이 「수상레저기구의 등록 및 검사에 관한 법률」 제6조에 따라 등록해야 하는 동력수상레저기구(등록대상 동력수상레저기구)를 이용할 때에는 같은 법 제16조제2항에 따라 지정된 운항구역만을 운항해야 한다. 다만, 다음 각호가 어느 하나에 해당하는 경우에는 그렇지 않다.
  1. 「수상레저기구의 등록 및 검사에 관한 법률」 제16조제2항 및 같은 법 시행령 제2조제1호가목에 따라 운항구역을 평수구역(平水區域)으로 지정받은 동력수상레저기구를 사용하여 평수구역의 끝단 및 가까운 육지 또는 섬으로부터 10해리[해양수산부령으로 정하는 기관(機關)을 사용하는 동력수상레저기구의 경우는 5해리로 한다] 이내의 연해구역(沿海區域)을 운항하는 경우
  2. 「수상레저기구의 등록 및 검사에 관한 법률」 제16조제2항 및 같은 법 시행령 제2조제1호가목에 따라 운항구역을 평수구역으로 지정받은 동력수상레저기구를 사용하여 운항구역을 연해구역 이상으로 지정받은 동력수상레저기구와 500미터 이내의 거리에서 동시에 운항하기 위하여 관할 해양경찰서장에게 해양수산부령으로 정하는 운항신고서를 제출한 경우

3] 기상에 따른 수상레저활동의 제한(「수상레저안전법」 제22조)
    누구든지 수상레저활동을 하려는 구역이 다음 각호의 어느 하나에 해당하는 경우에는 수상레저활동을 하여서는 아니 된다. 다만, 파도 또는 바람만을 이용하는 수상레저기구의 특성을 고려하여 대통령령으로 정하는 경우에는 그러하지 아니하다.
  1. 태풍·풍랑·폭풍해일·호우·대설·강풍과 관련된 주의보 이상의 기상특보가 발효된 경우
  2. 안개 등으로 가시거리가 0.5킬로미터 이내로 제한되는 경우

4] 수상레저활동 제한의 예외(시행령 제21조) *태풍 X
    법 제22조 각호 외의 부분 단서에서 "대통령령으로 정하는 경우"란 기상특보 중 풍랑·폭풍해일·호우·대설·강풍 주의보가 발효된 경우로서 수상레저활동을 하기 위하여 관할 해양경찰서장 또는 특별자치시장·제주특별자치도지사·시장·군수 및 구청장(구청장은 자치구의 구청장을, 서울특별시의 관할구역에 있는 한강의 경우에는 서울특별시의 한강 관리에 관한 업무를 관장하는 기관의 장)에게 해양수산부령으로 정하는 기상특보활동신고서를 제출한 경우를 말한다.

정답   15 ①③   16 ③   17 ②

5] 운/항/방/법/및/기/구/의/속/도/등/에/관/한/준/수/사/항(시행령 별표 11)
1. 운항방법에 관한 사항
    가. 주위의 상황 및 다른 수상레저기구 또는 선박(이하 이 별표에서 "수상레저기구등"이라 한다)과의 충돌위험을 충분히 판단할 수 있도록 시각·청각과 그 밖에 당시의 상황에 적합하게 이용할 수 있는 모든 수단을 이용하여 항상 적절한 경계를 해야 한다.
    나. 다른 수상레저기구등과 정면으로 충돌할 위험이 있을 때에는 음성신호·수신호 등 적절한 방법으로 상대에게 이를 알리고 우현(뱃머리를 향하여 오른쪽에 있는 뱃전) 쪽으로 진로를 피해야 한다.
    다. 다른 수상레저기구등의 진로를 횡단하는 경우에 충돌의 위험이 있을 때에는 다른 수상레저기구등을 오른쪽에 두고 있는 수상레저기구가 진로를 피해야 한다.
    라. 다른 수상레저기구등과 같은 방향으로 운항하는 경우에는 2미터 이내로 근접하여 운항해서는 안 된다.
    마. 다른 수상레저기구등을 앞지르기하려는 경우에는 앞지르기당하는 수상레저기구등을 완전히 앞지르기하거나 그 수상레저기구등에서 충분히 멀어질 때까지 그 수상레저기구등의 진로를 방해해서는 안 된다.
    바. 다른 사람 또는 다른 수상레저기구등의 안전을 위협하거나 수상레저기구의 소음기를 임의로 제거하거나 굉음을 발생시켜 놀라게 하는 행위를 해서는 안 된다.
2. 수상레저기구의 속도 등에 관한 사항
    가. 다이빙대·계류장 및 교량으로부터 20미터 이내의 구역이나 해양경찰서장 또는 시장·군수·구청장이 지정하는 위험구역에서는 10노트 이하의 속력으로 운항해야 하며, 해양경찰서장 또는 시장·군수·구청장이 별도로 정한 운항지침을 따라야 한다.
    나. 다음의 어느 하나에 해당하는 곳으로부터 150미터 이내의 구역에서는 인위적으로 파도를 발생시키는 특수장치가 설치된 동력수상레저기구를 운항해서는 안 된다. 다만, 동력수상레저기구에 설치된 특수장치를 이용하여 인위적으로 파도를 발생시키지 않고 5노트 이하의 속력으로 운항하는 경우에는 그렇지 않다.
        1) 계류장
        2) 공기주입형 고정식 튜브 등 수상에 띄우는 수상레저기구 및 설비가 설치된 곳

18 다음 중 「수상레저안전법」상 수상레저활동자가 지켜야 하는 운항규칙에 관한 설명으로 가장 옳지 않은 것은? 21년 경사

① 다이빙대·계류장 및 교량으로부터 20미터 이내의 구역에서는 10노트 이하의 속력으로 운항하여야 한다.
② 안개 등으로 인하여 가시거리가 0.5해리 이내로 제한되는 경우에는 레이더 및 초단파(VHF) 통신설비를 갖추지 아니한 수상레저기구를 운항해서는 아니 된다.
③ 다른 수상레저기구와 같은 방향으로 운항하는 경우에는 2미터 이내로 근접하여 운항하여서는 아니 된다.
④ 다른 수상레저기구와 정면으로 충돌의 위험이 있을 때에는 음성신호, 수신호, 등으로 상대에게 알리고 우현 쪽으로 진로를 피하여야 한다.

해설 ② 안개 등으로 인하여 가시거리가 0.5킬로미터 이내로 제한되는 경우에는 레이더 및 초단파(VHF) 통신설비를 갖춘 경우에도 수상레저기구를 운항해서는 안된다.

19 다음 중 「수상레저안전법 시행령」상 수상레저활동자가 지켜야 하는 운항규칙 중 가장 옳지 않은 것은?
20년 경찰간부

① 다이빙대·계류장 및 교량으로부터 20미터 이내의 구역에서는 10노트 이하의 속력으로 운항해야 한다.
② 안개 등으로 가시거리가 0.5킬로미터 이내로 제한되는 경우에는 레이더 및 초단파(VHF) 통신설비를 갖추고 수상레저기구를 운항해야 한다.
③ 다른 수상레저기구의 진로를 횡단하는 경우에 충돌의 위험이 있을 때에는 다른 수상레저기구를 오른쪽에 두고 있는 수상레저기구가 진로를 피해야 한다.
④ 다른 사람 또는 다른 수상레저기구의 안전을 위협하거나 수상레저기구의 소음기를 임의로 제거하거나 굉음을 발생시켜 놀라게 하는 행위를 해서는 안 된다.

> **해설** ② 예전에는 레이더 및 초단파(VHF) 통신설비를 갖춘 경우에는 0.5킬로미터 이내의 저시정상태인 경우에도 수상레저기구를 운항할 수 있었지만, 현재는 법 개정으로 이들을 모두 갖춘 경우에도 운항할 수 없다.

20 다음 <보기> 중 「수상레저안전법(시행령 및 시행규칙 포함)」상 수상레저활동자가 지켜야 하는 운항규칙에 대한 설명으로 옳은 것을 모두 고른 것은?
22년 2차/해경학과/경찰간부

> ㉠ 태풍·풍랑·폭풍해일·호우·대설·강풍과 관련된 주의보 이상의 기상특보가 발효된 구역에서는 수상레저기구를 운항해서는 안 된다.
> ㉡ 누구든지 수상레저활동을 하려는 구역이 안개 등으로 가시거리가 0.5킬로미터 이내로 제한되는 경우에는 수상레저활동을 하여서는 아니 된다.
> ㉢ 기상특보 중 태풍·풍랑·폭풍해일·호우·대설·강풍 주의보가 발효된 구역에서 파도 또는 바람만을 이용하여 활동이 가능한 수상레저기구를 운항하려고 관할 해양경찰서장 또는 시장·군수·구청장에게 운항신고를 한 경우 수상레저기구를 운항할 수 있다.
> ㉣ 기상특보 중 태풍·풍랑·폭풍해일·호우·대설·강풍 경보가 발효된 구역에서 파도 또는 바람만을 이용하여 활동이 가능한 수상레저기구를 운항하려고 관할 해양경찰서장 또는 시장·군수·구청장에게 운항신고를 하여 해양경찰서장 또는 시장·군수·구청장이 허용한 경우 수상레저기구를 운항할 수 있다.

① ㉠, ㉡
② ㉠, ㉣
③ ㉡, ㉢
④ ㉡, ㉣

정답 18 ② 19 ② 20 ①

[O] ㉠㉡
[X] ㉢㉣

1) 기상에 따른 수상레저활동의 제한(「수상레저안전법」 제22조)
   누구든지 수상레저활동을 하려는 구역이 다음 각호의 어느 하나에 해당하는 경우에는 수상레저활동을 하여서는 아니 된다. 다만, 파도 또는 바람만을 이용하는 수상레저기구의 특성을 고려하여 대통령령으로 정하는 경우에는 그러하지 아니하다.
   1. 태풍·풍랑·폭풍해일·호우·대설·강풍과 관련된 주의보 이상의 기상특보가 발령된 경우
   2. 안개 등으로 가시거리가 0.5킬로미터 이내로 제한되는 경우

2) 수상레저활동 제한의 예외(시행령 제21조) *태풍 X
   법 제22조 각호 외의 부분 단서에서 "대통령령으로 정하는 경우"란 기상특보 중 풍랑·폭풍해일·호우·대설·강풍 주의보가 발령된 경우로서 수상레저활동을 하기 위하여 관할 해양경찰서장 또는 특별자치시장·제주특별자치도지사·시장·군수 및 구청장(구청장은 자치구의 구청장을, 서울특별시의 관할구역에 있는 한강의 경우에는 서울특별시의 한강 관리에 관한 업무를 관장하는 기관의 장)에게 해양수산부령으로 정하는 기상특보활동신고서를 제출한 경우를 말한다. *개정 전에는 해일. 주의보 이상은 신고, 경보 이상은 신고 + 허용하는 경우로 구분

[개정전 규정]
태풍·풍랑·해일·호우·대설·강풍과 관련된 주의보 이상의 기상특보가 발령된 구역에서는 수상레저기구를 운항해서는 안 된다. 다만, 다음 각 목의 어느 하나에 해당하는 경우에는 그렇지 않다.
가. 해양경찰서장 또는 시장·군수·구청장이 해당 구역의 기상상태를 고려하여 그 운항을 허용한 경우
나. 기상특보 중 풍랑·호우·대설·강풍 주의보가 발령된 구역에서 파도 또는 바람만을 이용하여 활동이 가능한 수상레저기구를 운항하려고 관할 해양경찰서장 또는 시장·군수·구청장에게 운항신고를 한 경우
다. 기상특보 중 풍랑·호우·대설·강풍 경보가 발령된 구역에서 파도 또는 바람만을 이용하여 활동이 가능한 수상레저기구를 운항하려고 관할 해양경찰서장 또는 시장·군수·구청장에게 운항신고를 하여 해양경찰서장 또는 시장·군수·구청장이 허용한 경우

21 다음 중 「수상레저안전법(시행령·시행규칙 포함)」상 동력수상레저기구를 조종하는 자가 지켜야 할 운항 규칙으로 가장 옳지 않은 것은? 22년 1차

① 다른 수상레저기구의 진로를 횡단하는 경우에 충돌의 위험이 있을 때에는 다른 수상레저기구를 왼쪽에 두고 있는 수상레저기구가 진로를 피하여야 한다.
② 교량으로부터 20미터 이내의 구역에서는 10노트 이하의 속력으로 운항하여야 한다.
③ 다른 수상레저기구와 같은 방향으로 운항하는 경우에는 2미터 이내로 근접하여 운항하지 않아야 한다.
④ 다른 수상레저기구와 정면으로 충돌할 위험이 있을 때에는 음성신호·수신호 등 적당한 방법으로 상대에게 이를 알리고 우현 쪽으로 진로를 피하여야 한다.

 ① 다른 수상레저기구의 진로를 횡단하는 경우에 충돌의 위험이 있을 때에는 다른 수상레저기구를 오른쪽에 두고 있는 수상레저기구가 진로를 피하여야 한다.

22 다음 중 「수상레저안전법」 및 「수상레저기구의 등록 및 검사에 관한 법률」상 ( ) 안에 들어갈 숫자로 알맞은 것은?
19년 경장

> ㉠ 등록 대상 동력수상레저기구는 등록 후 ( )년 마다 정기적으로 검사한다.
> ㉡ 동력수상레저기구는 추진기관의 최대 출력이 ( )마력 이상인 것을 말한다.
> ㉢ 출발항으로부터 ( ) 해리 이상 떨어진 곳에서 수상레저활동을 하려는 자는 해양수산부령으로 정하는 바에 따라 해양경찰관서나 경찰관서에 신고하여야 한다.

① ㉠ 3년   ㉡ 5마력   ㉢ 10해리
② ㉠ 3년   ㉡ 10마력 ㉢ 5해리
③ ㉠ 5년   ㉡ 5마력   ㉢ 10해리
④ ㉠ 5년   ㉡ 10마력 ㉢ 5해리

해설
㉠ 안전검사의 대상 동력수상레저기구 중 「수상레저안전법」 제37조에 따른 수상레저사업에 이용되는 동력수상레저기구는 1년마다, 그 밖의 동력수상레저기구는 5년마다 정기검사를 받아야 한다(「수상레저기구등록법」 제15조 제2항).
㉡ 해양경찰청장의 동력수상레저기구조종면허를 받아야 하는 동력수상레저기구는 동력수상레저기구 중 추진기관의 최대 출력이 5마력 이상(출력 단위가 킬로와트인 경우에는 3.75킬로와트 이상을 말한다)인 것을 말한다(「수상레저안전법 시행령」 제4조 제1항).
㉢ 출발항으로부터 10해리 이상 떨어진 곳에서 수상레저활동을 하려는 자는 해양수산부령으로 정하는 바에 따라 해양경찰관서나 경찰관서에 신고하여야 한다. 다만, 「선박의 입항 및 출항 등에 관한 법률」 제4조에 따른 출입 신고를 하거나 「선박안전조업규칙」 제15조에 따른 출항·입항신고를 한 선박인 경우에는 그러하지 아니하다(「수상레저안전법」 제23조).

23 「수상레저안전법」에 규정된 내용으로 다음 중 가장 옳지 않은 것은?
19년 공채/특채 3차

① 수상레저활동을 하려는 자는 구명조끼 등 인명안전에 필요한 장비를 착용하여야 한다.
② 출발항으로부터 10km 이상 떨어진 곳에서 수상레저활동을 하려는 자는 해양경찰관서나 경찰관서에 신고하여야 한다. 다만 「선박의 입항 및 출항 등에 관한 법률」에 따라 출입신고를 하거나, 「선박안전조업규칙」 제15조에 따른 출입항신고를 한 선박인 경우에는 그러하지 아니한다.
③ 누구든지 그 수상레저기구의 정원을 초과하여 사람을 태우고 운항하여서는 아니 된다.
④ 누구든지 해진 후 30분부터 해뜨기 전 30분까지는 수상레저활동을 하여서는 아니된다. 다만, 해양수산부령으로 정하는 바에 따라 야간운항장비를 갖춘 수상레저기구를 이용하는 경우에는 그러하지 아니하다.

정답 21 ① 22 ③ 23 ②

> **해설** 원/거/리/수/상/레/저/활/동/의/신/고(제23조)
> ① 출발항으로부터 10해리 이상 떨어진 곳에서 수상레저활동을 하려는 사람은 해양수산부령으로 정하는 바에 따라 해양경찰관서나 경찰관서에 신고하여야 한다. 다만, 「선박의 입항 및 출항 등에 관한 법률」 제4조에 따른 출입 신고를 하거나 「선박안전 조업규칙」 제15조에 따른 출항·입항 신고를 한 선박인 경우에는 그러하지 아니하다.
> ② 제1항에도 불구하고 「수상레저기구의 등록 및 검사에 관한 법률」 제3조에 따른 동력수상레저기구(등록 대상 동력수상레저기구)가 아닌 수상레저기구로 수상레저활동을 하려는 사람은 출발항으로부터 10해리 이상 떨어진 곳에서 수상레저활동을 하여서는 아니 된다. 다만, 안전관리 선박의 동행, 선단의 구성 등 해양수산부령으로 정하는 경우에는 그러하지 아니하다.

24 다음 중 「수상레저안전법」상 원거리 수상레저활동 신고를 반드시 해야 하는 경우로 가장 옳은 것은?   21년 경사

① 수상레저활동구역이 출발항으로부터 13해리 이상인 경우
② 수상레저활동구역이 출발항으로부터 10해리 이상인 「선박안전조업규칙」 제15조에 따른 출·입항 신고를 한 경우
③ 수상레저활동구역이 출발항으로부터 10해리 이상인 「선박의 입항 및 출항 등에 관한 법률」 제4조에 따른 출입 신고를 한 경우
④ 수상레저활동구역이 육지로부터 9해리 이상인 경우

> **해설** 원/거/리/수/상/레/저/활/동/의/신/고
> 1] 법 제23조
> ① 출발항으로부터 10해리 이상 떨어진 곳에서 수상레저활동을 하려는 사람은 해양수산부령으로 정하는 바에 따라 해양경찰관서나 경찰관서에 신고하여야 한다. 다만, 「선박의 입항 및 출항 등에 관한 법률」 제4조에 따른 출입 신고를 하거나 「선박안전조업규칙」 제15조에 따른 출항·입항 신고를 한 선박인 경우에는 그러하지 아니하다.
> ② 제1항에도 불구하고 「수상레저기구의 등록 및 검사에 관한 법률」 제3조에 따른 동력수상레저기구(등록 대상 동력수상레저기구)가 아닌 수상레저기구로 수상레저활동을 하려는 사람은 출발항으로부터 10해리 이상 떨어진 곳에서 수상레저활동을 하여서는 아니 된다. 다만, 안전관리 선박의 동행, 선단의 구성 등 해양수산부령으로 정하는 경우에는 그러하지 아니하다.
> 2] 시행규칙 제26조
> ① 법 제23조제1항 본문에 따라 원거리 수상레저활동을 하려는 사람은 별지 제23호서식의 원거리 수상레저활동 신고서를 해양경찰관서나 경찰관서에 제출(팩스나 정보통신망을 이용한 전자문서의 제출을 포함한다)해야 한다.
> ② 법 제23조제2항 단서에서 "안전관리 선박의 동행, 선단의 구성 등 해양수산부령으로 정하는 경우"란 다음 각호의 어느 하나에 해당하는 경우를 말한다.
> 1. 「수상레저기구의 등록 및 검사에 관한 법률 시행령」 제2조제1호가목에 따른 연해구역, 근해구역 또는 원양구역을 운항구역으로 하는 동력수상레저기구와 500미터 이내의 거리에서 동행하여 수상레저활동을 하는 경우
> 2. 위치를 확인할 수 있는 통신기기를 갖춘 수상레저기구 2대 이상으로 선단(船團)을 구성하여 선단 내의 수상레저기구 간에 500미터(무동력수상레저기구 간에는 200미터를 말한다) 이내의 거리를 유지하며 수상레저활동을 하는 경우

25 다음 <보기> 중 「수상레저안전법(시행령, 시행규칙 포함)」에 규정된 내용으로 옳지 않은 것은 모두 몇 개인가?

21년 3차

> ㉠ 누구든지 조종면허를 받아야 조종할 수 있는 동력수상레저기구를 조종면허를 받지 아니하고 (조종면허의 효력이 정지된 경우는 제외한다) 조종하여서는 아니 된다.
> ㉡ 누구든지 해진 후부터 해뜨기 전까지는 수상 레저활동을 하여서는 아니 된다. 다만, 해양수산부령으로 정하는 바에 따라 야간 운항장비를 갖춘 수상레저기구를 이용하는 경우에는 그러하지 아니하다.
> ㉢ 출발항으로부터 10킬로미터 이상 떨어진 곳에서 수상레저활동을 하려는 자는 해양경찰관서나 경찰관서에 신고하여야 한다.
> ㉣ 수상레저활동을 하는 자는 수상레저기구에 동승한 자가 사고로 사망·실종 또는 중상 등을 입은 경우에는 지체없이 해양경찰관서나 경찰관서 또는 소방관서 등 관계 행정기관의 장에게 신고하여야 한다.
> ㉤ 누구든지 마약·향정신성의약품·대마의 영향, 환각물질의 영향, 그 밖의 사유로 인하여 정상적으로 조종하지 못할 우려가 있는 상태에서 동력수상레저기구를 조종하여서는 아니 된다.

① 1개 ② 2개
③ 3개 ④ 4개

 [O] ㉣㉤
[X] ㉠㉡㉢
㉠ 조종면허의 효력이 정지된 경우도 포함한다.
㉡ 누구든지 해진 후 30분부터 해뜨기 전 30분까지는 수상레저활동을 하여서는 안된다.
㉢ 출발항으로부터 <u>10해리 이상</u> 떨어진 곳에서 수상레저활동을 하려는 자는 해양경찰관서나 경찰관서에 신고하여야 한다.

26 다음 <보기>는 「수상레저안전법」상 원거리 수상레저활동의 신고에 대한 설명이다. 빈 칸에 들어갈 숫자로 가장 옳은 것은?

23년 공/특채

> 출발항으로부터 (   )해리 이상 떨어진 곳에서 수상레저활동을 하려는 사람은 해양수산부령으로 정하는 바에 따라 해양경찰관서나 경찰관서에 신고하여야 한다.

① 5   ② 7
③ 10 ④ 20

정답 24 ① 25 ③ 26 ③

해설 ③ 출발항으로부터 10해리 이상 떨어진 곳에서 수상레저활동을 하려는 사람은 해양수산부령으로 정하는 바에 따라 해양경찰관서나 경찰관서에 신고하여야 한다(제23조 제1항). 다만, 「선박의 입항 및 출항 등에 관한 법률」 제4조에 따른 출입 신고를 하거나 「선박안전 조업규칙」 제15조에 따른 출항·입항 신고를 한 선박인 경우에는 그러하지 아니한다. 이에도 불구하고 「수상레저기구의 등록 및 검사에 관한 법률」 제3조에 따른 동력수상레저기구(등록 대상 동력수상레저기구)가 아닌 수상레저기구로 수상레저활동을 하려는 사람은 출발항으로부터 10해리 이상 떨어진 곳에서 수상레저활동을 하여서는 아니 된다(제2항). 다만, 안전관리 선박의 동행, 선단의 구성 등 해양수산부령으로 정하는 경우에는 그러하지 아니한다.

원거리 수상레저활동의 신고(시행규칙 제26조)
① 법 제23조제1항 본문에 따라 원거리 수상레저활동을 하려는 사람은 별지 제23호서식의 원거리 수상레저활동 신고서를 해양경찰관서나 경찰관서에 제출(팩스나 정보통신망을 이용한 전자문서의 제출을 포함한다)해야 한다.
② 법 제23조제2항 단서에서 "안전관리 선박의 동행, 선단의 구성 등 해양수산부령으로 정하는 경우"란 다음 각호의 어느 하나에 해당하는 경우를 말한다.
 1. 「수상레저기구의 등록 및 검사에 관한 법률 시행령」 제2조제1호가목에 따른 연해구역, 근해구역 또는 원양구역을 운항구역으로 하는 동력수상레저기구와 500미터 이내의 거리에서 동행하여 수상레저활동을 하는 경우
 2. 위치를 확인할 수 있는 통신기기를 갖춘 수상레저기구 2대 이상으로 선단(船團)을 구성하여 선단 내의 수상레저기구 간에 500미터(무동력수상레저기구 간에는 200미터를 말한다) 이내의 거리를 유지하며 수상레저활동을 하는 경우

27 「수상레저안전법」에 의거, 야간 수상레저활동에 관한 설명 중 가장 옳지 않은 것은?

19년 경위

① 해진 후 30분부터 해뜨기 전 30분까지는 수상레저활동을 하여서는 아니된다. 다만, 야간 운항장비를 모두 갖춘 경우에는 운항이 가능하다.
② 해양경찰서장 및 해양수산부장관 또는 시장·군수·구청장은 야간운항 허용시간을 조정해야 한다.
③ 야간 운항장비에는 항해등, 구명튜브, 통신기기 등이 포함된다.
④ 해양수산부령으로 정하는 야간 운항장비를 갖춘 수상레저기구를 이용하는 경우 야간운항이 가능하다.

해설 ② 해양경찰서장이나 시장·군수·구청장은 필요하다고 인정하면 일정한 구역에 대하여 해양수산부령으로 정하는 바에 따라 시간을 조정할 수 있다.

야/간/수/상/레/저/활/동/의/금/지(제26조)
① 누구든지 해진 후 30분부터 해뜨기 전 30분까지는 수상레저활동을 하여서는 아니 된다. 다만, 해양수산부령으로 정하는 바에 따라 야간 운항장비를 갖춘 수상레저기구를 사용하는 경우에는 그러하지 아니하다.
② 해양경찰서장이나 시장·군수·구청장은 필요하다고 인정하면 일정한 구역에 대하여 해양수산부령으로 정하는 바에 따라 제1항 본문에 따른 시간을 조정할 수 있다.
③ 해양경찰서장이나 시장·군수·구청장은 제2항에 따라 시간을 조정한 경우에는 수상레저활동을 하는 사람이 보기 쉬운 장소에 그 사실을 공고하여야 한다.

28 「수상레저안전법 시행규칙」상 야간 운항장비에 해당하는 것은 모두 몇 개인가?

19년 경찰간부

| ㉠ 항해등 | ㉡ 나침반 | ㉢ 해도 | ㉣ 소화기 |
| ㉤ 위성항법장치 | ㉥ EPIRB | ㉦ 구명튜브 | ㉧ 예비노 | ㉨ 레이더 |

① 5개 ② 4개
③ 3개 ④ 2개

 ① 여기서는 ㉠㉡㉣㉤㉦ 등이 해당된다. 즉 항해등, 나침반, 야간 조난신호장비, 통신기기, 전등, 구명튜브(구명부환), 소화기, 자기점화등, 위성항법장치, 등(燈)이 부착된 구명조끼가 야간 수상레저활동을 하려는 사람이 갖추어야 하는 운항장비에 해당된다.

29 「수상레저안전법」및「수상레저기구의 등록 및 검사에 관한 법률」에 규정된 내용 중 옳은 것은 모두 몇 개인가?

19년 경찰간부

㉠ 동력수상레저기구 조종면허는 지방해양경찰청장이 발급한다.
㉡ 수상레저사업 등록을 위해서는 인명구조요원이 필요하며, 인명구조요원은 해양경찰청장이 발급하는 인명구조요원자격증 또는 수상구조사자격증을 보유하여야 한다.
㉢ 수상레저활동이란 수상에서 수상레저기구를 이용하여 취미·오락·체육·교육 등을 목적으로 이루어지는 활동을 말하며, 수상은 해수면과 내수면을 말한다.
㉣ 수상레저사업을 하려는 자는 영업구역이 내수면이면 해당지역 관할 시장·군수·구청장, 해수면이면 해당지역 관할 해양경찰서장에게 등록하여야 한다.
㉤ 수상레저사업에 이용되는 모든 등록대상 동력수상레저기구는 등록 후 5년마다 정기심사를 받아야 한다.

① 2개 ② 3개
③ 4개 ④ 5개

[O] ㉢㉣
[X] ㉠㉡㉤
㉠ 동력수상레저기구를 조종하는 자는 제6조에 따른 면허시험에 합격한 후 해양경찰청장의 동력수상레저기구 조종면허를 받아야 한다.
㉡ 사업자와 그 종사자는 수상레저활동의 안전을 위하여 사업장 내 인명구조요원이나 래프팅가이드의 배치 또는 탑승하게 하여야 한다. 여기서 인명구조요원은 기준을 충족하는 기관이나 단체 중 해양경찰청장이 지정하는 수상레저 관련기관이나 단체에서 교육과정을 마친 후 인명구조요원자격을 취득한 사람을 말한다.
㉤ 검사 대상 동력수상레저기구 중 수상레저사업에 이용되는 동력수상레저기구는 1년마다, 그 밖의 동력수상레저기구는 5년마다 정기검사를 받아야 한다.

정답 27 ② 28 ① 29 ①

30 다음 중 「수상레저안전법」상 수상레저사업에 대한 설명으로 가장 옳은 것은?

20년 경력/공채

① 수상레저기구를 빌려주는 사업 또는 판매하는 사업이다.
② 영업구역이 둘 이상의 해양경찰서장 또는 시장·군수·구청장의 관할 지역에 걸쳐 있는 경우 지방해양경찰청장 또는 시·도지사에게 등록한다.
③ 수상레저사업 등록취소권자는 해양경찰서장 또는 시장·군수·구청장이다.
④ 수상레저사업자 또는 그 종사자가 고의로 사람을 사상한 때에는 반드시 수상레저사업 등록을 취소하여야 한다.

해설
① 수상레저기구를 빌려주는 사업 또는 수상레저활동을 하는 자를 수상레저기구에 태우는 사업
② 주로 매어두는 장소를 관할하는 해양경찰서장 또는 시장·군수·구청장. 영업구역이 해수면일 때 : 관할 해양경찰서장, 영업구역이 내수면일 때 : 관할 시장·군수·구청장
④ 고의로 사상 : 1차 위반 시부터 등록취소,
  과실로 사망 : (1차 위반)정지, (2차 위반)정지, (3차 위반)등록취소,
  과실로 상해 : (1차 위반)경고, (2차 위반)정지, (3차 위반)정지, (4차 위반)등록취소

수/상/레/저/사/업/의/등/록/취/소(제48조)
해양경찰서장 또는 시장·군수·구청장은 수상레저사업자가 다음 각 호의 어느 하나에 해당하는 경우에는 해양수산부령으로 정하는 바에 따라 수상레저사업의 등록을 취소하거나 3개월의 범위에서 영업의 전부 또는 일부의 정지를 명할 수 있다. 다만, 제1호부터 제3호까지에 해당하면 수상레저사업의 등록을 취소하여야 한다.
1. 거짓이나 그 밖의 부정한 방법으로 등록을 한 경우
2. 제39조(결격사유) 각호의 어느 하나에 해당하게 된 경우
3. 공유수면의 점용 또는 사용 허가기간 만료 이후에도 사업을 계속하는 경우
4. 수상레저사업자 또는 그 종사자의 고의 또는 과실로 사람을 사상한 경우
5. 수상레저사업자가 「수상레저기구의 등록 및 검사에 관한 법률」 제6조, 제9조, 제10조, 제13조, 제15조, 제17조의 규정을 위반한 수상레저기구를 수상레저사업에 이용한 경우
6. 제37조제2항에 따라 변경등록을 하지 아니한 경우
7. 제42조부터 제46조까지, 제49조제2항, 제50조의 규정 또는 명령을 위반한 경우

31 「수상레저안전법」상 수상레저사업 등록 시 구명조끼는 탑승정원을 기준으로 몇 %이상을 갖추어야 하는가?

18년 경감

① 100%
② 110%
③ 120%
④ 130%

해설 ② 수상레저기구 탑승정원의 110퍼센트 이상에 해당하는 수의 구명조끼를 갖추어야 하고, 탑승정원의 10퍼센트는 소아용으로 한다.

32 다음은 「수상레저안전법」에서 정하는 수상레저사업 등록기준 중 인명구조용 장비에 관한 설명이다. 괄호에 들어갈 숫자를 모두 합한 것으로 가장 옳은 것은? 19년 경위

> ○ 수상레저기구 탑승정원의 (　)% 이상에 해당하는 수의 구명조끼를 갖추어야 하고, 탑승정원의 (　)%는 소아용으로 비치하여야 한다.
> ○ 따라서, 수상레저기구 탑승정원이 150명인 경우, (　)벌 이상에 해당하는 수의 구명조끼를 갖추어야 하고, (　)벌 이상은 소아용으로 비치하여야 한다.

① 275
② 300
③ 315
④ 320

해설 ② 수상레저기구 탑승정원의 (110)% 이상에 해당하는 수의 구명조끼를 갖추어야 하고, 탑승정원의 (10)%는 소아용으로 비치하여야 한다.

33 甲은 혈중알코올농도 0.05% 상태에서 모터보트를 조종하다가 해양경찰관에게 적발되었다. 「수상레저안전법」상 甲에 대한 조종면허 행정처분(ㄱ)과 형벌(ㄴ)로 옳은 것은? 21년 1차

① (ㄱ) 면허 정지 6개월, (ㄴ) 6개월 이하의 징역 또는 500만원 이하의 벌금
② (ㄱ) 면허 정지 6개월, (ㄴ) 1년 이하의 징역 또는 1천만원 이하의 벌금
③ (ㄱ) 면허 취소, (ㄴ) 1년 이하의 징역 또는 1천만원 이하의 벌금
④ (ㄱ) 면허 취소, (ㄴ) 3년 이하의 징역 또는 3천만원 이하의 벌금

해설 ③ 음주상태에서 동력수상레저기구를 조종한 경우에는 행정처분(행정책임)으로 조종면허를 취소하여야 한다. 형사처벌(형사책임)은 1년 이하의 징역이나 1천만원 이하의 벌금에 처한다.

주/취/중/조/종/금/지(제27조)
① 누구든지 술에 취한 상태(「해상교통안전법」 제39조제4항에 따른 술에 취한 상태를 말한다. 이하 같다)에서 동력수상레저기구를 조종하여서는 아니 된다. 〈개정 2023. 7. 25.〉
② 다음 각호에 해당하는 사람(관계공무원)은 동력수상레저기구를 조종한 사람이 제1항을 위반하였다고 인정할 만한 상당한 이유가 있는 경우에는 술에 취하였는지를 측정할 수 있다. 이 경우 동력수상레저기구를 조종한 사람은 그 측정에 따라야 한다.
  1. 경찰공무원
  2. 시·군·구 소속 공무원 중 수상레저안전업무에 종사하는 사람
③ 제2항에 따라 관계공무원(근무복을 착용한 경찰공무원은 제외한다)이 술에 취하였는지 여부를 측정하는 때에는 그 권한을 표시하는 증표를 지니고 이를 해당 동력수상레저기구를 조종한 사람에게 제시하여야 한다.
④ 제2항에 따라 술에 취하였는지 여부를 측정한 결과에 불복하는 사람에 대해서는 본인의 동의를 받아 혈액채취 등의 방법으로 다시 측정할 수 있다.

정답 30 ③④ 31 ② 32 ② 33 ③

34 「수상레저안전법」상 수상레저활동 금지구역을 지정할 수 있는 자로 가장 옳지 않은 것은?

23년 공/특채

① 지방해양경찰청장
② 해양경찰서장
③ 시장
④ 구청장

해설 ① 해양경찰서장 또는 시장·군수·구청장은 수상레저활동의 안전을 위하여 필요하다고 인정하면 수상레저활동 금지구역(수상레저기구별 수상레저활동 금지구역을 포함한다)을 지정할 수 있다(제30조 제1항). 누구든지 이에 따라 지정된 금지구역에서 수상레저활동을 하여서는 아니 된다(제2항). 수상레저활동 금지구역의 지정행위의 법적 성질은 대물적 하명에 해당한다.

35 「수중레저활동의 안전 및 활성화 등에 관한 법률」에 대한 설명으로 가장 옳지 않은 것은?

법규기출

① 수중레저활동이란 수중에서 수중레저기구 또는 수중레저장비를 이용하여 취미·오락·체육·교육 등을 목적으로 이루어지는 스킨다이빙, 스쿠버다이빙 등의 활동을 말한다.
② 해진 후 30분부터 해뜨기 전 30분까지는 수중레저활동을 하여서는 아니 된다.
③ ②의 경우, 해양수산부령으로 정하는 바에 따라 야간 안전장비 또는 안전관리요원을 갖춘 수중레저기구 등을 이용하는 경우에는 야간에도 수중레저활동을 할 수 있다.
④ 수중레저활동자는 수산자원관리법상 해양수산부령으로 정하는 방법을 제외하고는 수산자원을 포획·채취하여서는 아니 된다.

해설 ③ 해양수산부령으로 정하는 바에 따라 야간 안전장비 및 안전관리요원을 갖춘 수중레저기구 등을 이용하는 경우에는 야간에도 수중레저활동을 할 수 있다.

[수상레저기구의 등록 및 검사에 관한 법률]

01 다음 중 「수상레저기구의 등록 및 검사에 관한 법률」상 동력수상레저기구의 등록에 관한 설명으로 가장 옳은 것은?   21년 경감

① 수상레저활동에 이용하거나 이용하려는 것으로 총톤수(「선박법」제3조제1항 제2호에 따른 총톤수를 말한다) 20톤 이상의 모터보트는 등록대상이다.

② 동력수상레저기구의 소유자는 주소지를 관할하는 해양경찰서장에게 동력수상레저기구를 소유한 날부터 1개월 이내에 등록신청을 하여야 한다.

③ 매매·증여 등으로 소유권의 변경이 있을 때에는 그 변경이 발생한 날부터 30일 이내에 변경등록을 신청하여야 한다.

④ 등록된 수상레저기구의 존재 여부가 2개월간 분명하지 아니한 경우는 말소등록 사유이다.

해설
① 총톤수 20톤 미만의 모터보트
② 주소지 관할 시장·군수·구청장
④ 존재 여부가 3개월간 분명하지 아니한 경우

1] 적용범위(제3조)
이 법은 수상레저활동에 사용하거나 사용하려는 것으로서 다음 각 호의 어느 하나에 해당하는 동력수상레저기구에 대하여 적용한다. 다만, 동력수상레저기구의 총톤수, 출력 등을 고려하여 대통령령으로 정하는 경우에는 그러하지 아니하다.
1. 수상오토바이
2. 모터보트(선내기 또는 선외기인 모터보트로서 총톤수 20톤 미만의 모터보트)
3. 고무보트(공기를 넣으면 부풀고 접어서 운반할 수 있는 고무보트를 제외한 추진기관 30마력 이상의 고무보트)
4. 세일링요트(돛과 기관이 설치된 것을 말한다. 총톤수 20톤 미만)

> **적용 제외(시행령 제3조)**
> 법 제3조 각호 외의 부분 단서에서 "대통령령으로 정하는 경우"란 다음 각 호의 어느 하나에 해당하는 경우를 말한다.
> 1. 모터보트의 총톤수(「선박법」 제3조제1항제2호에 따른 총톤수를 말한다. 이하 같다)가 20톤 이상인 경우
> 2. 고무보트가 다음 각 목의 어느 하나에 해당하는 경우
>   가. 공기를 넣으면 부풀고 공기를 빼면 접어서 운반할 수 있는 형태인 경우
>   나. 고무보트의 추진기관이 30마력 미만(출력 단위가 킬로와트인 경우에는 22킬로와트 미만을 말한다)인 경우
> 3. 세일링요트(돛과 기관이 설치된 것을 말한다)의 총톤수가 20톤 이상인 경우

2] 등록(제6조)
① 동력수상레저기구(「선박법」 제8조에 따라 등록된 선박은 제외한다. 이하 이 조에서 같다)를 취득한 자는 주소지를 관할하는 시장·군수·구청장에게 동력수상레저기구를 취득한 날부터 1개월 이내에 등록신청을 하여야 하고, 등록되지 아니한 동력수상레저기구를 운항하여서는 아니 된다.

정답 34 ① 35 ③ 01 ③

② 시장·군수·구청장은 다음 각호의 어느 하나에 해당하는 경우 등록신청을 거부할 수 있다.
  1. 등록신청 사항에 거짓이 있는 경우
  2. 동력수상레저기구의 구조, 설비 및 장치가 제15조제1항제1호 및 같은 조 제5항에 따른 신규검사 기준에 맞지 아니한 경우
③ 제1항에 따른 등록의 요건 및 신청 절차 등에 관하여 필요한 사항은 대통령령으로 정한다.

3] 변경등록(제9조)
동력수상레저기구의 등록사항 중 변경 사항이 있는 경우(제10조의 말소등록은 제외한다) 그 소유자나 점유자는 대통령령으로 정하는 바(변경이 발생한 날로부터 30일 이내)에 따라 시장·군수·구청장에게 변경등록을 신청하여야 한다.

4] 말소등록(제10조)
① 소유자는 등록된 동력수상레저기구가 다음 각호의 어느 하나에 해당하는 경우에는 해양수산부령으로 정하는 바에 따라 등록증 및 등록번호판을 반납하고 시장·군수·구청장에게 말소등록을 신청하여야 한다. 다만, 등록증 및 등록번호판을 분실 등의 사유로 반납할 수 없는 경우에는 그 사유서를 제출하고 등록증 및 등록번호판을 반납하지 아니할 수 있다.
  1. 동력수상레저기구가 멸실되거나 수상사고 등으로 본래의 기능을 상실한 경우
  2. 동력수상레저기구의 존재 여부가 3개월간 분명하지 아니한 경우
  3. 총톤수·추진기관의 변경 등 해양수산부령으로 정하는 사유로 동력수상레저기구에서 제외된 경우
  4. 동력수상레저기구를 수출하는 경우
  5. 수상레저활동 외의 목적으로 사용하게 된 경우
② 제1항에 따라 소유자가 말소등록 신청을 하지 아니하는 경우에는 관할 시장·군수·구청장은 1개월 이내의 기간을 정하여 소유자에게 해당 동력수상레저기구의 말소등록을 신청할 것을 최고하고, 그 기간 이내에 말소등록 신청을 하지 아니하면 직권으로 그 동력수상레저기구의 등록을 말소할 수 있다.
③ 시장·군수·구청장은 제1항에 따라 등록번호판을 반납받은 경우에는 다시 사용할 수 없는 상태로 폐기하여야 한다.

---

02 「수상레저기구의 등록 및 검사에 관한 법률」(및 시행령, 시행규칙)상 안전검사 대상 동력수상레저기구 중 수상레저사업에 이용되는 수상레저기구는 (㉠)마다, 그 외 **수상레저기구는**(㉡)마다 정기검사를 받아야 한다. 다음 중 ( ) 안에 들어갈 말로 가장 옳은 것은?

19년 경장/경사

① ㉠ 6개월 ㉡ 1년   ② ㉠ 1년 ㉡ 5년
③ ㉠ 6개월 ㉡ 3년   ④ ㉠ 1년 ㉡ 3년

해설 ② 검사 대상 동력수상레저기구 중 수상레저사업에 이용되는 동력수상레저기구는 1년마다, 그 외의 수상레저기구는 5년마다 정기검사를 받아야 한다.

안/전/검/사(제15조)
① 동력수상레저기구의 소유자는 해양경찰청장이 실시하는 다음 각호의 구분에 따른 검사를 받아야 한다.
  1. 신규검사: 제6조에 따른 등록을 하려는 경우 실시하는 검사
  2. 정기검사: 제6조에 따른 등록 이후 일정 기간마다 정기적으로 실시하는 검사
  3. 임시검사: 다음 각 목의 사항을 변경하려는 경우 실시하는 검사
     가. 정원 또는 운항구역. 이 경우 정원의 변경은 해양경찰청장이 정하여 고시하는 최대승선정원의 범위 내로 한정한다.
     나. 해양수산부령으로 정하는 구조, 설비 또는 장치

② 안전검사의 대상 동력수상레저기구 중 「수상레저안전법」 제37조에 따른 수상레저사업에 이용되는 동력수상레저기구는 1년마다, 그 밖의 동력수상레저기구는 5년마다 정기검사를 받아야 한다.
③ 동력수상레저기구의 소유자는 제1항 각호의 어느 하나에 해당하는 안전검사를 받지 아니하거나 검사에 합격하지 못한 동력수상레저기구를 운항하여서는 아니 된다. 다만, 해양수산부령으로 정하는 경우에는 그러하지 아니하다.
④ 제1항제3호에 따른 임시검사를 받는 시기가 제1항제2호에 따른 정기검사 시기와 중복되는 경우에는 정기검사로 대체할 수 있다.
⑤ 안전검사의 대상·기준·시기·절차·방법 및 준비 등에 필요한 사항은 해양수산부령으로 정한다.

03 「수상레저기구의 등록 및 검사에 관한 법률」상 동력수상레저기구의 안전검사에 대한 설명으로 가장 옳지 않은 것은?

19년 경사

① 신규검사는 동력수상레저기구 등록을 하고자 할 때 실시하는 검사이다.
② 정기검사는 등록 후 5년마다 정기적으로 실시하는 검사이다.
③ 임시검사는 수상레저기구의 구조, 장치, 정원 또는 항해구역을 변경하려는 경우 실시하는 검사이다.
④ 항해검사는 수상레저기구를 시운전하고자 하는 경우 수상레저기구의 항해 능력이 있는지에 대하여 실시하는 검사이다.

해설 ④ 항해검사는 동법상 검사의 종류에는 없다. 「수상레저기구등록법」상 안전검사의 종류에는 신규검사(등록을 하려는 경우에 하는 검사), 정기검사(등록 후 1년 또는 5년마다 정기적으로 하는 검사), 임시검사(수상레저기구의 구조나 장치를 변경한 경우에 하는 검사)가 있다.

1] 시험운항의 허가(법 제14조)
① 제15조제1항제1호의 신규검사를 받기 전에 국내에서 동력수상레저기구로 시험운항(조선소 등에서 건조·개조·수리 중 운항하는 것을 말한다)을 하고자 하는 자는 해양수산부령으로 정하는 안전장비를 비치 또는 보유하고, 해양경찰서장 또는 시장·군수·구청장(시험운항허가 관서의 장)의 허가(시험운항허가)를 받아야 한다.
② 시험운항허가 관서의 장은 시험운항허가의 신청을 받은 경우에는 시험운항의 목적, 기간 및 운항구역을 정하여 시험운항을 허가할 수 있다. 이 경우 시험운항을 허가하는 때에는 허가사항이 기재된 시험운항허가증을 발급하여야 한다.
③ 시험운항허가를 받은 자는 제2항의 시험운항허가증에 기재된 시험운항의 목적, 기간 및 운항구역을 준수하고, 제1항에 따른 안전장비를 동력수상레저기구에 비치 또는 보유하여 운항하여야 한다.
④ 시험운항허가를 받은 자는 제2항의 시험운항허가증에 기재된 기간이 만료된 경우에는 시험운항허가증을 반납하여야 한다.
⑤ 제1항에 따른 시험운항허가의 신청, 제2항 후단에 따른 시험운항허가증의 발급 및 제4항에 따른 시험운항허가증의 반납 등에 필요한 사항은 대통령령으로 정한다.

2] 시험운항의 허가(시행령 제11조)
① 법 제14조제1항에 따른 시험운항허가를 받으려는 자는 다음 각호의 구분에 따라 해당 운항구역을 관할하는 해양경찰서장 또는 시장·군수·구청장(시험운항허가 관서의 장)에게 시험운항허가를 신청해야 한다.
  1. 시험운항의 운항구역이 해수면인 경우: 해당 구역을 관할하는 해양경찰서장
  2. 시험운항의 운항구역이 내수면인 경우: 해당 구역을 관할하는 시장·군수·구청장

정답 02 ② 03 ④

② 시험운항허가 관서의 장은 법 제14조제2항에 따라 시험운항을 허가하는 경우에는 해양수산부령으로 정하는 시험운항허가증을 발급해야 한다.
③ 시험운항허가의 기간 및 운항구역은 다음 각 호와 같다.
  1. 기간 : 7일 이내(해뜨기 전 30분부터 해진 후 30분까지로 한정한다)
  2. 운항구역 : 출발지로부터 직선거리로 10해리 이내
④ 시험운항허가를 받은 자는 법 제14조제4항에 따라 시험운항허가증에 기재된 허가기간이 만료된 날부터 3일 이내에 시험운항허가 관서의 장에게 시험운항허가증을 반납해야 한다.
⑤ 제1항부터 제4항까지에서 규정한 사항 외에 시험운항허가에 필요한 세부 절차는 해양수산부령으로 정한다.

04 다음 중 「수상레저기구등록법」에 따라 등록한 동력수상레저기구가 안전검사를 받아야 하는 기간으로 가장 옳은 것은? 21년 경사

① 검사유효기간 만료일 전 30일 이내
② 검사유효기간 만료일 후 3개월 이내
③ 검사유효기간 만료일을 기준으로 하여 전후 각각 30일 이내
④ 검사유효기간 만료일을 기준으로 하여 전후 각각 3개월 이내

해설 ③ 정기검사의 유효기간 만료일 전후 각각 30일 이내의 기간으로 하며, 해당 검사기간 내에 정기검사에 합격한 경우에는 검사유효기간 만료일에 정기검사를 받은 것으로 본다.

안/전/검/사/의/대/상/및/실/시/시/기(시행규칙 제11조)
① 법 제15조제1항 제1호에 따른 신규검사의 대상 및 시기는 다음 각호의 구분과 같다.
  1. 국내에서 건조되는 경우로서 다음 각 목의 어느 하나에 해당하는 모터보트 또는 세일링요트: 건조에 착수한 때
    가. 총톤수가 5톤 이상인 모터보트 또는 세일링요트
    나. 운항구역이 연해구역(沿海區域) 이상인 모터보트 또는 세일링요트
    다. 승선정원이 13명 이상인 모터보트 또는 세일링요트
  2. 다음 각 목의 어느 하나에 해당하는 동력수상레저기구: 건조가 완료된 이후부터 법 제6조에 따른 등록을 하기 전까지
    가. 제1호에 해당하지 않는 모터보트 또는 세일링요트(「선박안전법」 또는 「어선법」에 따른 검사를 받아오던 선박 또는 어선을 모터보트 또는 세일링요트로 사용하려는 경우를 포함한다. 이하 제12조 및 별표 4에서 같다)
    나. 수상오토바이 또는 고무보트
    다. 외국에서 수입된 동력수상레저기구로서 법 제6조에 따라 등록해야 하는 동력수상레저기구
② 법 제15조제1항제2호에 따른 정기검사를 받아야 하는 기간은 법 제15조제2항에 따른 정기검사의 유효기간 만료일 전후 각각 30일 이내의 기간(검사기간)으로 하며, 해당 검사기간 내에 정기검사에 합격한 경우에는 검사유효기간 만료일에 정기검사를 받은 것으로 본다. 다만, 동력수상레저기구 소유자가 요청하는 경우에는 검사유효기간 만료일 전 30일이 되기 전에 정기검사를 받을 수 있다.
③ 법 제15조제1항제3호나목에서 "해양수산부령으로 정하는 구조, 설비 또는 장치"란 동력수상레저기구의 감항성(堪航性)·수밀성(水密性: 물이 통과하는 것을 막을 수 있는 성질)·부양성·복원성·선체강도·추진성능 또는 조종성능에 영향을 미치는 구조 및 구조물, 길이·너비·깊이, 총톤수 또는 추진기관을 말한다.
④ 검사유효기간은 다음 각 호의 구분에 따른 날부터 계산한다.
  1. 최초로 신규검사에 합격한 경우: 안전검사증을 발급받은 날
  2. 검사기간 내에 정기검사에 합격한 경우: 종전 안전검사증 유효기간 만료일의 다음 날
  3. 검사기간이 아닌 때에 정기검사에 합격한 경우: 안전검사증을 발급받은 날

05 다음은 「수상레저기구등록법 시행규칙」 제9조에 대한 내용이다. ( )안에 알맞은 말을 순서대로 가장 바르게 나열한 것은?
21년 경위

> 동력수상레저기구의 소유자는 규격에 맞게 제작된 등록번호판 (㉠)를 동력수상레저기구의 (㉡) 과 (㉢)에 견고하게 부착하여야 한다. 다만, 기구의 구조상 (㉣)에 부착하기 곤란한 경우에는 다른 면에 부착할 수 있다.

① ㉠ : 2개   ㉡ : 옆면   ㉢ : 뒷면   ㉣ : 뒷면
② ㉠ : 3개   ㉡ : 좌·우면   ㉢ : 뒷면   ㉣ : 뒷면
③ ㉠ : 2개   ㉡ : 앞면   ㉢ : 뒷면   ㉣ : 뒷면
④ ㉠ : 3개   ㉡ : 앞·뒷면   ㉢ : 옆면   ㉣ : 옆면

해설 ① 동력수상레저기구 소유자는 법 제13조 제1항에 따라 발급받은 동력수상레저기구 등록번호판 2개를 동력수상레저기구의 옆면과 뒷면에 각각 견고하게 부착해야 한다. 다만, 동력수상레저기구 구조의 특성상 뒷면에 부착하기 곤란한 경우에는 다른 면에 부착할 수 있다(시행규칙 제9조).

[보충]
1] 정의(법 제2조) 이 법에서 사용하는 용어의 뜻은 다음과 같다.
  1. "수상레저활동"이란 「수상레저안전법」 제2조제1호에 따른 수상레저활동을 말한다.
  2. "수상레저기구"란 「수상레저안전법」 제2조제3호에 따른 수상레저기구를 말한다.
  3. "동력수상레저기구"란 「수상레저안전법」 제2조제4호에 따른 동력수상레저기구를 말한다.
  4. "수상"이란 「수상레저안전법」 제2조제6호에 따른 수상을 말한다.
  5. "해수면"이란 「수상레저안전법」 제2조제7호에 따른 해수면을 말한다.
  6. "내수면"이란 「수상레저안전법」 제2조제8호에 따른 내수면을 말한다.
  7. "운항구역"이란 수상레저기구 운항의 안전확보를 위하여 운항할 수 있는 최대구역으로서 기구의 종류, 크기, 구조, 설비 등을 고려하여 대통령령으로 정하는 구역을 말한다.

2] 운항구역의 종류(시행령 제2조)
  「수상레저기구의 등록 및 검사에 관한 법률」 제2조제7호에서 "대통령령으로 정하는 구역"이란 다음 각호의 구분에 따른 구역을 말한다.
  1. 해수면: 다음 각 목의 어느 하나에 해당하는 구역
    가. 「선박안전법」 제8조제2항에 따라 지정되는 항해구역으로서 평수구역(平水區域), 연해구역(沿海區域), 근해구역 또는 원양구역
    나. 한정 연해구역(가목에 따른 평수구역으로부터 수상레저기구별 최고 속력으로 2시간 이내에 왕복할 수 있는 구역을 말한다)
  2. 내수면: 내수면 전체 구역

정답 04 ③ 05 ①

제 5 절 연안사고 및 해수욕장 안전관리

01 다음 보기 중 「연안사고 예방에 관한 법률」상 연안사고로 볼 수 없는 것은 모두 몇 개인가?

21년 1차

> ㉠ 갯벌에서 수산생물 채취 중 밀물에 고립
> ㉡ 어선에서 조업 중 바다로 추락
> ㉢ 해수욕장에서 스노클링 중 익사
> ㉣ 스킨스쿠버 활동 중 실종
> ㉤ 수상오토바이를 타고 레저활동 중 부상
> ㉥ 방파제(테트라포드 포함)에서 낚시 중 추락

① 없음 ② 1개
③ 2개 ④ 3개

해설) ㉡㉤. 연안체험활동은 수상형·수중형·일반형으로 구분할 수 있는데, 수상형은 선박이나 수상레저기구를 이용하지 않고 수상에서 이루어지는 체험활동으로 맨몸수영이나 스노쿨링, 물놀이, 해수욕 등이 있다. 수중형은 스킨스쿠버나 프리다이빙, 수중스쿠터 등이, 일반형은 수상형과 수중형 외의 체험활동으로 조개잡이체험이나 고기잡이체험, 갯벌체험(갯벌극기훈련) 등이 있다.

02 다음 중 「연안사고 예방에 관한 법률(시행령, 시행규칙 포함)」에 규정된 내용으로 가장 옳은 것은?

21년 3차

① "연안체험활동"이란 연안해역에서 이루어지는 체험활동으로서 대통령령으로 정하는 활동을 말한다.
② 해양경찰청장은 연안사고 예방 기본계획을 수립하려는 경우 미리 소방청장, 광역시장·도지사·특별자치도지사 및 특별시·광역시·특별자치시·도·특별자치도의 교육감의 의견을 들어야 한다.
③ "연안해역"이란 「연안관리법」제2조제2호의 지역(「무인도서의 보전 및 관리에 관한 법률」제2조 제1호에 따른 무인도서는 제외한다)을 말한다.
④ 해양경찰서장은 연안체험활동 중 발생할 수 있는 사고를 예방하기 위하여 연안체험활동 안전수칙을 정하여야 한다.

해설 ① 해양수산부령으로 정하는 활동(제2조 제3호)
③ 무인도서 포함(제2조 제1호)
④ 해양경찰청장(제11조 제1항)

03 다음 중 「연안사고 예방에 관한 법률 시행규칙」상 연안체험활동 계획 신고서에 대한 설명으로 가장 옳은 것은?
18년 경위

① 연안체험활동 운영자는 연안체험활동 참가자 모집 3일 전까지 관할 해양경찰서장에게 제출해야 한다.
② 연안체험활동 운영자는 연안체험활동 참가자 모집 7일 전까지 관할 해양경찰서장에게 제출해야 한다.
③ 연안체험활동 운영자는 연안체험활동 참가자 모집 14일 전까지 관할 해양경찰서장에게 제출해야 한다.
④ 연안체험활동 운영자는 연안체험활동 참가자 모집 30일 전까지 관할 해양경찰서장에게 제출해야 한다.

해설 ② 연안체험활동에 참가하려는 자를 모집하여 연안체험 프로그램을 운영하려는 자는 연안체험활동 계획 신고서(전자문서로 된 신고서를 포함)를 첨부하여 연안체험활동 참가자 모집 7일 전까지 관할 해양경찰서장에게 제출하여야 한다.

연안체험활동 계획 신고(시행규칙 제7조)
① 연안체험활동에 참가하려는 자(연안체험활동 참가자)를 모집하여 연안체험 프로그램을 운영하려는 자(연안체험활동 운영자)는 법 제12조제1항에 따라 별지 제2호서식의 연안체험활동 계획 신고서(전자문서로 된 신고서를 포함)에 다음 각 호의 서류(전자문서를 포함)를 첨부하여 연안체험활동 참가자 모집 7일 전까지 관할 해양경찰서장에게 제출하여야 한다.
  1. 연안체험활동 안전관리 계획서
  2. 법 제11조제1항에 따른 안전관리요원 및 안전장비의 배치에 관한 서류
  3. 연안체험활동 운영자 및 안전관리요원이 법 제11조제3항에 따라 해양경찰청장(법 제22조제2항 및 영 제11조제2항에 따라 해양경찰청장으로부터 업무를 위탁받은 자를 포함)이 실시하는 안전교육을 이수하였음을 증명하는 서류
  4. 법 제13조제1항에 따른 보험등 가입 또는 보험등 가입 예정 사실을 증명하는 서류
② 제1항에도 불구하고 사전에 연안체험활동 참가자의 세부현황 및 안전관리요원 등에 관한 사항을 확정하기 어려운 연안체험활동 운영자는 별지 제2호의2서식에 따른 기간별 연안체험활동 신고서(전자문서로 된 신고서를 포함)에 제1항 각 호의 서류(전자문서를 포함)를 첨부하여 해당 연안체험활동이 시작되기 7일 전까지 관할 해양경찰서장에게 제출할 수 있다. 이 경우 연안체험활동 운영자는 신고된 기간동안 실시되는 각각의 연안체험활동에 대하여 별지 제2호의3서식에 따른 현장체험활동 건별신고서(전자문서로 된 신고서를 포함)를 작성하여 해당 연안체험활동 시작 전에 관할 해양경찰서장에게 제출하여야 한다.
③ 연안체험활동 운영자는 제1항 및 제2항에 따라 신고한 사항이 변경된 경우에는 별지 제2호서식(전자문서를 포함) 또는 별지 제2호의2서식(전자문서를 포함)에 변경사유서(전자문서를 포함) 및 관련 서류(전자문서를 포함)를 첨부하여 관할 해양경찰서장에게 제출하여야 한다.

정답 01 ③ 02 ② 03 ②

④ 관할 해양경찰서장은 연안체험활동 계획 신고를 수리한 경우(변경신고를 수리한 경우를 포함)에는 별지 제3호서식의 연안체험활동 계획 신고증명서를 연안체험활동 운영자에게 발급하고, 별지 제4호서식의 연안체험활동 계획 신고관리대장을 작성·관리하여야 한다.
그리고 위험도가 높은 연안체험활동(동규칙 제8조)과 연안체험활동 신고 제외대상은 아래와 같다(동규칙 제9조)

연안체험활동 신고 제외	⊙ 연안체험활동 참가자가 10명 미만인 수상형 체험활동 ⓒ 연안체험활동 참가자가 5명 미만인 수중형 체험활동 ⓒ 연안체험활동 참가자가 20명 미만인 일반형 체험활동

04 다음 중 연안체험활동 신고 제외대상으로 가장 거리가 먼 것은? 18년 경감

① 연안체험활동 참가자가 5명인 수상형 체험활동
② 연안체험활동 참가자가 7명인 수상형 체험활동
③ 연안체험활동 참가자가 9명인 수중형 체험활동
④ 연안체험활동 참가자가 11명인 일반형 체험활동

해설 ③ 수중형 체험활동은 연안체험활동 참가자가 5명 미만인 경우가 신고 제외대상에 해당한다.
연안체험활동 신고 제외(시행규칙 제9조)
① 연안체험활동 참가자가 10명 미만인 수상형 체험활동
② 연안체험활동 참가자가 5명 미만인 수중형 체험활동
③ 연안체험활동 참가자가 20명 미만인 일반형 체험활동

05 다음 <보기> 중 「연안사고 예방에 관한 법률(시행령 및 시행규칙 포함)」상 연안체험활동 신고 제외대상으로 옳은 것은 모두 몇 개인가? 22년 경찰간부

⊙ 연안체험활동 참가자가 5명인 수상형 체험활동
ⓒ 연안체험활동 참가자가 10명인 수상형 체험활동
ⓒ 연안체험활동 참가자가 5명인 수중형 체험활동
ⓔ 연안체험활동 참가자가 10명인 수중형 체험활동
ⓜ 연안체험활동 참가자가 10명인 일반형 체험활동
ⓗ 연안체험활동 참가자가 15명인 일반형 체험활동

① 1개   ② 2개
③ 3개   ④ 4개

해설 1] 제외대상 : ⊙ⓜⓗ
2] 신고대상 : ⓒⓒⓔ

1) 법 제12조(연안체험활동 신고)
① 연안체험활동 운영자는 해양수산부령으로 정하는 절차와 방법에 따라 해양경찰서장에게 연안체험활동 안전관리 계획서를 작성하여 신고하여야 한다. 다만, 다음 각호의 경우는 제외한다.
  1. 「수상레저안전법」, 「유선 및 도선 사업법」, 「낚시 관리 및 육성법」, 「수중레저활동의 안전 및 활성화 등에 관한 법률」, 「청소년활동 진흥법」, 「체육시설의 설치·이용에 관한 법률」, 「도시와 농어촌 간의 교류촉진에 관한 법률」, 「수산업법」, 「양식산업발전법」 등 다른 법률에서 지도·감독 등을 받는 법인 또는 단체가 운영하는 경우
  2. 삭제 〈2021. 4. 13.〉
  3. 연안체험활동 참가자 수가 해양수산부령으로 정하는 규모 이하인 경우
2) 시행규칙 제9조(연안체험활동 신고 제외)
  법 제12조제1항제3호에서 "해양수산부령으로 정하는 규모 이하인 경우"란 다음 각호의 어느 하나에 해당하는 연안체험활동을 말한다.
  1. 연안체험활동 참가자가 10명 미만인 수상형 체험활동
  2. 연안체험활동 참가자가 5명 미만인 수중형 체험활동
  3. 연안체험활동 참가자가 20명 미만인 일반형 체험활동

06 다음은 「연안사고 예방에 관한 법률」에 대한 설명이다. 빈칸에 들어갈 내용이 순서대로 가장 올바르게 나열된 것은? 19/21년 경사

( )은 연안사고 예방을 위하여 ( )마다 연안사고 예방 ( )을 수립·추진하여야 한다.

① 해양수산부장관 – 3년 – 기본계획
② 해양수산부장관 – 5년 – 시행계획
③ 해양경찰청장 – 3년 – 시행계획
④ 해양경찰청장 – 5년 – 기본계획

해설 ④ 해양경찰청장은 연안사고 예방을 위하여 5년마다 연안사고 예방 기본계획을 수립·추진하여야 한다.
「연안사고 예방에 관한 법률」 제5조(연안사고 예방 기본계획의 수립)
① 해양경찰청장은 연안사고 예방을 위하여 5년마다 연안사고 예방 기본계획을 수립·추진하여야 한다.
② 해양경찰청장은 기본계획을 수립하려는 경우 미리 소방청장, 광역시장·도지사·특별자치도지사 및 특별시·광역시·특별자치시·도·특별자치도의 교육감의 의견을 들어야 한다. 대통령령으로 정하는 중요한 사항을 변경하려는 경우에도 또한 같다.
③ 해양경찰청장은 기본계획의 수립 또는 변경에 필요한 경우에는 관계 행정기관의 장에게 관련 자료의 제출을 요청할 수 있다. 이 경우 자료의 제출을 요청받은 관계 행정기관의 장은 특별한 사유가 없으면 이에 따라야 한다.
또한, 해양경찰청장은 기본계획에 따라 매년 연안사고 예방 시행계획을 수립·시행하여야 한다(제7조 제1항). 그리고 연안사고 예방에 관하여 필요한 사항을 협의하기 위하여 해양경찰청장 소속으로 중앙연안사고예방협의회를 두고, 지방해양경찰청장 소속으로 광역연안사고예방협의회를, 해양경찰서장 소속으로 지역연안사고예방협의회를 둔다(제8조 제1항).

정답 04 ③ 05 ③ 06 ④

07 「연안사고 예방에 관한 법률」에 따르면 해양경찰청장은 연안사고 예방을 위하여 (㉠)마다 연안사고 예방 (㉡)을 수립·추진하여야 하고, (㉢)에 따라 (㉣)연안사고 예방 (㉤)을 수립·시행하여야 한다. 다음 중 (㉠) - (㉡) - (㉢) - (㉣)에 들어갈 말이 순서대로 가장 올바르게 짝지어진 것은? 21년 경위

① 5년 – 종합계획 – 매년 – 기본계획
② 5년 – 기본계획 – 매년 – 시행계획
③ 10년 – 종합계획 – 5년마다 – 시행계획
④ 10년 – 기본계획 – 5년마다 – 종합계획

해설
1) 해양경찰청장은 연안사고 예방을 위하여 5년마다 연안사고 예방 기본계획을 수립·추진하여야 한다(제5조 제1항).
2) 해양경찰청장은 기본계획에 따라 매년 연안사고 예방 시행계획을 수립·시행하여야 한다(제7조 제1항).

08 다음 중 「연안사고 예방에 관한 법률」상 가장 옳지 않은 것은 무엇인가? 21년 경장

① 연안사고 예방에 관하여 필요한 사항을 협의하기 위하여 해양경찰청장 소속으로 중앙연안사고예방협의회를 둔다.
② 연안사고 예방에 관하여 필요한 사항을 협의하기 위하여 지방해양경찰청장 소속으로 광역연안사고예방협의회를 둔다.
③ 해양경찰청장은 "연안사고 예방 기본계획"에 따라 매년 연안사고 예방 시행계획을 수립·시행하여야 한다.
④ 연안사고란 연안해역에서 발생하는 인명에 위해를 끼치는 사고를 말한다. 다만 「해양사고의 조사 및 심판에 관한 법률」제2조제1호에 따른 해양사고를 포함한다.

해설 ④ 동 법상 연안사고에는 사람의 생명에 위해를 끼치는 사고를 말하고, 「해양사고의 조사 및 심판에 관한 법률」상 해양사고는 제외된다.

용/어/의/정/의(2조)
1. "연안해역"이란 「연안관리법」제2조제2호의 지역(「무인도서의 보전 및 관리에 관한 법률」제2조제1호에 따른 무인도서를 포함)을 말한다.
2. "연안사고"란 연안해역에서 발생하는 인명에 위해를 끼치는 다음 각 목의 사고를 말한다. 다만, 「해양사고의 조사 및 심판에 관한 법률」제2조제1호에 따른 해양사고는 제외한다.
   가. 갯벌·갯바위·방파제·연육교·선착장·무인도서 등에서 바다에 빠지거나 추락·고립 등으로 발생한 사고
   나. 연안체험활동 중에 발생한 사고
3. "연안체험활동"이란 연안해역에서 이루어지는 체험활동으로서 해양수산부령으로 정하는 활동을 말한다.

09 다음 <보기>는「연안사고 예방에 관한 법률(시행령, 시행규칙 포함)」에 대한 설명이다. 괄호 안에 들어갈 숫자의 합은?

21년 경찰간부

> ㉠ 해양경찰서장은 출입통제를 하거나 출입통제를 해제하려는 때에는 그 출입통제 개시일 또는 출입통제 해제일 ( )일 전까지 출입통제 장소의 범위 등에 대한 내용이 포함된 사항을 표지판으로 제작하여 해양경찰서 게시판 등에 공고하여야 한다.
> ㉡ 해양경찰서장은 연안체험활동 안전관리 계획서 신고를 받은 날부터 ( )일 이내에 신고수리 여부를 신고인에게 통지하여야 한다.
> ㉢ 연안체험활동 참가자가 ( )명 미만인 수상형 체험활동의 경우 연안체험활동 신고 제외 대상에 해당한다.

① 32   ② 35
③ 37   ④ 39

해설 ㉠ 20일 전, ㉡ 7일 이내, ㉢ 수상형 체험활동의 경우 10명 미만인 신고 대상에서 제외

1] **출입통제장소의 지정 · 해제(시행규칙 제5조)**
해양경찰서장은 법 제10조제2항 및 제3항에 따라 법 제10조제1항 각호의 장소에 대하여 출입통제를 하거나 출입통제를 해제하려는 때에는 그 출입통제 개시일 또는 출입통제 해제일 20일 전까지 다음 각호의 내용이 포함된 사항을 표지판으로 제작하여 해당 장소 입구 등 일반인이 잘 볼 수 있는 곳에 설치하여야 하고, 해당 해양경찰서 게시판 · 인터넷 홈페이지 등에 공고하여야 한다.

2] **연안체험활동 계획 신고(동규칙 제7조)**
연안체험활동 운영자는 법 제12조제1항에 따라 별지 제2호서식의 연안체험활동 계획 신고서(전자문서로 된 신고서를 포함)에 다음 각호의 서류(전자문서를 포함)를 첨부하여 연안체험활동 참가자 모집 7일 전까지 관할 해양경찰서장에게 제출해야 한다(제1항).

3] **연안체험활동 신고 제외(동규칙 제9조)**
법 제12조제1항제3호에서 "해양수산부령으로 정하는 규모 이하인 경우"란 다음 각호의 어느 하나에 해당되는 연안체험활동을 말한다.
1. 연안체험활동 참가자가 10명 미만인 수상형 체험활동
2. 연안체험활동 참가자가 5명 미만인 수중형 체험활동
3. 연안체험활동 참가자가 20명 미만인 일반형 체험활동

정답 07 ② 08 ④ 09 ③

10 「연안사고 예방에 관한 법률」상 해양경찰청장이 연안사고 예방을 위해 출입통제를 할 수 있는 장소로 옳은 것은 모두 몇 개인가?
19년 공채/특채 3차

> ㉠ 너울성 파도가 잦은 해안가
> ㉡ 물살이 빠르고 갯골이 깊은 갯벌지역
> ㉢ 사고위험은 없으나 안전요원이 배치되어 있지 않은 바닷가
> ㉣ 사고발생이 빈번하고 구조활동이 용이하지 않은 갯바위
> ㉤ 낚시객들로 인해 교통이 혼잡한 지역
> ㉥ 해상추락의 위험이 없는 연안에 위치한 절벽

① 3개 ② 4개
③ 5개 ④ 모두

해설 [O] ㉠㉡㉣
[X] ㉢㉤㉥

「연안사고 예방에 관한 법률」상 출입통제(제10조)
① 해양경찰청장은 연안사고 예방을 위하여 특별자치도지사·시장·군수·구청장, 소방서장 및 항만에 관한 업무를 관장하는 해양수산부 소속 기관의 장의 의견을 들어 인명사고가 자주 발생하거나 발생할 우려가 높은 다음 각호의 장소에 대하여 출입통제를 할 수 있다.
 1. 너울성 파도가 잦은 해안가 또는 방파제
 2. 물살이 빠르고 갯골이 깊은 갯벌 지역
 3. 사고발생이 빈번하고 구조활동이 용이하지 아니한 섬 또는 갯바위
 4. 연안절벽 등 해상추락이 우려되는 지역
 5. 그 밖에 연안사고가 자주 발생하는 장소
② 해양경찰청장은 제1항에 따른 출입통제를 하려는 경우에는 그 사유와 기간 등 해양수산부령으로 정하는 사항을 포함하여 공고하고, 정보통신매체를 통하여 이를 적극 알려야 한다.
③ 해양경찰청장은 제1항에 따른 출입통제 사유가 없어졌거나 필요가 없다고 인정하는 경우에는 즉시 출입통제 조치를 해제하고 제2항에 따른 공고 등을 하여야 한다.
④ 출입통제의 공고 절차와 방법 등에 필요한 사항은 해양수산부령으로 정한다.

11 연안사고 예방을 위해 인명사고가 자주 발생하거나 발생할 우려가 높은 장소에 대하여 출입통제를 할 수 있다. 다음 중 「연안사고 예방에 관한 법률」에 따른 출입통제 설정 지역으로 가장 옳지 않은 것은?
19년 경사

① 너울성 파도가 잦은 해안가 또는 방파제
② 사고발생이 빈번하고 구조활동이 용이하지 아니한 섬 또는 갯바위
③ 위험표지판 등 안전관리 시설물의 설치가 필요한 지역
④ 연안절벽 등 해상추락이 우려되는 지역

해설 ③ 해양경찰청장은 연안사고 예방을 위하여 특별자치도지사·시장·군수·구청장, 소방서장 및 항만에 관한 업무를 관장하는 해양수산부 소속 기관의 장의 의견을 들어 인명사고가 자주 발생하거나 발생할 우려가 높은 아래의 장소에 대하여 출입통제를 할 수 있다(제10조제1항).
  1. 너울성 파도가 잦은 해안가 또는 방파제
  2. 물살이 빠르고 갯골이 깊은 갯벌 지역
  3. 사고발생이 빈번하고 구조활동이 용이하지 아니한 섬 또는 갯바위
  4. 연안절벽 등 해상추락이 우려되는 지역
  5. 그 밖에 연안사고가 자주 발생하는 장소

12 「연안사고 예방에 관한 법률」상 연안체험활동이 곤란하거나 연안체험활동 참가자의 안전에 위해를 끼칠 우려가 있다고 인정하는 때에는 연안체험활동의 전부 또는 일부를 금지하거나 제한할 수 있다. 다음 중 가장 옳지 않은 것은? 19년 공채/특채 3차

① 자연재해의 예보, 경보 등이 발령된 경우
② 유류오염, 적조, 부유물질, 유해생물이 발생하거나 출현하는 경우
③ 어망 등 해상장애물이 많은 경우
④ 그 밖에 연안사고 예방을 위하여 해양수산부령으로 정하는 경우

해설 ④ 관할 해양경찰서장은 아래의 어느 하나에 해당하는 경우로서 연안체험활동이 곤란하거나 연안체험활동 참가자의 안전에 위해를 끼칠 우려가 있다고 인정하는 때에는 연안체험활동의 전부 또는 일부를 금지하거나 제한할 수 있다(제14조 제1항).
  1. 자연재해의 예보·경보 등이 발령된 경우
  2. 유류오염·적조·부유물질·유해생물이 발생하거나 출현하는 경우
  3. 어망 등 해상장애물이 많은 경우
  4. 그 밖에 연안사고 예방을 위하여 대통령령으로 정하는 경우

13 다음 중 「연안사고 예방에 관한 법률」상 관할 해양경찰서장이 연안체험활동의 전부 또는 일부를 금지하거나 제한할 수 있는 경우로서 가장 옳지 않은 것은? 21년 경장

① 자연재해의 예보·경보 등이 발령된 경우
② 유류오염·적조·부유물질·유해생물이 발생하거나 출현하는 경우
③ 어망 등 해상장애물이 많은 경우
④ 연안체험활동 중 부상자가 발생한 경우

정답 10 ① 11 ③ 12 ④ 13 ④

해설 1) 출입통제(제10조)
해양경찰청장은 연안사고 예방을 위하여 특별자치도지사·시장·군수·구청장, 소방서장 및 항만에 관한 업무를 관장하는 해양수산부 소속 기관의 장의 의견을 들어 인명사고가 자주 발생하거나 발생할 우려가 높은 다음 각호의 장소에 대하여 출입통제를 할 수 있다(제1항).
1. 너울성 파도가 잦은 해안가 또는 방파제
2. 물살이 빠르고 갯골이 깊은 갯벌 지역
3. 사고발생이 빈번하고 구조활동이 용이하지 아니한 섬 또는 갯바위
4. 연안절벽 등 해상추락이 우려되는 지역
5. 그 밖에 연안사고가 자주 발생하는 장소

2) 연안체험활동의 제한(제14조)
① 관할 해양경찰서장은 다음 각호의 어느 하나에 해당하는 경우로서 연안체험활동이 곤란하거나 연안체험활동 참가자의 안전에 위해를 끼칠 우려가 있다고 인정하는 때에는 연안체험활동의 전부 또는 일부를 금지하거나 제한할 수 있다.
1. 자연재해의 예보·경보 등이 발령된 경우
2. 유류오염·적조·부유물질·유해생물이 발생하거나 출현하는 경우
3. 어망 등 해상장애물이 많은 경우
4. 그 밖에 연안사고 예방을 위하여 대통령령으로 정하는 경우
② 관할 해양경찰서장은 연안체험활동의 금지 또는 제한의 원인이 되는 사유가 소멸되거나 완화된 경우 연안체험활동의 금지 또는 제한의 전부 또는 일부를 해제할 수 있다.
③ 관할 해양경찰서장은 제1항 및 제2항에 따라 연안체험활동의 금지·제한 또는 금지·제한을 해제한 경우 지체 없이 특별자치도지사·시장·군수·구청장에게 알리고, 정보통신매체 등을 통하여 공고하여야 한다.

14 해양경찰청은 연안해역에서 발생하는 연안사고의 예방에 필요한 사항을 규정하기 위해 「연안사고 예방에 관한 법률」을 제정, 시행하고 있다. 다음 중 이 법과 관련하여 옳지 않은 것은 모두 몇 개인가? 19년 경찰간부

㉠ 해양경찰청장은 연안사고 예방을 위하여 5년마다 연안사고 예방 기본계획을 수립, 추진하여야 한다.
㉡ 지방해양경찰청장은 기본계획에 따라 매년 연안사고 예방 시행계획을 수립, 시행하여야 한다.
㉢ 연안사고 예방에 관하여 필요한 사항을 협의하기 위해 해양경찰청장 소속으로 중앙연안사고 예방협의회를 둔다.
㉣ 연안사고 예방에 관하여 필요한 사항을 협의하기 위해 지방해양경찰청 소속으로 광역연안사고 예방협의회를 두고, 해양경찰서 소속으로 지역연안사고 예방협의회를 둔다.
㉤ 연안사고란 연안해역에서 발생하는 인명에 위해를 끼치는 사고를 말한다. 다만 해양사고의 조사 및 심판에 관한 법률 제2조제1호에 따른 해양사고는 제외한다.

① 1개 ② 2개
③ 3개 ④ 없음

 [O] ㉠㉢㉣㉤
[X] ㉡ 연안사고 예방 기본계획 및 시행계획 모두 해양경찰청장이 수립, 추진·시행한다. 한편, 법 개정으로 2021년 10월 14일부터는 지방해양경찰청 소속의 광역연안사고 예방협의회뿐만 아니라 해양경찰서 소속으로 지역연안사고 예방협의회를 두고 있다.

15 다음 중 「연안사고 예방에 관한 법률」에 대한 설명으로 가장 옳은 것은?   20년 경력/공채

① "연안사고"는 연안해역에서 발생하는 인명에 위해를 끼치는 사고를 말하며, 해양사고의 조사 및 심판에 관한 법률 제2조 제1호에 따른 해양사고를 포함한다.
② 해양수산부장관은 연안사고 예방을 위하여 5년마다 연안사고 예방 기본계획을 수립하여야 한다.
③ 연안사고 예방에 관하여 필요한 사항을 협의하기 위하여 지방해양경찰청 소속으로 광역연안사고 예방협의회를 두고, 해양경찰서 소속으로 지역 연안사고예방협의회를 둔다.
④ 해양경찰청장은 연안사고 예방을 위하여 너울성 파도가 잦은 해안가, 물살이 빠르고 갯골이 깊은 갯벌 지역, 연안절벽 등 해상추락이 우려되는 지역에 대하여 출입통제를 할 수 있다.

① 여기서는 「해양사고심판법」상 해양사고는 제외된다.
② 해양경찰청장이 5년마다 기본계획수립, 매년 시행계획을 수립·시행해야 한다.

16 다음 중 「연안사고 예방에 관한 법률」에 대한 내용으로 가장 옳지 않은 것은?   20년 3차

① 해양경찰청장은 연안사고 예방을 위하여 5년마다 연안사고 예방 기본계획을 수립·추진하여야 한다.
② 해양경찰청장은 연안사고 예방 기본계획에 따라 매년 연안사고 예방 시행계획을 수립·시행하여야 한다.
③ 연안사고 예방에 관하여 필요한 사항을 협의하기 위하여 해양경찰청장 소속으로 중앙연안사고예방협의회를 두고, 지방해양경찰청 소속으로 광역연안사고예방협의회를 둔다.
④ 민간연안순찰요원(연안안전지킴이)은 해양경찰서장의 추천을 받아 지방해양경찰청장이 위촉한다.

정답 14 ① 15 ③④ 16 ④

해설 ④ 해양경찰청장은 지역주민으로서 연안해역의 특성을 잘 아는 사람 등을 민간연안순찰요원(연안안전지킴이)으로 위촉하여 연안사고예방을 위한 순찰·지도업무를 보조하게 할 수 있다(지방해양경찰청장의 추천).

17

다음 중 「연안사고 안전관리규정」상 연안해역에 안전사고가 과거 특정시기에 집중·반복적으로 발생하여 사전에 대비가 필요한 경우에 발하는 연안 안전사고 위험예보제의 종류로 가장 옳은 것은?

21년 경사

① 관심
② 주의보
③ 경보
④ 심각

해설 ① 관심에 대한 내용이다. 「연안사고 안전관리규정」(해양경찰청 훈령)상 "위험예보제"란 연안해역에서의 안전사고가 반복·지속적으로 발생했거나 발생할 우려가 있는 경우에 그 위험성을 "관심", "주의보", "경보"로 구분하여 국민에게 알리는 것을 말한다(제2조 제5호).

1) 안전사고 위험예보제(제9조)
   해양경찰서장은 연안해역의 위험한 장소 또는 위험구역에서 특정시기에 기상악화 또는 자연재난 등으로 인하여 같은 유형의 안전사고가 반복·지속적으로 발생할 우려가 있거나 발생되는 경우 그 위험성을 국민에게 미리 알리는 안전사고 위험예보제를 운용해야 한다.

2) 위험예보제 종류(제10조)
   안전사고 위험예보는 "관심", "주의보", "경보"로 하며 다음 각호에 따라 발령한다.
   1. 안전사고 "관심": 연안해역에 안전사고가 과거 특정시기에 집중·반복적으로 발생하여 사전에 대비가 필요한 경우에 발하는 위험예보
   2. 안전사고 "주의보": 연안해역에 안전사고가 발생될 우려가 높거나 발생되고 있어 피해확산이 우려되는 경우에 발하는 위험예보
   3. 안전사고 "경보": 안전사고 "주의보"를 발령했음에도 안전사고가 확산되는 경우에 피해상황과 전망, 및 예방요령을 반복적으로 알리는 경우에 발하는 위험예보

3) 위험예보 발령대상 안전사고(제11조)
   위험예보의 발령대상이 되는 안전사고는 다음 각호와 같다.
   1. 특정시기에 같은 유형의 피해사례가 반복·지속적으로 발생한 안전사고
   2. 태풍, 집중호우, 너울성 파도, 저시정(안개 등) 등과 같은 기상특보 또는 자연재난으로 인하여 피해발생이 예상되는 안전사고
   3. 그 밖에 해양경찰서장이 국민의 생명과 안전을 보호하기 위하여 예방이 시급하다고 판단되는 안전사고

4) 위험예보 발령 절차(제12조)
   연안해역의 안전사고 위험예보는 해양경찰서 종합상황실과 지방자치단체 재난상황실 또는 해당 부서에서 발령 여부를 분석·판단하여 상호 협의를 거쳐 관할 해양경찰서장이 발령한다. 다만, 다음 각호의 경우에는 협의를 생략할 수 있다.
   1. 안전사고의 단기간 급증으로 긴급하게 위험예보 발령이 필요한 경우
   2. 안전사고가 발생되고 있어 피해확산을 방지할 필요가 있는 경우

5) 위험예보 발령방법(제13조)
   해양경찰서장은 다음 각호의 방법으로 안전사고 위험예보를 발령하여 그 내용을 국민에게 알릴 수 있다.
   1. 보도자료 배포 및 브리핑 실시
   2. 해양경찰서 홈페이지, 인터넷 온라인 및 모바일 게시
   3. 그 밖에 안전사고 위험예보가 발령된 지역을 찾는 일반인들이 쉽게 접할 수 있는 방법

6) 예보의 내용(제14조)
   해양경찰서장은 안전사고 위험예보를 발령할 때에는 다음 각호의 내용을 포함해야 한다.

    1. 위험예보의 종류 및 발령일시
    2. 발령 이유
    3. 안전사고 예방 안전수칙 및 행동요령
  7) 위험예보의 해제(제15조)
    발령된 안전사고 위험예보는 발령이유가 해소되면 특별한 절차 없이 해제된 것으로 본다.

18. 다음 <보기>는 「연안사고 안전관리규정」상 위험예보제에 대한 설명이다. ( ) 안에 들어갈 말로 가장 옳지 않은 것은?

22년 2차

> "위험예보제"란 연안해역에서의 안전사고가 반복, 지속적으로 발생했거나 발생할 우려가 있는 경우에 그 위험성을 "( )", "( )", "( )"로 구분하여 국민에게 알리는 것을 말한다.

① 관심
② 주의보
③ 심각
④ 경보

해설 ③ "위험예보제"란 연안해역에서의 안전사고가 반복·지속적으로 발생했거나 발생할 우려가 있는 경우에 그 위험성을 "관심", "주의보", "경보"로 구분하여 국민에게 알리는 것을 말한다.
  1) 규정 제9조(안전사고 위험예보제)
    해양경찰서장은 연안해역의 위험한 장소 또는 위험구역에서 특정시기에 기상악화 또는 자연재난 등으로 인하여 같은 유형의 안전사고가 반복·지속적으로 발생할 우려가 있거나 발생되는 경우 그 위험성을 국민에게 미리 알리는 안전사고 위험예보제를 운용해야 한다.
  2) 규정 제10조(위험예보제 종류)
    안전사고 위험예보는 "관심", "주의보", "경보"로 하며 다음 각호에 따라 발령한다.
    1. 안전사고 "관심": 연안해역에 안전사고가 과거 특정시기에 집중·반복적으로 발생하여 사전에 대비가 필요한 경우에 발하는 위험예보
    2. 안전사고 "주의보": 연안해역에 안전사고가 발생될 우려가 높거나 발생되고 있어 피해확산이 우려되는 경우에 발하는 위험예보
    3. 안전사고 "경보": 안전사고 "주의보"를 발령했음에도 안전사고가 확산되는 경우에 피해상황과 전망, 및 예방요령을 반복적으로 알리는 경우에 발하는 위험예보

19. 다음 중 「연안사고 예방에 관한 법률(시행령 및 시행규칙 포함)」상 연안사고 예방을 위한 활동에 국민의 참여분위기를 조성하고 안전의식을 확산하기 위하여 정한 '연안안전의 날'로 가장 옳은 것은?

22년 해경학과

① 매년 6월 셋째 주 수요일
② 매년 6월 15일
③ 매년 7월 18일
④ 매년 7월 셋째 주 금요일

정답 17 ① 18 ③ 19 ③

해설 ③ 7월 18일은 태안의 사설 해병대 캠프 갯골사고가 발생한 날로 알려져 있다(2013년 7월 18일).
연안안전의 날과 안전점검 주간(시행령 제10조)
① 법 제20조제1항에 따른 연안안전의 날은 매년 7월 18일로 한다.
② 법 제20조제1항에 따른 안전점검 주간(週間)은 매년 7월 셋째 주로 한다.

20 다음 중 「연안사고 안전관리규정」상 인명구조장비함 장비비치 기준으로 가장 옳지 않은 것은?
22년 경찰간부

① 구명조끼 1개 이상
② 구명튜브 1개 이상
③ 구명볼 1개 이상
④ 구명줄 1개 이상 (지름 10mm 이상, 길이 30m 이상)

해설 ①②④의 장비는 해당하지만, 「연안사고 안전관리규정」상 인명구조 장비함 장비 비치 기준(별표 2, 3호)에 따르면, 구명볼은 비치 장비가 아니다.

21 다음 중 「연안사고 예방에 관한 법률 시행령」에 따라 연안순찰대원의 임무로 가장 옳지 않은 것은?
21년 경사

① 연안해역의 순찰 및 연안사고 예방 활동 등 안전 관리규정의 시행
② 출입통제 장소의 관리
③ 연안체험활동의 금지 또는 제한
④ 연안사고 예방 업무 종사자의 관리에 관한 사항

해설 연/안/순/찰/대/원/의/임/무(시행령 제9조)
① 연안순찰대원의 임무는 다음 각호와 같다.
  1. 연안해역의 순찰 및 연안사고 예방 활동 등 안전관리규정의 시행
  2. 법 제10조에 따른 출입통제 장소의 관리
  3. 법 제14조에 따른 연안체험활동의 금지 또는 제한
  4. 법 제15조에 따른 연안체험활동 안전점검
  5. 연안사고 발생 시 긴급구조 등의 조치
  6. 그 밖에 연안사고 예방과 연안사고 발생 시 구호(救護)에 관한 업무
② 연안순찰대원은 제1항에 따른 임무를 수행하는 경우 특별한 사정이 없으면 해양경찰공무원의 근무복을 착용하여야 한다.
③ 연안순찰대원의 구체적인 근무방법, 근무일지의 작성, 교대 등에 필요한 사항은 해양경찰청장이 정한다.

22 「연안사고 안전관리규정」에 대한 설명으로 가장 옳은 것은? 23년 경찰간부

① 위험구역이란 연안사고로 인해 직접적으로 인명피해가 발생했거나 발생할 우려가 있는 지점을 말한다.
② 출입통제장소란 인명사고가 자주 발생하거나 발생 우려가 높은 위험구역에 대해 특별자치도지사·시장·군수·구청장이 소방서장, 지방해양수산청장, 해양경찰서장의 의견을 들어 출입을 통제하기 위하여 지정한 장소를 말한다.
③ 위험예보제란 연안해역에서의 안전사고가 반복·지속적으로 발생했거나 발생할 우려가 있는 경우에 그 위험성을 "관심", "주의", "경계", "심각"으로 구분하여 국민에게 알리는 것을 말한다.
④ 정기점검이란 지방자치단체의 장 및 해양경찰서장 등이 합동으로 분기 2회 점검하는 것을 말한다.

해설
② 관계기관의 의견을 들어 해양경찰서장이 지정한 장소
③ 관심, 주의보, 경보 3단계로 구분
④ 해양경찰서장 및 지방자치단체의 장이 합동으로 행락시기 이전, 이후 2회 점검

1] 정의(제2조) 이 규정에서 사용하는 용어의 뜻은 다음과 같다.
1. "위험성조사"란 「연안사고 예방에 관한 법률」 제2조 제1호의 연안해역 중 인명에 위해를 끼치는 사고가 발생한 장소 및 발생할 우려가 높은 장소를 조사하는 것을 말한다.
2. "위험구역"이란 연안사고로 인해 직접적으로 인명피해가 발생했거나 발생할 우려가 있는 지점(길이×폭)을 말한다.
3. "위험구역평가"란 위험성조사 결과를 바탕으로 다음 각 목와 같이 평가·분류하는 것을 말한다.
   가. 사망사고 발생구역
   나. 연안사고 다발구역
   다. 연안사고 위험구역
4. "출입통제장소"란 인명사고가 자주 발생하거나 발생 우려가 높은 위험구역에 대해 특별자치도지사·시장·군수·구청장(자치구의 구청장을 말한다), 소방서장, 지방해양수산청장의 의견을 들어 해양경찰서장이 출입을 통제하기 위하여 지정한 장소를 말한다.
5. "위험예보제"란 연안해역에서의 안전사고가 반복·지속적으로 발생했거나 발생할 우려가 있는 경우에 그 위험성을 "관심", "주의보", "경보"로 구분하여 국민에게 알리는 것을 말한다.
6. "안전관리시설물"이란 위험한 장소에 대하여 안전사고 위험성을 국민들이 인식하여 사전에 위험에 대비할 수 있도록 설치하는 "위험표지판", "위험알림판", "인명구조장비함" 등을 말한다.
7. "인명구조장비함"이란 연안사고 발생 시 신속한 인명구조를 목적으로 누구나 사용할 수 있도록 연안해역 위험한 장소에 설치하는 장비 보관함을 말한다.

2] 위험성조사(제4조)
① 해양경찰서장은 인명사고가 자주 발생하는 관할 연안해역에 대하여 연간 1회 이상 위험성조사를 실시해야 한다.
② 위험성조사는 연안해역에서 인명에 위해를 끼치는 사고가 발생한 장소 및 발생할 우려가 높은 다음 각호의 장소를 대상으로 한다. 〈중략〉

3] 위험구역 지정관리(제7조)
① 해양경찰서장 및 지방자치단체의 장은 제6조의 위험성조사 결과를 바탕으로 위험한 장소에 대하여 인명사고 위험구역으로 지정·관리할 수 있다.

정답 20 ③ 21 ④ 22 ①

② 해양경찰서장은 위험구역으로 지정·관리할 경우에는 사전에 다음 각호의 사항을 고려하여 지방자치단체의 장의 의견을 들어야 한다.
1. 최근 3년간 인명사고가 발생했던 지점
2. 위험요소가 많아 인명사고 발생 가능성이 높은 지역
3. 사고가 발생할 경우에 다수의 인명피해가 우려되는 지역
4. 그 밖에 지역주민들의 요청에 따라 위험하다고 판단되는 지역

4) 출입통제장소 지정(제8조)
① 해양경찰서장은 법 제10조 및 시행규칙 제5조에 따라 지방자치단체의 장, 소방서장, 지방해양수산청장의 의견을 들어 관할 연안해역 중 인명사고가 자주 발생하거나 발생 우려가 높은 위험구역을 출입통제 장소로 지정 운용할 수 있다.
② 출입통제장소 설정 요건, 지정·해제, 공고 절차 등은 법 제10조 및 시행규칙 제5조에 따른다.

5) 안전사고 위험예보제(제9조)
해양경찰서장은 연안해역의 위험한 장소 또는 위험구역에서 특정시기에 기상악화 또는 자연재난 등으로 인하여 같은 유형의 안전사고가 반복·지속적으로 발생할 우려가 있거나 발생되는 경우 그 위험성을 국민에게 미리 알리는 안전사고 위험예보제를 운용해야 한다.

6) 위험예보제 종류(제10조)
안전사고 위험예보는 "관심", "주의보", "경보"로 하며 다음 각호에 따라 발령한다.
1. 안전사고 "관심": 연안해역에 안전사고가 과거 특정시기에 집중·반복적으로 발생하여 사전에 대비가 필요한 경우에 발하는 위험예보
2. 안전사고 "주의보": 연안해역에 안전사고가 발생될 우려가 높거나 발생되고 있어 피해확산이 우려되는 경우에 발하는 위험예보
3. 안전사고 "경보": 안전사고 "주의보"를 발령했음에도 안전사고가 확산되는 경우에 피해상황과 전망, 및 예방요령을 반복적으로 알리는 경우에 발하는 위험예보

7) 위험예보 발령대상 안전사고(제11조)
위험예보의 발령대상이 되는 안전사고는 다음 각호와 같다.
1. 특정시기에 같은 유형의 피해사례가 반복·지속적으로 발생한 안전사고
2. 태풍, 집중호우, 너울성 파도, 저시정(안개 등) 등과 같은 기상특보 또는 자연재난으로 인하여 피해발생이 예상되는 안전사고
3. 그 밖에 해양경찰서장이 국민의 생명과 안전을 보호하기 위하여 예방이 시급하다고 판단되는 안전사고

8) 위험예보 발령 절차(제12조)
연안해역의 안전사고 위험예보는 해양경찰서 종합상황실과 지방자치단체 재난상황실 또는 해당 부서에서 발령 여부를 분석·판단하여 상호 협의를 거쳐 관할 해양경찰서장이 발령한다. 다만, 다음 각호의 경우에는 협의를 생략할 수 있다.
1. 안전사고의 단기간 급증으로 긴급하게 위험예보 발령이 필요한 경우
2. 안전사고가 발생되고 있어 피해확산을 방지할 필요가 있는 경우

9) 연안해역 안전점검(제21조)
① 해양경찰서장은 연안해역에 대한 안전관리를 체계적으로 추진하기 위하여 안전관리 실태를 점검해야 한다.
② 안전관리 실태 점검은 다음 각호와 같이 실시한다.
1. 일상점검: 일상적인 경찰활동을 통하여 연안해역 안전관리 실태에 대한 적정여부를 수시로 점검
2. 정기점검: 해양경찰서장 및 지방자치단체의 장이 합동으로 행락시기 이전, 이후 2회 점검
3. 특별점검: 자연재해 발생이 예상되는 경우와 해양경찰서장 또는 지방자치단체의 장이 필요하다고 인정할 경우 합동으로 일제 점검
③ 연안해역 안전관리 실태 점검사항은 다음 각호를 참고하여 실시 하여야 한다.
1. 일상점검
  가. 안전관리시설물의 상태, 훼손, 파손, 오염 정도
  나. 인명구조장비함 내에 비치된 인명구조장비 상태 및 수량
2. 정기점검
  가. 위험성조사 결과 인명에 위해를 끼치는 사고가 발생된 장소 및 발생할 우려가 높은 장소가 전부 포함되어 있는지 여부
  나. 위험구역평가 및 설정의 적절성

다. 개별 안전관리카드 및 총괄 안전관리카드 작성·관리 상태
라. 안전관리시설물 기능이 제대로 국민들에게 전달되고 있는지 여부
3. 특별점검: 자연재해 이후 달라진 환경 및 정보전달 시설상태 등

23 다음 <보기>의 경우 「연안사고 예방에 관한 법률(시행령, 시행규칙 포함)」에 따라 배치해야 할 체험활동별 안전관리요원의 총합은 얼마인가? (다른 예외사항은 고려하지 않는다.)

23년 경찰간부

> ㉠ 수상형 체험활동객 23명 참가
> ㉡ 수중형 체험활동객 25명 참가
> ㉢ 일반형 체험활동객 17명 참가

① 4명 ② 6명
③ 8명 ④ 10명

해설 ㉠ 10명당 1명 이상 : 3명
㉡ 8명당 1명 이상 : 4명
㉢ 20명당 1명 이상 : 1명

안전관리요원의 배치기준(시행규칙 별표 2)
가. 수상형 체험활동 : 1명 이상의 안전관리요원을 두고, 연안체험활동 참가자 10명당 안전관리요원 1명 이상을 추가로 배치할 것. 이 경우 비상구조선마다 1명 이상의 안전관리요원이 배치되어야 한다.
나. 수중형 체험활동 : 1명 이상의 안전관리요원을 두고, 연안체험활동 참가자 8명당 안전관리요원 1명 이상을 추가로 배치할 것. 이 경우 비상구조선마다 1명 이상의 안전관리요원이 배치되어야 한다.
다. 일반형 체험활동 : 1명 이상의 안전관리요원을 두고, 연안체험활동 참가자 20명당 안전관리요원 1명 이상을 추가로 배치할 것

정답 23 ③

24 「해수욕장의 이용 및 관리에 관한 법률」상 해수욕장의 이용 제한에 관한 설명으로 가장 옳지 않은 것은?

법규기출

① 관리청은 해양오염이 발생하였거나 발생할 우려가 있는 사고가 발생한 경우 해수욕장의 이용을 제한할 수 있다.
② 관리청은 유해해양생물이 출현하였거나 출현할 우려가 있는 경우 해수욕장의 이용을 제한할 수 있다.
③ 관할 해양경찰서장은 해수욕장 이용자의 안전을 위협하는 요소가 발생하거나 발생할 우려가 있어 물놀이가 적절하지 않다고 인정되는 경우 관리청에 해수욕장 이용의 제한을 요청하여야 한다.
④ 관리청은 해수욕장 이용 금지 또는 제한의 원인이 되는 사유가 소멸되거나 완화된 경우 해수욕장 이용의 금지 또는 제한을 전부 또는 일부 해제할 수 있다.

해설 ③ 관리청인 특별자치도지사, 시장, 군수, 구청장이 해수욕장 이용자의 안전확보를 위해 관계 행정기관의 장과 협의를 거쳐 그 이용을 금지하거나 제한할 수 있다. 하지만, 예외적으로 해수면에서의 물놀이가 적절하지 아니하다고 인정하는 때에는 관할 해양경찰서장은 우선 이를 금지하거나 제한하고, 관리청에게 통보한다.

해수욕장의 이용 제한(「해수욕장의 이용 및 관리에 관한 법률」 제28조)
① 관리청은 해수욕장 이용자의 안전 확보를 위하여 유해물질의 유입, 유해생물의 출현, 기상악화 등 대통령령으로 정하는 사유가 발생한 경우에는 관계 행정기관의 장과 협의를 거쳐 해수욕장의 전부 또는 일부에 대하여 그 이용을 금지하거나 제한할 수 있다. 다만, 상황이 급박하여 협의할 시간이 없는 경우에는 관계 행정기관의 장과 협의를 거치지 아니할 수 있다.
② 관계 행정기관의 장은 해수욕장 이용자의 안전을 위협하는 요소가 발생하거나 발생할 우려가 있다고 인정되는 경우에는 관리청에게 해수욕장 이용의 금지나 제한을 요청할 수 있다. 이 경우 관리청은 특별한 사유가 없으면 이에 따라야 한다.
③ 관할 해양경찰서장은 제1항에도 불구하고 해수욕장 이용자의 안전을 위협하는 요소가 발생하거나 발생할 우려가 있어 해수면에서의 물놀이가 적절하지 아니하다고 인정하는 때에는 이를 금지하거나 제한할 수 있다. 이 경우 관할 해양경찰서장은 지체 없이 그 사실을 관리청에 통보하여야 한다.
④ 관리청은 해수욕장 이용의 금지 또는 제한의 원인이 되는 사유가 소멸되거나 완화된 경우 관계 행정기관의 장과 협의를 거쳐 해수욕장 이용의 금지 또는 제한을 전부 또는 일부 해제할 수 있다.
⑤ 관리청은 제1항 및 제3항에 따른 해수욕장 이용의 금지 또는 제한, 제4항에 따른 해수욕장 이용의 금지 또는 제한 해제의 사실을 지체 없이 특별자치도·시·군·구의 공보 또는 인터넷 홈페이지 등을 통하여 알려야 한다.

제 6 절 해상교통 안전관리

I. 「선박교통관제에 관한 법률」

01 해상교통관제(Vessel Traffic Services)에 대한 설명으로 가장 틀린 것은?

18년 경찰간부

① VTS센터에는 일정한 조건을 갖추고 특별한 교육을 받은 관제사가 배치된다.
② 선박교통관제와 관련된 국제협약은 SOLAS이다.
③ 선박교통관제에서 실시하는 관제의 임무는 운항하는 선박에 대한 관찰확인, 안전 운항을 위한 정보제공, 항만운영정보의 제공 등이다.
④ 선박교통관제를 충실히 따른 결과로 선박사고가 발생한 경우 선장은 안전운항에 대한 책임을 면제받을 수 있다.

해설 ④ 관련 법규인 「선박교통관제법」상 선장은 선박교통관제에도 불구하고 그 선박의 안전운항에 대한 책임을 면제받지 아니한다.
이에 대한 법적 성격이 애매하다. 선박을 안전하게 운항할 수 없는 명백한 사유가 있는 경우에는 선박교통관제를 따르지 아니할 수 있으며, 선장은 선박교통관제에도 불구하고 그 선박의 안전운항에 대한 책임을 면제받지 아니한다고 규정하고 있다. 그러므로 선박교통관제는 원칙적으로 따라야 하지만(의무/기속/강제적 성격), 선박 운항에 대한 최종적인 판단과 책임을 선장에게 부여하고 있다(조언/재량/권고/지도적 성격).

1] 관제대상선박의 선장의무(제14조)
① 관제대상선박의 선장은 선박교통관제에 따라야 한다. 다만, 선박교통관제에 따를 경우 선박을 안전하게 운항할 수 없는 명백한 사유가 있는 경우에는 선박교통관제에 따르지 아니할 수 있다.
② 관제대상선박의 선장은 선박교통관제사의 관제에도 불구하고 그 선박의 안전운항에 대한 책임을 면제받지 아니한다.
③ 관제대상선박의 선장은 선박교통관제구역을 출입하려는 때에는 해당 선박교통관제구역을 관할하는 선박교통관제관서에 신고하여야 한다.
④ 관제대상선박의 선장은 선박교통관제구역을 출입·이동하는 경우 해양수산부령으로 정하는 무선설비와 관제통신 주파수를 갖추고 관제통신을 항상 청취·응답하여야 한다. 다만, 통신의 장애로 인하여 선박교통관제사와 지정된 주파수로 통화가 불가능할 때에는 휴대전화 등 다른 통신주파수를 이용하여 보고할 수 있다.
⑤ 선박교통관제구역 내에서 항행 중인 관제대상선박의 선장은 항로상의 장애물이나 해양사고 발생 등으로 선박교통의 안전을 해치거나 해칠 우려가 있다고 인지한 경우에는 지체없이 이를 선박교통관제관서에 신고하여야 한다.
⑥ 제1항부터 제5항까지에서 규정한 사항 외에 관제대상선박의 신고 절차, 관제구역별 관제통신의 제원(諸元) 등 필요한 사항은 대통령령으로 정한다.

2] 선박교통관제(VTS)
1) 선박교통관제(VTS; Vessel Traffic Service)란 항행의 안전 및 효율성을 증진하기 위해 항행선박에 해상교통정보 등을 제공하는 해상교통관제지도 또는 서비스를 말한다. 선박교통관제(VTS)는 1948년 영국 리버풀항에 레이더 기지를 설치한 이래, 1970년대 대형선박 사고가 빈발하자 사고 위험성이 높은 항만의 출입해역에 대한 관제를 위해 선박교통관제가 세계적으로 확산되었다. 1972년 도버해협에서 해협항해 정보서비스를 시작으로 연안항로에 대한 선박교통관제가 보편화되었고, 이후 전 세계 주요 해역의 연안항로로 확대되었다.

정답 24 ③ 01 ④

2) VTS의 설치와 운영에 관하여는 국제적으로는 SOLAS/74에서 규정하고 있고, IMO에서는 1997년 선박교통관제의 필요성과 그 운영지침에 관한 결의서(resolution)를 채택한 바 있다.
3) 우리나라는 1993년 포항항에서 최초로 VTS를 설치한 이래, 최근 2022년 말 광역 해상교통관제센터(군산, 목포, 제주), 2018년 중부지방해양경찰청 소속 경인과 태안의 연안 해상교통관제센터까지 총 19개소의 선박교통관제센터를 운영하고 있다. 이 중 3개소는 광역(군산, 목포, 제주), 4개소(경인, 태안, 여수, 통영)는 연안 해상교통관제센터를, 12개소는 항만 해상교통관제센터를 운영하고 있다.
4) IMO의 VTS 가이드라인과 IALA(국제항로표지협회) 권고안에 따른 VTS 임무는 정보제공(information service), 항해지원(navigational assistance service), 교통관리(traffic organization service)로 크게 구분된다.

02 다음 중 「선박교통관제에 관한 법률」에 대한 내용으로 가장 옳지 않은 것은? 20년 3차/간부

① 2019년에 제정된 「선박교통관제에 관한 법률」은 선박교통의 안전 및 항만운영의 효율성을 높이고 해양환경을 보호하는 데 이바지함을 목적으로 한다.
② "선박교통관제구역"이란 선박교통관제를 시행하기 위하여 해양경찰청장이 지방해양수산청장과 협의하여 고시하는 수역을 말한다.
③ 해양경찰청장은 선박교통관제 기본계획을 시행하기 위하여 매년 선박교통관제 시행계획을 수립하여야 한다.
④ 선박교통관제사는 선박교통관제구역 내 해상기상상태, 항로상태, 해상교통량 및 해양사고 등을 고려하여 선박의 안전 확보를 위하여 필요하다고 판단되는 경우 선박의 입항·출항 및 이동시간을 조정할 수 있다.

해설 ② 선박교통관제구역은 선박교통관제를 시행하기 위하여 해양경찰청장이 해양수산부장관과 협의하여 고시하는 수역을 말한다.
1) "선박교통관제"란 선박교통의 안전을 증진하고 해양환경과 해양시설을 보호하기 위하여 선박의 위치를 탐지하고 선박과 통신할 수 있는 설비를 설치·운영함으로써 선박의 동정을 관찰하며 선박에 대하여 안전에 관한 정보 및 항만의 효율적 운영에 필요한 항만운영정보를 제공하는 것을 말한다(제2조 제1호).
2) "선박교통관제구역"이란 선박교통관제를 시행하기 위하여 해양경찰청장이 해양수산부장관과 협의하여 고시하는 수역을 말한다(제2호).
3) "선박교통관제사"란 해양수산부령으로 정하는 자격을 갖추고 선박교통관제를 시행하는 사람을 말한다(제3호).

03 다음 중 「선박교통관제에 관한 법률」에 따라 5년 단위로 수립하여야 하는 선박교통관제 기본계획에 포함되어야 하는 내용으로 가장 옳지 않은 것은? 21년 경사

① 선박교통관제 정책의 기본방향 및 목표
② 선박교통관제를 위한 시설의 구축 및 유지·관리에 관한 사항
③ 선박교통관제에 관한 사항으로서 해양수산부장관이 필요하다고 인정하는 사항
④ 선박교통관제사의 교육·훈련에 관한 사항

③ 선박교통관제에 관한 사항은 현재 해양경찰청에서 일원적으로 관장하도록 하고 있으므로 해양경찰청장이 주관 행정관청이다.

1) 선박교통관제 기본계획(제8조)
① 해양경찰청장은 선박교통관제 기본계획을 5년 단위로 수립하여야 한다.
② 기본계획은 「해사안전법」 제6조제1항에 따른 국가해사안전기본계획의 내용에 부합되어야 한다.
③ 기본계획에는 다음 각호의 사항이 포함되어야 한다.
  1. 선박교통관제 정책의 기본방향 및 목표
  2. 선박교통관제 운영에 관한 사항
  3. 선박교통관제를 위한 시설의 구축 및 유지·관리에 관한 사항
  4. 선박교통관제사의 교육·훈련에 관한 사항
  5. 선박교통관제 관련 국제 협력에 관한 사항
  6. 선박교통관제의 중장기 발전계획에 관한 사항
  7. 그 밖에 선박교통관제에 관한 사항으로서 해양경찰청장이 필요하다고 인정하는 사항
④ 해양경찰청장은 기본계획을 수립하거나 변경하는 경우 관계 중앙행정기관의 장과 협의하여야 한다.
⑤ 해양경찰청장은 기본계획의 수립을 위하여 필요한 경우 관계 중앙행정기관의 장, 「공공기관의 운영에 관한 법률」 제4조에 따른 공공기관의 장, 그 밖의 관계 기관에 자료의 제출, 의견의 진술 또는 그 밖에 필요한 협력을 요청할 수 있다.
⑥ 기본계획의 수립 절차·방법 등에 관한 사항은 대통령령으로 정한다.

2) 선박교통관제 시행계획(제9조)
① 해양경찰청장은 기본계획을 시행하기 위하여 매년 선박교통관제 시행계획을 수립하여야 한다.
② 해양경찰청장은 시행계획의 수립을 위하여 필요한 경우 관계 중앙행정기관의 장, 「공공기관의 운영에 관한 법률」 제4조에 따른 공공기관의 장, 그 밖의 관계 기관에 자료의 제출, 의견의 진술 또는 그 밖에 필요한 협력을 요청할 수 있다.
③ 시행계획에 포함할 내용과 수립 절차·방법 등에 관한 사항은 대통령령으로 정한다.

04 연안 해상교통관제의 관제상황에 따른 관제절차가 순서대로 가장 바르게 연결된 것은?

18년 경사

| ㄱ. 조언·권고 | ㄴ. 정보제공 |
| ㄷ. 지시 | ㄹ. 관찰확인 |

① ㄱ - ㄴ - ㄷ - ㄹ
② ㄴ - ㄹ - ㄱ - ㄷ
③ ㄹ - ㄴ - ㄱ - ㄷ
④ ㄱ - ㄴ - ㄹ - ㄷ

 ③ 일반적으로 관찰 및 확인, 정보의 제공, 조언 및 권고를 관제하고, 명백한 위험이 있을 때 지시를 관제한다.
관/제/업/무/절/차(「선박교통관제법 시행규칙」 제8조)
① 법 제19조에 따라 선박교통관제사는 다음 각호의 단계별 절차에 따라 선박교통관제를 시행한다.
  1. 1단계(관찰·확인) : 선박교통관제구역 내에서 관제대상선박이 해양사고 위험이 있는지 관찰·확인

정답 02 ② 03 ③ 04 ③

2. 2단계(정보제공) : 선박교통관제사가 필요하다고 인정하거나 관제대상선박에서 요구하는 경우 선박교통의 안전을 위해 필요한 정보를 제공
3. 3단계(조언·권고) : 관제대상선박에 선박교통의 안전을 위한 조치에 관한 조언·권고
4. 4단계(지시) : 관제대상선박이 명백한 해양사고 위험에 처할 우려가 있는 경우 시정 또는 안전조치를 지시
② 제1항에 따른 단계별 절차의 세부 사항은 「선박교통관제에 관한 법률 시행령」제6조 각호에 따른 해역별 특성에 따라 해양경찰청장이 정한다.

05 「선박교통관제에 관한 법률」에서 정한 선박교통관제 적용대상 선박으로 가장 옳지 않은 것은? 18년 경위

① 국제항해에 종사하는 선박
② 총톤수 300톤 이상인 선박(내항 어선은 제외)
③ 「해상교통안전법」에 따른 위험화물운반선
④ 관할 선박교통관제구역에서 이동하는 선박의 특성 등에 따라 해양수산부장관이 정하여 고시하는 선박

해설 ④ 선박교통관제는 해양경찰청에서 주관한다. 「선박교통관제에 관한 법률」에 따른 선박교통관제 적용대상 선박은 선박교통관제를 시행하는 수역(선박교통관제구역)에 출입하거나 선박교통관제구역에서 이동하는 선박으로서 아래에 해당하는 선박을 말한다(제13조).
1. 국제항해에 종사하는 선박
2. 총톤수 300톤 이상인 선박(내항 어선은 제외)
3. 「해상교통안전법」제2조 제4호에 따른 위험화물운반선
4. 그 밖에 관할 선박교통관제구역에서 이동하는 선박의 특성 등에 따라 해양경찰청장이 정하여 고시하는 선박
   1) 「해운법」제2조제1호의2에 따른 여객선
   2) 총톤수 300톤 미만의 선박 중 「선박설비기준」제108조의5에 따른 자동식별장치를 설치한 다음 각 목의 선박
      가. 「선박안전법」제2조제13호에 따른 예인선
      나. 「유선 및 도선 사업법」제2조제1호에 따른 유선
      다. 「선박의 입항 및 출항 등에 관한 법률」제2조제4호에 따른 예선
      라. 「항만운송사업법 시행령」별표 6에 따른 급수선·연료공급선·통선
      마. 「도선법」제27조제1항에 따른 도선선
      바. 해저전선이나 해저파이프라인의 부설, 준설, 측량, 침몰선 인양작업 또는 그 밖에 선박의 항행에 지장을 줄 우려가 있는 공사 또는 작업에 종사하는 선박
      사. 해양조사선·순찰선·표지선·측량선·어업지도선·시험조사선 등 국가, 공공기관 또는 지방자치단체에서 소유·운영하는 선박

06 다음 중 「선박교통관제에 관한 법률」상 관제대상 선박으로 가장 옳지 않은 것은?

20년 경력/공채

① 국제항해에 취항하는 선박
② 총톤수 300톤 이상의 선박(다만, 어선법에 따른 어선 중 국내항 사이만을 항행하는 내항어선은 제외한다)
③ 해상교통안전법에 따른 위험화물운반선
④ 그 밖에 관할 선박교통관제구역에서 이동하는 선박의 특성 등에 따라 해양수산부장관이 고시하는 선박

> **해설** ④ 그 밖에 관할 선박교통관제구역에서 이동하는 선박의 특성 등에 따라 해양경찰청장이 고시하는 선박
> 1. 국제항해에 종사하는 선박
> 2. 총톤수 300톤 이상인 선박(내항 어선은 제외)
> 3. 「해상교통안전법」제2조 제4호에 따른 위험화물운반선
> 4. 그 밖에 관할 선박교통관제구역에서 이동하는 선박의 특성 등에 따라 해양경찰청장이 정하여 고시하는 선박
>   1) 「해운법」 제2조제1호의2에 따른 여객선
>   2) 총톤수 300톤 미만의 선박 중 「선박설비기준」 제108조의5에 따른 자동식별장치를 설치한 다음 각 목의 선박
>   가. 「선박안전법」 제2조제13호에 따른 예인선
>   나. 「유선 및 도선 사업법」 제2조제1호에 따른 유선
>   다. 「선박의 입항 및 출항 등에 관한 법률」 제2조제4호에 따른 예선
>   라. 「항만운송사업법 시행령」 별표 6에 따른 급수선·연료공급선·통선
>   마. 「도선법」 제27조제1항에 따른 도선선
>   바. 해저전선이나 해저파이프라인의 부설, 준설, 측량, 침몰선 인양작업 또는 그 밖에 선박의 항행에 지장을 줄 우려가 있는 공사 또는 작업에 종사하는 선박
>   사. 해양조사선·순찰선·표지선·측량선·어업지도선·시험조사선 등 국가, 공공기관 또는 지방자치단체에서 소유·운영하는 선박

07 다음 중 「선박교통관제에 관한 법률」상 관제대상 선박으로 가장 옳지 않은 것은?

21년 경장

① 국제항해에 취항하는 선박
② 총톤수 500톤 이상의 선박
③ 「해상교통안전법」 제2조 제4호에 따라 위험물운반선
④ 그 밖에 관할 선박교통관제구역에서 이동하는 선박의 특성 등에 따라 해양경찰청장이 고시하는 선박

> **해설** ② 총톤수 300톤 이상의 선박 다만, 어선법에 따른 어선 중 국내항 사이만을 항행하는 내항어선은 제외한다.

정답 05 ④ 06 ④ 07 ②

08 다음 중 「선박교통관제에 관한 법률(시행령 및 시행규칙 포함)」상 선박교통관제 적용 대상 선박으로 가장 옳지 않은 것은?
23년 해경학과

① 국제항해에 취항하는 총톤수 100톤 선박
② 총톤수 200톤 선박
③ 「해상교통안전법」 제2조 제4호에 따른 위험화물운반선
④ 그 밖에 관할 선박교통관제구역에서 이동하는 선박의 특성 등에 따라 해양경찰청장이 고시하는 선박

> **해설** ① 국제항해에 종사하는 선박. ② 총톤수 300톤 이상인 선박(내항 어선은 제외) 등이 해당한다.

09 다음 중 「선박교통관제에 관한 법률」상 선장의 의무에 대한 내용으로 가장 옳지 않은 것은?
21년 경장

① 원칙적으로 관제대상 선박의 선장은 선박교통관제에 따라야 한다.
② 관제대상 선박의 선장은 선박교통관제에 따를 경우 선박을 안전하게 운항할 수 없는 명백한 사유가 있는 경우에도 선박교통관제에 따라야 한다.
③ 관제대상 선박의 선장은 선박교통관제사의 관제에도 불구하고 그 선박의 안전운항에 대한 책임을 면제받지 아니한다.
④ 관제대상 선박의 선장은 선박교통관제구역을 출입하려는 때에는 해당 선박교통관제구역을 관할하는 선박교통관제관서에 신고하여야 한다.

> **해설** ② 다만, 선박교통관제에 따를 경우 선박을 안전하게 운항할 수 없는 명백한 사유가 있는 경우에는 선박교통관제에 따르지 아니할 수 있다.
>
> 선/장/의/의/무(제14조)
> ① 관제대상선박의 선장은 선박교통관제에 따라야 한다. 다만, 선박교통관제에 따를 경우 선박을 안전하게 운항할 수 없는 명백한 사유가 있는 경우에는 선박교통관제에 따르지 아니할 수 있다.
> ② 관제대상선박의 선장은 선박교통관제사의 관제에도 불구하고 그 선박의 안전운항에 대한 책임을 면제받지 아니한다.
> ③ 관제대상선박의 선장은 선박교통관제구역을 출입하려는 때에는 해당 선박교통관제구역을 관할하는 선박교통관제관서에 신고하여야 한다.
> ④ 관제대상선박의 선장은 선박교통관제구역을 출입·이동하는 경우 해양수산부령으로 정하는 무선설비와 관제통신 주파수를 갖추고 관제통신을 항상 청취·응답하여야 한다. 다만, 통신의 장애로 인하여 선박교통관제사와 지정된 주파수로 통화가 불가능할 때에는 휴대전화 등 다른 통신주파수를 이용하여 보고할 수 있다.
> ⑤ 선박교통관제구역 내에서 항행 중인 관제대상선박의 선장은 항로상의 장애물이나 해양사고 발생 등으로 선박교통의 안전을 해치거나 해칠 우려가 있다고 인지한 경우에는 지체 없이 이를 선박교통관제관서에 신고하여야 한다.
> ⑥ 제1항부터 제5항까지에서 규정한 사항 외에 관제대상선박의 신고 절차, 관제구역별 관제통신의 제원(諸元) 등 필요한 사항은 대통령령으로 정한다.

10 다음 중 「선박교통관제에 관한 법률(시행령, 시행규칙 포함)」에 대한 설명으로 가장 옳지 않은 것은?

21년 경찰간부

① 해양경찰청장은 효율적인 선박교통관제의 시행을 위하여 선박교통관제관서를 설치 및 운영할 수 있다.
② AIS를 설치한 총톤수 300톤 미만의 해양조사선 및 어업지도선은 관제대상선박에 포함된다.
③ 부산항에 입항 중인 A선박의 선장 甲은 해상 교통관제사 乙의 지시에 따라 항행하다 출항 중인 B선박과 충돌한 경우라도, 선박 충돌에 대한 甲의 책임은 면제되지 아니한다.
④ 대한민국의 「영해 및 접속수역법」에 따른 영해 및 내수(해상항행선박이 항행을 계속할 수 없는 하천·호수·늪 등도 포함한다)에 있는 선박 중에서 관제대상선박에 대하여 적용한다.

해설 ④ 「선박교통관제에 관한 법률」은 해상항행선박이 항행을 계속할 수 없는 하천·호수·늪 등에는 적용되지 않는다(제3조).
1. 국제항해에 종사하는 선박
2. 총톤수 300톤 이상인 선박(내항 어선은 제외)
3. 「해상교통안전법」제2조 제6호에 따른 위험화물운반선
4. 그 밖에 관할 선박교통관제구역에서 이동하는 선박의 특성 등에 따라 해양경찰청장이 정하여 고시하는 선박
   1) 「해운법」제2조제1호의2에 따른 여객선
   2) 총톤수 300톤 미만의 선박 중 「선박설비기준」제108조의5에 따른 자동식별장치를 설치한 다음 각 목의 선박
      가. 「선박안전법」제2조제13호에 따른 예인선
      나. 「유선 및 도선 사업법」제2조제1호에 따른 유선
      다. 「선박의 입항 및 출항 등에 관한 법률」제2조제4호에 따른 예선
      라. 「항만운송사업법 시행령」별표 6에 따른 급수선·연료공급선·통선
      마. 「도선법」제27조제1항에 따른 도선선
      바. 해저전선이나 해저파이프라인의 부설, 준설, 측량, 침몰선 인양작업 또는 그 밖에 선박의 항행에 지장을 줄 우려가 있는 공사 또는 작업에 종사하는 선박
      사. 해양조사선·순찰선·표지선·측량선·어업지도선·시험조사선 등 국가, 공공기관 또는 지방자치단체에서 소유·운영하는 선박

11 다음 보기의「선박교통관제에 관한 법률」(시행령, 시행규칙 포함)상 선박교통관제사가 선박교통관제를 시행할 때 따라야 할 단계별 절차가 옳은 것은? 21년 1차

> (ㄱ) 선박교통관제사가 필요하다고 인정하거나 관제 대상선박에서 요구하는 경우 선박교통의 안전을 위해 필요한 정보를 제공
> (ㄴ) 관제대상선박에 선박교통의 안전을 위한 조치에 관한 조언·권고
> (ㄷ) 관제대상선박이 명백한 해양사고 위험에 처할 우려가 있는 경우 시정 또는 안전조치를 지시
> (ㄹ) 선박교통관제구역 내에서 관제대상선박이 해양사고 위험이 있는지 관찰·확인

① (ㄹ), (ㄱ), (ㄴ), (ㄷ)
② (ㄹ), (ㄴ), (ㄷ), (ㄱ)
③ (ㄷ), (ㄹ), (ㄱ), (ㄴ)
④ (ㄱ), (ㄹ), (ㄴ), (ㄷ)

해설 ① 선박교통관제의 일반적 절차는 관찰·확인 → 정보의 제공 → 조언 및 권고 → 명백한 해양사고 위험시 필요한 지시의 순으로 진행된다(시행규칙 제8조).

12 다음 중「선박교통관제 운영규칙」상 녹음·녹화정보 및 각종일지의 보존기간으로 가장 옳은 것은? 20년 경찰간부

① 관제통신 녹음정보 및 관세운영상황 녹화정보 30일, 근무일지 1년, 관제일지 3년
② 관제통신 녹음정보 및 관제운영상황 녹화정보 30일, 근무일지 3년, 관제일지 1년
③ 관제통신 녹음정보 및 관제운영상황 녹화정보 60일, 근무일지 1년, 관제일지 3년
④ 관제통신 녹음정보 및 관제운영상황 녹화정보 60일, 근무일지 3년, 관제일지 1년

해설 ③「선박교통관제에 관한 법률」및「선박교통관제 운영규칙」상 녹음·녹화정보 및 각종일지의 보존기간은 각각 관제통신 녹음정보 및 관제운영상황 녹화정보 60일, 근무일지 1년, 관제일지 3년이다.
「선박교통관제 운영규칙」
1] 사용언어(제6조)
  선박교통관제사가 관제업무를 수행하기 위하여 사용하는 언어는 한국어 또는 영어로 한다.
2] 관제업무 절차(제12조)
  ① 선박교통관제사는 시행규칙 제8조제1항의 단계별 절차에 따라 선박교통관제를 시행한다. 다만, 사고위험 등 긴급한 사유가 있는 경우 자체 판단에 따라 절차 중 일부를 생략하고, 다음 단계를 시행할 수 있다.
  ② 제1항에도 불구하고 영 제6조제2호 또는 제3호의 해역을 담당하는 선박교통관제사는 1단계부터 3단계까지의 관제업무 시행을 원칙으로 한다.
3] 녹음정보 등의 보존기간 및 활용(제23조)
  ① 관제통신 녹음정보 및 관제운영상황 녹화정보(녹음정보 등)와 제21조제1항 각호에 따른 각종 일지의 보존기간은 다음 각 호와 같다.

1. 녹음정보 등: 60일
2. 근무일지: 1년
3. 관제일지: 3년

② 센터장은 해양사고의 조사 및 심판, 수사 등의 업무와 관련된 기관으로부터 녹음정보 등의 보존기간 연장을 요청받았을 경우 특별한 사유가 없으면 해당 해양사고의 조사 및 심판, 수사 등이 종료될 때까지 보존기간을 연장해야 한다.

③ 센터장은 녹음정보 등을 다음 각 호와 같은 목적으로 사용하게 할 수 있다. 이 경우 「개인정보보호법」 등 관련 법령을 준수해야 한다.
  1. 선박교통관제사의 직무교육
  2. 관제사례 발표
  3. 학술연구
  4. 「해양경찰청 연구개발사업 운영규칙」 제3조의 각호에 해당하는 연구개발

13. 다음 중 「선박교통관제에 관한 법률」에 대한 설명으로 가장 옳지 않은 것은? (21년 경감)

① 선박교통관제사는 해양수산부령으로 정하는 공무원 중에서 해양수산부장관이 시행하는 선박교통관제 교육을 이수하고 평가를 통과한 사람으로 한다.
② 해양경찰청장은 선박교통관제사를 육성하기 위하여 해양수산부령으로 정하는 바에 따라 선박교통관제사 전문교육기관을 지정할 수 있다.
③ 해양경찰청장은 선박교통관제의 시행을 위하여 레이더, 초단파 무선전화, 선박자동식별장치 등 관제업무를 위한 시설을 설치하여야 한다.
④ 선박교통관제사는 선박교통관제구역에서 출입하거나 이동하는 선박에 대한 관찰확인, 안전 정보의 제공 및 안전에 관한 조언·권고·지시 등의 업무를 수행한다.

해설 ① 선박교통관제사는 해양수산부령으로 정하는 공무원 중에서 <u>해양경찰청장</u>이 시행하는 선박교통관제사 교육을 이수하고 평가를 통과한 사람으로 한다(제16조 제2항).

II. 「해상교통안전법」

01. 다음 중 「해상교통안전법」상 용어의 정의로 가장 옳지 않은 것은? (19년 경장)

① 선박이란 물에서 항행수단으로 사용하거나 사용할 수 있는 모든 종류의 배(물 위에서 이동할 수 있는 수상항공기와 수면비행선박은 제외)를 말한다.
② 거대선이란 200m 이상의 선박을 말한다.
③ 고속여객선이란 시속 15노트 이상으로 항행하는 여객선을 말한다.
④ 동력선이란 기관을 사용하여 추진하는 선박을 말한다. 다만, 돛을 설치한 선박이라도 주로 기관을 사용하여 추진하는 경우에는 동력선으로 본다.

정답 11 ① 12 ③ 13 ① 01 ①

① 동법에서 선박은 물에서 항행수단으로 사용하거나 사용할 수 있는 모든 종류의 배(물 위에서 이동할 수 있는 수상항공기와 수면비행선박을 포함)를 말한다. 참고로 「해사안전법」은 2024년 1월 26일부터 「해사안전기본법」과 「해상교통안전법」으로 분리, 전문화되었다.

용/어/의/정/의(「해상교통안전법」 제2조)

1. "해사안전관리"란 「해사안전기본법」 제3조제1호에 따른 안전관리를 말한다.
2. "<u>선박</u>"이란 「해사안전기본법」 제3조제2호에 따른 선박을 말한다(물에서 항행수단으로 사용하거나 사용할 수 있는 모든 종류의 배로 수상항공기(물 위에서 이동할 수 있는 항공기를 말한다)와 수면비행선박(표면효과 작용을 이용하여 수면 가까이 비행하는 선박을 말한다)을 포함한다).
3. "대한민국선박"이란 「선박법」 제2조 각 호에 따른 선박을 말한다.
4. "위험화물운반선"이란 선체의 한 부분인 화물창(貨物倉)이나 선체에 고정된 탱크 등에 해양수산부령으로 정하는 위험물을 싣고 운반하는 선박을 말한다.
5. "거대선"(巨大船)이란 길이 200미터 이상의 선박을 말한다.
6. "고속여객선"이란 시속 15노트 이상으로 항행하는 여객선을 말한다.
7. "동력선"(動力船)이란 기관을 사용하여 추진(推進)하는 선박을 말한다. 다만, 돛을 설치한 선박이라도 주로 기관을 사용하여 추진하는 경우에는 동력선으로 본다.
8. "범선"(帆船)이란 돛을 사용하여 추진하는 선박을 말한다. 다만, 기관을 설치한 선박이라도 주로 돛을 사용하여 추진하는 경우에는 범선으로 본다.
9. "어로에 종사하고 있는 선박"이란 그물, 낚싯줄, 트롤망, 그 밖에 조종성능을 제한하는 어구(漁具)를 사용하여 어로(漁撈) 작업을 하고 있는 선박을 말한다.
10. "조종불능선"(操縦不能船)이란 선박의 조종성능을 제한하는 고장이나 그 밖의 사유로 조종을 할 수 없게 되어 다른 선박의 진로를 피할 수 없는 선박을 말한다.
11. "조종제한선"(操縦制限船)이란 다음 각 목의 작업과 그 밖에 선박의 조종성능을 제한하는 작업에 종사하고 있어 다른 선박의 진로를 피할 수 없는 선박을 말한다.
    가. 항로표지, 해저전선 또는 해저파이프라인의 부설·보수·인양 작업
    나. 준설(浚渫)·측량 또는 수중 작업
    다. 항행 중 보급, 사람 또는 화물의 이송 작업
    라. 항공기의 발착(發着)작업
    마. 기뢰(機雷)제거작업
    바. 진로에서 벗어날 수 있는 능력에 제한을 많이 받는 예인(曳引)작업
12. "흘수제약선"(吃水制約船)이란 가항(可航)수역의 수심 및 폭과 선박의 흘수와의 관계에 비추어 볼 때 그 진로에서 벗어날 수 있는 능력이 매우 제한되어 있는 동력선을 말한다.
13. "해양시설"이란 「해사안전기본법」 제3조제3호에 따른 시설을 말한다.
14. "해상교통안전진단"이란 해상교통안전에 영향을 미치는 다음 각 목의 사업(이하 "안전진단대상사업"이라 한다)으로 발생할 수 있는 항행안전 위험 요인을 전문적으로 조사·측정하고 평가하는 것을 말한다.
    가. 항로 또는 정박지의 지정·고시 또는 변경
    나. 선박의 통항을 금지하거나 제한하는 수역(水域)의 설정 또는 변경
    다. 수역에 설치되는 교량·터널·케이블 등 시설물의 건설·부설 또는 보수
    라. 항만 또는 부두의 개발·재개발
    마. 그 밖에 해상교통안전에 영향을 미치는 사업으로서 대통령령으로 정하는 사업
15. "항행장애물"(航行障碍物)이란 선박으로부터 떨어진 물건, 침몰·좌초된 선박 또는 이로부터 유실(遺失)된 물건 등 해양수산부령으로 정하는 것으로서 선박항행에 장애가 되는 물건을 말한다.
16. "통항로"(通航路)란 선박의 항행안전을 확보하기 위하여 한쪽 방향으로만 항행할 수 있도록 되어 있는 일정한 범위의 수역을 말한다.
17. "제한된 시계"란 안개·연기·눈·비·모래바람 및 그 밖에 이와 비슷한 사유로 시계(視界)가 제한되어 있는 상태를 말한다.
18. "항로지정제도"란 선박이 통항하는 항로, 속력 및 그 밖에 선박 운항에 관한 사항을 지정하는 제도를 말한다.
19. "항행 중"이란 선박이 다음 각 목의 어느 하나에 해당하지 아니하는 상태를 말한다.
    가. 정박(碇泊)

나. 항만의 안벽(岸壁) 등 계류시설에 매어 놓은 상태[계선부표(繫船浮標)나 정박하고 있는 선박에 매어 놓은 경우를 포함한다]
　　다. 얹혀 있는 상태
20. "길이"란 선체에 고정된 돌출물을 포함하여 선수(船首)의 끝단부터 선미(船尾)의 끝단 사이의 최대 수평거리를 말한다.
21. "폭"이란 선박 길이의 횡방향 외판의 외면으로부터 반대쪽 외판의 외면 사이의 최대 수평거리를 말한다.
22. "통항분리제도"란 선박의 충돌을 방지하기 위하여 통항로를 설정하거나 그 밖의 적절한 방법으로 한쪽 방향으로만 항행할 수 있도록 항로를 분리하는 제도를 말한다.
23. "분리선"(分離線) 또는 "분리대"(分離帶)란 서로 다른 방향으로 진행하는 통항로를 나누는 선 또는 일정한 폭의 수역을 말한다.
24. "연안통항대"(沿岸通航帶)란 통항분리수역의 육지 쪽 경계선과 해안 사이의 수역을 말한다.
25. "예인선열"(曳引船列)이란 선박이 다른 선박을 끌거나 밀어 항행할 때의 선단(船團) 전체를 말한다.
26. "대수속력"(對水速力)이란 선박의 물에 대한 속력으로서 자기 선박 또는 다른 선박의 추진장치의 작용이나 그로 인한 선박의 타력(惰力)에 의하여 생기는 것을 말한다.

[보충]
「해사안전기본법」제3조(정의) 이 법에서 사용하는 용어의 뜻은 다음과 같다.
1. "해사안전관리"란 선원·선박소유자 등 인적 요인, 선박·화물 등 물적 요인, 해상교통체계·교통시설 등 환경적 요인, 국제협약·안전제도 등 제도적 요인을 종합적·체계적으로 관리함으로써 선박의 운용과 관련된 모든 일에서 발생할 수 있는 사고로부터 사람의 생명·신체 및 재산의 안전을 확보하기 위한 모든 활동을 말한다.
2. "선박"이란 물에서 항행수단으로 사용하거나 사용할 수 있는 모든 종류의 배로 수상항공기(물 위에서 이동할 수 있는 항공기를 말한다)와 수면비행선박(표면효과 작용을 이용하여 수면 가까이 비행하는 선박을 말한다)을 포함한다.
3. "해양시설"이란 자원의 탐사·개발, 해양과학조사, 선박의 계류(繫留)·수리·하역, 해상주거·관광·레저 등의 목적으로 해저(海底)에 고착된 교량·터널·케이블·인공섬·시설물이거나 해상부유 구조물(선박은 제외한다)인 것을 말한다.
4. "해사안전산업"이란 「해양사고의 조사 및 심판에 관한 법률」제2조에 따른 해양사고로부터 사람의 생명·신체·재산을 보호하기 위한 기술·장비·시설·제품 등을 개발·생산·유통하거나 관련 서비스를 제공하는 산업을 말한다.
5. "해상교통망"이란 선박의 운항상 안전을 확보하고 원활한 운항흐름을 위하여 해양수산부장관이 영해 및 내수에 설정하는 각종 항로, 각종 수역 등의 해양공간과 이에 설치되는 해양교통시설의 결합체를 말한다.
6. "해사 사이버안전"이란 사이버공격으로부터 선박운항시스템을 보호함으로써 선박운항시스템과 정보의 기밀성·무결성·가용성 등 안전성을 유지하는 상태를 말한다.

02 「해상교통안전법」상 설명 중 가장 옳지 않은 것은?　　　　　　　　　　19년 경찰간부

① 고속여객선이란 시속 15노트 이상으로 항해하는 여객선을 말한다.
② 거대선이란 길이 200m이상의 선박을 말한다.
③ 통항로란 선박의 항행안전을 확보하기 위하여 한쪽 방향으로만 항행할 수 있도록 되어 있는 일정한 범위의 수역을 말한다.
④ 선박교통관제란 선박이 통항하는 항로, 속력 및 그 밖에 선박 운항에 관한 사항을 지정하는 제도를 말한다.

정답　02 ④

> 해설 ④ 항로지정제도에 대한 설명이다. 선박교통관제의 정의는 현재 「선박교통관제에 관한 법률」에서 규정하고 있다. "선박교통관제"란 선박교통의 안전을 증진하고 해양환경과 해양시설을 보호하기 위하여 선박의 위치를 탐지하고 선박과 통신할 수 있는 설비를 설치·운영함으로써 선박의 동정을 관찰하며 선박에 대하여 안전에 관한 정보 및 항만의 효율적 운영에 필요한 항만운영정보를 제공하는 것을 말한다(제2조 제1호).

03 「해상교통안전법」상 선박이 통항하는 항로, 속력 및 그 밖의 선박 운항에 관한 사항을 지정하는 제도를 무엇이라 하는가?

19년 경사

① 통항분리제도
② 통항지정제도
③ 항로지정제도
④ 해상교통제도

> 해설 1) "항로지정제도"란 선박이 통항하는 항로, 속력 및 그 밖에 선박 운항에 관한 사항을 지정하는 제도를 말한다(제2조 제18호).
> 2) "통항분리제도"란 선박의 충돌을 방지하기 위하여 통항로를 설정하거나 그 밖의 적절한 방법으로 한쪽 방향으로만 항행할 수 있도록 항로를 분리하는 제도를 말한다(제2조 제22호).

04 「해상교통안전법」에서 사용하는 용어의 뜻을 바르게 기술하지 않은 것은?

법규기출

① 수면비행선박이란 표면효과 작용을 이용하여 수면 가까이 비행하는 선박을 말한다.
② 조종불능선(操縱不能船)이란 선박의 조종성능을 제한하는 작업에 종사하고 있어 다른 선박의 진로를 피할 수 없는 선박을 말한다.
③ 항로지정제도란 선박이 통항하는 항로, 속력 및 그 밖에 선박 운항에 관한 사항을 지정하는 제도를 말한다.
④ 연안통항대(沿岸通航帶)란 통항분리수역의 육지 쪽 경계선과 해안사이의 수역을 말한다.

> 해설 ②는 조종제한선을 말한다. 조종불능선은 선박의 조종성능을 제한하는 고장이나 그 밖의 사유로 조종을 할 수 없게 되어 다른 선박의 진로를 피할 수 없는 선박을 말한다(해상교통안전법 제2조).

05 다음 중 「해상교통안전법」에 의해 해양경찰서장이 거대선, 위험화물운반선, 고속여객선, 그 밖에 해양수산부령으로 정하는 선박이 교통안전특정해역을 항행하려는 경우 항행안전을 확보하기 위하여 필요하다고 인정하여 선장이나 선박소유자에게 명할 수 있는 사항으로 가장 옳지 않은 것은?   18년 경위

① 선박통항이 많은 경우 선박의 항행제한
② 통항시각 및 항로의 변경
③ 속력의 제한
④ 안내선의 사용

해설 ① 해양수산부장관이 대형 해양사고가 발생할 우려가 있는 해역(교통안전특정해역)을 설정할 수 있는 경우에 해당한다.

1] 거대선 등의 항행안전확보 조치(제11조)
해양경찰서장은 거대선, 위험화물운반선, 고속여객선, 그 밖에 해양수산부령으로 정하는 선박이 교통안전특정해역을 항행하려는 경우 항행안전을 확보하기 위하여 필요하다고 인정하면 선장이나 선박소유자에게 다음 각호의 사항을 명할 수 있다.
  1. 통항시각의 변경
  2. 항로의 변경
  3. 제한된 시계의 경우 선박의 항행 제한
  4. 속력의 제한
  5. 안내선의 사용
  6. 그 밖에 해양수산부령으로 정하는 사항

2] 교통안전특정해역의 설정(제10조)
① 해양수산부장관은 다음 각호의 어느 하나에 해당하는 해역으로서 대형 해양사고가 발생할 우려가 있는 해역(교통안전특정해역)을 설정할 수 있다.
  1. 해상교통량이 아주 많은 해역
  2. 거대선, 위험화물운반선, 고속여객선 등의 통항이 잦은 해역
② 해양수산부장관은 관계 행정기관의 장의 의견을 들어 해양수산부령으로 정하는 바에 따라 교통안전특정해역 안에서의 항로지정제도를 시행할 수 있다.
③ 교통안전특정해역의 범위는 대통령령으로 정한다.

06 다음 중 「해상교통안전법」상 해양사고가 발생한 경우의 조치사항으로 가장 옳지 않은 것은? 21년 경장

① 선박소유자는 해양사고가 일어나 선박이 위험하게 되거나 다른 선박의 항행안전에 위험을 줄 우려가 있는 경우에는 위험을 방지하기 위하여 신속하게 필요한 조치를 취하여야 한다.
② 선장이나 선박소유자는 해양사고의 발생 사실과 조치 사실을 지체없이 해양경찰서장이나 지방 해양수산청장에게 신고하여야 한다.
③ 지방해양수산청장은 신고를 받으면 지체없이 그 사실을 해양경찰서장에게 통보하여야 한다.
④ 해양수산부장관은 해양사고가 일어나 선박이 위험하게 되거나 다른 선박의 항행안전에 위험을 줄 우려가 있는 경우 필요하면 구역을 정하여 다른 선박에 대하여 선박의 이동·항행제한 또는 조업중지를 명할 수 있다.

> **해설** ④ 해양경찰서장의 권한이다. 해양경찰서장은 해양사고가 일어나 선박이 위험하게 되거나 다른 선박의 항행안전에 위험을 줄 우려가 있는 경우 필요하면 구역을 정하여 다른 선박에 대하여 선박의 이동·항행제한 또는 조업중지를 명할 수 있다.

07 다음 중 「해상교통안전법」상 항해 안전관리에 관한 설명으로 가장 옳은 것은? 21년 경사

① 해양경찰청장은 해양사고가 일어날 우려가 있다고 인정하면 그 수역의 범위, 선박의 항로 및 속력 등 선박의 항행안전에 필요한 사항을 고시할 수 있다.
② 외국선박은 해양수산부장관의 승인을 받지 아니하고는 대한민국의 내수에서 통항할 수 없다.
③ 누구든지 항로에서 선박의 방치 또는 어망 등 어구의 설치나 투기하는 행위를 하여서는 아니 된다.
④ 누구든지 수역등 또는 수역등의 밖으로부터 10해리 이내의 수역에서 선박 등을 이용하여 수역등이나 항로를 점거하거나 차단하는 행위를 함으로써 선박 통항을 방해하여서는 아니 된다.

> **해설** ① 해양수산부장관, ② 해양수산부장관의 허가, ④ 수역 등 또는 수역 등의 밖으로부터 10킬로미터 이내의 수역
> 1] 항로의 지정(제30조)
> 　해양수산부장관은 선박이 통항하는 수역의 지형·조류, 그 밖에 자연적 조건 또는 선박 교통량 등으로 해양사고가 일어날 우려가 있다고 인정하면 관계 행정기관의 장의 의견을 들어 그 수역의 범위, 선박의 항로 및 속력 등 선박의 항행안전에 필요한 사항을 해양수산부령으로 정하는 바에 따라 고시할 수 있다(제1항).
> 2] 외국선박의 통항(제31조)
> 　외국선박은 해양수산부장관의 허가를 받지 아니하고는 대한민국의 내수에서 통항할 수 없다(제1항).

3] 항로 등의 보전(제33조)
① 누구든지 항로에서 다음 각호의 어느 하나에 해당하는 행위를 하여서는 아니 된다.
  1. 선박의 방치
  2. 어망 등 어구의 설치나 투기
② 해양경찰서장은 제1항을 위반한 자에게 방치된 선박의 이동·인양 또는 어망 등 어구의 제거를 명할 수 있다.
③ 누구든지 「항만법」 제2조제1호에 따른 항만의 수역 또는 「어촌·어항법」 제2조제3호에 따른 어항의 수역 중 대통령령으로 정하는 수역에서는 해상교통의 안전에 장애가 되는 스킨다이빙, 스쿠버다이빙, 윈드서핑 등 대통령령으로 정하는 행위를 하여서는 아니 된다. 다만, 해상교통안전에 장애가 되지 아니한다고 인정되어 해양경찰서장의 허가를 받은 경우와 「체육시설의 설치·이용에 관한 법률」 제20조에 따라 신고한 체육시설업과 관련된 해상에서 행위를 하는 경우에는 그러하지 아니하다.
④ 해양경찰서장은 제3항에 따라 허가를 받은 사람이 다음 각 호의 어느 하나에 해당하면 그 허가를 취소하거나 해상교통안전에 장애가 되지 아니하도록 시정할 것을 명할 수 있다. 다만, 제3호에 해당하는 경우에는 그 허가를 취소하여야 한다.
  1. 항로나 정박지 등 해상교통 여건이 달라진 경우
  2. 허가 조건을 위반한 경우
  3. 거짓이나 그 밖의 부정한 방법으로 허가를 받은 경우
⑤ 제3항에 따른 허가에 필요한 사항은 대통령령으로 정한다.

4] 수역등 및 항로의 안전 확보(제34조)
① 누구든지 수역등 또는 수역등의 밖으로부터 10킬로미터 이내의 수역에서 선박 등을 이용하여 수역등이나 항로를 점거하거나 차단하는 행위를 함으로써 선박 통항을 방해하여서는 아니 된다.
② 해양경찰서장은 제1항을 위반하여 선박 통항을 방해한 자 또는 방해할 우려가 있는 자에게 일정한 시간 내에 스스로 해산할 것을 요청하고, 이에 따르지 아니하면 해산을 명할 수 있다.
③ 제2항에 따른 해산명령을 받은 자는 지체없이 물러가야 한다.

08 다음 중 「해상교통안전법(시행령 및 시행규칙 포함)」 및 「선박의 입항 및 출항 등에 관한 법률(시행령 및 시행규칙 포함)」상 해상에서의 불법적인 점거에 대하여 취할 수 있는 조치로 가장 옳지 않은 것은?   22년 2차/경찰간부

① 관리청은 무역항을 효율적으로 운영하기 위하여 필요하다고 판단되는 경우에는 무역항의 수상구역 등에 있는 선박에 대하여 관리청이 정하는 장소로 이동할 것을 명할 수 있다.
② 관리청은 무역항의 수상구역등에서 선박교통의 안전을 위하여 필요하다고 인정하는 경우에는 항로 또는 구역을 지정하여 선박교통을 제한하거나 금지할 수 있다.
③ 누구든지 수역등 또는 수역등의 밖으로부터 10해리 이내의 수역에서 선박 등을 이용하여 수역이나 항로를 점거하거나 차단하는 행위를 함으로써 선박 통항을 방해하여서는 아니 된다.
④ 해양경찰서장은 불법적으로 항로를 점거하거나 차단하는 행위를 함으로써 선박 통항을 방해한 자 또는 방해할 우려가 있는 자에게 일정한 시간내에 스스로 해산할 것을 요청하고, 이에 따르지 아니하면 해산을 명할 수 있다.

정답 06 ④ 07 ③ 08 ③

해설 ③ 누구든지 수역등 또는 수역등의 밖으로부터 10킬로미터 이내의 수역에서 선박 등을 이용하여 수역이나 항로를 점거하거나 차단하는 행위를 함으로써 선박 통항을 방해하여서는 아니 된다.

09 「해상교통안전법」상 대통령령으로 정하는 수역에서는 해상교통의 안전에 장애가 되는 스킨다이빙, 스쿠버다이빙, 윈드서핑 등의 행위를 하여서는 아니 된다. 이러한 수역을 정하여 고시하는 사람으로 가장 옳은 것은?

19년 공채/특채 3차

① 해양경찰서장
② 지방해양경찰청장
③ 지방경찰청장
④ 해양경찰청장

해설 ① 「해상교통안전법」상 항로의 보전을 위해 해양경찰서장은 일정한 행위를 규제할 수 있는 권한을 가진다. 특히, 해양경찰서장이 해상안전 및 해상교통 여건 등을 고려하여 지정하는 수역에서는 해상교통 장애행위를 금지하고 있다(시행령 제10조). 이에 따라 해양경찰서장이 금지수역을 정하여 고시하는 경우에는 해당 수역을 이용하는 사람이 보기 쉬운 장소에 그 사실을 게시하여야 한다.

「해상교통안전법」상 항로의 보전(제33조)
① 누구든지 항로에서 다음 각호의 어느 하나에 해당하는 행위를 하여서는 아니 된다.
  1. 선박의 방치
  2. 어망 등 어구의 설치나 투기
② 해양경찰서장은 제1항을 위반한 자에게 방치된 선박의 이동·인양 또는 어망 등 어구의 제거를 명할 수 있다.
③ 누구든지 「항만법」 제2조제1호에 따른 항만의 수역 또는 「어촌·어항법」 제2조제3호에 따른 어항의 수역 중 대통령령으로 정하는 수역에서는 해상교통의 안전에 장애가 되는 스킨다이빙, 스쿠버다이빙, 윈드서핑 등 대통령령으로 정하는 행위를 하여서는 아니 된다. 다만, 해상교통안전에 장애가 되지 아니한다고 인정되어 해양경찰서장의 허가를 받은 경우와 「체육시설의 설치·이용에 관한 법률」 제20조에 따라 신고한 체육시설업과 관련된 해상에서 행위를 하는 경우에는 그러하지 아니하다.

10 「해상교통안전법」상 항로에서 선박의 방치, 어망 등 어구의 설치나 투기한 경우 선박의 이동·인양 또는 어망 등 어구의 제거를 명할 수 있는 관청으로 가장 옳은 것은?

19년 경사

① 해양수산부장관
② 지방해양수산청장
③ 지방해양경찰청장
④ 해양경찰서장

해설 ④ 누구든지 항로에서 선박의 방치, 어망 등 어구의 설치나 투기에 해당하는 행위를 하여서는 아니 된다. 해양경찰서장은 이를 위반한 자에게 방치된 선박의 이동·인양 또는 어망 등 어구의 제거를 명할 수 있다(제33조).

11 다음은 「수상구조법」과 「해상교통안전법」상 해양경찰의 직무와 관련된 내용이다. 이에 대한 권한 있는 사람이 각각 바르게 연결된 것은?

18년 경장

> ㉠ 「수상에서의 수색·구조 등에 관한 법률」상 외국의 구조대가 수난구호활동을 위하여 우리나라 영해·영토 또는 상공에 진입허가를 요청하는 때에 허가권자
> ㉡ 「해상교통안전법」상 해상교통의 안전에 장애가 되는 스킨다이빙, 스쿠버다이빙, 윈드서핑 등 대통령령으로 정하는 행위를 하여서는 아니 된다. 이러한 행위금지수역을 고시하는 사람

① ㉠ 외교부장관 ㉡ 해양경찰청장
② ㉠ 해양수산부장관 ㉡ 지방해양경찰청장
③ ㉠ 중앙구조본부의 장 ㉡ 지방해양경찰청장
④ ㉠ 중앙구조본부의 장 ㉡ 해양경찰서장

해설 ㉠ 외국의 구조대가 신속한 수난구호활동을 위하여 우리나라와 체결한 조약에 따라 우리나라의 영해·영토 또는 그 상공에의 진입허가를 요청하는 때에는 중앙구조본부의 장은 지체 없이 이를 허가하고 그 사실을 관계기관에 통보한다(제22조).
㉡ 예외적으로 해상교통안전에 장애가 되지 아니한다고 인정되어 해양경찰서장의 허가를 받은 경우에는 항만수역이나 어항의 수역에서 스킨다이빙, 스쿠버다이빙, 윈드서핑 등을 행할 수 있다.

항로의 보전(「해상교통안전법」 제33조)
① 누구든지 항로에서 다음 각호의 어느 하나에 해당하는 행위를 하여서는 아니 된다.
  1. 선박의 방치
  2. 어망 등 어구의 설치나 투기
② 해양경찰서장은 제1항을 위반한 자에게 방치된 선박의 이동·인양 또는 어망 등 어구의 제거를 명할 수 있다.
③ 누구든지 「항만법」 제2조제1호에 따른 항만의 수역 또는 「어촌·어항법」 제2조제3호에 따른 어항의 수역 중 대통령령으로 정하는 수역에서는 해상교통의 안전에 장애가 되는 스킨다이빙, 스쿠버다이빙, 윈드서핑 등 대통령령으로 정하는 행위를 하여서는 아니 된다. 다만, 해상교통안전에 장애가 되지 아니한다고 인정되어 해양경찰서장의 허가를 받은 경우와 「체육시설의 설치·이용에 관한 법률」 제20조에 따라 신고한 체육시설업과 관련된 해상에서 행위를 하는 경우에는 그러하지 아니하다.

정답 09 ① 10 ④ 11 ④

12 다음 중 음주운항 처벌에 대한 설명으로 가장 옳지 않은 것은? 18년 경찰간부

① 「해상교통안전법」은 술에 취한 상태에서의 조타기 조작 등을 금지하고 있다.
② 「해상교통안전법」상 해양사고가 발생한 경우 해양경찰공무원은 운항을 하기 위하여 조타기를 조작하거나 조작할 것을 지시하는 사람이 술에 취하였는지 혈중알코올 농도를 반드시 측정하여야 한다.
③ 「수상레저안전법」은 「해상교통안전법」이나 「유선 및 도선 사업법」과는 다르게 혈중알코올 농도 0.05%이상으로 술에 취한 상태에서 동력수상 레저기구를 운항한 자에 대해 처벌규정을 두고 있다.
④ 측정결과에 불복하는 사람에 대해서는 해당 운항자의 동의를 받아 혈액채취 등의 방법으로 다시 측정할 수 있다.

해설 ③ 「수상레저안전법」, 「유선 및 도선 사업법」, 「낚시관리 및 육성법」 등 음주운항규정에 대해서는 모두 「해상교통안전법」(혈중알콜농도 0.03% 이상)을 준용하고 있다.

[보충]
「해상교통안전법」제39조(술에 취한 상태에서의 조타기 조작 등 금지)
① 술에 취한 상태에 있는 사람은 운항을 하기 위하여 「선박직원법」 제2조제1호에 따른 선박[총톤수 5톤 미만의 선박과 같은 호 나목 및 다목에 해당하는 외국선박 및 시운전선박(국내 조선소에서 건조 또는 개조하여 진수 후 인도 전까지 시운전하는 선박을 말한다)을 포함한다. 이하 이 조 및 제40조에서 같다]의 조타기(操舵機)를 조작하거나 조작할 것을 지시하는 행위 또는 「도선법」 제2조제1호에 따른 도선을 하여서는 아니 된다.
② 해양경찰청 소속 경찰공무원은 다음 각호의 어느 하나에 해당하는 경우에는 운항을 하기 위하여 조타기를 조작하거나 조작할 것을 지시하는 사람(운항자) 또는 도선을 하는 사람(도선사)이 술에 취하였는지 측정할 수 있으며, 해당 운항자 또는 도선사는 해양경찰청 소속 경찰공무원의 측정 요구에 따라야 한다. 다만 제3호에 해당하는 경우에는 반드시 술에 취하였는지를 측정하여야 한다.
 1. 다른 선박의 안전운항을 해치거나 해칠 우려가 있는 등 해상교통의 안전과 위험방지를 위하여 필요하다고 인정되는 경우
 2. 제1항을 위반하여 술에 취한 상태에서 조타기를 조작하거나 조작할 것을 지시하였거나 도선을 하였다고 인정할 만한 충분한 이유가 있는 경우
 3. 해양사고가 발생한 경우
③ 제2항에 따라 술에 취하였는지를 측정한 결과에 불복하는 사람에 대하여는 해당 운항자 또는 도선사의 동의를 받아 혈액채취 등의 방법으로 다시 측정할 수 있다.
④ 제1항에 따른 술에 취한 상태의 기준은 혈중알코올농도 0.03퍼센트 이상으로 한다.
⑤ 제1항부터 제4항까지에 따른 측정에 필요한 세부 절차 및 측정기록의 관리 등에 필요한 사항은 해양수산부령으로 정한다.

13 다음 중 해상 음주운항 단속업무에 관한 직접적 관련성이 가장 적은 것은? 19년 경사

① 「선박안전법」　　　② 「낚시관리 및 육성법」
③ 「수상레저안전법」　④ 「해상교통안전법」

해설 ① 「선박안전법」은 선박의 감항성(堪航性) 유지 및 안전운항에 필요한 사항을 규정함으로써 국민의 생명과 재산을 보호함을 목적으로 제정된 법으로 해상에서 음주 운항의 단속과는 관련이 없다.

음주단속은 「해상교통안전법」, 「수상레저안전법」, 「유선 및 도선사업법」, 「낚시관리 및 육성법」에 근거를 두고 있다. 「선박직원법」 및 「도선법」과 「수중레저법」에는 조종자에게 직접 음주단속 규정을 적용하는 근거는 없고, 음주금지에 관한 간접적인 규정만 두고 있을 뿐이다.

1) 「선박직원법」
   해양수산부장관은 해기사가 「해상교통안전법」 제39조제1호 또는 제2호에 해당(음주위반 해기사 면허의 취소/정지요청사유)하여 해양경찰청장이 요청하는 경우에는 다음 각호(6개월 업무정지/면허취소)에 따라 처분하여야 한다. 다만, 해당 사유와 관련된 해양사고에 대하여 해양안전심판원이 심판을 시작하였을 때에는 그러하지 아니한다(제9조 제3항).

2) 「도선법」
   해양수산부장관은 도선사가 「해상교통안전법」 제39조제1항을 위반하여 술에 취한 상태에서 도선한 경우 또는 해양경찰청 소속 경찰공무원의 음주측정 요구에 따르지 아니한 경우에는 면허를 취소하거나 6개월 이내의 기간을 정하여 업무정지를 명할 수 있다(제9조 제1항).

3) 「수중레저활동의 안전 및 활성화 등에 관한 법률」(수중레저법)
   수중레저사업자는 다음 각호의 행위를 하여서는 아니 된다(제21조 제3항).
   1.보호자를 동반하지 아니한 14세 미만의 사람, 「해상교통안전법」 제39조제4항에 따른 술에 취한 상태에 있는 사람, 「정신보건법」 제3조제1호에 따른 정신질환자로 의심되는 사람으로서 자신 또는 타인의 안전을 해할 위험이 크다고 인정되는 사람[보호자가 동승(同乘)하는 경우에는 제외], 말이나 행동이 수상하다고 인정되는 사람 또는 감염병환자에게 수중레저장비를 빌려주거나 수중레저기구를 태워주는 행위

1] 「해상교통안전법」 제39조(술에 취한 상태에서의 조타기 조작금지)

2] 「유선 및 도선사업법」 제12조/제16조
   유선(도선)사업자와 선원은 음주, 약물중독, 그 밖의 사유로 정상적인 조종을 할 수 없는 우려가 있는 경우에는 유선(도선)을 조종하여서는 아니 된다. 이 경우 음주로 정상적인 조종을 할 수 없는 우려가 있는 경우란 「해상교통안전법」 제39조 제4항에 따른 술에 취한 상태를 말한다(제3항).
   이를 위반하여 유선 또는 도선을 조종한 자 1년 이하의 징역 또는 1천만원 이하의 벌금에 처한다(제40조 제4호).

3] 「수상레저안전법」 제27조(주취 중 조종금지)
   수상레저활동을 하는 자는 술에 취한 상태(「해상교통안전법」 제39조 제4항에 따른 술에 취한 상태)에서 동력수상레저기구를 조종하여서는 아니 된다(제1항). 이를 위반하면 1년 이하의 징역 또는 1천만원 이하의 벌금에 처한다(제61조).

4] 「낚시관리 및 육성법」 제30조(술에 취한 상태에서의 조종금지)
   낚시어선업자 및 선원은 술에 취한 상태에서 낚시어선을 조종하거나 술에 취한 상태에 있는 낚시어선업자 또는 선원에게 낚시어선을 조종하게 하여서는 아니 된다. 이 경우 "술에 취한 상태"란 「해상교통안전법」 제39조 제4항에 따른 술에 취한 상태를 말한다(제1항).

14 다음 중 해상 음주운항 단속업무에 관한 직접적 관련성이 가장 적은 것은? 22년 1차

① 「수상에서의 수색·구조 등에 관한 법률」
② 「낚시관리 및 육성법」
③ 「수상레저안전법」
④ 「해상교통안전법」

해설 ① 「수상에서의 수색·구조 등에 관한 법률」은 경찰공무원의 음주운항 단속과 직접적 관계가 없다.

정답 12 ③ 13 ① 14 ①

15 다음 중 해상 음주운항 단속업무와 직접적인 관련성 있는 법률로 가장 옳지 않은 것은?

23년 해경학과

① 「선박안전법」
② 「낚시관리 및 육성법」
③ 「수상레저안전법」
④ 「해상교통안전법」

> 해설 ① 「선박안전법」은 선박 자체의 안전에 관한 법규로, 선박의 감항성(堪航性) 유지 및 안전운항에 필요한 사항을 규정함으로써 국민의 생명과 재산을 보호함을 목적으로 제정된 법으로 해상에서 음주 운항의 단속과는 관련이 없다.

16 「해상교통안전법」상 선박충돌을 피하기 위한 안전한 속력을 결정함에 있어서 고려되어야 할 사항으로 가장 옳지 않은 것은?

18년 경찰간부

① 시계의 상태
② 해상교통량의 밀도
③ 선박의 흘수와 수심과의 관계
④ 업무의 긴급성

> 해설 ④ 선박의 안전한 속력을 결정함에 있어서, 업무의 긴급성이나 선박선령, 항해거리, 승무선원의 수 등은 고려할 사항은 아니다(「해상교통안전법」 제71조).

17 「해상교통안전법」상 선장이 선박의 안전속력을 결정함에 있어서 참작할 사항에 해당하지 않은 것은?

18년 경장

① 선박의 흘수와 수심과의 관계
② 목적지까지의 거리에 따른 도달일수
③ 시계의 상태 및 해상교통량의 밀도
④ 야간의 경우에는 항해에 지장을 주는 불빛의 유무

> 해설 안/전/한/속/력(「해상교통안전법」 제71조)
> ① 선박은 다른 선박과의 충돌을 피하기 위하여 적절하고 효과적인 동작을 취하거나 당시의 상황에 알맞은 거리에서 선박을 멈출 수 있도록 항상 안전한 속력으로 항행하여야 한다.
> ② 제1항에 따른 안전한 속력을 결정할 때에는 다음 각호(레이더를 사용하고 있지 아니한 선박의 경우에는 제1호부터 제6호까지)의 사항을 고려하여야 한다.
>   1. 시계의 상태
>   2. 해상교통량의 밀도
>   3. 선박의 정지거리 · 선회성능, 그 밖의 조종성능

4. 야간의 경우에는 항해에 지장을 주는 불빛의 유무
5. 바람·해면 및 조류의 상태와 항행장애물의 근접상태
6. 선박의 흘수와 수심과의 관계
7. 레이더의 특성 및 성능
8. 해면상태·기상, 그 밖의 장애요인이 레이더 탐지에 미치는 영향
9. 레이더로 탐지한 선박의 수·위치 및 동향

18 다음 중 「해상교통안전법」상 항해 중인 동력선이 서로 상대의 시계 안에 있는 경우에 행하는 기적신호의 횟수로 가장 옳은 것은?

19년 경장

> ㉠ 침로를 오른쪽으로 변경하고 있는 경우에는 단음 (   )회 이다.
> ㉡ 침로를 왼쪽으로 변경하고 있는 경우에는 단음 (   )회 이다.

① ㉠ 1회   ㉡ 1회
② ㉠ 1회   ㉡ 2회
③ ㉠ 2회   ㉡ 1회
④ ㉠ 2회   ㉡ 2회

해설 ② 기적(汽笛)이란 단음(短音:1초 정도 계속되는 고동소리)과 장음(長音:4초부터 6초까지의 시간 동안 계속되는 고동소리)을 발할 수 있는 음향신호장치를 말한다.

조종신호와 경고신호(「해상교통안전법」 제99조)
① 항행 중인 동력선이 서로 상대의 시계 안에 있는 경우에 이 법의 규정에 따라 그 침로를 변경하거나 그 기관을 후진하여 사용할 때에는 다음 각호의 구분에 따라 기적신호를 행하여야 한다.
  1. 침로를 오른쪽으로 변경하고 있는 경우: 단음 1회
  2. 침로를 왼쪽으로 변경하고 있는 경우: 단음 2회
  3. 기관을 후진하고 있는 경우: 단음 3회
② 항행 중인 동력선은 다음 각호의 구분에 따른 발광신호를 적절히 반복하여 제1항에 따른 기적신호를 보충할 수 있다.
  1. 침로를 오른쪽으로 변경하고 있는 경우: 섬광 1회
  2. 침로를 왼쪽으로 변경하고 있는 경우: 섬광 2회
  3. 기관을 후진하고 있는 경우: 섬광 3회

정답 15 ① 16 ④ 17 ② 18 ②

III. 「선박의 입항 및 출항 등에 관한 법률」

01 「선박의 입항 및 출항 등에 관한 법률(시행령, 시행규칙 포함)」에 관한 설명이다. ( )안에 들어갈 내용으로 바르게 짝지어진 것은?
19년 경장

> ㉠ ( )(이)란 선박이 해상에서 일시적으로 운항을 멈추는 것을 말한다.
> ㉡ 예인선은 한꺼번에 최대 ( )척의 피예인선을 끌 수 있다.
> ㉢ 무역항의 수상구역 등에서 기적이나 사이렌을 장치한 선박에 화재가 발생한 경우 그 선박은 화재를 알리는 경보로써 기적이나 사이렌을 ( )회 울려야 한다.
> ㉣ 모든 선박은 항로를 항해하는 위험물운송선박 또는 해사안전법에 따른 ( )의 진로를 방해 하여서는 아니된다.

① ㉠ 정류 ㉡ 2 ㉢ 장음 5 ㉣ 흘수제약선
② ㉠ 정류 ㉡ 3 ㉢ 장음 5 ㉣ 조정불능선
③ ㉠ 계류 ㉡ 3 ㉢ 단음 5 ㉣ 흘수제약선
④ ㉠ 계류 ㉡ 2 ㉢ 장음 5 ㉣ 조정불능선

해설 ① 일시적으로 운항을 멈추는 것은 정류, 예인선은 한꺼번에 3척 이상을 끌어서는 안된다(2척 까지). 화재발생시에는 화재경보로써 장음 5회를 울려야 한다.

1] 용/어/의/정/의(「선박입출항법」 제2조)
  1) "정박"(碇泊)이란 선박이 해상에서 닻을 바다 밑바닥에 내려놓고 운항을 멈추는 것을 말한다(제6호).
  2) "정박지"(碇泊地)란 선박이 정박할 수 있는 장소를 말한다(제7호).
  3) "정류"(停留)란 선박이 해상에서 일시적으로 운항을 멈추는 것을 말한다(제8호).
  4) "계류"란 선박을 다른 시설에 붙들어 매어 놓는 것을 말한다(제9호).
  5) "계선"(繫船)이란 선박이 운항을 중지하고 정박하거나 계류하는 것을 말한다(제10호).

2] 항로에서의 항법(동법 제12조)
  모든 선박은 항로에서 다음 각호의 항법에 따라 항행하여야 한다(제1항).
  1. 항로 밖에서 항로에 들어오거나 항로에서 항로 밖으로 나가는 선박은 항로를 항행하는 다른 선박의 진로를 피하여 항행할 것
  2. 항로에서 다른 선박과 나란히 항행하지 아니할 것
  3. 항로에서 다른 선박과 마주칠 우려가 있는 경우에는 오른쪽으로 항행할 것
  4. 항로에서 다른 선박을 추월하지 아니할 것. 다만, 추월하려는 선박을 눈으로 볼 수 있고 안전하게 추월할 수 있다고 판단되는 경우에는 「해사안전법」 제67조제5항 및 제71조에 따른 방법으로 추월할 것
  5. 항로를 항행하는 제37조제1항제1호에 따른 위험물운송선박(제2조제5호라목에 따른 선박 중 급유선은 제외) 또는 「해사안전법」 제2조제14호에 따른 흘수제약선(吃水制約船)의 진로를 방해하지 아니할 것
  6. 「선박법」 제1조의2제1항제2호에 따른 범선은 항로에서 지그재그(zigzag)로 항행하지 아니할 것

3] 예인선의 항법(시행규칙 제9조)
  법 제15조제1항에 따라 예인선이 무역항의 수상구역등에서 다른 선박을 끌고 항행하는 경우에는 다음 각호에서 정하는 바에 따라야 한다(제1조 제1항).
  1. 예인선의 선수(船首)로부터 피(被)예인선의 선미(船尾)까지의 길이는 200미터를 초과하지 아니할 것. 다만, 다른 선박의 출입을 보조하는 경우에는 그러하지 아니하다.
  2. 예인선은 한꺼번에 3척 이상의 피예인선을 끌지 아니할 것

4] 기적 등의 제한(법 제46조)
① 선박은 무역항의 수상구역등에서 특별한 사유 없이 기적(汽笛)이나 사이렌을 울려서는 아니 된다.
② 제1항에도 불구하고 무역항의 수상구역등에서 기적이나 사이렌을 갖춘 선박에 화재가 발생한 경우 그 선박은 해양수산부령으로 정하는 바에 따라 화재를 알리는 경보를 울려야 한다(화재를 알리는 경보는 기적이나 사이렌을 장음(4초에서 6초까지의 시간 동안 계속되는 울림)으로 5회 울려야 한다. 이 경보는 적당한 간격을 두고 반복하여야 한다).

02 다음에서「선박의 입항 및 출항에 관한 법률」에 대한 설명으로 틀린 것은?   법규기출

① 출항한 선박이 피난, 수리 또는 그 밖의 사유로 출항 후 12시간 이내에 귀항한 경우 그 사실을 적은 서면 또는 전자적 방법으로 관리청에 제출함으로써 입항신고를 갈음할 수 있다.
② 선박이 무역항의 수상구역 안에서 정박 중인 선박을 배의 왼쪽 뱃전에 두고 항행할 때에는 이와 멀리 떨어져서 항행하여야 한다.
③ 무역항의 수상구역 안에서 선박의 화재가 발생한 경우 기적 또는 사이렌의 신호 방법은 적당한 간격을 두고 장음 5회 연속으로 해야 한다.
④ 누구든지 무역항의 수상구역 등이나 개항의 항계 밖 5킬로미터 이내의 수면에 선박의 안전운항을 해칠 우려가 있는 토석, 죽목, 어구 등 폐기물을 버려서는 아니 된다.

해설 ④ 누구든지 무역항의 수상구역등이나 무역항의 수상구역 밖 <u>10킬로미터 이내</u>의 수면에 선박의 안전운항을 해칠 우려가 있는 흙·돌·나무·어구(漁具) 등 폐기물을 버려서는 아니 된다(제38조).
② 선박이 무역항의 수상구역등에서 해안으로 길게 뻗어 나온 육지 부분, 부두, 방파제 등 인공시설물의 튀어나온 부분 또는 정박 중인 선박을 오른쪽 뱃전에 두고 항행할 때에는 부두 등에 접근하여 항행하고, 부두 등을 왼쪽 뱃전에 두고 항행할 때에는 멀리 떨어져서 항행하여야 한다(제14조).
③ 무역항의 수상구역 등에서 기적이나 사이렌을 갖춘 선박에 화재가 발생한 경우 그 선박은 해양수산부령으로 정하는 바에 따라 화재를 알리는 경보를 울려야 한다(화재를 알리는 경보는 기적이나 사이렌을 장음으로 5회 울려야 한다. 경보는 적당한 간격을 두고 반복하여야 한다).

선/박/의/출/입/신/고
1]「선박입출항법」
① 무역항의 수상구역등에 출입하려는 선박의 선장은 대통령령으로 정하는 바에 따라 관리청에게 신고하여야 한다. 다만, 다음 각호의 선박은 출입 신고를 하지 아니할 수 있다(제4조).
  1. 총톤수 5톤 미만의 선박
  2. 해양사고구조에 사용되는 선박
  3.「수상레저안전법」제2조 제3호에 따른 수상레저기구 중 국내항 간을 운항하는 모터보트 및 동력요트
  4. 그 밖에 공공목적이나 항만 운영의 효율성을 위하여 해양수산부령으로 정하는 선박
② 관리청은 제1항에 따른 신고를 받은 경우 그 내용을 검토하여 이 법에 적합하면 신고를 수리하여야 한다.
③ 제1항에도 불구하고 전시·사변이나 그에 준하는 국가비상사태 또는 국가안전보장에 필요한 경우에는 선장은 대통령령으로 정하는 바에 따라 관리청의 허가를 받아야 한다.

정답 01 ① 02 ④

2] 「동법 시행령」

「선박의 입항 및 출항 등에 관한 법률」제4조제1항에 따른 출입 신고는 다음 각호의 구분에 따른다(제2조). 다만, 내항어선(국내항 사이만을 항행하는「어선법」제2조제1호에 따른 어선)의 출입 신고는 해양수산부령으로 정하는 바에 따른다.

1. 내항선(국내에서만 운항하는 선박)이 무역항의 수상구역등의 안으로 입항하는 경우에는 입항 전에, 무역항의 수상구역등의 밖으로 출항하려는 경우에는 출항 전에 해양수산부령으로 정하는 바에 따라 내항선 출입 신고서를 관리청에 제출할 것
2. 외항선(국내항과 외국항 사이를 운항하는 선박)이 무역항의 수상구역등의 안으로 입항하는 경우에는 입항 전에, 무역항의 수상구역등의 밖으로 출항하려는 경우에는 출항 전에 해양수산부령으로 정하는 바에 따라 외항선 출입 신고서를 관리청에 제출할 것
3. 무역항을 출항한 선박이 피난, 수리 또는 그 밖의 사유로 출항 후 12시간 이내에 출항한 무역항으로 귀항하는 경우에는 그 사실을 적은 서면 또는 전자적 방법으로 관리청에 제출할 것
4. 선박이 해양사고를 피하기 위한 경우나 그 밖의 부득이한 사유로 무역항의 수상구역등의 안으로 입항하거나 무역항의 수상구역등의 밖으로 출항하는 경우에는 그 사실을 적은 서면 또는 전자적 방법으로 관리청에 제출할 것

03 「선박의 입항 및 출항 등에 관한 법률」에 관한 설명으로 가장 틀린 것은?   18년 경감

① 무역항을 출항한 선박이 피난, 수리 또는 그 밖의 사유로 출항 후 12시간 이내에 출항한 무역항으로 귀항하는 경우에는 그 사실을 적은 서면 또는 전자적 방법으로 관리청에 제출하여야 한다.
② 선박이 무역항의 수상구역 등에서 정박 중인 선박을 오른쪽 뱃전에 두고 항행할 때에는 부두 등에 접근하여 항행하여야 한다.
③ 누구든지 무역항의 수상구역 등이나 무역항의 수상구역 밖 5킬로미터 이내의 수면에 선박의 안전운항을 해할 우려가 있는 흙·돌·나무·어구 등 폐기물을 버려서는 아니 된다.
④ 무역항의 수상구역 등에서 선박의 화재가 발생한 경우 기적 또는 사이렌의 경보 방법은 적당한 간격을 두고 장음 5회를 연속으로 울려야 한다.

> **해설** ③ 누구든지 무역항의 수상구역등이나 무역항의 수상구역 밖 10킬로미터 이내의 수면에 선박의 안전운항을 해칠 우려가 있는 흙·돌·나무·어구(漁具) 등 폐기물을 버려서는 아니 된다(제38조 제1항). 관리청은 폐기물을 버리거나(제1항 위반) 흩어지기 쉬운 물건을 수면에 떨어뜨린 자(제2항 위반)에게 그 폐기물 또는 물건을 제거할 것을 명할 수 있다.
> 그리고 항로의 보전으로,「해상교통안전법」에서는 누구든지 항로에서 선박의 방치, 어망 등 어구의 설치나 투기에 해당하는 행위를 하여서는 아니 된다. 해양경찰서장은 이를 위반한 자에게 방치된 선박의 이동, 인양 또는 어망 등 어구의 제거를 명할 수 있다(제33조).

04 「선박의 입항 및 출항 등에 관한 법률」상 항로에서 정박·정류를 할 수 있는 부득이한 사유로 가장 옳은 것은?

법규기출

① 검역조사에 응하기 위한 경우
② 해양사고를 피하기 위한 경우
③ 도선사를 승·하선시키기 위한 경우
④ 연료유를 수급하는 경우

> **해설** 선박은 무역항 수상구역의 일정한 장소에서 부득이한 경우를 제외하고는 정박하거나 정류하지 못한다. ②부득이한 경우에 해당한다.
>
> 「선박입출항법」상 정박의 제한 및 방법(제6조)
> ① 선박은 무역항의 수상구역등에서 아래의 장소에는 정박하거나 정류하지 못한다.
>   1. 부두·잔교(棧橋)·안벽(岸壁)·계선부표·돌핀 및 선거(船渠)의 부근 수역
>   2. 하천, 운하 및 그 밖의 좁은 수로와 계류장(繫留場) 입구의 부근 수역
> ② 제1항에도 불구하고 아래의 경우에는 ①각호의 장소에 정박하거나 정류할 수 있다.
>   1. 「해양사고의 조사 및 심판에 관한 법률」제2조제1호에 따른 해양사고를 피하기 위한 경우
>   2. 선박의 고장이나 그 밖의 사유로 선박을 조종할 수 없는 경우
>   3. 인명을 구조하거나 급박한 위험이 있는 선박을 구조하는 경우
>   4. 제41조에 따른 허가를 받은 공사 또는 작업에 사용하는 경우

정답 03 ③ 04 ②

Chapter 09 해양경찰 환경관리론

제1절 서설

01 「해양환경관리법」상 해양환경 및 해양오염과 관련하여 국제적으로 발효된 국제협약에서 정하는 기준과 「해양환경관리법」에서 규정하고 있는 내용이 다른 경우 조치 방법에 대한 설명 중 가장 옳은 것은? 18년 경감

① 해양환경관리법의 효력을 우선으로 한다.
② 해양환경관리법의 효력을 우선하되, 국제협약에서 더 강화된 기준을 포함하는 때에는 그러하지 아니하다.
③ 국제협약의 효력을 우선하되, 해양환경관리법에서 더 강화된 기준을 포함하는 때에는 그러하지 아니하다.
④ 국제협약의 효력을 우선하되, 해양환경관리법에서 더 완화된 기준을 포함하는 때에는 그러하지 아니하다.

해설 ③ 「해양환경관리법」과 국제협약과의 관계를 보면, 해양환경 및 해양오염과 관련하여 국제적으로 발효된 국제협약에서 정하는 기준과 이 법에서 규정하는 내용이 다른 때에는 국제협약의 효력을 우선한다. 다만, 이 법의 규정내용이 국제협약의 기준보다 강화된 기준을 포함하는 때에는 그러하지 아니하다(제4조).

02 「해양환경관리법」에서는 해양오염의 사전예방 또는 방제를 위해 각종 계획의 수립 및 대책을 시행하고 있다. ( )에 권한 있는 사람이 각각 바르게 연결된 것은? 법규기출

> ㉠ (　)은 해양수산부령으로 정하는 오염물질이 해양에 배출될 우려가 있거나 배출되는 경우를 대비하여 대통령령이 정하는 바에 따라 해양오염의 사전예방 또는 방제에 관한 국가긴급방제계획을 수립·시행하여야 한다.
> ㉡ (　)은 해양오염사고로 인한 긴급방제를 총괄지휘하며, 이를 위하여 해양경찰청장 소속으로 방제대책본부를 설치할 수 있다.

① ㉠ 해양경찰청장　　㉡ 해양경찰청장
② ㉠ 해양경찰청장　　㉡ 해양수산부장관
③ ㉠ 해양수산부장관　㉡ 지방해양경찰청장
④ ㉠ 해양수산부장관　㉡ 해양경찰청장

> **해설**
> 1) 해양경찰청장은 해양수산부령으로 정하는 오염물질이 해양에 배출될 우려가 있거나 배출되는 경우를 대비하여 대통령령이 정하는 바에 따라 해양오염의 사전예방 또는 방제에 관한 국가긴급방제계획을 수립·시행하여야 한다. 이 경우 해양경찰청장은 미리 해양수산부장관의 의견을 들어야 한다(제61조 제1항).
> 2) 국가긴급방제계획은「해양수산발전 기본법」제7조에 따른 해양수산발전위원회의 심의를 거쳐 확정한다(제2항).
> 3) 해양경찰청장은 해양오염사고로 인한 긴급방제를 총괄지휘하며, 이를 위하여 해양경찰청장 소속으로 방제대책본부를 설치할 수 있다(제62조 제1항).
> 4) 해양경찰청장은 제1항에 따라 설치한 방제대책본부의 조치사항 및 결과에 대하여 해양수산부령으로 정하는 바에 따라 해양수산부장관에게 보고하여야 한다(제2항).

03 다음 중에서 「해양환경관리법」상 용어의 정의에 대한 설명으로 틀린 것은?　　**법규기출**

① 유조선이란 화물창의 대부분이 산적한 기름을 운반하기 위한 구조로 된 선박을 말한다.
② 폐기물이란 해양에 배출되는 경우 그 상태로는 쓸 수 없게 되는 물질로서 해양환경에 해로운 결과를 미치거나 미칠 우려가 있는 물질을 말한다.
③ 유해액체물질이란 함은 기름 및 해양환경에 해로운 결과를 미치거나 미칠 우려가 있는 액체물질과 그 물질이 함유된 혼합 액체물질로서 해양수산부령이 정하는 것을 말한다.
④ 포장유해물질이란 함은 포장된 형태로 선박에 의하여 운송되는 유해물질 중 해양에 배출되는 경우 해양환경에 해로운 결과를 미치거나 미칠 우려가 있는 물질로서 해양수산부령이 정하는 것을 말한다.

> **해설**
> ③ 유해액체물질은 해양환경에 해로운 결과를 미치거나 미칠 우려가 있는 액체물질(기름을 제외)과 그 물질이 함유된 혼합 액체물질로서 해양수산부령이 정하는 것을 말한다(제2조 제7호).

정답 01 ③　02 ①　03 ③

X류물질	해양에 배출되는 경우 해양자원 또는 인간의 건강에 심각한 위해를 끼치는 것으로서 해양배출을 금지하는 유해액체물질
Y류물질	해양에 배출되는 경우 해양자원 또는 인간의 건강에 위해를 끼치거나 해양의 쾌적성 또는 해양의 적합한 이용에 위해를 끼치는 것으로서 해양배출을 제한하여야 하는 유해액체물질
Z류물질	해양에 배출되는 경우 해양자원 또는 인간의 건강에 경미한 위해를 끼치는 것으로서 해양배출을 일부 제한하여야 하는 유해액체물질
기타물질	「위험화학품 산적운송선박의 구조 및 설비를 위한 국제코드」제18장의 오염분류에서 기타 물질로 표시된 물질로서 탱크세정수 배출 작업으로 해양에 배출할 경우 현재는 해양자원, 인간의 건강, 해양의 쾌적성 그 밖에 적법한 이용에 위해가 없다고 간주되어 X류 물질부터 Z류 물질까지의 규정에 따른 범주에 해당되지 아니하는 것으로 알려진 물질
잠정평가 물질	X류 물질부터 기타 물질까지의 규정에 따라 분류되어 있지 아니한 액체물질로서 산적운송하기 위한 신청이 있는 경우 해양수산부장관이 「산적된 유해액체물질에 의한 오염규제를 위한 규칙」 부록 1에 정하여진 유해액체물질의 분류를 위한 지침에 따라 잠정적으로 X류 물질부터 기타 물질까지의 어느 하나에 해당하는 것으로 평가한 물질

04 「해양환경관리법」상 유해액체물질의 종류를 설명한 것이다. 올바르게 연결된 것은?

법규기출

> ㉠ 해양에 배출되는 경우 해양자원 또는 인간의 건강에 심각한 위해를 끼치는 것으로서 해양배출을 금지하는 유해액체물질
> ㉡ 해양에 배출되는 경우 해양자원 또는 인간의 건강에 위해를 끼치거나 해양의 쾌적성 또는 해양의 적합한 이용에 위해를 끼치는 것으로서 해양배출을 제한하여야 하는 유해액체물질
> ㉢ 해양에 배출되는 경우 해양자원 또는 인간의 건강에 경미한 위해를 끼치는 것으로서 해양배출을 일부 제한하여야 하는 유해액체물질

① X류 물질 - Z류 물질 - Y류 물질
② X류 물질 - Y류 물질 - Z류 물질
③ Z류 물질 - Y류 물질 - X류 물질
④ Y류 물질 - X류 물질 - Z류 물질

해설 ② 유해액체물질은 해양환경에 해로운 결과를 미치거나 미칠 우려가 있는 액체물질(기름을 제외)과 그 물질이 함유된 혼합 액체물질로서 해양수산부령이 규정하고 있는데, 위는 X류 - Y류 - Z류 물질을 설명하고 있다(제2조 제7호).

05 다음 <보기> 중 유해액체물질(HNS)의 분류에 대해 가장 옳게 연결한 것은?

23년 경찰간부

> ㉠ 해양에서 배출되는 경우 해양자원 또는 인간의 건강에 심각한 위해를 끼치는 것으로서 해양배출을 금지하는 유해액체물질
> ㉡ 해양에 배출되는 경우 해양자원 또는 인간의 건강에 경미한 위해를 끼치는 것으로 해양배출을 일부 제한하여야 하는 유해액체물질
> ㉢ 해양에 배출되는 경우 해양자원 또는 인간의 건강에 위해를 끼치거나 해양의 쾌적성 또는 해양의 적합한 이용에 위해를 끼치는 것으로서 해양배출을 제한하여야 하는 유해액체물질

	㉠	㉡	㉢
①	X류 물질	Y류 물질	Z류 물질
②	Y류 물질	X류 물질	Z류 물질
③	Y류 물질	Z류 물질	X류 물질
④	X류 물질	Z류 물질	Y류 물질

해설 ④ ㉠ : X류 물질 – ㉡ : Z류 물질 – ㉢ : Y류 물질

유해액체물질의 분류(「선박에서의 오염방지에 관한 규칙」 제3조)
「해양환경관리법」 제2조 제7호에서 "해양수산부령이 정하는 것"이란 다음 각호의 물질을 말한다(제1항).
1. X류 물질 : 해양에 배출되는 경우 해양자원 또는 인간의 건강에 심각한 위해를 끼치는 것으로서 해양배출을 금지하는 유해액체물질
2. Y류 물질 : 해양에 배출되는 경우 해양자원 또는 인간의 건강에 위해를 끼치거나 해양의 쾌적성 또는 해양의 적합한 이용에 위해를 끼치는 것으로서 해양배출을 제한하여야 하는 유해액체물질
3. Z류 물질 : 해양에 배출되는 경우 해양자원 또는 인간의 건강에 경미한 위해를 끼치는 것으로서 해양배출을 일부 제한하여야 하는 유해액체물질
4. 기타 물질 : 「위험화학품 산적운송선박의 구조 및 설비를 위한 국제코드」 제18장의 오염분류에서 기타 물질로 표시된 물질로서 탱크세정수 배출 작업으로 해양에 배출할 경우 현재는 해양자원, 인간의 건강, 해양의 쾌적성 그 밖에 적법한 이용에 위해가 없다고 간주되어 제1호부터 제3호까지의 규정에 따른 범주에 해당되지 아니하는 것으로 알려진 물질
5. 잠정평가물질 : 제1호부터 제4호까지의 규정에 따라 분류되어 있지 아니한 액체물질로서 산적(散積)운송하기 위한 신청이 있는 경우 해양수산부장관이「산적된 유해액체물질에 의한 오염규제를 위한 규칙」부록 1에 정하여진 유해액체물질의 분류를 위한 지침에 따라 잠정적으로 제1호부터 제4호까지의 어느 하나에 해당하는 것으로 평가한 물질

정답 04 ② 05 ④

06 「해양환경관리법」상 해양환경 기준의 유지가 곤란한 해역 또는 해양환경 및 생태계의 보전에 현저한 장해가 있거나 장해가 발생할 우려가 있는 해역 중 대통령령으로 정하는 해역은?

법규기출

① 특별관리해역　　　　　② 청정관리해역
③ 환경보전해역　　　　　④ 재해선포해역

해설 ① 해양수산부장관은 해양환경의 보전·관리를 위하여 필요하다고 인정되는 경우에는 아래의 구분에 따라 환경보전해역 및 특별관리해역(환경관리해역)을 지정·관리할 수 있다. 이 경우 관계 중앙행정기관의 장과 미리 협의하여 한다(제15조).

환경보전 해역	아래에 해당하는 해역으로서 대통령령이 정하는 해역(해양오염에 직접 영향을 미치는 육지를 포함) ㉠ 국토의 계획 및 이용에 관한 법률 제6조제4호의 규정에 따른 자연환경보전지역 중 수산자원의 보호·육성을 위하여 필요한 용도지역으로 지정된 해역 ㉡ 해양환경 및 생태계의 보존이 양호한 곳으로서 지속적인 보전이 필요한 해역
특별관리 해역	해양환경 보전 및 활용에 관한 법률 제13조제1항에 따른 해양환경기준의 유지가 곤란한 해역 또는 해양환경 및 생태계의 보전에 현저한 장해가 있거나 장애가 발생할 우려가 있는 해역으로서 대통령령이 정하는 해역(해양오염에 직접 영향을 미치는 육지를 포함)

제 2 절　해양환경 오염방지 및 방제

01 「해양환경관리법」상 선박에서 기름을 배출시의 배출요건이 잘못된 것은?

법규기출

① 선박의 항해 중에 배출할 것
② 시추선 및 플랫폼의 항해 중에 배출할 것
③ 배출액 중의 기름 성분이 15ppm 이하일 것
④ 천연가스의 탐사시 배출액의 유분이 40ppm 이하일 것

해설 ② 선박으로부터 기름을 배출하는 경우에는 아래의 요건에 모두 적합하게 배출하여야 한다(법 제22조 제1항 제2호, 「선박에서의 오염방지에 관한 규칙」 제9조).
　1) 선박(시추선 및 플랫폼을 제외)의 항해 중에 배출할 것
　2) 배출액 중의 기름 성분이 0.0015퍼센트(15ppm) 이하일 것 다만, 「해저광물자원 개발법」에 따른 해저광물(석유 및 천연가스에 한함)의 탐사·채취 과정에서 발생한 물의 경우에는 0.004퍼센트 이하여야 한다.
　3) 제15조제1항에 따른 기름오염방지설비의 작동 중에 배출할 것

선박에서의 배출절차와 기준/방법
누구든지 선박으로부터 오염물질을 해양에 배출하여서는 아니 된다(제22조 제1항).
(1) 선박에서 기름을 배출하는 경우에는 해양수산부령이 정하는 해역에서 해양수산부령이 정하는 배출기준 및 방법에 따라 배출할 것, 이에 따라 선박으로부터 기름을 배출하는 경우에는 다음의 요건에 모두 적합하게 배출하여야 한다(규칙 제9조).
　① 선박(시추선 및 플랫폼을 제외)의 항해 중에 배출할 것
　② 배출액 중의 기름 성분이 0.0015퍼센트(15ppm) 이하일 것, 다만, 「해저광물자원 개발법」에 따른 해저광물(석유 및 천연가스에 한한다)의 탐사·채취 과정에서 발생한 물의 경우에는 0.004퍼센트 이하여야 한다.
　③ 규칙 제15조(기름오염방지설비 등의 설치기준) 제1항에 따른 기름오염방지설비의 작동 중에 배출할 것, 다만, 시추선 및 플랫폼에서 스킴 파일[skim pile, 분리된 기름을 수집하는 내부 칸막이(baffle plate)를 가진 바닥이 개방된 수직의 파이프]의 설치를 통하여 기름을 배출하는 경우는 제외한다.
(2) 선박에서 분리평형수 및 맑은평형수를 배출하는 경우에는 아래요건에 적합하게 배출하여야 한다(규칙 제10조 제3항).
　① 분리평형수 및 맑은평형수는 해당 선박의 흘수선 위쪽에서 배출하여야 한다. 다만, 분리평형수 및 맑은평형수의 표면에서 기름이 관찰되지 아니하는 경우에는 흘수선 아래쪽에서 배출할 수 있다.
　② ①단서에 따라 흘수선 아래쪽에서 배출하는 경우 항만 및 해양터미널 외의 해역에서는 중력에 따른 배출방법을 사용하여야 한다.

02 「선박에서의 오염방지에 관한 규칙」에서 정하고 있는 유조선의 선저폐수 배출규정의 조건으로 가장 적합하지 않은 것은? 　　　　　　　　　　　　　　　　　　　　　　　법규기출

① 항해 중일 것
② 영해기선으로부터 30해리 이상 떨어질 것
③ 기름의 순간 배출률이 1해리당 30리터 이하일 것
④ 기름오염방지설비가 작동 중에 배출할 것

해설 ② 유조선에서 화물유가 섞인 선박평형수, 화물창의 세정수 및 선저폐수를 배출하는 경우에는 해양수산부령이 정하는 해역에서 해양수산부령이 정하는 배출기준 및 방법에 따라 배출하여야 한다.
화물유가 섞인 선박평형수, 세정수, 선저폐수의 배출기준
유조선에서 화물유가 섞인 선박평형수, 화물창의 세정수 및 화물펌프실의 선저폐수를 배출하는 경우에는 아래의 요건에 적합하게 배출하여야 한다.
㉠ 항해 중에 배출할 것
㉡ 기름의 순간배출률이 1해리당 30ℓ 이하일 것
㉢ 1회의 항해 중(선박평형수를 실은 후 그 배출을 완료할 때까지)의 배출총량이 그 전에 실은 화물총량의 3만분의 1(1979년 12월 31일 이전에 인도된 선박으로서 유조선의 경우에는 1만5천분의 1)이하일 것
㉣ 「영해 및 접속수역법」제2조에 따른 기선으로부터 50해리 이상 떨어진 곳에서 배출할 것
㉤ 규칙 제15조에 따른 기름오염방지설비의 작동 중에 배출할 것

정답　06 ①　01 ②　02 ②

03 「해양환경관리법」을 적용하여 단속할 수 있는 행위로 가장 옳지 않은 것은? *법규기출*

① 항내 정박 중인 어선이 기상악화로 인해 전복되어 경유 50리터를 해양에 유출한 경우
② 선박에서 작업 중 과실로 페인트 20리터를 항내에 투기한 경우
③ 항내에서 선저폐수 20리터를 고의로 배출한 경우
④ 밸브조작의 잘못으로 부득이하게 계속해서 오염물질을 배출한 경우

> **해설** ① 아래에 해당하는 경우에는 적법한 배출에 관한 규정에 불구하고 선박에서 발생하는 오염물질을 해양에 배출할 수 있다(제22조 제3항 선박으로부터의 배출금지의 예외).
> ① 선박의 안전확보나 인명구조를 위하여 부득이하게 오염물질을 배출하는 경우
> ② <u>선박의 손상 등으로 인하여 부득이하게 오염물질이 배출되는 경우</u>
> ③ 선박의 오염사고에 있어 해양수산부령이 정하는 방법에 따라 오염피해를 최소화하는 과정에서 부득이하게 오염물질이 배출되는 경우. 이에 따라 선박 오염사고에 대한 방제조치 중에 오염으로 인한 피해를 최소화하기 위하여 사용되는 기름, 유해액체물질 또는 이들 물질을 함유한 혼합물 등은 해양에 배출할 수 있다(규칙 제13조 제4항).

04 다음 <보기> 중 「해양환경관리법(시행령 및 시행규칙 포함)」에 대한 설명으로 ( )에 들어갈 숫자의 합으로 가장 옳은 것은? *22년 해경학과*

> 다음 어느 하나에 해당하는 선박 또는 해양시설의 소유자는 기름의 해양유출사고에 대비하여 대통령령으로 정하는 기준에 따라 방제선 또는 방제장비를 해양수산부령으로 정하는 해역 안에 배치 또는 설치하여야 한다.
> ㉠ 총톤수 ( )톤 이상의 유조선
> ㉡ 총톤수 ( )만톤 이상의 선박(유조선을 제외한 선박에 한한다)
> ㉢ 신고된 해양시설로서 저장용량 ( )만 킬로리터 이상의 기름 저장시설

① 102
② 156
③ 306
④ 502

> **해설** ④ ㉠ 총톤수 500톤 이상의 유조선, ㉡ 총톤수 1만톤 이상의 선박, ㉢ 저장용량 1만 킬로미터 이상의 기름 저장시설
>
> 방/제/선/등/의/배/치(법 제67조)
> 다음 각호의 어느 하나에 해당하는 선박 또는 해양시설의 소유자는 기름의 해양유출사고에 대비하여 대통령령으로 정하는 기준에 따라 방제선 또는 방제장비(방제선등)를 해양수산부령으로 정하는 해역 안에 배치 또는 설치하여야 한다(제1항).
> 1. 총톤수 500톤 이상의 유조선
> 2. 총톤수 1만톤 이상의 선박(유조선을 제외한 선박에 한한다)
> 3. 신고된 해양시설로서 저장용량 1만 킬로리터 이상의 기름저장시설

05 「해양환경관리법」상 선박해체의 신고 등에 관한 내용 중 가장 옳지 않은 것은? 18년 경사

① 작업개시 7일 전까지 신고하여야 한다.
② 선박을 해체하고자 하는 자는 해양수산부장관에게 신고하여야 한다.
③ 해양수산부령으로 정하는 바에 따라 오염물질이 배출되지 아니하도록 작업계획을 수립하여야 한다.
④ 육지에서 선박을 해체하는 등 해양수산부령이 정하는 방법에 따라 선박을 해체하는 경우에는 신고하지 않아도 된다.

> **해설** ② 선박을 해체하고자 하는 자는 선박의 해체작업과정에서 오염물질이 배출되지 아니하도록 해양수산부령으로 정하는 바에 따라 작업계획을 수립하여 작업개시 7일 전까지 해양경찰청장에게 신고하여야 한다(서류 등의 제출은 7일 전까지 해양경찰서장에게).
>
> 「해양환경관리법」상 선박해체의 신고(제111조)
> ① 선박을 해체하고자 하는 자는 선박의 해체작업과정에서 오염물질이 배출되지 아니하도록 해양수산부령으로 정하는 바에 따라 작업계획을 수립하여 작업개시 7일 전까지 해양경찰청장에게 신고하여야 한다. 다만, 육지에서 선박을 해체하는 등 해양수산부령으로 정하는 방법에 따라 선박을 해체하는 경우에는 그러하지 아니하다.
> ② 해양경찰청장은 제1항의 규정에 따라 신고된 작업계획이 미흡하거나 동 계획을 이행하지 아니하는 것으로 인정되는 경우에는 필요한 시정명령을 할 수 있다.
> ③ 해역관리청은 방치된 선박의 해체 및 이의 원활한 처리를 위하여 해양수산부령이 정하는 시설기준·장비 등을 갖춘 선박처리장을 설치·운영할 수 있다.

06 다음 중 「해양환경관리법(시행령 및 시행규칙 포함)」상 선박 해체의 신고 등에 대한 설명으로 가장 옳지 않은 것은? 22년 경찰간부

① 선박을 해체하려는 자는 선박해체 해양오염방지작업계획신고서에 오염물질의 처리실적서 등의 서류를 첨부하여 작업개시 7일 전까지 선박을 해체하려는 장소를 관할하는 해양경찰서장에게 제출하여야 한다.
② 오염물질이 제거된 선박으로서 경하배수톤수 200톤 미만의 군함과 경찰용 선박을 육지에 올려놓고 해체하는 경우에는 선박을 해체하려는 장소를 관할하는 해양경찰서장에게 신고하지 않아도 된다.
③ 오염물질이 제거된 선박으로서 총톤수 100톤 미만의 선박을 육지에 올려놓고 해체하는 경우에는 선박을 해체하려는 장소를 관할하는 해양경찰서장에게 신고하지 않아도 된다.
④ 오염물질이 제거된 선박으로서 총톤수 100톤 미만의 유조선을 육지에 올려놓고 해체하는 경우에는 선박을 해체하려는 장소를 관할하는 해양경찰서장에게 신고하지 않아도 된다.

정답 03 ① 04 ④ 05 ② 06 ④

> **해설** ④ 오염물질이 제거된 선박으로서 총톤수 100톤 미만의 선박은 예외 선박에 해당하나, 여기에 <u>유조선은 제외</u>된다.
>
> **선박해체 해양오염방지작업계획의 신고(시행규칙 제73조)**
> ① 선박을 해체하려는 자는 법 제111조제1항 본문에 따라 별지 제69호서식의 선박해체 해양오염방지 작업계획 신고서에 다음 각호의 서류를 첨부하여 작업개시 7일 전까지 선박을 해체하려는 장소를 관할하는 해양경찰서장에게 제출하여야 한다. 작업계획을 변경하려는 때에도 또한 같다.
> 1. 다음 각 목의 사항이 기재된 작업계획서
>   가. 해체하려는 선박의 해체 전 유창 청소와 오염물질의 처리에 관한 사항
>   나. 해체작업 중 발생할 수 있는 오염물질의 유출사고에 대비한 예방조치 사항
>   다. 오염물질의 유출사고 발생 시의 응급조치에 관한 사항
> 2. 해체장소 사용허가서 또는 그 증명서류
> 3. 해체할 선박의 권리를 입증할 수 있는 서류
> 4. 물질의 처리실적서
>
> ② 법 제111조제1항 단서에서 "해양수산부령으로 정하는 방법"이란 오염물질이 제거된 선박으로서 총톤수 100톤(군함과 경찰용 선박의 경우에는 경하배수톤수 200톤) 미만의 선박(<u>유조선은 제외한다</u>)을 육지에 올려놓고 해체하는 것을 말한다.

07 다음 중 「해양환경관리법 시행령」상 해양경찰청장 소속 해양환경감시원의 임무로 가장 옳지 않은 것은?

20년 경찰간부

① 해양공간에 대한 수질 및 오염원 조사활동
② 해양오염방제업자 및 유창청소업자가 운영하는 시설에 대한 검사·지도
③ 해양시설에서의 방제선등의 배치·설치 및 자재·약제의 비치 상황에 관한 검사
④ 오염물질의 배출 또는 배출혐의가 있다고 인정된 경우 조사활동 및 감식·분석을 위한 오염시료 채취 등

> **해설** ① 해양공간에 대한 수질 및 오염원 조사활동은 해양수산부장관 소속 해양환경감시원의 직무에 해당한다.
>
> **해양환경감시원의 직무는 다음 각호와 같다(시행령 제90조).**
> 1] 해양수산부장관 소속 해양환경감시원
>   가. 제89조제1항에 따른 출입검사와 보고에 관한 사항
>   나. 해양공간으로 유입되거나 해양에 배출되는 폐기물의 감시
>   다. <u>해양공간에 대한 수질 및 오염원 조사활동</u>
>   라. 「해양폐기물 및 해양오염퇴적물 관리법」제7조제6항에 따른 폐기물 해양배출 위탁자 및 같은 법 제21조제1항에 따른 해양폐기물관리업자의 사업시설에 대한 지도·검사
>   마. 환경관리해역에서의 해양환경 개선을 위한 오염원 조사 활동
>   바. 해양시설에서의 오염물질 배출감시 및 해양오염예방을 위한 지도·점검(해양시설오염물질기록부, 해양시설오염비상계획서 및 해양오염방지관리인과 관련된 업무는 제외한다)
> 2] 해양경찰청장 소속 해양환경감시원
>   가. 제94조제2항제8호에 따른 출입검사와 보고에 관한 사항
>   나. 해양시설에서의 오염물질 배출감시 및 해양오염예방을 위한 지도·점검(해양시설오염물질기록부, 해양시설오염비상계획서 및 해양오염방지관리인과 관련된 업무로 한정한다)
>   다. 해양오염방제업자 및 유창청소업자가 운영하는 시설에 대한 검사·지도
>   라. 해양시설에서의 방제선등의 배치·설치 및 자재·약제의 비치 상황에 관한 검사
>   마. 오염물질의 배출 또는 배출혐의가 있다고 인정된 경우 조사활동 및 감식·분석을 위한 오염시료 채취 등

08 다음 중 「해양환경관리법」에 대한 내용으로 가장 옳지 않은 것은? 20년 3차/간부

① 대통령령이 정하는 배출기준을 초과하는 오염물질이 해양에 배출되거나 배출될 우려가 있다고 예상되는 경우 해당 오염물질이 적재된 선박의 선장은 지체없이 해양경찰청장 또는 해양경찰서장에게 이를 신고하여야 한다.

② 대통령령이 정하는 배출기준을 초과하는 오염물질을 해양에 배출한 자(방제의무자)는 배출된 오염물질에 대하여 대통령령이 정하는 바에 따라 오염물질의 배출방지, 배출된 오염물질의 확산방지 및 제거 등의 조치를 하여야 한다.

③ 해양경찰청장은 방제의무자의 방제조치만으로는 오염물질의 대규모 확산을 방지하기가 곤란하거나 긴급방제가 필요하다고 인정하는 경우에는 직접 방제조치를 하여야 한다.

④ 해양경찰청장은 해양수산부장관과 협의하여 지역의 자율적인 해양오염방제 기능을 강화하기 위하여 「수산업협동조합법」제15조에 따른 어촌계에 소속된 어업인, 지역주민 등으로 해양자율방제대를 구성·운영할 수 있다.

해설 ④ 해양경찰청장은 지역의 자율적인 해양오염방제 기능을 강화하기 위하여 「수산업협동조합법」제15조에 따른 어촌계에 소속된 어업인, 지역주민 등으로 해양자율방제대를 구성·운영할 수 있다(제68조의2 제1항).

「해양자율방제대 운영규칙」
1] 정의(제2조) 이 규칙에서 사용하는 용어의 뜻은 다음과 같다.
1. "해양자율방제대"란 지역의 자율적인 해양오염방제 기능을 강화하기 위하여 「수산업협동조합법」제15조에 따른 어촌계에 소속된 어업인, 지역주민 등으로 구성한 민간자율방제단체를 말한다.
2. "해양자율방제대 지역연합회"란 해양자율방제대 간의 교류와 협력 증진을 위하여 지방해양경찰청 관할별로 구성한 민간자율방제단체를 말한다.

2] 해양자율방제대의 구성(제3조)
① 「해양환경관리법」제68조의2에 따른 해양자율방제대는 어촌계 단위로 구성하고, 명칭은 어촌계명을 포함하여 "○○해양자율방제대"라 한다. 이 경우 해양자율방제대는 별표 1의 표지 및 현판을 설치할 수 있다.
② 해양자율방제대 구성원(대원)은 대장 1명, 간사 1명 및 일반대원으로 한다.
③ 해양자율방제대의 대장은 해양 분야에 대한 학식과 경험이 있는 대원 중에서 호선하고, 해양경찰서장은 별지 제1호서식의 임명장을 수여한다.
④ 대장의 임기는 4년으로 하며, 연임할 수 있다.
⑤ 해양자율방제대의 행정업무 등을 담당하기 위하여 간사를 두되, 간사는 대장이 지명한다.

3] 대원의 해임(제5조)
① 해양경찰서장은 대원이 다음 각호의 어느 하나에 해당하는 경우에는 심의위원회의 심의를 거쳐 해임할 수 있다.
 1. 사망, 질병, 소재불명 등으로 직무 수행이 불가능할 경우
 2. 직무를 게을리 하거나 이행하지 않은 경우
 3. 제9조에 따른 행위금지 의무를 위반한 경우
 4. 제10조에 따른 교육 및 훈련을 2년 이상 받지 않은 경우
 5. 부정한 행위나 비리 등으로 해양자율방제대 명예를 훼손한 경우
 6. 본인이 희망하는 경우

정답 07 ① 08 ④

② 해양경찰서장은 대원에게 해임의 사유가 있을 때에는 해당 대원에게 그 사유를 명확히 알려야 한다. 이 경우 해임대상자는 심의위원회에 출석하여 의견을 진술하거나 별지 제7호서식의 의견서를 제출할 수 있다.
③ 해양경찰서장이 대원을 해임 결정했을 때에는 별지 제8호서식의 해임통지서를 작성하여 해당 대원, 소속 대장에게 알려야 한다. 다만, 대장을 해임했을 때에는 제13조에 따른 해양자율방제대 지역연합회장에게 알려야 한다.

4) 운영(제8조)
① 해양경찰서장은 해양오염방제 활동 보조를 위하여 대원을 소집할 수 있다. 이 경우 해양경찰서장은 소집사실을 「해양환경관리법」제63조제1항제1호 및 제2호에 해당하는 사람(방제의무자)에게 알려야 한다.
② 대원은 제1항의 소집명령에 따라 해양오염사고 등이 발생한 현장에 출동하며 해양경찰서장의 지휘와 감독을 받아 방제업무를 보조한다.
③ 대원이 해양자율방제대 임무와 관련된 활동을 한 경우에는 활동 완료와 동시에 별지 제10호서식의 해양자율방제대 활동기록부를 대장에게 제출해야 한다.
④ 대장은 제출받은 해양자율방제대 활동기록부를 관할 해양경찰서 파출소장의 확인을 거쳐 보관해야 한다.
⑤ 대장은 반기별로 별지 제13호서식의 해양자율방제대 활동실적을 작성하여 해양경찰서장에게 제출해야 한다. 이 경우에는 별지 제10호서식의 해양자율방제대 활동 기록부 사본을 첨부해야 한다.

5) 교육 및 훈련(제10조)
① 해양경찰서장은 법 제68조의2제2항에 따라 대원에게 다음 각호에서 정하는 교육 및 훈련을 매년 8시간 이상 실시할 수 있다.
  1. 해양자율방제대 제도
  2. 해양오염방제 장비·자재 사용방법
  3. 보건 및 안전 교육
  4. 그 밖에 대원으로서의 기본자질 함양을 위하여 해양경찰서장이 필요하다고 인정하는 사항
② 해양경찰서장은 법 제68조의2제2항에 따라 대장에게 다음 각 호에서 정하는 전문교육을 추가적으로 실시할 수 있으며 교육시간은 대장의 임기 중 4시간 이상으로 한다.
  1. 국가 재난대응 및 해양오염방제 체계
  2. 해양오염방제 이론 및 보건·안전
  3. 해양오염방제 활동에 필요한 리더의 역할
③ 제1항 및 제2항에도 불구하고 해양경찰서장은 대원의 방제활동에 관한 전문성 강화를 위하여 별도의 교육 및 훈련을 실시할 수 있다.
④ 해양경찰청장은 제1항부터 제3항까지의 교육·훈련을 다음 각 호의 기관에 위탁하여 실시할 수 있다.
  1. 「해양경찰청과 그 소속기관 직제」제2조에 따른 해양경찰교육원
  2. 법 제96조에 따른 해양환경공단
  3. 「수상에서의 수색·구조 등에 관한 법률」제26조에 따른 한국해양구조협회
⑤ 해양경찰청장은 대원의 교육·훈련에 필요한 장비 및 교재를 개발하여 보급할 수 있다.
⑥ 해양경찰서장은 인터넷 등 정보통신을 이용하여 교육·훈련을 실시할 수 있다.
⑦ 해양경찰서장은 교육·훈련 실적을 대원별로 관리해야 한다.
⑧ 대원이 해양오염방제 활동에 동원된 경우에는 동원시간만큼 교육을 이수한 것으로 본다.

6) 심의위원회 구성(제18조)
① 해양경찰서장은 해양자율방제대의 운영에 관한 다음 각호의 사항을 심의하기 위하여 위원회를 구성·운영할 수 있다.
  1. 대원의 임명, 해임 등에 관한 사항
  2. 해양자율방제대와 대원의 포상에 관한 사항
  3. 대원의 경비 및 보상금 지급에 관한 사항
  4. 그 밖에 해양자율방제대 운영을 위해 해양경찰서장이 필요하다고 인정하는 사항
② 심의위원회는 위원장 1명을 포함하여 3명 이상 5명 이하의 위원으로 성별을 고려하여 구성한다.
③ 위원장은 해양경찰서 해양오염방제과장으로 하고 위원은 해양경찰서장이 다음 각 호의 사람 중에서 선정한다. 다만, 제1항제1호 및 제2호에 관한 사항은 내부위원만으로 심의할 수 있다.
  1. 내부위원: 해양경찰서의 계장급 공무원 또는 파출소장

2. 외부위원: 보험·법무·방제 분야에서 5년 이상 근무한 경력이 있는 사람 또는 해양자율방제대장
④ 위원장은 심의위원회를 대표하며 심의위원회의 사무를 총괄한다.
⑤ 위원장이 부득이한 사유로 직무를 수행할 수 없을 때에는 위원장이 미리 지명한 위원이 그 직무를 대행한다.
⑥ 심의위원회의 사무를 처리하기 위하여 간사 1명을 두되, 간사는 해당 업무 담당 계장이 된다. 다만, 해당 업무 담당 계장이 직무를 수행하기 곤란한 사유가 있을 때에는 위원장이 지명한 사람이 간사 직무를 대행한다.

7] 심의위원회 운영(제19조)
① 심의위원회의 회의는 해양경찰서장이 제18조제1항 각호의 심의가 필요하다고 인정하는 경우에 개최한다.
② 심의위원회의 회의는 재적위원 과반수의 출석으로 개의하며, 출석위원 과반수의 찬성으로 의결한다.
③ 위원장은 필요한 경우에 관계 공무원, 외부전문가 또는 심의 당사자(신청인, 대리인, 보험사 등을 말한다)를 회의에 출석하도록 하여 의견을 듣거나 필요한 자료 제출을 요구할 수 있다.
④ 위원장은 심의위원회가 심의한 사항을 지체없이 해양경찰서장에게 보고해야 한다.〈중략〉

09 「해양환경관리법」에 대한 설명으로 가장 옳지 않은 것은?   23년 경찰간부

① 해양환경관리업자의 권리·의무를 승계한 자는 3개월 이내에 해양수산부령으로 정하는 바에 따라 해양경찰청장에게 신고하여야 한다.
② 해양환경관리업자는 오염물질의 방제 및 오염물질의 청소·수거 등에 관한 처리실적서를 작성하여 해양경찰청장에게 제출하여야 하며, 그 처리대장을 작성하고 해당 선박 또는 시설에 비치하여야 한다.
③ 선박의 소유자는 기름 또는 유해액체물질이 해양에 배출되는 경우에 취하여야 하는 조치사항에 대한 내용을 포함하는 기름 및 유해액체물질의 해양오염비상계획서를 작성하여 해양경찰청장의 검인을 받은 후 이를 그 선박에 비치하고, 선박해양오염비상계획서에 따른 조치 등을 이행하여야 한다.
④ 해양경찰청장은 해양환경관리업자가 정당한 사유없이 등록한 사항을 이행하지 아니한 경우 그 등록을 취소하거나 6개월 이내의 기간을 정하여 영업정지를 명령할 수 있다.

해설 ① 해양환경관리업자의 권리·의무를 승계한 자는 1개월 이내에 해양수산부령으로 정하는 바에 따라 해양경찰청장에게 신고하여야 한다.

1] 선박해양오염비상계획서의 관리(제31조)
① 선박의 소유자는 기름 또는 유해액체물질이 해양에 배출되는 경우에 취하여야 하는 조치사항에 대한 내용을 포함하는 기름 및 유해액체물질의 해양오염비상계획서(선박해양오염비상계획서)를 작성하여 해양경찰청장의 검인을 받은 후 이를 그 선박에 비치하고, 선박해양오염비상계획서에 따른 조치 등을 이행하여야 한다.
② 제1항에 따라 선박해양오염비상계획서를 검인받은 선박의 소유자는 그 선박해양오염비상계획서의 내용 중 해양수산부령으로 정하는 중요한 사항을 변경하려는 경우에는 선박해양오염비상계획서를 변경 작성하여 해양경찰청장의 검인을 받은 후 이를 그 선박에 비치하여야 한다.

정답 09 ①

2) 해양시설오염비상계획서의 관리(제35조)

① 기름 및 유해액체물질을 사용·저장 또는 처리하는 해양시설의 소유자는 기름 및 유해액체물질이 해양에 배출되는 경우에 취하여야 하는 조치사항에 대한 내용이 포함된 해양오염비상계획서(해양시설오염비상계획서)를 작성하여 해양경찰청장의 검인을 받은 후 그 해양시설에 비치하고, 해양시설오염비상계획서에 따른 조치 등을 이행하여야 한다. 다만, 해양시설오염비상계획서를 그 해양시설에 비치하는 것이 곤란한 때에는 해양시설의 소유자의 사무실에 비치할 수 있다.

② 제1항에 따라 해양시설오염비상계획서를 검인받은 해양시설의 소유자는 그 해양시설오염비상계획서의 내용 중 해양수산부령으로 정하는 중요한 사항을 변경하려는 경우에는 해양시설오염비상계획서를 변경 작성하여 해양경찰청장의 검인을 받은 후 이를 그 해양시설 또는 해양시설의 소유자의 사무실에 비치하여야 한다.

3) 해양환경관리업(제70조)

① 다음 각호의 어느 하나에 해당하는 사업(해양환경관리업)을 영위하려는 자는 대통령령이 정하는 바에 따라 해양경찰청장에게 등록하여야 한다.

  1. 〈2019. 12. 3.〉
  2. 해양오염방제업 : 오염물질의 방제에 필요한 설비 및 장비를 갖추고 해양에 배출되거나 배출될 우려가 있는 오염물질을 방제하는 사업
  3. 유창청소업(油艙淸掃業): 선박의 유창을 청소하거나 선박 또는 해양시설(그 해양시설이 기름 및 유해액체물질 저장시설인 경우에 한정한다)에서 발생하는 해양수산부령으로 정하는 오염물질의 수거에 필요한 설비 및 장비를 갖추고 그 오염물질을 수거하는 사업

② 해양환경관리업의 등록을 하려는 자는 대통령령으로 정하는 자격을 갖춘 기술요원을 대통령령으로 정하는 바에 따라 보유하여야 하며, 해양수산부령으로 정하는 선박·장비 및 설비 등을 갖추어야 한다.

③ 제1항의 규정에 따라 해양환경관리업의 등록을 한 자(해양환경관리업자)가 등록한 사항 중 해양수산부령으로 정하는 중요한 사항을 변경하려는 때에는 해양수산부령으로 정하는 바에 따라 변경등록을 하여야 한다.

4) 해양환경관리업자의 의무(제72조)

① 해양환경관리업자는 오염물질의 방제 및 오염물질의 청소·수거 등에 관한 처리실적서를 작성하여 해양경찰청장에게 제출하여야 하며, 그 처리대장을 작성하고 해당 선박 또는 시설에 비치하여야 한다.

② 해양환경관리업자가 선박 또는 해양시설등으로부터 오염물질을 수거하는 때에는 해양수산부령으로 정하는 바에 따라 오염물질수거확인증을 작성하고 해당 오염물질의 위탁자에게 이를 교부하여야 한다. 〈중략〉

5) 위탁폐기물 등의 처리명령(제73조)

해양경찰청장은 해양환경관리업자(휴·폐업한 경우를 포함한다)가 처리를 위탁받은 폐기물 등 처리대상이 되는 오염물질을 이 법에 따라 처리하지 아니하고 방치하는 경우에는 해양수산부령으로 정하는 바에 따라 그 적정한 처리를 명령할 수 있다.

6) 해양환경관리업의 승계(제74조)

① 해양환경관리업자가 그 사업을 양도하거나 사망한 때 또는 법인의 합병이 있는 때에는 그 사업의 양수인·상속인 또는 합병 후 존속하는 법인이나 합병에 의하여 설립되는 법인이 그 권리·의무를 승계한다.

② 「민사집행법」에 따른 경매, 「채무자 회생 및 파산에 관한 법률」에 따른 환가(換價) 및 「국세징수법」·「관세법」 또는 「지방세징수법」에 따른 압류재산의 매각 그 밖에 이에 준하는 절차에 따라 환경관리업자의 시설·설비의 전부를 인수한 자는 그 권리·의무를 승계한다.

③ 제1항 및 제2항의 규정에 따라 해양환경관리업자의 권리·의무를 승계한 자는 1개월 이내에 해양수산부령으로 정하는 바에 따라 해양경찰청장에게 신고하여야 한다.

④ 제71조의 규정은 제1항 및 제2항의 규정에 따른 승계에 있어 이를 준용한다.

7) 등록의 취소(제75조)

① 해양경찰청장은 해양환경관리업자가 다음 각호의 어느 하나에 해당하는 때에는 그 등록을 취소하거나 6개월 이내의 기간을 정하여 영업정지를 명령할 수 있다. 다만, 제1호부터 제4호까지의 어느 하나에 해당하는 경우에는 등록을 취소하여야 한다.

  1. 제71조 각호의 어느 하나에 해당하는 때. 다만, 법인의 임원 중 제71조제1호, 제3호 또는 제4호에 해당하는 자가 있는 경우로서 6개월 이내에 그 임원을 바꾸어 임명한 때에는 그러하지 아니하다.
  2. 거짓 그 밖의 부정한 방법으로 등록을 하거나 변경등록을 한 경우
  3. 1년에 2회 이상 영업정지처분을 받은 경우
  4. 영업정지기간 중에 영업을 한 경우

5. 정당한 사유 없이 등록한 사항을 이행하지 아니한 경우
6. 제72조의 규정에 따른 의무를 위반한 경우
7. 제73조의 규정에 따른 명령에 따르지 아니하거나 거부한 경우
8. 등록 후 1년 이내에 영업을 하지 아니하거나 정당한 사유 없이 1년 이상 계속하여 영업실적이 없는 경우

② 제1항의 규정에 따른 행정처분의 세부기준은 그 위반행위의 유형과 정도 등을 참작하여 해양수산부령으로 정한다.

제 3 절 방제대책본부의 운영

01 「해양환경관리법」상 배출기준을 초과하는 오염물질이 해양에 배출되거나 배출될 우려가 있다고 예상되는 경우에는 지체없이 해양경찰청장 또는 해양경찰서장에게 이를 신고하여야 한다. 배출신고 의무자가 아닌 것은?   법규기출

① 배출된 오염물질을 발견한 자
② 오염물질의 배출원인이 되는 행위를 한 자
③ 배출될 우려가 있는 오염물질이 적재된 선박의 항해사
④ 배출되는 오염물질이 적재된 해양시설의 관리자

> **해설** ③ 대통령령이 정하는 배출기준을 초과하는 오염물질이 해양에 배출되거나 배출될 우려가 있다고 예상되는 경우 다음 각호의 어느 하나에 해당하는 자는 지체 없이 해양경찰청장 또는 해양경찰서장에게 이를 신고하여야 한다(제63조).
> 1) 배출되거나 배출될 우려가 있는 오염물질이 적재된 선박의 선장 또는 해양시설의 관리자. 이 경우 당해 선박 또는 해양시설에서 오염물질의 배출원인이 되는 행위를 한 자가 신고하는 경우에는 그러하지 아니하다.
> 2) 오염물질의 배출원인이 되는 행위를 한 자
> 3) 배출된 오염물질을 발견한 자

정답 01 ③

02 해양경찰청장은 해양오염사고로 인한 긴급방제를 총괄지휘하며, 이를 위하여 해양경찰청장 소속으로 방제대책본부를 설치할 수 있다. 「해양환경관리법」상 방제대책본부장의 업무가 아닌 것은?

법규기출

① 해양사고 분석 · 평가 및 방제 총괄 지휘
② 인접 국가 간 방제지원 및 협력
③ 오염물질 유출 및 확산의 방지
④ 방제인력 · 장비 등 동원범위 결정과 현장 지휘 · 통제

해설 ① 방제대책본부장은 모든 해양사고가 아니라, 해양 오염사고 분석 · 평가 및 방제 총괄 지휘한다.
해양경찰청장은 해양오염사고로 인한 긴급방제를 총괄지휘하며, 이를 위하여 해양경찰청장 소속으로 방제대책본부를 설치할 수 있다(제62조). 해양경찰청장은 이에 따라 설치한 방제대책본부의 조치사항 및 결과에 대하여 해양수산부령으로 정하는 바에 따라 해양수산부장관에게 보고하여야 한다.

방제대책본부의 구성 · 운영(시행령 제45조)
① 방제대책본부의 장은 해양경찰청장이 되고, 그 구성원은 해양경찰청 소속 공무원과 관계 기관의 장이 파견한 자로 구성한다.
② 본부장은 관계 기관의 장에게 방제대책본부에 근무할 자의 파견과 방제작업에 필요한 인력 및 장비 등의 지원을 요청할 수 있다. 이 경우 관계 기관의 장은 정당한 사유가 없으면 그 요청에 따라야 한다.
③ 본부장은 다음 각호의 업무를 수행한다.
　1. 오염사고 분석 · 평가 및 방제 총괄 지휘
　2. 인접 국가 간 방제지원 및 협력
　3. 오염물질 유출 및 확산의 방지
　4. 방제인력 · 장비 등 동원범위 결정과 현장 지휘 · 통제
　5. 방제전략의 수립과 방제방법의 결정 · 시행
　6. 제1호부터 제5호까지에서 규정한 사항 외에 방제조치와 관련하여 필요한 사항
④ 본부장은 해양환경 보전과 과학적인 방제를 위한 기술지원 및 자문을 위하여 관계 전문가로 구성된 방제기술지원협의회를 구성 · 운영할 수 있다.
⑤ 본부장은 오염지역에서 원활한 방제협력과 지원 등을 위하여 해양경찰서장으로 하여금 해당 지역을 관할하는 관계 기관의 소속 공무원, 유관단체 · 업체의 임직원 및 주민대표 등으로 지역방제대책협의회를 구성 · 운영하게 할 수 있다.
⑥ 방제대책본부, 방제기술지원협의회 및 지역방제대책협의회의 구성 · 운영, 수당의 지급, 그 밖에 필요한 사항은 해양경찰청장이 따로 정한다.

03 「방제대책본부 운영규칙」상 해양경찰청장이 방제대책본부를 설치해야 하는 유출량에 대한 설명으로 옳은 것은?

19년 공채/특채 3차

㉠ 지속성기름 (　)이상이 유출되거나 유출될 우려가 있는 경우
㉡ 비지속성기름 또는 위험, 유해물질이 (　)이상이 유출되거나 유출될 우려가 있는 경우

① 10kl - 100kl　　② 20kl - 100kl
③ 30kl - 100kl　　④ 50kl - 100kl

해설 ① 「방제대책 본부운영규칙」의 개정으로 지속성 기름은 30㎘ 이상에서 10㎘ 이상으로 그 기준이 강화되었다.

「방제대책본부 운영규칙」

1) 방제대책본부의 설치기준(제4조)
① 해양경찰청장은 다음 각호의 어느 하나에 해당하는 경우에는 방제대책본부를 설치하여야 한다.
  1. 지속성기름이 10㎘ 이상이 유출되거나 유출될 우려가 있는 경우
  2. 비지속성기름 또는 위험·유해물질이 100㎘ 이상이 유출되거나 유출될 우려가 있는 경우
  3. 제1호 및 제2호에서 규정한 사고 이외의 경우라도 국민의 재산이나 해양환경에 현저한 피해를 미치거나 미칠 우려가 있어 해양경찰청장이 방제대책본부의 설치가 필요하다고 인정하는 경우
② 제1항의 규정에도 불구하고 다음 각호의 경우에는 방제대책본부를 설치하지 아니할 수 있다.
  1. 육지로부터 먼 해상에서 해양오염사고가 발생하여 연안유입 우려가 없는 경우
  2. 단기간 내 방제조치 완료가 예상될 경우
  3. 침몰한 선박 등에서 장기간에 걸쳐 소량씩 유출되어 대규모 오염피해의 우려가 없는 경우
③ 제1항 및 제2항에 따른 방제대책본부의 설치 여부는 「해양경찰청 종합상황실 운영규칙」 제22조에 따른다.

2) 방제대책본부의 설치 방법(제5조)
① 해양경찰청장은 오염물질의 유출 규모를 고려하여 다음 각호의 기준에 따라 방제대책본부를 구분하여 운영할 수 있다. 다만, 유출 규모를 판단하기 곤란한 사고 초기에는 지역방제대책본부를 우선 설치하고, 이후 사고상황을 평가하여 광역 또는 중앙방제대책본부로 전환하여 운영할 수 있다.
  1. 중앙방제대책본부 :
      가. 지속성 기름이 500㎘ 이상 유출되거나 유출될 우려가 있는 경우
      나. 〈중앙재난안전대책본부 또는 중앙사고수습본부가 설치된 경우〉 삭제
  2. 광역방제대책본부 : 지속성 기름이 50㎘ 이상(비지속성 기름 또는 위험·유해물질은 300㎘ 이상) 유출되거나 유출될 우려가 있는 경우
  3. 지역방제대책본부 : 지속성 기름이 10㎘ 이상(비지속성 기름 또는 위험·유해물질은 100㎘ 이상) 유출되거나 유출될 우려가 있는 경우
② 제1항의 규정에 따른 방제대책본부장은 다음 각호와 같다.
  1. 중앙방제대책본부장 : 해양경찰청장
  2. 광역방제대책본부장 : 지방해양경찰청장
  3. 지역방제대책본부장 : 해양경찰서장
③ 제1항의 규정에 따른 방제대책본부는 사고발생 해역을 관할하는 해양경찰서에 설치하는 것을 원칙으로 한다. 다만, 사고상황에 따라 필요한 경우에는 해양경찰청, 관할 지방해양경찰청 또는 별도의 장소에 설치할 수 있다.

3) 직무대행(제6조의2)
본부장이 부득이한 사유로 직무를 수행할 수 없을 때에는 부본부장 또는 대응계획부장이 그 직무를 대행한다.

04 해양경찰청은 「해양환경관리법」상 방제대책본부구성 등과 관련하여 「방제대책본부 운영규칙」(훈령)을 제정, 시행하고 있다. 다음 중 가장 옳지 않은 것은? 　　19년 경찰간부

① 비지속성기름 100kl이상이 유출되면 해양경찰청장은 방제대책본부를 설치하여야 한다.
② 지속성기름 10kl이상이 유출될 우려가 있는 경우 해양경찰청장은 방제대책본부를 설치하여야 한다.
③ 육지로부터 먼 해상에서 해양오염사고가 발생하여 연안유입 우려가 없는 경우라도 우선 방제대책본부를 설치하여야 한다.
④ 유출규모를 판단하기 곤란한 사고 초기에는 지역방제대책본부를 우선 설치할 수 있다.

> **해설** ③ 육지로부터 먼 해상에서 해양오염사고가 발생하여 연안유입 우려가 없는 경우에는 설치하지 아니할 수 있다.
> **방제대책본부의 설치기준(제4조)**
> ① 해양경찰청장은 다음 각호의 어느 하나에 해당하는 경우에는 방제대책본부를 설치하여야 한다.
> 　1. 지속성기름이 10㎘ 이상이 유출되거나 유출될 우려가 있는 경우
> 　2. 비지속성기름 또는 위험·유해물질이 100㎘ 이상이 유출되거나 유출될 우려가 있는 경우
> 　3. 제1호 및 제2호에서 규정한 사고 이외의 경우라도 국민의 재산이나 해양환경에 현저한 피해를 미치거나 미칠 우려가 있어 해양경찰청장이 방제대책본부의 설치가 필요하다고 인정하는 경우
> ② 제1항의 규정에도 불구하고 다음 각호의 경우에는 방제대책본부를 설치하지 아니할 수 있다.
> 　1. 육지로부터 먼 해상에서 해양오염사고가 발생하여 연안유입 우려가 없는 경우
> 　2. 단기간 내 방제조치 완료가 예상될 경우
> 　3. 침몰한 선박 등에서 장기간에 걸쳐 소량씩 유출되어 대규모 오염피해가 우려가 없는 경우
> ③ 제1항 및 제2항에 따른 방제대책본부의 설치 여부는 「해양경찰청 종합상황실 운영규칙」 제22조에 따른다.

05 다음은 「방제대책본부 운영규칙」 제5조에 따른 방제대책본부의 설치에 대한 내용이다. 괄호 안에 들어갈 숫자의 합으로 가장 옳은 것은?　　20년 3차/간부

> ㉠ 중앙방제대책본부 : 지속성 기름이 (　)㎘ 이상 유출되거나 유출될 우려가 있는 경우
> ㉡ 광역방제대책본부 : 비지속성 기름 또는 위험·유해물질은 (　)㎘ 이상 유출되거나 유출될 우려가 있는 경우
> ㉢ 지역방제대책본부 : 지속성 기름이 (　)㎘ 이상 유출되거나 유출될 우려가 있는 경우

① 560　　　　　　　② 650
③ 810　　　　　　　④ 900

해설
㉠ 중앙방제대책본부 : 지속성 기름이 500㎘ 이상 유출되거나 유출될 우려가 있는 경우
㉡ 광역방제대책본부 : 비지속성 기름 또는 위험·유해물질은 300㎘ 이상 유출되거나 유출될 우려가 있는 경우
㉢ 지역방제대책본부 : 지속성 기름이 10㎘ 이상 유출되거나 유출될 우려가 있는 경우

06 다음 중 「방제대책본부 운영규칙」상 <보기>의 설명과 관련 있는 방제대책기구로 가장 옳은 것은?

22년 2차/해경학과

> 지속성 기름이 10㎏ 이상 50㎏ 미만(비지속성 기름 또는 위험·유해물질은 100㎏ 이상 300㎏ 미만)이 유출되거나 유출될 우려가 있는 경우

① 방제대책반
② 지역방제대책본부
③ 광역방제대책본부
④ 중앙방제대책본부

해설 ② 지속성 기름이 10㎏ 이상 50㎏ 미만, 비지속성 기름 또는 위험·유해물질은 100㎏ 이상 300㎏ 미만이 유출되거나 유출될 우려가 있는 경우에는 「지역방제대책본부」 설치대상이다.

07 「방제대책본부 운영규칙」에 대한 설명으로 가장 옳은 것은?

23년 공/특채

① 광역방제대책본부는 비지속성 기름 또는 위험·유해물질이 500 ㎘이상 유출되거나 유출될 우려가 있는 경우 설치된다.
② 해양경찰서장은 매년 정기발령 후 1개월 이내에 방제대책본부 운영 요원을 선발하여 대상자에게 공지해야 한다.
③ 방제대책회의는 부본부장의 주관으로 1일 1회 이상 개최하는 것을 원칙으로 한다.
④ 방제대책본부의 해체 후 지방해양경찰청 또는 해양경찰서에서 수행하던 업무는 해양경찰청으로 인계해야 한다.

해설 ① 지속성 기름이 50㎘ 이상(비지속성 기름 또는 위험·유해물질은 300㎘ 이상) 유출되거나 유출될 우려가 있는 경우
③ 본부장의 주관으로
④ 해양경찰서로 인계

정답 04 ③ 05 ③ 06 ② 07 ②

1] 방제대책본부의 설치 기준(제4조)
① 해양경찰청장은 다음 각호의 어느 하나에 해당하는 경우에는 방제대책본부를 설치해야 한다.
  1. 지속성기름이 10㎘ 이상이 유출되거나 유출될 우려가 있는 경우
  2. 비지속성기름 또는 위험·유해물질이 100㎘ 이상이 유출되거나 유출될 우려가 있는 경우
  3. 제1호 및 제2호에서 규정한 사고 이외의 경우라도 국민의 재산이나 해양환경에 현저한 피해를 미치거나 미칠 우려가 있어 해양경찰청장이 방제대책본부의 설치가 필요하다고 인정하는 경우
② 제1항에도 불구하고 다음 각호의 경우에는 방제대책본부를 설치하지 않을 수 있다.
  1. 육지로부터 먼 해상에서 해양오염사고가 발생하여 연안유입 우려가 없는 경우
  2. 단기간 내 방제조치 완료가 예상될 경우
  3. 침몰한 선박 등에서 장기간에 걸쳐 소량씩 유출되어 대규모 오염피해의 우려가 없는 경우
③ **제1항 및 제2항에 따른 방제대책본부의 설치 여부는 「해양경찰청 종합상황실 운영규칙」 제22조에 따른다.**

2] 방제대책본부의 설치 방법(제5조)
① 해양경찰청장은 오염물질의 유출 규모를 고려하여 다음 각호의 기준에 따라 방제대책본부를 구분하여 운영할 수 있다. 다만, 유출 규모를 판단하기 곤란한 사고 초기에는 지역방제대책본부를 우선 설치하고, 이후 사고 상황을 평가하여 광역 또는 중앙방제대책본부로 전환하여 운영할 수 있다.
  1. 중앙방제대책본부 : **지속성 기름이 500㎘ 이상 유출되거나 유출될 우려가 있는 경우**
  2. 광역방제대책본부 : 지속성 기름이 50㎘ 이상(비지속성 기름 또는 위험·유해물질은 300㎘ 이상) 유출되거나 유출될 우려가 있는 경우
  3. 지역방제대책본부 : 지속성 기름이 10㎘이상(비지속성 기름 또는 위험·유해물질은 100㎘ 이상) 유출되거나 유출될 우려가 있는 경우
② 제1항에 따른 방제대책본부장(본부장)은 다음 각호와 같다.
  1. 중앙방제대책본부장: 해양경찰청장
  2. 광역방제대책본부장: 지방해양경찰청장
  3. 지역방제대책본부장: 해양경찰서장
③ 제1항에 따른 방제대책본부는 사고발생 해역을 관할하는 해양경찰서에 설치하는 것을 원칙으로 한다. 다만, 사고상황에 따라 필요한 경우에는 해양경찰청, 관할 지방해양경찰청 또는 별도의 장소에 설치할 수 있다.

3] 방제대책본부의 구성(제6조)
① 제5조제1항의 방제대책본부 운영기준에 따른 방제대책본부의 조직체계와 담당 업무는 별표1과 같다. 다만, 사고의 규모 및 상황 등을 고려하여 반 또는 팀을 통합하여 운영할 수 있다.
② 방제대책본부의 구성원은 해양경찰공무원, 관계 기관의 장이 파견한 사람과 「해양환경관리법」 제64조 및 제65조에 따른 방제의무자(방제의무자가 지정한 해상보험·감정, 해양오염방제 또는 해상구난 관련 단·업체의 임직원 등의 대리인을 포함한다. 이하 같다) 등으로 구성한다.
③ 해양경찰서장은 매년 정기발령 후 1개월 이내에 방제대책본부 운영 요원을 선발하여 대상자에게 공지해야 한다.
④ 제3항에 따른 운영 요원을 선발한 이후에 변경사항이 있는 경우에는 후임자 또는 대행자가 그 임무를 수행한다. 이 경우 해당부서의 장은 그 사실을 해양오염방제과장에게 통지해야 한다.

4] 직무대행(제6조의2)
본부장이 부득이한 사유로 직무를 수행할 수 없을 때에는 부본부장 또는 대응계획부장이 그 직무를 대행한다.

5] 방제대책회의(제9조)
① 본부장은 오염사고의 상황분석·평가 및 합리적 방제조치를 위해 방제대책회의를 개최할 수 있다.
② 제1항에 따른 방제대책회의는 본부장 주관으로 1일 1회 이상 개최하는 것을 원칙으로 한다. 다만, 회의안건 또는 방제조치 사항이 없는 경우에는 생략할 수 있다.
③ 삭제
④ 제1항에 따른 방제대책회의를 개최하는 경우에는 과학적 방제와 원활한 방제협력·지원을 위하여 다음 각 호의 사람을 참여하게 할 수 있다.
  1. 방제기술지원협의회 위원
  2. 지역방제대책협의회 위원
  3. 방제의무자

    4. 제1호부터 제3호까지에서 규정한 사람 외에 본부장이 필요하다고 인정하는 사람
   ⑤ 제4항제1호, 제2호 및 제4호에 해당하는 사람이 방제대책회의에 참여한 경우에는 예산의 범위에서 수당, 여비 등을 지급할 수 있다.
   ⑥ 본부장은 방제대책회의를 개최한 경우에는 발언자, 발언내용 및 결정사항 등 회의내용을 별지 서식에 따라 기록·보존해야 한다.
6) 보고체계(제10조)
   ① 광역 또는 지역방제대책본부장은 제4조에 따라 방제대책본부를 설치한 경우에 방제대책본부의 조치사항 및 결과 등을 해양경찰청장에게 보고해야 한다.
   ② 제1항에 따른 보고는 별표 2의 보고양식에 따라 1일 2회 이상 실시해야 한다.
7) 방제대책본부의 해체(제13조)
   ① 해양오염방제 진행정도를 감안하여 방제대책본부를 광역방제대책본부 또는 지역방제대책본부로 전환하거나 해체할 수 있다.
   ② 제1항에 따른 방제대책본부의 해체 또는 전환은 방제대책회의를 거쳐 결정한다.
   ③ 본부장은 제2항에 따라 방제대책본부를 해체하기로 결정한 경우, 다음 각 호의 사항을 포함한 방제대책본부의 조치사항 및 결과를 해양수산부장관에게 보고해야 한다.
      1. 해양오염사고 발생 개요
      2. 방제대책본부의 구성 및 운영에 관한 사항(설치시기·장소 및 방제대책회의 결과 등 포함)
      3. 해양오염 현황
      4. 방제조치 현황 및 조치결과
      5. 그 밖의 필요한 사항
   ④ 방제대책본부를 해체하는 경우에는 방제대책본부에서 수행한 모든 서류 및 자료를 사고발생해역을 관할하는 해양경찰서장에게 인계해야 한다.
   ⑤ 방제대책본부의 해체 후 해양경찰청 또는 지방해양경찰청에서 수행하던 업무는 사고발생해역을 관할하는 해양경찰서로 인계해야 한다.

제 4 절 방제장비 및 자재의 운용

01 「해양환경관리법」상 오염물질의 방제·방지에 사용하는 자재·약제를 제작·제조하거나 수입하고자 하는 자는 누구의 형식승인을 얻어야 하는가? 　　　　18년 경장

① 해양경찰청장
② 해양수산부장관
③ 환경부장관
④ 시·도지사

해설　① 오염물질의 방제·방지에 사용하는 자재·약제를 제작·제조하거나 수입하려는 자는 해양수산부령으로 정하는 바에 따라 해양경찰청장의 형식승인을 받아야 한다.

정답　01 ①

02 「해양환경관리법」상 해양경찰청장의 형식승인을 얻어야 하는 자재·약제의 종류가 아닌 것은? 법규기출

① 오일펜스 ② 유처리제
③ 유화기   ④ 유겔화제

> **해설** ③ 오염물질의 방제·방지에 사용하는 자재·약제를 제작·제조하거나 수입하려는 자는 해양수산부령으로 정하는 바에 따라 해양경찰청장의 형식승인을 받아야 한다. 다만, 시험·연구 또는 개발을 목적으로 제작·제조하거나 수입하는 오염물질의 방제·방지에 사용하는 자재·약제에 대하여 해양수산부령으로 정하는 바에 따라 해양경찰청장의 확인을 받은 경우에는 그러하지 아니하다(제110조).
> 이에 따라 해양경찰청장의 형식승인을 받아야 하는 자재·약제의 종류는 아래와 같다(시행규칙 제66조).
> ㉠ 오일펜스(해양유류오염확산차단장치)
> ㉡ 유처리제
> ㉢ 유흡착재
> ㉣ 유겔화제
> ㉤ 생물정화제제

03 다음 중 「해양환경관리법(시행령 및 시행규칙 포함)」상 오염물질의 방제·방지에 사용하는 자재·약제를 제작·제조하거나 수입할 때 해양경찰청장의 형식승인을 얻어야 하는 것으로 가장 옳지 않은 것은? 23년 해경학과

① 유해액체물질처리제   ② 유처리제
③ 유겔화제   ④ 해양유류오염확산차단장치

> **해설** ②③④가 해당한다. 이 외에 유흡착재, 생물정화제제 등은 해양경찰청장의 형식승인을 받아야 하는 오염물질의 방제/방지에 사용되는 자재나 약제이다.

04 다음 중 오일펜스를 전장하는 목적으로 가장 옳지 않은 것은? 18년 경력/간부, 22년 1차

① 유출유의 확산 방지
② 유출유로부터 환경민감지역(어장, 양식장 등)의 보호
③ 유출유의 자연방산을 촉진
④ 유출유의 회수효율 향상

> **해설** ③ 오일펜스(해양유류오염확산차단장치)는 ㉠해양에 유출된 오염물질의 확산을 방지하고, ㉡해양환경 민감해역을 보호하며, ㉢확산된 오염물질을 포집하기 위하여 사용한다. 커텐형, 펜스형, 특수목적용(해안용 등) 등이 있다.

05 다음 설명과 가장 관련 있는 방제장비 및 기자재는? 19년 경력/공채

- 바다에 유출된 기름을 기계적으로 직접 흡입하여 수거하는 방식이다.
- 흡착식, 위어식 그리고 진공식 등이 있다.
- 화학약품을 사용하지 않아 2차적 오염의 위험이 없고, 단시간에 많은 기름을 회수할 수 있다는 장점이 있다.

① 유흡착제   ② 유처리제
③ 오일펜스   ④ 유회수기

 ④ 위는 유회수기에 대한 내용이다. 해상에 유출된 기름을 흡입 또는 흡착방식으로 수거하는 장비이다. 물과 기름의 비중차, 기름의 점성 및 유동성 등을 이용하여 유출된 기름을 회수한다. 흡착식, 위어식(weir), 진공식, 원심분리식 등이 있다.

주요 자재/약제의 종류

오일펜스 (해양유류 오염확산 차단장치)	㉠ 해양에 유출된 오염물질의 확산을 방지하고, ㉡해양환경 민감해역을 보호하며, ㉢확산된 오염물질을 포집하기 위하여 오일펜스를 사용한다. 커텐형, 펜스형, 특수목적용(해안용 등) 등이 있다.
유처리제	㉠ 유처리제에 의한 분산처리방식은 해상에서 발생하는 각종 유출사고시 물리적인 수거가 불가능한 경우에 오염에 민감한 지역의 피해를 사전에 대응하기 위하여 제한적으로 사용되는 유출유 방제방법이다. ㉡ 유출사고로 인한 생태계의 피해를 감소시키고 예측되는 각종 위험을 최소화하려는데, 그 사용목적이 있다. ㉢ 유처리제는 해상에 유출된 기름을 미립자화하여 유화분산시켜 해수와 섞이기 쉬운 상태를 만들어 자연정화작용을 촉진하는 것이다.
유흡착재	㉠ 해상에 유출된 오염물질을 흡수 또는 흡착하여 회수하는 물질로서 유출량이 적거나 좁은 지역으로 회수기를 이용한 회수작업이 곤란한 경우와 양식장 및 산란지 등 민감해역에서 방제작업이 제한된 경우에 주로 사용한다. ㉡ 매트형, 롤형, 쿠션형, 붐형 및 로프형 등이 있다.
유겔화제(solidifier)	유막의 점성을 증가시켜 기름의 확산율을 감소시키는 약제
생물정화 제제	생물의 활성을 이용하여 환경에 노출된 오염물질을 저독성 또는 무해한 물질로 전환하거나 이산화탄소나 물과 같은 무기질형태로 변화시키는 기술로, 자연정화법, 생물자극(활성)법, 생물접종법 등이 있다.
유회수기	㉠ 해상에 유출된 기름을 흡입 또는 흡착방식으로 수거하는 장비이다. ㉡ 기름을 회수하는 원리는 물과 기름의 비중차, 기름의 점성 및 유동성 등을 이용해 유출된 기름을 회수한다. 흡착식, 위어(weir)식, 유도식, 진공식, 원심분리식 등이 있다.

정답 02 ③ 03 ① 04 ③ 05 ④

06 다음은 방제장비 및 기자재에 대한 설명이다. 가장 옳은 것은?   20년 경력/공채

> ㉠ 해상에 유출된 오염물질의 확산방지, 해양환경민감해역 보호 및 확산된 오염물질의 포집에 사용된다.
> ㉡ 종류로는 커튼형, 펜스형, 특수 목적용이 있다.

① 유흡착재   ② 유처리제
③ 오일펜스   ④ 유회수기

해설 ③ 위는 오염방제 자재 및 약제 중에서 오일펜스(해양유류오염확산차단장치)에 대한 내용이다. 오일펜스는 해양에 유출된 오염물질의 확산방지, 민감해역의 보호, 확산된 오염물질의 포집 등을 목적으로 사용된다.

07 다음 중 「해양환경관리법(시행령, 시행규칙 포함)」에 대한 설명으로 가장 옳은 것은?   21년 경찰간부

① 해양유류오염확산차단장치, 유흡착재, 생물정화제제의 경우 해양경찰청장의 형식승인을 필요로 한다.
② "유창청소업"이란 오염물질의 방제에 필요한 설비 및 장비를 갖추고 해양에 배출되거나 배출될 우려가 있는 오염물질을 방제하는 사업을 말한다.
③ "유해액체물질"이란 해양환경에 해로운 결과를 미치거나 미칠 우려가 있는 액체물질(기름을 포함한다)과 그 물질이 함유된 혼합 액체물질로서 해양수산부령이 정하는 것을 말한다.
④ 해양수산부장관은 방제의무자가 자발적으로 방제조치를 행하지 아니하는 때에는 그자에게 시한을 정하여 방제조치를 하도록 명령할 수 있다.

해설 ① 해양유류오염확산차단장치(오일펜스), 유흡착재, 생물정화제제, 유처리제, 유겔화제는 해양경찰청장의 형식승인을 필요로 한다.
② 오염물질의 방제에 필요한 설비 및 장비를 갖추고 해양에 배출되거나 배출될 우려가 있는 오염물질을 방제하는 사업은 해양오염방제업을 말한다. 유창청소업(油艙淸掃業)은 선박의 유창을 청소하거나 선박 또는 해양시설(그 해양시설이 기름 및 유해액체물질 저장시설인 경우에 한정)에서 발생하는 해양수산부령으로 정하는 오염물질의 수거에 필요한 설비 및 장비를 갖추고 그 오염물질을 수거하는 사업을 말한다.
③ 유해액체물질은 해양환경에 해로운 결과를 미치거나 미칠 우려가 있는 액체물질(기름을 제외)과 그 물질이 함유된 혼합 액체물질로서 해양수산부령이 정하는 것을 말한다.
④ 방제의무자가 자발적으로 방제조치를 행하지 아니하는 때에는 그자에게 시한을 정하여 방제조치를 하도록 명령할 수 있는 권한은 해양경찰청장에 있다.

08 다음 중 「방제함정 및 방제부선 운영규칙」에 대한 설명으로 가장 옳지 않은 것은?

22년 경찰간부

① "소형방제작업선"이란 총톤수 50톤 미만의 방제정을 말한다.
② 해양경찰서장은 관할 해역 내 선박 밀집 항만 또는 항행이 빈번한 항로 등 해양오염사고가 발생할 우려가 큰 해역에 방제함정을 배치·운용한다.
③ 해양경찰청장은 해양오염사고 대응 및 훈련 등을 위하여 해양경찰서 관할 해역에서 다른 해역으로 방제함정의 이동을 명할 수 있다.
④ 방제함정이 해양오염사고 대응 및 훈련 등을 위하여 이동한 때에는 방제대책본부장 또는 관할 해역의 해양경찰서장의 지휘를 받아야 한다.

해설
① 「방제함정 및 방제부선 운영규칙」상 "소형방제작업선"이란 총톤수 25톤 미만의 방제정을 말한다(제2조 제4호).

「방제함정 및 방제부선 운영규칙」
1] 정의(제2조) 이 규칙에서 사용하는 용어의 뜻은 다음과 같다.
1. "방제함정"이란 해양경찰 특수목적에 사용되는 함정으로 화학방제함, 방제정, 소형방제작업선을 말한다.
2. "화학방제함"이란 화학물질분석장비, 유회수기, 사고선박 예인 설비 등을 갖추고 있는 선박으로 해상 화학사고 대비·대응 업무를 주로 하는 함정을 말한다.
3. "방제정"이란 유회수기 및 기름이송펌프 등 방제장비와 회수한 기름을 저장할 수 있는 시설을 갖추고 있는 선박으로 해양오염방제 및 예방활동을 주로 하는 함정을 말한다.
4. "소형방제작업선"이란 총톤수 25톤 미만의 방제정을 말한다.
5. "운항담당자"란 소형방제작업선의 운항을 담당하는 사람을 말한다.
6. "방제부선"이란 해양오염 방제작업 시 수거된 폐유 저장 및 방제자재 보관을 주 임무로 하는 부선을 말한다.
7. "방제대책본부장"이란 「방제대책본부 운영 규칙」에 따라 설치된 방제대책본부의 총괄지휘자를 말한다.
2] 방제함정의 배치·운용(제5조)
① 해양경찰서장은 관할해역 내 선박 밀집 항만 또는 항행이 빈번한 항로 등 해양오염사고가 발생할 우려가 있는 해역에 방제함정을 배치·운용한다. 이 경우 해양오염 감시효과를 높이기 위하여 정지상태의 거점감시와 단정을 이용한 밀착감시를 하게 할 수 있다.
② 해양경찰청장 또는 지방해양경찰청장은 제1항에도 불구하고 효율적인 해양오염사고 대비·대응을 위해 적절하게 방제함정을 배치·운용할 수 있다.
③ 해양경찰서장은 소속 방제함정을 체계적으로 운용하기 위하여 다음 각 호의 기준에 따라 연간 및 월간 방제함정 운항계획을 수립해야 한다. 다만, 방제함정의 고장이나 수리 등 부득이한 사유가 있는 경우에는 그렇지 않다.
 1. 화학방제함 및 방제정: 월 15일 이상 출동 또는 월 100시간 이상 운항
 2. 소형방제작업선: 운항지시가 있을 경우 출항하여 임무수행 함을 원칙으로 하며, 별도의 운항계획을 수립하여 운항
3] 출입항 보고(제5조의2)
① 방제함정의 함·정장 및 운항담당자는 출동 전에는 별지 제1호서식에 따른 운항계획을, 입항 후에는 별지 제2호서식에 따른 운항 결과를 작성하여 소속 해양경찰서장에게 서면으로 보고해야 한다.
② 해양경찰서장은 제1항에 따른 운항계획 및 결과를 검토하고 출동 중 활동사항을 주기적으로 점검하여 방제함정이 효율적으로 운용되도록 노력해야 한다.

정답 06 ③ 07 ① 08 ①

4) 방제함정의 이동(제6조)

① 해양경찰청장은 해양오염사고 대응 및 훈련 등을 위하여 해양경찰서 관할 해역에서 다른 해역으로 방제함정의 이동을 명할 수 있다.
② 지방해양경찰청장은 해양오염사고 대응 및 훈련 등을 위하여 필요한 경우 소속 해양경찰서간 방제함정 이동을 명할 수 있으며, 다른 지방해양경찰청 소속 방제함정을 동원하고자 할 때에는 해당 지방해양경찰청장에게 협조를 요청해야 한다.
③ 해양경찰서장은 제1항 및 제2항에 따른 이동명령이 있는 경우에는 특별한 경우를 제외하고는 이에 따라야 한다.
④ 방제함정이 제1항 및 제2항에 따라 이동한 때에는 해당 방제대책본부장 또는 관할 해역 해양경찰서장의 지휘를 받아야 한다.

5) 순환전보(제7조의2)

해양경찰서장은 소속 방제함정과 해양오염방제과 간 순환전보를 실시할 수 있으며, 방제함정에 전보된 일반직 공무원의 근무기간은 2년 이내를 원칙으로 한다(제1항).

6) 승조원 교육·훈련(제8조)

방제함정 승조원은 방제기술과 지식을 함양하기 위하여 승선한 날부터 1년 이내에 방제전문교육 및 훈련을 이수해야 하며, 신규교육을 받은 후 2년마다 재교육을 받아야 한다(제1항).

| 참고문헌 |

참고도서

경찰사편찬위원회, 경찰 50년사, 경찰청, 1995
경찰종합학교, 직무과정부교재 방범실무, 2002
_____, 직무과정부교재 경비실무, 2002
_____, 직무과정부교재 정보실무, 2002
_____, 직무과정부교재 외사실무, 2002
경찰공제회, 경찰실무문제 경찰학개론, 2004
_____, 경찰실무문제 수사 Ⅰ·Ⅱ, 2004
_____, 경찰실무종합, 2005-2016
_____, 경찰실무 Ⅰ·Ⅱ·Ⅲ, 2010
김남진, 행정법 Ⅰ·Ⅱ, 법문사, 2004
김남현·이운주·정경선, 경찰행정법, 경찰대학, 2002
김동희, 행정법 Ⅰ·Ⅱ, 박영사, 2002
김성수, 비교경찰론, 경찰대학, 2002
김충남, 경찰학개론, 박영사, 2001
박기남, 경찰외사론, 경찰대학, 2002
_____, 경찰보안론, 경찰대학, 2002
_____, 경찰보안·외사론, 경찰대학, 2001
박윤흔, 행정법강의(상/하), 박영사, 2005
석청호, 경찰학개론, 박문각, 2001
이황우·조병인·최응렬, 경찰학개론, 형사정책연구원, 2001
이황우·한상암, 대테러정책론, 명진문화사, 1996
이황우, 경찰학개론, 한국형사정책연구원, 2001
_____, 경찰행정학(제3판), 법문사, 2002
중앙경찰학교, 경찰행정법, 2002
_____, 방범·수사·교통, 2002
_____, 정보·보안·외사, 2002
_____, 경무, 2002
한종욱, 경찰경비론, 경찰대학, 2002
허경미, 경찰정보론, 경찰대학, 2002
허남오, 한국경찰제도사, 동도원, 1998
허영, 한국헌법론, 박영사, 2000
홍정선, 행정법원론(상/하), 박영사, 2002
권영성, 헌법학원론, 법문사, 2000
김규정, 행정학원론, 법문사, 2000
이종수·윤영진 외, 새행정학, 대영문화사, 2002
박범래, 한국경찰사, 경찰대학, 1998
박윤흔, 최신행정법강의(상), 박영사, 2000
변태섭, 한국사통론, 삼영사, 1990
석종현, 행정법강의 Ⅰ, 삼영사, 1999

오석홍, 인사행정론, 박영사, 1997
임창근·정태정, 행정법 총론, 한국고시정보, 2005
이기백, 한국사신론, 일조각, 1999
이상안, 신경찰행정학, 대명출판사, 2001
이운주, 경찰학개론, 경찰대학, 2001
이재상, 형사소송법, 박영사, 1999
표창원, 경찰법, 좋은세상, 1999
김중규, 선행정학, 성지각, 2006
강기택 외2, 비교경찰론, 수사연구사, 2006
이윤호, 범죄학, 박영사, 2007
박현호 외2, 범죄예방론, 경찰대학, 2009
정태정, 경찰학개론, 법학사, 2013
경찰청, 한국경찰사, 2006
_____, 경찰백서, 2002-2005
_____, 경찰백서, 2010
해양경찰청, 해양경찰백서, 2010
_____, 외국 해양경찰제도, 2000
_____, 해양경찰50년사, 2003
해양경찰학교, 수사실무, 2009
_____, 경찰공무원법, 2009
_____, 국제법·경찰행정법, 2009
_____, 경무일반, 2009
_____, 예산·회계실무, 2009
_____, 해양환경, 2009
_____, 해상경비, 2009
_____, 해상안전, 2009
_____, 경위기본교육교재, 2009
_____, 경사기본교육교재, 2009
박원표, 개항 구십년, 태화출판사, 1966
홍순권, 일제 시기 재부산 일본인 사회 사회단체 조사 보고, 선인, 2005
해방이십년사, 희망출판사, 1965
한국전쟁사 1, 국방부전사편찬위원회, 1967
지철근, 평화선, 범문사, 1979
손재영, 경찰법의 기본체계와 이론적 기초, 박영사, 2012
오정동, 해양경찰학개론, 서울고시각, 2016
순길태, 해양경찰학개론, 대명문화사, 2016
전국 9대 대학 해양경찰학과교수·해양경비안전교육원, 해양경찰학개론, 문두사, 2016
윤성현 외 2인, 해양경찰학개론, 박영사, 2018
정태정, 해양경찰학개론, 도서출판 월비스, 2018
_____, 해양경찰학개론, ACL커뮤니케이션, 2022
한국해양대학교 해양경찰학과, 해양경찰학개론, 다솜출판사, 2018

참고논문

서정범, 경찰권 발동에 관한 연구, 고려대학교 대학원 석사학위논문, 1992
정태정, 우리나라 경찰형성과 발전에 관한 연구, 동의대학교 경찰행정학과 석사학위 논문, 2013
_____, 한국 해양경찰의 발전과정에 관한 연구, 동의대학교 경찰행정학과 박사학위 논문, 2022
_____, 오도경·박철현, 취약성과 무질서가 20대 청년의 범죄두려움에 미치는 효과, 동의대학교 지방자치연구소 공공정책연구 제33권 제2호, 2017
김명기, 맥아더 라인의 독도영토주권에 대한 법적 효과, 독도연구 제15호, 2013
최정호, 해양경찰 직무의 법적 근거에 대한 고찰, 해사법연구 제24권 제3호, 2012
_____, 해양경비법상 해상검문검색의 법적 성격, 2015년 한국해양경찰학회 제10회 학술세미나, 2015
김재운, 해양경비법상 해상검문검색에 관한 연구, 경찰법연구 제12권 제1호 한국경찰법학회, 2014
노호래, 해양경비법 검토와 발전방안, 한국경호경비학회 제32호, 2012
_____, 해양경찰사 소고(한말 개항장의 감리사와 경무서를 중심으로), 한국경찰연구 제10권 제2호, 2011
_____, 현대 해양경찰사 연구, 한국공안행정학회보 제45호, 2011
민회수, 개항장 경찰의 설치와 운영(1884-1896), 사학연구, 2012
_____, 조선 개항장 감리서의 성립과정(1883-1886), 동북아역사논총 인천부청 편, 2012
김순덕, 1876-1905년 관세정책과 관세의 운용, 한국사론, 1986
최선우, 개화기 근대 해양경찰의 등장과 역사적 함의, 한국해양경찰학회보 제4권 제2호, 2011
_____, 한국경찰의 '근대성'에 관한 연구, 한국공안행정학회보, 2014
손정목, 개항장·조계제도의 개념과 성격: 한반도 개항사(開港史)의 올바른 인식을 위하여, 한국학보, 1982
김주관, 개항장 공간의 조직과 근대성의 표상, 지방사와 지방문화, 2006
이영록, 개항기 한국에 있어 영사재판권: 수호조약상의 근거와 내용, 법사학연구, 2005
박주상·정병수·하상군, 해양경찰의 발전방안에 관한 탐색적 연구, 사회과학연구 제18권 제2호, 2011
김현, 한국 해양경찰 기능의 재정립에 관한 연구, 전북대학교 대학원 박사학위논문, 2005
이재승·이완희·문준섭, 미 해안경비대의 고찰을 통한 한국 해양경찰의 제도적 개선방안, 한국경호경비학회 제36호, 2013
강신석, 2013년 중국 해양관리기구 조직개편의 함의, 한국해양경찰학회보 제3권 제2호, 2013
이종열, 해양경찰의 효율적 조직체계에 관한 연구, 2006
윤종희·이상집, 21세기 한국해양경찰의 발전방향에 관한 연구, 2003
허진아·김도우, 한국 해양경찰 역량강화방안에 관한 연구(기능 재정립을 중심으로), 한국해양경찰학회보 제4권 제2호, 2014
박주상·박동균, 국제해양범죄에 대한 해양경찰의 효율적 대응방안, 한국치안행정학회 제7권 제3호, 2010
최응렬·박주상, 해양경찰 지방조직의 효율적 개편방안에 관한 연구, 한국지방자치연구 제9권 제2호, 2007
최종술, 부산해양경찰의 역사와 발전방안, 항도부산 제27호, 2010

해양경찰청 홈페이지 : http://www.kcg.go.kr/
일본 해상보안청 홈페이지 : https://www.kaiho.mlit.go.jp
미국 코스트 가드 홈페이지 : https://www.uscg.mil
캐나다 연안경비대 홈페이지 : http://www.ccg-gcc.gc.ca

국회 홈페이지
국가법령정보센터 홈페이지
대법원 홈페이지
헌법재판소 홈페이지

구글, 네이버, 다음 검색자료 참조

정태정 해양경찰학개론 기출문제집

저 자	정태정
발 행 인	금병희
발 행 처	멘토링
펴 낸 날	2024년 6월 28일 초판 발행
주 소	서울특별시 동작구 노량진로 16길 30
출 판 등 록	319-26-60호
주문및배본처	02-825-0606
F A X	02-6499-3195
I S B N	979-11-6049-321-4 13350
정 가	**36,000원**

저자와의 협의하에 인지생략

저자와의 협의하에 인지를 생략합니다.
이 책의 무단 전재 또는 복제 행위는 저작권법 제136조 제1항에 의해 5년 이하의 징역 또는 5,000만원 이하의 벌금에 처하거나 이를 병과할 수 있습니다(파본은 교환해 드립니다.).